高速铁路
大断面城市隧道
施工技术研究

GAOSU TIELU
DA DUANMIAN CHENGSHI SUIDAO
SHIGONG JISHU YANJIU

吴波　著

APGTIME
时代出版
时代出版传媒股份有限公司
安徽科学技术出版社

图书在版编目(CIP)数据

高速铁路大断面城市隧道施工技术研究/吴波著. —合肥:安徽科学技术出版社,2016.5
ISBN 978-7-5337-6921-5

Ⅰ.①高… Ⅱ.①吴… Ⅲ.①高速铁路-铁路隧道-城市隧道-隧道施工-研究 Ⅳ.①U459.1

中国版本图书馆 CIP 数据核字(2016)第 011459 号

高速铁路大断面城市隧道施工技术研究 吴 波 著

出 版 人:黄和平 选题策划:陶善勇 吴 夙 责任编辑:吴 夙 陶善勇
文字编辑:戚革惠 责任校对:王 静 责任印制:梁东兵
封面设计:王 艳
出版发行:时代出版传媒股份有限公司 http://www.press-mart.com
安徽科学技术出版社 http://www.ahstp.net
(合肥市政务文化新区翡翠路 1118 号出版传媒广场,邮编:230071)
电话:(0551)63533323
印 制:合肥华云印务有限责任公司 电话:(0551)63418899
(如发现印装质量问题,影响阅读,请与印刷厂商联系调换)

开本:787×1092 1/16 印张:29 字数:742 千
版次:2016 年 5 月第 1 版 印次:2016 年 5 月第 1 次印刷

ISBN 978-7-5337-6921-5 定价:118.00 元

序

21 世纪是地下空间作为资源开发的世纪，这已成为全球的普遍共识。地下空间的开发利用已经成为 21 世纪的一个重大技术领域。

地下工程是公路、铁路交通路网和城市地铁的重要组成部分，具有占地少、无污染、与自然环境协调等优点，被誉为“绿色工程”。地下工程在可持续发展战略中的重要性已成为国际普遍共识。目前，中国已成为世界上地下工程数量最多、规模最大、建设发展最快的国家。随着我国经济的快速发展、城市化进程的加快和国家“一带一路”战略的实施，必将有大量的高速铁路隧道、高速公路隧道、地下铁道和地下综合管廊等亟待建设的工程，因此，未来若干年都将是我国地下工程建设的高潮期。

据规划，至 2040 年，我国主要城市都将通过高速铁路连接起来，高速铁路进入城市的时代已经到来。高速铁路采用隧道方式进城，具有抗震性好、节地、环保等诸多优点，因此，针对高速铁路下穿城市的关键技术进行研究，对促进我国高速铁路技术进步、城市安全快速发展以及打响我国高铁技术的国际品牌具有重大意义。

吴波教授长期从事城市地下工程技术研究与实践工作，是一位快速成长、具有较大发展潜力的杰出地下工程科技工作者，他在施工力学与安全风险管控研究方面造诣深厚。吴波教授所著的《高速铁路大断面城市隧道施工技术研究》一书，以金沙洲隧道和浏阳河隧道工程作为示范，系统地研究了高铁城市隧道高效施工、地层变形控制和施工安全风险管理等最为关键的技术难题，开发了多项国家级和省部级工法，获得了多项专利、著作权等，首次形成了高铁城市隧道施工成套技术，技术经济效益显著，推广应用前景好，研究成果具有重要的现实意义和学术价值。该书逻辑性强、知识系统、图文并茂，是作者多年的研究探索和宝贵实践经验的总结，相信该书对推动我国地下工程技术进步必将做出贡献。

高铁城市地下工程在蓬勃发展和走向世界的同时，还将面临很多挑战，实现工程本质安全、保证良好运营条件和满足耐久性要求的任务依然艰巨。希望广大地下工程科技工作者不断地努力和创新，早日实现我国地下工程强国梦，这是我的殷切期盼。谨以此序向本书作者和读者致意。

中国工程院院士

杨永斌

前　　言

至2040年，我国主要城市都将通过高速铁路连接起来，因此高速铁路进入城市的时代已经到来。与路桥相比，高速铁路采用隧道方式进城，具有抗震性好、节地、环保等诸多优点。但我国高速铁路建设正处在大规模发展的初期，对于“高铁城市隧道”这一新的工程现象缺乏工程经验，因此，针对高速铁路下穿城市的关键技术进行研究，对促进我国高速铁路技术进步和城市发展具有重大意义。

2009年开通运营的武广高速铁路是我国首条最长、设计时速最快的高速铁路，在我国高速铁路建设史中具有里程碑意义。金沙洲隧道和浏阳河隧道是武广高速铁路分别下穿广州市区和长沙市区的城市隧道，是我国也是世界上首次在城市复杂环境和复杂地质条件下长距离下穿的特大断面隧道。本书以武广高速铁路金沙洲隧道和浏阳河隧道两个具有代表性的高铁城市隧道作为工程载体，系统地研究了高铁城市隧道高效施工、地层变形控制和施工安全风险管理等关键的技术难题，并系统地形成了高铁城市隧道施工成套技术，不仅对工程本身具有重要指导意义，而且具有重要的现实意义和学术价值，技术经济效益显著，推广应用前景好，对推动我国地下工程技术进步具有重要意义。

本书以金沙洲隧道和浏阳河隧道工程作为示范，所形成的研究成果先后获中国铁路工程总公司科技成果一等奖、中国建筑业施工协会科技创新一等奖、安徽省科技成果一等奖、国家新技术应用示范工程、中国土木工程詹天佑大奖等荣誉，并形成了多项国家和省部级工法，还获得了多项专利、著作权等。本书得到了国家自然科学基金项目(51478118)和福建省自然科学基金项目(2014J01170)的资助。

全书分5篇共21章，第1章、第2章主要介绍了高铁城市隧道工程和研究概况，第3章、第4章主要介绍了高铁大断面城市隧道斜井和竖井等辅助坑道施工技术，第5章至第11章主要介绍了大断面隧道快速高效施工方法及应用，第12章至第17章主要介绍了富水岩溶地层隧道施工技术、防排水技术及渗漏治理，第18章至第21章主要介绍了高铁大断面城市隧道安全风险管理技术及应用。

本书参阅了大量相关文献和研究成果，在此谨向这些文献和成果的作者表示感谢。在本书的撰写过程中，中南大学彭立敏教授、阳军生教授、杨小礼教授、施成华教授、安永林博士、陈洁金博士等，中铁四局集团公司伍军总工程师、杨仲杰副总工程师、王圣涛副总工程师、周振强教授级高工、罗传义教授级高工、薛模美教授级高工、孙爱军教授级高工等，合肥工业大学朱大勇教授、钱德玲教授、白瑞雪硕士、赵文娟硕士等，福建工程学院蒋新华校长、吴仁华书记、蔡雪峰教授、黄建华教授、臧万军副教授、杨枫副教授、李志高副教授、王启云博士、张丙强博士、赵卫华博士、崔双双博士、姚志雄博士、陈军浩博士、李静高工等，广西大学邓志恒教授、周东教授、梅国雄教授、蓝文武副教授等，都给予了许多的指导、帮助和支持，在此一并表示衷心的感谢。

《高速铁路大断面城市隧道施工技术研究》一书中涉及的研究内容，尽管形成了很多创新成果，但许多问题还需要在实践中进一步探索和深化研究，加之时间和水平有限，因此书中难免有疏漏与不足之处，恳请大家批评指正。

吴　波
2015 年 12 月于福州

目　　录

第 1 篇　工程与研究概述 …… 1

第 1 章　工程概述 …… 3

1.1　工程背景 …… 3

1.2　工程简介 …… 3

1.3　工程技术特点与难点 …… 6

1.4　工程对策 …… 7

第 2 章　研究概述 …… 8

2.1　任务来源及组织研究过程 …… 8

2.2　研究规划与总体构思 …… 9

2.3　主要研究内容 …… 10

2.4　主要技术创新 …… 11

2.5　主要研究成果 …… 13

2.6　与国内外同类研究的综合比较 …… 14

2.7　第三方评价、推广应用情况与实施效果 …… 15

2.8　社会、经济效益 …… 16

第 2 篇　辅助坑道施工技术研究 …… 17

第 3 章　斜井施工技术研究 …… 19

3.1　斜井的优化设计 …… 19

3.2　斜井施工主要技术 …… 21

3.3　总结 …… 31

第 4 章　竖井施工技术研究 …… 33

4.1　概述 …… 33

4.2　复合地层深大竖井支护方案研究 …… 35

4.3　复合地层深大竖井施工技术研究 …… 43

4.4　深大竖井快速出碴技术研究 …… 66

4.5　基于 QC 法的深大竖井施工管理技术研究 …… 73

4.6　总结 …… 79

第 3 篇　大断面隧道快速施工方法研究 …… 81

第 5 章　大断面隧道施工工法优化 …… 83

5.1　隧道施工工法概述 …… 83

5.2　大断面隧道施工工法与机械化、工期的矛盾 …… 84

5.3　软弱围岩大断面隧道施工工法的选择 …… 85
5.4　工法优化的稳定性分析 …… 87
5.5　施工工法的比较 …… 104
5.6　总结 …… 106
第 6 章　大断面隧道大管棚超前支护技术 …… 107
6.1　概述 …… 107
6.2　管棚的分类、作用及其应用条件 …… 107
6.3　加密大管棚超前支护方案的确定 …… 110
6.4　加密大管棚施工技术 …… 114
6.5　金沙洲隧道大管棚预支护技术的应用 …… 118
6.6　总结 …… 121
第 7 章　隧道动态分部开挖工法研究 …… 122
7.1　概述 …… 122
7.2　隧道动态分部开挖工法及其力学机制分析 …… 126
7.3　隧道动态分部开挖工法力学性能的平面数值分析 …… 144
7.4　隧道动态分部开挖工法力学性能的三维分析 …… 160
7.5　隧道动态分部开挖工法与其他工法的对比研究 …… 177
7.6　隧道动态分部开挖下穿排水箱涵段 …… 188
7.7　隧道动态分部开挖工法的现场监测 …… 194
7.8　总结 …… 204
第 8 章　偏压段进洞施工技术 …… 206
8.1　地质概况 …… 206
8.2　地形地貌 …… 206
8.3　隧道进口偏压段施工工法的比选和论证 …… 208
8.4　现场监测与施工效果评价 …… 213
8.5　总结 …… 216
第 9 章　隧道下穿水塘段施工技术 …… 217
9.1　工程概况 …… 217
9.2　施工方案及方法 …… 218
9.3　穿越水塘段隧道施工数值分析 …… 222
9.4　总结 …… 227
第 10 章　隧道下穿立交枢纽施工技术 …… 229
10.1　工程概况 …… 229
10.2　施工技术方案的优化和比选 …… 231
10.3　隧道衬砌结构 …… 237
10.4　隧道现场监测及分析 …… 238
10.5　总结 …… 246
第 11 章　大断面隧道铣挖法施工技术 …… 247
11.1　铣挖法国内外运用现状 …… 247
11.2　铣挖法施工机械设备配套 …… 247
11.3　铣挖法工艺试验研究 …… 248

11.4　铣挖法施工技术优化研究 …… 256
11.5　施工效果检验 …… 263
11.6　总结 …… 263

第4篇　岩溶地层施工技术研究 …… 267

第12章　H型注浆加固技术 …… 269

12.1　岩溶发育地段辅助工法的优化 …… 269
12.2　浅埋岩溶地层H型止水帷幕和加固技术 …… 270
12.3　旋喷桩、搅拌桩施工技术 …… 273
12.4　注浆技术 …… 275
12.5　H型注浆技术分析和效果 …… 276
12.6　金沙洲隧道岩溶地层H型辅助工法的实施 …… 277
12.7　总结 …… 278

第13章　软弱地层改良加固技术 …… 280

13.1　概述 …… 280
13.2　淤泥质地层改良加固室内试验 …… 280
13.3　淤泥质地层改良加固现场施工技术 …… 285
13.4　淤泥质地层改良加固效果 …… 288
13.5　总结 …… 289

第14章　岩溶地层大断面隧道施工技术 …… 290

14.1　工程概况 …… 290
14.2　岩溶发育形态特征及规律 …… 291
14.3　施工过程中出现的问题 …… 291
14.4　岩溶发育地段施工方案的选择 …… 292
14.5　岩溶发育地层施工技术和工法 …… 293
14.6　总结 …… 307

第15章　隧道防排水技术 …… 309

15.1　概况 …… 309
15.2　防排水设计 …… 309
15.3　初期支护背后回填注浆 …… 310
15.4　防排水材料及性能指标 …… 311
15.5　隧道防水层施工技术 …… 312
15.6　隧道排水系统施工技术 …… 314
15.7　防水混凝土施工 …… 317
15.8　二次衬砌背后回填注浆堵水技术 …… 318
15.9　渗漏水病害处理措施 …… 318
15.10　总结 …… 321

第16章　岩溶地层围岩注浆防水技术 …… 322

16.1　围岩注浆防水理论分析 …… 322
16.2　围岩注浆防水方法研究 …… 325
16.3　围岩注浆防水参数研究 …… 329

16.4 注浆材料比选试验分析 …… 332
16.5 注浆质量检测标准分析 …… 337
16.6 工程实例 …… 338
16.7 总结 …… 344
第17章 衬砌混凝土裂缝渗漏水治理技术 …… 345
17.1 隧道衬砌裂缝成因分析 …… 345
17.2 隧道及地下工程衬砌混凝土结构裂缝渗漏水特征分析 …… 351
17.3 注浆法治理衬砌混凝土结构裂缝渗漏水的机制 …… 353
17.4 注浆法治理渗漏水的适用条件 …… 354
17.5 注浆法治理渗漏水施工工艺研究 …… 355
17.6 现场试验及工程实例 …… 357
17.7 隧道典型部位渗漏水整治实施方案 …… 362
17.8 总结 …… 367

第5篇 城市隧道施工安全风险管理 …… 369
第18章 城市隧道施工安全风险管理基础 …… 371
18.1 城市隧道施工安全风险管理基本理论 …… 371
18.2 城市隧道施工安全风险等级标准 …… 381
第19章 城市隧道施工安全风险管理技术 …… 385
19.1 规划阶段风险管理技术 …… 385
19.2 可行性研究阶段风险管理技术 …… 388
19.3 勘察与设计阶段风险管理技术 …… 393
19.4 招投标与合同签订阶段风险管理技术 …… 403
19.5 施工阶段风险管理技术 …… 405
第20章 城市隧道施工安全风险管理应用研究 …… 414
20.1 工程简介 …… 414
20.2 隧道施工安全风险管理内容 …… 414
20.3 隧道主要安全风险分析 …… 415
20.4 下穿立交桥施工安全风险管理 …… 416
20.5 下穿地下管线施工安全风险管理 …… 424
20.6 施工安全风险管理软件开发 …… 428
20.7 总结 …… 432
第21章 城市基坑安全风险管理应用研究 …… 433
21.1 基坑施工风险评估的意义 …… 433
21.2 金沙洲隧道淤泥质地层明挖基坑工程概况 …… 433
21.3 深基坑风险因素辨识 …… 439
21.4 深基坑风险发生概率估计 …… 443
21.5 深基坑风险发生后损失估计 …… 449
21.6 金沙洲隧道明挖段深基坑风险评估结论 …… 452
21.7 金沙洲隧道明挖段深基坑风险控制措施 …… 452
参考文献 …… 454

GONGCHENG YU YANJIU GAISHU

第1篇 工程与研究概述

第1章　工程概述

1.1　工程背景

根据我国铁路网发展规划，到2020年，我国将建成高速铁路（简称“高铁”）5×10^4 km以上，实现北京到全国绝大部分省会城市形成8 h以内交通圈、邻近的省会城市形成1～2 h交通圈、省会与周边城市形成0.5～1 h交通圈的目标，将会使越来越多的人享受高铁带来的便捷。因此，高铁进入城市的时代已经到来。

高铁线路设计标准高、轨面平顺性要求严。高铁进入城市采用路基时具有控制沉降难度大且增加了市区平交道口等缺陷，为了弥补这些缺陷，设计者常常采用高架桥上跨或隧道下穿两种方式。高架桥在城区上跨时，具有影响城市发展规划和景观协调、占用地面空间和土地资源多、建（构）筑物征拆量大、噪声污染较严重、对周围居民的生活和城市功能影响较大、不利于抗震等弊端。而高铁进入城市选用隧道下穿的方式时，具有少征拆、环保、节地、不影响环境协调、抗震性好、受天气影响小等诸多优点，又因为各个城市正在大力发展城市地下铁道（简称“地铁”）工程，为了实现城市地铁和高铁之间零换乘的需要，高铁进入城市选择隧道下穿方式已成为发展的必然趋势，连接城市之间的高铁在引入城市时从地下穿越的情况将会越来越多，高铁城市隧道的建设高潮也随之来临。

随着高铁下穿城市的工程越来越多，会产生许多新的工程技术难题。高铁由地面下穿引入城市时，都存在隧道埋深浅、开挖断面大、地下水丰富、地质条件差、周围敏感结构物多等问题，因此，如何确保隧道施工安全和周围环境安全，成为亟待解决的现实难题。

当今世界上高铁技术比较领先的日本、法国、德国等国家，高铁建设规模相对不大，还未曾有高铁下穿城市的文献报道，而我国高铁建设正处在大规模发展的初期，对于高铁城市隧道这一新的工程现象缺乏工程经验。因此，针对高铁下穿城市的关键技术进行研究，对促进我国高铁技术进步和城市发展具有重大意义。

1.2　工程简介

武广高铁是中国高铁规划网络中南北大动脉的重要组成部分，北起武汉新客站，南达广州新客站，全长1 069 km，设计时速350 km，是我国首条长度最长、设计时速最快的高铁，是我国高铁建设史中的里程碑。金沙洲隧道和浏阳河隧道是武广高铁分别下穿广州市区和长沙市区的城市隧道。

1.2.1 金沙洲隧道简介

金沙洲隧道段原设计采用高架桥跨越，地方政府因占地过多、拆迁范围大、与城市景区不协调、影响城市发展等原因，强烈要求下穿通过，遂改为浅埋隧道下穿。

金沙洲隧道是武广客运专线穿越广州市区的大型地下工程，位于广州市区西侧及南海市境内，北起南海市里水镇洲村，呈 NS 走向。隧道全长为 4 469 m，其中北侧 3 469 m 为暗挖段，南侧 1 000 m为明挖段，辅助坑道设一个斜井和两个竖井，后因工期需要在明暗分界处增设一个临时竖井。隧道由北向南依次下穿或紧邻采石坑、水塘、高速公路沙贝立交桥、凤岐里居民区、广州西环高速公路、煤气管线、建设大道等重要建(构)筑物，兼具山岭隧道及城市地铁的特点。金沙洲隧道平面位置示意如图 1.2－1 所示。

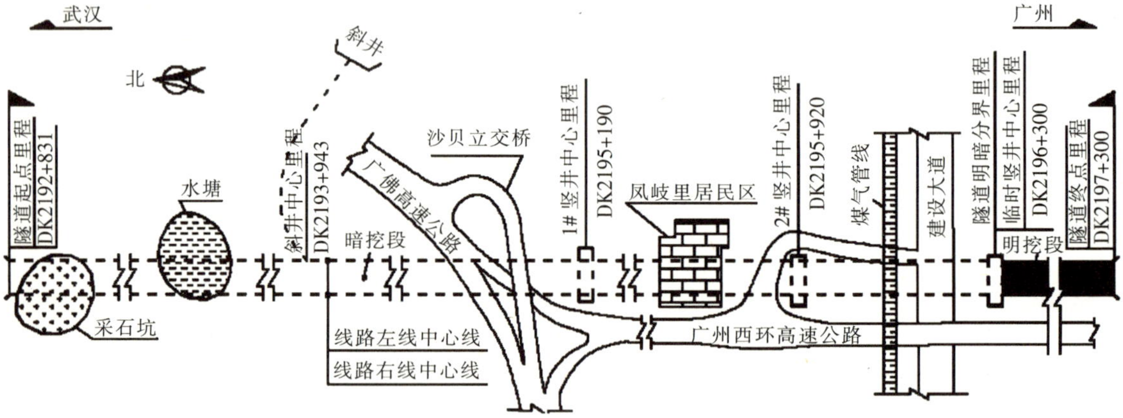

图 1.2－1　金沙洲隧道平面位置示意图

隧道纵坡设计为“V”字坡，分别为长 2 359 m 的 20‰下坡和长 2 110 m 的 20‰上坡，1＃竖井为整座隧道的变坡点。隧道洞身主要穿越灰岩和粉砂岩，灰岩段长 1 820 m，粉砂岩段长 1 451 m；还穿越淤泥质地层、断层破碎带、溶洞发育区、可溶岩与非可溶岩接触带等不良地质和特殊岩土。金沙洲隧道纵剖面示意如图 1.2－2 所示，隧道分段概况如表 1.2－1 所示。

表 1.2－1　隧道分段概况

项　　目	里　程		长度(m)
	起始里程	终止里程	
进口洞口段	DK2192＋831	DK2192＋849	18
洞身暗挖段	DK2192＋849	DK2196＋300	3 451
明挖暗埋段	DK2196＋300	DK2196＋893	593
出口 U 形槽段	DK2196＋893	DK2197＋300	407

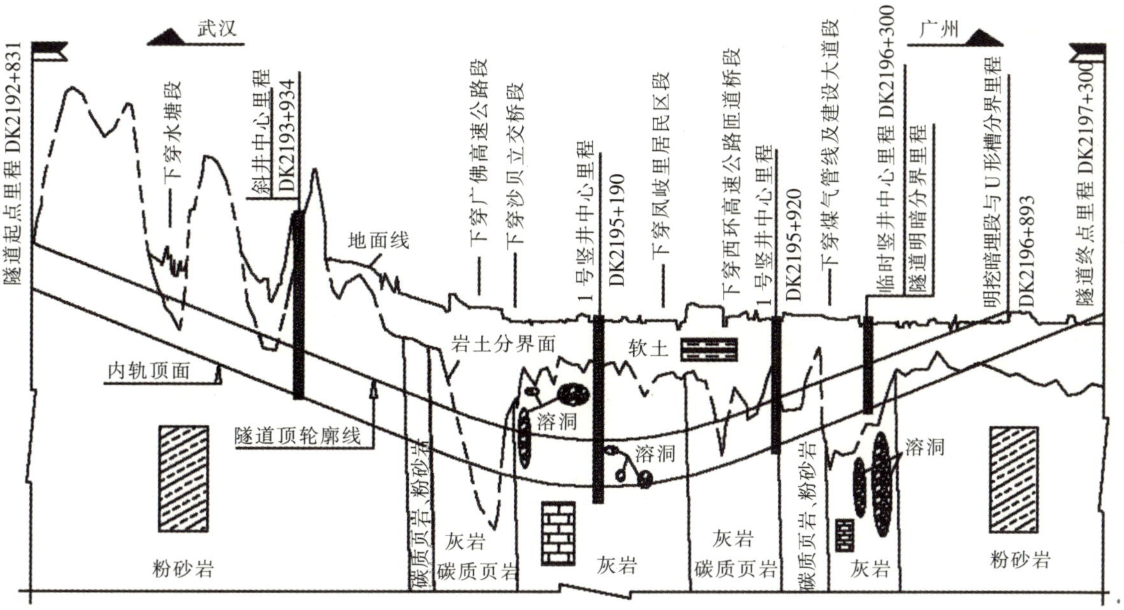

图 1.2－2　金沙洲隧道纵剖面示意图

1.2.2　浏阳河隧道简介

浏阳河隧道位于长沙市区东侧，呈 NS 走向，全长 10 115 m，由中铁四局和中铁一局分别负责施工。从隧道进口 DK1565＋972～DK1570＋930 共计 4 958 m 由中铁四局施工，其中明挖段长 1 489 m、暗挖段长 3 469 m，辅助坑道设两个竖井。中铁四局施工段隧道线路位于长沙经济开发区和长沙县星沙镇，沿线下穿地表建筑物、城市道路、管涵和牛角冲互通立交桥等重要构筑物。浏阳河隧道中铁四局施工段平面位置示意如图 1.2－3 所示。

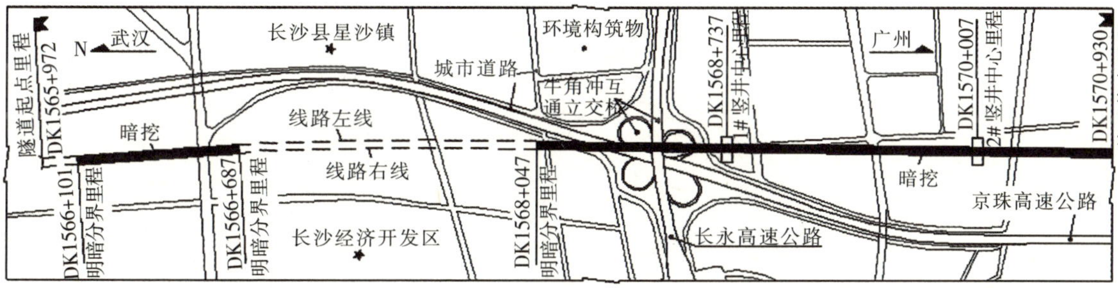

图 1.2－3　浏阳河隧道中铁四局施工段平面位置示意图

中铁四局施工段隧道线路呈单面下坡，洞身穿越地层主要为泥质粉砂岩，围岩软弱破碎，地层风化极不均匀，基岩面起伏较大，在纵断面上围岩级别变化频繁，特别是形成的风化槽谷完全侵入隧道断面，在隧道横断面上呈典型的上软下硬地层。浏阳河隧道中铁四局施工段纵剖面示意如图 1.2－4 所示。

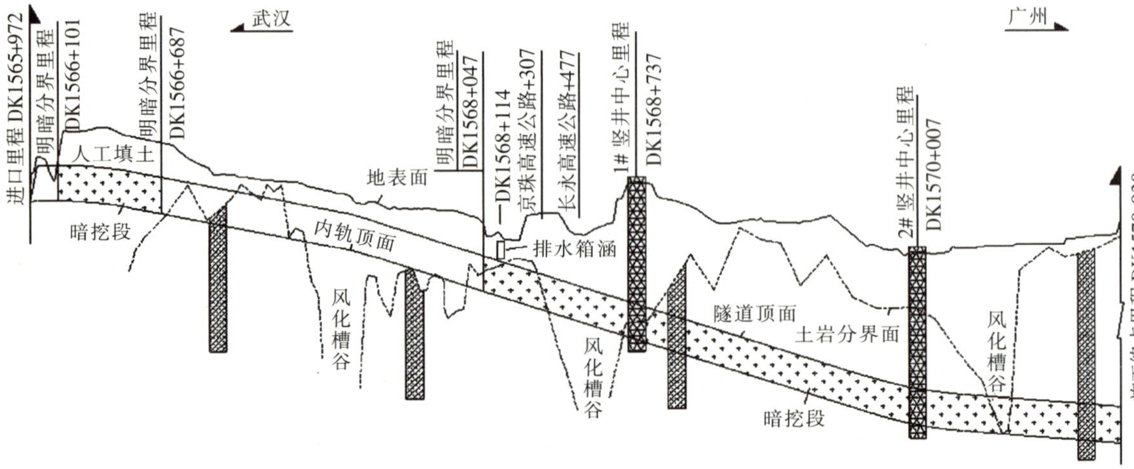

图 1.2－4　浏阳河隧道中铁四局施工段纵剖面示意图

1.3　工程技术特点与难点

金沙洲隧道和浏阳河隧道都位于大城市，两座隧道所处的环境条件、地质条件及其设计特点、工程要求等，决定其具有以下共同的特点和难点：

(1)隧道埋深浅。埋深小于 2 倍开挖高度的长度分别占全隧长的 81.6%和 67.1%。

(2)隧道围岩软弱。Ⅴ、Ⅵ级软弱围岩累计长度分别占全隧长的 53.59%和 55.50%。

(3)隧道开挖断面大。暗挖隧道采用单洞双线大断面复合衬砌型式，隧道开挖宽度约 15 m，高度约 13 m，线间距 5 m，开挖断面面积约 160 m^2，属于特大断面(日本≥140 m^2，国际隧道协会≥100 m^2)隧道。隧道Ⅵ级围岩横断面设计如图 1.3－1 所示。

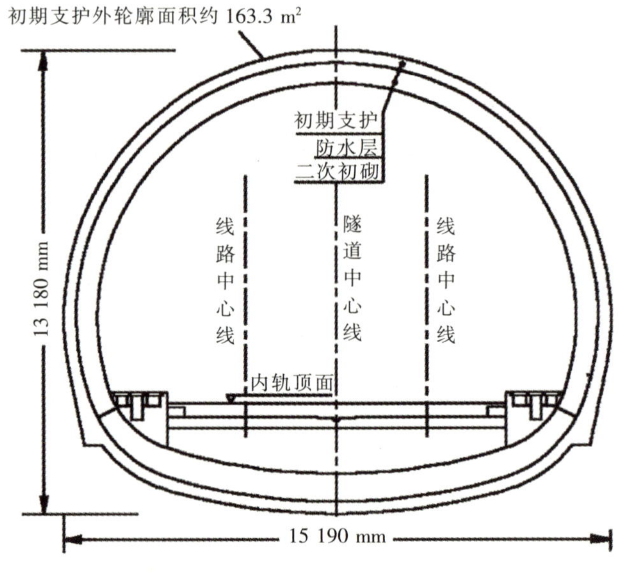

图 1.3－1　隧道Ⅵ级围岩横断面设计图

(4)隧道环境十分复杂。金沙洲隧道在灰岩地段下穿高速公路立交桥枢纽、地下管线，浏阳河隧道在粉砂岩和风化槽谷中下穿排水箱涵和牛角冲互通立交桥。

(5)隧道地质情况复杂多变。金沙洲隧道和浏阳河隧道基岩面起伏较大，在纵断面上围岩级别变化频繁，在横断面上呈典型的上软下硬地层。金沙洲隧道洞身还穿越 1 820 m 灰岩段，岩溶发育。

(6)水文地质条件差。水塘、水库、水沟、河流等地表水源比较多，孔隙潜水、基岩裂隙水、岩溶水等地下水丰富。

(7)安全风险极大。金沙洲隧道浅埋下穿严重偏压地形、水塘、厂房，在浅埋岩溶地层浅埋下穿广佛高速公路、沙贝立交枢纽、居民区、城市主干道及地下煤气管线等，还穿越淤泥质地层、溶洞发育区等不良地质和特殊岩土；浏阳河隧道在上软下硬复合地层中修建深大竖井，全断面穿越软弱风化槽谷段，超浅埋下穿人工填土段，超浅埋下穿牛角冲互通立交桥等构筑物。又因为两座隧道所处地段地下水丰富，隧道掘进过程中容易发生洞内涌水冒泥，洞内失水过多和开挖方法不当易引起地表塌陷、建(构)筑物开裂、管线爆裂等工程灾害，危及隧道施工和环境安全，安全风险极大。作为铁道部极高风险隧道，其修建期间受到各方的高度重视和关注。

(8)工程主体结构设计寿命 100 年，一级防水标准，环境保护及水资源保护要求高。二次衬砌(简称“二衬”)根据防水设计措施区别设计：对全封闭防水地段，二次衬砌按承受全部围岩压力和水压力，采用荷载结构模式进行计算；对拱墙设计防水层地段，二次衬砌按承受全部围岩压力，不承受水压力，采用荷载结构模式进行计算。

(9)金沙洲隧道和浏阳河隧道是我国高铁首次在城市复杂富水地层中长距离下穿的浅埋特大断面隧道，项目投资约 10 亿元，是国内工程规模最大、浅埋暗挖段最长、开挖断面最大的高铁城市隧道工程，如此复杂工程国内外罕见。

1.4　工程对策

面对工程难度极大、安全风险极高、工程经验缺乏等现实难题，希望通过科学研究、技术创新、试验等手段，解决现场技术难题，实现安全快速施工目的，为类似工程积累宝贵经验，围绕该工程的相关研究将具有重要的现实意义和学术价值。

第2章 研究概述

2.1 任务来源及组织研究过程

金沙洲隧道和浏阳河隧道是由中铁四局承建的武广高铁控制性工程，两个隧道同期施工且均为在城区复杂地层中施工的浅埋特大断面隧道，均面临隧道断面大、穿越距离长、环境条件复杂、地质复杂多变、安全风险极高、工程经验缺乏等现实难题。

为了确保这一重大工程按时开通运营，做到安全快速施工，中铁四局集团公司决定把传统的经验施工转变为在科学研究和科学试验指导下的信息化动态施工，遂联合高校、设计院等单位，共同组成科技攻关组，针对工程中的重难点问题和关键技术，设立"高速铁路浅埋暗挖大断面城市隧道关键技术"科研课题。中铁四局集团公司及时对科研课题予以立项批准，课题编号为2006－22。铁道部针对浏阳河隧道，分别批准设立了"武广客运专线浏阳河隧道铣挖法施工及预加固技术研究(2005K002－D－3)"和"客运专线隧道全封闭防水技术研究(2005K002－D－1－2)"两个科研课题，中铁四局承担其施工段内的关键技术研究工作。

2006年6—9月，课题组利用施工组织设计、施工调查、地质报告、设计文件、国内外调研等资料，编写了研究实施大纲，成立了组织机构，明确了分工。

2006年9月—2009年6月，在工程实施期间，金沙洲隧道和浏阳河隧道项目经理部针对施工困难情况，先后38次和17次邀请国内院士、设计大师等知名专家在现场研讨方案并指导施工。由于浏阳河隧道施工方法由铣挖法改为钻爆法、金沙洲隧道实际地质与设计文件中预估的地质相比发生了较大变化等缘故，课题组在采纳专家意见的基础上，根据现场实际情况对研究内容及时进行了动态调整。

2006年9月—2009年6月，课题组根据施工进度安排和工程需要，利用室内试验、工艺试验、监测、检测、地质预报、理论分析等手段，超前开展关键技术研究，验证和优化施工方案，为施工决策提供理论依据，并在项目施工过程中，将技术研究成果及时总结形成工法、论著，获得专利授权、著作权等。

2008年5月，中铁四局集团公司、中国中铁股份有限公司先后组织专家对金沙洲隧道和浏阳河隧道的科研成果进行了中期审查。

2008年6月和2009年11月，铁道部科技司先后组织专家对浏阳河隧道科研成果进行了中期审查和验收评审。

2009年12月4日和2009年12月28日，中铁四局集团公司组织专家在合肥先后对武广高铁金沙洲隧道和浏阳河隧道关键技术研究成果进行了评审。该成果获中铁四局集团公司科技进步一等奖。

2010年10月27日，中国铁路工程总公司组织专家在北京对武广高铁金沙洲隧道和浏阳河隧道关键技术研究成果进行了评审。该成果获中国铁路工程总公司科技成果一等奖。

2010 年 10 月 10 日和 2010 年 12 月 19 日，湖南省科技厅在长沙、安徽省科技厅在合肥先后组织国内知名专家对武广高铁浏阳河隧道和金沙洲隧道关键技术研究成果进行了鉴定，鉴定委员一致认为该成果达到了国际领先水平。浏阳河隧道和金沙洲隧道关键技术研究成果获安徽省科技成果一等奖。

2.2　研究规划与总体构思

2.2.1　高铁城市隧道的共同特点

以金沙洲隧道和浏阳河隧道为典型代表的高铁城市隧道，充分反映了高铁城市隧道具有以下共同特点：

(1)由于穿越距离长、开挖断面大，高铁城市隧道具有长大隧道的特点。

(2)由于城市地表水源多、地下水丰富，高铁城市隧道具有水下隧道工程的特点。

(3)由于围岩软弱破碎、地质构造复杂，高铁城市隧道具有复杂地质条件下山岭隧道的特点。

(4)由于埋深浅，地表沿线道路、桥梁、管线、建筑等众多，高铁城市隧道具有复杂环境条件下城市地铁隧道的特点。

2.2.2　高铁城市隧道的研究规划与总体构思

(1)由于高铁城市隧道具有长大隧道的特点，隧道穿越距离长、开挖断面大，施工周期一般都比较长，不确定性因素也随之增多，若不考虑快速施工，很难确保工期目标；还有就是若能实现快速施工，会带来少投入设备，减少项目管理费用、人工费用和设备租赁费用以及产品提前投入使用等好处，具有显著的社会、经济效益。因此，高铁城市隧道需要研究快速施工技术，以确保工期目标和实现效益最大化。

(2)由于高铁城市隧道具有水下隧道和山岭隧道的特点，围岩软弱破碎、遇水容易软化，洞内施工存在大变形、坍方、失稳等工程危害，因此，控制洞内围岩的安全稳定是关键。又因为高铁城市隧道具有城市地铁隧道的特点，周围紧邻的建(构)筑物对地层变形提出了严格限制，因此即使洞内安全了也不能保证洞外周围环境的安全。城市地铁工程实践表明，环境安全的变形控制标准往往要高于洞内安全的变形控制标准。因此，高铁城市隧道必须研究变形控制技术，以确保周围环境和洞内的施工安全。

(3)由于高铁城市隧道具有水下隧道和软弱围岩山岭隧道的特点，洞内施工容易发生突泥、突水甚至坍方等工程事故，安全风险很大；又由于高铁城市隧道具有复杂环境下城市地铁隧道的特点，洞内失水、地层失水、洞内变形过大，都容易导致路面塌陷、管线破裂、建(构)筑物开裂等环境灾害；还由于城市地铁隧道在复杂环境条件下常常采用盾构法施工，而高铁城市隧道因为断面超大、形状不规则，根本不可能采用盾构法施工，加之埋深浅，只能采用浅埋暗挖法施工，导致安全风险极大。因此，高铁城市隧道必须研究施工过程中安全风险的控制，特别是环境安全风险的控制。

2.3 主要研究内容

在对高铁城市隧道控制关键要素分析的基础上，课题组综合考虑金沙洲隧道和浏阳河隧道工程特点、周边环境、工程要求、进度计划、施工组织、设计文件等因素后，确定通过科技创新来实现安全、快速施工目标，一方面及时将研究成果在两个隧道建设中进行应用，最大限度地将科研成果转化成生产力，另一方面可使高铁城市隧道研究成果具有代表性和广泛推广应用价值。基于这些认识，确定了以下三个主要研究内容。

2.3.1 高铁城市隧道快速施工技术研究

高铁城市隧道具有长大隧道的特点，长大隧道要实现快速施工，首先必须合理设计辅助坑道，以尽可能为正洞施工提供更多的作业面，才能为正洞快速施工创造条件。因此，首先必须解决辅助坑道的快速修建问题。辅助坑道转入正洞后，需要正洞能够形成快速施工能力，同时要求辅助坑道能够满足正洞对出碴效率的要求。因此，还需要进一步研究能够实现正洞快速施工的方法和解决辅助坑道快速出碴的问题，辅助坑道中斜井常常采用无轨运输，主要是解决竖井快速出碴的能力问题。

高铁城市隧道要实现快速施工目标，需要解决辅助坑道快速修建、快速出碴和正洞快速施工等三个方面的技术问题。课题组结合金沙洲隧道和浏阳河隧道特点，设立了"高铁城市隧道斜井转正洞快速施工技术研究""高铁城市隧道竖井快速施工技术研究""高铁城市隧道竖井快速出碴技术研究"和"高铁城市隧道快速施工方法研究"四个科研专题，从而指导高铁城市隧道快速施工，以确保工期目标。

2.3.2 高铁城市隧道变形控制技术研究

高铁城市隧道具有水下隧道、山岭隧道和城市地铁隧道的综合特点和复杂性，为了防止地层变形过大危及地表建(构)筑物的安全，必须控制施工过程中地层的变形，尤其在浅埋城市隧道需要控制地表沉降。地层变形主要是由于洞内开挖地层损失引起洞内周边收敛，然后由洞周变形逐渐向地表传播而致。因此，采取措施控制洞内变形过大是一个关键因素，洞内变形过大常常是由于超前支护刚度不够、围岩软弱、隧道初期支护刚度弱等因素所致。另外，在地下水丰富的软弱地层中，浅层地下水通过洞内水或降水导致地层失水固结变形，这部分变形常常还比较大，因此，控制地层失水和对软弱围岩特别是失水影响范围内的软弱围岩进行加固是控制地层变形的另一个关键因素。

富水软弱围岩中的高铁城市隧道施工需要解决洞内变形过大和地层失水过多两个主要技术问题，结合金沙洲隧道和浏阳河隧道特点，课题组设立了"高铁城市隧道洞外辅助工法研究"和"高铁城市隧道洞内超前预支护技术研究"两个科研专题，以解决高铁城市隧道变形控制的技术难题，防止地层变形过大影响紧邻建(构)筑物的正常使用和安全。

2.3.3　高铁城市隧道安全风险管理研究

高铁城市隧道是在城市软弱富水地层中修建的长大断面隧道，既具有水下隧道和山岭隧道的洞内施工安全风险，又具有城市地铁隧道的环境安全风险。“安全第一、预防为主”是我国的安全生产方针，安全目标也是其他目标实现的基础和前提，高铁城市隧道风险源多，风险因素更多，若没有一套科学的管理办法和系统的控制流程，要想对施工期间的安全做到提前防范而不疏漏是不现实的。借助安全风险管理理论与隧道施工技术相结合形成的隧道施工安全风险管理技术，对隧道施工过程中的安全风险特别是环境安全风险进行科学的管理，显得非常重要。因此，研究隧道施工安全风险管理技术并在城市高铁隧道中进行应用，具有重要的理论意义和现实意义。

由于高铁城市隧道安全风险问题突出，而且风险管理的一些算法比较复杂，若没有一个可供使用的信息平台来简化这项工作，提高这项工作的效率，要想把风险管理成果及时用于指导施工和决策，仍有很大的困难。基于这种认识，需要将研究形成的隧道施工安全风险管理技术开发成风险管理软件，一方面可以在目前的城市高铁隧道建设中进行应用，另一方面便于在其他城市高铁隧道建设中推广应用。

因此，为了解决城市高铁隧道安全风险极高的问题，提高风险管理的信息化水平和效率，结合金沙洲隧道和浏阳河隧道特点，课题组设立了“高铁城市隧道风险管理技术研究”和“高铁城市隧道安全风险管理软件研究”两个科研专题。

为了实现高铁城市隧道上述三个方向的研究内容，课题组各成员单位充分发挥各自的优势和特点，采用工程调研、专家咨询、现场测试、室内试验、原位试验、数值模拟、编程、理论分析、专家会议等综合手段，在课题组统筹安排和统一协调下，共同开展理论研究、试验研究和成果的应用。

2.4　主要技术创新

2.4.1　高铁城市隧道快速施工技术创新

(1)高速铁路双线隧道开挖断面大，斜井能否顺利进入正洞，成为影响施工进度的关键。课题组首次提出斜井转正洞大包法施工技术，安全快速完成了斜井断面线性连续上挑、斜井转导洞、导洞转正洞等关键工序的过渡，成功解决了小断面斜井转入大断面正洞施工这一技术难题。工程实践表明，当隧道辅助坑道断面较小而正洞断面较大时，采用大包法进行辅助坑道转正洞的施工方案优势明显，工序简单，施工难度较低，施工安全度大大提高，有效地缩短了转换工期，减少了临时支护，大大节约了成本。总结的高速铁路大断面隧道斜井转正洞大包法施工工法已成为铁道部部级工法。

(2)通过对富水复合地层大断面深竖井施工技术的研究，课题组首次提出上部非基岩软土段摆喷桩止水、钻孔桩围护、全断面开挖，下部基岩段喷锚支护、分层分块间隔开挖，竖井内衬逆筑法施工，竖井转正洞与竖井落底同步施工并及时施作两侧进洞口拱部超前长管棚等一系列关键控制技术，并对施工过程进行三维仿真模拟指导实践，成功解决了富水复合地层大断面深竖井及转正洞施工技术难题。该项研究成果经总结形成了安徽省省级工法，即“客运专线城市隧道大断面竖井施工工法”。

(3)针对大断面深竖井如何快速循环施工的现实问题，课题组基于 QC 法(Quality Control 的简称，中文为“质量控制”)对深大竖井的施工过程进行精细化管理和技术攻关，成功解决了满堂脚手架模板支撑体系搭拆时间长、汽车吊出碴容量小、人工卸碴速度慢且出碴效率低、二衬预留钢筋下一循环搭接施工难度大、组合钢模拼装时间长等一系列关键问题，竖井循环施工速度得到了显著提高，每循环施工时间由原来的 11 d 缩短到 6 d。课题组因该成果获“全国工程建设优秀质量管理小组”称号。

(4)为解决大断面隧道深大竖井出碴存在的卸碴慢、荷载重、劳动强度大、风险高等问题，课题组通过对提升设备起吊系统、吊斗及吊具系统、卸碴导向架系统的设计优化，发明了“在吊斗上设置耳轴、吊斗引入导向架卸碴槽内、通过偏心的方式完成自动卸碴”的自动卸碴系统，使提升碴土、卸碴过程全部实现了在控制室内自动化操作，较好地解决了深大竖井出碴速度慢、大型设备下井困难等技术难题，降低了施工风险。深大竖井简易自动卸碴装置已被授权为国家实用新型专利并已获得国家发明专利。

(5)为了解决大断面隧道快速施工方法问题，课题组将传统的 CRD 法(Cross Diaphragm 的简称，中文为“交叉中隔壁”)进行改进，即将 CRD 法的中隔壁由曲墙改为直墙、将大管棚与台阶法相结合、对隧道初期支护(简称“初支”)进行加强等，创造性提出了动态分部台阶开挖方法。该施工方法将改进的 CRD 法和台阶法进行了融合、拓展、创新和灵活运用，按照三台阶法从上而下组织施工，动态分部设置临时仰拱和临时竖直中隔墙，能够最大限度地满足不同围岩、环境条件下的工期、安全需要，将整个隧道的施工方法进行了统一，便于施工转换，灵活高效，适应性强。该成果经总结已申请发明专利且已被受理。

2.4.2 高铁城市隧道变形控制技术创新

(1)针对城区复杂环境下浅埋岩溶地层大断面隧道施工，课题组创造性提出了在平面和剖面上均呈 H 形的空间止水和围岩加固的辅助工法。实践表明，采用 H 型辅助工法、洞内超前支护手段和动态分部开挖法，能确保大断面隧道在城区浅埋岩溶地层中施工和周围环境的安全；H 型辅助工法将传统的隧道内超前帷幕止水加固技术转移到地表施工，将传统的搅拌桩(或旋喷桩)与地表注浆改良加固技术合理结合，形成浅埋隧道 H 型止水帷幕和加固技术，弥补了传统隧道内超前帷幕止水技术的不足之处，扩大了工作面，洞外施工基本不影响洞内，加快了施工进度；H 型辅助工法能有效地控制地下水的流失、地表沉降和增强隧道的安全稳定性，施工工艺简单，具有较好的经济效益和社会效益，在类似工程中，具有广阔的推广应用前景。该项技术成果已总结形成了江西省省级工法并且发明专利申请已获得受理。

(2)隧道在软弱围岩和复杂环境等施工困难地段掘进过程中，可设置不同类型的超前管棚体系。采用常规方法在掌子面扩挖管棚工作室时，安全风险较大。课题组通过研究和创新，发明了在已完成初支地段通过间隔换拱扩挖形成管棚工作室的方法，具有安全性高、适应性强、使用灵活、工序简单等特点。该成果经总结已被授权为国家发明专利。

2.4.3　高铁城市隧道安全风险管理创新

(1)课题组对金沙洲隧道和浏阳河隧道主要施工安全风险进行了系统分析,并首次采用肯特指数法,对隧道下穿煤气管线重大风险源进行了风险评估,提出了风险对策和处理措施。通过将管线直接原地改移到地表,利用沉降可调节装置,结合监控量测技术,随时掌握管线的沉降和变形情况,及时对管线进行调整,将管线回复到原有位置,确保管线不发生大的沉降变形情况,保证了金沙洲隧道施工过程中煤气管线的安全。煤气管线可调节保护装置已被授权为国家实用新型专利并且发明专利申请已获得受理。

(2)针对高铁城市隧道工程特点,课题组研究了隧道施工安全风险管理技术体系,在此基础上,通过软件开发,构造了风险源库、风险应对措施库、风险计划、风险辨识、风险评估、风险处理、风险监控、三维可视化预警、评估报告生成等模块,形成了内容丰富、功能全面的风险管理软件系统,能够对矿山法隧道施工过程风险评估与风险控制进行系统管理并生成风险管理报告,提高了隧道工程风险管理信息化水平和效率。该项研究成果已获得了国家软件著作权并经总结出版了两部专著。

2.5　主要研究成果

通过对金沙洲隧道和浏阳河隧道进行科研攻关,课题组取得了丰硕的科技成果,汇总如下:

(1)隧道内已成初期支护软弱围岩地段扩挖管棚工作室的方法,获国家发明专利,专利号:ZL 2008 1 0155272.3。

(2)深大竖井简易自动卸碴装置,获国家实用新型专利,专利号:ZL 2008 2 0039037.5,并获国家发明专利。

(3)煤气管线可调节保护装置,获国家实用新型专利,专利号:ZL 2010 2 0269975.1。

(4)隧道工程施工安全风险管理系统 V1.0,获国家软件著作权,软件登记号:2010SR006829。

(5)隧道超浅埋不均匀风化地层开挖施工方法、H 型止水帷幕施工工艺与煤气管线可调节保护装置,这三项成果均已申请国家发明专利且已被受理,受理号分别为:200810143470.8(公告号 CN101725358A)、201010103251.4、201010235585.7。

(6)客运专线城市隧道大断面竖井施工工法,被批准为安徽省省级工法,工法号:AHGF11－08。

(7)高速铁路隧道斜井转正洞大包法施工工法,被批准为铁道部部级工法,工法号:TJBJGF－09·10－074。

(8)大断面隧道 H 型超前注浆预加固施工工法,被批准为江西省省级工法,授权文件:赣建〔2011〕4 号。

(9)浏阳河隧道竖井 QC 小组,获“全国工程建设优秀质量管理小组”称号,授权文件:建协质证字第 193 号。

(10)出版《隧道施工安全风险管理研究与实务》和《近接建筑物条件下隧道施工安全与风险管理的理论与实践》两部专著。

(11)公开发表博士论文 2 篇 、硕士论文 3 篇、期刊论文 19 篇，共计 24 篇。

(12)浏阳河隧道科研成果获中国铁路工程总公司科技成果一等奖。

(13)浏阳河隧道工程获中国土木工程詹天佑大奖。

(14)金沙洲隧道获“全国建筑业新技术应用示范工程”称号。

(15)金沙洲隧道和浏阳河隧道科研成果获安徽省科技成果一等奖。

2.6 与国内外同类研究的综合比较

高铁进入城市是我国高铁发展的必然趋势和城市功能的需要，由于高铁城市隧道具有环保、节地、抗震、不受天气影响、征拆少等诸多优点，因此，高铁进入城市采用城市隧道下穿方式会成为必然的首选方案。

国内外查新和工程调研表明，国外高铁建设规模及城市发展特点与我国都很不一样，鲜见高铁城市隧道的研究和工程报道，我国修建高铁城市隧道没有国外经验可以借鉴；而我国高铁城市隧道正处在蓬勃发展的初期，国内也没有类似工程经验。由于高铁城市隧道断面大、不规则，现阶段仍无法采用掘进机法施工，只能采用浅埋暗挖法施工，因此，高铁城市隧道必然面临施工难度极大、安全风险极高的现实难题。

本项目以武广高速铁路金沙洲隧道和浏阳河隧道两个具有典型代表性的城市隧道作为工程载体，首次研究了高铁城市隧道快速施工、控制地层变形过大和降低施工风险等三个最为关键的技术难题。

通过对高铁城市隧道快速施工技术的研究，首次提出斜井转正洞大包法施工工法，比传统的小导坑爬坡法更加安全、经济；首次提出大断面竖井直接转正洞施工工法，与传统竖井通过横通道再转入正洞的方法相比，能节省大量的开挖和支护工程量；发明的竖井快速出碴系统，比人工卸碴节省大量的时间；发明的隧道动态分部施工方法，比传统的 CRD 法更加灵活经济，比台阶法更加安全可靠。总体上形成了高铁城市隧道快速施工成套技术，研究成果形成了 1 项省级工法、1 项部级工法、1 篇硕士论文和 7 篇科技论文，获 2 项国家发明专利、1 项国家实用新型专利，发展了我国高铁城市隧道快速施工技术。

通过对高铁城市隧道变形控制技术的研究，首次提出在洞外采用 H 型止水帷幕工法，相比传统在洞内施工止水帷幕而言，施工环境更加开阔，不影响正洞施工作业，质量更加有保证，止水效果更好；在洞内利用长大管棚支护控制变形方面，发明了在支护段扩挖管棚工作室方法，比传统的在掌子面扩挖法更加安全，形成了高铁城市隧道变形控制成套技术。研究成果形成 1 项省级工法和 5 篇科技论文，获 1 项国家发明专利，丰富了我国高铁城市隧道变形控制技术。

通过对高铁城市隧道安全风险管理的研究，在国内率先建立了施工安全风险评估和控制的技术体系，并将风险管理技术成果研究开发成软件系统，然后对高铁城市隧道施工安全风险进行信息化管理，形成了高铁城市隧道风险管理成套技术。研究成果获 1 项软件著作权、1 项国家发明专利、1 项国家实用新型专利，并形成 2 部专著、2 篇博士论文、2 篇硕士论文和 7 篇科技论文，国内外还未见有类似系统的研究成果报道，极大地提升了我国高铁城市隧道风险管理技术。

本项目以金沙洲隧道和浏阳河隧道工程作为示范，首次系统地形成了高铁城市隧道施工成套技术，不仅对工程本身具有重要指导意义，而且所研究解决的问题也是当今世界隧道界普遍关心的重难点问题，成果具有重要的现实意义和学术价值，技术经济效益显著，推广应用前景好，对丰富我国地下工程技术和推动我国地下工程技术进步具有重要意义。

当前,我国正处在地下工程蓬勃发展的历史时期,由于我国地质复杂多变和地下工程存在不确定性,在对上述研究成果进行推广应用时需因地制宜、灵活运用,在实际工程中应贯彻理论导向、经验判断、量测定量相结合的科学思想,坚持“管超前、严注浆、短开挖、少扰动、快封闭、勤量测、速反馈”的科学施工方法。

2.7　第三方评价、推广应用情况与实施效果

2.7.1　第三方评价

1. 工程竣工验收报告评价

2009 年底,铁道部组织相关单位及代表对武广客运专线浏阳河隧道和金沙洲隧道分别进行了工程竣工验收,未发现任何质量问题,各项指标均达到了设计要求。

2. 用户应用评价

科研成果在浏阳河隧道和金沙洲隧道进行了整体应用,辅助坑道新技术和风险管理技术在沈阳地铁工程进行了应用,风险管理技术在合肥地铁工程进行了应用,取得了良好的社会、经济和环境效益。

3. 国内外科技查新报告评价

安徽省科学技术情报研究所国内外查新结果表明:“……研究成果涉及:小断面斜井转正洞大包法施工技术;上软下硬富水地层中修建特大断面竖井;采用动态分部台阶法进行城区特大断面隧道施工,已成初支段扩挖管棚工作室;采用 H 型超前止水帷幕和加固技术;对隧道下穿高速公路立交枢纽和煤气管线进行风险评估和风险控制;开发了矿山法隧道施工安全风险管理软件等几个方面。从所查文献来看,除课题组成员的研究报道外,国内外未见与本委托项目上述内容相同的研究文献报道。”

4. 行业专家对科技成果水平的评价

安徽省科学技术厅和湖南省科学技术厅分别对金沙洲隧道和浏阳河隧道的科技成果进行了鉴定,以国家设计大师史玉新,长江学者李术才、何川、高波等知名专家组成的鉴定委员会认为“研究成果整体达到了国际领先水平”。

5. 同行专家对专著的评价

国家设计大师史玉新对《隧道施工安全风险管理研究与实务》一书做了这样的评价:“所取得的研究成果具有很大程度的创新和很强的实用性,是国内第一部全面论述和深入研究隧道施工安全风险管理的专著。”

2.7.2　推广应用情况

整体技术在武广高速金沙洲隧道和浏阳河隧道实施过程中得到了成功应用并发挥了重要作用,部分重要成果在沈阳地铁、合肥地铁工程中进行了推广应用。

2.7.3 实施效果

金沙洲隧道和浏阳河隧道通过全面应用高铁城市隧道快速施工技术、变形控制技术和风险管理技术等创新成果，攻克了在城区复杂环境和复杂地层条件下修建浅埋特大断面隧道这类国内外罕见的难题，工程竣工验收满足设计要求，社会、经济效益显著。

通过在沈阳地铁 2 号线和合肥轨道交通 1 号线试验段应用辅助坑道和风险管理技术成果，确保了施工过程安全，施工质量满足设计要求，社会、经济效益显著。

实践表明，本项目的研究成果填补了我国地下工程领域多项技术空白，学术价值大、创新程度高、推广应用前景广阔，为促进我国地下工程技术进步做出了重要贡献。

2.8 社会、经济效益

2.8.1 社会效益

通过技术创新，确保了武广高铁金沙洲和浏阳河隧道工程周围环境的安全；确保了武广高铁按时开通；工程实施过程中还为上万人提供了就业岗位；培养了一大批技术骨干和优秀管理人才，已在合肥地区高铁建设、合肥城市地铁建设中发挥重要作用；形成的工法、专利、软件、专著和论文等技术成果，为发展我国复杂隧道工程修建技术做出了重要贡献，研究成果在合肥地铁工程建设中具有重要的推广应用价值，社会效益显著。

2.8.2 经济效益

(1)高铁城市隧道利用斜井转正洞大包法施工技术、复合地层竖井直接转正洞施工技术、大断面竖井快速出碴技术等辅助坑道创新技术，加快了施工进度，节约了施工成本，产生直接经济效益 1 050 万元。

(2)高铁城市隧道利用洞外 H 型止水帷幕加固技术和淤泥质地层水泥搅拌桩改良加固技术、洞内长大管棚和动态分布台阶法等正洞创新技术，缩短了工期，控制了地层变形，产生直接经济效益 1 280 万元。

(3)高铁城市隧道利用风险评估和风险控制技术、管线和桥梁保护技术等环境安全风险管理新技术，降低了施工风险，保护了周围环境，产生直接经济效益 1 350 万元。

武广高铁金沙洲和浏阳河隧道工程通过整体应用创新技术，取得直接经济效益共 3 680 万元。

FUZHU KENGDAO SHIGONG JISHU YANJIU

第2篇

辅助坑道施工技术研究

第3章　斜井施工技术研究

3.1　斜井的优化设计

3.1.1　原方案主要缺点

武广客运专线从高架桥经丘陵山坡中腰进入金沙洲隧道，并以20‰坡度深入地面以下，存在设斜井的技术条件。其选址综合多种因素考虑，初步选定在DK2193+800～DK2194+000地段。在施工单位进驻前，设计单位进行了航拍、物探、钻探，经过对数据的分析研究，初步选定多个方案。原设计选定的斜井全长350 m，设计方案存在以下缺点：

1. 洞口位置偏僻，洞内坡度大

金沙洲隧道辅助坑道斜井洞口位置选址较低。洞口附近有大面积的水塘，虽然给施工用水提供了便利，但在广东雨季到来时会影响洞内施工安全。

设计坡度较大，设计坡度为8.5%，隧道内采用无轨运输，洞内与洞外坡度较大，导致汽车运输效率大大降低，运输时间增长，运输成本增加。

斜井部分段设计为圆曲线，斜井口进出车辆不能通视，为以后施工运输安全埋下隐患。

2. 无错车道

斜井设计中无错车道，导致机械效率降低，斜井与正洞出碴时间增长，影响整个隧道施工进度。

3. 斜井与正洞交接位置不理想

辅助坑道斜井位于线路前进方向的左侧，与线路左线交于DK2193+943，与线路小里程平面交角为40°，未设置加宽段。隧道采用无轨运输，现场运输车辆均为重型车辆，车辆在此位置转向困难，制约施工进度，并造成车辆燃油成本增加。同时车辆在隧道内排尾气造成空气混浊，使通风成本增加。

3.1.2　优化的主要内容和依据

1. 斜井洞口位置选择

根据现场情况调整开挖断面面积，从而降低辅助坑道斜井纵坡坡度，同时斜井开挖施工中分段调整设计坡度。斜井井身原曲线处增大开挖半径，减少对斜井通道内运输机械的制约。这样虽然增加了开挖及支护造价，但是整体提高了隧道内的运输能力，从而节省了隧道运输成本及通风成本。

2. 合理设置错车道

如果错车道设置间距过长或不设置错车道，则直接影响隧道每延米造价。如果间距过长，装载机出碴时倒运运距过长，会降低机械使用效率，造成出碴时间增长。经现场实际施工调整，在斜井靠近圆曲线处增大开挖面积，从而提高运输速度，增大运输效率，同时也消除了安全运输隐患。从长远考虑，合理增加错车道，有利于车辆在隧道内运输，提高工作效率。

3. 斜井与正洞相交位置设计

隧道施工中，为了方便运输车辆掉头，在斜井转正洞时调整钢架半径，扩大交叉口面积，扩大交叉口处设置加强钢架。这一方面减少了车辆在此处掉头的时间、防止交通阻塞，避免开挖循环时间增长，减少机械油料消耗，降低隧道整体运输成本；另一方面，正洞与斜井相交处是正洞运输和安全“要塞”，对其优化，可消除正洞施工安全隐患。

3.1.3 选定的斜井设计

经过施工、设计单位的反复勘察，以及跟当地政府的协商，确定了现行的斜井路线，主要出于以下五点考虑：

1. 地质条件

断层较多、地下水丰富、地质条件复杂的地段不适于建设斜井，目前斜井处于Ⅳ、Ⅴ级地质条件，较适合建设。

2. 建设投资

斜井处与正洞相接路线较短，仅 235 m，投资较少。

3. 均衡生产

在 DK2193＋943 处选定开挖的斜井，基本处于进口与 1＃竖井的中心处。

4. 周边环境

避开周边河流、村庄等，同时现行路线可将现有经济发展点有机连接。

5. 施工方便

斜井口工作区位于广州与佛山交界处，场地紧邻公路，交通便利。经与金沙洲街道办公室协商，斜井弃碴场位置选定位于搅拌站左侧荒地，运输距离 1 km 范围。

经过设计优化以后，金沙洲隧道斜井全长为 235 m，起讫里程 XDK0＋000～XDK0＋235，斜井中线与金沙洲隧道线路左线交于里程 DK2193＋943(XDK0＋000)处，斜井与隧道采用斜交单连，与线路小里程方向(武汉方向)交角为 40°，采用无轨运输方式和单车道衬砌断面，根据实际需要斜井与隧道相连处可适当扩大断面。斜井进入正洞后向大里程方向(广州方向)单向掘进。斜井与正洞隧道的平面位置关系如图 3.1－1(a)所示。

斜井纵坡设计为综合坡度达 8.5％的单面上坡，洞身主要在中风化和弱风化粉砂岩中穿越，岩体较为破碎，节理裂隙发育，地下水较丰富，洞身局部受构造影响存在顺层偏压问题。正洞埋深为 21 m，斜井最大埋深为 25 m，最小进口处埋深为 0.5 m，XDK0＋110～XDK0＋235 合计 125 m为Ⅴ级围岩，XDK0＋000～XDK0＋110 合计 110 m 为Ⅳ级围岩。斜井与正洞隧道的剖面位置关系如图 3.1－1(b)所示。

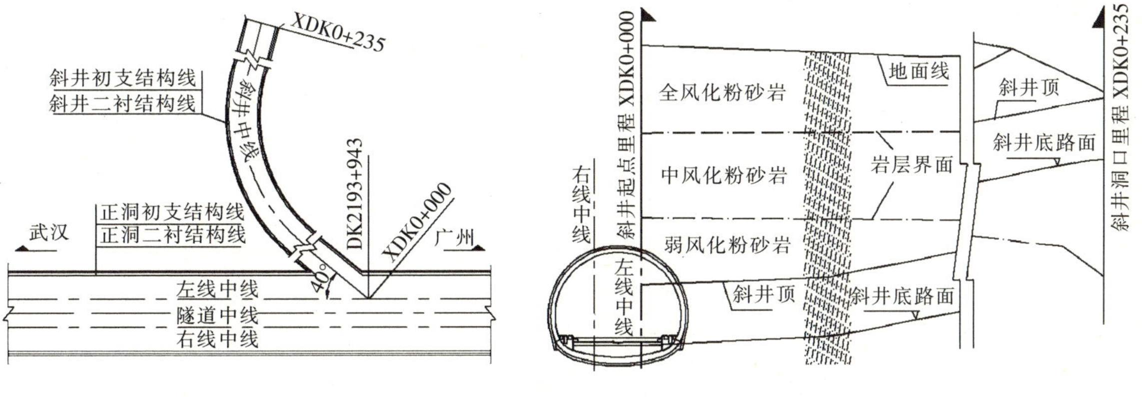

(a)斜井与正洞隧道的平面位置关系示意图　(b)斜井与正洞隧道的剖面位置关系示意图

图 3.1－1　斜井与正洞隧道的位置关系图

3.2　斜井施工主要技术

3.2.1　洞口加固

洞口开挖施工前先按照量测放线施作洞顶截水天沟，截排地表水，对地表进行处理，确保边仰坡稳定，洞门排水系统如图 3.2－1 所示。

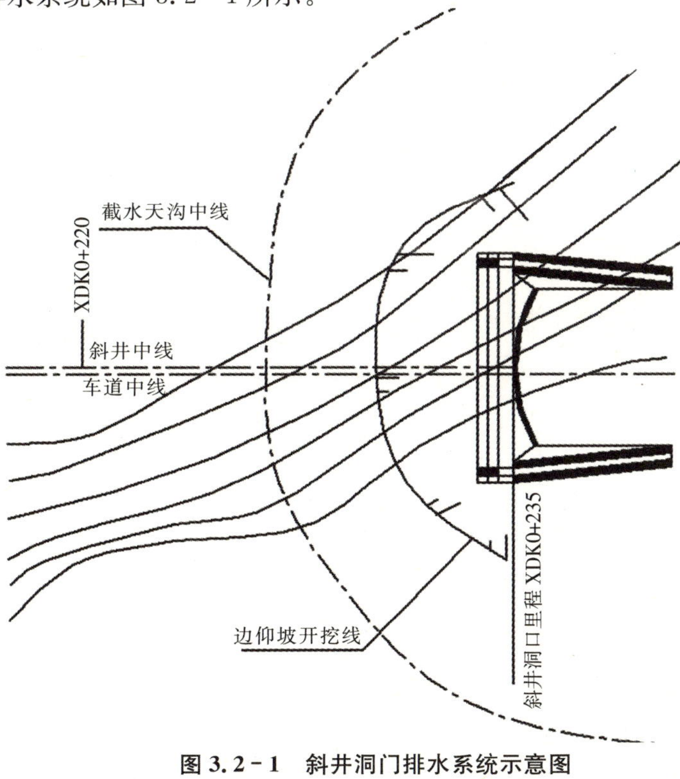

图 3.2－1　斜井洞门排水系统示意图

边仰坡刷坡自上而下分层进行，随开挖及时进行锚网喷支护。做好坡面喷射混凝土防护层与原坡面衔接，防止坡面风化引起水土流失、导致边仰坡防护受到损坏。支护参数为：C20 喷射混凝土厚 8 cm、锚杆按 2.0 m×2.0 m 平面布置，锚杆长度 L=2.5 m、ϕ8 mm 钢筋网格按20 cm×20 cm 布置。

为保证进洞口处的施工安全，在洞口拱部 140°范围内打设单排 ϕ42 mm 超前小导管，导管长 6 m，环向间距 40 cm，注浆材料为 1∶1 水泥浆液，导管采用热轧无缝钢管。

洞口超前小导管布设见图 3.2－2。超前小导管外露 1.0 m，进洞前架设一榀格栅钢架与超前小导管连接并喷射 C20 混凝土，形成整体套拱，以保证安全。

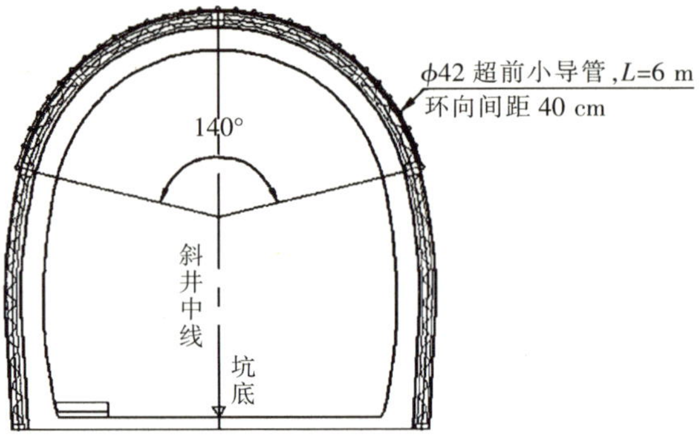

图 3.2－2　洞口超前小导管布设图

3.2.2　洞身掘进

1. 斜井洞身施工方法

斜井段围岩条件较差，按Ⅳ级围岩加强段进行支护，斜井衬砌断面型式、尺寸及支护参数如图3.2－3所示。初期支护参数为：厚度 15 cm C20 喷射混凝土；ϕ8 mm 钢筋网，间距 20 cm×20 cm；拱墙采用长 3.0 m、ϕ22 mm 砂浆系统锚杆(环 0.8 m×纵 1.0 m)，梅花形布置；格栅钢架间

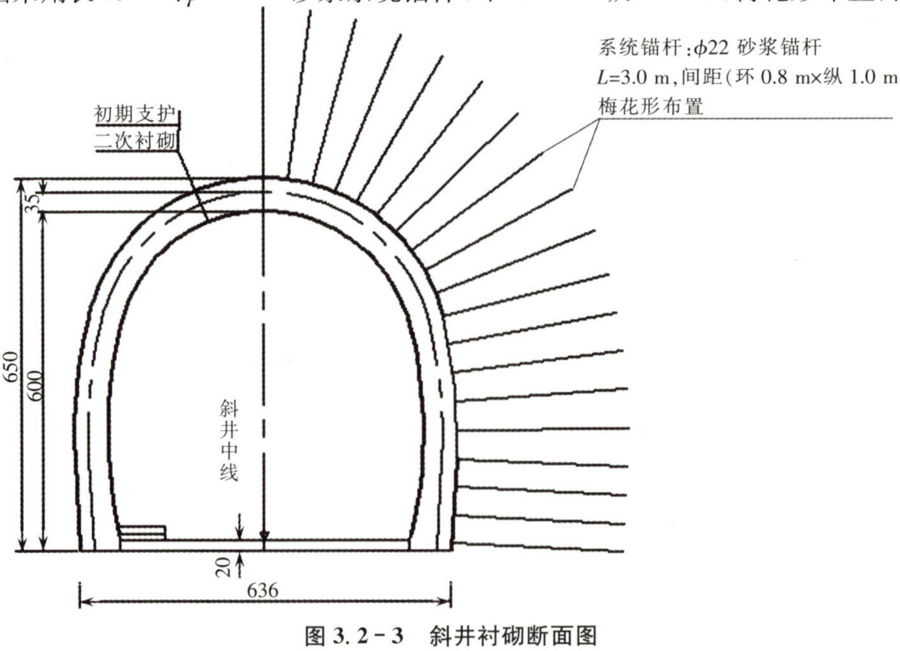

图 3.2－3　斜井衬砌断面图

距 1.0 米/榀。

XDK0＋110～XDK0＋235 为Ⅴ级围岩洞口地段，设计采用格栅钢架加强及超前锚杆预支护。XDK0＋044～XDK0＋110 采用Ⅳ级围岩喷锚支护整体式衬砌。XDK0＋000～XDK0＋044 采用Ⅴ级围岩喷锚支护整体式衬砌。

斜井采用台阶法开挖，上下台阶的分界线位于斜井断面起拱线的位置，上台阶开挖高度为 3.13 m。周边采用光面爆破，减少对围岩的震动以控制成形。上下台阶采用人工风钻钻孔，挖掘机将上台阶的碴扒到下断面，下断面出碴，利用装载机装碴，自卸汽车运碴至指定的弃碴场地。为确保施工安全，量测需及时进行。

具体开挖、支护和出碴运输施工如图 3.2－4 所示。施工工序为：

(1)开挖Ⅰ部台阶，施作Ⅰ部洞身结构的初期支护，钻设系统锚杆后复喷混凝土至设计厚度。

(2)上台阶施工至适当距离后，开挖Ⅱ部台阶，施作洞身结构的初期支护。上下台阶必须紧跟，确保隧道施工安全。

(3)灌注该段内Ⅲ部底板混凝土。

(4)利用衬砌模板台车一次性灌注Ⅳ部衬砌(拱墙衬砌一次施作)。

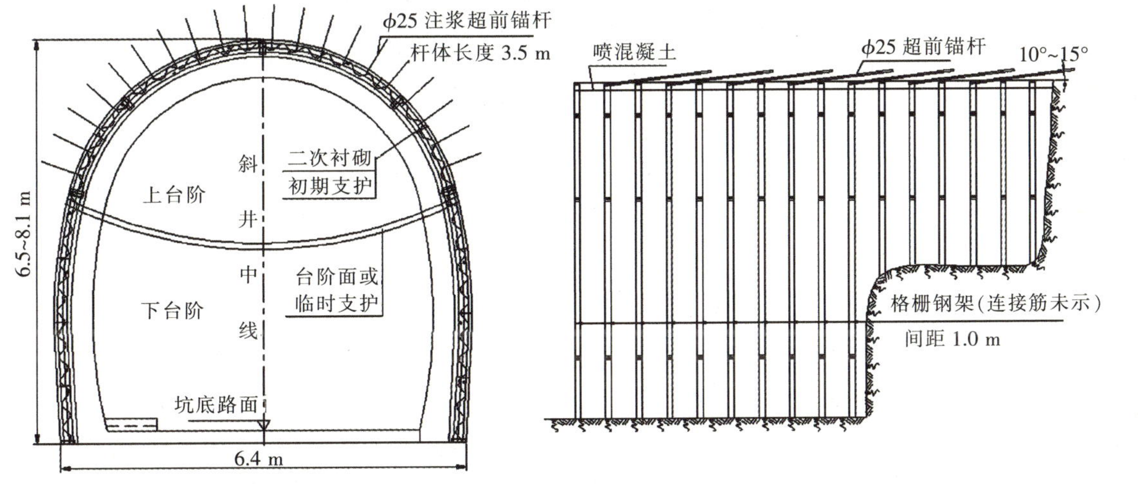

(a)斜井施工横断面图　　(b)斜井施工纵剖面图

图 3.2－4　斜井台阶法开挖施工示意图

隧道施工坚持"弱爆破、短进尺、强支护、早封闭、勤量测"的原则，开挖方式均采用弱爆破(或人工开挖)。爆破时严格控制炮眼深度及装药量。

复合式衬砌段在施工时，进行监控量测，及时反馈结果，分析洞身结构的稳定性，为支护参数的调整、灌注二次衬砌的时机选择提供依据。

2.隧道正洞洞身施工方法

金沙洲隧道正洞 DK2193＋929.10～DK2193＋940 段属Ⅴ级围岩，初期支护参数为：拱部 4 m中空注浆锚杆，边墙 4 m 普通砂浆锚杆(环 0.8 m×纵 1.0 m)；挂 ϕ8 mm 钢筋网，网片间距 20 cm×20 cm；喷射 28 cm 厚改性聚酯纤维 C25 混凝土；全环 I20a 钢架 0.6 米/榀。

正洞 DK2193＋940～DK2193＋945.10 段属Ⅳ级围岩，初期支护参数为：拱部 3.5 m 中空注浆锚杆，边墙 3.5 m 普通砂浆锚杆(环 1.0 m×纵 1.0 m)；挂 ϕ8 mm 钢筋网，网片间距 20 cm×20 cm；喷射 25 cm 厚改性聚酯纤维 C25 混凝土；全环 I18 钢架 1.0 米/榀。

正洞按三台阶法进行施工，DK2193＋940为Ⅴ、Ⅳ级围岩分界里程，小里程方向为Ⅴ级围岩，大里程方向为Ⅳ级围岩。先进行DK2193＋942～DK2193＋962段隧道开挖，掌子面封闭后再开挖DK2193＋932～DK2193＋882段，两端上台阶开挖支护15 m后，停止前进。然后及时施作斜井口两端正洞大小里程各10 m范围的仰拱和二次衬砌，DK2193＋941～DK2193＋945、DK2193＋928～DK2193＋932里程范围设置临时仰拱加强洞门段，确保稳定。正洞三台阶法施工面设计如图3.2－5所示。

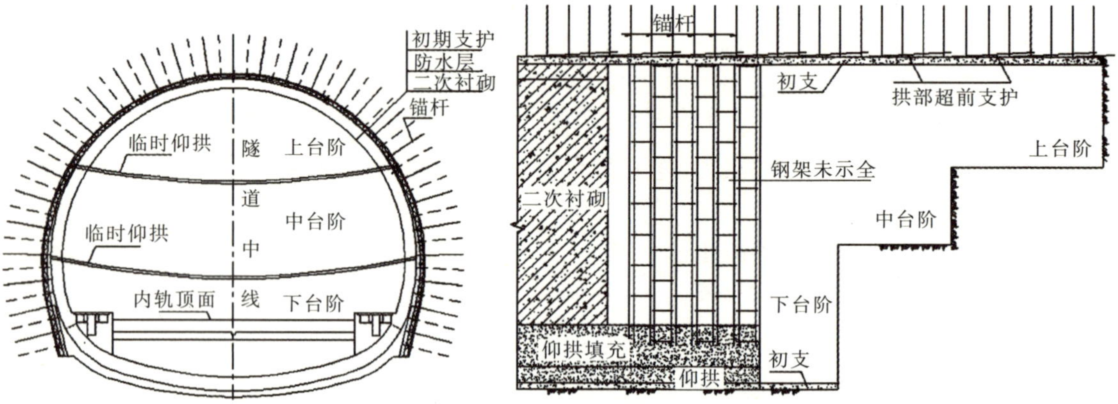

(a)正洞三台阶施工横断面设计示意图　(b)正洞三台阶施工纵剖面设计示意图

图3.2－5　正洞三台阶施工面设计示意图

3.2.3　斜井进入正洞施工方法优化

根据金沙洲隧道实际条件，由于正洞开挖断面大，斜井转正洞可以采用小导洞法爬坡，也可以考虑借鉴城市地铁大包法施工方案。

1. 小导洞法

所谓小导洞法，即导洞先进，斜井断面线性逐步扩挖至正洞开挖断面的方法。图3.2－6为小导洞法斜井转正洞整体平面示意图，斜井按正常的断面和支护参数进行施工，当靠近正洞位置

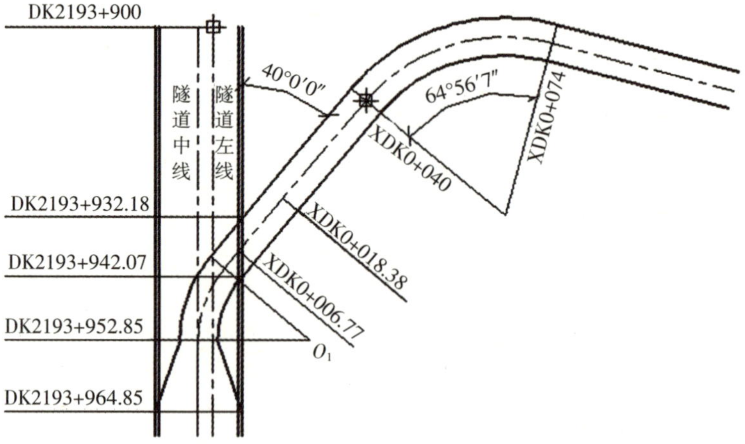

图3.2－6　小导洞法斜井转正洞整体平面示意图

时，调整斜井拱架的布置，使其逐渐偏转至与正洞线路方向平行，正洞与斜井相交处的拱架相互垂直。斜井转入正洞后逐渐调整其方向，最终达到与正洞方向一致。此后，进行拱顶上挑和左右加宽，逐渐调整至斜井断面与正洞开挖断面相同。此时，沿大里程方向可正常进行正洞施工，而沿小里程方向则需要反扩后才能进行正洞施工。

2. 大包法

大包法采用垂直正洞线路中线的导洞切换方法，自斜井距正洞 18 m 左右处，开始按斜井断面宽度和高度，往正洞顶上 1.0 m 高度连线上挑，台阶法开挖导洞进入正洞，导洞开挖高度大于正洞开挖轮廓线，开挖长度也大于正洞开挖轮廓线，导洞开挖支护到正洞右侧端头后，在侧壁上量测放线画出正洞开挖轮廓线，施工完成正洞超前支护后分别向大小里程方向开挖正洞，转入正洞施工。隧道斜井转正洞大包法施工的平面布置如图 3.2－7 所示。

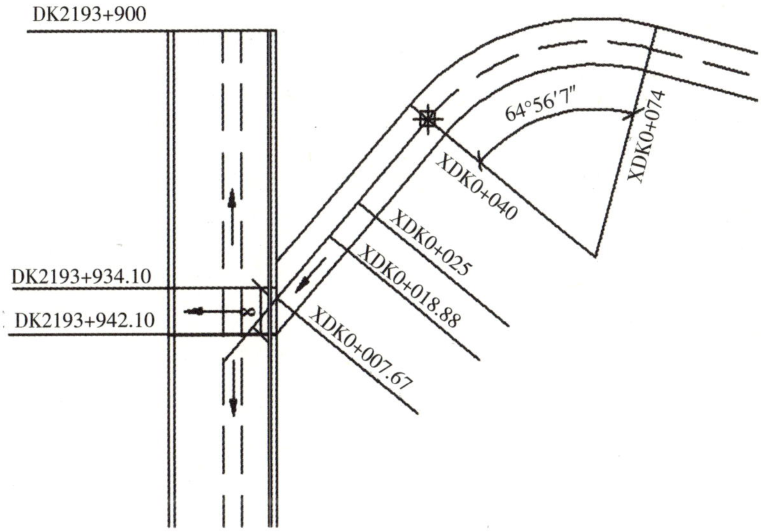

图 3.2－7　大包法斜井转正洞整体平面示意图

3. 小导洞法与大包法综合比较

对于金沙洲隧道斜井转正洞施工，小导洞法和大包法综合比较如表 3.2－1 所示。

表 3.2－1　金沙洲隧道斜井转正洞施工方案优缺点的比较

施工方法	比较项目					结论
	工序繁简度	安全度	工效	工期	成本增量/万元	
小导洞法	复杂	危险（特别是导洞拆除和扩大时危险系数增大）	低	长	87.9	劣
大包法	简单	安全	高	短	10.9	优

4. 大包法的具体施工步骤

由表 3.2－1 可见，采用大包法施工具有明显的优势，因此在金沙洲隧道斜井转正洞施工方案论证中选择了大包法，具体的施工步骤如下：

(1) 自斜井 XDK0＋018.67 爬坡开挖到斜井与隧道正洞开挖轮廓线相交处 XDK0＋007.67，即如图 3.2－8 所示开挖第①部分。正洞 DK2193＋932.08～DK2193＋942.1 段拱顶最大高程为－3.27 m，斜井里程 XDK0＋025 拱顶高程－7.754 m，斜井 XDK0＋025～XDK0＋007.67 段首先按斜井标准断面 i＝23.1％斜率进行上挑开挖，坑底按－1.62％斜率开挖。

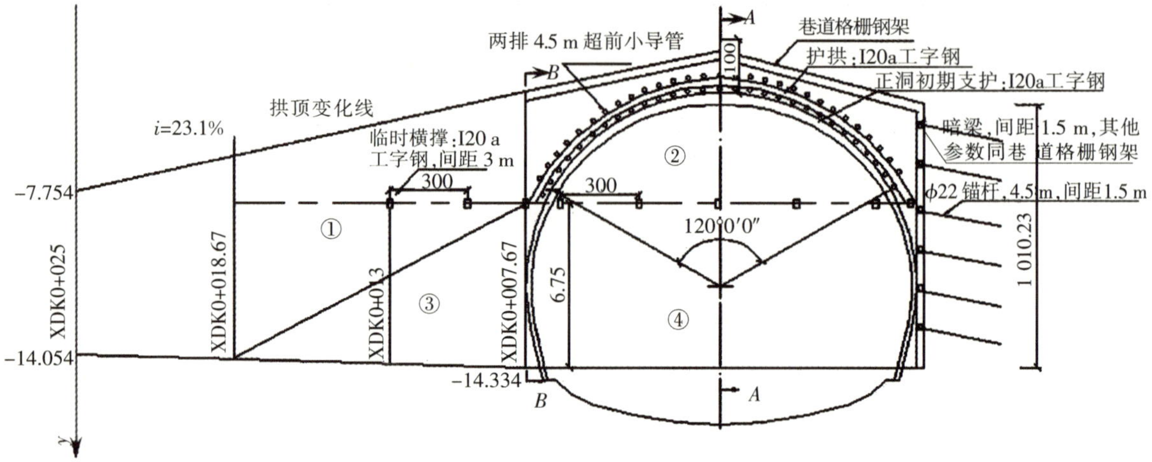

图 3.2－8　大包法斜井转正洞纵断面示意图

(2)垂直正洞进行导洞开挖，即开挖图 3.2－8 所示第②部分。斜井与隧道正洞开挖轮廓线相交宽度为 10.2 m，导洞开挖宽度减小为 8 m，开挖高度至隧道正洞开挖轮廓线上方 0.3 m 处，采用I20a 型钢钢架(同正洞Ⅴ级围岩)进行支护，间距 1 m，钢架拱圈矢高 1 m，开挖至正洞外侧 0.3 m处导洞停止开挖。导洞超前支护采用 ϕ42 mm 小导管，L＝3.5 m，搭接长度不小于1.0 m，间距 0.4 m；系统锚杆采用 ϕ22 mm 砂浆锚杆，L＝4 m，间距 1 m；C20 网喷混凝土，厚 27 cm；ϕ8 mm钢筋网片间距按 20 cm×20 cm 布置，具体的导洞断面及支护布置如图 3.2－9 所示。

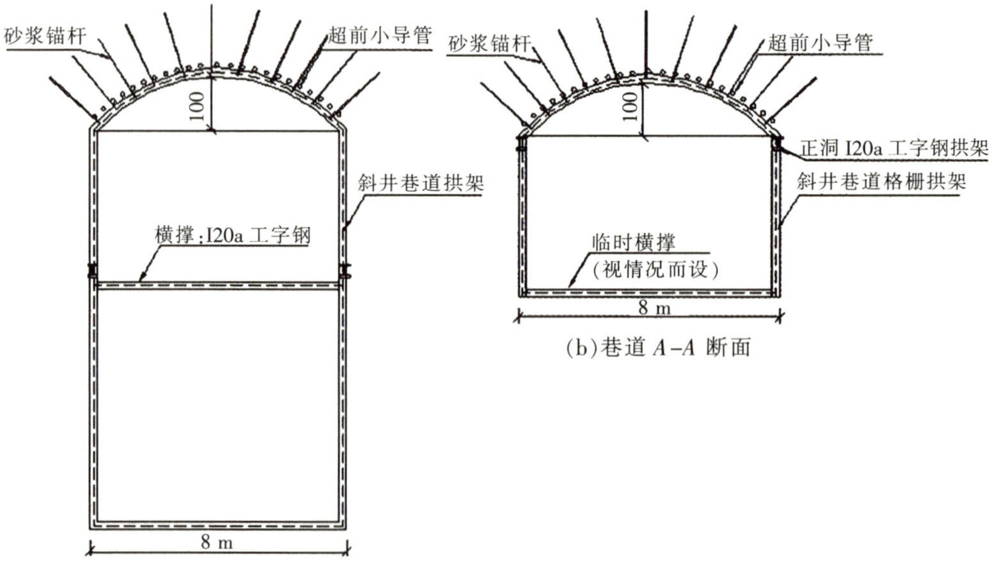

(a)XDK0+007.67 巷道断面　　(b)巷道 A–A 断面

图 3.2－9　导洞断面及支护布置图

(3)沿隧道正洞开挖轮廓线并立两榀Ⅰ20a 钢架，支撑转换的导洞支护拱架进行顶部支护托换，喷混凝土加强；然后沿正洞支护拱架下轮廓线割除导洞边墙钢架，爆破开挖 0.5 m，按标准断面支护，施工径向 4 m 中空注浆锚杆（环 0.8 m×纵 1.0 m），挂 ϕ8 mm 钢筋网，网片间距20 cm×20 cm，喷射 28 cm 厚改性聚酯纤维 C25 混凝土，全环 I20a 钢架 0.5 米/榀按标准断面支护推进，两端上台阶开挖支护 15 m 后，停止前进。

(4)开挖斜井 XDK0＋018.67～XDK0＋007.67 段下部，即开挖图 3.2－8 所示的第③部分。开挖过程中不断收缩开挖断面宽度，在 XDK0＋007.67 处断面宽度为 8 m，与导洞宽度一致，在距斜井底板 6.75 m 位置安装 I20a 型钢对口支撑，间距同斜井井身支护@＝1.0 m。

(5)垂直正洞进行下部导洞开挖，即开挖图 3.2－8 所示的第④部分。导洞宽 8 m，开挖至端头，在端头墙上施工砂浆锚杆（长 4.5 m，间距 1.5 m×1.5 m），挂 ϕ8 mm 钢筋网，喷 28 cm 厚 C25 混凝土，混凝土内设暗梁（I20a 钢架，间距 1.5 m，与锚杆焊接）。

(6)向两端进行正洞下台阶开挖、支护，支护参数同上述施工步骤第(3)步。

(7)开挖仰拱，进行支护，使初期支护封闭成环。

(8)两端 3 m 范围内正洞初期支护全部封闭成环后，斜井转正洞施工完成。

3.2.4　大包法方案的主要技术措施

由于斜井与正洞具有一定的交角，而正洞拱架与斜井拱架需垂直相交才能满足施工要求，因此，必须对斜井邻近正洞处的拱架进行调整，使其与正洞线路方向平行。为此，在斜井转入正洞开挖时，初期支护参数需要调整，根据工程类比和金沙洲隧道斜井施工实践，采用了如下支护参数：

1. XDK0＋025～XDK0＋018.67 段

斜井钢架由曲墙转化为直墙形式，如图 3.2－10 所示，初期支护参数中，型钢拱架间距 1 m；ϕ22 mm砂浆锚杆长度 3 m，环、纵间距 0.8 m×1.0 m；厚 20 cm C20 喷混凝土；ϕ8 mm 钢筋网片，间距 20 cm×20 cm。

2. XDK0＋018.67～XDK0＋007.67 段

由于斜井与正洞相交处拱架跨度为 10.2 m，考虑跨度较大及此段靠近正洞，空间结构复杂，

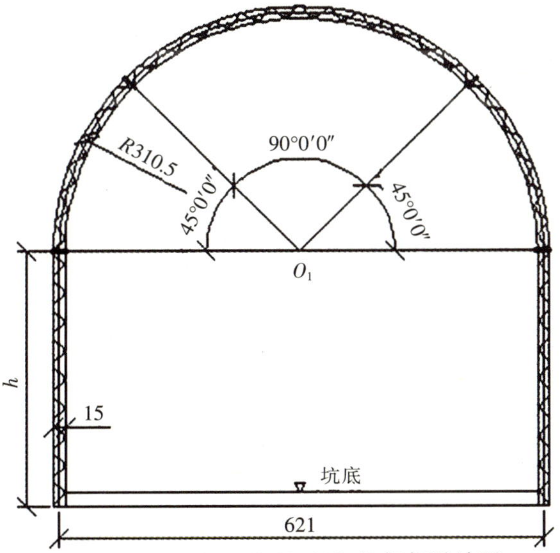

XDK0+025~XDK0+018.67 钢架设计图

XDK0+025~XDK0+018.67 钢架参数表

里程	025	024	023	022	021	020	019
h/m	3.12	3.30	3.47	3.65	3.83	4.01	4.18

图 3.2－10　XDK0＋025～XDK0＋018.67 钢架调整图

故斜井 XDK0+018.67～XDK0+007.67 段初期支护采用 I20 工字钢进行加强，间距按 49.46～74.74 cm 放射形布设。在 XDK0+007.67～XDK0+005.93 段采用两榀 I20 的工字钢并列设置，具体见图 3.2-11。图 3.2-12 为斜井 XDK0+018.67～XDK0+007.67 钢架设计图。斜井 XDK0+018.67～XDK0+007.67 初期支护参数：I20a 钢拱架中心间距 0.747 m；ϕ22 mm 砂浆锚杆长度 4.0 m，环间距 0.8 m，纵向间距随钢拱架布置；27 cm 厚 C20 喷混凝土；ϕ8 mm 钢筋网片间距20 cm×20 cm。

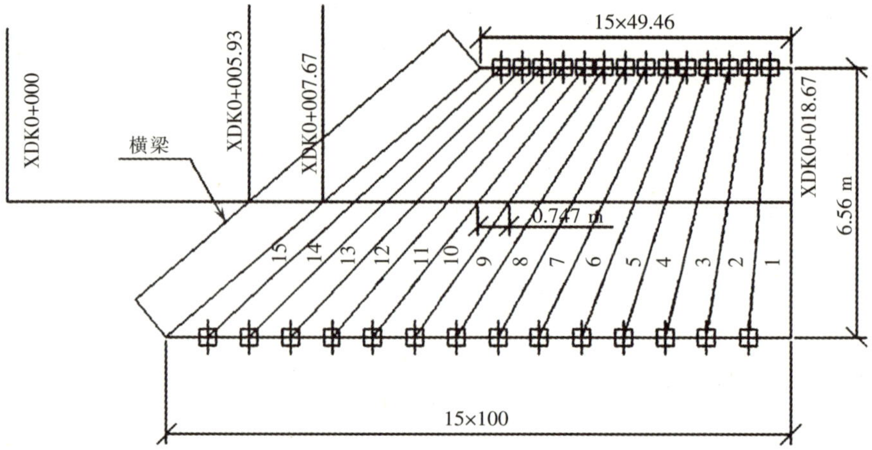

图 3.2-11　XDK0+018.67～XDK0+007.67 钢架设计图

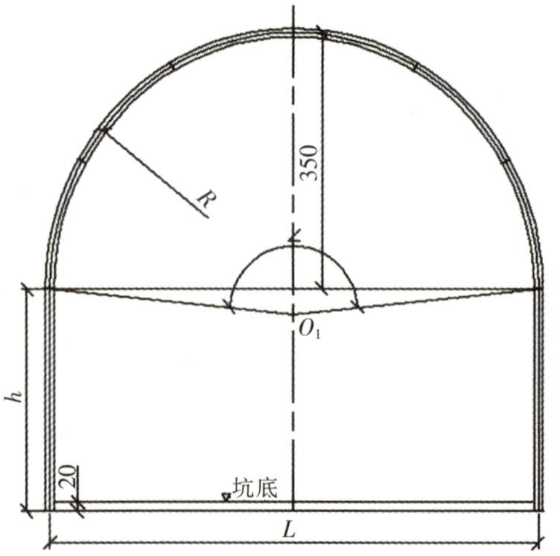

(a)斜井 XDK0+018.67～XDK0+007.67
钢架断面布置图

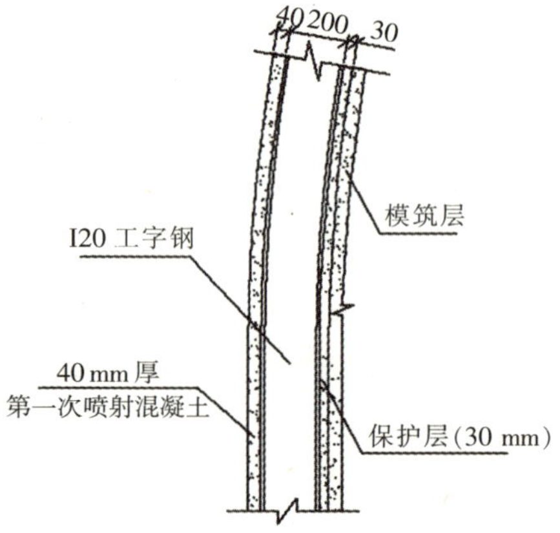

(b)斜井断面支护大样图

XDK0+018.67～XDK0+007.67 段钢架参数表

编号	1	2	3	4	5	6	7	8	9	10	11	12	13	14	15
L/m	6.32	6.38	6.47	6.60	6.77	6.97	7.19	7.45	7.72	8.02	8.34	8.67	9.02	9.39	9.76
R/m	3.18	3.20	3.25	3.31	3.39	3.49	3.60	3.73	3.88	4.05	4.23	4.43	4.66	4.90	5.15
∠/(°)	192	191	190	187	184	180	177	173	169	164	160	156	151	147	144
h/m	4.02	4.15	4.28	4.41	4.54	4.68	4.81	4.94	5.07	5.21	5.34	5.47	5.60	5.74	5.87

图 3.2-12　斜井 XDK0+018.67～XDK0+007.67 钢架设计图

3. 斜井垂直转入正洞的导洞

为保证施工安全，斜井垂直转入正洞 DK2193＋932.99～DK2193＋941.27 范围内的开挖宽度定为 8 m。采用工字钢门式结构，顶部微拱，上拱度 1 m。超前支护采用 ϕ 42 mm 小导管，$L=$ 3.5 m，搭接长度不小于 1.0 m；拱部系统锚杆采用 ϕ22 mm 砂浆锚杆，$L=4$ m，间距 1 m；27 cm 厚 C20 喷混凝土，ϕ8 mm 钢筋网片间距 20 cm×20 cm；钢架采用 I20a 工字钢架，间距 0.8 m。为减少拱部回填量，自 XDK0＋005.93 至正洞拱顶中心段斜率按 26.87%控制。

初期支护参数：超前支护采用 ϕ42 mm 小导管，$L=6$ m，搭接长度不小于 1.1 m；系统锚杆采用 ϕ22 mm 砂浆锚杆，$L=4.5$ m，环、纵间距 0.8 m；C20 喷混凝土厚 28 cm；ϕ8 mm 钢筋网片间距按 20 cm×20 cm 布置。具体如图 3.2－13 所示。

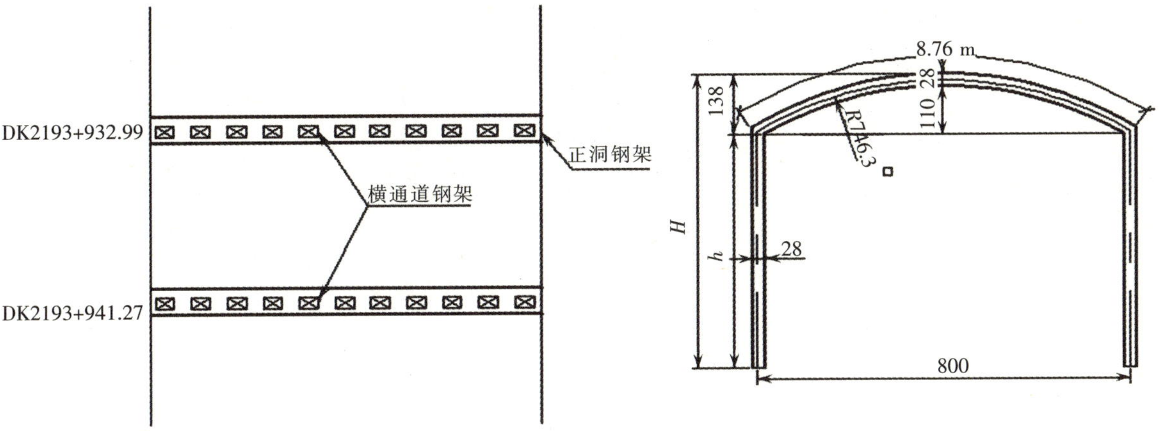

(a)横通道钢架、正洞钢架位置示意图　　(b)横通道钢架图

图 3.2－13　斜井钢架设计图

斜井开挖至正洞初期支护外轮廓线 50 cm 后，封闭斜井前方掌子面，在斜井进入正洞钢架直墙部位沿正洞小里程方向在拱部打设 ϕ 42 mm 超前小导管，$L=6.0$ m，环向间距 40 cm，稳定前方围岩。斜井垂直进入正洞范围内并列架设 3 榀正洞初期支护钢架，待施作结束后在钢门架直墙部位分段开槽架设正洞初期支护钢架，开挖正洞上台阶。架设正洞初期支护钢架时，必须使直墙部分钢架与正洞钢架牢固焊接。在架设正洞钢拱架时，考虑到安全，在大里程方向 4.2 m 内设置 6 榀钢架，间距 70 cm；小里程方向 4.5 m 内设置 9 榀钢架，间距 50 cm。具体如图 3.2－14 所示。

采用大包法方案，横通道施工下台时最大开挖高度为 14.17 m，考虑施工安全因素，横通道施工下台时须架设临时支撑（XDK0＋007.67～XDK0＋015.47），隧底至临时支撑底面高度为 6.3 m，并保证临时支撑顶面至横通道初支内轮廓线高度不小于 1.7 m(满足通风管直径要求)，另在斜井与正洞相交而形成的三角区处架设一道支撑横梁，横梁采用 3 榀 I20a 工字钢并列设置并确保与正洞初支钢架焊接牢固。

先安排 DK2193＋941.27～DK2193＋961.27 段隧道开挖，掌子面封闭后再开挖 DK2193＋932.99～DK2193＋882.99 段，然后及时施作斜井口两端正洞大小里程各 10 m 范围的仰拱和二次衬砌，DK2193＋941.27～DK2193＋945.27、DK2193＋932.99～DK2193＋928.99 里程范围设置临时仰拱加强洞门段，以保证稳定。

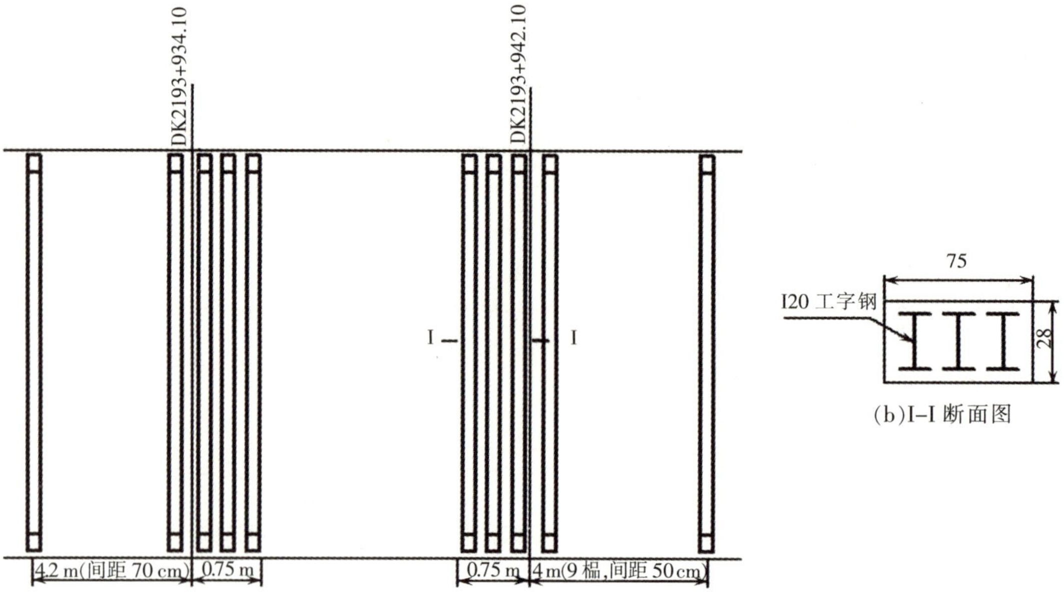

(a)斜井转正洞洞门加强段平面图

(b)I–I 断面图

图 3.2－14　斜井转正洞拱架安装布置图

3.2.5　现场监测与施工效果评价

斜井于 2007 年 1 月 31 日施工到 XDK0＋025 处,开始拱部上挑施工,至 2 月 22 日斜井开挖到 DK0＋007.67,进入上台阶巷道开挖,3 月 30 日下台阶巷道开挖到端头,4 月 4 日正洞小里程方向仰拱开挖,初期支护封闭,4 月 15 日正洞大里程方向仰拱开挖,初期支护封闭,至此斜井转正洞施工转换完成。

施工期间斜井与正洞空间结构复杂,为了保证施工安全,在斜井转正洞施工期间进行了隧道拱顶沉降和周边收敛量测并及时反馈。监控量测结果说明斜井转正洞施工期间隧道围岩与支护结构安全可靠,为后续施工创造了良好的条件。这里只列出了典型断面的量测结果。

1. 拱顶沉降

考虑到斜井进入正洞的导洞施工工序较复杂,在正洞 DK2193＋937 断面布置了三个拱顶沉降测点,分别监测断面左侧和右侧拱肩以及拱顶位置的沉降量。量测结果见图 3.2－15,可以看出,进行导洞上半断面施工期间,各测点拱顶沉降量增长较小;在进行正洞下半断面的施工时,各测点的沉降量有较大的增加。由于受斜井的影响,先施工的左侧拱肩位置沉降量比右侧和正中的沉降量要大,最大沉降量达 11.1 mm,后期沉降量变化很小,可认为围岩与支护结构已处于稳定状态。

2. 周边收敛

在正洞 DK2193＋937 断面布置了周边收敛测点,量测结果见图 3.2－16。可以看出,周边收敛量值随施工的进行缓慢增长,但累计收敛量只有 3.2 mm,而且增长趋势趋缓,围岩与支护结构趋于稳定。

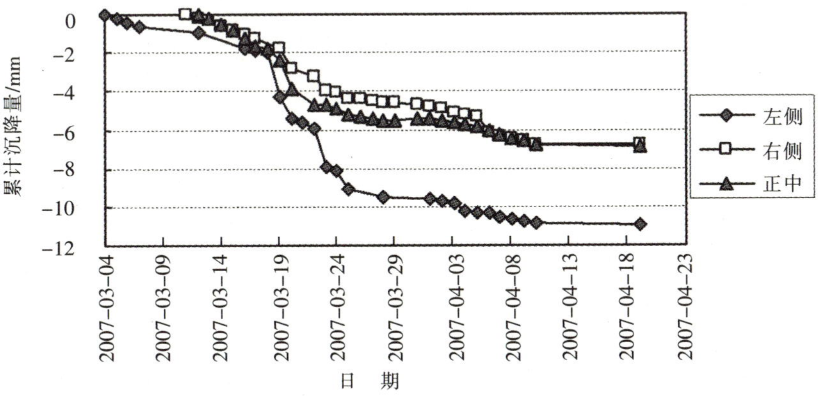

图 3.2－15　DK2193＋937 断面拱顶沉降曲线图

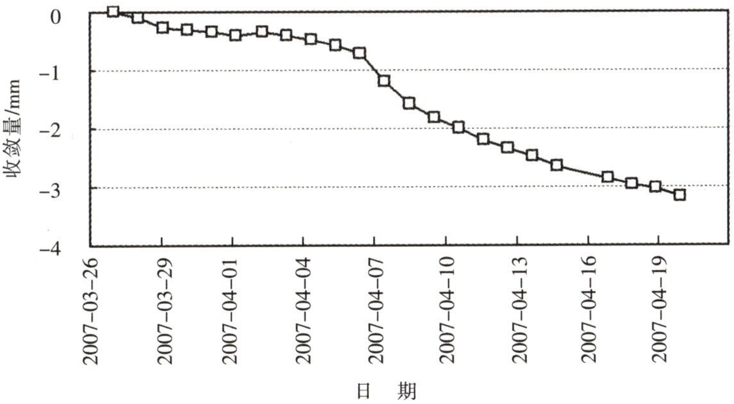

图 3.2－16　DK2193＋937 断面拱顶沉降曲线图

3.3　总　结

（1）高铁双线隧道开挖断面大，利用斜井开辟新的工作面，可达到加快施工进度的目的，而斜井能否顺利进入正洞，成为影响施工进度的关键。采用传统小导洞爬坡法施工时，工艺复杂、施工难度大、安全风险高。金沙洲隧道首次提出高铁大断面隧道斜井转正洞大包法施工技术，安全快速完成了斜井断面线性连续上挑、斜井转导洞、导洞转正洞等关键工序的过渡，成功解决了小断面斜井转入大断面正洞施工这一技术难题。

（2）大包法在斜井断面上挑扩挖、大跨度斜井转入横导洞、高边墙横导洞转入大断面正洞施工过程中都采用了分步落底逐步成型的台阶施工方法，施工期间围岩和支护结构的变形量测结果均处于正常范围，说明采用大包法施工方法进行斜井转正洞施工是合理可行的，能够保证施工安全。

（3）工程实践表明，当隧道辅助坑道断面较小而正洞断面较大时，采用大包法进行辅助坑道转正洞的施工方案优势明显，工序简单，施工难度较低，施工安全度大大提高，有效地缩短了转换工期，减少了临时支护，大大节约了成本。

（4）采用大包法施工，斜井与正洞相交位置呈现复杂的空间受力状态，开挖断面及跨度较大，支护结构随着施工的进行其力学状态不断变换。为了保证斜井转正洞施工期间的安全,整个施工过程中应以新奥法基本原理为依据,贯彻“短开挖、快封闭、弱爆破、强支护、勤量测”的指导思想,采取分步开挖、及时支护措施,实施信息化管理,根据量测信息反馈指导施工,确保安全与稳定。

(5)高铁大断面隧道斜井转正洞大包法施工工法已经总结形成了铁道部部级工法,但在推广应用过程中仍需要注意几点:①加强斜井转正洞施工范围内初期支护设计,以确保施工安全;②为减少后期回填工程量,节约施工成本,应根据工程实际结构尺寸选择不同斜率进行上挑扩挖设计;③斜井与正洞外轮廓线相交里程处辅助坑道斜边较长,为降低施工风险,应采取小跨度垂直向正洞内掘进;④斜井与正洞相交而形成的三角区应力过度集中,必须进行补强处理;⑤加强导洞封堵墙的强度和刚度,以防止岩层出现滑动面;⑥破除导洞初期支护进入正洞范围施工时,需要事先采用密排加强的正洞初期支护托换拱架进行力的转换;⑦导洞或近邻 5～10 m 范围正洞掘进过程中,应根据洞身围岩稳定状态,分两个或三个台阶进行施工,为确保洞身施工安全必须架设临时仰拱。

第4章　竖井施工技术研究

4.1　概　述

4.1.1　研究意义

对于长大隧道，通过修建深大竖井，可以增加开挖工作面，改善施工条件，进而提高施工进度，缩短施工工期，因此竖井在隧道工程施工中得到了较为广泛的应用。

武广高铁浏阳河隧道工程是目前国内最长的下穿城市的大断面高铁隧道。该隧道全长10 115 m，设计采用了3个竖井和1个斜井的施工方案。竖井位于典型的上软下硬复合地层中，其净空尺寸为8 m×16.8 m，最大井深在60 m以上。通过增设竖井的方法，增加了隧道施工工作面，加快了工程进度，对于安全快速完成浏阳河隧道工程的建设具有重大的现实意义。近年来我国虽在竖井结构的设计、施工、科学研究以及施工机具等方面积累了部分经验，但对于处于复合地层中的深大竖井，目前尚无较为成熟的设计和施工经验可供借鉴，必须通过深入研究，才能更好地指导施工。此外，由于浏阳河隧道断面大，竖井所承担的出碴量大，因此必须对竖井的出碴系统进行深入研究，才能充分发挥竖井的使用效率，从而加快隧道的施工进度。

4.1.2　国内外研究现状

1. 国外研究现状

在国外，近年来竖井施工技术有了很大的发展，机械化配套施工和混合作业方式已成为世界各国普遍采用的先进施工方法。其施工装备逐渐完善，机械化水平不断提高，掘进速度、劳动效率都达到较高的水平。

美国掘进机国际公司（SDI）及其所属的两个实体NAD公司和ZDC公司，从20世纪50年代初期就着手开发机械凿井技术，长期以来，不断地对掘进机具和技术进行改进，取得了许多进步。美国掘进机国际公司除对掘进机具进行改进外，还做了许多井壁设计和施工方面的改进工作，以寻求最经济合理和可靠的竖井井壁系统。一般直径1 m以上的竖井能利用现有的钢管作井壁；直径更大的竖井井壁需要加强，而不能用非常厚的钢板。如直径4 m的竖井采用一种复合井壁，即钢板与混凝土复合井壁，其中钢板用来防水，混凝土井壁用来抵抗静水压力。

从20世纪50年代起，南非采用手持式气动凿岩机开凿竖井，并用混凝土砌筑井壁。之后，这些技术在加拿大的竖井施工中也开始推广应用。60年代后期至70年代初期出现了竖井凿岩钻架，但未能推广应用。90年代初，加拿大开发了一种新型悬吊式竖井凿岩钻架，有效地提高了竖井井筒掘进速度，同时减少了施工人员。

综合国外竖井施工情况，其特点可归纳为以下几点：

(1)竖井井筒施工的钻眼、装碴、支护、提升设备配套，向综合机械化方向发展，抓岩机、吊柄正向大型化发展，进而达到远距离操纵和自动化。

(2)采用各种类型凿岩钻架，进一步实现井筒钻眼的机械化、自动化，完善和发展深孔光面爆破技术。

(3)喷射混凝土及锚杆支护是一种经济、省力的新的支护方法，它的应用范围正日益扩大。

2. 国内研究现状

竖井作为人员、物品提升和通风的通道，在我国矿山部门被广泛使用。我国公路、铁路隧道竖井修建不多，在设计和施工方面多借鉴矿山部门的成熟经验。

张开顺的《夹活岩特长公路隧道竖井设计及施工方法探讨》一文，介绍了根据宜昌—恩施高速公路特长隧道竖井项目，讨论了国内外公路隧道通风竖井的主要施工方法及各自的适用条件和优缺点，重点介绍了夹活岩隧道通风竖井的设计，探讨了竖井施工的适用方法，同时提出了通风竖井设计及施工中所面临的问题。

高存成的《大台竖井快速施工技术》一文，根据兰新线兰武段乌鞘岭隧道大台竖井工程施工经验，介绍了软弱破碎围岩竖井快速施工技术，并对竖井的施工方法、机械设备配套及施工组织进行了分析和评价。

李峰的《朱岭头隧道施工》一文，研究了朱岭头隧道竖井的施工方法和机械设备的合理选取方案，以及矿井设备在公路隧道竖井施工中的应用。

目前在超大直径深竖井施工技术研究方面存在的主要问题体现在：

(1)对于超大直径深竖井的施工技术的研究，相当一部分集中于施工设备机械工艺水平先进性上，而对于施工机械化配套的研究还不够深入。

(2)竖井施工技术理论主要是针对矿井开挖建立起来的，所以针对隧道通风竖井的施工技术和工法的研究还不成熟。

(3)关于超大直径深竖井的施工优化理论很不成熟，并没有将目前先进的数学优化方法和计算机运算功能运用到施工参数的制订当中。

4.1.3 主要研究内容

目前，国内对高铁上长大隧道的深竖井研究及施工经验较少，如何在保证质量和安全的前提下进行快速施工成为急需解决的问题。我们结合浏阳河隧道竖井施工的实际情况，采用归纳总结、现场研究及理论分析的方法，对其快速施工和出碴技术进行研究，主要展开了以下几方面的工作：

1. 复合地层深大竖井支护方案研究

根据浏阳河隧道竖井所处的复合地层条件，确定浏阳河隧道深大竖井的支护方案，并进一步应用数值软件分析其安全性。

2. 复合地层深大竖井施工技术研究

根据浏阳河隧道竖井所处的复合地层条件，从围护结构、井身开挖支护、井身二次衬砌等方面研究总结出一套相对完整的深大竖井施工技术，并对施工过程进行动态数值模拟计算，分析施工各阶段围岩和竖井结构的应力变化情况，进一步研究竖井转正洞时的施工安全性和围岩的稳定性。

3. 深大竖井快速出碴技术研究

针对浏阳河隧道深大竖井工区出碴量巨大而出碴速度较慢的问题，分析深大竖井施工中影响出碴速度的主要因素，研究开发出能保证竖井快速自动卸碴的系统。

4. 基于 QC 法的深大竖井施工管理技术研究

从保证隧道深大竖井的施工安全、施工质量以及施工速度等角度出发，分析影响竖井施工安全、质量、进度的主要因素及其影响程度，提出相应的改进措施，进而建立较为系统的深大竖井施工 QC 管理体系，并在施工过程中对管理体系进行修正完善。

4.2　复合地层深大竖井支护方案研究

4.2.1　浏阳河隧道竖井工程概况及难点

1. 工程概况

武广高铁浏阳河隧道全长 10 115 m，共设 3 个竖井及 1 个斜井，中铁四局承担 1＃和2＃竖井区段的施工。各竖井和斜井的分工长度如下：1＃竖井分工长度为 1 900 m，2＃竖井分工长度为 2 280 m，3＃竖井分工长度为 1 300 m，斜井分工长度为 1 670 m。2＃竖井分担的区段长度最长。

浏阳河隧道 2＃竖井位于长沙市芙蓉区隆平科技园内，竖井中心里程为 DK1570＋007，竖井直接坐于正线上方，矩形结构，复合式衬砌，开挖尺寸为10.3 m×19.1 m，平面净空尺寸为 8 m×16.8 m，竖井深度为 53.85 m。竖井井身结构平面如图 4.2－1 所示，现场竖井结构如图 4.2－2 所示。

竖井口离现有建筑物约 25 m，竖井周围地形平坦，地表 0～8 m 为人工填土层，8～10 m 为软塑粉质黏土，10～14 m 为流塑状粉细砂层夹砂砾层，14 m 以下为强风化和弱风化泥质砂岩。浅部土层软弱，含水量丰富，须加强支护；下部基岩裂隙水发育，遇水易软化，应及时支挡封闭。

2. 工程难点

竖井施工过程中的主要难点如下：

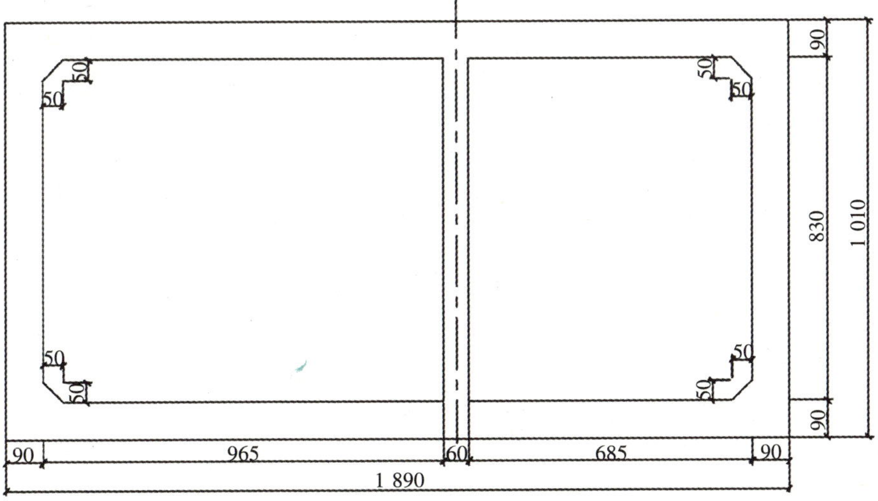

图 4.2－1　竖井井身结构平面图(单位：cm)

图 4.2-2　现场竖井结构图

(1)竖井所处位置地质情况复杂，填土层较厚，围岩软弱，基坑支护至关重要，围护结构形式是否适当，直接关系到竖井修建的进度和成败。

(2)竖井平面尺寸大、开挖深度深，完善的施工工艺设计和合理的施工组织安排，是保证工程质量、提高施工效率的关键。

(3)深大竖井开挖、出碴设备的配套选型及相关资源配置和优化不仅关系到竖井施工进度和安全，还直接影响到正洞施工的进度和工艺，必须统筹规划、充分论证。

4.2.2　复合地层深大竖井支护方案研究

4.2.2.1　竖井常用支护方案

竖井由井颈、井身、井窝和马头门组成，其横断面有矩形和圆形两种。竖井平面位置的选择应综合考虑施工与营运的需要；其断面宜采用圆形，井筒内应设置安全梯；井口位置的高度应高出洪水频率为 1/100 的水位至少 0.5 m。

竖井井口应设置混凝土或钢筋混凝土井颈，马头门应做模筑混凝土衬砌；井口段、地质条件较差的井身及马头门的上方宜设壁座，其形式、间距可根据地质条件、施工方法及衬砌类型确定。竖井常用支护参数见表 4.2-1。

表 4.2-1　竖井常用支护参数

围岩级别	喷锚衬砌		混凝土衬砌	复合衬砌		
				初期支护		二次衬砌
	$D<5$ m	5 m$\leqslant D\leqslant$7 m		$D<5$ m	5 m$\leqslant D\leqslant$7 m	
Ⅰ	喷混凝土厚 10 cm	喷混凝土厚 10～15 cm，必要时局部设锚杆	模筑混凝土或钢筋混凝土厚 30 cm，砌体厚 40 cm	—	—	—
Ⅱ	喷混凝土厚10～15 cm，锚杆长 1.5～2 m，间距1～1.5 m	喷混凝土厚 15～20 cm，锚杆长 2～2.5 m，间距 1 m，配钢筋网，必要时加钢圈梁	模筑混凝土或钢筋混凝土厚 30 cm，砌体厚 50 cm	—	—	—

续表

围岩级别	喷锚衬砌		混凝土衬砌	复合衬砌		
				初期支护		二次衬砌
	$D<5$ m	5 m$\leqslant D\leqslant$7 m		$D<5$ m	5 m$\leqslant D\leqslant$7 m	
Ⅲ	喷混凝土厚15～20 cm，锚杆长2～2.5 m，间距1 m，配钢筋网，必要时设钢圈梁	喷混凝土厚20 cm，锚杆长2.5～3 m，间距1 m，配钢筋网，加钢圈梁	模筑混凝土或钢筋混凝土厚40 cm，砌体厚60 cm	喷混凝土厚5～10 cm，锚杆长1.5～2 m，间距1 m，必要时配钢筋网	喷混凝土厚10～15 cm，锚杆长2～2.5 m，间距1 m，必要时局部配钢筋网	30 cm
Ⅳ	—	—	模筑混凝土或钢筋混凝土厚50 cm，砌体厚70 cm	喷混凝土厚10～15 cm，锚杆长2～2.5 cm，间距1 m，必要时配钢筋网	喷混凝土厚15～20 cm，锚杆长2.5～3 m，间距0.75～1 m，配钢筋网	40 cm
Ⅴ	—	—	模筑混凝土或钢筋混凝土厚60 cm，砌体厚80 cm	喷混凝土厚15～20 cm，锚杆长2.5～3 m，间距0.75～1 m，配钢筋网，必要时配钢圈梁	喷混凝土厚20～25 cm，锚杆长3～3.5 m，间距0.5～0.7 m，配钢筋网，必要时配钢圈梁	50 cm

注：(1)Ⅵ级围岩地段应采用特殊支护措施。
(2)D 为竖井直径。直径大于 7 m 的竖井应做专项设计

4.2.2.2　浏阳河隧道竖井支护方案

根据浏阳河隧道 2＃竖井所处的场地情况和地质条件，考虑深大竖井施工中存在的难点，经过对多方案进行对比分析研究，在安全、经济的基础上，结合工期的要求，确定竖井采用复合支护方案，具体的支护参数如下：

(1)锁口圈：C30 钢筋混凝土，厚 1.5 m。

(2)非基岩段围护结构与支护结构参数：围护桩的桩长 16 米/根(不含冠梁高度)，伸入基岩段 2 m，直径 ϕ1 000 mm，桩心间距为 1.3 m。初支采用 C15 混凝土，厚 15 cm，二衬为 C30 钢筋混凝土。桩间咬合部分采用 ϕ42 mm PVC 管注浆加固地层。PVC 注浆管，外径 42 mm，壁厚3 mm，于挖孔桩间布置，间距 1.3 m，地表垂直钻孔注浆。

(3)基岩段支护结构参数：25 cm 厚 C20 喷射混凝土，双层 ϕ10 mm 钢筋网，网格间距15 cm×15 cm；锚杆采用 ϕ20 mm 砂浆锚杆，$L=4$ m，水平面夹角 12°，间距 0.75 m×1.0 m (竖×横)；在初期支护中设高 150 mm 格栅钢架，钢架竖向间距 0.75 米/榀。

(4)竖井二次衬砌参数：C30 钢筋混凝土，厚 90 cm，二衬与初支间不设防水层。中隔墙：C30 钢筋混凝土，厚度 60 cm，沿锁口圈至正洞拱顶范围设置。

(5)竖井封底参数：C35 钢筋混凝土，厚 100 cm。

4.2.3　复合地层深大竖井支护方案安全性分析

为了分析支护参数的合理性，我们分别建立了非基岩段和基岩段的计算模型，如图 4.2－3 所示。其中，在非基岩段，围护桩按抗弯刚度等效为矩形梁；在基岩段，锚杆和格栅钢架作为安全储备未考虑，只考虑初期支护中的喷射混凝土和二次衬砌，荷载取水平围岩压力。

1. 非基岩段结构安全性分析

表 4.2－2 进一步给出了各截面的安全系数，图 4.2－4 给出了非基岩段竖井二次衬砌的弯

矩和轴力图。对其分析可知:左跨跨中及竖井各拐角的弯矩较大,最大弯矩为 220 kN·m,位于竖井左边的拐角;轴力均为压轴力,最大轴力位于竖井左侧(大跨一侧),数值为 121 kN;竖井衬砌的安全系数都大于 2,满足要求;竖井拐角和跨中的安全系数较其他地方要小。

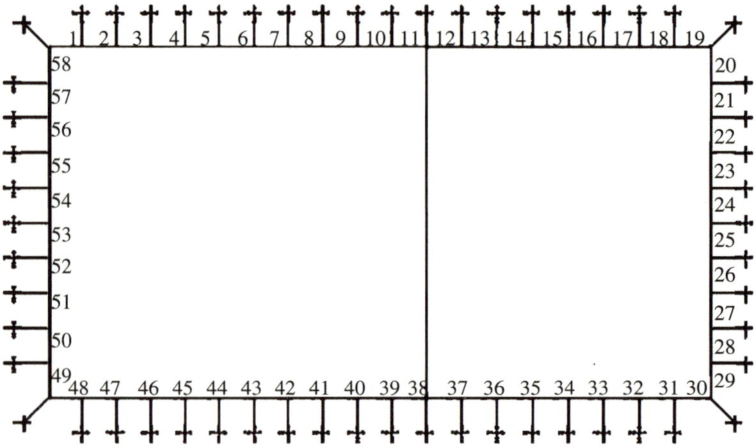

图 4.2-3　竖井结构计算模型

表 4.2-2　非基岩段竖井衬砌结构安全性分析

截面号	轴力/kN	弯矩/(kN·m)	安全系数	允许安全系数
1	−109	219	2.6	2
2	−109	100	7.9	2
3	−109	3	12.2	2
4	−109	−69	16.2	2
5	−109	−119	5.9	2
6	−109	−145	4.4	2
7	−109	−148	4.3	2
8	−109	−127	5.4	2
9	−109	−83	11.0	2
10	−109	−16	18.2	2
11	−109	75	13.5	2
12	−109	175	3.4	2
13	−109	90	9.4	2
14	−109	29	39.1	2
15	−109	−7	13.7	2
16	−109	−19	21.3	2
17	−109	−7	13.6	2
18	−109	29	39.7	2
19	−109	91	9.2	2
20	−89	172	3.3	2
21	−89	62	16.0	2
22	−89	−23	44.1	2
23	−89	−83	9.2	2

续表

截面号	轴力/kN	弯矩/(kN·m)	安全系数	允许安全系数
24	−89	−119	5.4	2
25	−89	−131	4.7	2
26	−89	−118	5.5	2
27	−89	−80	9.9	2
28	−89	−18	30.2	2
29	−89	69	13.1	2
30	−109	172	3.5	2
31	−109	86	10.2	2
32	−109	26	31.1	2
33	−109	−9	14.3	2
34	−109	−19	21.3	2
35	−109	−6	13.0	2
36	−109	32	54.1	2
37	−109	95	8.6	2
38	−109	181	3.3	2
39	−109	68	16.9	2
40	−109	−21	22.9	2
41	−109	−87	10.1	2
42	−109	−129	5.2	2
43	−109	−148	4.3	2
44	−109	−144	4.5	2
45	−109	−116	6.1	2
46	−109	−65	19.0	2
47	−109	9	14.4	2
48	−109	107	7.0	2
49	−121	220	2.7	2
50	−121	111	7.0	2
51	−121	34	38.4	2
52	−121	−17	16.0	2
53	−121	−44	374.8	2
54	−121	−53	64.9	2
55	−121	−43	188.2	2
56	−121	−14	14.7	2
57	−121	38	59.5	2
58	−121	117	6.4	2

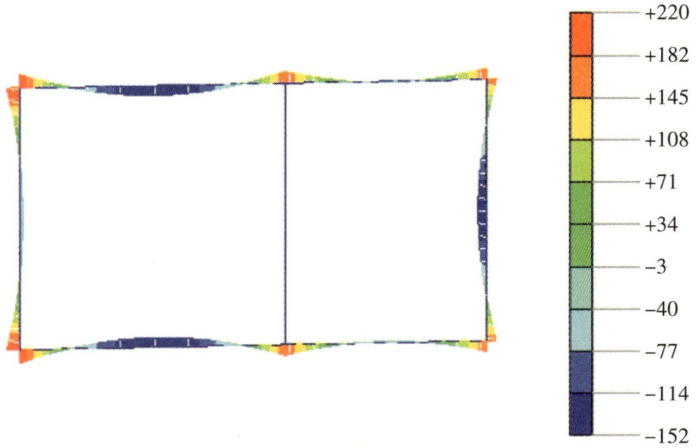

(a)弯矩(单位:kN·m)

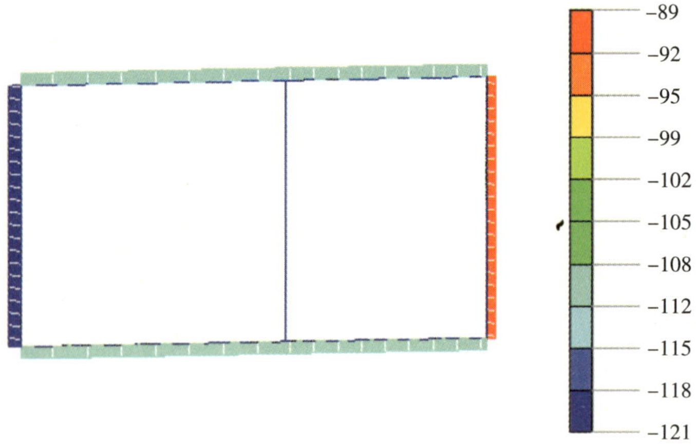

(b)轴力(单位:kN)

图 4.2-4　非基岩段竖井衬砌结构变形受力图

2. 基岩段结构安全性分析

表 4.2-3 进一步给出了各截面的安全系数,图 4.2-5 给出了基岩段竖井二次衬砌的弯矩和轴力图。对其分析可知:基岩段竖井衬砌受力变形与非基岩段类似,只是量值增加了,如最大弯矩为 339 kN·m,最大轴力为 164 kN;竖井衬砌的安全系数绝大部分大于 2,满足要求,只有竖井左拐角的安全系数最小,为 1.6,这些地方在设计中已经做了考虑,进行了刚域设计,如配置斜筋、截面加宽,同时,考虑到初期支护中的锚杆、格栅钢架等,可认为安全性能够满足要求。

表 4.2-3　基岩段竖井衬砌结构安全性分析

截面号	轴力/kN	弯矩 /(kN·m)	安全系数	允许安全系数
1	-148	339	1.6	2
2	-148	159	4.5	2
3	-148	14	11.1	2
4	-148	-96	11.3	2
5	-148	-171	4.0	2
6	-148	-211	3.0	2

续表

截面号	轴力/kN	弯矩 /(kN·m)	安全系数	允许安全系数
7	−148	−216	2.9	2
8	−148	−186	3.5	2
9	−148	−121	7.0	2
10	−148	−21	13.5	2
11	−148	114	8.0	2
12	−148	262	2.2	2
13	−148	133	6.0	2
14	−148	40	30.0	2
15	−148	−16	11.8	2
16	−148	−36	23.9	2
17	−148	−20	12.9	2
18	−148	33	20.7	2
19	−148	126	6.5	2
20	−126	258	2.2	2
21	−126	94	9.9	2
22	−126	−34	34.9	2
23	−126	−125	5.9	2
24	−126	−179	3.5	2
25	−126	−197	3.1	2
26	−126	−178	3.5	2
27	−126	−123	6.1	2
28	−126	−30	27.4	2
29	−126	99	8.9	2
30	−148	259	2.3	2
31	−148	123	6.9	2
32	−148	31	18.7	2
33	−148	−21	13.3	2
34	−148	−36	23.8	2
35	−148	−15	11.4	2
36	−148	43	35.8	2
37	−148	137	5.7	2
38	−148	277	2.1	2
39	−148	108	8.7	2
40	−148	−25	15.3	2
41	−148	−124	6.7	2
42	−148	−188	3.5	2
43	−148	−217	2.9	2
44	−148	−210	3.0	2
45	−148	−169	4.1	2
46	−148	−93	12.3	2
47	−148	18	12.4	2
48	−148	164	4.2	2
49	−164	339	1.7	2
50	−164	175	4.1	2

续表

截面号	轴力/kN	弯矩 /(kN·m)	安全系数	允许安全系数
51	−164	47	31.7	2
52	−164	−44	27.1	2
53	−164	−99	12.3	2
54	−164	−116	8.4	2
55	−164	−98	12.8	2
56	−164	−42	23.7	2
57	−164	50	42.2	2
58	−164	179	3.9	2

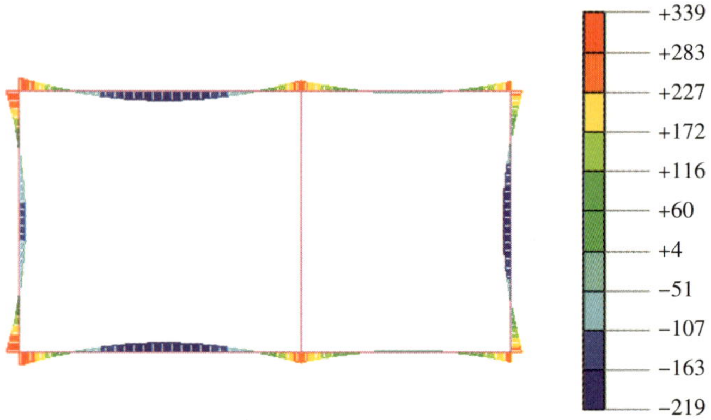

(a)弯矩(单位:kN·m)

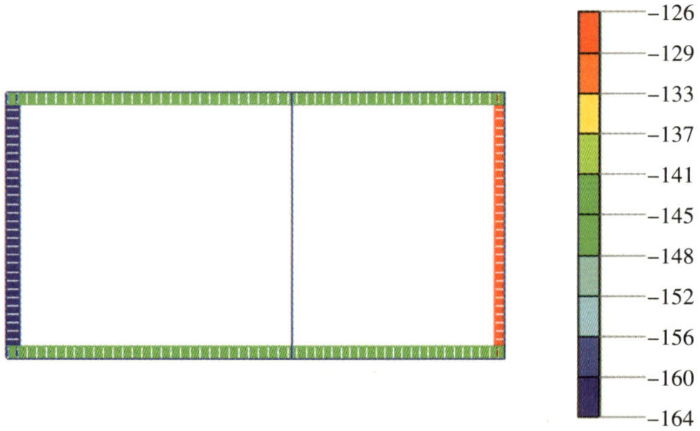

(b)轴力(单位:kN)

图 4.2－5 基岩段竖井衬砌结构变形受力图

4.2.4 小结

根据浏阳河隧道 2＃深大竖井所处的复合地层条件以及场地情况,确定了竖井采用复合支护方案,即在非基岩段采用“围护桩＋二次衬砌”,基岩段采用“喷锚＋二次衬砌”,并运用数值模拟方法分析了衬砌结构的安全性。结果表明:支护方案的安全性能够满足要求,水平位移较小,竖井拐角和左跨的跨中弯矩较大,在非基岩段安全性都满足要求,在基岩段只有拐角位置安全系数较小,考虑到拐角的刚域设计以及锚喷支护的分担荷载作用,可以认为,设计方案的安全性能够满足。

4.3　复合地层深大竖井施工技术研究

在高铁大断面隧道深大竖井施工中，如何在保证质量的前提下快速、安全地施工，成为隧道施工中需要解决的重要问题。为此，我们结合浏阳河隧道竖井的工程特点和地质条件，对深大竖井的施工技术进行了研究。

4.3.1　竖井施工技术方案的比选

4.3.1.1　竖井基本施工技术分类

竖井施工的特点是施工设备多，并且都是竖向布置，断面空间小，井深大，安全和技术要求高，施工难度大，要有专门的设备和专业性强的施工队伍。总结以往煤炭、水电等行业有关竖井施工的经验，竖井的主要施工方法如表 4.3－1 所示。

表 4.3－1　竖井施工方法分类

- 竖井施工方法
  - 按施工机构分
    - 钻爆法
    - 掘进机法
    - 天井钻机法
  - 按开挖方法分
    - 全断面法
    - 导坑开挖法
    - 中心扩孔法
  - 按出碴方式分
    - 正井法
    - 反井法

在竖井施工的方案选择上，笼统地讲，一般有正井法和反井法两种。

1. 正井法

正井法就是从井口开始全断面开挖，采用机械化配套作业，自上而下施工。先掘进竖井井颈与表土段，砌锁口圈，下掘 30～40 m 后，再安设多层吊盘，进行提升、悬吊等辅助设施的安装，然后转入井筒掘进施工。多层吊盘的使用，使多道工序能平行进行，提高了工作效率（主要是通信、供电、供水等的效率）。井筒施工一次凿岩爆破成型，采用抓岩机装岩，单钩提升吊桶出碴，碴石全部由井口运出，用自卸汽车运至弃碴场。喷混凝土初期支护，液压滑动模板整体浇灌混凝土。为保持工作面空气清新，必须进行机械通风。

正井法施工的特点是，因为要进行平行作业，需要有严密的施工组织计划来指导施工；因为竖井内全部碴石均弃于井口外，所以需要有修建施工便道至井口的条件，有供大型设备运输的道路和弃碴所用的弃碴场，同时井口需要有供升降机、井架等布置的施工场地。

正井法施工的优点是适用的竖井深度及直径范围大，不受地质条件限制。缺点是装备复杂；占用土地面积大；施工难度大，安全隐患多，安全管理要求高；对自然环境影响较大；修建便道增加的工程量大；出碴效率低，施工速度慢。这种方法国内采用较多，施工技术成熟，但效率相对较低，也存在一定的安全隐患。

2. 反井法

传统的反井法是指先由下向上开凿反井，然后再由上向下扩挖成井的方法。使用反井法基本的前提条件是有事先做好的水平巷道。

4.3.1.2 浏阳河隧道深大竖井施工技术的确定

根据浏阳河隧道2#竖井所处的场地情况和地质条件，经过深入研究和多方案的技术经济比选，在安全、经济的基础上，结合工期的要求，确定竖井在不同地层段采用不同的支护方案，竖井内衬采用逆筑法施工，具体如下：

(1)人工填土段采用钻孔桩围护，利用围护桩水平承载能力抵抗开挖后土体产生的侧压力，同时，地表垂直注浆止水；土方开挖采用全断面开挖。

(2)基岩段采用喷锚支护形式，充分发挥围岩自稳能力，土方开挖采取分层分块间隔开挖。

(3)竖井内衬采用逆筑法施工，与围护结构紧密结合，共同参与受力，并尽快形成稳定可靠的封闭式结构，从而限制墙外土体的变形以及地表沉降。

4.3.2 竖井施工工艺流程

竖井施工的工艺流程如下：施工准备→钻孔桩施工→锁口圈施工→竖井开挖及支护→竖井衬砌施工。

4.3.2.1 围护结构施工

浏阳河隧道2#竖井围护结构挖孔桩平面布置如图4.3-1所示，现场施工情况如图4.3-2所示。挖孔桩采用间隔一根桩的施工方法。施工程序为：场地平整→放线→定桩位→物探→砌锁口圈→架设支架电动葫芦→准备潜水泵、鼓风机、照明设备等→边挖边抽水→每向下挖100 mm即进行桩孔周壁的清理→校核桩孔的直径和垂直度→支撑护壁模板→浇灌护壁混凝土→拆模继续下挖→达到设计深度后，验收桩孔→吊放钢筋笼(提前完成钢筋笼的制作、验收)→放入导管→灌注混凝土至设计顶标高。

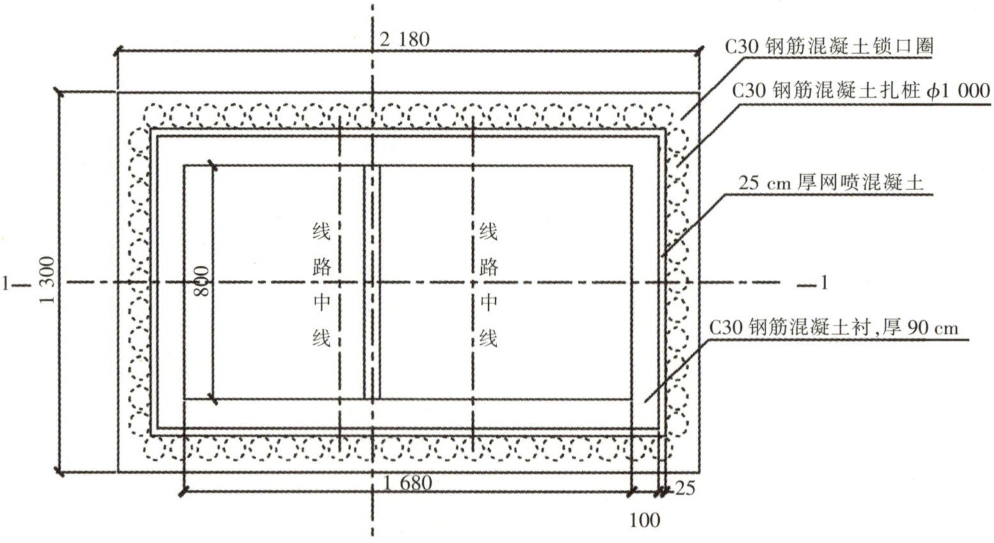

图4.3-1 竖井围护结构挖孔桩平面布置

(a) 围护桩护壁

(b) 围护桩出土装置

图 4.3-2　竖井围护桩施工现场

钻孔桩施工要点：钻孔桩的深度由人工填土的厚度、覆盖层及松散土体厚度决定，深入至基岩面 2 m。施工中的具体要求如下：

(1)严格控制各桩垂直度、施工误差、桩顶位移、桩身变形等，施工时应将钻孔桩外放不小于 10 cm，确保桩基不侵入竖井结构，成孔允许偏差如表 4.3-2 所示。

(2)钻孔时采用跳桩法施工，在已灌注钻孔桩邻近桩位钻孔时，则要等到已灌注钻孔桩混凝土强度在 2.5 MPa 以上后方可施钻，避免扰动相邻已施工的钻孔桩。

(3)护筒的埋设深度，应确保穿透淤泥质软土层，并做好护筒底部密封，防止扩孔。

(4)加强泥浆相对密度及含砂率检测和控制，防止坍孔、扩孔。

(5)钻孔桩内应埋设好测斜管，施工过程中要加强对测斜管的保护。

表 4.3-2　成孔允许偏差

序号	检查项目	规定值或允许偏差/mm
1	中心位置(各桩)	50
2	孔径	不小于设计桩径
3	倾斜度	1%
4	孔深	不小于设计规定

4.3.2.2　锁口圈施工

1. 锁口圈开挖

当竖井围护结构挖孔灌注桩达到设计强度要求后，方可进行锁口圈土方开挖。施工时采用挖掘机进行分部位分层开挖，开挖平面划分为中间核心区、边缘区。锁口圈深度方向分 2 层进行开挖，每层开挖厚度 0.75 m。先开挖中间核心区，可使用挖掘机逐步扩大；边缘区也用挖掘机开挖，四周留 30 cm 人工修整、刷坡成型。开挖平面的中间留集水坑，其平面尺寸为 1 m×1 m，深 1 m，潜水泵及时抽排坑内的水。

2. 立模灌注锁口圈段

按照立模支撑→绑扎钢筋及预埋管路锚固件等→泵送灌注的工序完成锁口圈段混凝土衬砌，锁口圈 1.5 m 高挡水墙也同步完成。为确保竖井不渗漏，采用 C30 等级混凝土进行浇筑，使用机械振捣密实并让锁口圈段底面与竖井壁的连接处保持密封。

锁口圈模板主要采用厂家定制 6015 钢模板配合 3015、2015、1015 型组合钢模，同时倒角处按设计配备倒角模板。

锁口圈模板支撑体系采用满堂脚手架支撑，配合 10 cm×10 cm 方木及顶托组成加固体系，如图 4.3-3 所示，现场浇筑情况如图 4.3-4 所示。

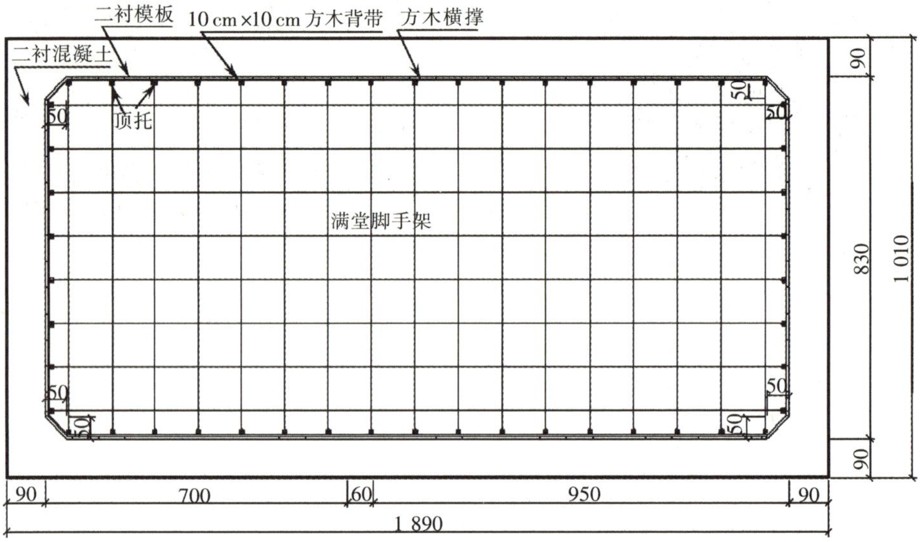

图 4.3-3　锁口圈支撑体系平面图

图 4.3-4　锁口圈现场浇注情况

4.3.2.3　井身开挖与初期支护

1. 土方开挖及运输方法

竖井土方开挖采用全断面分台阶法一次开挖完成，一次开挖深度同格栅竖向间距，格栅钢架随挖随支。井身非基岩段，竖井锁口圈底下 16 m 范围，采用 60 型小挖掘机进行开挖和装碴。竖井提升设备未安装使用前，采用自制 2 m^3 吊桶进行装碴，25 t 汽车吊进行提升；提升设备安装调试后，装碴采用 6 m^3 吊桶，由竖井提升架直接进行提升。井身基岩段，采用松动爆破法全断面开挖，人工配合小挖掘机进行装碴运输。

非基岩段台阶法开挖的主要方法为：整个竖井断面开挖分三个台阶进行。首先开挖竖井中心核心部分下台阶，中间设置临时集水坑，集中抽排竖井地下水及地表水；然后开挖中台阶及上台阶土方，每个台阶高度宜控制在 1 m 左右；最后向井壁扩挖，留 30 cm 厚人工修边成型。非基岩段竖井土方开挖平面示意如图 4.3－5(a)所示。

基岩段开挖采用松动爆破法进行。由于受竖井中隔墙及安装在大洞室一侧井口提升设备的影响，竖井两洞室分开进行钻爆和开挖，以便于小挖掘机进行装碴。首先，垂直打孔爆破开挖大洞室，大洞室开挖完后，水平打眼爆破小洞室围岩。基岩段竖井钻爆开挖如图 4.3－5(b)所示。

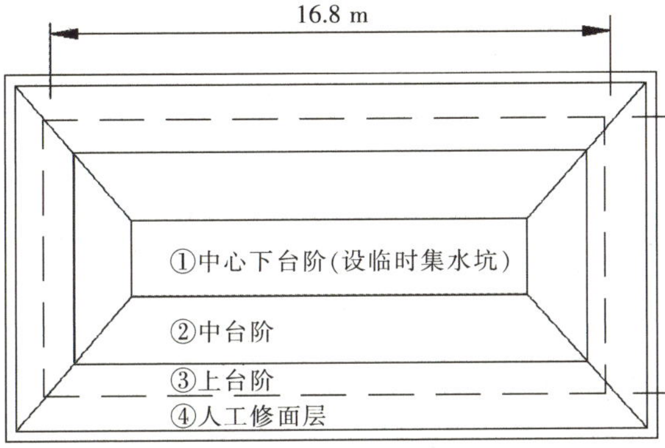

(a)竖井非基岩段土方开挖平面示意图

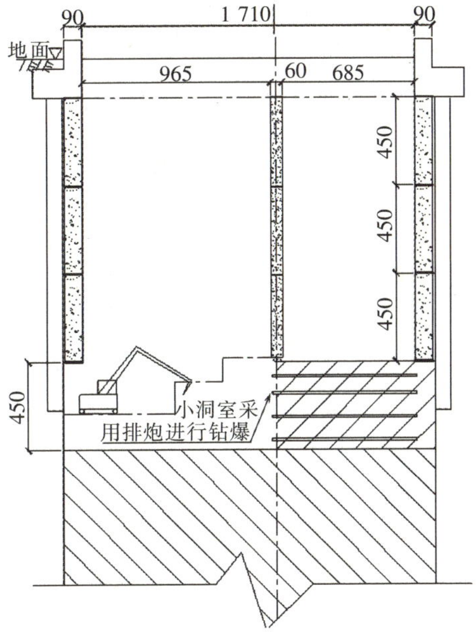

(b)竖井基岩段钻爆开挖示意图

图 4.3－5　竖井非基岩段与基岩段土方开挖示意

非基岩段与基岩段的现场开挖情况如图 4.3－6 所示。井身段开挖顺序如图 4.3－7 所示。

(a)竖井非基岩段土方开挖现场

(b)竖井基岩段钻爆开挖现场

图 4.3－6　竖井非基岩段与基岩段土方开挖现场

2. 初期支护施工

竖井开挖经人工修边成型，检查合格后，首先对井壁初喷 5 cm 厚 C20 混凝土，装设 ϕ 10 mm 钢筋网片，然后支立 ϕ 22 mm 格栅钢架，施工法向锚杆加固地层(锚杆采用 ϕ 20 mm 砂浆锚杆，$L=4$ m，水平面夹角 12°，间距 0.75 m×1 m)，复喷 C20 混凝土至设计 25 cm 厚度，将格栅完全覆盖，形成初期支护闭合环。

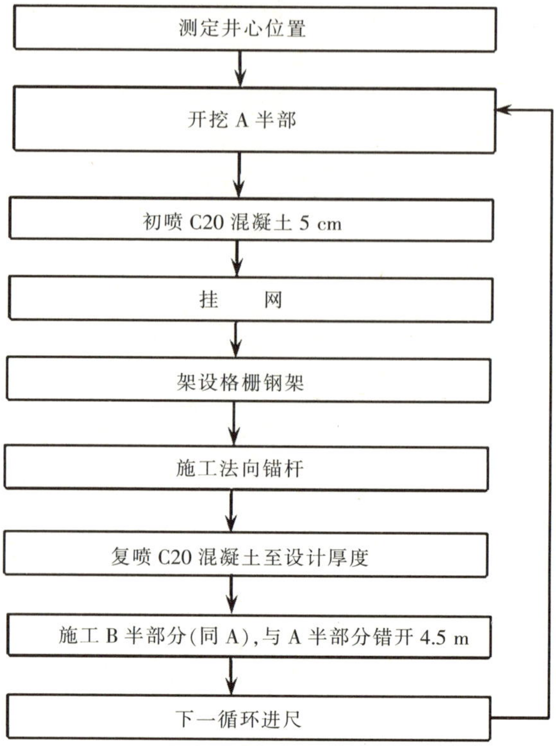

图 4.3-7　井身段开挖顺序

3. 竖井开挖、支护施工要点

(1)人工填土段,采用大型挖掘机进行土方开挖;距地面 4.5 m 以下处,人工配合小型挖掘机开挖。均采用汽车吊进行出碴。

(2)围护桩以下地段,开挖采用松动爆破,井身周边留 10 cm 厚人工用风镐修边成型,小型挖掘机装碴,每循环进尺不超过 1.5 m,围护结构采用喷锚支护型式。内衬采取两个洞室相互错开 4.5 m 的方式施工。

(3)竖井开挖至暗洞拱部位置时,应结合暗洞开挖工艺,及时完成两侧洞口导向墙及超前管棚施工,为暗洞开工创造条件。

(4)开挖过程中,对围护桩桩间空隙及下部基岩面及时喷射混凝土封闭,避免渗流水直接冲刷开挖土体表面,确保围岩稳定。

(5)基坑开挖面渗水应妥善处理。渗水量较大时,应在出水口打入一段带孔的小导管引出渗水,快速喷射混凝土封闭开挖面,并在坑底设置排水沟、集水坑,集中抽排。

(6)基岩段喷锚支护应严格控制每层喷射混凝土厚度,钢架格栅及喷射混凝土不得侵入内衬空间。

(7)基坑开挖前应做好各监测项目初始数据的采集,施工期间要对全过程进行监测,并根据监测结果确定和优化下一步施工参数,做到信息化施工。围护桩的最大水平位移不得超过 10 mm,每天最大位移不得超过 1 mm;基坑开挖引起的坑外水位下降最大不得超过 1 000 mm,下降速率不得超过 500 mm/d。

4.3.2.4　竖井二次衬砌施工

1. 模板支撑体系加固方法

竖井主体结构衬砌，采用逆筑法进行施工，4.5 m 一节，初支与衬砌紧跟，开挖一节衬砌一节，混凝土采用 C30 钢筋混凝土。为加强竖井衬砌的整体稳定性，竖井二次衬砌采用厂制 6015 定型钢模，一次立模灌注完成。同时，为保证在竖井施作二次衬砌的同时井内仍具有一定的操作空间，保证 60 型小挖掘机仍能正常停放在竖井内，不用通过竖井提升架在井内来回吊装，竖井衬砌采用厂家特制的型钢桁架作模内支撑。

型钢桁架采用[8 槽钢制作而成，宽 80 cm，纵向每 1.5 m 一道；纵向和横向分别采用 I14 工字钢和[14 槽钢作竖向支撑及横向背带。型钢桁架高 4.8 m，各单元之间通过高强螺栓连接成整体。模板支撑体系如图 4.3－8 所示，现场施作情况如图 4.3－9 所示。

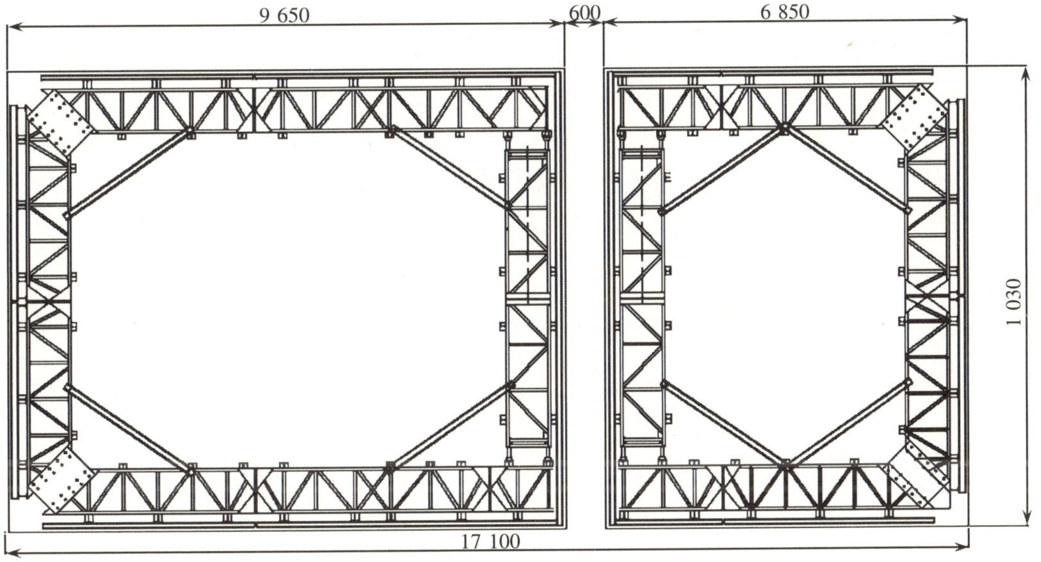

图 4.3－8　模板支撑体系平面

图 4.3－9　模板支撑体系现场施作情况

2. 二次衬砌混凝土浇筑

混凝土采用2#竖井自行设立的2HZS50型搅拌站和8 m^3 混凝土灌车进行供应。考虑到竖井较深，地面向下达54 m，采用泵送混凝土容易堵管，且竖井作业空间小，又有中隔墙阻碍，故施工时采用了 ϕ 200 mm的铁管分段加工成串筒进行下料。串筒上部与1.5 m^3 漏斗通过法兰进行连接，底部设3 m长 ϕ 200 mm软管，随混凝土浇筑部位的变化进行移动。漏斗及串筒采用汽车吊进行吊装。混凝土分层对称浇筑，插入式捣固棒配合人工进行振捣。

混凝土浇筑方法：上半部分竖井衬砌混凝土采用混凝土汽车泵进行浇筑；但随着竖井的加深，汽车泵受到限制，故下半部分竖井采用直径200 mm的钢管进行灌注。混凝土灌注的关键在于采用逆筑法施工。下循环混凝土与上循环已浇筑好的混凝土接缝处无法浇筑密实，甚至出现接缝处存在空洞的情况。现场采用上循环混凝土浇筑时，在底部沿二衬轮廓每隔3 m设置一个60 cm×40 cm的灌注孔。下循环混凝土浇筑时从该孔灌注，由于该浇筑孔较高，加上有效合理的振捣，能够保证接缝处混凝土的密实。同时在中隔墙上设灌注窗口，下一循环刚开始开挖，一个洞室构建及土方提升时，井下作业人员可以通过该窗口到另外一个窗口，保证了人员的安全。

二衬钢筋预留下循环搭接钢筋，逆筑法施工。在基岩段，由于基底岩石坚硬，预留下循环搭接钢筋困难，因此上循环爆破时将下循环上部1 m范围岩体爆破，并在四周及中隔墙部位挖槽，上循环钢筋绑扎时将预留钢筋伸入槽体中，并回填中粗砂。这样下循环开挖后，将钢筋清洗即可直接进行钢筋搭接施工。预留下循环搭接钢筋施工方法示意见图4.3-10。

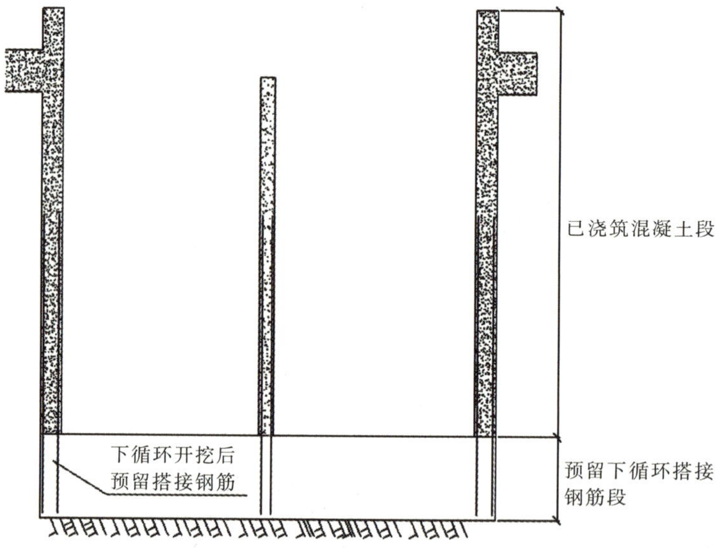

图4.3-10　二次衬砌预留下循环搭接钢筋施工方法示意

3. 二次衬砌施工顺序

1)施工准备

在施工前先检查衬砌厚度，对衬砌厚度不达标、不符合标准的地方进行处理，达到要求后及时清除围岩上所有的虚碴、杂物，连接界面凿毛、冲洗，量测施工中线、高程控制线。

2)钢筋加工与绑扎

钢筋在钢筋棚内集中加工，人工安装绑扎，保证钢筋保护层的厚度足够。钢筋的接长采用焊接法。

逆筑施工时，上一循环的钢筋底部通过开挖沟槽回填砂垫层埋设或直接打入土层，搭接长度和接头相错距离要满足规范的要求。

3)立模

根据设计标高及中线立设模板。基坑开挖至规定高程后，沿衬砌轮廓线开挖沟槽，回填砂垫层，接长竖向钢筋并绑扎其他钢筋，浇筑混凝土找平层。井壁模板底部直接支承于混凝土找平层上。

4)混凝土浇筑

通过作业窗口，自下而上灌注混凝土，从已灌段接头处向未灌方向水平分层对称浇筑，层厚不超过 40 cm，相邻两层浇筑时间不超过 1.5 h，确保上下层混凝土在初凝前结合好，不形成施工冷缝。捣固采用附着式振捣器辅以插入式振捣棒，安排专人负责，保证混凝土衬砌内实外光。

对新旧混凝土结合面、沉降缝、施工缝严格按要求点位和时间进行控制振捣，保护好预埋于内衬上的预埋件，防止其歪斜和倾倒。

混凝土须连续浇筑，不得产生施工缝。施工作业时应准备一定数量混凝土地泵及混凝土运送罐车，以防意外事件发生。

拆模时混凝土的强度应达到 80%，之后才能进行下道工序施工。

4. 二次衬砌施工注意事项

(1)逆筑衬砌的接头处理：施工缝端头进行凿毛处理，用高压水冲洗干净，接头处严防漏浆，确保接缝处质量，要求在接头处的先浇混凝土和后浇混凝土具有整体性，对于接头可根据具体情况采用注入法或充填法进行处理。

(2)施工时注意管线、踏梯、电梯等预埋件的预埋和风、水、电、管道等相关下井孔洞的预留。

(3)井身允许偏差如表 4.3-3 所示。

表 4.3-3　井身允许偏差

序号	检查项目	规定值或允许偏差/mm
1	平面位置	±10
2	表面平整度	15

4.3.2.5　竖井落底及进洞施工方法

2# 竖井深 53.85 m，正线隧道直接开口于竖井内，连竖井底板共高 16.03 m，共需开挖衬砌三个循环。由于正洞断面较大，开挖宽度 15.1 m、开挖高度 13.6 m，采用三台阶法施工，若在竖井全部落底后进行正洞开挖，作业平台过高，因此选择了竖井转正洞与竖井落底同步进行的施工方案，具体步骤如下：

(1)竖井开挖至正洞上台阶范围(高度为 4.47 m)后，及时施作竖井衬砌及两侧进洞口拱部 ϕ108 mm超前长管棚。

(2)管棚压浆完毕，一侧正洞上台阶开挖初支 10 m 稳定后，进行另一侧正洞上台阶的开挖支护。

(3)当两侧正洞上台阶各支护 20 m 且初支稳定后，再开挖竖井衬砌一个循环，错开施工两侧正洞中台阶。

(4)正洞南、北两个方向中台阶均施工完成且稳定后，开始进行竖井最后一个循环的开挖、衬砌及落底施工。竖井最后一个循环落底完成后，即开始正洞往南、北方向下台阶开挖及仰拱封闭施工。

4.3.2.6 劳动力与风、水、电配备及大型设备下井技术

1. 劳动力配备

表 4.3-4 给出了该竖井施工的劳动力组织情况。

表 4.3-4 劳动力配备

编号	名　称	人　数
1	管理人员	14
2	钻孔班	12
3	钢筋班	20
4	混凝土班	16
5	开挖班	10
6	支护班	8
7	运输班	10
8	施工保障组	5
9	文明施工组	6
合　计		101

2. 风、水、电配备

竖井辅助隧道施工中，使用的竖井口提升设备、混凝土设备、通风机、高压风管、水管、电缆等繁多。所以在井口设备等布置上必须精心规划、合理布局，方能满足隧道施工的需要。

浏阳河隧道采用压入式通风，配备两台 SDF12.5 型通风机，每台负责一个工作面的通风。由于竖井辅助正洞施工，现场通风机设置在采用型钢加工的门式钢架结构上，门式钢架下方各种运输车辆可以通过，既节约了空间也满足了竖井周围道路畅通的需要。

高压风管、水管、电缆的布置——在附近设置沟槽，上部设置 20 cm 厚钢筋混凝土盖板，同时在竖井锁口圈混凝土浇筑时预留孔洞，管线通过该预留孔下井。

3. 大型设备下井技术

大型设备下井通过安装在井口的提升设备，使用两个或四个吊钩同步作业，满足了大型设备下井对提升能力和平稳度的要求。

竖井净空尺寸为 16 m×8 m，设计竖井中部设置 60 cm 厚钢筋混凝土中隔墙，但这样无法满足混凝土运输车、自卸汽车等(长度都超过 8 m)大型设备下井的需要。开工前期，通过与设计单位沟通，将中隔墙位置向一侧调整 65 cm，同时对竖井及中隔墙钢筋进行了加强，满足了设备下井的净空需要，避免了后期大型设备无法下井的问题。

4.3.3 竖井施工过程中数值仿真模型的建立

由于竖井是隧道施工过程中与外界联系的通道，在整个施工和使用过程中必须充分保证竖井结构具有足够的安全度，因此对竖井结构的施工过程进行受力计算分析是十分必要的。

长期以来，竖井结构采用的设计方法通常是将其简化为平面问题处理，采用半经验的方法。但是大型竖井结构为了保证具有足够的刚度，往往在内部设置中隔墙、锁口圈等各种形式的内部支护结构，同时井壁所承受的主要外荷载——侧向围岩土压力随着深度的增加也是不断变化的，这就与

平面问题不相符合，因此在设计时应考虑竖井结构的空间效应，也就是要进行空间受力分析。

以下结合浏阳河隧道竖井具体工程，对竖井施工过程及竖井转正洞施工过程进行三维数值模拟，分析围岩和初期支护结构变形受力的情况，为竖井的安全施工提供依据。

1. 单元类型

围岩、锁口圈、二次衬砌、隔板采用实体单元模拟，初期支护采用壳单元模拟，桩采用杆单元模拟，管棚按照等效加固处理，锚杆作为安全储备，计算中没有考虑。

2. 屈服准则

围岩在开挖的过程中考虑其塑性变形，采用莫尔-库仑准则，而支撑及围护桩仅考虑其弹性工作，采用线弹性本构关系。

3. 初始地应力场

在进行数值分析计算中，初始地应力场的取值非常关键。对于分析区域接近地表的情况，因构造地应力已得到充分释放，故计算时只考虑自重应力，不考虑构造应力。

4. 模型网格划分与边界条件

网格划分如图 4.3－11 所示，模型地面和四周约束法向位移，顶面为自由表面。

(a)整体网格划分

(b)竖井网格划分

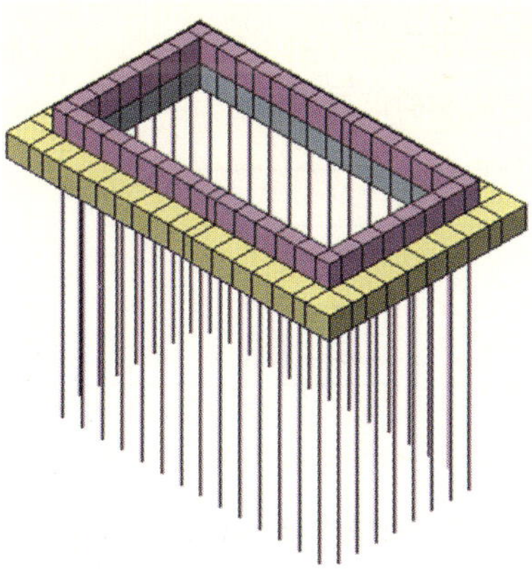

(c)钻孔桩和冠梁

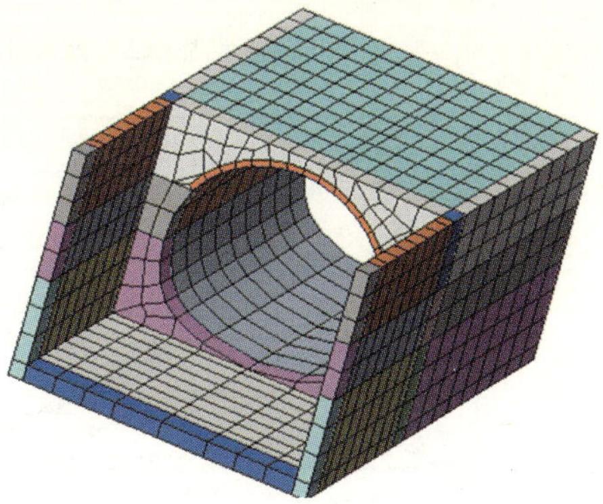

(d)竖井和隧道的连接

图 4.3－11　网格划分

4.3.4 竖井施工过程中围岩和支护结构变形受力分析

4.3.4.1 竖井施工过程中围岩变形分析

1. 围岩和地表水平位移分析

图 4.3－12 给出了地表水平位移分析的断面位置，其中沿着 $A-A$ 虚线做剖面，分析围岩的水平位移，并分析地表 $A-A$ 线和 $B-B$ 线的水平位移随着竖井开挖的变化。图 4.3－13 给出地表 $A-A$ 线的水平位移随着竖井开挖的变化，图 4.3－14 给出了地表 $B-B$ 线的水平位移随着竖井开挖的变化。图 4.3－15 进一步给出了 $A-A$ 剖面情况下围岩的整体水平位移。通过对图的分析可知：

(1)地表水平位移随着竖井的开挖而增大，最大水平位移为 6.5 mm，数值很小，能够满足地表水平位移的要求。

(2)地表水平位移随着距离竖井边的距离增大而呈现先增加后减小的趋势，较大的水平位移集中在距离竖井边 5～20 m 的范围，由于冠梁的支撑作用，最大的水平位移并未发生在竖井周边。

(3)对比 $A-A$ 线和 $B-B$ 线，还可知道竖井长边方向的地表水平位移要大于短边方向的地表水平位移。

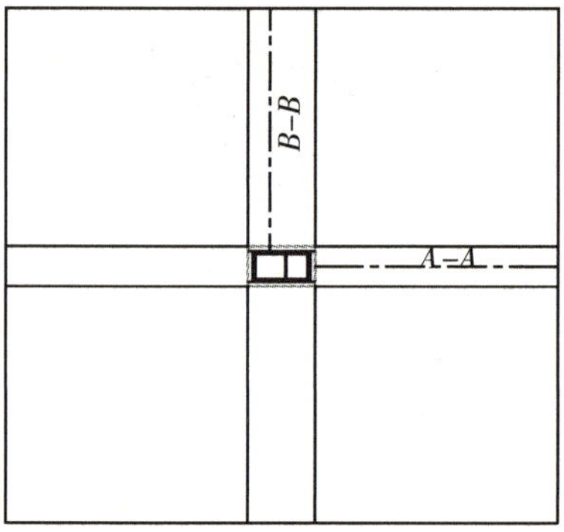

图 4.3－12 地表水平位移分析的断面位置

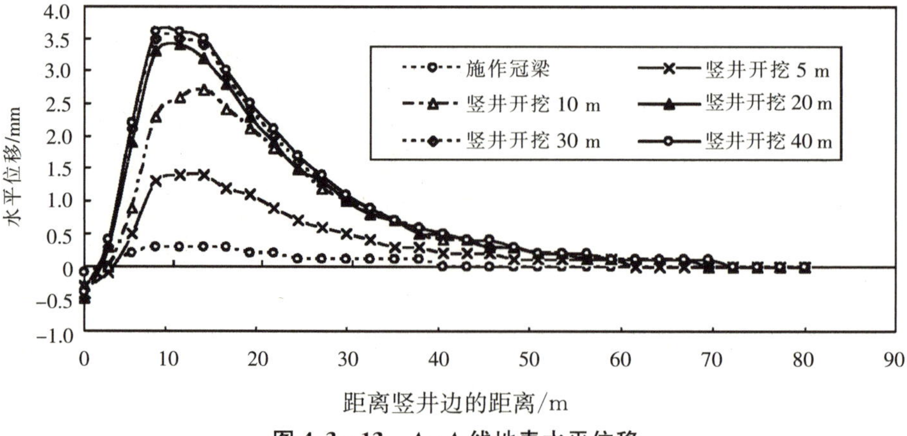

图 4.3－13 A－A 线地表水平位移

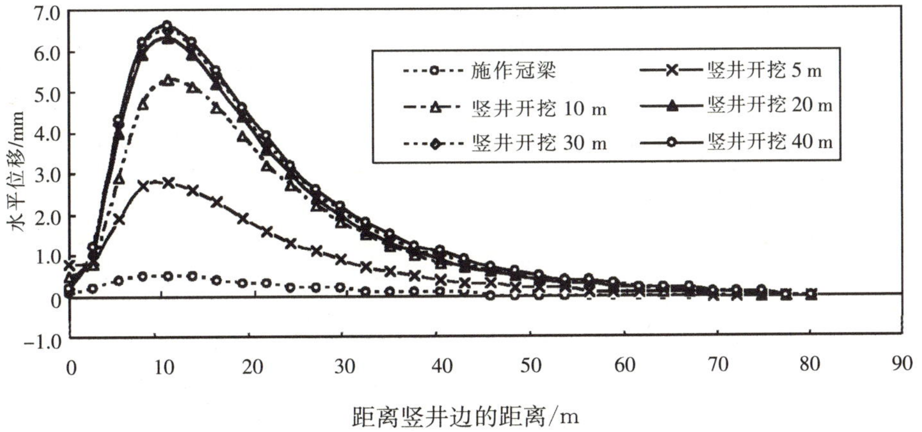

图 4.3－14　*B*－*B* 线地表水平位移

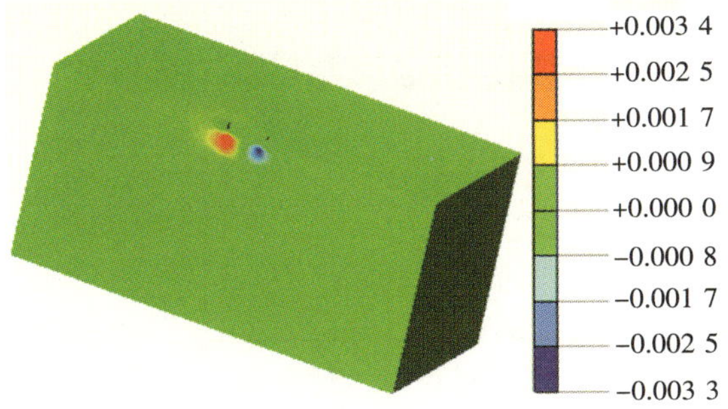

(a)施作冠梁

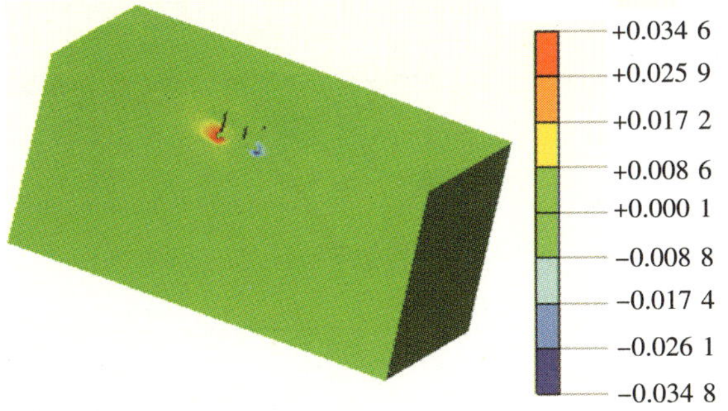

(b)竖井开挖 10 m

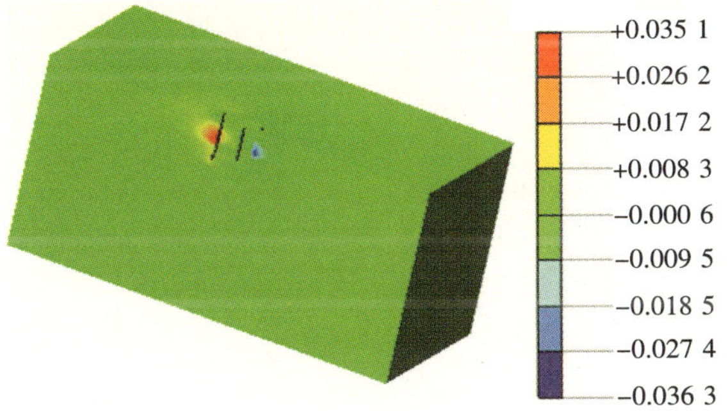

(c)竖井开挖 20 m

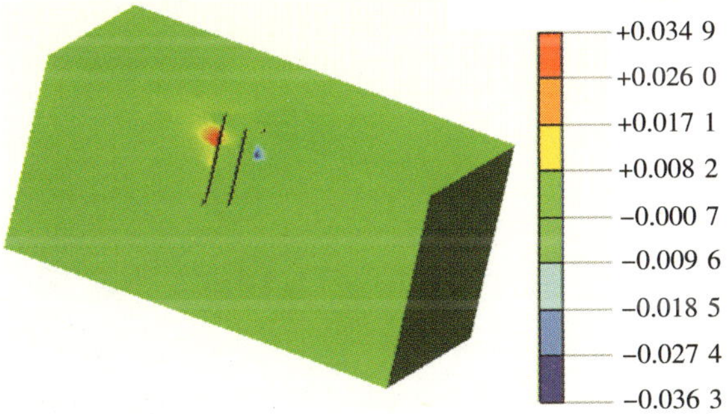

(d)竖井开挖 40 m

图 4.3－15　水平位移云图(单位:m)

(4)在竖井开挖到 20 m 以前,围岩的最大水平位移位于竖井开挖底板的坑脚下方;而在竖井开挖 20 m 以后,围岩的最大水平位移集中在距离竖井顶约 5 m 的位置。

2. 围岩和地表竖向位移分析

图 4.3－16 给出地表 *A*－*A* 线的沉降随着竖井开挖的变化情况,图 4.3－17 给出了地表 *B*－*B*线的沉降随着竖井开挖的变化情况,图 4.3－18 给出了地表沉降槽形状。图 4.3－19 进一步给出了 *A*－*A* 剖面情况下的围岩的整体沉降分布情况。通过对图分析可知:

(1)沉降主要发生在距离基坑周边 20 m 的范围内,且沉降值随着竖井的开挖而增大,地表最大沉降量约 8 mm,量值很小,可以满足变形安全性的要求。

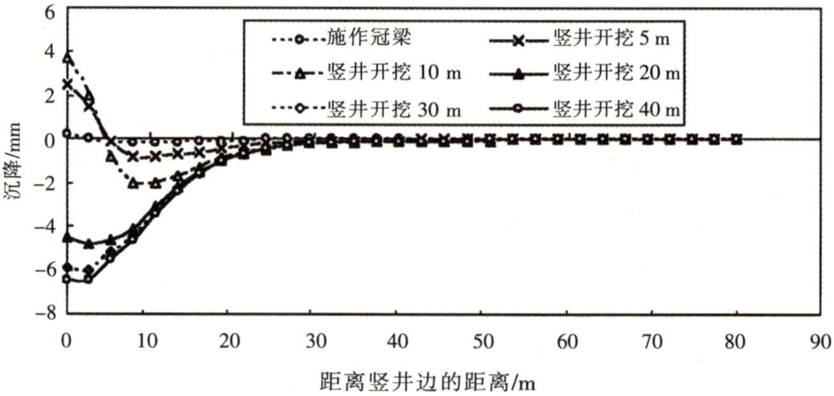

图 4.3－16　*A*－*A* 线地表沉降

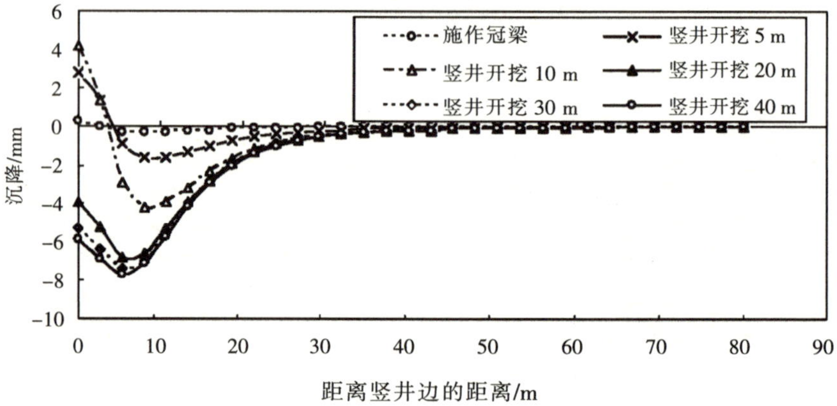

图 4.3－17　*B*－*B* 线地表沉降

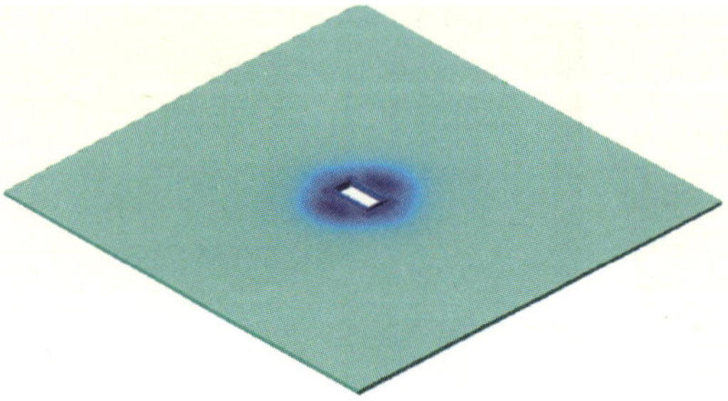

图 4.3－18　地表沉降槽形状

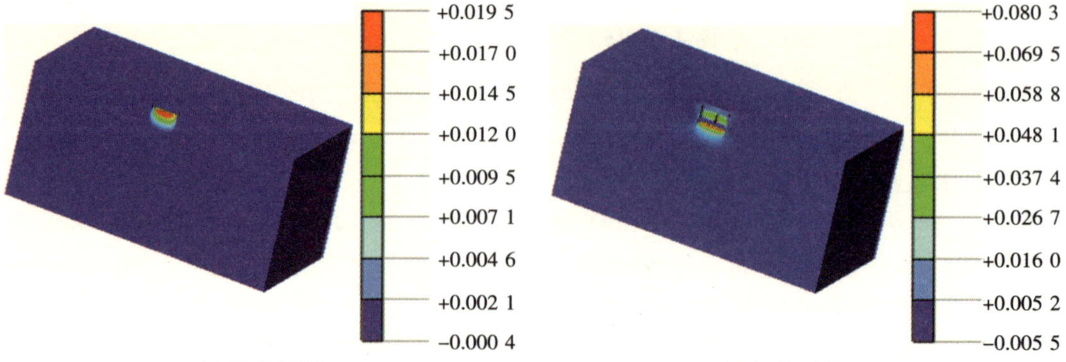

(a)施作冠梁　　　　(b)竖井开挖 10 m

图 4.3－19　竖向位移云图(单位:m)

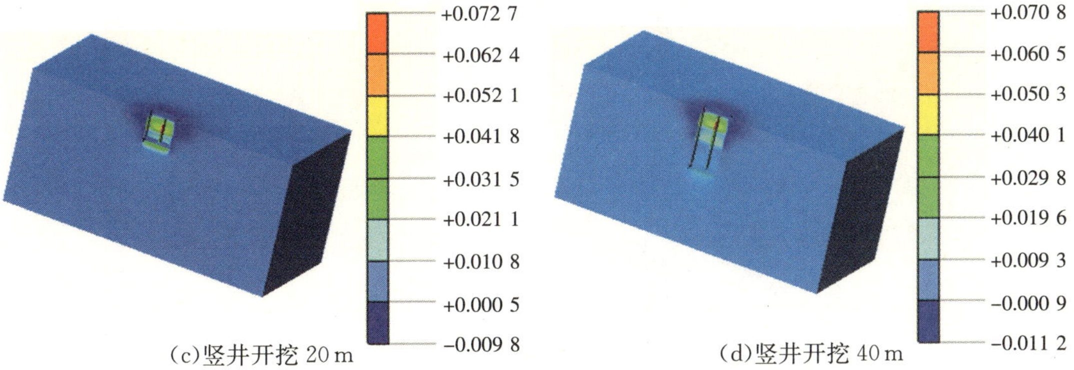

(c)竖井开挖 20 m　　(d)竖井开挖 40 m

图 4.3－19　竖向位移云图(单位:m)

(2)竖井开挖至 10 m,距离竖井边 2 m 范围内出现隆起,这主要是由于竖井开挖卸荷的作用;而在随后的竖井开挖中,此范围内地表出现沉降,这是由于水平位移作用的结果。

(3)地表沉降的最大值出现在距离基坑边约 8 m 的位置,对比 $A-A$ 线和 $B-B$ 线,还可知道竖井长边方向的地表沉降要大于短边方向的地表沉降。

(4)整个围岩的竖向位移:在竖井开挖底板出现隆起,而沿着竖井壁斜向上的范围出现沉降。

4.3.4.2　竖井施工过程中围岩应力分析

图 4.3－20 至图 4.3－22 给出围岩的竖向应力、最大主应力和最小主应力的分布情况。通过对图分析可知:

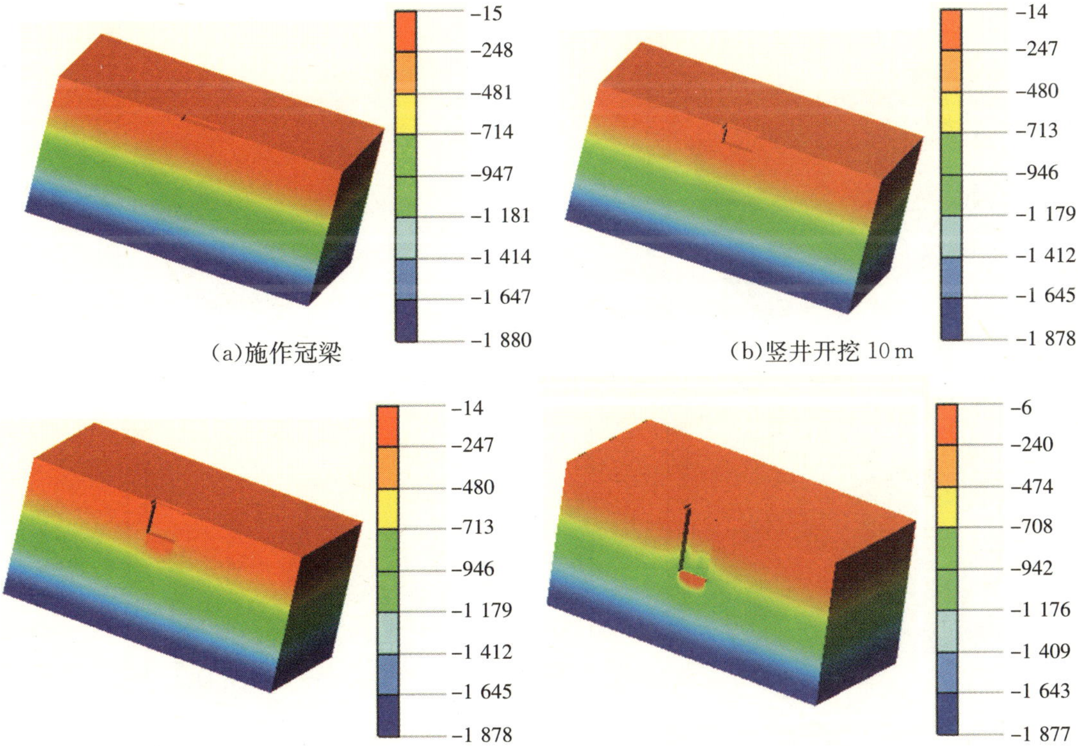

(a)施作冠梁　　(b)竖井开挖 10 m

(c)竖井开挖 20 m　　(d)竖井开挖 40 m

图 4.3－20　竖向应力分布(单位:kPa)

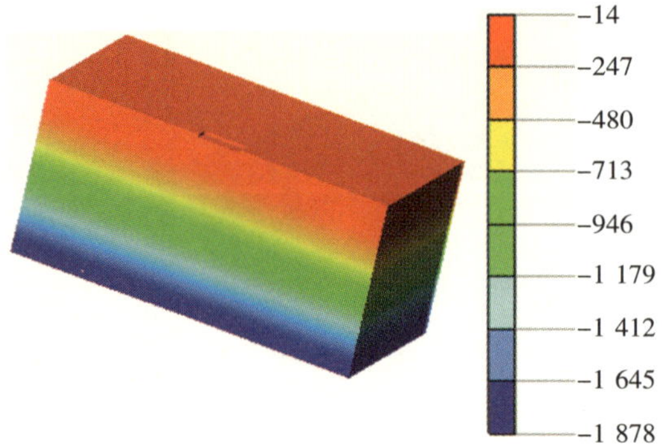

(a)施作冠梁

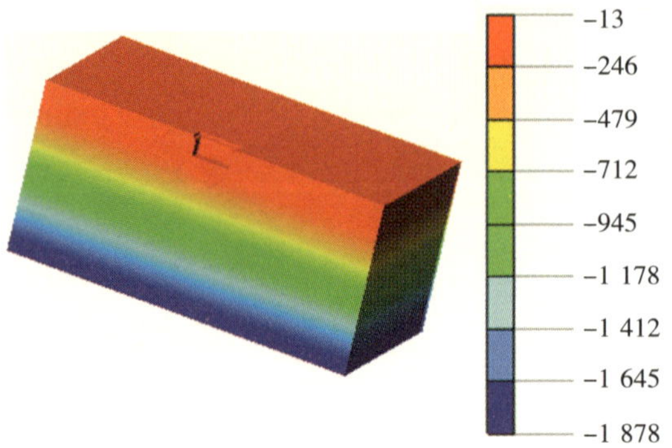

(b)竖井开挖 10 m

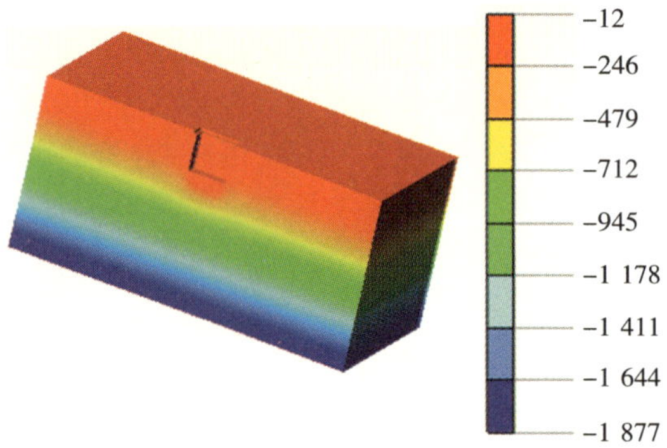

(c)竖井开挖 20 m

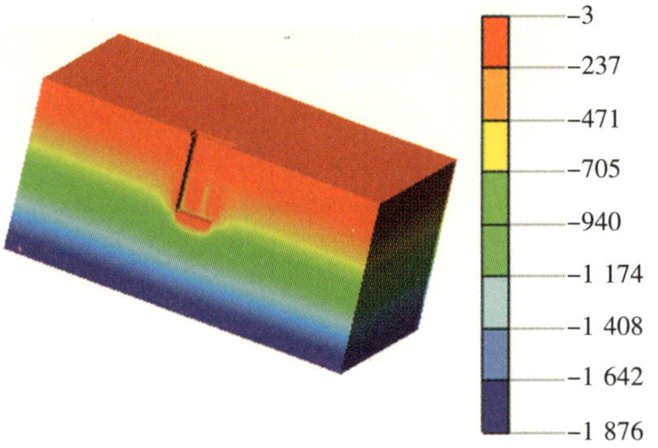

(d)竖井开挖 40 m

图 4.3-21　最大主应力分布(单位:kPa)

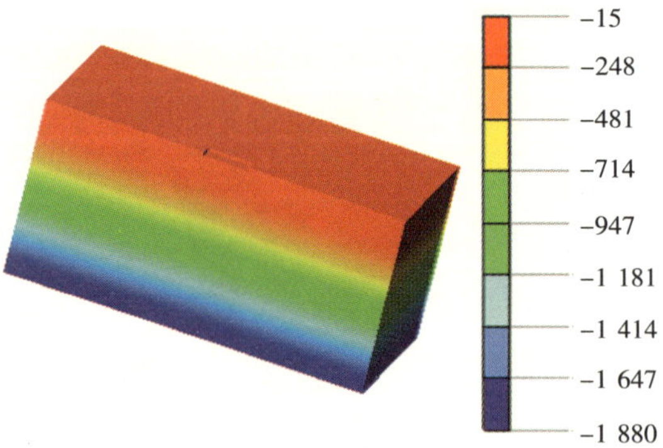

(a)施作冠梁

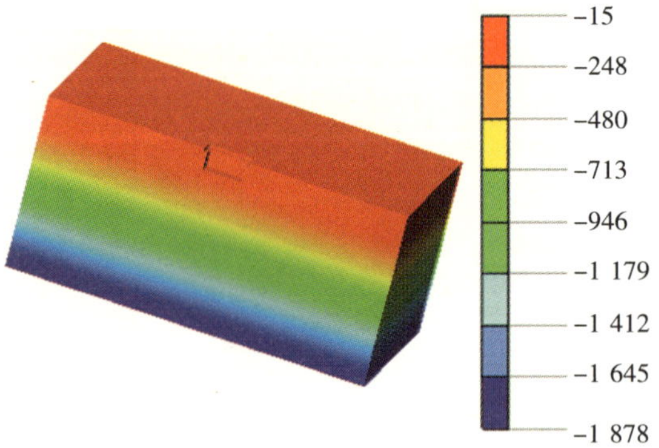

(b)竖井开挖 10 m

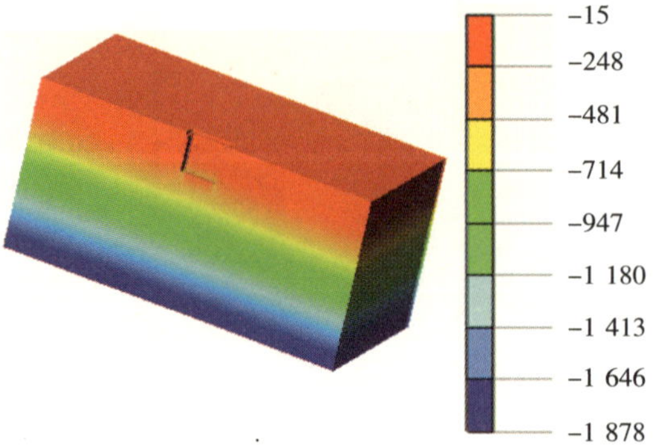

(c)竖井开挖 10 m

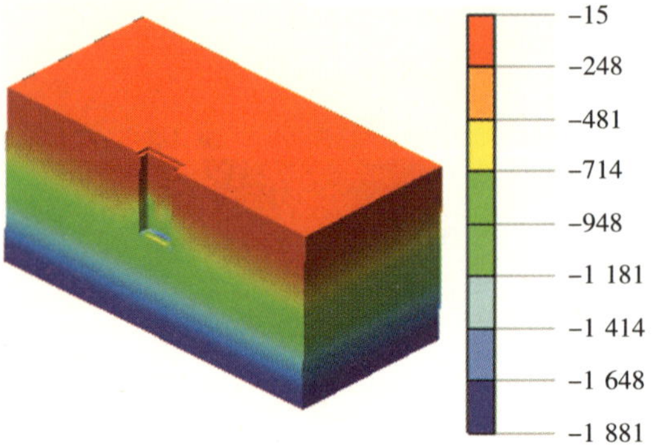

(d)竖井开挖 20 m

图 4.3-22　最小主应力分布(单位:kPa)

(1)围岩所受的各向应力基本上为上小下大，这是重力作用的结果；而在开挖底板和开挖周边的应力小于同一高度处的应力，这是开挖卸荷所产生的效果。

(2)对应力等值线弯曲形状的分析结果表明，等值线基本上呈现水平形状，仅在竖井开挖底板和周边出现弯曲，表明竖井开挖扰动范围较小。

(3)围岩未出现拉应力，表明围岩不会拉裂破坏；围岩的最大压应力约为 1.9 MPa，也很小，表明围岩不会出现压溃。所以，从应力方面来看，围岩是稳定的。

4.3.4.3　竖井施工过程中支护结构受力分析

1. 竖井初期支护受力分析

图 4.3－23、图 4.3－24 给出了竖井初期支护的弯矩和轴力图。通过对图分析可知：

(1)初期支护的较大弯矩集中在竖井的四个拐角处，竖井与中隔板连接的部位弯矩也较大；最大弯矩随着竖井的开挖呈现先增大后减小的趋势，最大弯矩达到 182 kN · m。

(2)初期支护的最大压轴力随着竖井的开挖深度增大而增大，最大压轴力为 1 276 kN，距离竖井顶部约 10 m；竖井开挖到 10 m，初期支护出现拉轴力，且拉轴力也随竖井的开挖深度增大而增大，最大拉轴力为 471 kN，出现在竖井的拐角及其与中隔板连接的部位。

(3)将初期支护的受力换算成应力，可以得到竖井开挖完后最大压应力为 5.1 MPa，最大拉应力为 2.3 MPa，考虑到初期支护配有钢筋网及花钢拱，可以认为初期支护是安全的。

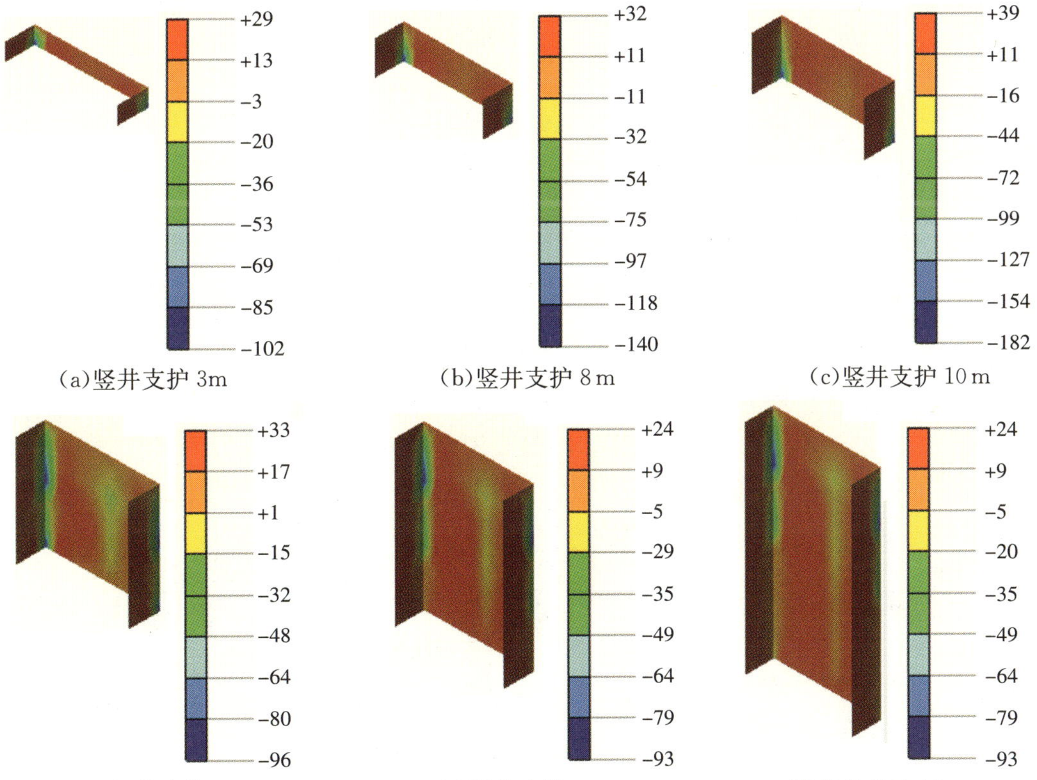

(a)竖井支护 3m　(b)竖井支护 8 m　(c)竖井支护 10 m

(d)竖井支护 20 m　(e)竖井支护 30 m　(f)竖井支护 40 m

图 4.3－23　竖井初期支护弯矩(单位:kN · m)

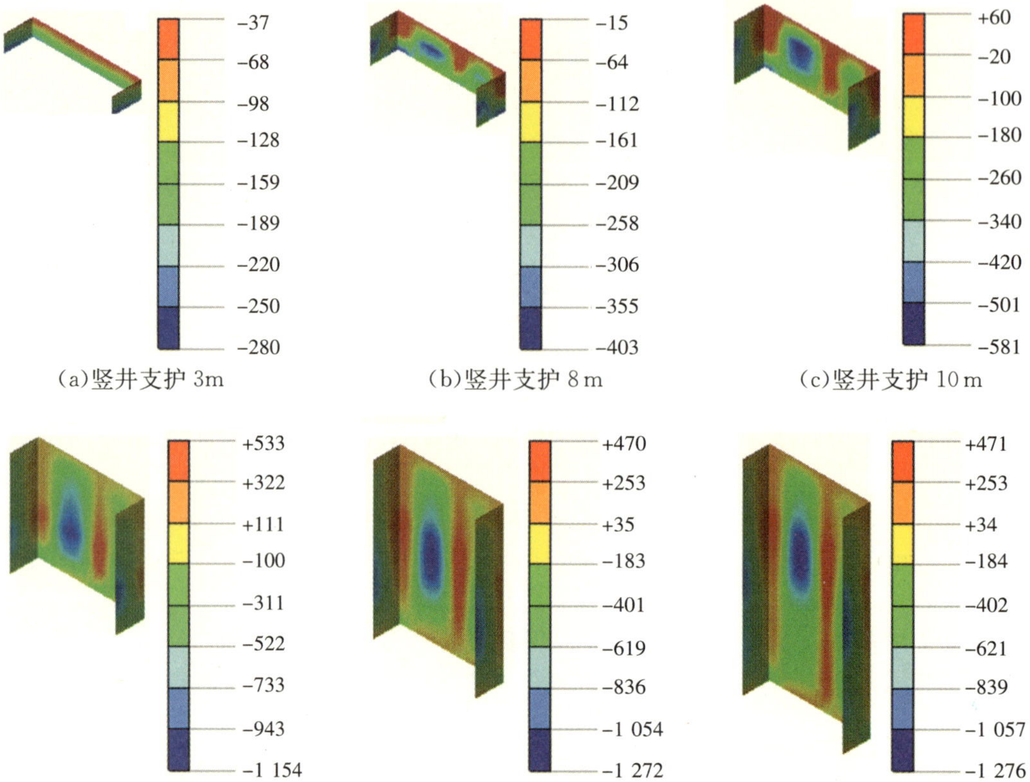

(a)竖井支护 3m　(b)竖井支护 8 m　(c)竖井支护 10 m

(d)竖井支护 20 m　(e)竖井支护 30 m　(f)竖井支护 40 m

图 4.3-24　竖井初期支护轴力(单位:kN)

2. 竖井衬砌受力分析

图 4.3-25、图 4.3-26 给出了竖井衬砌的最大主应力和最小主应力图。对图分析可知:

(1)竖井衬砌最大主应力随着竖井的开挖呈现先增大后减小的趋势,且出现了拉应力,最大值约为 1.2 MPa,小于衬砌的允许抗拉强度。从拉应力的分布范围来看,拉应力在竖井开挖初期集中在竖井的拐角处,在竖井开挖后期集中在初期支护的下部。

(2)竖井衬砌的最小主应力随着竖井的开挖而增大,最大值约为 6.6 MPa,小于混凝土的抗压强度,所以二次衬砌结构是安全的。围岩的最大压应力集中在中隔墙的下部。

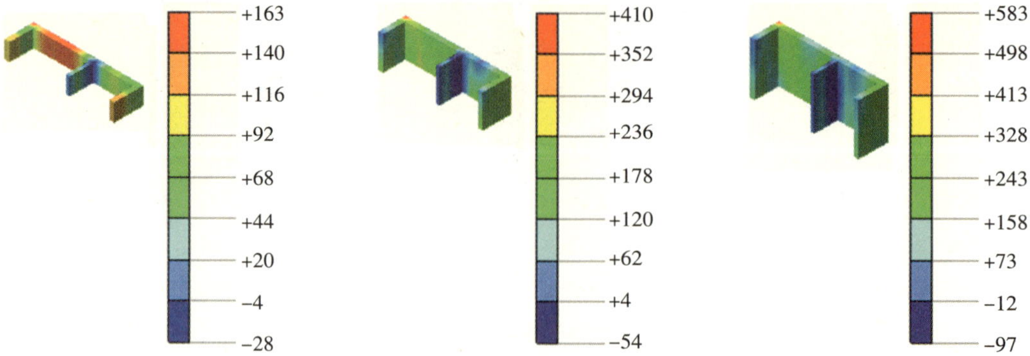

(a)竖井支护 3 m　(b)竖井支护 8 m　(c)竖井支护 10 m

图 4.3-25　竖井衬砌最大主应力(单位:kPa)

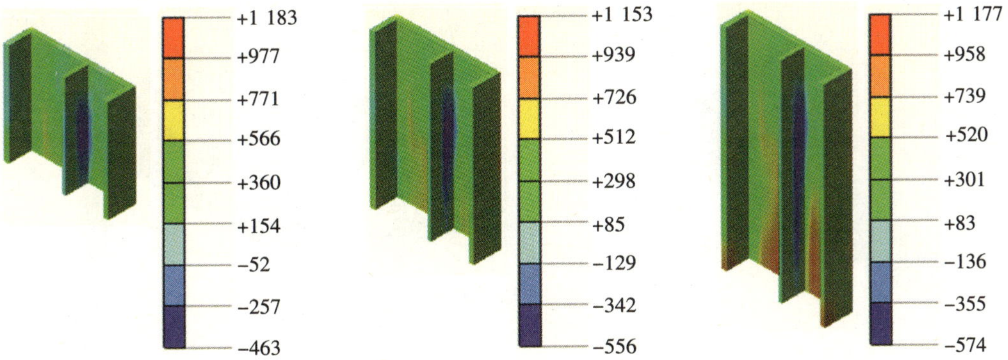

(d)竖井支护 **20** m (e)竖井支护 **30** m (f)竖井支护 **40** m

图 4.3-25 竖井衬砌最大主应力(单位:kPa)

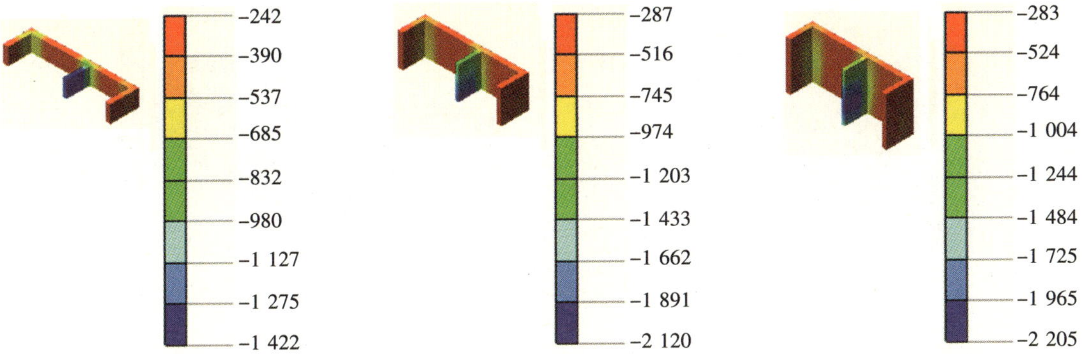

(a)竖井支护 3 m (b)竖井支护 8 m (c)竖井支护 10 m

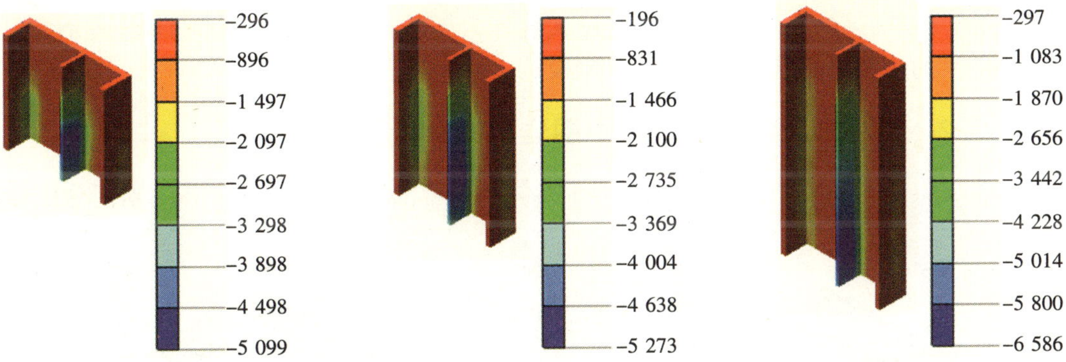

(d)竖井支护 20 m (e)竖井支护 30 m (f)竖井支护 40 m

图 4.3-26 竖井衬砌最小主应力(单位:kPa)

4.3.5 竖井转正洞施工过程中围岩和支护结构的变形受力分析

4.3.5.1 竖井转正洞施工过程中围岩变形分析

图 4.3-27 给出了竖井转正洞施工过程中围岩竖向位移分布情况。对图分析可知:隧道拱顶出现沉降,各台阶开挖后底板出现隆起,且由于开挖面的约束作用,使得离开挖面近的地方拱顶

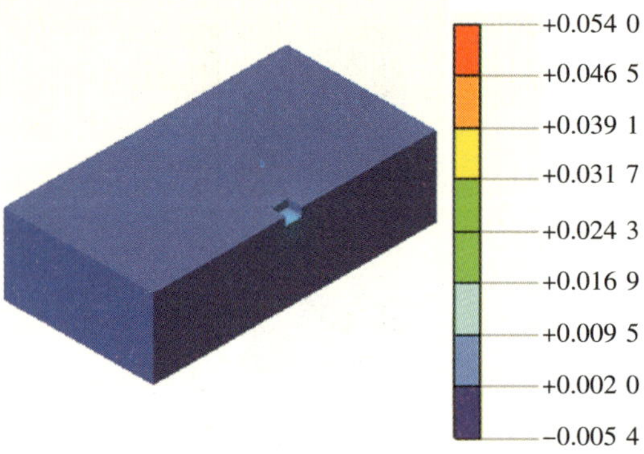

(a)竖井开挖至隧道上台阶高度

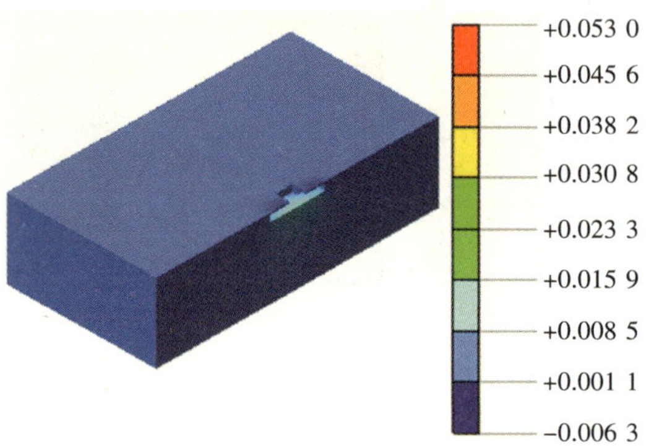

(b)左、右洞上台阶开挖 10 m

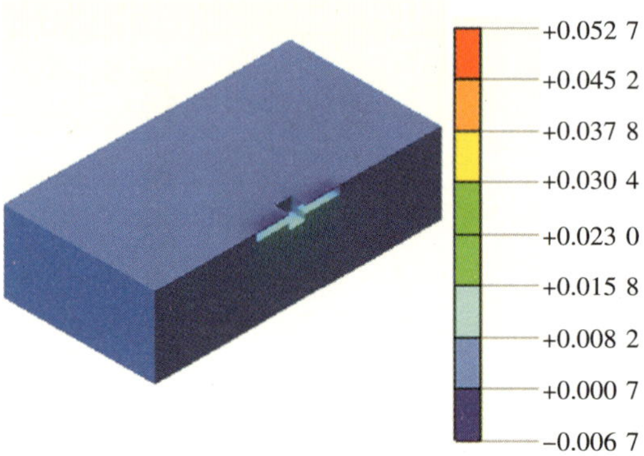

(c)竖井开挖至隧道中台阶高度

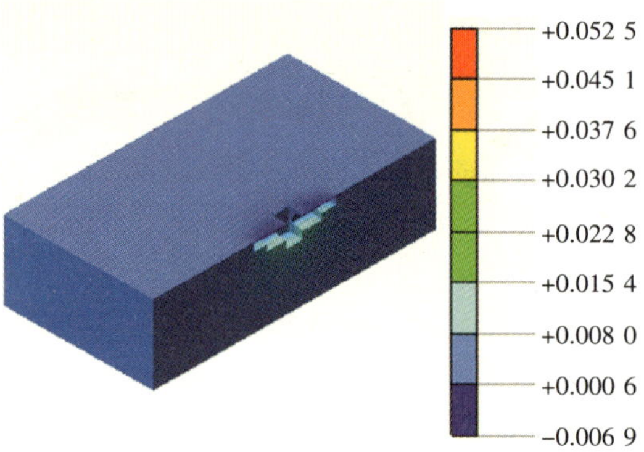

(d)竖井开挖落底

图 4.3－27　围岩竖向位移分布(单位:m)

沉降小,而离开挖面远的地方拱顶沉降大,最大沉降为 7 mm,较小,满足拱顶沉降安全性要求,且沉降变化较大的阶段是隧道的上台阶开挖阶段。

4.3.5.2　竖井转正洞施工过程中围岩应力分析

图 4.3－28、图 4.3－29 给出了竖井转正洞施工过程中围岩应力的分布情况。对图分析可知:

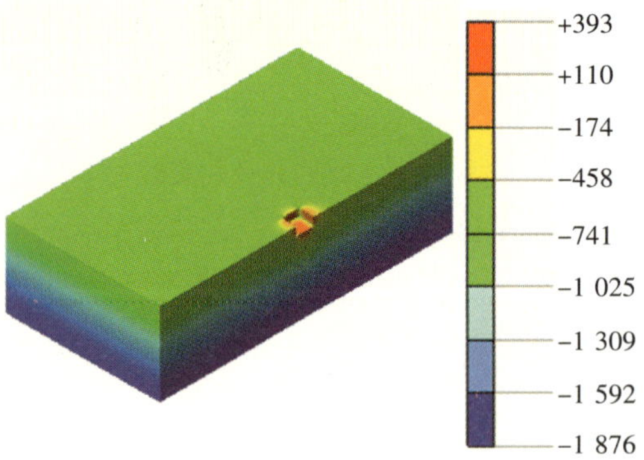

(a)竖井开挖至隧道上台阶高度

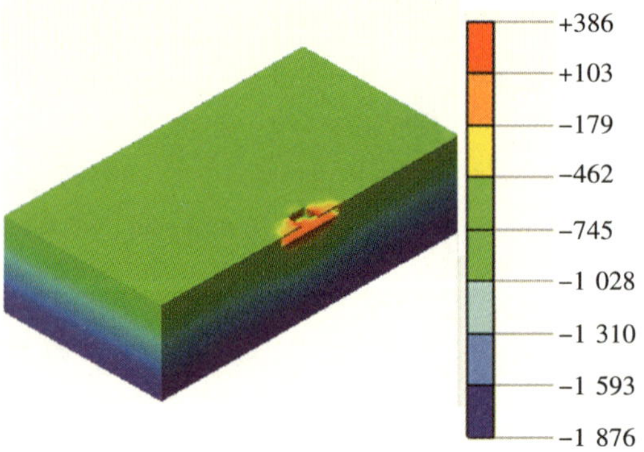

(b)左、右洞上台阶开挖 10 m

图 4.3－28　围岩最大主应力分布(单位:kPa)

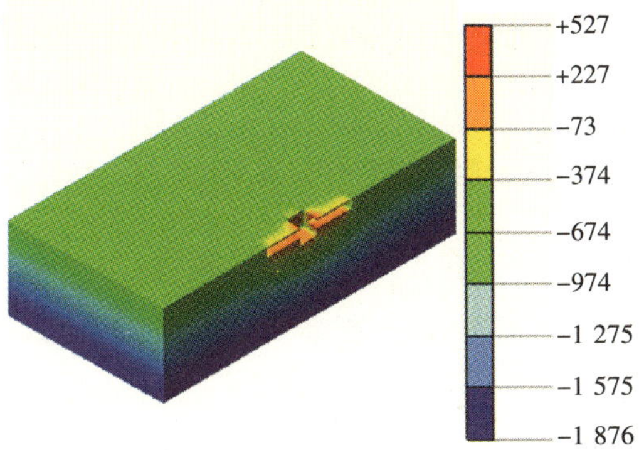

(c)竖井开挖至隧道中台阶高度

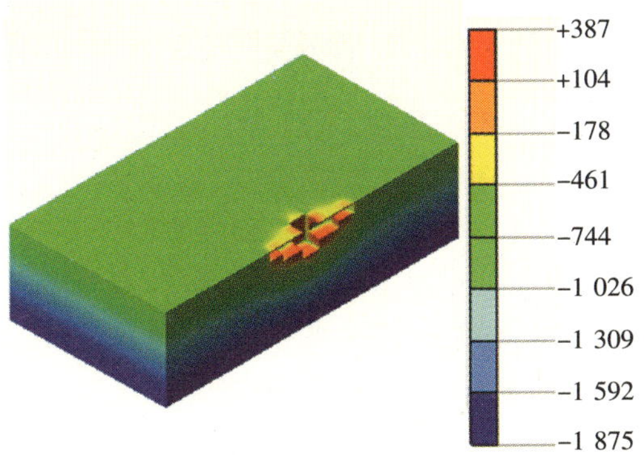

(d)竖井开挖落底

图 4.3-28　围岩最大主应力分布(单位:kPa)

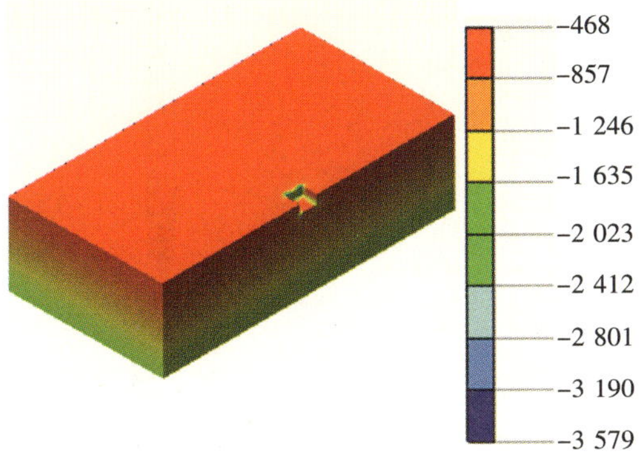

(a)竖井开挖至隧道上台阶高度

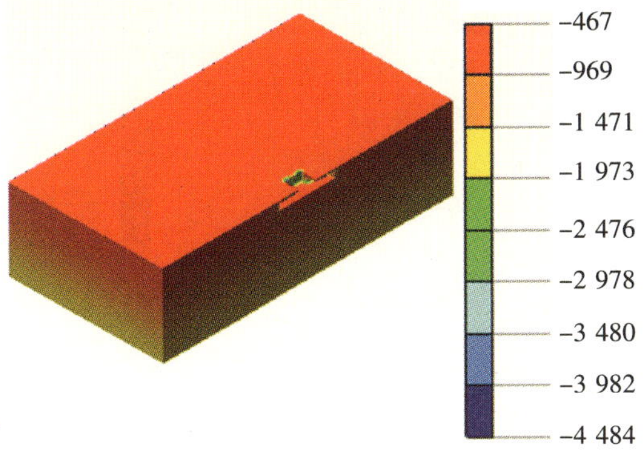

(b)左、右洞上台阶开挖 10 m

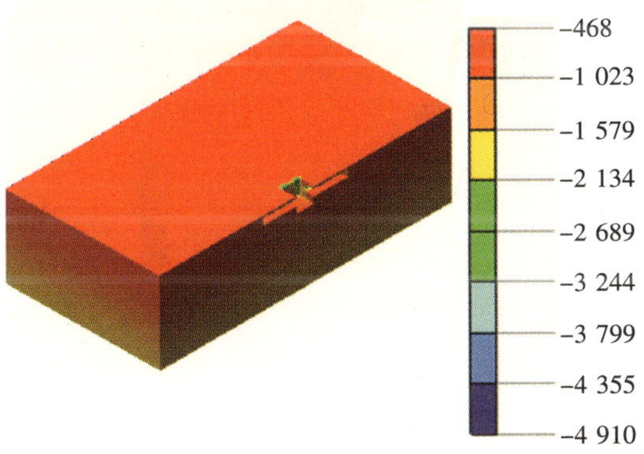

(c)竖井开挖至隧道中台阶高度

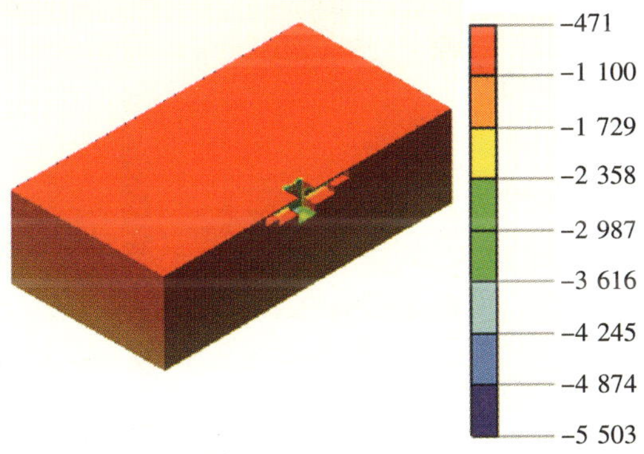

(d)竖井开挖落底

图 4.3-29　围岩最小主应力分布(单位:kPa)

(1)在隧道各台阶开挖底板、竖井开挖底板和竖井与隧道连接的地方出现了拉应力,且最大拉应力随着施工的进行呈现出先减小再增大,然后又减小的趋势,最大拉应力为 527 kPa,量值较小,围岩不会出现拉裂破坏。

(2)围岩最小主应力随着施工的进行而增大,最大压应力达到约 5.5 MPa,分布在竖井开挖底板的拐角处。

4.3.5.3 竖井转正洞施工过程中隧道支护结构受力分析

图 4.3－30、图 4.3－31 给出了隧道初期支护的弯矩和轴力图。对图分析可知：

（1）隧道初期支护的较大弯矩集中在拱脚附近，弯矩随着开挖而增大，最大弯矩达到37 kN・m。

（2）隧道初期支护的最大压轴力随着隧道的开挖呈现先增大后减小的趋势，最大压轴力为2 484 kN，位于墙脚和拱顶附近；初期支护未出现拉轴力，同样由于开挖掌子面的约束作用，轴力随着距掌子面的距离增大而减小。

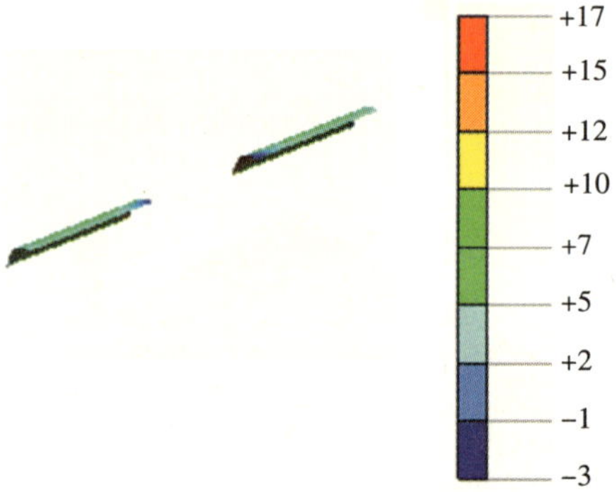

（a）左、右洞上台阶开挖 10 m

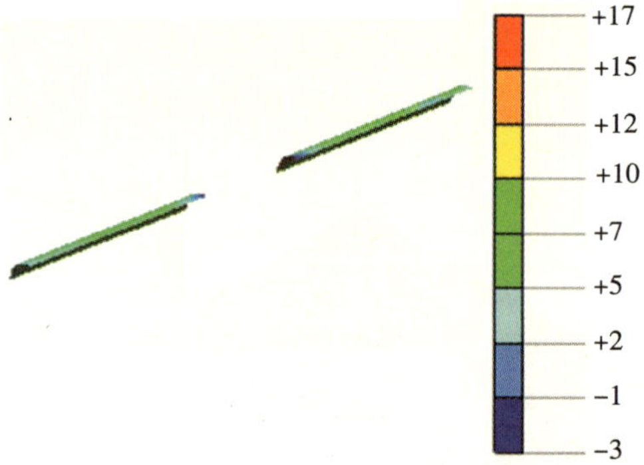

（b）左、右洞上台阶开挖 20 m

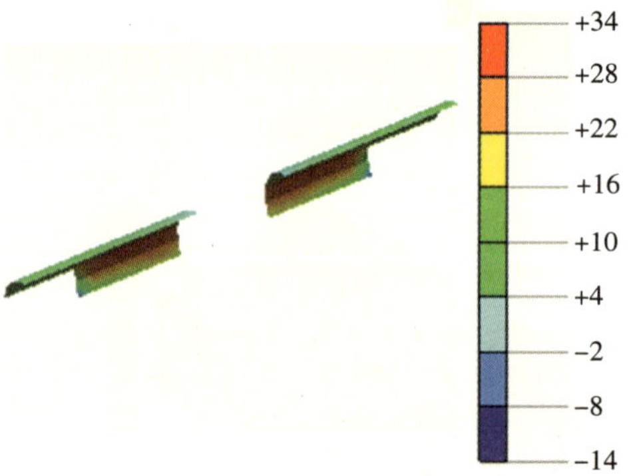

（c）左、右洞中台阶开挖 10 m

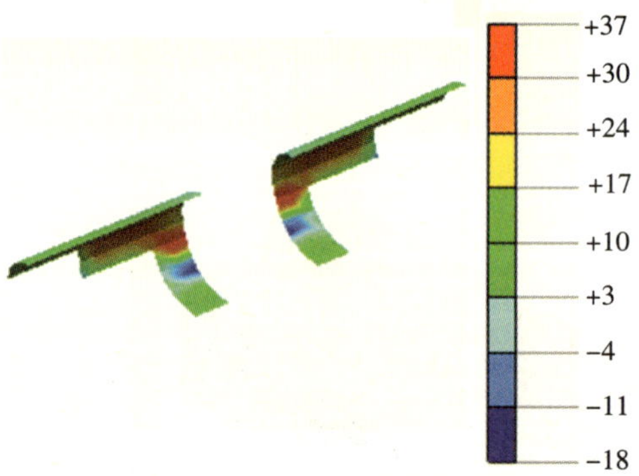

（d）左、右洞下台阶开挖 4 m

图 4.3－30 隧道初期支护弯矩（单位：kN・m）

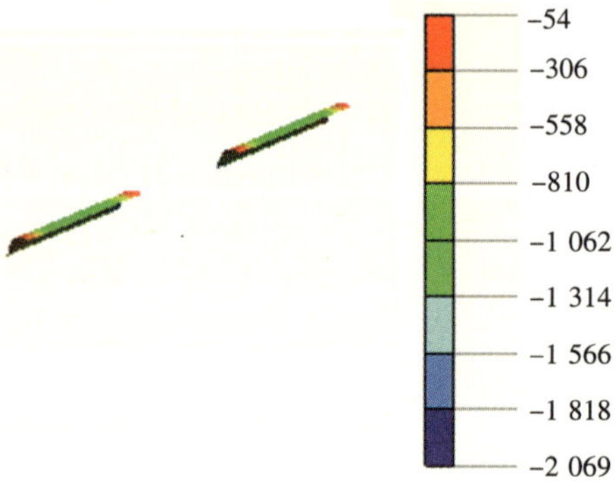

（a）左、右洞上台阶开挖 10 m

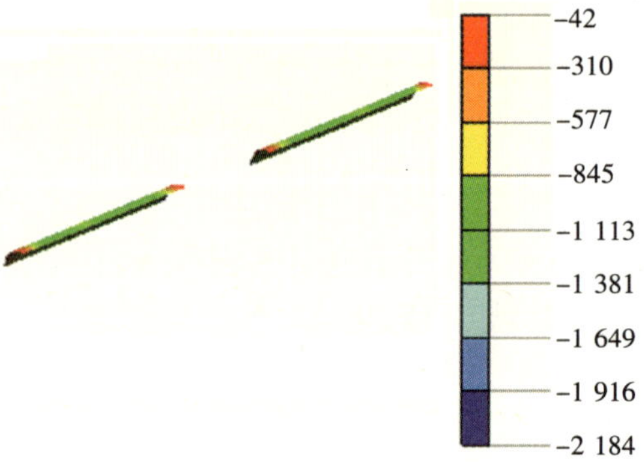

（b）左、右洞上台阶开挖 20 m

图 4.3－31 隧道初期支护轴力（单位：kN）

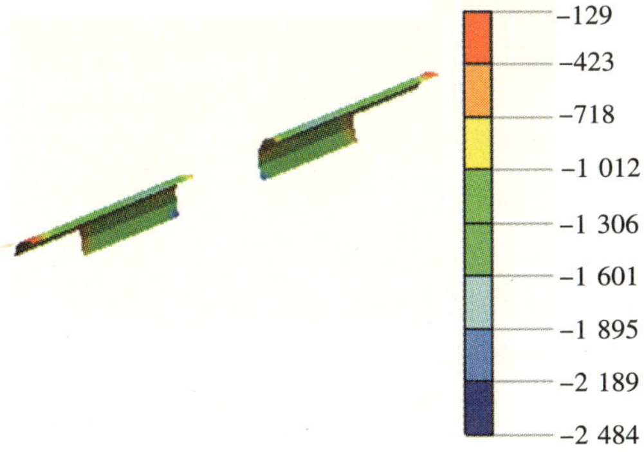

(c)左、右洞中台阶开挖 10 m

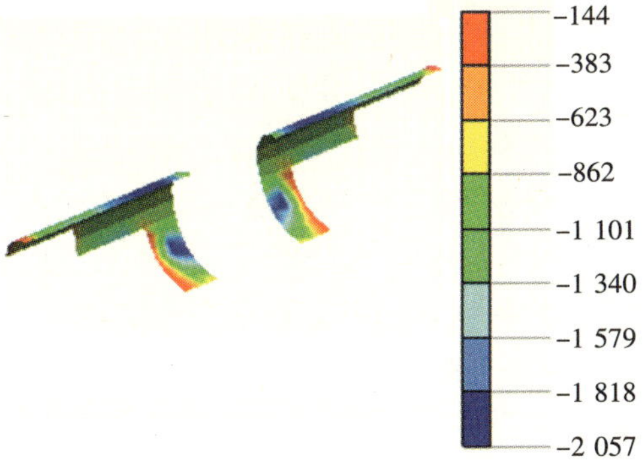

(d)左、右洞下台阶开挖 4 m

图 4.3-31　隧道初期支护轴力(单位:kN)

4.3.6　深大竖井施工方案的现场监测及其实施效果

竖井开挖支护中施工监测以竖井结构和周围地面沉降监测为必测项目，根据监测数据反馈调整施工决策，实现信息化施工。通过对竖井施工全过程进行监控量测，地表最大沉降量为 4 mm，钻孔桩水平位移最大为 2 mm，基坑施工对周边环境安全未造成任何不利影响，无任何安全质量事故发生，得到了各方的好评。浏阳河隧道竖井施工仅用 4 个月时间，安全、优质、快速地完成了深约 50 m 大断面竖井施工，比计划工期提前一个多月转入主洞施工，为暗洞工作面的展开赢得宝贵的时间。

竖井施工采用了常规的机械配置，开挖方式与设备配套使用，与地下连续墙相比，不需要专门施工机械，工程成本显著降低。围护桩及喷锚支护与衬砌共同构成刚度较大的封闭式环状水平受力结构，无须复杂的内支撑，作业空间大，土方开挖机械化程度高，节省支护费用，施工效率高。主要材料均可周转重复使用，有利于加快工程进度和节能降耗，取得了较好的综合经济效益。

4.3.7　小结

根据竖井所处的场地情况和地质条件，针对深大竖井的施工难点，我们对浏阳河隧道深大竖井的施工技术进行了研究，进一步运用数值模拟方法分析了施工各阶段围岩和初期支护结构的变形受力情况。

(1)围护桩施工时，应将钻孔桩外放不小于 10 cm，确保桩基不侵入竖井结构，同时，钻孔桩的深度要深入至基岩面 2 m；钻孔时采用跳桩法施工，在已灌注成桩邻近桩位钻孔时，要等到已灌注钻孔桩混凝土强度在 2.5 MPa 以上后方可施钻；加强泥浆相对密度及含砂率检测和控制，防止坍孔、扩孔。锁口圈土方开挖应在竖井围护结构挖孔灌注桩达到设计强度要求后方可进行。为确保竖井不渗漏，锁口圈采用 C30 等级混凝土进行浇筑，使用机械振捣密实，并注意完善锁口圈段底面与井身竖井壁的连接密封。

(2)井身开挖支护时，对于人工填土段，采用人工配合小型挖掘机开挖；基岩段开挖采用松动爆破，井身周边留 10 cm 厚人工风镐修边成型。竖井开挖至暗洞拱部位置时，应结合暗洞开挖工艺，及时完成两侧洞口导向墙及超前管棚施工，为暗洞开工创造条件。开挖过程中，对围护桩桩间空隙及下部基岩面及时喷射混凝土封闭，避免渗流水直接冲刷开挖土体表面，确保围岩稳定。

(3)为加强竖井衬砌的整体稳定性，竖井二次衬砌采用厂制6015定型钢模，一次立模灌注完成。同时，为保证在竖井施作二衬的同时，井内仍具有一定的操作空间，竖井衬砌采用厂家特制的型钢桁架作模内支撑。考虑到竖井较深，采用泵送混凝土容易堵管，施工时采用了串筒进行下料，其底部设软管随混凝土浇筑部位的变化进行移动。竖井二次衬砌钢筋上循环与下循环搭接施工，宜采用预挖槽植入钢筋下循环开挖后直接搭接施工，确保钢筋搭接质量。考虑到竖井全部落底后，进行正洞开挖时，作业平台过高，因此，竖井转正洞与竖井落底应同步进行施工。

(4)竖井开挖过程模拟分析表明，地表水平位移随着竖井的开挖而增大，最大水平位移为6.5 mm，数值很小，能够满足地表水平位移的要求；竖井长边方向的地表水平位移要大于短边方向的地表水平位移。竖井开挖扰动范围较小，围岩未出现拉应力，最大压应力约为1.9 MPa。因此，从应力分布来看，围岩是稳定的。初期支护的较大弯矩集中在竖井的四个拐角处，另外，竖井与中隔墙连接的部位弯矩也较大；且最大弯矩随着竖井的开挖呈现先增大后减小的趋势，最大弯矩达到182 kN·m。初期支护的最大压轴力随着竖井开挖深度增大而增大。

(5)竖井转正洞施工过程中，隧道拱顶出现沉降，各台阶开挖底板出现隆起，且由于开挖面的约束作用，使得离开挖面近的地方拱顶沉降小，而离开挖面远的地方拱顶沉降大，最大沉降为7 mm，较小，满足拱顶沉降安全性要求，且沉降变化较大的阶段是隧道的上台阶开挖阶段。在隧道各台阶开挖底板、竖井开挖底板和竖井与隧道连接的地方出现了拉应力，最大拉应力为527 kPa，量值较小，围岩不会出现拉裂破坏。初期支护的较大弯矩集中在拱脚附近，弯矩随着开挖而增大，最大弯矩达到37 kN·m。初期支护的最大压轴力随着隧道的开挖呈现先增大后减小的趋势，最大压轴力为2 484 kN，位于墙脚和拱顶附近；初期支护未出现拉轴力。

现场的监控和实施效果进一步证明了基坑施工对周边环境安全未造成任何不利影响。施工全过程处于安全、稳定、优质、快速的可控状态，无任何安全质量事故发生。

4.4 深大竖井快速出碴技术研究

在一般城市地铁竖井、地下基坑、小型矿井碴土提升或重物吊装时，多采用吊斗的方式进行人工底卸出碴或卸载。这种方法卸碴速度慢，时间长，难以满足高铁大断面隧道快速施工的要求。为此，本部分主要从提升设备、吊斗、自动出碴等方面对深大竖井快速出碴技术进行研究。

4.4.1 快速出碴的工程要求

武广高铁浏阳河隧道2＃竖井工区暗挖隧道全长1 511 m，土石方总量达26×10^4 m^3，开挖土方全部采用安装在竖井口的提升设备进行吊装出井。提升设备配置4台起重天车，依据天车的起重能力，每台各配置1个6 m^3 的吊桶进行出碴。根据工期要求，提升设备日出碴量需不小于1 300 m^3，每台天车循环出碴时间每次不超过10 min。

2＃竖井深度为53.85 m，断面净空尺寸为16.8 m×8 m，起重天车的运行额定速度为25 m/min，吊斗从下往上、从上往下及平移至卸土区卸碴总运行时间为6 min，井底装碴时间为每斗3 min，因此要求吊斗卸碴时间不得大于1 min。6 m^3 吊斗空斗重2 t，装碴后重12.5 t，吊斗卸碴时如采用人工卸碴，将无法在1 min内完成，不能满足施工要求。

4.4.2　提升设备选型与提升系统设置

4.4.2.1　提升设备选型

采用深大竖井作为隧道的辅助施工坑道，碴土提升速度是控制工程进度的关键，提升设备配置的合理性直接影响隧道正洞的施工进度。提升设备配置要从多方面考虑，包括碴土提升速度、大型机具设备和各种材料下井的需要等。

浏阳河隧道 2＃竖井提升设备的选择：根据出碴、下料及大型机械下井的需要配备了 4 台起重天车（吊钩），其中两台专门负责各种材料、构件及机械设备下井，另外两台负责碴土提升。这样既满足了出碴及下料的需要，同时又避免了出碴与下料混合使用导致出碴斗反复拆卸与安装，节约了时间。在大型设备下井时，如果一台天车提升能力不足，可以多台天车同时同步工作，实现四点联动。由于竖井净空尺寸的限制，在大型构件（如 10 m 以上的仰拱栈桥）下井时，可对起吊方式及起吊角度进行调整，改变大型构件在竖井内的起吊姿势，确保构件安全顺利下井。

碴土提升方面，根据工期要求的施工进度——隧道施工高峰期每个工作面（共有两个工作面）每天进尺 2 m、隧道开挖断面为 160 m^2 等要求确定了提升设备的提升速度及提升能力，并合理配备了吊碴斗。

根据出碴、大型设备及各种材料下井需要综合考虑，浏阳河隧道 2＃竖井提升设备配备参数如下。类型：双梁门式起重机；起重天车：4 台，每台天车提升能力 20 t，提升速度 25 m/min；出碴吊斗容量：6 m^3。提升设备如图 4.4－1 所示。

图 4.4－1　提升设备

4.4.2.2　提升系统设置与竖井口、竖井底布置

1. 提升系统结构

该竖井工区采用双梁门式起重机进行出碴运输。系统配置钢桁架结构，起重走行大梁两根，提升架跨度 36 m，净高 14 m。每根大梁各配置两台起重天车。卷扬起升电机 90 kW，提升速度 25 m/min，小车运行速度 15 m/min。每台天车一次提升一个 6 m^3 吊桶，单吊钩起重能力 20 t。4 台天车同时工作，每天出碴能力约 1 300 m^3。

2. 提升架自动卸碴系统

考虑到该竖井工区出碴量巨大（碴土量为 26×10^4 m^3），竖井及正洞出碴时，在提升架上安装卸碴装置，进行自动卸碴。主要设置方法如下：装碴用吊桶采用特制 6 m^3 吊桶，吊桶上设置耳轴，通过吊具与天车起重吊钩相连。碴土吊出地面后，起重天车把吊桶引入安装在提升架大梁上的挂梁耳槽内，通过偏心的方式完成自动卸碴。

3. 提升能力检算

正洞出碴量按每个工作面(断面面积为 160 m^2)每月(30 天)开挖进尺 70 m 考虑，则竖井一天出碴量=70÷30×2(工作面)×160≈747(m^3)(实方)，则每天出碴虚方数量=747(实方)×1.4(松散系数)≈1 046(m^3)。

钢丝绳荷载能力检算：每台起重天车最大静张力为 200 kN(20 t)。

6 m^3 吊桶自重 2 t，钢丝绳(长 60 m，每米重 5.05 kg)重为 60×5.05=303(kg)≈0.30 t，碴土(相对密度为 1.7 t/m^3)重为 6×1.7=10.2(t)。则每台起重天车最大提升荷载=2+0.30+10.2=12.5(t)<15 t，满足荷载要求。

出碴能力检算：1 个吊斗从井底提升至井口时间=3 min(注：提升机钢丝绳绳速为 25 m/min)，吊斗从井口到卸碴完时间为 4 min，吊斗落至竖井底时间为 3 min，则 1 个吊斗进行出碴 1 个循环总时间=3+4+3=10(min)，每小时出碴 6 次。

以提升架每天出碴 10 h，每小时出碴 6 次，每次出碴 6 m^3，4 台天车共 4 个吊斗同时出碴考虑，则提升系统一天出碴能力=10×6×6×4=1 440(m^3)>1 044 m^3，可满足出碴要求。

4. 竖井口和竖井底布置

根据竖井施工图纸设计方案，竖井中间设置混凝土中隔墙，将竖井分为两个洞室进行作业。竖井口平面布置原则：竖井提升架单独布置于一个洞室，专门负责出碴、材料倒运。另一个洞室安装人员上下井装置、风水管电等线路装置。竖井口平面布置详见图 4.4-2。

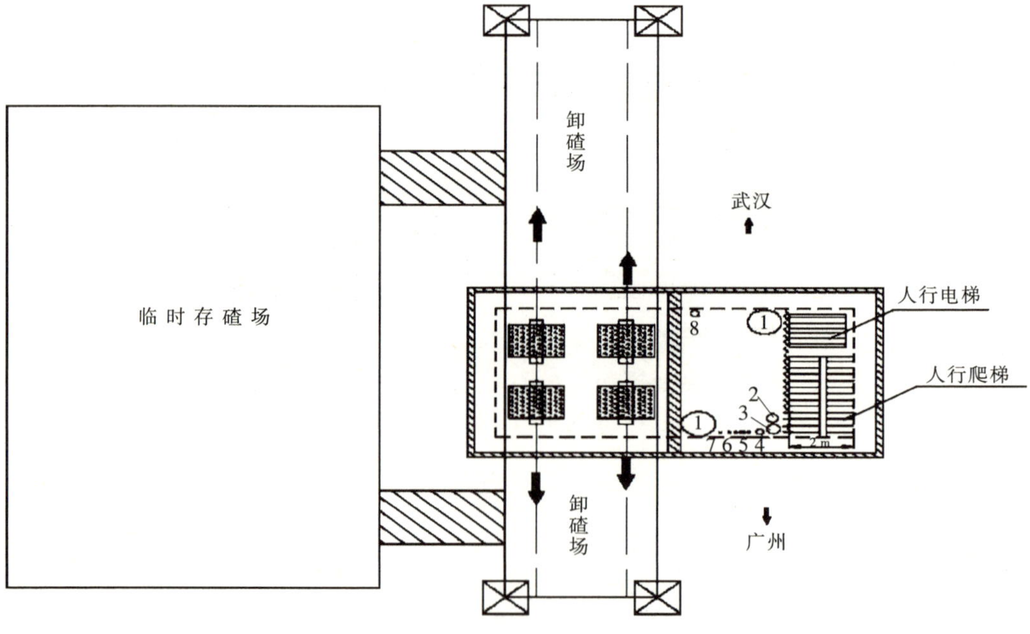

图 4.4-2　竖井口平面布置

1. ϕ1 500 通风管　2. ϕ80 高压水管　3. ϕ100 高压风管　4. 高压电缆　5. 低压电缆　6. 通信电缆　7. 洞内排水管　8. 混凝土卸料管

根据洞内装碴运输、施工排水等需要，竖井底布置如图 4.4－3 所示。

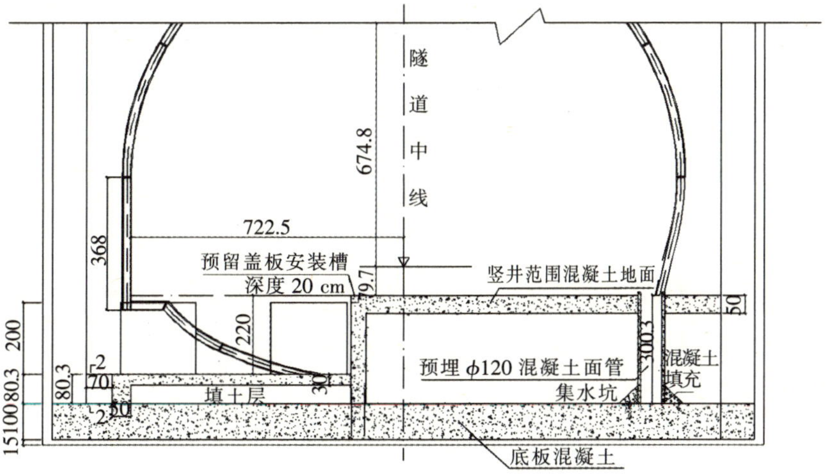

(a)竖井底布置剖面图

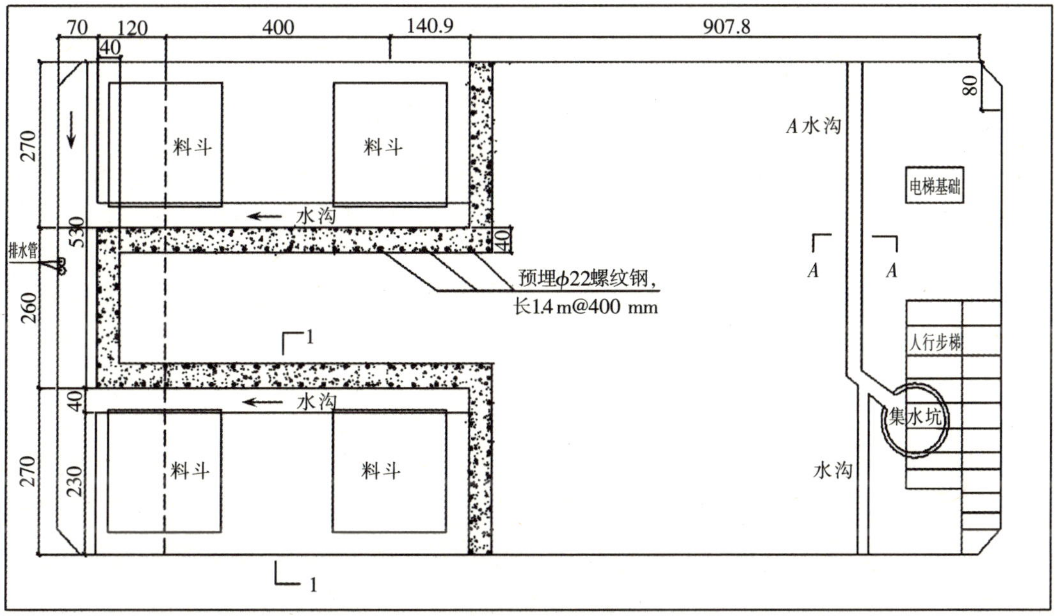

(b)竖井底平面布置

图 4.4－3　竖井底布置

4.4.3　自动卸碴系统的研制

浏阳河隧道 2＃竖井的井口安装了自动卸碴装置，使吊斗提升出竖井后能顺利通过该装置进行自动卸碴，卸碴时间仅需 10 s 左右时间。竖井自动卸碴如图 4.4－4 所示。

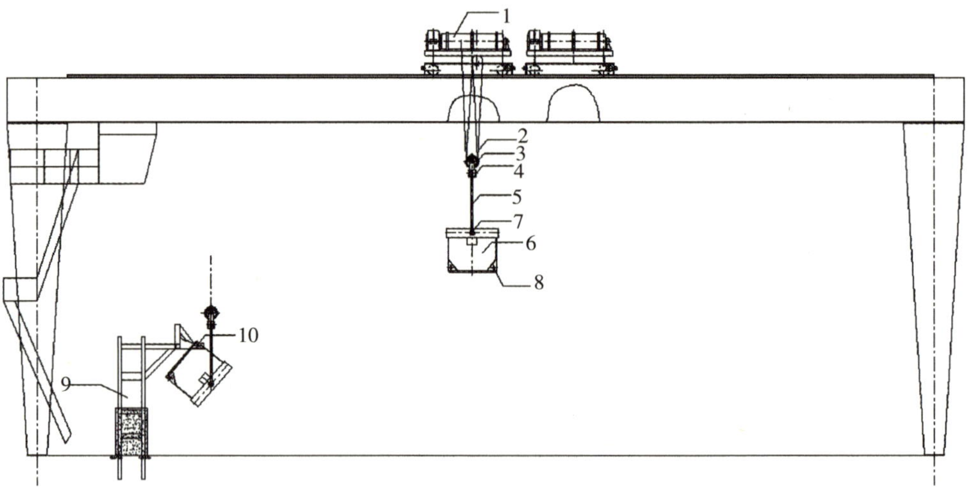

图 4.4-4　碴土自动卸碴示意

1. 起重天车　2. 起重钢丝绳　3. 定滑轮　4. 横梁　5. 吊斗吊具　6. 吊斗　7. 吊斗吊耳
8. 偏心轴　9. 卸碴墙　10. 卸碴槽

4.4.3.1　起重天车起吊系统的配置

为克服起重钢丝长度大易缠绕、吊重物时起重挂钩易扭动的缺点，天车起吊系统采用了扁担梁三点起吊的方式进行设置。天车起重钢丝绳设置 6 根直径为 18.5 mm 的光面双向防缠绕钢丝绳，扁担梁两端、中间分别装设 3 个定滑轮，钢丝绳通过天车滚筒与扁担梁定滑轮相连，扁担梁两端设 4 根起重钢丝绳，中间定滑轮设 2 根平衡钢丝绳，以自动调节横梁两端的起升高度，保证钢丝绳受力均匀。天车起吊系统配置如图 4.4-5 所示。

4.4.3.2　吊斗及吊具的设置

根据天车的起重能力及天车起吊系统的配置方法，吊斗制作成方形，长、宽、高尺寸为 2 m×2 m×1.8 m，容量为 6 m^3。为保证吊斗在提升过程中受力均匀，防止吊斗旋转，在吊斗上口两边正中位置各设置 1 个直径 10 cm 的吊耳，采用两点起吊方式进行起吊，并在吊斗底部两端各设置 1 个直径 10 cm 的偏心轴。

吊具的设置方法是，采用柔性结构，用直径 32 mm 的钢丝绳通过吊柄与起升横梁和吊斗吊耳连接。使吊具能与天车起吊系统一起灵活摆动，有效避免吊斗在井下装碴时对装碴车的干扰。

吊斗及吊具配置如图 4.4-6 所示。

4.4.3.3　卸碴墙及卸碴槽的设置

根据吊斗满荷载卸碴重量及天车的平移速度，在提升设备卸碴区域设置自动卸碴墙和卸碴槽。其具体设置方法为：卸碴墙采用预埋型钢构柱混凝土墙，混凝土墙厚 1.35 m、高 2 m，并伸入基底 1 m，预埋型钢构柱采用双拼[20 槽钢进行焊接；卸碴槽采用 2 cm 厚钢板加工成槽形，并通过双拼[20 槽钢与卸碴墙钢构柱焊连。

卸碴墙及卸碴槽设置方法如图 4.4-7 所示。竖井卸碴墙设计如图 4.4-8 所示。自动卸碴系统现场实施如图 4.4-9 所示。

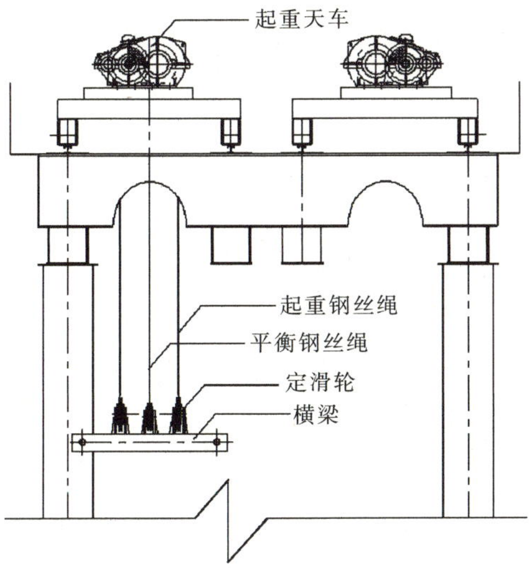

图 4.4－5　天车起吊系统配置图

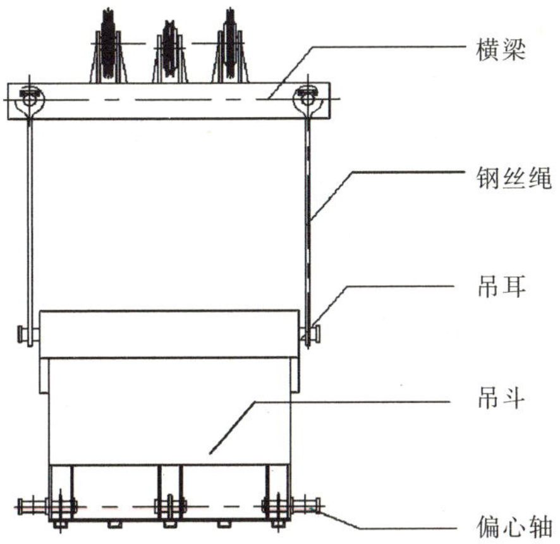

图 4.4－6　吊斗及吊具配置图

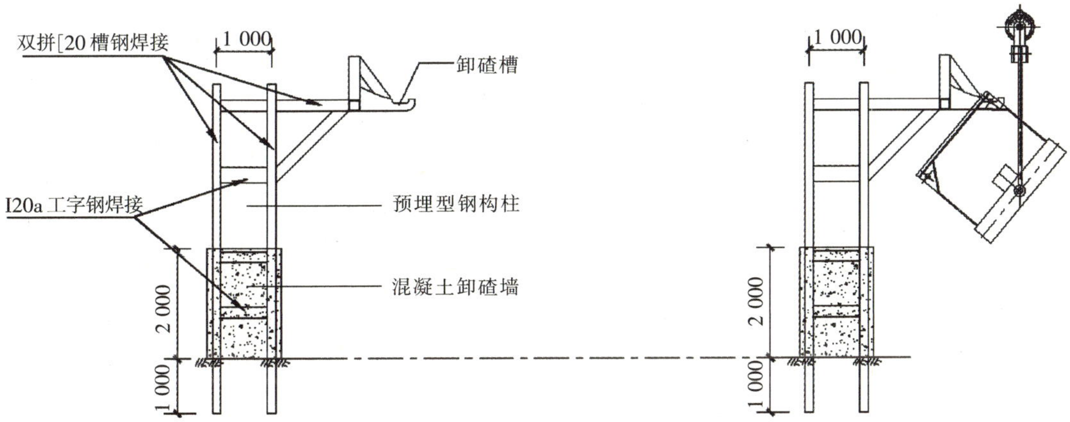

图 4.4－7　卸碴墙及卸碴槽设置示意图

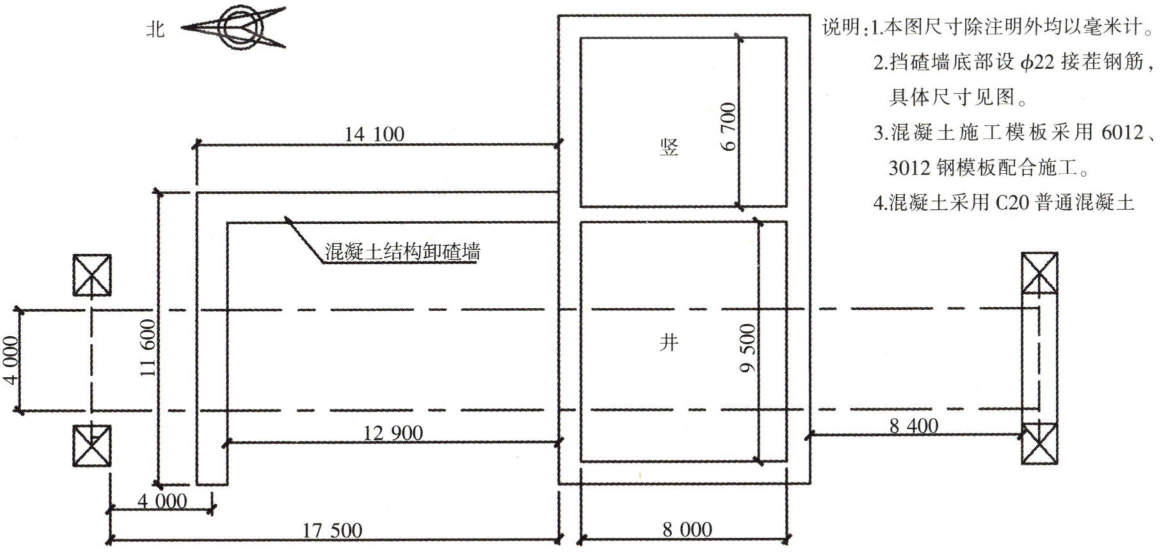

图 4.4－8　竖井卸碴墙设计图

(a)碴斗移动到导向架　　(b)碴斗下落靠自重自动卸碴

图 4.4-9　自动卸碴系统现场实施图

4.4.3.4　自动卸碴与传统卸碴特点比较

在一般城市地铁竖井、地下基坑、碴土提升或重物吊装时，多采用固定式龙门架配备 10 t 电动葫芦和 2 m^3 吊斗的方式进行人工卸碴。这种方法较为传统，存在以下主要问题：

(1)人工卸碴速度非常慢，卸碴时间长。

(2)荷载重，吊斗底板难于打开，劳动强度大，需消耗大量劳动力资源。

(3)人工卸碴时，操作人员直接暴露在高空作业危险区域内，安全风险高。

(4)无法完成大型设备如挖掘机、自卸汽车、混凝土罐车等下井。

而 2＃竖井通过对提升设备起吊系统、吊斗、吊具的设计优化及设置自动卸碴墙，较好地解决了深大竖井出碴速度慢、大型设备下井困难等技术难题。使碴土的提升、卸碴过程全部实现了在控制室内自动化操作，整个卸碴过程不到 10 s 即可完成，且大大降低了施工风险。

4.4.4　小结

为解决传统出碴存在的卸碴慢、荷载重、劳动强度大、安全风险高等问题，我们从提升设备、吊斗、自动出碴等方面对深大竖井快速出碴技术进行了研究，主要结论如下：

(1)深大竖井辅助隧道施工，碴土提升速度是控制工程进度的关键，提升设备配置的合理性直接影响隧道正洞施工进度。根据出碴、下料及大型机械下井的需要，浏阳河隧道 2＃竖井配备了 4 台天车(吊钩)，其中两台专门负责各种材料、构件及机械设备下井，另外两台负责碴土提升。这样既满足了出碴及下料的需要，同时又避免了出碴与下料混合使用导致出碴斗反复拆卸与安装，节约了时间。

(2)考虑到竖井工区出碴量巨大的问题，竖井及正洞出碴时，在提升架上安装卸碴装置，完成自动卸碴。主要设置方法如下：装碴用吊斗采用特制 6 m^3 吊斗，吊斗上设置耳轴，通过吊具与天车起重吊钩相连。碴土吊出地面后，起重天车把吊斗引入安装在提升架大梁上的挂梁耳槽内，通过偏心的方式完成自动卸碴。

(3)通过对提升设备起吊系统、吊斗、吊具的设计优化及设置自动卸碴系统，碴土的提升、卸碴过程全部实现了在控制室内自动化操作，较好地解决了深大竖井出碴速度慢、大型设备下井困难等技术难题，降低了施工风险。

4.5　基于 QC 法的深大竖井施工管理技术研究

4.5.1　问题分析与 QC 小组成立

根据工期要求，浏阳河隧道必须于 2008 年 12 月 30 日前贯通，并完成主体竣工。而浏阳河隧道 2＃竖井深 53.85 m，是浏阳河隧道设置的 3 个辅助竖井中最深的，且 2＃竖井承担了1 511 m 的正线隧道施工任务，其隧道暗挖段长度最长，因此，必须要提高深大竖井施工速度，尽早进入隧道正线施工，并为以后类似工程的施工总结积累经验。

为了实现浏阳河隧道工程的施工工期及质量目标，从工程的工期要求、公司的进度目标和工程现状等方面出发，经理部成立了 QC 小组，应用 QC 原理，对浏阳河隧道深大竖井的施工进行管理，以提高深大竖井的施工速度。

4.5.2　现场调查与 QC 管理目标的确定

4.5.2.1　现场调查

QC 小组成员于 2006 年 12 月 21 日至 2007 年 1 月 2 日，对竖井施工各工序作业进行了现场调查，主要调查了各个工序的施工方法及作业时间。竖井每开挖衬砌 1 个循环为 4.5 m，整个竖井共 12 个循环，完成 1 个循环的工序及作业时间调查结果见表 4.5－1。

表 4.5－1　各工序及其施工方法、作业时间

序号	工　序	施工方法	作业时间/h	备注
1	开挖土石方及土石提升	机械开挖，汽车吊出碴（拟基岩段采用爆破开挖、机械装碴）	102	—
2	初期支护	人工安装钢架、湿喷混凝土	32	—
3	二衬钢筋绑扎	—	70	—
4	拼装模板及支撑	6015 钢模板、满堂脚手架支撑	30	—
5	浇筑混凝土	输送泵输送	30	—
总　计			264	计 11d

4.5.2.2　QC 管理目标的确定

竖井施工主要包括竖井开挖出碴、格栅钢架安装、喷射混凝土、二衬钢筋绑扎、模板及支撑体系安装、衬砌混凝土浇筑等施工工序，根据现场施工状况，同时参考 1＃、3＃竖井施工速度情况及 2＃竖井开挖提升设备、方法，模板支撑体系等，综合考虑各方面因素，将此次 QC 小组活动目标设定为每循环施工时间缩短到 6 d。

4.5.3 影响竖井每循环施工速度的原因分析与要因确定

4.5.3.1 原因分析

QC 小组经过现场调查、取证及充分讨论分析，找出了导致竖井施工速度较慢的因素，并绘制成关联图，具体见图 4.5-1。

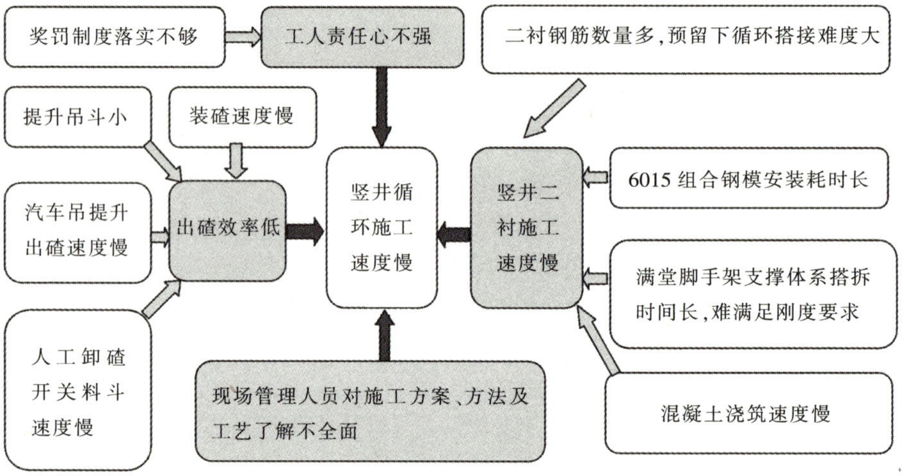

图 4.5-1 影响竖井施工速度的原因分析

4.5.3.2 要因确定

1. 奖罚制度落实不够，作业人员责任心不强——非要因

经理部确定了详细的奖罚措施，下达施工进度计划，若完成计划则对现场作业人员进行奖励，否则进行处罚，充分调动了现场作业人员的积极性。并对现场作业人员进行了培训教育，增强了作业人员的责任心。

2. 碴土提升吊斗小，出碴效率低——要因

2006 年 12 月 23 日，QC 小组人员对现场土石提升作业进行了调查，发现碴土提升吊斗为 4 m^3。每小时只能提升 3 斗。即每小时提升土方 12 m^3。竖井每循环开挖土方 1 000 m^3，则提升土方需要约 83 h。由于吊斗容量小，导致土方提升耗时长。

3. 汽车吊提升碴土，出碴速度慢——要因

2006 年 12 月 23 日，QC 小组人员对现场土石提升作业进行了调查，发现碴土从竖井底部吊出竖井需要时间 2.5 min，即吊斗出入井需要时间 5 min，随着竖井的加深，需要时间将更长。且由于汽车吊起重能力有限，决定了吊斗不能过大，制约了出碴速度。

4. 50 型挖掘机装碴速度慢——非要因

50 型挖掘机挖斗小，装碴效率低，现场调查装碴 1 吊斗需要时间 8 min。速度慢，可以通过改变装碴设备型号加以改进。

5. 人工卸碴开关料斗速度慢——要因

2006 年 12 月 24 日，QC 小组人员对现场卸碴作业进行了调查，发现从碴斗提升至地面到卸碴完成人工关闭碴斗，需要时间 7 min。且卸碴人员必须在汽车吊下方作业，存在较大安全隐患。

6. 现场管理人员对施工方案、方法及工艺了解不全面——非要因

2006 年 12 月 26 日，经理部对现场管理人员进行了摸底考核，参加考核的 4 名现场管理人员仅有 1 人 1 项技术资料没通过考核。经理部进一步对现场管理人员进行了培训，并使其掌握施工方案、方法及工艺。

7. 二衬钢筋数量多，预留下循环搭接难度大——要因

二衬钢筋绑扎预留下循环搭接现场采用将钢筋弯折，开挖下循环后调直再搭接施工的方法。2006 年 12 月 27 日至 28 日，QC 小组人员对现场进行了调查，发现钢筋弯曲后绑扎施工难度大，下循环调直耗费时间长。整个循环钢筋施工需要时间 21 h。

8. 6015 组合钢模安装耗时长——要因

2006 年 12 月 29 日，QC 小组人员对钢模板安装进行了现场调查，发现钢模板安装耗费时间为 24 h。由于组合钢模板小，逐块拼装数量多，导致模板体系安装耗费时间长。

9. 满堂脚手架支撑体系搭拆时间长，难以满足刚度要求——要因

2006 年 12 月 30 日至 2007 年 1 月 1 日，小组人员对支撑体系施工进行了现场调查，发现满堂脚手架支撑搭设及拆卸需要时间为 46 h。由于作业面限制，无法通过增加作业人员的方法加快速度，且由于脚手架个别扣件松动，可能导致跑模事故的发生。

10. 混凝土浇筑速度慢——非要因

2007 年 1 月 1 日，QC 小组人员现场调查了混凝土浇筑施工，发现每循环混凝土浇筑需要 30 h。可通过地面增加混凝土输送车、井内增加灌注孔和下料管的方式解决。

4.5.4　对策制定与实施

4.5.4.1　对策的制定

在对竖井每循环施工速度的影响因素进行充分分析的基础上，QC 小组制定了相应的对策，如表 4.5－2 所示。

表 4.5－2　提高竖井每循环施工速度对策表

序号	要　　因	对　　策	目　　标
1	6015 小块组合钢模拼装速度慢	6015 小块钢模在地面预拼装成大块整体模板，整体吊装。中隔墙模板采用在地面加工好的两块整体竹胶板模板	模板安装时间缩短到 7 h
2	满堂脚手架模板支撑体系搭拆时间长	采用整体式模板支撑体系，分块吊到竖井内进行拼装	模板支撑体系施工时间缩短到 24 h
3	汽车吊出碴，吊斗容量小、人工卸碴速度慢，出碴效率低	尽早完成竖井门式提升架的安装、调试、验收工作，正式投入使用，并设计自动卸碴系统，根据门式提升设备提升能力加工 8.5 m^3 吊斗出碴，并投入使用	采用竖井门式提升设备，配置 8.5 m^3 出碴斗及自动卸碴系统，将每循环出碴时间缩短到 10 h
4	二衬钢筋施工预留下一循环搭接施工难度大	考虑采用竖井周边挖深，将预留搭接钢筋伸入然后回填中粗砂的方法处理	经过对策实施将钢筋施工时间缩短到 20 h

4.5.4.2 对策的实施

1. 解决6015组合钢模拼装时间长的问题

工程部根据竖井轮廓尺寸及为起吊安装方便等确定了钢模板预拼装尺寸，在地面预拼装成大块整体模版，整体吊装；中隔墙模板设计为两块整体竹胶板模板，在地面加工好后整体吊装，并设置了钢管和方木背带以确保强度足够及安装方便。

中隔墙模板采用竹胶板、10 cm×10 cm 方木、ϕ 45 mm 钢管、螺栓、蝴蝶卡等加工成 8.3 m×4.5 m的整体模板，整体吊装，大大缩短了模板拼装时间。模板拼装时间从原来的 24 h 缩短到7 h。

2. 解决满堂脚手架支撑体系耗费时间长的问题

工程部根据现场情况设计了两种支撑体系方案。

方案一：根据竖井二衬内轮廓尺寸设计大块钢桁架支撑，整个竖井采用 16 块桁架拼装而成，各钢桁架间采用螺栓连接，支撑体系结构见图 4.5－2。将钢桁架分块吊入竖井，然后在井内拼装成型并安装模板。

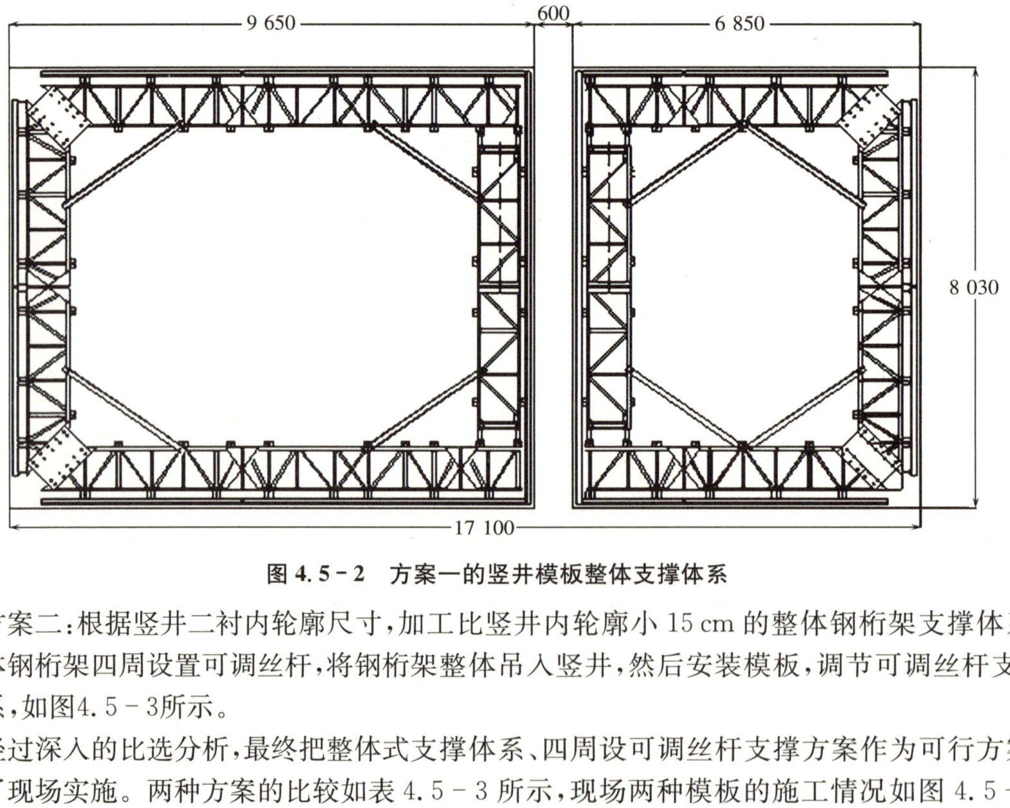

图 4.5－2 方案一的竖井模板整体支撑体系

方案二：根据竖井二衬内轮廓尺寸，加工比竖井内轮廓小 15 cm 的整体钢桁架支撑体系，并在整体钢桁架四周设置可调丝杆，将钢桁架整体吊入竖井，然后安装模板，调节可调丝杆支撑模板体系，如图4.5－3所示。

经过深入的比选分析，最终把整体式支撑体系、四周设可调丝杆支撑方案作为可行方案，并进行了现场实施。两种方案的比较如表 4.5－3 所示，现场两种模板的施工情况如图 4.5－4 和图4.5－5所示。

3. 解决汽车吊出碴吊斗小、人工卸碴速度慢的问题

物机部通过督促提升设备生产厂家，加快了提升设备安装及调试，并组织了验收。由于提升系统没有设计卸碴系统，为加快卸碴速度，需要增加自动卸碴系统。工程部设计了 8.5 m^3 自动卸碴斗及自动卸碴方案，设计了卸碴系统结构，并组织了现场实施。大大节约了吊碴、卸碴时间，提高了出碴速度。

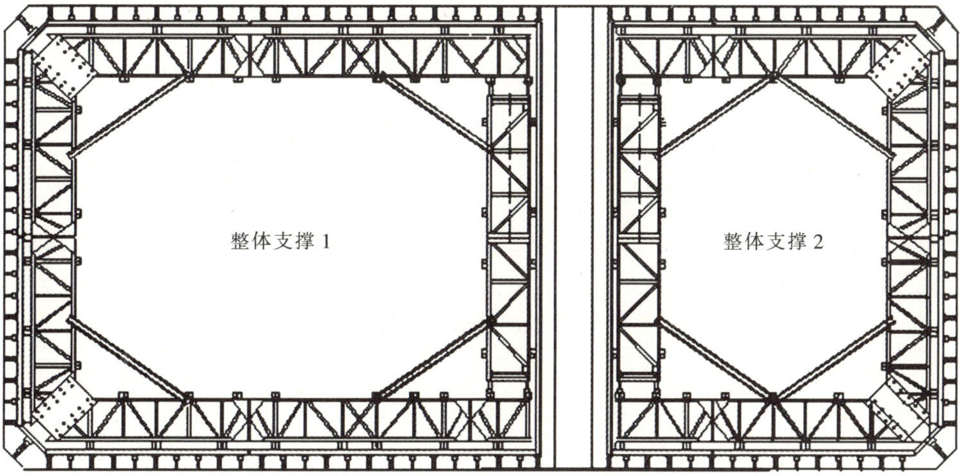

图 4.5－3　方案二的竖井模板整体四周设可调丝杆支撑体系

表 4.5－3　两种方案的比较

方　案	优　点	缺　点	结　论
分块吊入竖井，井内拼装直接支撑模板体系	吊装较容易，对提升设备要求低	①分块吊装耗时长。 ②井内拼装精度要求高，难度大。 ③模板安装空间小，操作困难，速度慢	对拼装精度要求高，方案不宜采用
整体式支撑体系、四周设可调丝杆支撑	①整体吊装耗时短，可以做到一次性整体吊入竖井。 ②支撑体系下井后，对摆放位置精度要求较低。吊装到位后可直接使用，不用进行拼装。 ③安装模板允许空间大，操作方便，速度快。模板安装结束后，直接调节支撑丝杆，加固支撑	吊装难度大(但竖井井口设置了 4 台 20 t 门式提升设备，能够满足整体支撑体系整体吊装要求)	吊装问题可通过竖井井口设置的提升设备解决，方案可以采用

图 4.5－4　原满堂脚手架模板支撑体系

图 4.5－5　模板整体支撑体系现场实施情况

4. 解决二次衬砌钢筋预留下循环搭接难的问题

原采用将钢筋弯曲，使其紧贴模板，下循环施工时调直再进行搭接的方法。由于钢筋多，调直需要时间过长。QC 小组现场调查及讨论分析后，改为在四周挖深绑扎钢筋时，将钢筋直接伸入四周坑内，并回填中粗砂，下一循环开挖后，直接进行钢筋搭接施工，解决了钢筋搭接困难的问题。

4.5.5 实施效果检查

通过对对策表的认真实施，QC 小组于 2007 年 1 月 15 日至 1 月 21 日对竖井循环施工时间再次进行了现场调查和统计，并将各工序施工时间与对策实施前进行了比较，如表 4.5－4 所示。

从表 4.5－4 可知，通过对策的实施，竖井每循环施工速度得到了较大的提高，每循环施工时间由原来的 11 d 缩短到 6 d，活动达到了 QC 管理小组制定的预期目标，控制效果良好。

表 4.5－4　对策实施前后各工序作业时间对比

序号	工　　序	施工方法	原作业时间/h	实施对策后作业时间/h
1	开挖土石方及土石提升	光面爆破、专用提升设备出碴及自动卸碴	102	50
2	初期支护	人工安装钢架、湿喷混凝土	32	32
3	钢筋绑扎	深埋预留钢筋搭接	70	18
4	拼装模板及支撑	拼装整体模板及钢桁架内支撑	30	22
5	浇筑混凝土	上一循环钢筋直接伸入坑内	30	24
总　　计			264(计 11 d)	146(计 6 d)

4.5.6 小结

为实现竖井工程的工期及质量目标，从工程的工期要求、公司的进度目标和工程现状等方面出发，我们基于 QC 法对深大竖井的施工进行管理，以提高深大竖井的施工速度，主要结论如下：

（1）经过现场调查、取证及充分讨论分析，找出了导致竖井施工速度较慢的因素，并绘制关联图，进而确定了影响竖井每循环速度的要因：①满堂脚手架支撑体系搭拆时间长，难以满足刚度要求；②汽车吊提升碴土，出碴速度慢；③人工卸碴开关料斗速度慢；④二衬钢筋数量多，预留下循环搭接难度大；⑤6015 组合钢模安装耗时长。

（2）根据上述要因，制定了相应的对策：①通过模板支撑体系的方案比选，把整体式支撑体系、四周设可调丝杆支撑方案作为可行方案，并进行了现场实施，解决了满堂脚手架模板支撑体系搭拆时间长的问题；②完成了竖井门式提升架的安装，解决了汽车吊出碴时吊斗容量小的问题；③设计自动卸碴系统，解决了人工卸碴速度慢、出碴效率低的问题；④采用竖井周边挖深，将预留搭接钢筋伸入然后回填中粗砂的方法，解决了二衬钢筋施工预留下一循环搭接施工难度大的问题；⑤6015 小块钢模在地面预拼装成大块整体模板，整体吊装，中隔墙模板采用地面加工好的两块整体竹胶板模板，解决了 6015 组合钢模拼装时间长的问题。

（3）通过对策的实施，竖井循环施工速度得到了提高，每循环施工时间由原来 11 d 缩短到约 6 d，活动达到了 QC 管理小组制定的预期目标，控制效果良好。

4.6 总　结

(1)通过对富水复合地层大断面深竖井施工技术的研究,提出上部非基岩软土段摆喷桩止水、钻孔桩围护、全断面开挖,下部基岩段喷锚支护、分层分块间隔开挖,竖井内衬逆筑法施工,竖井转正洞与竖井落底同步施工并及时施作两侧进洞口拱部超前长管棚等一系列关键控制技术,对施工过程进行三维仿真分析,成功解决了富水复合地层大断面深竖井及竖井转正洞施工技术难题,并形成了安徽省省级工法。

(2)针对大断面深竖井如何快速循环施工的现实问题,基于 QC 法,对深大竖井的施工过程进行精细化管理和技术攻关,成功解决了满堂脚手架模板支撑体系搭拆时间长、汽车吊出碴吊斗容量小、人工卸碴速度慢、二衬钢筋施工预留下一循环搭接施工难度大、组合钢模拼装时间长等一系列关键问题,竖井循环施工速度得到了显著提高。

(3)为解决大断面隧道深大竖井出碴存在的卸碴慢、荷载重、劳动强度大、安全风险高等问题,通过对提升设备起吊系统、吊斗及吊具系统、卸碴导向架系统的设计优化,提出"在吊斗上设置耳轴,将吊斗引入导向架卸碴槽内,通过偏心的方式完成自动卸碴"的自动卸碴系统,使碴土的提升、卸碴过程全部实现了在控制室内自动化操作,较好地解决了深大竖井出碴速度慢、大型设备下井困难等技术难题,降低了施工风险,并获得了"深大竖井简易自动卸碴装置"实用新型专利和国家发明专利。

(4)通过对高铁大断面隧道竖井施工技术的研究,较好地解决了大断面隧道富水复合地层大断面深竖井施工安全风险大、施工速度慢、出碴系统效率低等技术难题,所形成的技术研究成果具有广阔的推广应用前景,可供类似工程参考。

第3篇
大断面隧道快速施工方法研究

第 5 章　大断面隧道施工工法优化

5.1　隧道施工工法概述

5.1.1　工法的主要选用原则

(1)根据地质条件,判断围岩的自稳能力,必要时进行试验确定。

(2)对于自稳能力较差的围岩,缩小开挖断面(包括高度、跨度),提高其自稳时间。

(3)加快封闭成环,在围岩自稳时间内完成初支封闭。

随着隧道开挖支护技术的发展,目前隧道普遍采用的开挖方式有:全断面开挖,台阶法开挖,在软弱、破碎、浅埋等地质条件下的大断面隧道采用双侧壁导坑法、CD 法(center diaphragm,中隔壁法)和 CRD 法等。这些方法均属于分部开挖法的范畴。

5.1.2　施工工法概况

按照新奥法的原理,结合围岩特征和水文地质条件,金沙洲隧道设计采用双侧壁导坑法、三台阶临时仰拱法、分部台阶法以及台阶法、CRD 法等施工方法,其施工工法与围岩条件的对应关系如表 5.1－1 所示。

表 5.1－1　金沙洲隧道设计施工工法与围岩条件对应关系

围岩条件	施工工法
Ⅲ	台阶法
Ⅳ	三台阶临时仰拱法和分部台阶法
Ⅴ	双侧壁导坑法
Ⅵ	双侧壁导坑法

三台阶临时仰拱法将隧道断面划分成自上而下的三个小单元进行开挖,缩小了开挖断面。采用临时仰拱就是使每个小单元及时封闭成环,形成环向受力,有效地发挥初期支护整体受力效果,减少支护结构变形。三台阶临时仰拱法主要应用于软弱围岩隧道中,从上到下分三个台阶进行开挖,各台阶自行成环受力。各台阶开挖及支护自上而下,步步成环,封闭成环要及时。临时仰拱能有效阻止支护结构的水平收敛,减少隧道围岩变形。根据围岩的软弱程度,上台阶也可增设中隔墙,使开挖宽度缩小,封闭成环时间更短,这就是分部台阶法。

双侧壁导坑法一般将断面分成四块:左右侧壁导坑Ⅰ、上部核心土Ⅱ、下台阶Ⅲ。开挖一侧导坑，并及时将其初期支护闭合，相隔适当距离后开挖另一侧导坑，并施作初期支护。开挖上部核心土，施作拱部初期支护，拱脚支承在两侧壁导坑的初期支护上。开挖下台阶，施作底部的初期支护，使初期支护全断面闭合。最后，拆除导坑临空部分的初期支护。双侧壁导坑法虽然开挖断面分块多，扰动大，初期支护全断面闭合的时间长，但每个分块都是在开挖后立即各自闭合的，所以在施工中变形几乎不发展。双侧壁导坑法施工安全，但二衬施作与侧壁初支拆除时干扰大，风险高，速度较慢，成本较高。

CRD法：开挖左半拱，左半拱喷锚支护并做中隔壁和临时仰拱，开挖右半拱，右半拱喷锚支护并做临时仰拱；开挖左中部，左中部喷锚支护并做中隔壁和临时仰拱，开挖右中部，右中部喷锚支护并做临时仰拱；开挖左下部，左下部喷锚支护并做中隔壁和临时仰拱封闭成环，开挖右下部，右下部喷锚支护并使临时仰拱封闭成环。CRD法的关键就体现在每个面开挖后都必须设置中隔壁和临时仰拱，减小开挖跨度和封闭成环时间，减小围岩的继续变形。

在双侧壁导坑法和CRD法中，一个关键技术就是中隔壁和临时仰拱的拆除工艺，只有准确地判定中隔壁拆除时间才能确保拆除后的隧道安全。通过围岩监控，量测拱顶沉降量、拱脚的收敛量以及开挖断面净空收敛数值，确定把拱顶沉降7 d内的增量控制在2 mm以内，并把7 d作为中隔壁和临时仰拱的拆除控制时间。

几种工法的对比分析见表5.1－2。

表5.1－2　金沙洲隧道施工工法对比分析

施工工法	三台阶临时仰拱法	分部台阶法	CRD法	双侧壁导坑法
示意图	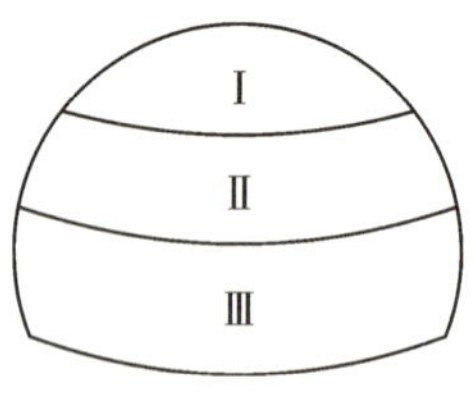	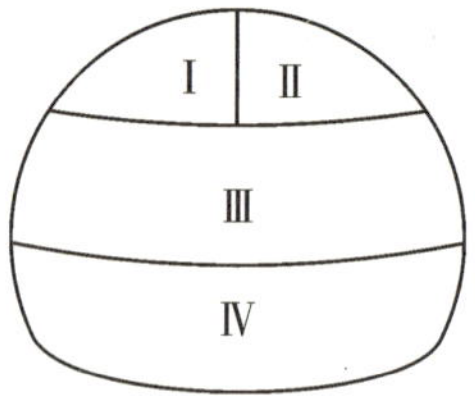	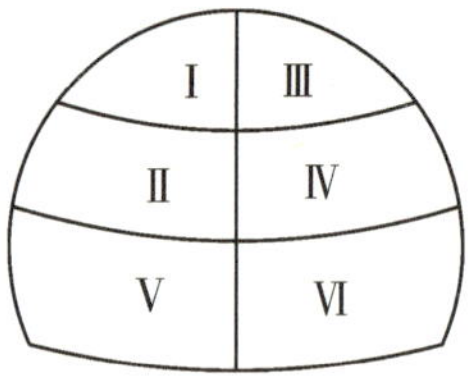	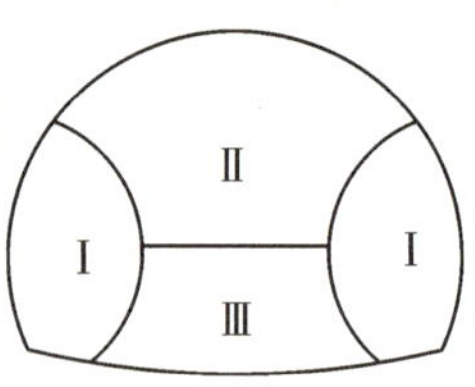
工法安全性	危险	较安全	安全	安全
施工难度	容易	容易	难	很难
施工工序	少	少	多	很多
工序转换	容易	容易	较难	难
工期	短	较短	长	较长
造价	低	低	高	较高
适用范围	较好的围岩	上软下硬地层	浅埋、大跨、软岩	浅埋、大跨、软岩

5.2　大断面隧道施工工法与机械化、工期的矛盾

三台阶临时仰拱法在施工过程中，上台阶采用小挖掘机开挖，采用人工风镐开挖拱脚。上台阶开挖的碴直接出到中台阶，这样就节约了上台阶出碴时间，然后快速施作上台阶的临时仰拱，可以早点封闭。中台阶配置1台大挖掘机出碴以及开挖，先用挖掘机把上台阶推下来的碴输送到两辆出碴车上进行出碴，待出碴完成后再开挖中台阶，继续出碴，这样中台阶的碴就可以快速出完，再及时施作临时仰拱。下台阶采用挖掘机开挖，两辆出碴车运输，下台阶开挖完成后立马

开挖仰拱，封闭成环。也就是说现场配置两台挖掘机、两辆出碴车即可。投入不多，但是效果相当好，利用率高。各台阶之间干扰不大，施工组织较容易，且循环快。分部台阶法适用于上台阶围岩非常软弱的情况，其增加中隔墙，减小开挖跨度，利于拱部稳定。

CRD 法采用左右同时掘进，左右两边拉开 3～5 m 的距离。由于中隔壁的施作，左右不能通视，且大型机械无法进行施工，给施工带来了许多的不便，所以需要左右两边各配置一台小挖掘机或在中隔壁增设临时门洞，方便机械转移。这些对施工掘进速度的提高不利。

双侧壁导坑法采用导坑法和台阶法相结合。侧壁导坑上下台阶采用人工配合机械开挖，上台阶采用人工装碴，斗车运输至下台阶；下台阶采用挖掘机装碴，小型自卸汽车运输。中导坑分为上下台阶施工，上台阶采用人工配合挖掘机开挖，同时保留核心土，上台阶的土直接翻到下台阶，在下台阶由挖掘机装碴，小型自卸汽车运输；下台阶直接用挖掘机开挖。由于侧壁上下导坑采取挖掘机开挖，整个全断面得投入 4 台挖掘机，投入多，利用率低。在上下导坑同步作业虽能提高施工进度，但相互之间干扰较大，施工组织难度大。侧壁导坑断面较大，虽能利用挖掘机快速开挖，但人工立拱挂网片困难，立拱、喷混凝土时间也长，不能快速封闭导坑；同时大断面导坑的出碴量多，出碴时间长，增加了整个导坑工序循环时间，直接影响到整个隧道的施工进度。中导坑相对较小，不利于机械开挖和出碴。

通过三种工法的对比分析，在工期方面最快的是三台阶临时仰拱法，同时这种工法在机械配置上也很合理，投入不大，但是利用率非常高，工序的循环和转换都非常快，可以节约很多时间，缩短工期，对工期紧的工程十分实用。而 CRD 法和双侧壁导坑法机械的投入非常大，利用率却不高，这也是这两种工法自身的特点所致，但无论是 CRD 法还是双侧壁导坑法，在安全性上来讲都是上上之选，建议工期不紧且围岩很差的工程采用。另外，双侧壁导坑法采用的隧道开挖程序是自下而上的，基础较牢固。三台阶临时仰拱法、分部台阶法、CRD 法都是自上而下开挖，其相互之间的转换衔接简易方便，完全可以根据围岩的变化及时变更。而双侧壁导坑法向 CRD 法、三台阶临时仰拱法、分部台阶法的转换难以实施，一般适宜于洞口段施工，在本区段隧道连续掘进中难以实施，故被弃用。

5.3　软弱围岩大断面隧道施工工法的选择

5.3.1　大断面隧道施工工法概况

目前，我国客运专线和时速 200 km 以上双线隧道在软弱破碎围岩中挖掘断面常为 140～170 m^2，属超大断面隧道。现阶段软弱破碎围岩（Ⅵ、Ⅴ、Ⅳ级）地段的超大断面隧道施工设计多采用双侧壁导坑法、CRD 法、CD 法作为初期和临时支护的施工工法。

双侧壁导坑法、CRD 法、CD 法三种工法虽然在公路和地铁工程中获得了成功的应用，取得了较好的效果，但是实际施工时许多承包人从开工伊始或施工过程中，实施了诸如台阶法、上下断面法、三台阶临时仰拱法、核心土法等各种不同的方法，大部分都取得了成功，当然也不乏失败的个案。温福铁路福建段和郑西客运专线张茅隧道、函谷关隧道和秦东隧道三座隧道在实际施工中大部分进行了施工工法的调整，具体如下：

(1)温福铁路福建段，原设计 2 处采用双侧壁导坑法，在实际施工中 1 处变为 CRD 法，1 处变为台阶法(约 10 m 长设置了临时中立柱);原设计 28 处采用 CRD 法,在实际施工中 27 处变为台阶法,1 处变为全断面法;原设计 30 余处采用 CD 法,在实际施工中多变为台阶法。

(2)郑西客运专线张茅隧道、函谷关隧道和秦东隧道,原设计 5 处采用双侧壁导坑法,实际 1 处按设计施工,后改为台阶法,不久即发生坍塌,其余 4 处尚未施工;原设计 6 处采用 CRD 法,实际 1 处按设计施工,2 处变为三台阶临时抑拱法,3 处尚未施工;CD 法实施情况未统计。

由此可见,双侧壁导坑法、CRD 法、CD 法三种工法在软弱破碎围岩超大断面隧道施工设计中虽然大量运用,但在实际施工中,仍非常有必要根据实际工况针对客运专线这种长大断面隧道的施工工法进行比选优化,选取合理的施工工法进行施工。下面从工效、多次挖掘荷载转换及其对于支护结构的影响和施工管理等方面分析双侧壁导坑法、CRD 法、CD 法三种工法的不足,提出软弱围岩特大断面隧道施工工法选择的建议。

5.3.2 双侧壁导坑法、CRD 法在应用中的不足

双侧壁导坑法、CRD 法虽是目前软弱破碎围岩中大断面隧道施工中常选的方法,且获得成功应用,但存在以下的不足。

1. 工效和设备空间方面的问题

随着机械制造业水平的快速提升、国家建设高速发展和人本主义越来越成为社会发展的主旨,以设备替代人工和设备向专用、大型方向发展,要求隧道作业的空间越来越大,而双侧壁导坑法、CRD 法将隧道断面以临时支护结构分割为几个相对独立的小空间,致使大中型设备的效率大幅度降低甚至不可使用。

软弱破碎围岩段多以机械挖掘法为主、钻爆法为辅,双侧壁导坑法、CRD 法将宽大的隧道断面分割为 2～3 个区域,常用的 PC200～220 型挖掘机在其中无法回转作业,ZLC40 以上装载机的作业难度大幅上升,大中型车辆很难或不能在作业面附近掉头,导致长距离倒车或装载机长距离端碴装车的现象;因侧洞又分为上(中)下台阶,上部或人工作业或设备违章低效作业。这些作业方式不仅大幅降低工效,也因空间狭小使机械事故和机械伤害事故呈上升趋势。

2. 初期支护结构安全度影响

软弱破碎围岩地段大断面隧道初期支护常采用较强的设计参数,初支具有较大的强度和刚度以达到及早抑制围岩松弛变形的目的。实际上,结构和施工安全均突出初支的刚度和早闭合。而双侧壁导坑法、CRD 法都人为将初支多次分片分块,除了是否能保证洞内各个金属构件的可靠度外,构件的每一个接口都是对其刚度的弱化和损失;而且由于分步挖掘时接长钢支撑导致的施工误差会放大其刚度损失;喷射混凝土在钢支撑的接口处产生强度弱化,除了由于不同期混凝土的连接强度影响外,更由于接口处的回弹料和泥土影响,使钢筋网的非搭接趋于明显化,通常情况下,初支的较长纵向开裂多沿此接口发生。由于初支刚度的弱化,在临时支护(撑)拆除后,已闭合的初支和围岩再次进入不稳定状态,虽然每次拆除的长度有所限制(如要求每次拆除长度不超过 6 m),但就单个断面来说仍处于不稳定状态,而工人却要在此貌似安全的环境下进行防水层铺设和钢筋安装作业,增加了施工风险。

3. 爆破作业和临时支护的安全性问题

当破碎岩石地段或土层中含有较大孤石需用钻爆法辅助挖掘时,采用双侧壁导坑法、CRD 法将面临如下问题:

(1)多工作面、近距离的爆破作业相互干扰严重,需彼此协调,不仅严重降低工效,而且存在

施工人员安全隐患。

(2)先挖掘的侧隔墙支护体因失去岩土体的抗力而成为承载主体,后挖掘的侧导坑爆破时由于飞石和冲击波的作用,隔墙被破坏的风险很大,实际施工中也时常发生此种现象,从而影响围岩稳定性并危及施工安全。

4. 荷载转换及其不对称的不利影响

因各侧导坑施工的时空差异,引起初支甚至衬砌结构所承荷载的非连续性变化,同时形成非连续性的围岩松弛变形,使近似等强度设计的隧道支护结构受力更加不安全。采用双侧壁导坑法、CRD 法而引起的围岩抗力的非连续性和围岩松弛范围塑性区的非连续性,不仅使支护结构受力不均匀、不对称,而且使支护结构承受集中荷载(应力)的风险增大,当然也易引起支护结构率先在最不利处被破坏。

5. 沉降分析

初支阶段:因上部两区块的断面小和临时支护的闭合效应,此时结构沉降明显小于台阶法所引起的沉降。随着下部初支的分阶段进行,上部沉降必然会再次叠加;各步初支的时间和施工质量存在差异,在非对称荷载的影响下,不均匀沉降的发生在所难免。

从拆除临时支护到二次衬砌具备承载力阶段:此前初支和临时支护的支撑作用使围岩和初支达到或基本达到稳定状态,拆除支撑进行二衬,二次突发沉降的发生就成为一种必然。

累积沉降:实践证明,沉降累加值与台阶法或半断面的总沉降值差距不大。

6. 对二衬结构的不利影响

无论是现行的隧道指南还是相关规范均建议二次衬砌应在围岩和初支变形基本稳定后进行,浅埋隧道围岩与初支不稳定又难以及时补强时,方主张提前施作加强的二次衬砌。双侧壁导坑法、CRD 法要求分段拆除其初期支护,进行二次衬砌,每段长度为 6 m。拆除一段衬砌一段。这种衬砌方式存在以下不利影响:

(1)二次衬砌结构自身质量和混凝土表面平整度都要求使用拱墙一体化衬砌台车,防水层施工和钢筋绑扎也不允许二次衬砌分片分块施工,特别是防水板的铺设、分段的接长无法确保焊接质量,因此衬砌前适时在较长范围内拆除临时支护是顺理成章的事。临时支护拆除后,荷载必将再分配、再调整,致使围岩和初支再次进入不稳定状态。

(2)围岩和初支尚未基本稳定即进行二次衬砌施工,致使二次衬砌从浇筑到达到设计强度前一直承受来自初支的荷载,二次衬砌容易产生裂纹,导致隧道渗漏严重。运营隧道质量缺陷和病害多发生在软弱破碎地段也就不足为奇了。

5.4　工法优化的稳定性分析

随着长大隧道和大型地下工程的大量成功修建经验的积累,机械化作业水平的快速提升,隧道和地下工程施工工法有待创新。

从施工角度来选择掘进工法,宜根据实际地质和施工条件,采用合适的施工工法。对不同的围岩级别,采取的施工工法也有所不同。大断面隧道施工宜尽量减少横向的分部,而在软弱破碎围岩中,减小开挖宽度,尽快形成封闭,是保证开挖稳定、减小沉降的可靠措施。因此,对应于不同围岩要采用不同工法,选用时要考虑这些工法之间的相互转换和衔接的可操作性。金沙洲隧道设计Ⅴ级围岩采用三台阶法或三台阶临时仰拱法和分部台阶法施工,Ⅵ级围岩采用双侧壁导坑法施工。由于双侧壁导坑法难以与三台阶类型的工法转换衔接，因此，施工改用 CRD 法代替。最终形成以下优化施工工法思路：

(1)隧道掘进开挖均自上而下进行。舍弃双侧壁导坑法，变更为 CRD 法。

(2)根据围岩的自稳能力即软硬程度，由强而弱分别选取全断面法、两台阶法、三台阶法、三台阶临时仰拱法、分部台阶法和 CRD 法。为便于机械效率的发挥，形成纵向的流水作业线，在安全容许的条件下，尽量避免设中隔壁。

(3)为实现以 CRD 法代替双侧壁导坑法，对拱部初期支护予以加强。初支钢格栅由 I22a 加大到 I25a；加大喷射混凝土厚度，由 28 cm 加大到 35 cm。经理论分析计算，其承载力加大 30%。

(4)选用超前预加固手段，以不同直径、环向间距疏密不一的大管棚注浆替代全断面帷幕注浆。施工中拉长台阶距离，利用前端大管棚施作埋设的时间，开挖中下台阶及临时仰拱，减少隧道掘进的停顿时间，形成流水作业，有利于大型机械的效率发挥。

(5)在初支仰拱完成后及时施作二衬仰拱，形成如图 5.4－1 所示的断面支护。在混凝土达到强度后，拆除中隔壁和临时仰拱，为后续区间的开挖及二衬混凝土的浇筑创造条件，形成流水作业法。仰拱填充后隧道拱高减小，同时反压拱底有利于稳定，经理论分析，已完成二衬仰拱填充的支护结构比初支封闭的支护结构承载能力提高约 15.3%(初支按刚性支护进行计算)。

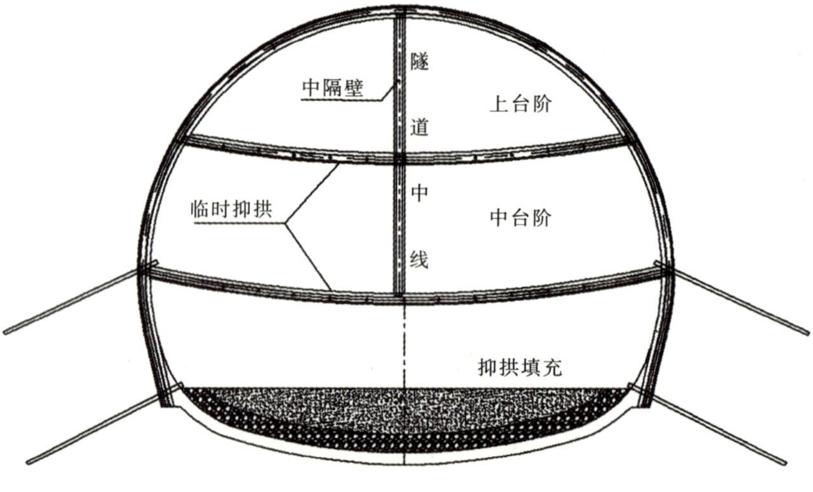

图 5.4－1　二衬仰拱填充后断面支护形式

注：初支和填充混凝土达到强度后，拆除中隔壁和临时仰拱

(6)由上述结论可知，同时加强初期支护和初支仰拱完成后施作二衬仰拱，待混凝土达到强度以后，初期支护结构承载能力能提高 45%～50%。

对于上述施工工法的优化思路，采用理论分析和数值模拟结合进行研究，对其稳定性和施工安全进行进一步论证，确保安全快速施工。

5.4.1　三种工法的施工工序

5.4.1.1　三台阶法施工工序

三台阶临时仰拱法工序横断面如图 5.4－2 所示。

(1)开挖Ⅰ部台阶;施作1部洞身结构的初期支护,即初喷4 cm厚混凝土,架立钢架;钻设系统锚管后复喷混凝土至设计厚度,底部喷10 cm混凝土封闭。

(2)上台阶施工至适当距离后,开挖Ⅱ部台阶,接长钢架,施作洞身初期支护及封闭。

(3)开挖Ⅲ部台阶,及时封闭初期支护;灌注该段内Ⅳ部仰拱;灌注该段内Ⅴ部仰拱回填。

(4)利用衬砌模板台车一次性灌注Ⅵ部二次衬砌。

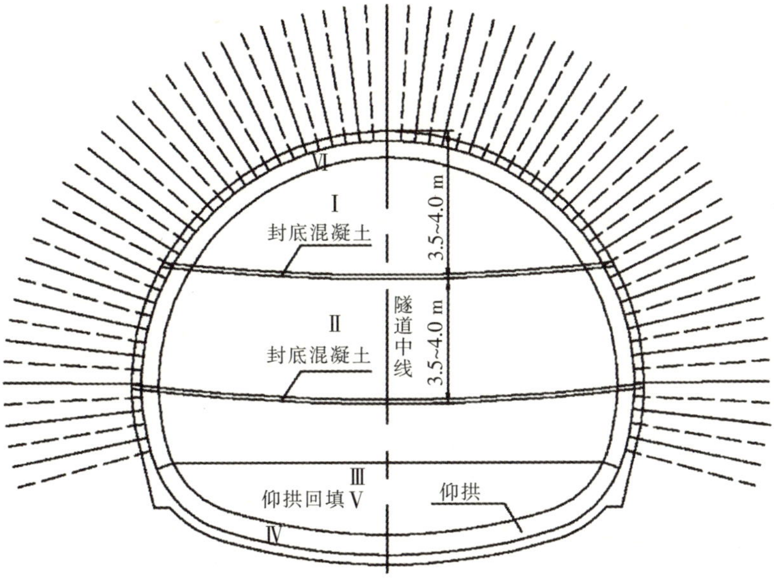

图 5.4-2　三台阶临时仰拱法工序横断面示意图

5.4.1.2　双侧壁导坑法施工工序

双侧壁导坑法工序横断面如图5.4-3所示。

(1)利用洞口导向措施或洞身上一循环架立的钢架作隧道洞身、侧壁导坑纵向超前支护;开挖Ⅰ部,同时,每循环进尺一次,掌子面喷8 cm厚混凝土封闭;施作Ⅳ部导坑周边的初期支护和临时支护,即初喷4 cm厚混凝土,架立钢架(包括导坑的临时钢架及横撑),并根据需要设置锁脚锚管;钻径向锚杆后复喷混凝土至设计厚度。

(2)开挖Ⅱ部,同时,每循环进尺一次,掌子面喷8 cm厚混凝土封闭;施作Ⅱ部导坑周边的初期支护和临时支护,即初喷4 cm厚混凝土,架立钢架(包括导坑的临时钢架);钻径向锚杆后复喷混凝土至设计厚度。

(3)开挖Ⅲ部并施作导坑周边的初期支护和临时支护,步骤及工序同(1)。

(4)开挖Ⅳ部并施作导坑周边的初期支护和临时支护,步骤及工序同(2)。

(5)开挖Ⅴ部,喷8 cm厚混凝土封闭掌子面;拱部初喷4 cm厚混凝土,架设拱部钢架,钻径向锚杆后复喷混凝土至设计厚度。

(6)开挖Ⅵ部,喷8 cm厚混凝土封闭掌子面;拱部初喷4 cm厚混凝土,架设拱部钢架,钻径向锚杆后复喷混凝土至设计厚度。

(7)两台阶法施工Ⅶ、Ⅷ部;喷8 cm厚混凝土封闭掌子面;导坑底部初喷4 cm厚混凝土封闭,安设钢架封闭成环,复喷混凝土至设计厚度。

(8)逐步拆除临时钢架,灌注Ⅸ部仰拱。

(9)灌注Ⅹ部隧底。

(10)待变形收敛后或根据需要,利用衬砌模板台车一次性灌注Ⅺ部二次衬砌。

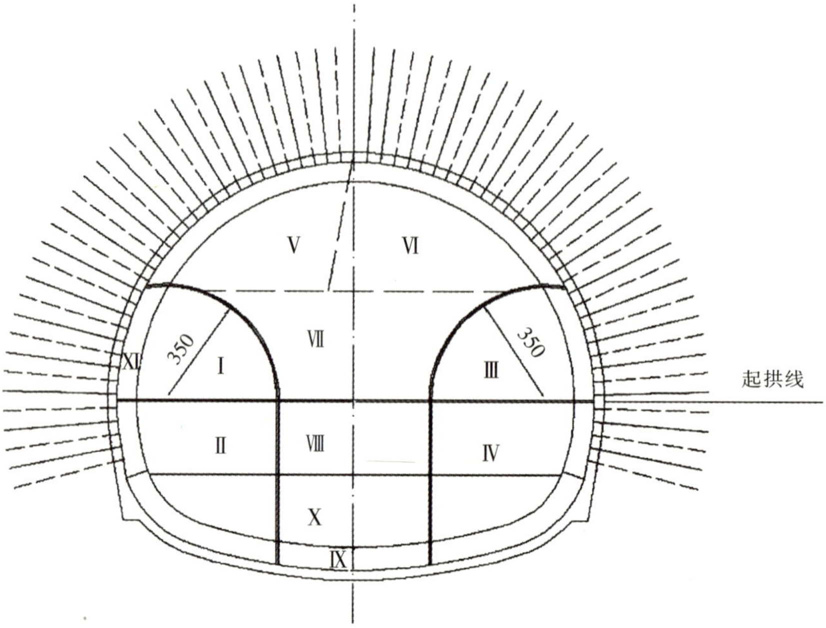

图 5.4-3 双侧壁导坑法工序横断面示意图

5.4.1.3 CRD 法施工工序

CRD 法工序横断面如图 5.4-4 所示。

(1)施作直径为 89 mm(或 108 mm)管棚,对围岩进行超前预加固。

(2)施作Ⅰ部,开挖单循环 0.5 m,尺寸满足技术交底要求后,喷射 4 cm 厚混凝土,架设工字钢架,单榀拱架打设 4 根 3.5 m 长锁脚锚管,间距 100 cm×100 cm 打设 8 根 4 m 长中空锚杆,并注浆,最后喷混凝土至 28 cm。

(3)Ⅰ部累计开挖长 3~5 m 后,开挖Ⅱ部,开挖单循环 0.5 m,尺寸满足技术交底要求后,喷射 4 cm 厚混凝土,架设工字钢架,间距 100 cm×100 cm 打设 5 根 4 m 长砂浆锚杆,单榀拱架打设 4 根 3.5 m 长锁脚锚管,最后喷混凝土至 28 cm。

(4)Ⅱ部累计开挖长 3~5 m 后,开挖Ⅲ部,开挖单循环 0.5 m,尺寸满足技术交底要求后,喷射 4 cm 厚混凝土,架设工字钢架,单榀拱架打设 4 根 3.5 m 长锁脚锚管,间距 100 cm×100 cm打设 8 根 4 m 长中空锚管,并注浆,最后喷混凝土至 28 cm。

(5)Ⅲ部累计开挖长 3~5 m 后,开挖Ⅳ部,开挖单循环 0.5 m,尺寸满足技术交底要求后,喷射 4 cm 厚混凝土,架设工字钢架,间距 100 cm×100 cm 打设 5 根 4 m 长砂浆锚杆,单榀拱架打设 4 根 3.5 m 长锁脚锚管,最后喷混凝土至 28 cm。

(6)Ⅳ部累计开挖长 3~5 m 后,开挖Ⅴ部,开挖单循环 0.5 m,尺寸满足技术交底要求后,喷射 4 cm 厚混凝土,架设工字钢架,打设 2 根 4 m 长砂浆锚杆、4 根 3.5 m 长锁脚锚管,并注浆,最后喷混凝土至 28 cm。

(7)Ⅴ部累计开挖长 3~5 m 后,开挖Ⅵ部,开挖单循环 0.5 m,尺寸满足技术交底要求后,喷射 4 cm 厚混凝土,架设工字钢架,打设 2 根 4 m 长砂浆锚杆、4 根 3.5 m 长锁脚锚管,并注浆,最后喷混凝土至 28 cm。

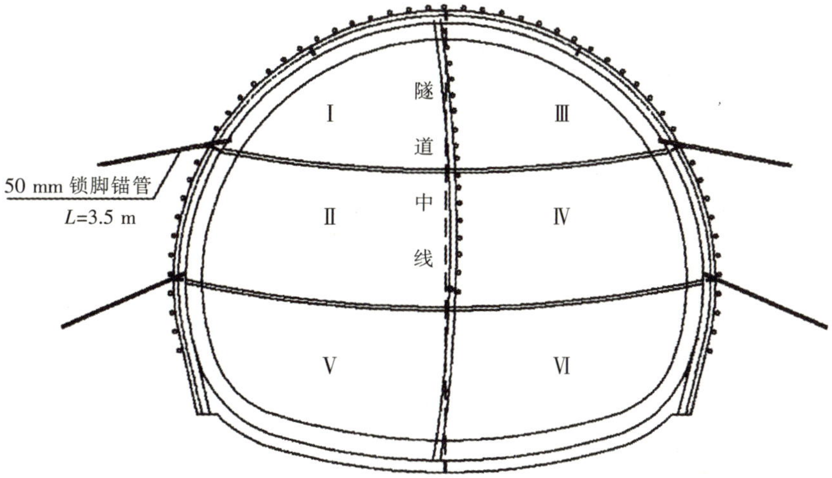

图 5.4-4　CRD 法工序横断面示意图

5.4.2　计算模型的建立

5.4.2.1　隧道支护或预加固措施的模拟

1. 锚杆的力学模拟

此处对锚杆的力学效果的模拟主要根据其作用的等效原则来考虑，即在锚杆打设范围内，考虑施锚后围岩弹性模量、黏聚力、内摩擦角、抗压强度等指标的提高，根据相关经验公式，有锚杆时，锚固区施锚后围岩的黏聚力 C_i、内摩擦角 φ_i 值可取

$$C_i = C_0 + \frac{\tau_\alpha A}{e \cdot i}, \varphi_i = \varphi_0 \tag{5.4-1}$$

式中，C_0 为施锚前围岩初始黏聚力，τ_α 为锚杆抗剪强度，$\tau_\alpha = 0.6R_{st}$，R_{st} 为钢筋的抗拉强度设计值；e 为锚杆的纵间距；i 为锚杆的横间距；A 为单锚杆的截面积。φ_0 为施锚前围岩初始内摩擦角。

施锚区弹性模量的提高公式为

$$E_i = E_R\left(1 + \frac{A}{e \cdot i}\right) \tag{5.4-2}$$

式中，E_i 为施锚区提高后的弹性模量；E_R 为原围岩弹性模量。

2. 钢架的力学模拟

数值分析中，钢架的力学效果也可通过等效作用和力学模型两种方法进行考虑。按等效作用法考虑时，根据抗压刚度相等的原则，将钢架的弹性模量折算成混凝土的弹性模量，计算公式为

$$E = E_0 + \frac{S_g \times E_g}{S_c} \tag{5.4-3}$$

式中，E 为折算后混凝土弹性模量；E_0 为原混凝土弹性模量；S_g 为钢架截面积；E_g 为钢材弹性模量；S_c 为混凝土截面积。

3. 帷幕注浆预加固的力学模拟

计算分析中，帷幕注浆预加固效果可视为在隧道围岩中形成加固范围内的环状加固圈，因此

帷幕注浆预加固围岩的效果可采用改善围岩参数的等效方法进行考虑。

4. 其他预加固技术的模拟

超前导管、20 cm×20 cm 钢筋网及掺入初喷混凝土中的钢纤维，均作为安全储备，此处数值模拟中不予考虑。

5.4.2.2 计算参数及模拟方案

我们选取 DK2194+675.7 断面为计算模型，运用 ABAQUS 软件进行二维数值模型分析。考虑到模型计算范围内地层分布复杂，此处按等效模量考虑，将模型考虑为 12.8 m 厚第四纪土层和 81.2 m 厚强风化灰岩。选取各层土体的参数加权均值作为计算土体参数，土体本构关系取摩尔-库仑模型，各材料参数见表 5.4-1。

表 5.4-1 模型材料参数

材　　料	密度/(kg/m³)	弹性模量/GPa	泊松比	黏聚力/kPa	内摩擦角/(°)
第四纪土	1 600	0.009 65	0.45	18.1	15.78
强风化灰岩	1 700	0.089 4	0.4	32.48	15.85
帷幕注浆提高后围岩	1 850	0.297 9	0.4	100	24
初期支护	2 200	35.82	0.2	—	—
二次衬砌、仰拱	2 500	32	0.2	—	—
仰拱回填	2 300	28	0.2	—	—
桥身、扩大基础	2 300	40	0.2	—	—
临时钢支撑	8 600	210	0.2	—	—

计算边界左右各取至 5 倍洞径范围以外，下边界也取 5 倍洞径。右边界限制水平位移，下部边界限制竖向位移。考虑到 5 倍洞径以外上部结构受隧洞开挖影响较小，为减少计算量，此次数值计算地表只考虑 3# 至 11# 桥墩，如图 5.4-5 所示。初期支护采用实体单元模拟，锚杆和钢

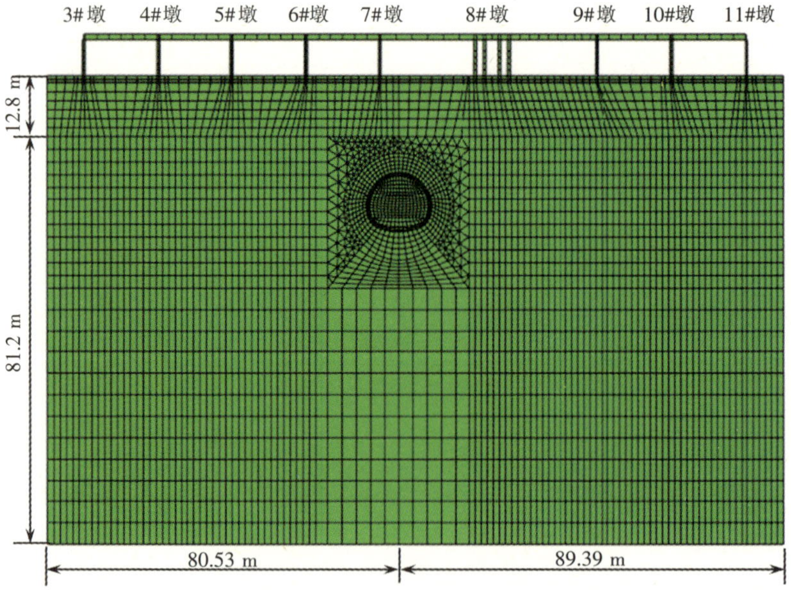

图 5.4-5 有限元模型图

拱架折算后按提高围岩和初期支护强度考虑,临时钢支撑按梁单元考虑。

桥身除 8#墩为连续梁之外,其他均为简支梁。运用 ABAQUS 软件进行数值分析时,将其余简支梁各段两端设为接触考虑,8#墩仍按整体连续梁考虑。

模拟工况考虑两种,即帷幕注浆下三台阶法开挖和双侧壁导坑法开挖。

5.4.3　地下开挖过程中地层位移及桥面沉降分析

岩土材料的力学行为与应力历史和扰动过程密切相关,为了准确地模拟分析金沙洲隧道下穿广佛高速公路立交桥过程中和建成后的变形特征和应力特征,本计算严格按照各工序建模分析。

5.4.3.1　三台阶法引起的地层位移和桥面沉降

上台阶开挖竖向位移云图和等值线图分别如图 5.4-6、图 5.4-7 所示。

上台阶开挖后,由于受 7#墩下部扩大基础影响,地表最大沉降并没有出现在隧道中心位置处,隧道中心处地表沉降为 3.41 cm,7#墩扩大基础沉降 2.96 cm,隧道中心线偏右 7.5 m 范围内地表沉降值普遍大于隧道中心处。7#墩左边简支梁和右边连续梁靠近 7#墩附近处,桥面沉降普遍接近 3.0 cm。

洞内拱顶沉降 5.86 cm,这是由于底部喷射混凝土作临时仰拱封闭后,基底回弹非常小。

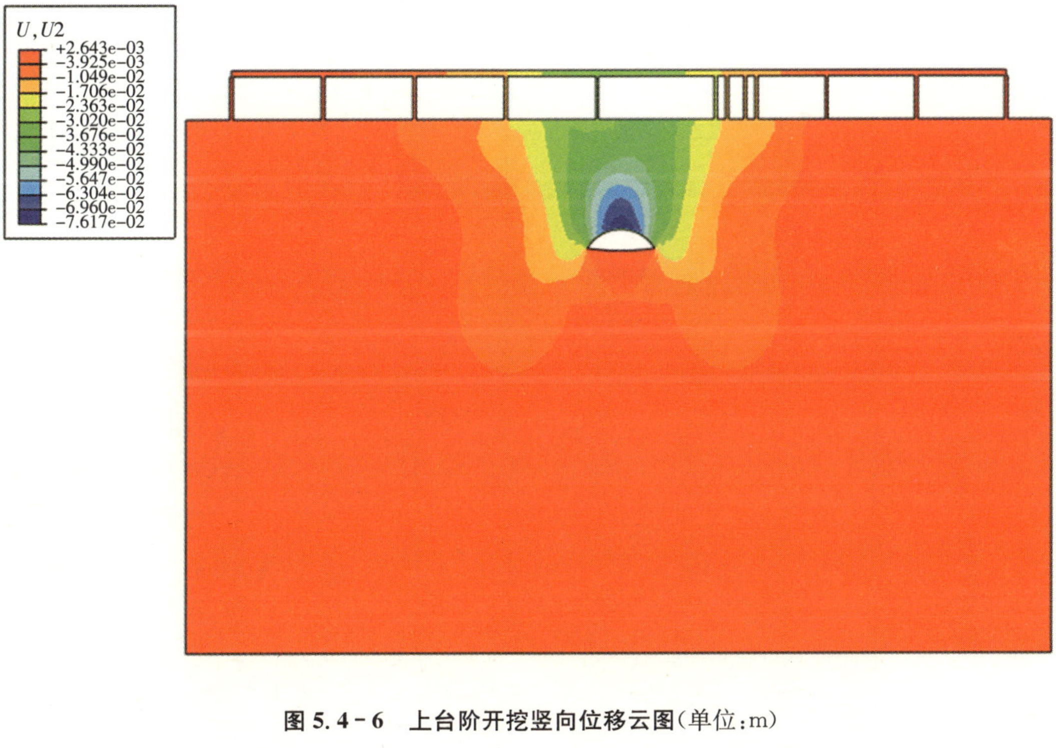

图 5.4-6　上台阶开挖竖向位移云图(单位:m)

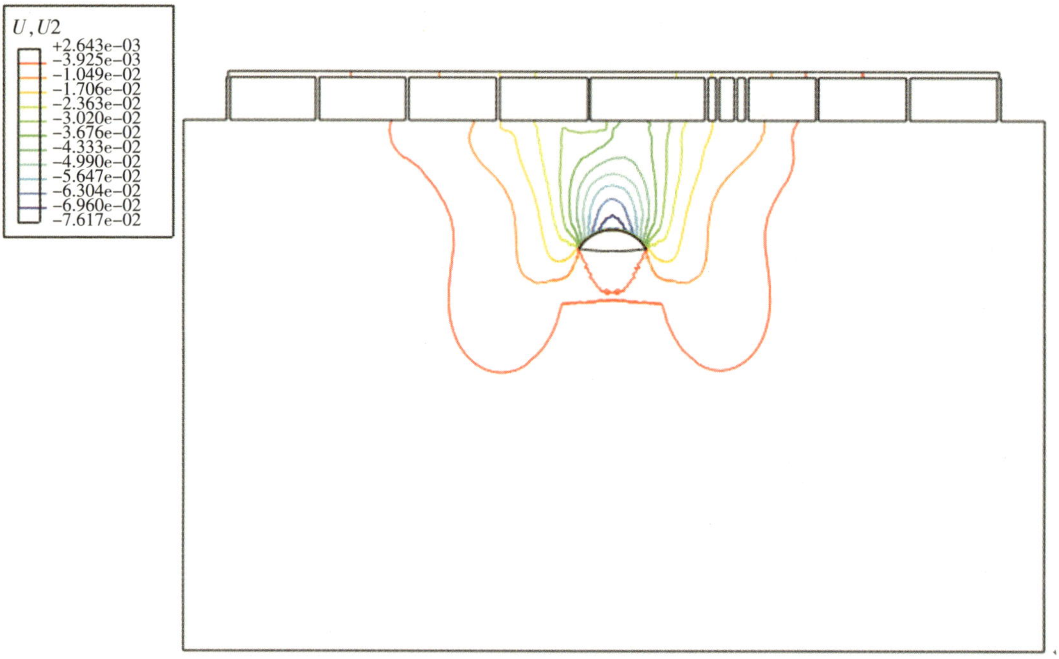

图 5.4-7　上台阶开挖竖向位移等值线图(单位:m)

中台阶开挖竖向位移云图和等值线图分别如图 5.4-8、图 5.4-9 所示。

中台阶开挖后,继续受 7# 墩下部扩大基础影响,隧道中心线偏右 7.5 m 范围内地表沉降值普遍大于隧道中心处,最大值为 3.90 cm,隧道中心处地表沉降为 3.45 cm。7# 墩扩大基础沉降 3.00 cm,7# 墩左边简支梁和右边连续梁靠近 7# 墩处,桥面沉降普遍略微超过 3.0 cm,最大沉降为 3.06 cm。

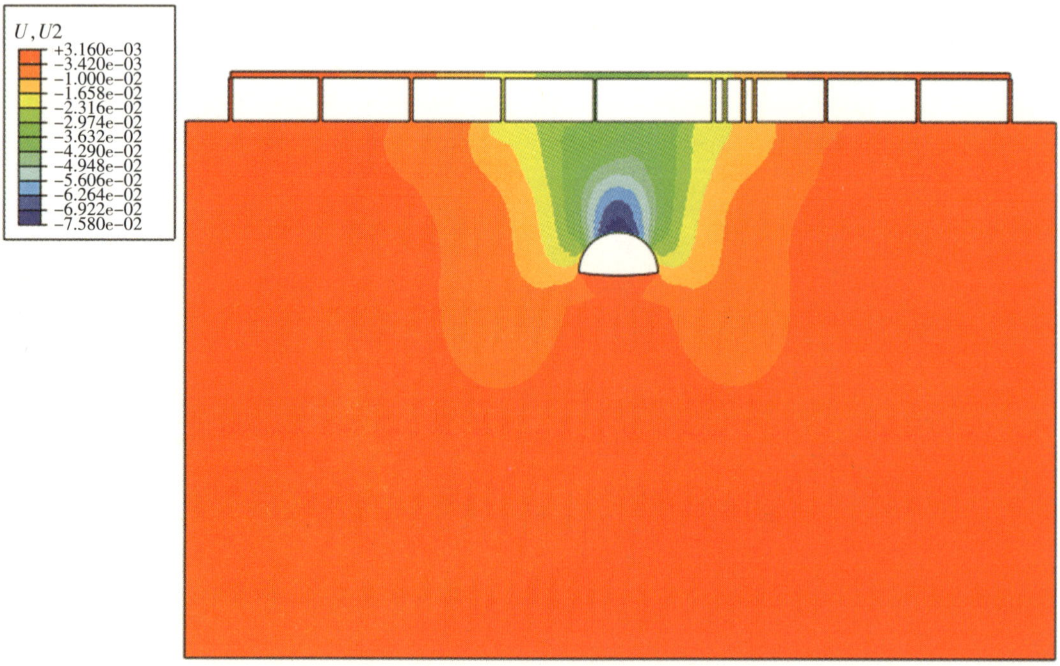

图 5.4-8　中台阶开挖竖向位移云图(单位:m)

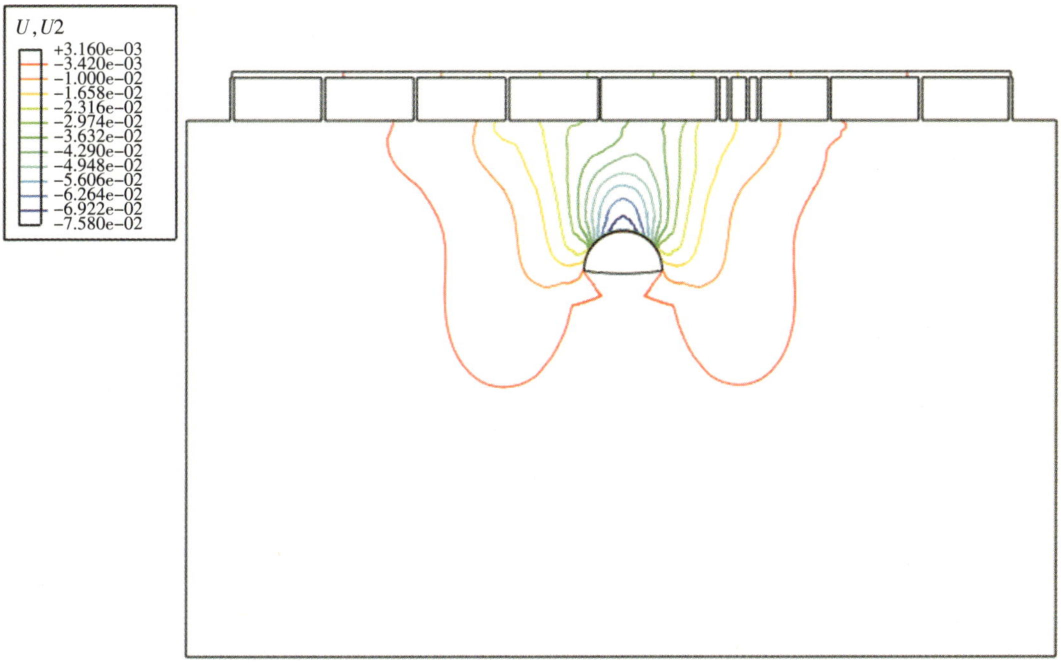

图 5.4-9　中台阶开挖竖向位移等值线图(单位:m)

洞内拱顶沉降 5.18 cm,比开挖上台阶拱顶沉降量小,这是由于洞内施作初期支护,加之底部喷射混凝土作临时仰拱封闭,整体支护封闭环起作用的缘故。

下台阶开挖竖向位移云图和等值线图分别如图 5.4-10、图 5.4-11 所示。

下台阶开挖后,隧道中心处地表沉降为 3.31 cm。7#墩扩大基础沉降 2.88 cm,7#墩左边简支梁和右边连续梁靠近 7#墩处,桥面沉降普遍接近 3.0 cm,最大沉降量为 2.95 cm。

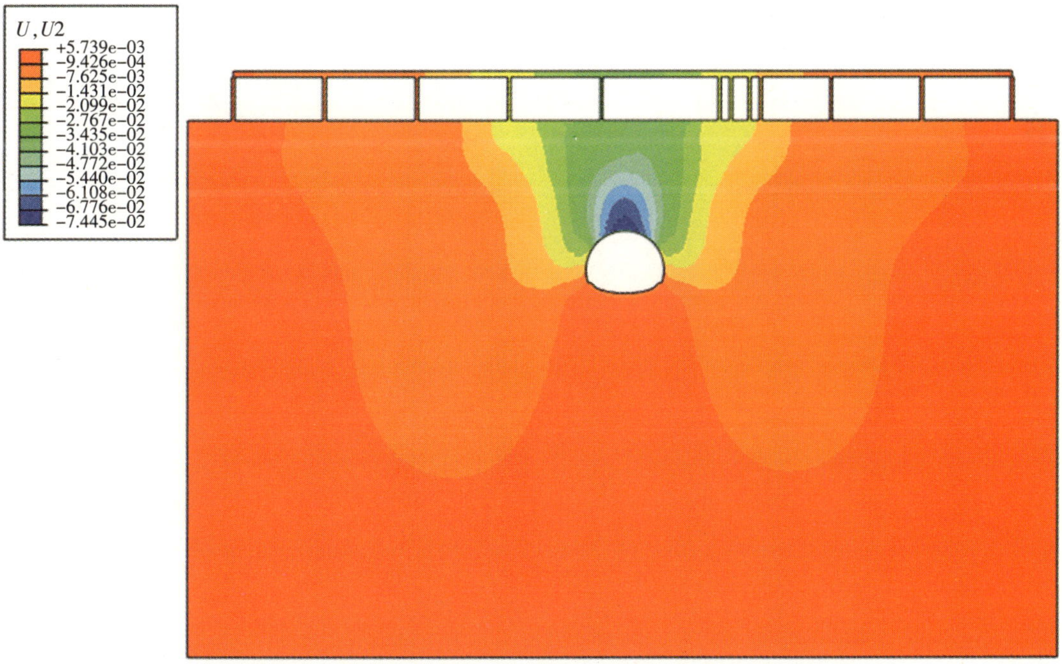

图 5.4-10　下台阶开挖竖向位移云图(单位:m)

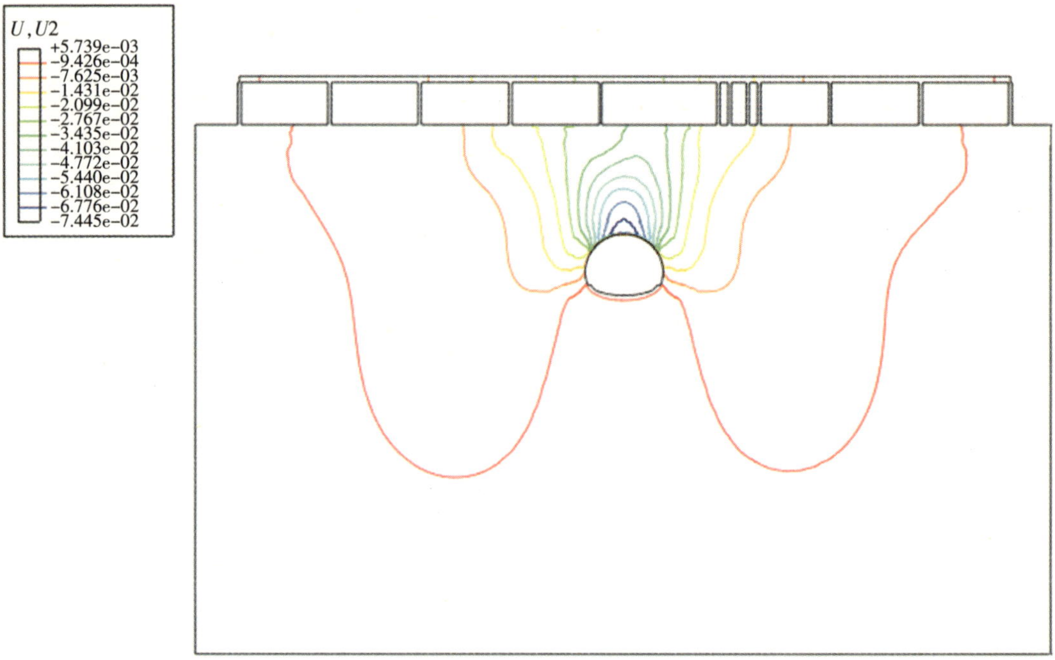

图 5.4－11　下台阶开挖竖向位移等值线图（单位：m）

洞内拱顶沉降 3.97 cm，比开挖中台阶拱顶沉降量小，这是由于洞内施作初期支护落脚的缘故。基底回弹同样非常小。

其他施工步后的竖向位移云图如图 5.4－12 至图 5.4－14 所示。

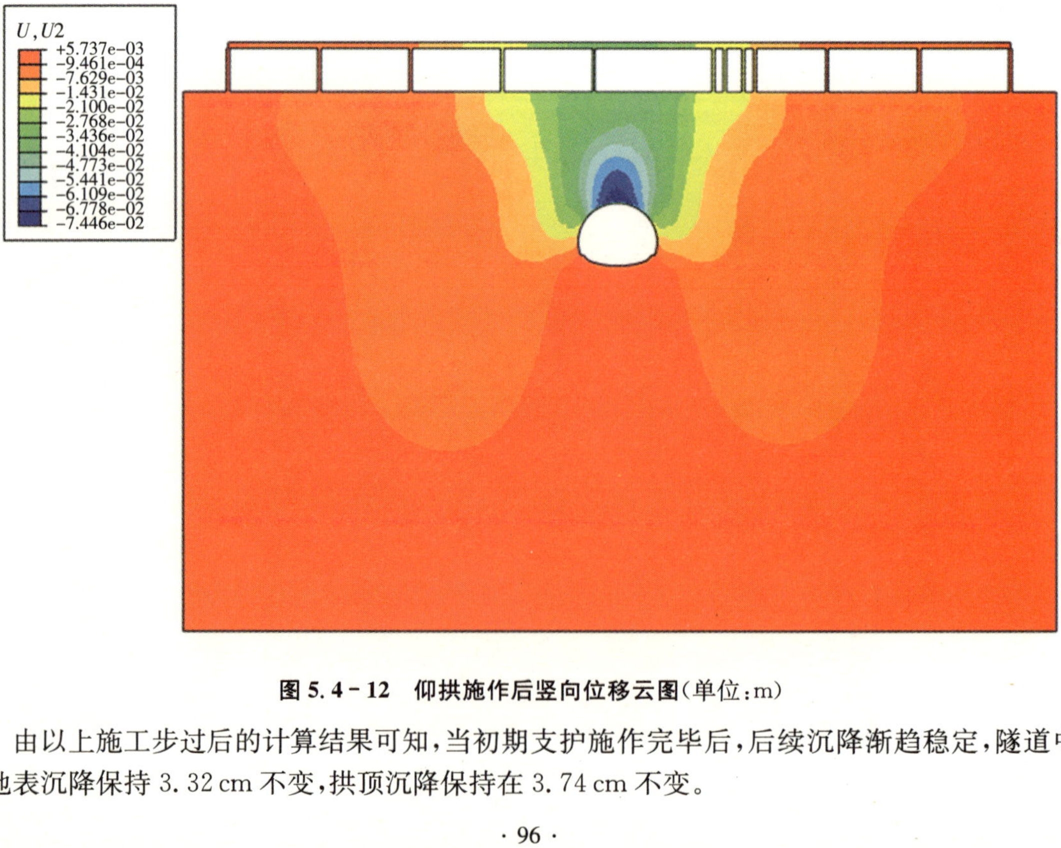

图 5.4－12　仰拱施作后竖向位移云图（单位：m）

由以上施工步过后的计算结果可知，当初期支护施作完毕后，后续沉降渐趋稳定，隧道中心处地表沉降保持 3.32 cm 不变，拱顶沉降保持在 3.74 cm 不变。

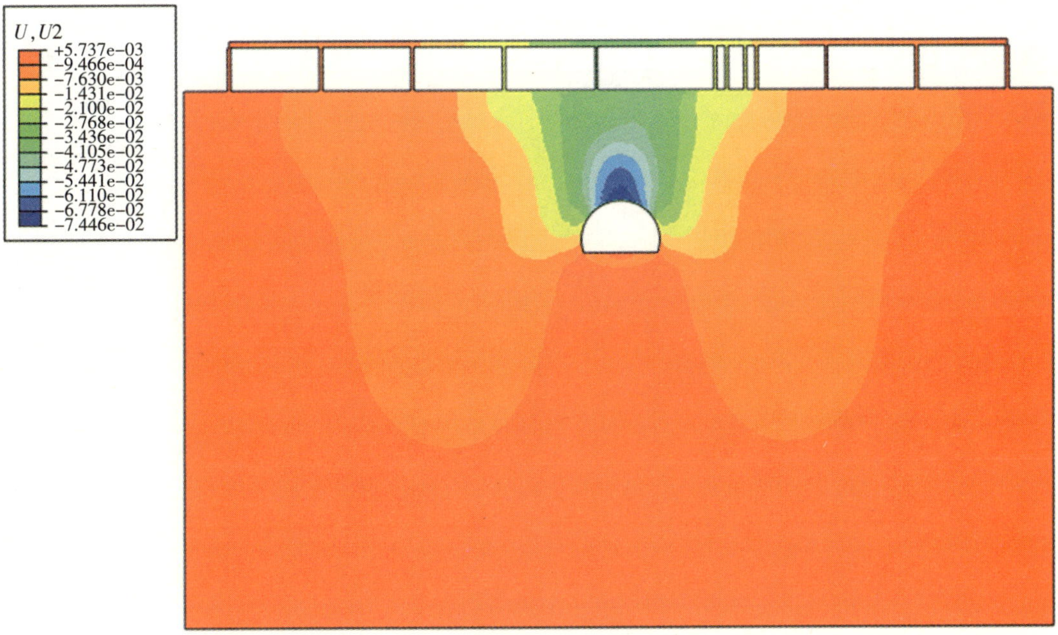

图 5.4-13　仰拱回填后竖向位移云图(单位:m)

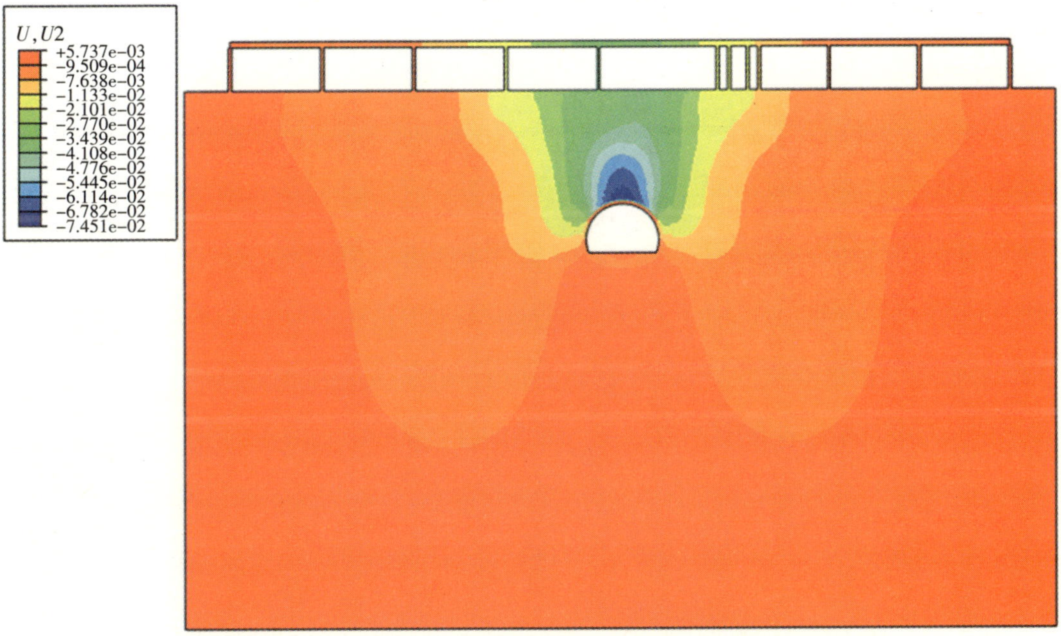

图 5.4-14　施作二次衬砌后竖向位移云图(单位:m)

7＃墩左边简支梁和右边连续梁靠近 7＃墩处,桥面沉降均小于 3.0 cm,最大沉降 2.95 cm。

5.4.3.2　双侧壁导坑法引起的地层位移和桥面沉降

双侧壁导坑法各施工工序(开挖Ⅰ部至开挖Ⅶ部)竖向位移云图如图 5.4-15 至图 5.4-21 所示。

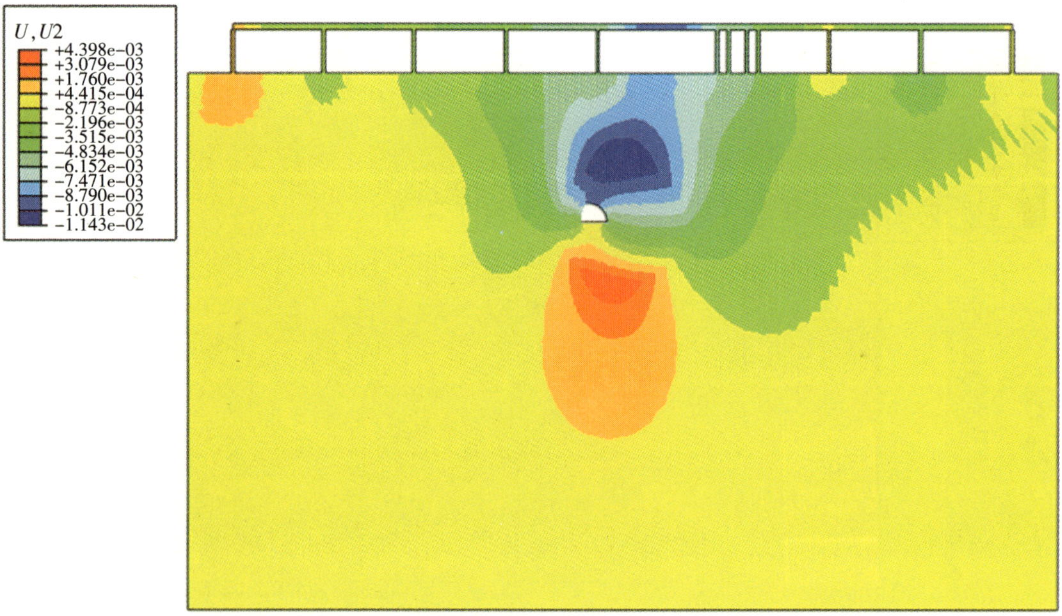

图 5.4-15　双侧壁导坑法开挖Ⅰ部后竖向位移云图(单位:m)

双侧壁导坑法开挖Ⅰ部后，隧道中心处地表沉降为 0.68 cm，地表最大沉降为 0.80 cm，右偏离隧道中心线。拱顶沉降为 1.1 cm，桥面最大沉降为 1.0 cm，位于 7＃墩和 8＃墩中间位置。7＃墩扩大基础沉降为 0.55 cm。

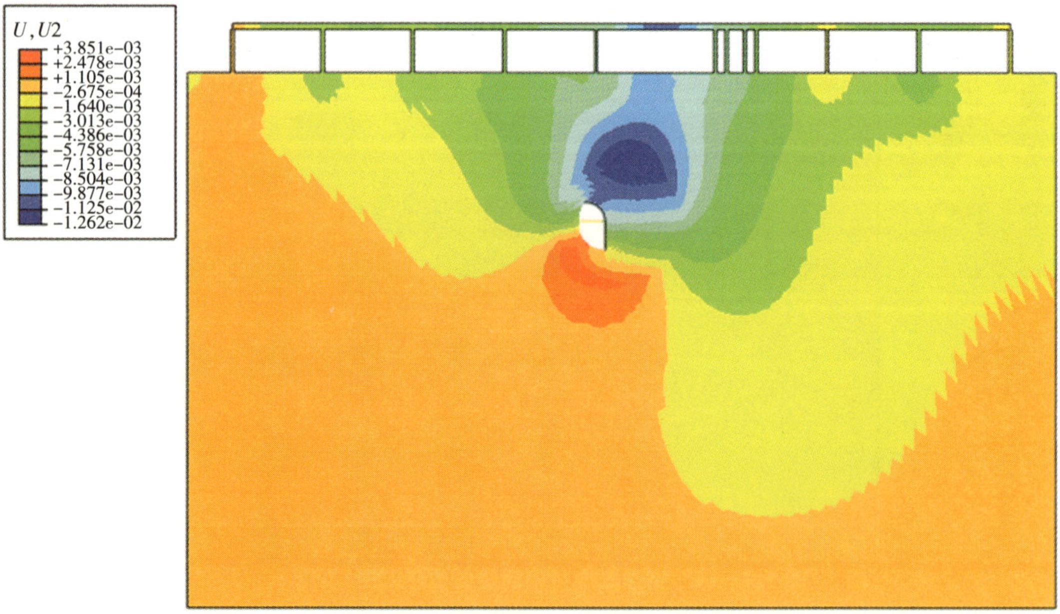

图 5.4-16　双侧壁导坑法开挖Ⅱ部后竖向位移云图(单位:m)

双侧壁导坑法开挖Ⅱ部后，隧道中心处地表沉降为 0.73 cm，地表最大沉降为 0.88 cm，右偏离隧道中心线。拱顶沉降为 1.07 cm，桥面最大沉降为 1.06 cm，位于 7＃墩和 8＃墩中间位置。7＃墩扩大基础沉降为 0.59 cm。

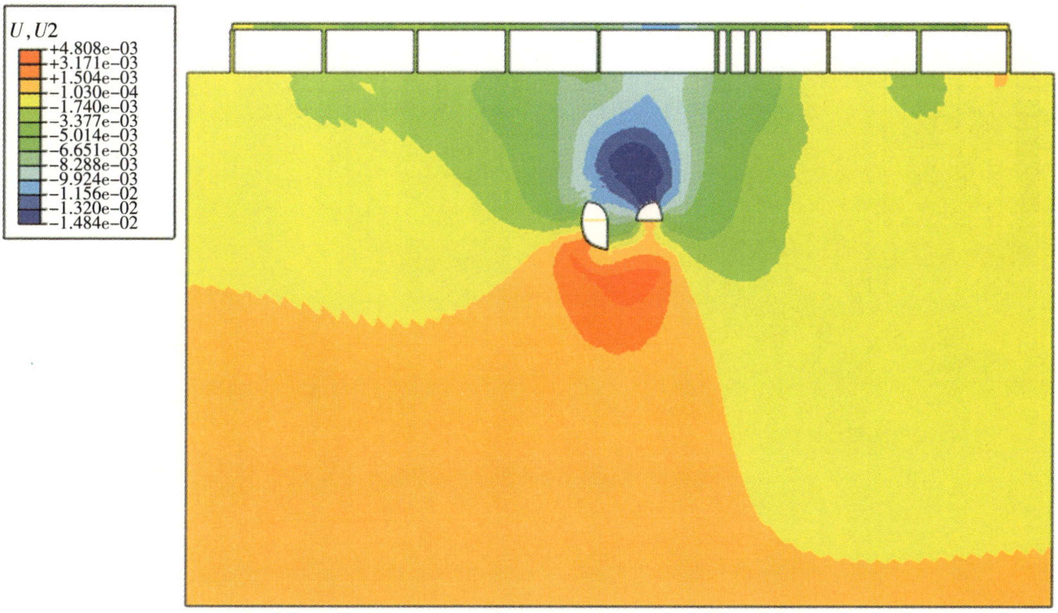

图 5.4-17　双侧壁导坑法开挖Ⅲ部后竖向位移云图(单位:m)

双侧壁导坑法开挖Ⅲ部后，隧道中心处地表沉降为 0.81 cm，地表最大沉降为 0.95 cm，右偏离隧道中心线。拱顶沉降：左导坑为 1.10 cm，右导坑为 1.46 cm。桥面最大沉降为 1.07 cm，位于 7＃墩和 8＃墩中间位置。7＃墩扩大基础沉降为 0.63 cm。

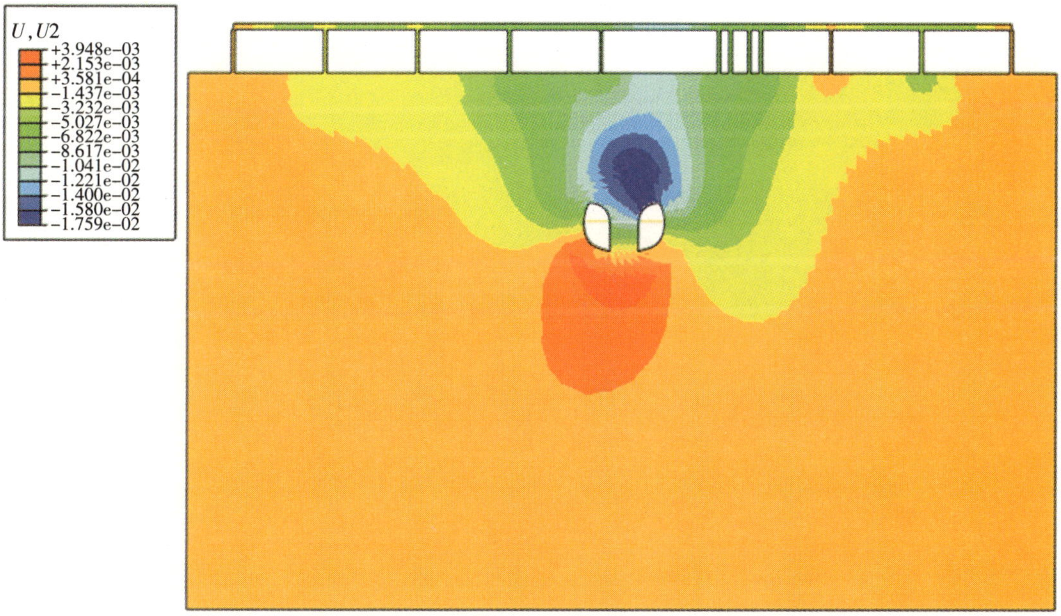

图 5.4-18　双侧壁导坑法开挖Ⅳ部后竖向位移云图(单位:m)

双侧壁导坑法开挖Ⅳ部后，隧道中心处地表沉降为 0.95 cm，地表最大沉降为 1.11 cm。拱顶沉降：左导坑为 1.32 cm，右导坑为 1.70 cm。桥面最大沉降为 1.21 cm，位于 7＃墩和 8＃墩中间位置。7＃墩扩大基础沉降为 0.79 cm。

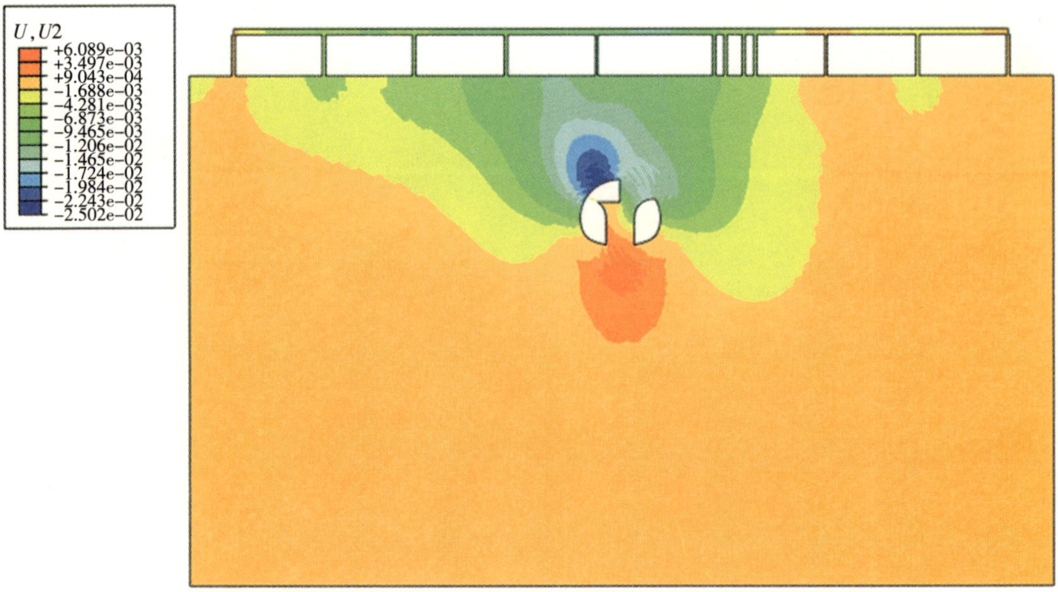

图 5.4-19　双侧壁导坑法开挖Ⅴ部后竖向位移云图(单位:m)

双侧壁导坑法开挖Ⅴ部后,隧道中心处地表沉降为 1.07 cm,地表最大沉降为 1.13 cm。拱顶沉降为 2.50 cm,位于开挖Ⅴ部左侧拱腰位置处。右导坑拱顶沉降为 1.61 cm。7＃墩扩大基础沉降为 1.03 cm。由于受 7＃墩扩大基础影响,桥面沉降普遍超过 1 cm。

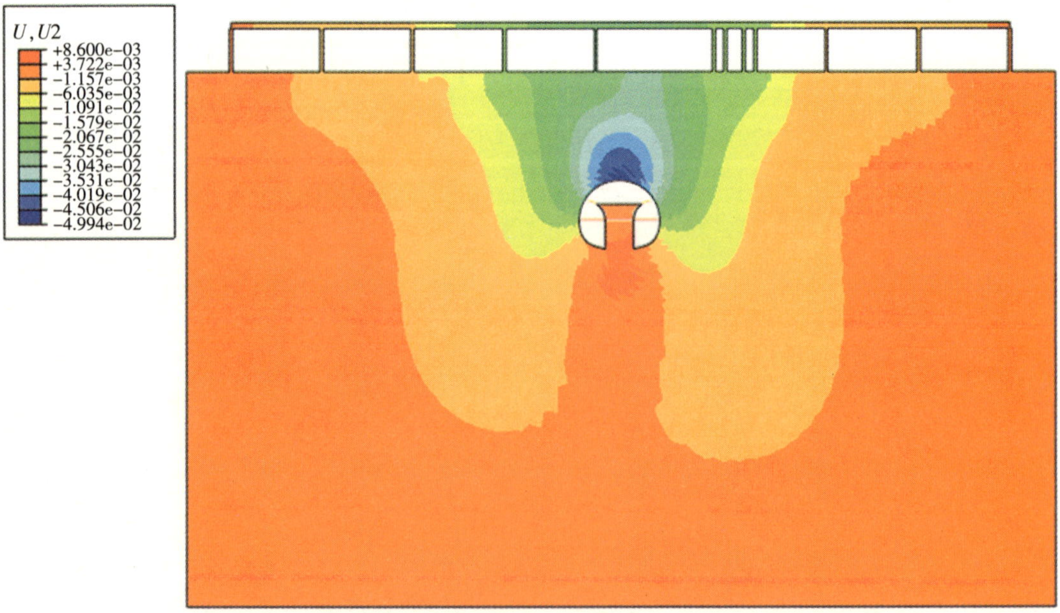

图 5.4-20　双侧壁导坑法开挖Ⅵ部后竖向位移云图(单位:m)

双侧壁导坑法开挖Ⅵ部后,隧道中心处地表沉降为 2.37 cm,地表最大沉降为 2.69 cm,拱顶沉降为 4.99 cm。7＃墩扩大基础沉降为 2.07 cm。由于受 7＃墩扩大基础影响,桥面沉降普遍超过 2 cm,最大沉降为 2.27 cm。

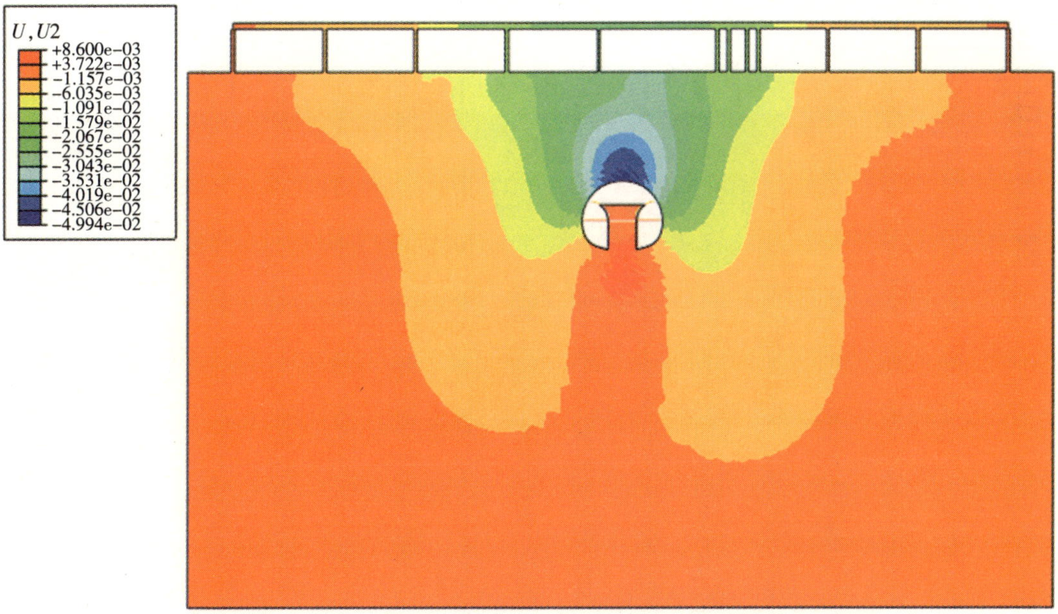

图 5.4－21　双侧壁导坑法开挖Ⅶ部后竖向位移云图(单位:m)

双侧壁导坑法开挖Ⅶ部后,隧道中心处地表沉降为 2.37 cm,地表最大沉降为 2.69 cm,拱顶沉降为 5.00 cm。7＃墩扩大基础沉降为 2.07 cm。由于受 7＃墩扩大基础影响,桥面沉降普遍超过 2 cm,最大沉降为 2.27 cm。可见,开挖Ⅶ部后,由于支护作用,后期开挖对地层及地表构筑物影响不是很大。

后续施工工序的竖向位移云图如图 5.4－22 至图 5.4－25 所示。

图 5.4－22　双侧壁导坑法开挖Ⅷ部后竖向位移云图(单位:m)

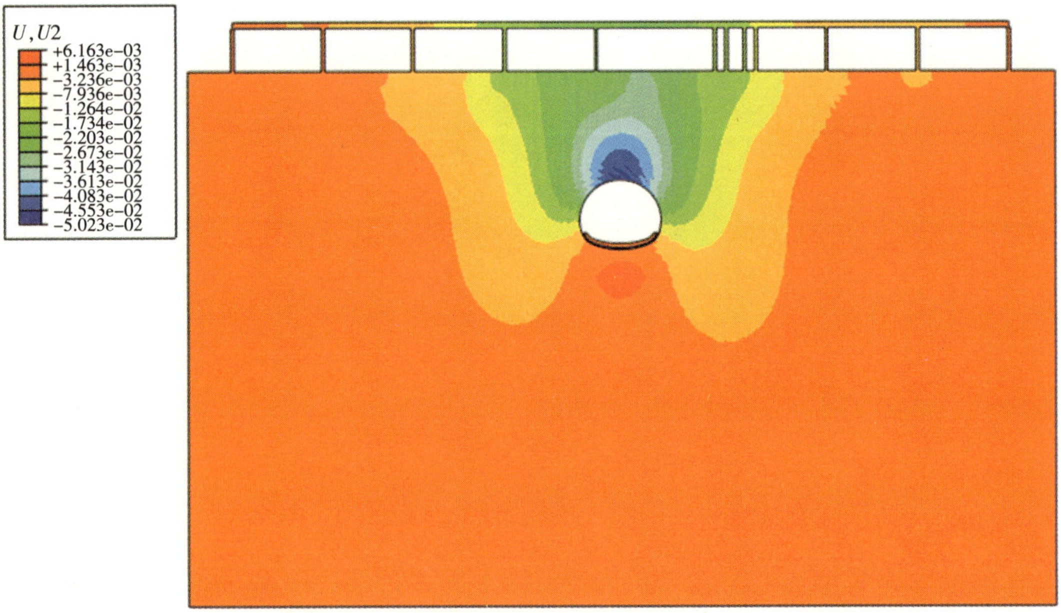

图 5.4-23　施作仰拱后竖向位移云图(单位:m)

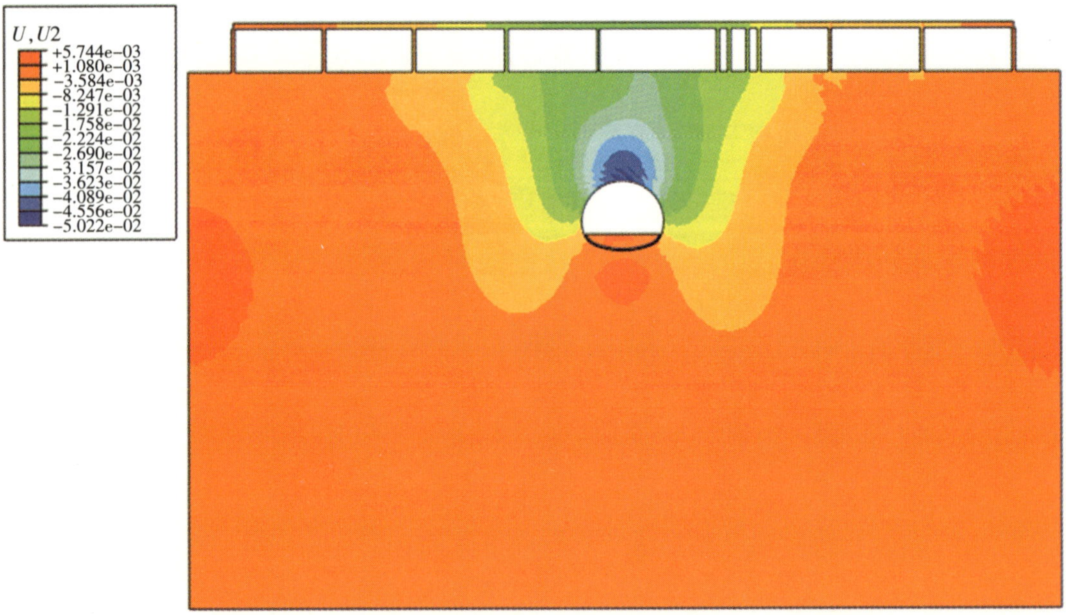

图 5.4-24　仰拱回填后竖向位移云图(单位:m)

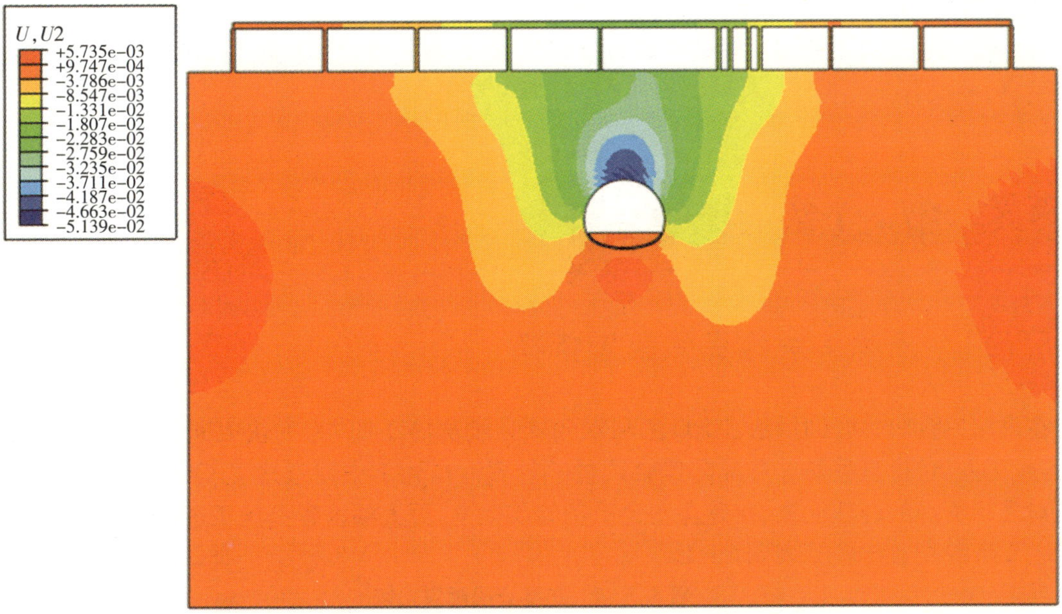

图 5.4－25　施作二次衬砌后竖向位移云图(单位:m)

5.4.4　施工方案风险比较

在不考虑失水引起地面沉降的数值模拟计算中,仅考虑了结构施工引起的沉降,两种施工工法开挖引起各种沉降值计算结果如表 5.4－2 所示。

表 5.4－2　两种施工工法开挖引起的各种沉降值计算结果

施工方法	地表最大沉降/cm	拱顶沉降/cm	桥面沉降/cm	墩顶最大差异沉降/cm
三台阶法	3.32	5.86	2.95	0.86
双侧壁导坑法	2.69	5.00	2.27	1.20

由表 5.4－2 可知,三台阶法施工引起的隧道拱顶沉降值为 5.86 cm,双侧壁导坑法施工引起的隧道拱顶沉降值为 5.00 cm。桥面最大沉降始终发生在 7＃墩和 8＃墩之间,三台阶法施工引起的桥面最大沉降为 2.95 cm,双侧壁导坑法施工引起的桥面最大沉降为 2.27 cm。数值模拟分析也表明:受隧道开挖影响最大的为 7＃墩下部扩大基础,三台阶法施工时 7＃墩下部扩大基础沉降 2.88 cm,双侧壁导坑法时基础沉降为 2.07 cm。由于 6＃墩和 9＃墩离隧道开挖边界较远,其上桥面沉降基本上以整体沉降为主,因此 5＃墩与 6＃墩、6＃墩与 7＃墩、7＃墩与 8＃墩、8＃墩与 9＃墩之间的差异沉降均较小。双侧壁导坑法施工时,5＃墩与 6＃墩的差异沉降为 0.76 cm,6＃墩与 7＃墩的差异沉降为 0.77 cm,7＃墩与 8＃墩的差异沉降为 0.58 cm,8＃墩与 9＃墩的差异沉降为 0.86 cm,最大差异沉降发生在 8＃墩与 9＃墩之间;三台阶法施工时,上述桥墩差异沉降依次为 1.01 cm、1.20 cm、1.09 cm、0.97 cm,最大差异沉降发生在 6＃墩与 7＃墩之间。从桥面沉降和墩顶差异沉降两方面比较,双侧壁导坑法的施工风险也小于三台阶法。

以上的分析表明,无论从哪方面考虑,双侧壁导坑法方案的风险小于三台阶法方案,但是在采用大管棚超前预加固和加强初支承载强度的前提下,采用三台阶法下穿广佛高速公路立交桥段，风险仍然处于可控状态。考虑到隧道上覆土层强度较低，所以不管采用哪种方案，都应严格保证帷幕注浆效果与超前支护导管注浆效果，并且应在施工过程中根据现场监测结果，实时反馈施工信息，确保万无一失。

5.5 施工工法的比较

5.5.1 三种工法的资源配置情况

在采用三台阶临时仰拱法、CRD法和双侧壁导坑法施工时，为加快大断面黄土隧道的施工进度，施工人员、机具设备等资源配置必须科学合理。在施工中通过成立QC小组、现场反复论证及对现场资源的合理配置，在确保安全质量的前提下，可大幅度提高施工进度。

主要资源配置比较见表5.5－1。

表5.5－1 主要资源配置比较

工　法	施工人员/人	挖掘机/台	装载机/台	自卸汽车/台	空压机/台	栈桥/座	多功能平台/台
三台阶临时仰拱法	80	2	2	2	2	1	1
CRD法	90	3	2	3	2	2	2
双侧壁导坑法	120	4	2	3	2	2	3

在资源配置上可以看出，三台阶临时仰拱法是配置最低的，无论是从人员还是机械上来讲都是很有优势的。

5.5.2 三种工法的进度情况

在确保以上资源配置的前提下，通过加强现场管理，加大过程激励力度，可缩短工序时间和工序衔接时间。在保证安全质量的情况下，三种工法分别达到以下进度指标。

1. 三台阶临时仰拱法

采用三台阶临时仰拱法，每循环施工1 m，全断面每18 h循环一次，每月最高进度为40 m。

2. CRD法

采用CRD法，每循环施工1 m，全断面24 h循环一次，每月最高进度为30 m。

3. 双侧壁导坑法

采用双侧壁导坑法，每循环施工0.3～0.5 m，全断面24 h循环一次，每月最高进度为10～15 m。

5.5.3 三种工法的监控量测分析

在施工过程中，对隧道进行沉降和收敛监测，三种工法在正常状态下的监控量测结果如表5.5－2所示。

表 5.5-2　监控量测数据对比

施工工法	拱顶平均沉降/mm	拱脚平均收敛/mm	地表平均沉降/mm
三台阶临时仰拱法	230	130	275
CRD 法	190	100	250
双侧壁导坑法	140	80	200

从量测数据看，隧道主要变形特点如下：

(1)隧道变形主要集中在各部开挖支护过程中，仰拱施作完成后变形趋于稳定。

(2)在下部及仰拱开挖施工过程中，变形速率大；在仰拱未封闭前，即使是停止施工，拱顶仍然保持一定的沉降速率。

(3)在地层较浅且土层松散地段，地表沉降主要集中在隧道中线两侧 15 m 范围内，且有纵向裂缝。

(4)在变形量方面，三台阶临时仰拱法大于 CRD 法大于双侧壁导坑法。

5.5.4　三种工法的对比分析

(1)通过前述数值模拟的地层位移、上部桥身位移和试验段的资源配置、施工进度和试验段对比分析，三台阶临时仰拱法、CRD 法与双侧壁导坑法均可用于地质条件差的施工环境，三台阶临时抑拱法较 CRD 法、双侧壁导坑法施工进度相对较快、所配资源相对较少，适用于工期紧张的工程；CRD 法、双侧壁导坑法变形量相对较小，施工进度相对较慢，因此更适合于地质情况差且地表沉降有严格要求的施工条件及工期相对宽松的工程，具体见表 5.5-3。因金沙洲隧道施工工期十分紧，故可用三台阶临时仰拱法，同时加强现场监控量测。如果沉降量过大，立即改变工法，采用 CRD 法。由于 CRD 法与三台阶临时抑拱法的衔接转换容易，一般施工往往弃用双侧壁导坑法。

表 5.5-3　三种工法施工比较

施工工法	进度指标/(m/d)	沉降量/mm	施工工序	资源配置	施工风险	施工成本
三台阶临时抑拱法	40	230	少	少	大	低
CRD 法	30	190	较多	较多	较小	较高
双侧壁导坑法	10～15	140	多	多	小	高

(2)在隧道施工过程中，不论采用哪种工法，都要严格遵守“管超前，短进尺，强支护，快封闭，勤量测”的施工原则，重视监控量测在隧道施工中的重要作用。施工中尽量缩短工作面到初期支护封闭成环之间的距离和施工时间，以减小隧道围岩变形。

(3)采用 CRD 法和双侧壁导坑法施工时，要注意钢架的连接，特别要注意临时钢架与初期支护的连接，在横撑下设置防脱落角钢，避免因其他洞室收敛量变化而致横撑脱落。

(4)采用三台阶临时仰拱法、CRD 法和双侧壁导坑法施工时，临时支护拆除时机要根据现场监控量测结果而定，仰拱施工完毕后即可拆除临时支护。临时钢架拆除时，要逐榀割除，切忌用机械生拉硬扯，导致初期支护变形失稳。拆除长度以一环衬砌长度为宜。在隧道进出口以及辅助导坑与正洞的三岔口处拆除临时支撑时，要进行实时监控量测，拆除长度可缩短到 4～6 m，确保特殊地段隧道的稳定。

5.6 总 结

从实践的角度看，双侧壁导坑法、CRD 法固然有优点与可行性，但从结构安全与质量、进度与工期、工程经济等方面进行概念性比较，却存在明显的不足。探索更适用、更科学、更经济、更快的施工方法以解决软弱破碎围岩中大断面隧道施工方面的相关问题，是隧道和地下工程工作者的责任和使命。我们在对实际应用的双侧壁导坑法、CRD 法存在的不足进行深入分析的基础上，提出大断面隧道施工方法新的选择方向，并在隧道施工中获得了成功应用。

(1)在对软弱破碎围岩采取有效的预加固手段和加大拱部初期支护强度的前提下，大断面隧道采用三台阶法、三台阶临时仰拱法、分部台阶法、CRD 法等系列工法是合理可行的。其相互间的转换衔接方便，变化灵活。比采用双侧壁导坑法具有更强的操作性，可作为努力的方向。

(2)超前围岩加固改良和加强初期支护的三台阶临时仰拱法是软弱破碎围岩中大断面隧道施工中可行、快速、经济的方法。

(3)因双侧壁导坑法与三台阶法、三台阶临时仰拱法转换不便，当隧道进入Ⅵ级软弱围岩地段时，可采用 CRD 法代替双侧壁导坑法，实现工法灵活转换衔接，形成连续流水作业。

(4)在隧道施工中应该有追求更好的理念，注重创新，充分发挥大型机械的效率，根据实际条件选用合适的施工方法。

第6章　大断面隧道大管棚超前支护技术

6.1　概　述

超前预支护体系能够从时间上、空间上有效地抑制掌子面前方围岩产生过大变形，控制围岩松弛，对地面沉降、拱顶沉降和周边收敛有显著的抑制效果，并能使开挖面前方一定范围内的围岩处于稳定状态。管棚支护是一种常采用的超前预支护措施，它具有超前加固距离长、施工快、安全性高、工期短等优点，被认为是隧道和地下工程防塌防沉最有效的辅助工法之一，在隧道、地铁和地下通道等工程中得到广泛应用。

武广客运专线金沙洲隧道在掘进过程中常遇到断层或软弱带等地质条件较差的情况，且该隧道断面大、跨度大、埋深浅、岩体自身的稳定性差，极易引起隧道顶部的围岩失稳漏顶等工程问题，进行超前支护是解决此类问题的一个有效的施工手段。

金沙洲隧道设计有双侧壁导坑法、三台阶临时仰拱法、分部台阶法以及台阶法等施工方法，在软弱破碎围岩（Ⅵ、Ⅴ级）地段设计多采用双侧壁导坑法作为初期和临时支护的施工方法。由于金沙洲隧道施工工期十分紧，采用双侧壁导坑法存在开挖工法转换复杂、工效低、无法使用大型设备的缺陷，难以保证隧道施工工期，因此，实际在Ⅵ、Ⅴ级围岩地段采用CRD法，或者三台阶临时仰拱法、分部台阶法等，并在初支仰拱和二衬仰拱完成后即拆除中隔壁及临时仰拱，以方便发挥大型机械效率，加快施工进度。鉴于此，为了防止隧道塌方和控制地表沉降，采用有效的超前预支护手段便显得十分重要。

经过多年来的不断发展与实践，大管棚支护已成为浅埋暗挖隧道控制地面下沉和加强隧道围岩的主要技术手段。随着隧道施工要求的不断提高，管棚已经向超长、超大支护延伸。本章将结合金沙洲隧道的管棚施工实践，对加密大管棚超前支护技术进行研究。

6.2　管棚的分类、作用及其应用条件

管棚（pipe roof）又称为“伞拱”（umbrella arch），其实质是在隧道或地下工程的开挖轮廓线外以一定间距、沿洞轴以一定外插角进行钻孔，成孔后推入钢管或者利用夯管、顶推技术直接将钢管夯入或顶入地层，通过钢管上布置的注浆孔向地层注浆，然后清除管内浆液并填充水泥砂浆而形成的超前预支护体系，管棚中钢管起着支承上部荷载和充当注浆管的双重作用，图6.2－1为常见的管棚支护构造示意图。

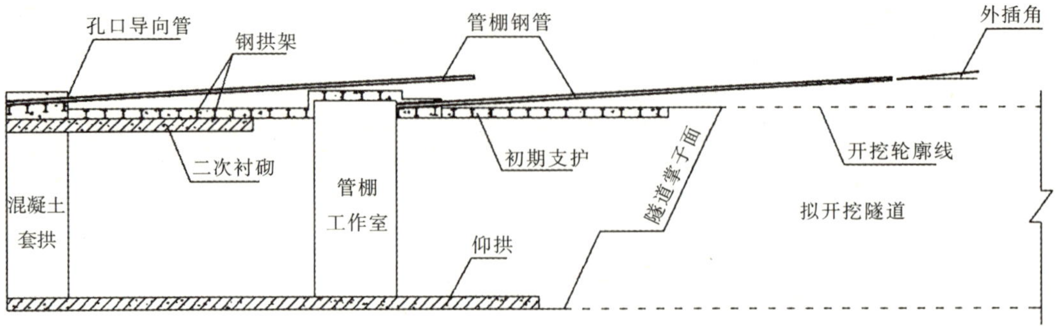

图 6.2-1　管棚支护构造示意图

6.2.1　管棚的分类

目前，施工机具的日趋多样化促进了管棚支护技术的发展，管棚种类和形式也越来越多样化，根据我国隧道与地下工程施工中管棚的使用情况可将其分类如下：

1. 按钢管的布置层数分类

(1)单层管棚：沿隧道开挖轮廓线布置单层钢管的管棚，这是目前使用最普遍的类型。

(2)双层管棚：沿隧道开挖轮廓线布置两层钢管的管棚。在隧道上部荷载较大，对地表沉降有严格控制要求的隧道中使用。为了节约材料和费用，通常只在隧道拱部一定范围内布置双层管棚，而在两侧布置单层管棚。

2. 按单循环钢管的长度分类

(1)短管棚：单循环钢管长度小于 6 m 的管棚。

(2)长管棚：单循环钢管长度大于 6 m 的管棚。

3. 按钢管的直径分类

(1)小管棚：钢管直径小于 129 mm 的管棚，又称为“小管棚体系”。

(2)中管棚：钢管直径在 129～299 mm 的管棚，又称为“中管棚体系”。

(3)大管棚：钢管直径大于 299 mm 的管棚，又称为“大管棚体系”。

4. 按钢管之间是否搭接分类

(1)搭接管棚：钢管之间采用各类公母接头连接成整体的管棚。

(2)非搭接管棚：钢管之间未采用任何搭接的管棚。

5. 按管棚是否注浆分类

(1)注浆管棚：其施工方法有两种。①先管后注法：即先打设钢管，利用钢管作注浆管向围岩注浆，浆液通过钢管上的预留孔渗入围岩。②先注后管法：即先对围岩进行注浆，然后再进行钢管打设。在特别破碎地层、砂砾层或流塑状地层中出现塌孔、卡钻等情况下，通常采取先注后管法。

(2)不注浆管棚：钢管推入地层后不进行注浆，仅用水泥砂浆填充钢管，有时为了增大钢管的强度和刚度，在钢管内设置钢筋笼后再填塞水泥砂浆，这样形成的管棚即为不注浆管棚。

6. 按施工方法分类

(1)钻孔法管棚：是目前最常用的管棚。常规钻孔法先采用钻机成孔，然后推入钢管形成管棚；在软弱地层中，为了克服钻孔卡钻、塌孔等问题，通常采用水平导向、跟管钻进技术，即钻孔和进管同时进行。钻孔法施工常采用的钻机有锚杆钻机、坑道钻机、导向钻机、水平钻机以及专用的管棚台车。

(2)夯管法管棚:即采用夯管锤直接将钢管夯入地层方法形成的管棚。一般适用于软塑地层。

(3)顶管法管棚:即在软弱地层中采用顶推技术直接将钢管顶入地层方法形成的管棚。常用的顶管技术有螺旋钻进式、水平钻进式、泥浆平衡式。

在我国地下工程施工中,除了在管棚帷幕顶推施工中通常采用大管棚体系外,应用最广泛的是中小管棚体系,钢管直径多在 200 mm 以下,其中以 ϕ 108 mm 的钢管应用最多。随着地下工程的发展和复杂工程的出现,双层管棚以及横向搭接管棚的运用逐步增多,管棚的施工方法和设备选型也日趋多样化。

6.2.2 管棚的作用

管棚超前支护体系起着杠杆作用,调节围岩应力重分布,能够有效抑制掌子面上方及前方围岩产生过大变形,从而对地面沉降和地层位移起显著的抑制效果,管棚的作用可以归纳为两点:

(1)超前承载结构。隧道开挖之前在地层中设置的钢管起着支撑梁的作用,承担着掌子面上方及前方围岩压力,并将其传递给后方初期支护及前方未扰动围岩,从而起到稳定隧道围岩和控制围岩变形的作用。

(2)注浆加固效应。通过布置在钢管上的注浆孔向地层注浆,使隧道周边围岩的材料参数得以提高和改善,从而在隧道周边形成一个加固壳体,保护隧道施工。

6.2.3 管棚的应用条件

管棚可以按不同的方法分为许多类型,其中按钢管的布置层数可分为单层管棚和双层管棚,按单循环钢管的长度可分为短管棚和长管棚,按钢管的直径可分为小管棚、中管棚和大管棚,按钢管之间是否搭接可分为搭接管棚和非搭接管棚,等等。其中小管棚和中管棚在工程实践中应用较广泛,特别是钢管直径在 200 mm 以下的管棚应用最广。但随着地下工程的发展和复杂工程的出现,双层管棚及大管棚也逐步在工程实践中得到应用。各类管棚的主要应用条件可以概括如下:

(1)单层中小管棚:在一般破碎岩体、软弱地层、塌方体、岩堆体、膨胀性地层、流变性地层、裂隙发育岩体、断层破碎带等地质地段,单层中小管棚以其施工简单、造价低等优点得到广泛应用;特别是在洞口浅埋、偏压地段,中管棚常作为隧道进洞保护措施;对于洞内围岩自稳能力稍差地段,可以采用直径较小的短管棚作为超前支护。

(2)双层管棚:对于围岩极破碎的洞口地段,或者在地下水发育,造成隧道大面积渗水,需对围岩进行严注浆以形成注浆帷幕封堵地下水情况下,采用双层管棚能达到良好的注浆效果和形成理想的开挖条件;对于下穿公路、铁路或地表建(构)筑物等对地表沉降控制要求严格的隧道,采用双层管棚能有效控制地表沉降。

(3)大直径管棚:对于开挖跨度很大,地质条件很差,穿越既有公路、铁路及地表建(构)筑物并且上部荷载很大、对地表沉降要求很严或者必须对地下管线以及其他重要建(构)筑物进行保护的软土隧道,大直径管棚能承受较大荷载和严格控制地表沉降,特别是采用夯管或顶推技术施工的横向搭接大直径管棚在下穿既有建(构)物的软土隧道中取得了成功实例。

6.3 加密大管棚超前支护方案的确定

管棚在隧道开挖过程中对地层位移和地表沉降有很好的抑制效果,在实际工程中,管棚的设计往往根据经验法和工程类比法进行确定。采用经验法设计可能会造成参数选取不合理,若管棚刚度太大,会造成不必要的浪费;若管棚的刚度太小,又达不到抑制地层位移和控制地表沉降的效果。因此,管棚的设计需要研究确定。

6.3.1 管棚的基本参数

1. 钢管型号

管棚设计中,应根据隧道断面、围岩条件及地形地貌等确定管棚布置形式,然后再选用合理的钢管型号。管棚一般采用热轧无缝钢管,钢管型号应根据隧道断面、地质情况、开挖方式、隧道埋深等条件综合考虑,不同直径的管棚不仅工程造价相差很大,而且施工工艺也有很大差别。根据管棚力学机制分析可知,钢管型号的选择主要取决于管棚的最大变形,管棚挠度可通过计算得到。

若假定隧道围岩为Ⅴ级,取围岩基床系数 $k=1.0\times10^5$ kN/m³,地基剪切模量 $G_p=5.0\times10^5$ kN/m³,容重 $\gamma=19$ kN/m³,内摩擦角 $\varphi=20°$,隧道埋深 $H=10.0$ m,隧道开挖宽度 $B=11.0$ m,每循环进尺 $s=1.7$ m,上台阶开挖高度 $h=6.0$ m,管棚与初期支护连接端初始竖向位移 $\omega_0=10$ mm、初始转角 $\theta_0=1.5°$。假设管棚间距 $\delta=40$ cm,管棚注浆后用 M30 砂浆($E=22$ GPa)进行填充,表 6.3-1 所示为钢管直径在 60~325 mm 之间的常用管棚的组合模量和最大挠度,图 6.3-1 反映了管棚直径与最大挠度的关系。

表 6.3-1 不同直径管棚的组合模量和最大挠度

钢管直径/mm	壁厚/mm	组合模量/GPa	最大挠度/mm	钢管直径/mm	壁厚/mm	组合模量/GPa	最大挠度/mm
60	4	104	58.7	159	8	87	15.8
70	4.5	103	40.8	180	8	80	15.3
76	5	102	34.0	219	9	77	14.9
83	5	98	29.1	245	10	76	14.7
89	5	93	26.1	273	10	71	14.3
108	6	93	19.7	299	10	67	13.8
127	7	92	17.6	325	10	64	13.5

从计算结果可知,对于一般Ⅴ级围岩隧道,当钢管直径小于 108 mm 时,管棚直径对最大挠度影响很大;当钢管直径大于 108 mm 时,管棚直径对最大挠度的影响较小。这也是 ϕ 108×6 管棚在工程实践中应用最广的原因之一。故一般情况下,隧道设计中宜选用直径 89~159 mm 的钢管,钢管壁厚为 5~8 mm,管节长度为 4~6 m,管节之间采用“Ⅴ”形对焊或丝扣等形式连接。

2. 管棚长度

管棚长度主要取决于围岩条件、钢管直径、施工方法、施工机械等,特别是受施工方法和施工机械的限制很大。对于同一种围岩条件,隧道施工中单循环管棚支护长度越长,越能提高施工效

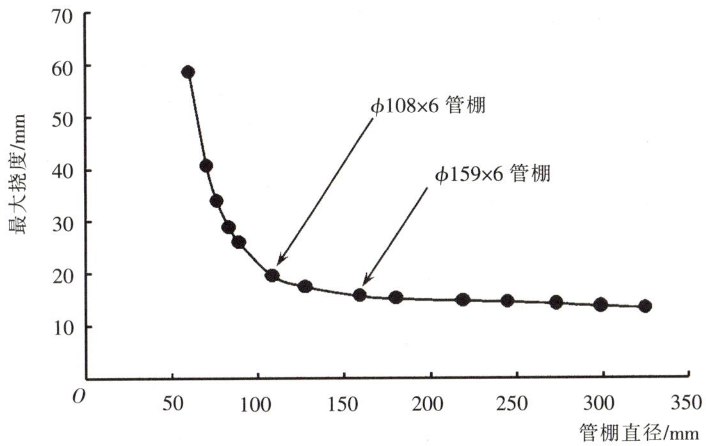

图 6.3-1 管棚直径与最大挠度的关系曲线

率。但是由于受到施工机具的限制，施工过程中会出现卡钻、塌孔、钻孔偏斜、进管困难等问题。如果单循环管棚长度过长，就很难确保管棚的位置准确和排列整齐，从而影响施工质量。根据计算结果可知，隧道开挖对管棚的影响范围为 1.5～2.0 倍开挖高度，单循环管棚长度应穿透隧道开挖影响范围，一般情况下单循环长度宜为 10～40 m 并且不小于 10 m。如需设置管棚支护段隧道过长，可采用多循环纵向搭接设置。

3. 纵向搭接长度

当隧道地质条件较差并且需设置管棚支护段较长时，应采用多个循环纵向搭接管棚穿越软弱地层，相邻循环之间应有一定纵向搭接长度，纵向搭接长度根据隧道开挖高度、围岩条件等情况确定。根据计算结果可知，当隧道开挖高度 $h=6.0\,m$，围岩内摩擦角 $\varphi=22°$时，隧道掌子面至破裂面之间距离约为 4.0 m，但掌子面前方 2.0 m 范围内的管棚会发生明显变形，故对于采用台阶法开挖的Ⅴ级围岩隧道，管棚的纵向搭接长度应为 2.0～4.0 m，并且不小于 1.5 m。

4. 钢管间距

钢管间距的影响因素较多，主要取决于：①地质条件（包括围岩松散情况、围岩粒径、围岩密度、裂隙发育程度、地下水发育情况等）；②管棚长度；③管棚布置位置及形式；④钻孔精度及钻杆的弯曲程度。一般情况下，钢管的最小净距 $\delta_1=\kappa\times L$，则钢管的最小中心间距为 $\delta=\delta_1+D$。式中，κ 为钻孔施工精度，一般为钻孔施工长度的 1/600～1/250；L 为管棚长度（m）；D 为钢管外径（mm）。一般情况下，钢管的布置间距应大于 δ 并且为 2.0～3.5 倍管径。

5. 钢管仰角

管棚钻孔施工中钻杆会发生向下弯曲，开孔钻进时应有一定的仰角。管棚仰角取决于围岩性质及钻杆自重，如果仰角过小，管棚会因向下弯曲而进入隧道开挖区域，在隧道掘进时需要将钢管割掉，从而严重影响隧道掘进速度及管棚支护效果；如果仰角过大，会使管棚远离隧道周边而失去支护作用，而且使管棚有效支护长度缩短，为此需要确定合适的仰角。

影响管棚向下弯曲的主要因素有：①地层条件（如围岩松软、破碎或强度不均匀等）；②施工设备（如钻机类型、钻杆刚度、钻头质量等）；③钻进工艺（如钻机位置、高度、方向的准确度，钻进时给进力度，循环液流量以及钻机操作技术等）；④管棚材料（如钢管的强度、抗弯强度，管节之间连接质量等）。充分考虑上述因素，并结合具体的地质条件和施工设备，钢管仰角一般可取 2°～4°，并且在套拱施工中应控制孔口定位管仰角。在淤泥质地层，加密管棚间距至 1.5 倍管径左右，可加强拱棚的封闭效果，相应提高管棚施工精度。

6. 注浆参数

按管棚是否注浆可将管棚分为注浆管棚和不注浆管棚，其中注浆管棚的施工方法又可分为先管后注法和先注后管法。通常情况下应选用注浆管棚，而且施工中也采取先管后注法。但若在特别松软、破碎的地层中出现钻孔难以成型或卡钻等情况，或者在涌水压力较大的地层中，可采用先注后管法进行施工，即先对地层进行注浆加固和堵水，使地层在钻孔前先固化密实，然后再进行钻孔和推入钢管形成管棚。

注浆的主要作用是使浆液以渗透和挤密的方式充填在围岩的空隙并赶走围岩颗粒间或裂隙中的水分和空气，浆液将松散的颗粒包围和胶结成整体，从而改变围岩的物理力学性质，注浆同时还起防渗和隔绝地下水的作用。浆液类型的选取应同时考虑浆液的可注性、结石体强度、凝结时间、机械设备及材料来源、价格、是否有毒等情况。地下工程中常用的浆液有水泥浆液、水玻璃浆液、水泥-水玻璃双液浆，表 6.3－2 为各种常用浆液的主要特点及适用范围。

表 6.3－2　常用浆液的主要特点及适用范围

浆液名称	主要特点	适用范围
水泥浆液	优点：结石率高，结石体强度高，材料来源广泛，成本较低，无毒性，施工工艺简单、施工方便。 缺点：稳定性差，易沉淀析水；凝结时间长且不易控制，从数小时到数十小时，并随水灰比的增加而延长	黏性地层
水玻璃浆液	优点：凝结时间短，从数秒到数小时，黏度低，可灌性好，渗透性强，可灌入 0.1 mm 以上的土层。 缺点：结石体强度低，耐久性差；对环境有一定污染；造价比水泥浆液高	砂质地层
水泥－水玻璃双液浆	优点：可注性较好；结石体抗压强度较高；凝结时间短且可控性好，其凝结时间主要受水泥浆与水玻璃体积比、水泥浆浓度和水玻璃浓度影响，可控制在几秒到几十分钟范围内。 缺点：有碱溶出，对皮肤有腐蚀性；结石体易粉化，有碱溶出，化学结构不稳定	适用范围较广，对卵石层、堆积体等一般软弱破碎地层适用

注浆浆液可根据实际条件选用水泥浆液、水泥-水玻璃双液浆，水泥浆液的水灰比一般为 1∶1～0.5∶1；水泥-水玻璃双液浆中水泥浆与水玻璃的体积比通常为 1∶0.5～1∶1，水玻璃模数为2.4～3.4，水玻璃浓度为 30～40°Bé（波美），其中最常用的为 35°Bé。注浆压力初压一般为 0.5～1.0 MPa，终压为 2.0 MPa，在涌水地层中应适当加大注浆压力，当涌水压力很大时，宜采用先注后管法施工。

注浆的扩散半径通常应根据钢管间距按下式确定：

$$R = (0.6 \sim 0.7)\delta \tag{6.3-1}$$

式中：R 为浆液扩散半径；δ 为钢管中心间距。

单根钢管的浆液注入量按下式估算：

$$Q = \pi R^2 L\eta\alpha\beta \tag{6.3-1}$$

式中：Q 为注浆量；R 为浆液扩散半径；L 为钢管长度；η 为围岩孔隙率；α 为有效注浆系数，取 0.9～0.95；β 为浆液耗损系数，取 1.1～1.15。

7. 长管棚工作室及套拱（导向墙）的设计

当采用多循环长管棚支护时，需在下一循环管棚施工处设置工作室。长管棚工作室的宽度取决于隧道标准开挖断面尺寸、钻机尺寸及操作时所需的空间;长度取决于管节长度、钻机及钻杆接长的最大长度,同时还要满足对管子进行纠偏操作的空间要求。

为准确控制长管棚的打入方向,通常在隧道洞口通过浇筑混凝土形成套拱、在洞内工作室的端头(工作面位置)通过喷射混凝土施作管棚起始端的导向墙。套拱或导向墙的主要作用是作为管棚施工导向和起始固定端,并兼作注浆时的止浆墙。套拱内按一定间距设工字钢或钢筋格栅拱架,拱架外侧用钢筋绑焊无缝钢管作为管棚钻孔施工的定位管。为防止钻头因自重产生沉降而侵入隧道开挖线,孔口定位管应按一定外插角设置。

6.3.2　管棚的构造

管棚一般由钢管和钢拱架组成,在洞口段管棚后端一般通过孔口定位管固定在混凝土套拱内,钢管按一定间距以较小的外插角(1°～3°)布置于隧道开挖轮廓线外围,在钢管插入地层后通过钢管上预留的注浆孔进行注浆,从而在隧道周边形成预支护体系,保护隧道施工和控制地层位移。钢管上预留的注浆孔直径一般为 10～16 mm,间距为 20～30 cm,并且呈梅花形布置,在钢管尾端预留不钻孔的止浆段,一般管棚的构造如图 6.3－2 所示。

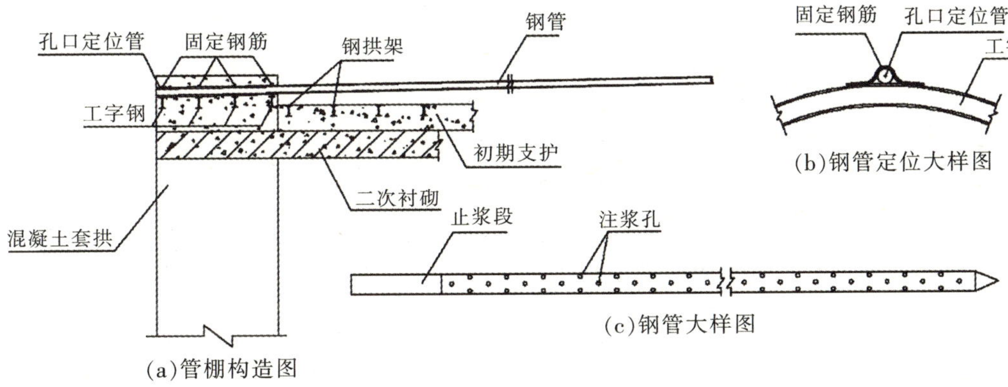

图 6.3－2　一般管棚的构造

6.3.3　管棚的布置

管棚是沿隧道开挖轮廓外周边以一定数量钢管按一定间隔排列而成的棚架体系,管棚的配置和形状取决于隧道所在区域的地形、围岩条件及相邻建(构)筑物的位置关系等。一般采用的布置如图 6.3－3 所示。

(1)扇形布置[图 6.3－3(a)]:用于隧道区域内围岩比较稳定,仅隧道拱部附近的围岩不稳定的场合。

(2)半圆形布置[图 6.3－3(b)]:用于隧道下半断面地层稳定,但起拱线以上地层不稳定的场合。另外,当地表有建(构)筑物、隧道埋深很小时也多采用该布置形式。

(3)图 6.3－3(c)～(g)图布置形式,是特殊结构、特殊地质和特殊环境选用的。

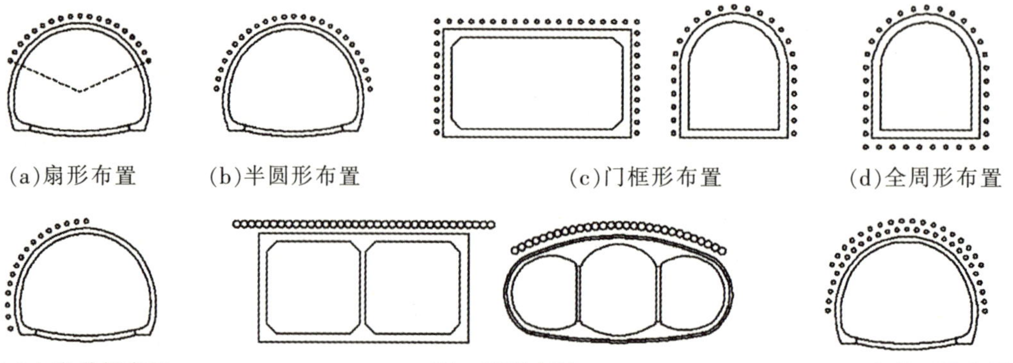

图 6.3-3　管棚的布置形式

6.4　加密大管棚施工技术

6.4.1　超大管棚的施工工艺

在管棚的施工中，如何保证长管棚的施工精度，一直是管棚施工的重点和难点。在武广客运专线金沙洲隧道中，根据工程地质条件、水文地质条件、施工场区环境等具体情况，设计采用40 m、80 m管棚超前支护体系，采用合理的施工工艺，确保进洞时地面管线、建(构)筑物、道路的安全及隧道开挖过程中的洞内施工安全。

管棚施工工艺流程如图6.4-1所示。

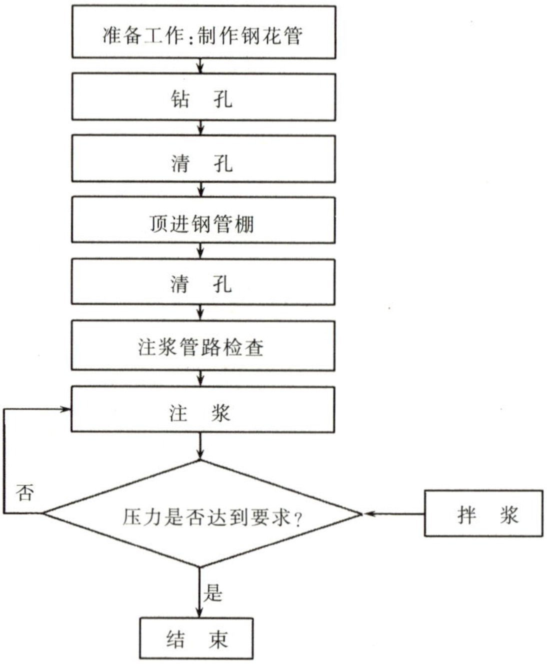

图 6.4-1　管棚施工工艺流程图

6.4.2　管棚的施工步骤

6.4.2.1　设备组装前的准备工作

(1)设备检查。检查是否有缺件、设备好坏程度;对电机、钻机、泵等进行测试,看运转是否正常,所有部件是否完好;检查液压系统是否通畅,密封完好度如何,液压油泄漏状况。

(2)检查所有焊接部位是否有开焊,有则补焊。

(3)看各种部件是否有变形,有则进行校正。

6.4.2.2　钻机设备安装

(1)钢垫板规格:长×宽为 250 mm×250 mm;胀管螺栓直径:16 mm;钢垫板与基础固定要牢,强度要高。

(2)H 型钢轨找平误差<3 mm。

(3)底盘对角线找方允许误差为±3 mm。

(4)斜拉筋需绷紧,交叉拉力基本相等。

(5)四柱对角允许误差为±5 mm。

(6)升降系统的卡瓦等要上紧,加强整体性。

(7)所有螺母必须拧紧,发现溢扣者必须换掉。

(8)丝杠、顶杠要顶紧、有效,安装要牢固,确保不因振动而松动或脱落。

6.4.2.3　调试钻机的方位角和倾角

(1)钻机开孔方位角、倾角必须在量测可靠的基础上确定。水平钻进中受钻具自重影响,钻具前部产生下垂现象;钻具顺时针旋转,产生右旋力,造成钻孔偏斜。因此,确定开孔角度时,应根据以往施工经验和现场试验孔结果,确定合理的开孔方位角与垂直角纠偏值,并根据已成孔测斜结果随时调整纠偏角度。

(2)孔位确需移动时,须计算回归角度。

(3)根据试验检验导向钻头的纠偏能力,在施工经验积累的基础上,确定开孔方位角和倾角是否增加纠偏角,并以书面形式通知机台。

(4)计算倾角时应将隧道坡度考虑在内,支护管不允许向内偏斜。

(5)角度的计算:开孔方位角=风道走向+钻孔放射角水平分量+水平纠偏角,开孔倾角=钻孔放射角垂直分量+钻进纠偏垂直角。

6.4.2.4　钻具组装

(1)钻头楔掌板旋转直径 $d \leqslant 137$ mm,楔掌板与钻具(钻杆)交角≤20°。

(2)单向阀打开抗力为 0.6~1.2 MPa。

(3)钻头水眼要求安装并排的双水眼,用能超出月形钢板 5~10 mm 的内六角螺丝制作。水眼直径为 20 mm。

(4)钻具前部的导向钻头、封水丝堵座、单向阀(拧紧后点焊加固)、探头盒(内装探头)必须经检验,保证质量合格、性能可靠。

(5)探头盒后部加接的回取探头盒专用接头，拧紧后必须用电焊点焊，加固连接部位。

6.4.2.5 冲洗液的配制及流通

(1)冲洗液采用钠基膨润土和聚合物进行配制，既保证具有较好的携带钻屑的能力，又增加孔内润滑，防止抱钻。具体配合比由专业泥浆工程师根据具体地层情况确定。泥浆需经充分搅拌，均匀配制而成。配制时，必须严格执行配合比要求。

(2)冲洗液必须配制好后使用，严禁使用中加清水、加料。

(3)冲洗液流通环节包括：冲洗液制备→储浆池→泥浆泵→送水器→钻具→管外环状间隙→孔口回水阀门→高吊管→回浆管(沟)。钻进过程中必须保持上述各流通环节的畅通。

(4)在施工过程中，应根据不同地层，合理调节泵压、泵量，以免因冲洗液不足引起通道堵塞或因过多导致过量泥沙外排。在工程中，一般宜取中低压、中小水量。

6.4.2.6 导向钻进

(1)导向钻进前应对钻机定位情况，方位角、倾角情况，孔口管对中情况，冲洗液流通以及导向仪显示情况进行全面复检，确认正常后进行试钻。

(2)在钻进前，将孔口密封装置套在第一根支护管上。要求将浸油盘根加入4～6圈，在盘根前后应加垫10～15 mm厚的胶板(胶板内径125 mm，外径180mm)，并将盘根法兰用螺栓拧好压紧。

(3)密封盒安装好后，将支护管顶入孔口管内，如一切正常，才可开钻。在钻进中，如密封处漏水，应随时调整法兰的压紧度。

(4)钻进前须先开泵，待冲洗液流通正常后，才可钻进。

(5)钻进时，泵压应控制在0.6～1.0 MPa，转速在30～60 r/min(砂层取其低值，黏性土取其高值，最高≤100 r/min)，泵量以10～30 L/min为宜，保持中小水量、中低压力、匀速中速钻进。

(6)为防止水土流失，控制沉降，应采用孔内保压措施。通过回水阀门严格控制回水量，始终保持回水量小于或等于进水量。

(7)随着不断钻进，技术人员必须时刻观察探头角度变化情况，角度偏差大于0.3%时，应及时纠偏。当纠偏无效、偏差大于0.6%时，应停止钻进，研究对策后再施工。现场须及时进行导向数据记录和钻具前端长度及每次加管长度的详细记录。

(8)钻孔出现涌水时，应尽量保持泵压，泵量不能变小，以平衡孔内压力。

(9)冲洗液不正常时，严禁继续钻进。泵工应注意观察冲洗液变化情况，及时上报有关负责人。

(10)导向钻进至20～25 m时，应进行一次灯光测斜，如发现超限，应及时补救。

6.4.2.7 回次加尺、接线及焊接

(1)每根管在下坑前必须进行质量检查。管材不得有弯曲，丝扣四周壁厚应均匀，丝扣应完好、合格。管材内的铁屑、脏物及锈皮等必须清除干净。下坑时避免与硬物相碰，以免损伤管扣。

(2)钻进中，每次加尺后，须先钻进、后起出进行钢管丝扣接缝焊接(先钻后焊)，以免钻进时的扭力造成开焊。要求每个接缝焊接后进行自检，保证焊接质量。

(3)连接的电线应选用导电性能好、外壳绝缘性能好且耐磨的电线。接头要用适配的铜管，每端两次交叉卡紧卡牢，外用两层热缩套管套好，用热吹风机吹烤贴牢。

(4)回次加尺、接线、接管以及焊接过程中，应注意不得将异物遗留或掉入打设管内。

6.4.2.8　导向孔精度控制与纠偏

(1)安装钻机要求孔位对正、基础牢固。依照设计钻孔轴线对正钻机动力轴中心,采用仪器量测其轴线及中心高程,确保准确无误后固定钻机。

(2)在施工过程中,应边施工边跟踪量测校核。假设刚钻进时,实际钻孔距地表探测接收仪距离为 A,而仪器实际量测值为 $A+T$,则 T 为该工区深度探测标定值。以此标定值为依据对每点探测值进行校订。

(3)深度纠正。如果探测校订值大于设计深度值,则通知司钻调整方位角为 12 点进行顶进;如果探测校订值小于设计深度值,则通知司钻调整方位角为 6 点进行顶进。每次顶进长度为 0.5 m,直到探测值符合设计值再进行正常钻进。

(4)采用倾角控制深度。对于每个探测点必须量测其倾角,如果其倾角均保持 0°,则钻孔保持水平,满足设计要求;如果不为 0°,则根据此值计算深度偏差值进行纠正。

(5)方向纠正。如果探测点位于地表投影线的右侧,则通知司钻调整方位角为 9 点进行顶进;如果探测点位于地表投影线的左侧,则通知司钻调整方位角为 3 点进行顶进。每次顶进长度为 0.5 m,直到量测点方向符合设计值再进行正常钻进。

6.4.2.9　终孔注浆

(1)注浆材料根据设计要求采用 1∶1 水泥砂浆,水泥采用 32.5 级普通硅酸盐水泥。

(2)注浆采用后退式注浆。利用自制的注浆套管与管棚用套丝连接,注浆套管上准备有出气管与进浆管,由阀门来控制开关。然后安装 20 mm 塑料管作为排气管,连接注浆管等各种管路,利用锚固剂封闭掌子面与管棚间的孔隙,防止漏浆。

(3)关闭孔口阀门,开启注浆泵进行管路压水试验,试验压力等于注浆终压。如有泄漏,应及时检修。

(4)刚开始注浆时,采取低压力、中流量注入,注浆过程中压力逐步上升,流量逐渐减少,当压力升至注浆终压时,继续压注 10 min 才结束注浆。

(5)注浆结束标准及效果检查。①单孔注浆结束标准:每段注浆都正常进行,注浆终压达到设计终压,注浆量达到设计注浆量的 80%;或虽未达到设计终压,但注浆量已达到设计注浆量,即可结束本孔注浆。②全段结束标准:设计的所有注浆孔均达到结束标准,无漏注现象。③达不到结束标准,应补充或重新注浆,直到满足要求为止。

6.4.2.10　质量检验

(1)检查开挖断面的中线及高程,开挖轮廓线应符合设计要求。

(2)钢架安装垂直度允许误差为±2°,中线及高程允许误差为±5 cm。

(3)在钢架上沿隧道开挖轮廓线纵向钻设管棚孔,其外插角侵入隧道开挖轮廓线越小越好。孔深为 50 m,一般不小于 48 m。孔径比管棚钢管直径大 10～20 mm,钻孔环向中心间距视管棚用途而定。

(4)将钢管打入管棚孔眼中。管棚钢管外径宜为 159 mm,长度宜为 4～6 m。接头应采用厚壁管箍,上满丝扣,丝扣长度不应小于 15 cm。接头应在隧道横断面上错开。

(5)当需增加管棚刚度时,可在管棚中注入水泥浆液。封堵塞应有进料孔和出气孔,在出气孔流浆后,方可停止压浆。

6.5 金沙洲隧道大管棚预支护技术的应用

6.5.1 概述

武广客运专线金沙洲隧道在掘进过程中常遇到断层或软弱带等地质较差的情况，且该隧道断面大，最大开挖面积达 161.11 m^2；跨度大；埋深浅，拱顶最小埋深为 6 m，最大埋深为 18 m；地质条件复杂，围岩极差，主要由淤泥、淤泥质土、粉质黏土、细中砂、砂岩组成，地层含水量达 69%，自稳性能差，易发生坍塌、隧道涌水等危害；隧道边墙、仰拱主要由粉砂岩、砂岩、页岩、灰岩等组成，岩层由微风化至全风化，灰岩地段岩溶较发育，发育形式主要有溶洞、溶槽，围岩较破碎，裂隙水发育。针对金沙洲隧道实体工程条件，设计采用 40 m、80 m 管棚超前支护体系，采用合理的施工工艺，确保进洞时地面管线、建(构)筑物、道路的安全及隧道开挖过程中的洞内施工安全。

6.5.2 管棚施工方案

金沙洲隧道 DK2196＋110～DK2196＋300 段拱部采用大管棚进行预支护，具体则采用水平有线导向跟管钻进的施工方法实施，管棚长度 80 m，实际施工长度为 110 m，环向间距25 cm。管棚布置见图 6.5－1。搭接长度设计不小于 3 m，实际施工搭接达 8 m。DK2194＋675～DK2194＋

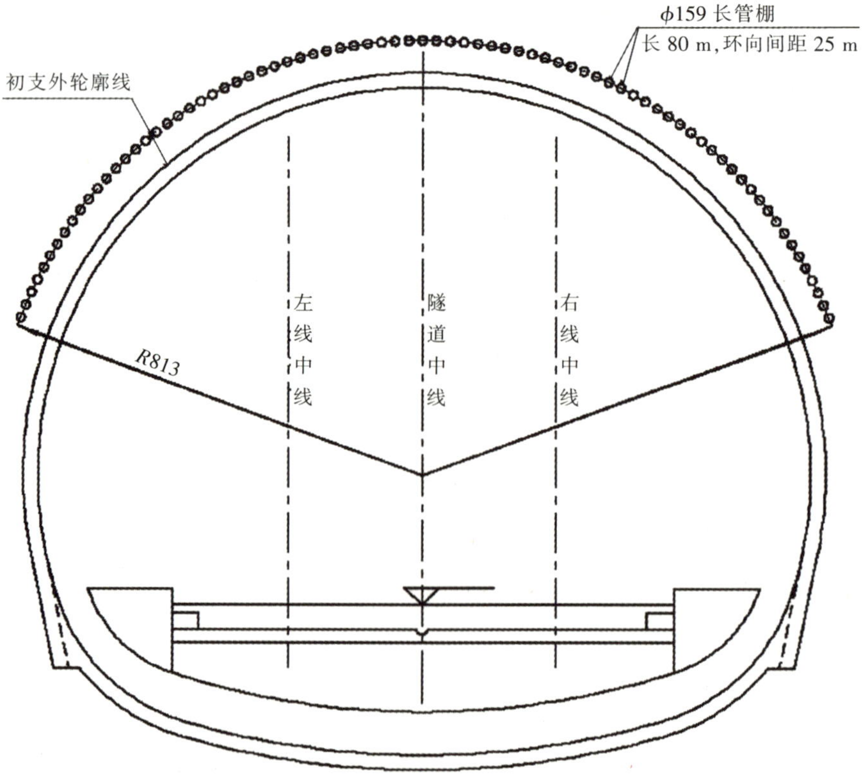

图 6.5－1 管棚布置图

835 段为Ⅵ级围岩，隧道穿越构造破碎断层带风残积土，且地表有广佛、西环高速公路，车流量大、特种车多，在一定程度上对隧道的施工安全构成了威胁。因此在这一段设置了 50 m 长的长管棚，搭接长度为 5 m。大管棚采用 ϕ 159 mm、壁厚 6 mm 的热轧无缝钢花管，每节钢花管两端加工成外丝扣，相互连接。大管棚布置在拱顶 140°范围内，管棚环向间距 25 cm，外插角为 4°。钢花管上设梅花形钻孔注浆孔，孔径为 100 mm，尾部 2 m 范围内为止浆墙。采用 BW－150 泵对管棚进行注浆，所用浆液为 1∶1 水泥浆液，注浆压力为 0.3～0.5 MPa。管棚施工现场见图 6.5－2。

图 6.5－2　管棚施工现场

DK2194＋780～DK2194＋835 段采用 ϕ 89 mm 管棚，环向间距 40 cm，管棚设计施工长度 40 m，每环 45 根，实际施工中为 45～50 m。管材采用外径 89 mm、壁厚 5 mm 的热轧无缝钢花管。DK2195＋496～DK2195＋530、DK2195＋660～DK2195＋780、DK2195＋780～DK2196＋045、DK2194＋780～DK2194＋835 段采用 ϕ 108 mm 管棚，环向间距 40 cm，管棚设计施工长度 40 m，每环 47 根，实际施工中为 40～45 m，管材采用外径 108 mm、壁厚 6 mm 的热轧无缝钢花管。其余施工参数与 ϕ 159 mm 管棚相同。金沙洲隧道围岩级别及管棚支护参数如表6.5－1所示。

表 6.5－1　金沙洲隧道围岩类别及管棚支护参数表

起讫里程	围岩级别	采用管棚的型号及长度	实际施工工法
DK2194＋560～DK2194＋780	Ⅳ、Ⅴ	ϕ 159 mm、40 m 长管棚＋ϕ 42 mm 超前小导管，环向间距30～40 cm	分部台阶法、三台阶临时仰拱法
DK2194＋780～DK2194＋835	Ⅵ	ϕ 89 mm、40 m 长管棚＋ϕ 42 mm 超前小导管，环向间距 40 cm	三台阶临时仰拱法、CRD 法
DK2195＋496～DK2195＋530	Ⅳ	ϕ 108 mm、40 m 长管棚，环向间距 40 cm	三台阶法
DK2195＋660～DK2195＋780	Ⅴ	ϕ 108 mm、40 m 长管棚＋ϕ 42 mm 超前小导管，环向间距 40 cm	三台阶临时仰拱法
DK2195＋780～DK2196＋110	Ⅵ	ϕ 108 mm、40 m 长管棚＋ϕ 42 mm 超前小导管，环向间距 40 cm	三台阶临时仰拱法、CRD 法
DK2196＋110～DK2196＋300	Ⅵ	ϕ 159 mm、80 m 长管棚＋ϕ 42 mm 超前小导管，环向间距 25 cm	三台阶临时仰拱法、CRD 法

6.5.3 应用效果分析

大管棚在隧道洞口、洞身施工时均可采用。它是在隧道开挖之前，沿隧道开挖断面的外轮廓，以一定的间隔与隧道平行地钻孔，插入钢管，再向插入钢管内按一定的要求注入水泥浆液，增加管棚的抗剪强度，并使钢管与不良地质一体化，形成由钢管和围岩构成的管棚体系，与强有力的型钢钢架相结合，组成预支护体系，以支撑和加固自稳能力较低的围岩，对防止软弱围岩沉降、松弛和坍塌等有显著的效果。

在隧道洞口开挖时，随着下部土体的不断开挖，管棚开始悬空。由于管棚钢管的绝大部分位于已预加固的地层内，受地层的固定约束，悬空段相当于一段弹性的短悬壁梁，起到支撑洞口上部荷载的作用。其工作原理为：

(1)通过管棚的注浆，使拱顶内部围岩连成整体，能承受变形力。

(2)当超前管棚沿隧道开挖轮廓周边密布时，加固环的形变较小，传递给隧道初期支护上的荷载较小。同时通过环向固结层，与管棚自身一起承受荷载，将拱部的形变应力传递给支护拱架。由于支护拱架间的相互连接，形成整体的支护，从而有效地防止涌泥、坍塌，减小沉降变形。

现场监控量测数据(图 6.5－3、图 6.5－4)显示，采用管棚超前支护地段隧道周边收敛与拱顶沉降在开挖后一段时间变化速率较快，然后逐渐趋于稳定，最大收敛值约为 17 mm，最大拱顶沉降值约为 230 mm，都未出现拱顶掉块现象。对比不加设管棚地段，加设管棚地段的收敛和沉降数值大为减少，说明管棚的作用明显，对地面沉降和地层位移起到良好的抑制效果。

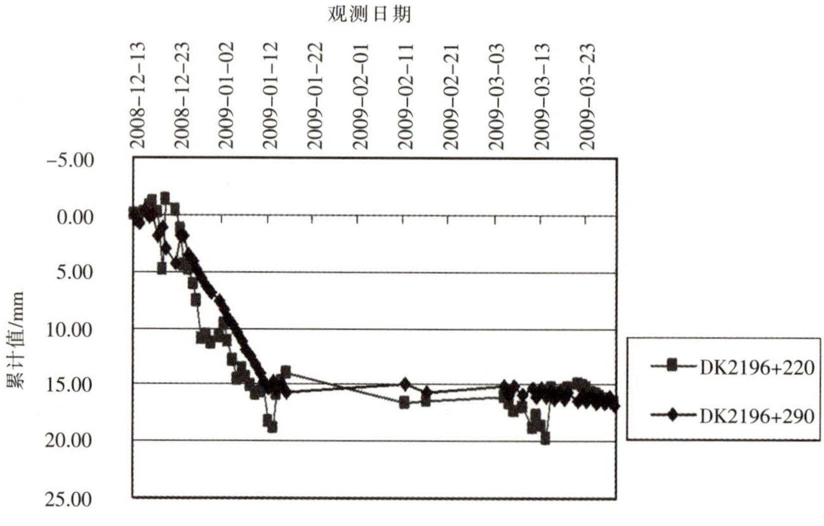

图 6.5－3 管棚超前支护地段收敛曲线

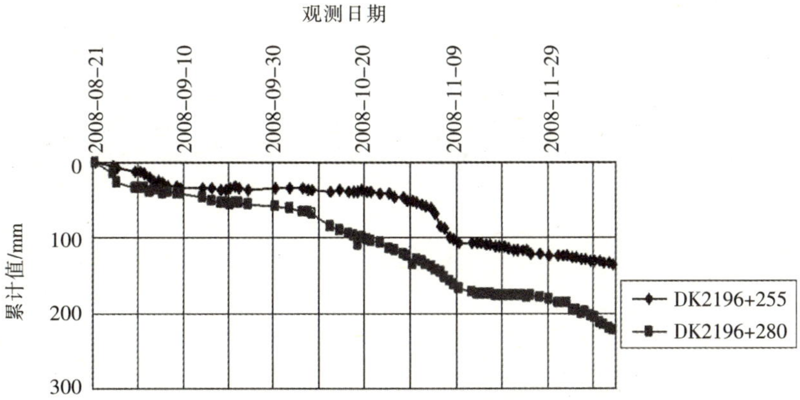

图 6.5－4　管棚超前支护地段拱顶沉降曲线

6.6　总　结

(1)管棚钢管的间距应根据地质条件、管棚长度及水平钻孔弯曲量的精度而定。按照经验，钢管间距多为管径的 2～3.5 倍，此次整治塌方和穿越淤泥质地层过程中，采用 ϕ159 mm 管棚超前支护，环向间距 25 cm，这个间距约为管径的 1.6 倍。管棚的支护效果是因围岩与管棚形成一体，使有效面积扩大、土压均匀达到的，因此，过大的间距会削弱这种效果。为永久性制服大面积塌方，应做保守设计，在施工中可缩小间距，加密管棚。

(2)管棚施作过程中，应对周边围岩进行锚喷支护、封闭。在隧道开挖外轮廓形成拱形刚性体，减轻传到开挖工作面和支护上的荷载，控制开挖引起的围岩松弛。

(3)在软弱围岩中，及时封闭断面是极为重要的。长大管棚钻孔结束后，应立即注浆，使浆液有效扩散半径重叠，形成合理的棚架受力结构。

(4)在管棚支护作用下，隧道掘进仍应进行小导管注浆补充支护(在软弱围岩段，上台阶还应预留核心土)，以稳定管棚与初支之间的土层，提高管棚整体支护效果。

第7章　隧道动态分部开挖工法研究

7.1　概　述

7.1.1　研究意义

近年来高等级公路、铁路的建设中，出现了大量的大断面隧道。由于隧道处于地下岩土层中，其所穿越的地层条件不可能是均一的，既有在横断面上的软硬不均，又有沿隧道纵断面地层条件的不断变化，尤其是大断面隧道，其所穿越地层的不均一性将更为显著。目前，针对大断面隧道的施工，国内外主要采取分部施工工法，如CD法、CRD法及双侧壁导坑法等。分部施工工法化大断面为小断面，缩小了单次开挖跨度，有利于隧道施工稳定。但同时也存在诸多问题，如施工工序烦琐、工序间干扰大、当遇到地质条件变化时工法间转换困难、工期长、造价高、施工质量差等，这些问题严重制约了我国隧道建设事业的发展。

浏阳河隧道所穿越地层地质条件复杂多变，既有上软下硬的复合地层（上部为软弱的全风化的泥质粉砂岩或全风化的砂砾岩，下部为相对较好的强风化和弱风化地层），又有岩层条件相对较好的弱风化砂砾岩，在DK1562＋890～DK1563＋410地段还要下穿排水箱涵和牛角冲互通立交桥，整个工程施工难度大、风险极高。隧道原设计推荐的施工方案为双侧壁导坑法和台阶法。台阶法在遇到软弱破碎地层时无法保证施工安全；而双侧壁导坑法施工工序较多，各工序间的干扰大，施工进度慢，而且多次爆破开挖会对围岩造成频繁的扰动，需拆除的临时支撑又较多，达不到经济、快速施工的目的。在复杂多变的地质条件下，隧道施工方法需要经常转换，而台阶法和双侧壁导坑法相互间转换非常麻烦，严重影响施工进度，无法满足隧道快速施工的要求。

因此，结合武广高速铁路浏阳河隧道工程要求，针对其所处的软硬不均复合地层条件，开展隧道施工工法及其相关技术的研究，不但能探明该地层条件下隧道施工的力学机制，完善施工工艺，保证隧道施工安全，提高隧道的施工速度，缩短隧道的施工工期，还有望丰富现有隧道施工工法，为其他类似的浅埋复杂环境下的隧道施工提供参考。

7.1.2　浏阳河隧道工程背景

1. 地质概况

浏阳河隧道场区属长沙平江红层盆地，隧道主要穿过黄花向斜北翼及其核部。核部位于浏阳河河漫滩及Ⅰ级阶地区，主要为泥质粉砂岩、泥岩、含砾砂岩等。翼部位于隧道北段，主要为砂砾岩、含砾砂岩等。多呈紫红色，杂灰黄色，中厚层状，粉、细砂结构，全风化至弱风化，其中弱风化岩体较完整，岩芯率一般在 90%以上。河漫滩及Ⅰ级阶地具典型二元结构，其表层为黏性土，一般呈软至硬塑状态，厚度为 3～8 m；局部水塘及阶地段分布有淤泥质黏土或软土，厚度一般小于 3 m；下部主要为砾石类土、砂类土，厚度一般为 0～5 m。

浏阳河隧道进口 DK1562＋860～DK1563＋020 里程段隧道洞身主要经过弱风化泥质粉砂岩、钙质砂岩及弱风化砾岩、砂砾岩等，岩体完整，隧道洞顶弱风化岩厚度大于 20 m，地表地势较高，地表水和地下水均不发育，但岩石遇水易软化崩解、易风化，属于Ⅴ～Ⅵ级围岩。隧道上部为全风化层及强风化层，而下部为弱风化层，在隧道横断面内存在明显的软硬不均的分布特征。

2. 隧道暗挖段拟用施工工法与施工工序

浏阳河隧道上软下硬复合地层段包括明挖段和暗挖段两部分，暗挖段隧道结构采用复合式衬砌，在明暗交界处采用大管棚对隧道暗挖段进行超前预支护，隧道衬砌结构如图 7.1－1 所示。原设计施工采用双侧壁导坑法，如图 7.1－2 所示。

双侧壁导坑法具体的施工工序为：

(1)利用洞口导向措施或洞身上一循环架立的钢架施作隧道洞身、侧壁导坑纵向超前支护。开挖Ⅰ部，同时，每循环进尺 1 次，掌子面喷 8 cm 厚混凝土封闭。施作Ⅰ部导坑周边的初期支护和临时支护，即初喷混凝土，架立钢架(包括导坑的临时钢架及横撑)，并设置锁脚钢管。钻设径向锚杆后复喷混凝土至设计厚度。

(2)开挖Ⅱ部，同时，每循环进尺 1 次，掌子面喷 8 cm 厚混凝土封闭。施作Ⅱ部导坑周边的初期支护和临时支护，即初喷混凝土，架立钢架(包括导坑的临时钢架)，并设置锁脚钢管。钻设径向锚杆后复喷混凝土至设计厚度。

(3)开挖Ⅲ部并施作导坑周边的初期支护和临时支护，步骤及工序同(1)。

(4)开挖Ⅳ部并施作导坑周边的初期支护和临时支护，步骤及工序同(2)。

(5)开挖Ⅴ部。喷 8 cm 厚混凝土封闭掌子面(下一循环拱部超前支护掌子面处)。拱部初喷混凝土，架设拱部钢架，钻设径向锚杆后复喷混凝土至设计厚度。

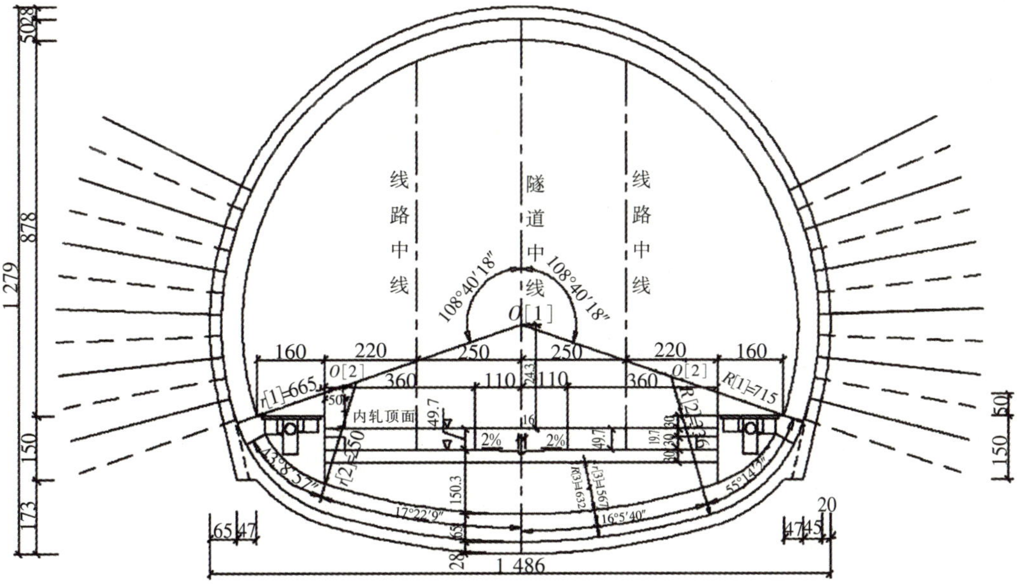

图 7.1－1　浏阳河隧道上软下硬围岩段隧道衬砌结构图

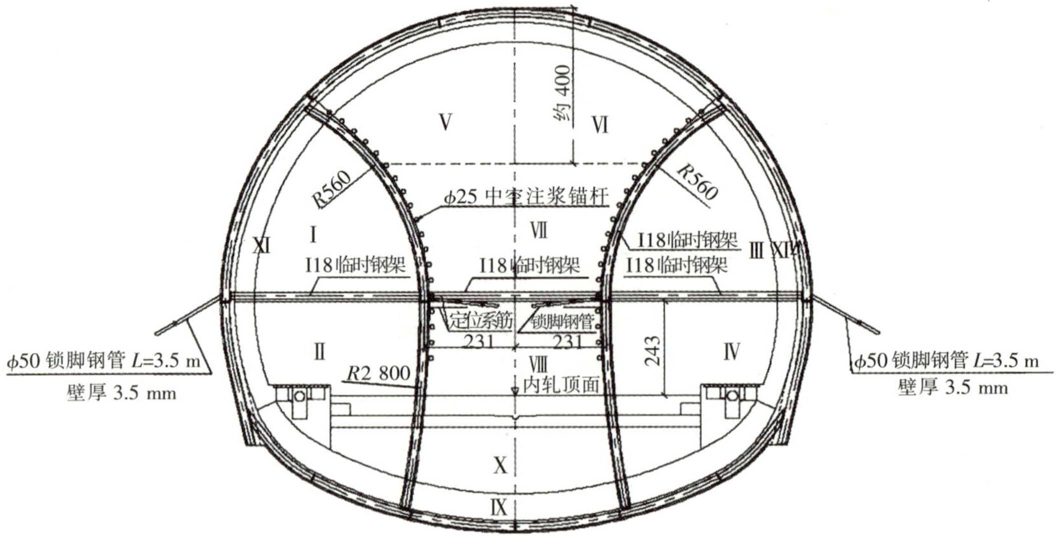

图 7.1-2　浏阳河隧道上软下硬围岩段双侧壁导坑法示意图

(6)开挖Ⅵ部。喷 8 cm 厚混凝土封闭掌子面(下一循环拱部超前支护掌子面处)。拱部初喷混凝土,架设拱部钢架,钻设径向锚杆后复喷混凝土至设计厚度。

(7)两台阶法施工Ⅶ部、Ⅷ部。喷 8 cm 厚混凝土封闭掌子面。导坑底部初喷混凝土封闭,安设钢架封闭成环,复喷混凝土至设计厚度。

(8)逐步拆除临时钢架,灌注Ⅸ部仰拱。

(9)灌注Ⅹ部隧底。

(10)根据监控量测结果分析,待变形速率明显减缓后或根据需要,利用衬砌模板台车一次性灌注Ⅺ部二次衬砌(拱墙衬砌一次施作)。

由上可见,原设计的双侧壁导坑法,施工工序多,各工序间的干扰大,不利于隧道的快速施工,很难满足既有的工期要求。而且,浏阳河隧道进口有较长一段采用明挖法施工,为了加快施工进度,隧道明暗挖同时施工,暗挖隧道洞口处在深基坑内,在明挖基坑没有施工到位的情况下,无法满足双侧壁导坑法进洞的施工空间需要,不具备采用双侧壁导坑法进行暗洞开挖的条件。因此,极有必要针对该特殊情况开展相应的施工工法研究。

7.1.3　国内外研究现状

对于隧道的施工问题,国内外学者进行了大量的研究工作,取得了一定的研究成果,其主要研究方法包括模型试验、原位试验、工程类比和数值分析等。

1. 国外研究现状

在施工工法方面,早在 1981 年,德国就首创了 CD 法,并成功应用了双侧壁导坑法、眼镜工法等先进施工方法。综合分析,国内外公路隧道施工工法大多视工程地质状况,分别采用双侧壁导坑法、CD 法或 CRD 法、台阶法、弧形导洞超前法、全断面法或其组合方法。在软弱围岩地段,则须经过适当的地层预加固处理后再进行开挖,并尽可能地借助辅助施工方法将洞室化大为小、分部开挖。

20 世纪 90 年代以来,隧道信息化设计施工开始得到推广应用,信息化设计使经验方法科学化，使力学计算具有实际背景，这种施工监测、理论分析、经验判断相结合，地质调查、设计、施工相交叉的方法是非常符合隧道工程特点的，为隧道施工开辟了一条正确的途径。

Dalgic 依托 Beykoz Tunnel 工程，分析了软弱围岩对隧道开挖和支护的影响，指出软弱围岩的隧道稳定需要进行联合支护，诸如喷射混凝土、钻设锚杆等。超前小导管、降水、掌子面的支护、减少开挖步骤和确定合理的开挖工序在减少隧道失稳破坏中起到了重要的作用。采取以上这些措施的目的是改善围岩的强度和刚度，从而充分利用围岩的自承能力。

2. 国内研究现状

沈华根据广州地铁某区间隧道实例，在《广州地铁超浅埋软岩暗挖隧道施工中控制地面建筑物变形的对策》一文中，论述了超浅埋软岩暗挖隧道施工中引起地面沉降的主要原因以及地面建筑物的变形规律，采取了以下控制措施：控制洞内变形措施（加强拱脚处理、及时施作临时仰拱进行封闭）、提高围岩自承力、控制爆破震动速度。

李晓红在《京珠高速公路靠椅山隧道北京端浅埋软弱围岩段施工大跨度公路隧道施工技术》一文中，针对软弱浅埋靠椅山隧道在施工过程中出现较大的涌水、涌泥，造成拱顶、上部地表沉降，山体开裂，导致已做好的 12 m 拱部初期支护变形、开裂、沉降，使施工在一定程度受阻的情况，介绍了施工中采取的超前注浆以稳定掌子面及堵截地下水，在洞内周壁注浆以加固围岩，开挖双侧壁导坑以减少洞室周边变形并为施作支护提供充足时间，同时对初期支护与二次衬砌进行加强等一系列措施，这些措施避免了隧道大塌方，为后续隧道施工提供了宝贵的经验。

陈长文的《马凹隧道特浅埋段施工技术》一文，介绍了特浅埋段的地质情况，提出采用小导管注浆超前支护、环向无扰动开挖等措施，取得了显著的效果。

分析已有的研究成果，针对隧道施工虽然提出了很多种施工工法，但基本上都是针对隧道断面处于较为均一的地层条件进行的，对于纵横断面地层不均一条件下的分部开挖工法的研究很少。特别是对于大断面软弱围岩且地表又有建（构）筑物的地段，如何在施工中既保持隧道及周边围岩的稳定、保证相邻建（构）物的安全，又保证经济快速施工，相关的文献报道极少。

7.1.4　主要研究内容

1. 隧道动态分部开挖工法的力学机制与工程控制措施研究

采用理论分析方法，研究动态分部开挖工法各分部开挖时的力学转换关系，分析分部开挖工法的施工力学特性，研究不同分部开挖以及辅助施工可能引起的隧道周边地层的变形和应力变化情况，从保证隧道施工安全的角度出发，提出保证隧道动态分部开挖工法施工安全的控制措施。

2. 隧道动态分部开挖工法的受力和变形规律研究

结合浏阳河隧道具体的地层条件，采用理论分析和数值计算方法，研究各施工工序下围岩的位移、应力、塑性区分布特征（特别是在软硬分界地层条件下）及支护结构的变形和内力分布特征，得出了各施工工序的影响程度并确定了关键施工工序，确定不同围岩条件下动态分部开挖工法的适应性。

3. 临近既有建（构）筑物段隧道动态分部开挖工法的适应性研究

分析隧道地表立交桥、排水箱涵等建（构）筑物对隧道施工的影响，分析隧道动态分部施工的不同工序及支护条件对地表建（构）筑物使用安全的影响，从数值和理论上探讨隧道分部开挖与既有建（构）筑物的相互作用机制，确定临近既有建（构）筑物段隧道动态分部开挖工法的适应性，并进一步提出临近既有建（构）筑物段隧道施工的具体控制措施。

4. 隧道动态分部开挖施工现场监测技术研究

基于现场实际采用的施工工法，通过对隧道不同分部开挖后围岩变形和支护结构应力的现场监测，分析隧道施工过程中围岩和支护结构变形和应力的变化发展过程和规律，确定各临时支护(如中台阶的中隔壁和临时仰拱)施作的必要性，以及不同支护的合理施作时机，以保证隧道施工的安全。

7.2 隧道动态分部开挖工法及其力学机制分析

7.2.1 复合地层及大断面隧道的基本概念

7.2.1.1 软硬不均复合地层

不同的形成时代、不同的地质作用等因素使得地层在岩性、结构、变质程度等方面存在巨大的差别，在工程上表现为高度的非均质性，也就是说，严格意义上的各向同性均质地层在自然界是不存在的。对于隧道工程而言，在开挖断面范围内和开挖延伸方向上，往往存在两种或两种以上不同地层，组成了隧道的赋存环境。通常可把这些岩土力学、工程地质和水文地质等特征相差悬殊的组合地层定义为复合地层。复合地层的组合方式复杂多样，但总体来说有以下两类：

1. 在垂直方向上不同地层的组合

最典型的垂直方向上的复合地层就是所谓的上软下硬地层，即隧道断面上部是松软土层，而下部是坚硬的岩石地层；或者上部是软岩层，而下部是硬岩层；或者在硬岩层中夹软岩层；或者在岩石地层中夹破碎带、溶洞；等等。

2. 在水平方向上不同地层的组合

在一个施工阶段中，可能分布着不同时代、不同岩性、不同风化程度或不同层序的地层，也可能是同一种岩层，但风化程度有很大差异，从而表现出水平方向上工程地质性质的差异。

复合地层的特殊构造和性质造成了围岩自稳能力的差异，这就要求在隧道施工过程中，开挖方法、施工工艺、支护参数必须根据地层变化进行相应的调整，即进行不同施工工法的转换，这表现为一种动态过程。

浏阳河隧道 DK1562＋860～DK1562＋960 段上软下硬地层为典型的复合地层，即在地层断面的垂直方向不同地层组合，具体而言为隧道开挖面范围一部分位于软弱地层，一部分位于较硬的地层。

7.2.1.2 大断面隧道

随着我国交通事业的飞速发展以及西部大开发战略的逐步实施，交通运输基础设施建设又进入一个新的大发展时期，环境保护对交通运输的要求使得隧道必将越建越多，而且隧道也越建越长，隧道断面也越来越大。国际隧道协会把 50～100 m^2 的断面称为大断面，超过 100 m^2 的为超大断面；日本把 100～140 m^2 的断面称为大断面，超过 140 m^2 为超大断面。

浏阳河隧道开挖跨度约 15 m，断面面积约 150 m^2，属于超大断面。由于大断面隧道跨度较大，结构将承受较大的围岩压力，受力条件较为复杂，加上施工期间诸多工序的相互影响、围岩的多次扰动以及支护衬砌相互之间的非同步施工等诸多因素，极易发生围岩失稳和隧道衬砌结构开裂与破坏现象。

7.2.2　动态分部开挖工法的提出及其特点

软弱地层中隧道开挖施工方法常用的有双侧壁导坑法、CD 法、CRD 法等，这些施工工法在控制围岩产生过大变形、保证隧道的施工安全等方面起到了很好的作用。但这些施工工法的施工工序多，各工序间的干扰大，各开挖分部断面小，大中型机械设备无法进入，不利于隧道的快速施工，难以满足隧道的工期要求。

浏阳河隧道在 DK1562＋860～DK1562＋960 段埋深仅 6～21 m，不良地质情况为：①岩溶较为发育，溶洞多充填，溶洞规模为 1.0～5.2 m；②不均匀风化槽谷易造成坍塌失稳、地下水渗入等工程问题。隧道具有埋深浅、施工地质条件差、安全风险大、工期压力大等特点。而且，浏阳河隧道进口有较长一段采用明挖法施工，为了加快施工进度，隧道明暗挖同时进行，暗挖隧道洞口处在深基坑内，在明挖基坑没有施工到位的情况下，不具备采用双侧壁导坑法进行暗洞开挖的条件。因此，为加快施工进度，保证施工工期，在深入研究的基础上，创造性地将台阶法、CD 法和 CRD 法相融合，提出了从拱部进洞的动态分部开挖工法，该工法施工中先将上台阶分成左右两个分部，并将中隔壁由以前的曲墙改变为直墙，这样，在施工中可根据实际地层条件的变化情况调整上台阶左右侧的施工顺序，同时向其他工法如 CRD 法、CD 法及三台阶法转换时更方便、快速；临时仰拱及中台阶的中隔壁可根据现场地质情况施作适当增设，衬砌及仰拱施作适当紧跟。工法转换的简图如图 7.2－1 所示（无横向临时支撑时转换为 CD 法，有横向临时支撑时转换为 CRD 法）。

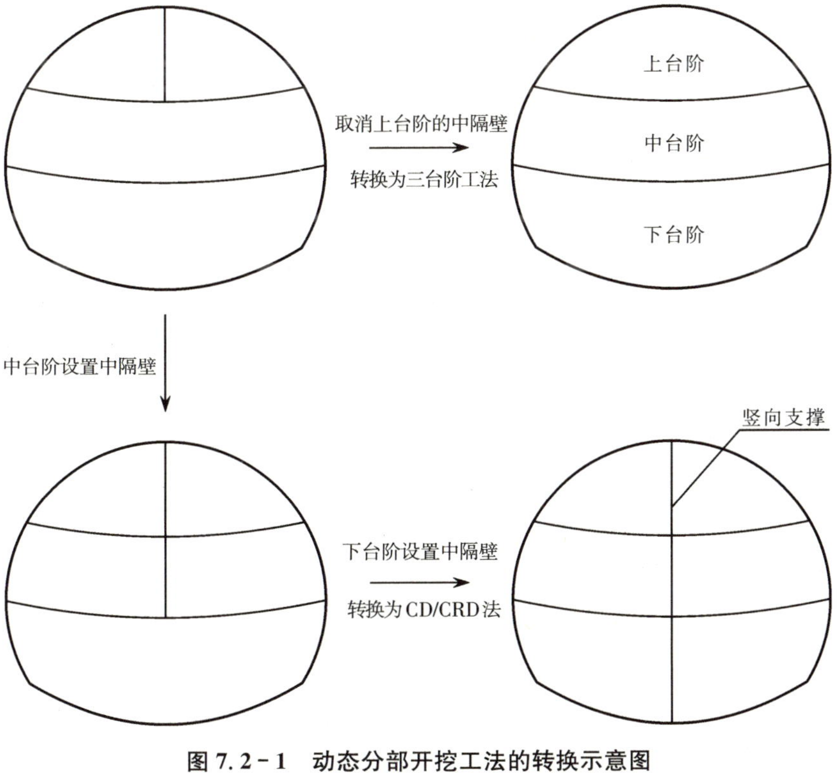

图 7.2－1　动态分部开挖工法的转换示意图

动态分部开挖工法施工工序干扰少，操作简单，安全可靠，确保了施工全过程处于安全、稳定、优质、快速的可控状态，可在我国矿山法施工隧道中大面积推广应用，尤其适用于复杂多变不均匀风化地层中大断面隧道以及从侧壁进洞困难地段的隧道的施工。

7.2.3 动态分部开挖工法的力学机制分析

7.2.3.1 大断面隧道施工阶段初期支护的安全性分析

对于软弱围岩中的大断面隧道，当采用分部开挖工法施工时，在各分部的开挖施工阶段，隧道结构的安全主要由初期支护（和围岩）保证，隧道施工阶段初期支护承受的围岩压力如图7.2－2所示，此时初期支护没有形成一个封闭的环形结构，而是一个开口结构，此时初期支护应满足如下要求。

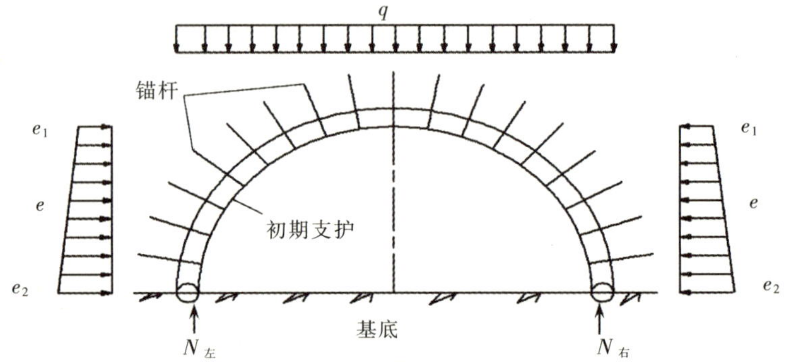

图 7.2－2　隧道上台阶开挖后初期支护受力示意图

(1)初期支护本身的强度要求。在隧道施工阶段围岩压力的作用下，初期支护本身的强度应保证隧道在施工阶段二次衬砌施作前的安全。

(2)初期支护基底地基的承载力要求。在隧道各分部开挖施工阶段，初期支护的拱脚支撑在基岩上，由喷射混凝土和钢拱架构成的支护结构拱圈在地基上的支撑截面很小，隧道施工过程中必须保证拱脚基底具有足够的承载力，否则就有可能导致隧道初期支护整体沉降并最终破坏；当拱脚部位隧道基岩较为软弱时，两侧拱脚地基承载力不足的问题就比较突出。

(3)隧道初期支护的变形要求。隧道开挖施工必然导致隧道周边的地层产生变形，当隧道埋深较浅时，这种变形就会传递到地表，从而引起隧道地表建筑设施的变形破坏。因此，对于浅埋大断面隧道，若地表有建(构)筑物或其他管线设施时，就必须对隧道开挖后的变形加以控制，以保证隧道周边建筑设施的安全。

(4)隧道初期支护施作的时间要求。隧道开挖完成后需要马上进行初期支护，但初期支护的施作需要一定的时间，此时隧道开挖后的围岩压力由围岩自身承担，而且围岩压力的释放有一个时间过程——随隧道开挖后时间的增长围岩压力逐渐释放。若隧道开挖后支护施作的时间过长，就有可能导致隧道坍塌破坏，因此隧道分部开挖断面的大小必须满足支护施作时间的要求，并应有利于隧道机械化施工，以尽早进行支护，从而保证隧道的施工安全。

7.2.3.2　无中隔壁时隧道施工阶段初期支护的受力状态分析

1. 初期支护的受力

由于衬砌结构受较大的竖向压力和水平压力，所以在竖向压力作用下，拱圈顶部将产生明显的竖向位移，形成一个不受围岩约束的脱离区。同时，竖向荷载引起的侧墙部分的变形，将受到侧面围岩的约束。上台阶开挖时受力如图 7.2－3 所示。

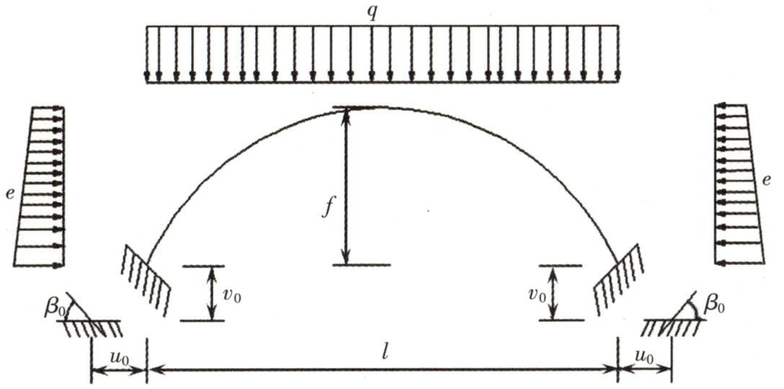

图 7.2－3　隧道上台阶开挖后受力示意图

由于在拱顶处没有设置临时的竖向支撑，为了说明问题，考虑完全对称结构，外荷载作用时的计算图可简化如图 7.2－4 所示。

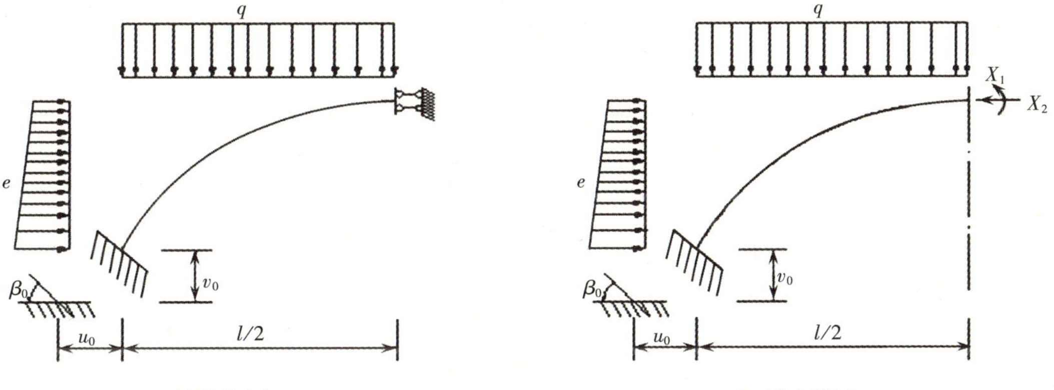

(a)计算简图　　　　(b)受力模式

图 7.2－4　无竖向支撑情况下外荷载作用时的计算简图和受力模式

考虑完全对称结构，设拱顶未知截面力为 X_1、X_2，则位移平衡方程为：

$$\left.\begin{aligned} X_1\delta_{11}+X_2\delta_{12}+\Delta_{1P}+\beta_0=0 \\ X_1\delta_{21}+X_2\delta_{22}+\Delta_{2P}+u_0+f\beta_0=0 \end{aligned}\right\} \tag{7.2-1}$$

式中，δ_{ik} 为柔度系数（$i,k=1$、2）；Δ_{iP} 为在外荷载作用下，沿 X_i 方向产生的位移；f 表示拱高；u_0、β_0 分别为拱脚截面的总水平位移和总弹性转角。

拱圈的柔度系数 δ_{ik} 和外荷载作用下所产生的位移 Δ_{iP}，可以用结构力学的方法求得：

$$\left.\begin{aligned} \delta_{ik} &= \int \frac{M_iM_k}{EI}\mathrm{d}s+\int \frac{N_iN_k}{EA}\mathrm{d}s \\ \Delta_{iP} &= \int \frac{M_iM_P^0}{EI}\mathrm{d}s+\int \frac{N_iN_P^0}{EA}\mathrm{d}s \end{aligned}\right\} \tag{7.2-2}$$

式中，M 表示截面的弯矩；N 表示截面的轴力；EI、EA 分别为拱圈的抗弯和抗压刚度；E 为衬砌材料的弹性模量；I、A 分别为拱圈的惯性矩和截面积。

β_0、u_0 由拱顶截面力 X_1、X_2 以及外荷载共同作用产生。

$$\left.\begin{aligned}\beta_0 &= X_1\beta_1 + X_2(\beta_2 + f\beta_1) + \beta_P\\ u_0 &= X_1 u_2 + X_2(u_2 + fu_1) + u_P\end{aligned}\right\} \tag{7.2-3}$$

式中，β_1、β_2、β_P、u_1、u_2、u_P 为拱脚弹性固定系数。

拱脚弹性固定系数可按如下方法求解：

1)仅有弯矩作用时

单位弯矩作用下拱脚的弹性固定系数：

$$\left.\begin{aligned}\beta_1 &= \frac{1}{k_a I_a}\\ u_1 &= v_1 = 0\end{aligned}\right\} \tag{7.2-4}$$

式中，k_a 为拱脚的截面惯性矩；$I_a = bd^3/12$，b 为截面宽度，取 $b=1\ \text{m}$，d 为拱脚厚度；u_1 表示水平位移，v_1 表示垂直位移。

2)仅有水平力作用时

单位水平力作用时拱脚的弹性固定系数：

$$\left.\begin{aligned}\beta_2 &= 0\\ u_2 &= \frac{\cos^2\varphi_a}{k_a d}\\ v_2 &= \frac{\cos\varphi_a \sin\varphi_a}{k_a d}\end{aligned}\right\} \tag{7.2-5}$$

3)仅有竖向力作用时

单位竖向力作用时拱脚的弹性固定系数：

$$\left.\begin{aligned}\beta_3 &= 0\\ u_3 &= \frac{\cos\varphi_a \sin\varphi_a}{k_a d}\\ v_3 &= \frac{\sin^2\varphi_a}{k_a d}\end{aligned}\right\} \tag{7.2-6}$$

4)外荷载作用时

当外荷载在拱脚处产生弯矩 M_P^0 和轴力 N_P^0 时，相应的拱脚弹性固定系数可用上述结果进行叠加得到：

$$\left.\begin{aligned}\beta_P &= \frac{M_P^0}{k_a I_a}\\ u_P &= \frac{N_P^0 \cos\varphi_a}{k_a d}\\ v_P &= \frac{N_P^0 \sin\varphi_a}{k_a d}\end{aligned}\right\} \tag{7.2-7}$$

将式(7.2-3)代入式(7.2-1)中，并注意到 $\delta_{12}=\delta_{21}$、$\beta_2=u_1$，则式(7.2-1)可以改成：

$$\left.\begin{aligned}a_{11}X_1 + a_{12}X_2 + a_{10} &= 0\\ a_{21}X_1 + a_{22}X_2 + a_{20} &= 0\end{aligned}\right\} \tag{7.2-8}$$

解得：

$$\left.\begin{aligned}X_1 &= \frac{a_{20}a_{12} - a_{10}a_{22}}{a_{11}a_{22} - a_{12}^2}\\ X_2 &= \frac{a_{10}a_{12} - a_{20}a_{11}}{a_{11}a_{22} - a_{12}^2}\end{aligned}\right\} \tag{7.2-9}$$

其中系数为：

$$\left.\begin{aligned}a_{11}&=\delta_{11}+\beta_1\\a_{12}&=a_{21}=\delta_{21}+\beta_2+f\beta_1\\a_{22}&=\delta_{22}+u_2+2f\beta_2+f^2\beta_1\\a_{10}&=\Delta_{1P}+\beta_P\\a_{20}&=\Delta_{2P}+f\beta_P+u_P\end{aligned}\right\}\tag{7.2-10}$$

则荷载作用下的衬砌内力为：

$$\left.\begin{aligned}M_{iP}&=X_1+X_2y_i+M_{iP}^0\\N_{iP}&=X_2\cos\varphi_i+N_{iP}^0\\Q_{iP}&=-X_2\sin\varphi_i+Q_{iP}^0\end{aligned}\right\}\tag{7.2-11}$$

式中，M_{iP}^0、N_{iP}^0、Q_{iP}^0 为外荷载在基本结构上 i 截面处所产生的内力；y_i 表示 X_2 至拱脚的垂直距离；φ_i 为截面 i 与竖向直线之间的夹角。

2. 初期支护拱脚的地基荷载

在二次衬砌没有浇筑前，隧道初期支护上作用的外力包括围岩对初期支护的竖向压力 q、围岩对初期支护的水平压力 e、围岩对初期支护结构的弹性抗力 k、围岩对初期支护的摩擦阻力 T、锚杆对初期支护的轴向约束力 S_r 和横向约束力 S_t、地基对拱脚的支撑力 N，如图 7.2－5 所示。

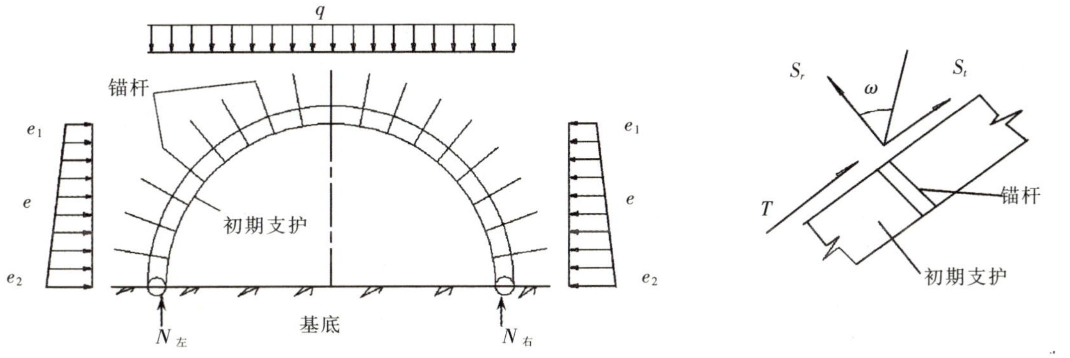

图 7.2－5　初期支护结构外力示意图

为了便于计算，有必要对围岩弹性抗力和锚杆的作用力进行简化处理。围岩弹性抗力的分布和结构的变形密切相关，考虑到软基隧道初期支护结构大部分部位的变形朝向洞内，加之软弱围岩中围岩强度较低，弹性抗力系数也较小，因而忽略围岩弹性抗力的作用。这种假定使计算偏于保守。

对于锚杆，由于隧道系统锚杆主要起加固围岩作用，其尾部虽握裹在初期支护中，在不加预应力的情况下，锚杆对初期支护的轴向拉力有限，也将其忽略。当锚杆不能深入到稳定岩体中时，由于围岩向洞内方向的变形，还可能导致锚杆对初期支护形成一定压力，但这种压力只是围岩压力的一部分通过锚杆转移到初期支护上，而不是直接作用于初期支护。因此，在初期支护拱脚地基荷载计算中，不计入系统锚杆对初期支护的径向力，而通过围岩压力的折算来考虑锚杆对围岩的加固作用和锚杆可能对初期支护产生的压力。

经过上述简化后，可以看出，对于初期支护结构，荷载为松散围岩产生的竖向和水平向压力；承载力包括围岩抵抗初期支护滑移的摩擦阻力、锚杆的横向约束力和拱脚提供的支撑力。作用在拱脚地基上的荷载一般为竖向荷载，下面仅对竖直方向的力进行分析。在竖直方向，力的平衡方程为：

$$Q+G=S_v+T_v+N_{左}+N_{右} \tag{7.2-12}$$

式中，Q 为围岩压力的竖向分量之和；G 为初期支护结构自重；S_v 为由锚杆横向约束力提供的竖向承载力；T_v 为围岩与初期支护摩擦阻力提供的竖向承载力；$N_{左}$、$N_{右}$ 分别为左右侧地基提供的竖向承载力。

则作用在拱脚地基上的荷载为：

$$N_{左}+N_{右}=Q+G-S_v-T_v \tag{7.2-13}$$

对于 Q 和 T_v，在实际工程中还需要考虑以下因素：

(1)在常用复合式衬砌中，如果二次衬砌能适时施作，则二次衬砌可以和初期支护共同分担围岩压力，对此，可在大量实测研究的基础上提出不同围岩条件下的相应分担比例。

(2)围岩压力有一个逐步释放的过程，与围岩条件和时间有关，初期支护单独承载时间越长，围岩压力释放越充分，初期支护分担的围岩压力比例越高。

综合上述两点，对 Q 和 T_v 考虑荷载释放系数 ξ，则式(7.2－13)变为：

$$N_{左}+N_{右}=\xi(Q-T_v)+G-S_v \tag{7.2-13$'$}$$

由上式可见，作用在拱脚地基上的荷载是随着围岩压力逐步释放而逐步增长的，因而对两侧拱脚地基承载力的评价也是一个动态过程。

对于每延米隧道，初期支护结构自重 G 为：

$$G=\rho\cdot g\cdot D\cdot U\cdot 1 \tag{7.2-14}$$

式中，ρ 为初期支护结构密度，含钢拱架和钢筋网的结构取综合密度；$g=9.8\ \mathrm{N/kg}$；D 为初期支护厚度；U 为初期支护环向长度。

锚杆能够承受的最大横向力与杆体直径、围岩条件密切相关，在不同的工程中差异较大，现假定单根锚杆能够承受的最大横向力为$[S_T]$。

若每延米支护结构上均匀布设了 n 根锚杆，第 i 根锚杆轴线与竖直方向的夹角为 ω_i，则第 i 根锚杆提供的竖向承载力为：

$$S_{vi}=[S_T]\cdot\sin\omega_i \tag{7.2-15}$$

当所有锚杆都达到极限抗剪强度时，锚杆能提供的竖向承载力为：

$$S_v=[S_T]\cdot\sum_{i=1}^{n}\sin\omega_i \tag{7.2-16}$$

采用式(7.2－16)进行计算比较烦琐。对于常用的半径为 R 的圆形隧道断面(如图 7.2－6 所示)，由于锚杆均匀布设在支护结构上，将每根锚杆提供的最大横向力等效为均匀分布在支护结构表面的切向应力，则其集度为：

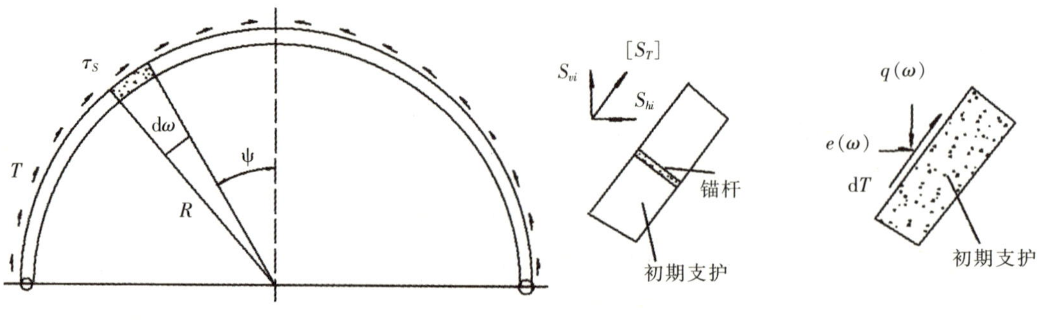

图 7.2－6　锚杆横向承载力和围岩摩擦阻力简化计算示意图

$$\tau_S = [S_T] / \frac{\pi R}{n} = n \cdot \frac{[S_T]}{\pi R}$$

则锚杆能提供的最大竖向承载力为：

$$S_v = 2\int_0^{\frac{\pi}{2}} \tau_S \cdot R \cdot \sin\omega \mathrm{d}\omega = 2\int_0^{\frac{\pi}{2}} n \cdot \frac{[S_T]}{\pi R} \cdot R \cdot \sin\omega \mathrm{d}\omega$$

即

$$S_v = \frac{2n}{\pi} \cdot [S_T] \qquad (7.2-16')$$

围岩压力对初期支护形成的摩擦阻力由作用在初期支护上的径向荷载和摩擦系数决定。对于图 7.2-6 中段元而言，竖向压力集度为 $q(\omega)$、水平压力集度为 $e(\omega)$，摩擦系数为 C_r，则作用在段元上的摩擦阻力为：

$$\mathrm{d}T = C_r \cdot [q(\omega) \cdot R \cdot \mathrm{d}\omega \cdot \cos\omega + e(\omega) \cdot R \cdot \mathrm{d}\omega \cdot \sin\omega]$$

即

$$\mathrm{d}T = C_r \cdot R \cdot [q(\omega) \cdot \cos\omega + e(\omega) \cdot \sin\omega] \cdot \mathrm{d}\omega$$

其竖向分量为：

$$\mathrm{d}T_v = C_r \cdot R \cdot [q(\omega) \cdot \cos\omega + e(\omega) \cdot \sin\omega] \cdot \sin\omega \cdot \mathrm{d}\omega$$

进行积分后可以得到由围岩压力对初期支护摩阻力形成的竖向承载力总量 T_v。

$$T_v = \int C_r \cdot R \cdot [q(\omega) \cdot \cos\omega + e(\omega) \cdot \sin\omega] \cdot \sin\omega \cdot \mathrm{d}\omega \qquad (7.2-17)$$

竖向压力集度 $q(\omega)$、水平压力集度 $e(\omega)$ 与隧道埋深、地形等有关，可以按照公路、铁路隧道设计规范提供的计算公式进行计算。

围岩压力对支护结构形成的竖向力为：

$$Q = \int R \cdot q(\omega) \cdot \cos\omega \, \mathrm{d}\omega \qquad (7.2-18)$$

对于浅埋无偏压隧道，按照规范公式可算得拱顶竖向围岩压力 $q_{浅}$、水平围岩压力 e_1，则初期支护任意位置的围岩压力荷载集度为：

$$q(\omega) = q_{浅} + \gamma \cdot R \cdot (1 - \cos\omega) \qquad (7.2-19)$$

$$e(\omega) = e_1 + \lambda \cdot \gamma \cdot R \cdot (1 - \cos\omega) \qquad (7.2-20)$$

式中，λ 为测压力系数；γ 为围岩容量。

将式(7.2-19)、式(7.2-20)代入式(7.2-17)中，积分并整理可得：

$$T_v = 2 \cdot C_r \cdot R \cdot [\frac{1}{2}q_{浅} + \frac{1}{6} \cdot \gamma \cdot R + \frac{\pi}{4}e_1 + (\frac{\pi}{4} - \frac{1}{3}) \cdot \lambda \cdot \gamma \cdot R] \qquad (7.2-21)$$

将式(7.2-19)代入式(7.2-18)中，积分并整理可得：

$$Q = 2 \cdot q_{浅} \cdot R + (2 - \frac{\pi}{2}) \cdot \gamma \cdot R^2 \qquad (7.2-22)$$

将式(7.2-14)、式(7.2-16)、式(7.2-21)、式(7.2-22)代入式(7.2-13)中，即可算出基底应承担的荷载 $N_{左} + N_{右}$。另外，对于无偏压浅埋隧道，有 $N_{左} = N_{右}$，据此可得单侧拱脚基底应承担的荷载。

7.2.3.3　有中隔壁时隧道施工阶段初期支护的受力状态分析

1. 初期支护的受力

当在拱顶位置加上临时竖向支撑时，仍考虑完全对称结构，由于有竖向的支撑来抵抗拱顶的沉降，外部荷载的示意图仍然如图 7.2－7 所示，设拱顶未知力为 X_1、X_2、X_3，则位移平衡方程为：

$$\left.\begin{aligned}X_1\delta_{11}+X_2\delta_{12}+X_3\delta_{13}+\Delta_{1P}+\beta_0&=0\\X_1\delta_{21}+X_2\delta_{22}+X_3\delta_{23}+\Delta_{2P}+u_0+f\beta_0&=0\\X_1\delta_{31}+X_2\delta_{32}+X_3\delta_{33}+\Delta_{3P}+v_0&=0\end{aligned}\right\}\qquad(7.2-23)$$

式中，δ_{ik} 为柔度系数（$i,k=1$、2、3）；Δ_{iP} 为在外荷载作用下，沿 X_i 方向产生的位移；β_0、u_0、v_0 分别为拱脚截面的总弹性转角、总水平位移和总竖向位移。

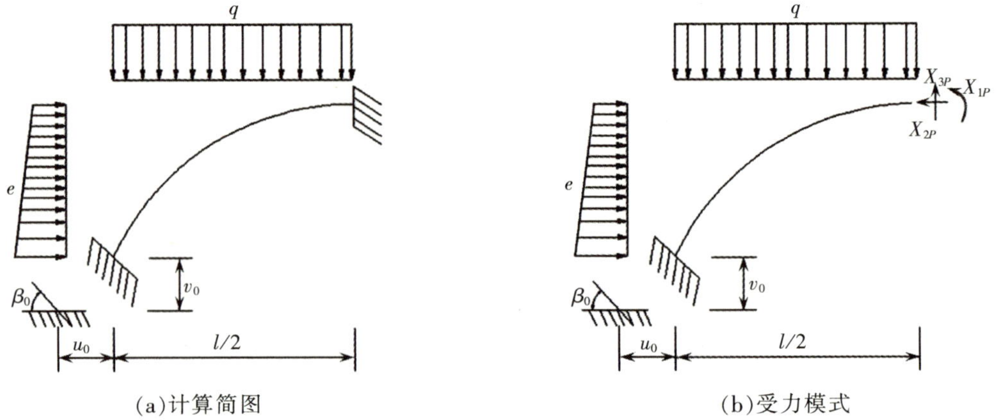

图 7.2－7　有竖向支撑情况下外荷载作用时的计算简图和受力模式

拱圈的柔度系数 δ_{ik} 和外荷载作用下所产生的位移 Δ_{iP} 可通过式(7.2－2)求得。β_0、u_0、v_0 由拱顶弯矩 X_{1P}、轴向力 X_{2P}、竖向支撑力 X_{3P} 以及外荷载共同作用产生。

$$\left.\begin{aligned}\beta_0&=X_1\beta_1+X_2(\beta_2+f\beta_1)+X_3(\beta_3-0.5\beta_1)+\beta_P\\u_0&=X_1u_1+X_2(u_2+fu_1)+X_3(u_3-0.5u_1)+u_P\\v_0&=X_1v_1+X_2(v_2+fv_1)+X_3(v_3-0.5v_1)+v_P\end{aligned}\right\}\qquad(7.2-24)$$

式中，β_1、β_2、β_3、β_P、u_1、u_2、u_3、u_P、v_1、v_2、v_3、v_P 为拱脚弹性固定系数，均可由式(7.2－4)至式(7.2－7)求得。

将式(7.2－24)代入式(7.2－23)中，并注意到 $\delta_{12}=\delta_{21}$，$\delta_{13}=\delta_{31}$，$\delta_{23}=\delta_{32}$，$\beta_2=u_1$，$\beta_3=v_1$，$v_2=u_3$，则式(7.2－23)可以改成：

$$\left.\begin{aligned}a_{11}X_1+a_{12}X_2+a_{13}X_3+a_{10}&=0\\a_{21}X_1+a_{22}X_2+a_{23}X_3+a_{20}&=0\\a_{31}X_1+a_{32}X_2+a_{33}X_3+a_{30}&=0\end{aligned}\right\}\qquad(7.2-25)$$

其中系数分别为：

$$\left.\begin{aligned}a_{11}&=\delta_{11}+\beta_1\\a_{12}&=a_{21}=\delta_{21}+\beta_2+f\beta_1\\a_{13}&=a_{31}=\beta_3+\delta_{13}-0.5\beta_1\\a_{22}&=\delta_{22}+2f\beta_2+f^2\beta_1+u_2\\a_{23}&=a_{32}=f\beta_3+u_3\\a_{33}&=\delta_{33}+0.25l^2\beta_1+v_3\\a_{10}&=\Delta_{1P}+\beta_P\\a_{20}&=\Delta_{2P}+f\beta_P+u_P\\a_{30}&=\Delta_{3P}+v_P\end{aligned}\right\}\qquad(7.2-26)$$

求解方程得到：

$$X_1=\frac{\Delta_1}{\Delta}\qquad X_2=\frac{\Delta_2}{\Delta}\qquad X_3=\frac{\Delta_3}{\Delta}\tag{7.2-27}$$

式中

$$\left.\begin{aligned}\Delta&=\begin{bmatrix}a_{11}&a_{12}&a_{13}\\a_{21}&a_{22}&a_{23}\\a_{31}&a_{32}&a_{33}\end{bmatrix}\qquad \Delta_1=-\begin{bmatrix}a_{10}&a_{12}&a_{13}\\a_{20}&a_{22}&a_{23}\\a_{30}&a_{32}&a_{33}\end{bmatrix}\\ \Delta_2&=-\begin{bmatrix}a_{11}&a_{10}&a_{13}\\a_{21}&a_{20}&a_{23}\\a_{31}&a_{30}&a_{33}\end{bmatrix}\qquad \Delta_3=-\begin{bmatrix}a_{11}&a_{12}&a_{10}\\a_{21}&a_{22}&a_{20}\\a_{31}&a_{32}&a_{30}\end{bmatrix}\end{aligned}\right\}\tag{7.2-28}$$

从而可以求得荷载作用下的衬砌内力为：

$$\left.\begin{aligned}M_{iP}&=X_1+X_2y_i+X_3x_i+M_{iP}^0\\N_{iP}&=X_2\cos\varphi_i+X_3\sin\varphi_i+N_{iP}^0\\Q_{iP}&=-X_2\sin\varphi_i+X_3\cos\varphi_i+Q_{iP}^0\end{aligned}\right\}\tag{7.2-29}$$

式中，M_{iP}^0、N_{iP}^0、Q_{iP}^0 为外荷载在基本结构上 i 截面处所产生的内力；φ_i 为截面 i 与竖向直线之间的夹角。

2. 有中隔壁时初期支护拱脚的地基荷载

有中隔壁时初期支护的受力状态如图 7.2－8 所示，此时有：

$$N_{左}+N_{中}+N_{右}=\xi(Q-T_v)+G-S_v\tag{7.2-30}$$

式中各符号意义同前。

根据力矩的平衡可得：

$$N_{中}=2N_{左}=2N_{右}\tag{7.2-31}$$

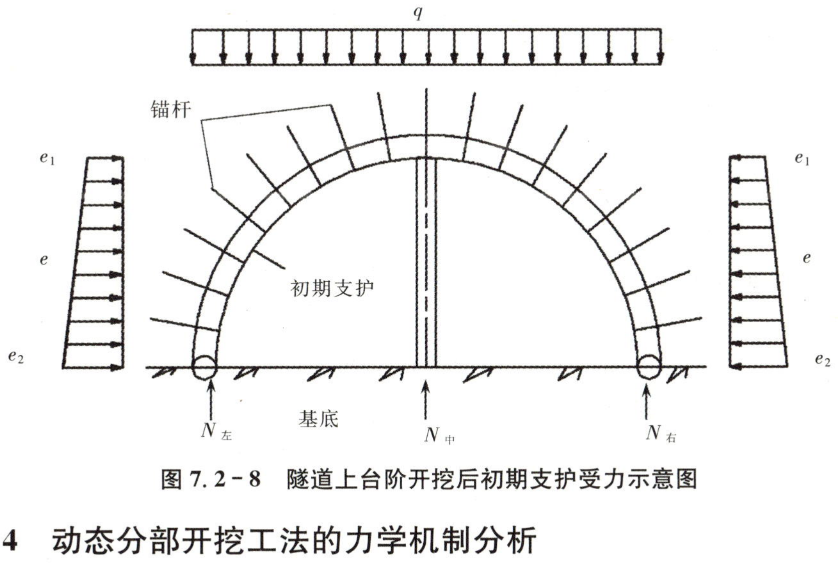

图 7.2－8　隧道上台阶开挖后初期支护受力示意图

7.2.3.4　动态分部开挖工法的力学机制分析

根据以上分析，对于大断面隧道，其施工中断面开挖分部的确定是以隧道施工过程中的安全为准则的，动态分部开挖工法开挖分部的确定也是以这一准则为基础的。

动态分部开挖工法的主要施工工序如图 7.2－9 所示。

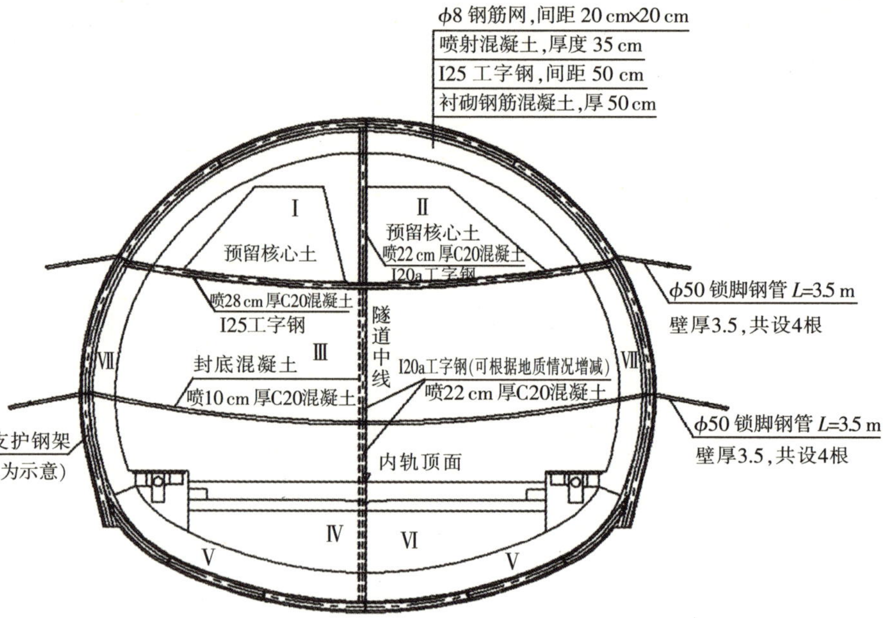

图 7.2-9　动态分部开挖工法的主要施工工序

(1)当整个隧道开挖断面均处于较好的岩层中时，可采用台阶法施工，隧道上、中、下台阶的中隔壁均可不施作，隧道上台阶施工后初期支护的受力状态如图 7.2-10 所示，此时隧道围岩压力的释放荷载均由初期支护承担，而两侧拱脚的承载力均由拱脚部位的基岩承担。

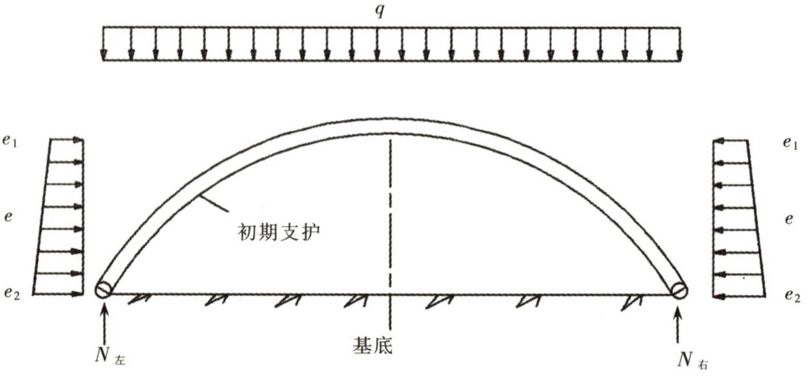

图 7.2-10　无中隔壁时上台阶开挖后初期支护的受力状态示意图

(2)当隧道上台阶处于较差的岩层，而中下台阶处于较好的岩层时，隧道上台阶开挖施工过程中应设置中隔壁，此时隧道上台阶开挖后初期支护的受力状态如图 7.2-11 所示，中隔壁的存在一方面分担了两侧拱脚的基底压力，另一方面也可有效地控制地表沉降。在隧道中台阶施工过程中，先进行中台阶两侧边墙部位地层的开挖，并及时施作初期支护拱架，使隧道初期支护的拱脚处于承载力较高的岩层中，而后再进行中隔壁的拆除和中台阶的中间岩柱的开挖，此时隧道中台阶开挖完成后初期支护的受力状态如图 7.2-12 所示，原来由中隔壁承担的荷载转为由初期支护及两侧的拱脚的地基承担。在这种受力状态下，一方面要求两侧拱脚岩层的地基承载力能够保证整个初期支护拱结构不会产生沉降，即两侧拱脚岩层的地基承载力要大于按式(7.2-13)求出的作用于拱脚地基上的承载力，另一方面初期支护的拱结构要能够满足隧道围岩释放荷载作用下的承载力要求，即满足按式(7.2-11)求出的承载力要求。

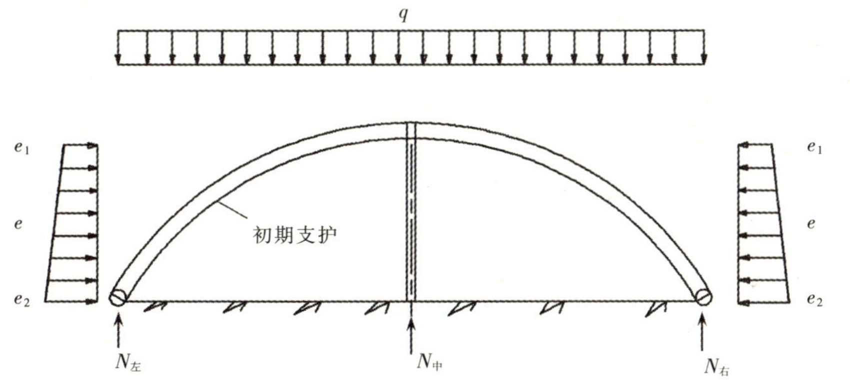

图 7.2－11　有中隔壁时上台阶开挖后初期支护受力状态示意图

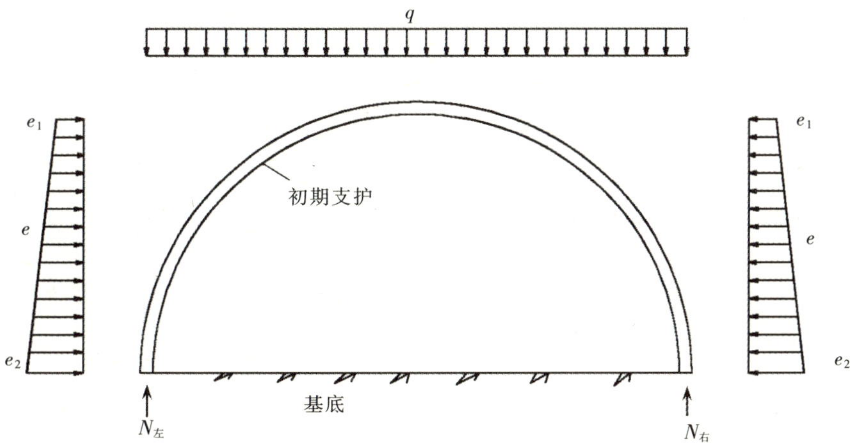

图 7.2－12　无中隔壁时中台阶开挖后初期支护受力状态示意图

(3)当隧道上中台阶处于较差的岩层，而下台阶处于较好的岩层时，隧道上台阶及中台阶开挖施工过程中均设置中隔壁，此时隧道上台阶及中台阶开挖后的受力状态如图 7.2－11 所示，下台阶开挖后的受力状态如图 7.2－12 所示。中隔壁的存在分担了两侧拱脚的基底压力，防止软弱岩层由于基底承载力不足而使整个初期支护产生沉降，从而有效地控制地表沉降，保证整个隧道的施工安全。而在隧道下台阶施工过程中，先进行下台阶两侧边墙部位地层的开挖，并及时施作初期及仰拱支护拱架，而后再进行中隔壁的拆除和下台阶的中间岩柱的开挖。在这种受力状态下，一方面要求两侧拱脚岩层的地基承载力能够保证整个初期支护拱结构不会产生沉降，即两侧拱脚岩层的地基承载力要大于按式(7.2－13)求出的作用于拱脚地基上的承载力，另一方面初期支护的拱结构要能够满足隧道围岩释放荷载作用下的承载力要求，即满足按式(7.2－11)求出的承载力要求。

(4)当整个隧道开挖断面均处于较差的岩层中时，在各台阶开挖过程中均设置中隔壁，此时隧道的施工工法转换为中隔壁直立的 CD 法，隧道各台阶施工后初期支护的受力状态均如图 7.2－13所示，隧道围岩压力的释放荷载由初期支护和中隔壁共同承担，而两侧拱脚的承载力则由拱脚部位的基岩以及中隔壁部位的基岩共同承担；当拱脚部位的基岩和中隔壁部位的基岩还不足以承担隧道围岩的释放荷载时，则需要施作临时仰拱，此时隧道的施工工法又转换为 CRD 法。

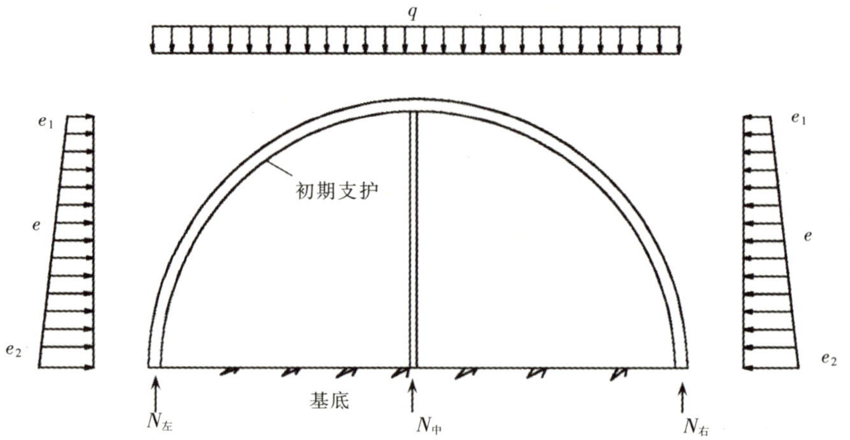

图 7.2－13　有中隔壁时各台阶开挖后初期支护受力状态示意图

7.2.4　隧道动态分部开挖工法施工工艺及操作要点

7.2.4.1　隧道动态分部开挖工法工况

动态分部开挖工法根据隧道的跨度、开挖面范围内地层分布特征及围岩的稳定程度，可以分为中台阶设中隔壁和不设中隔壁两种情况。

1. 仅有上台阶设中隔壁

当隧道上台阶围岩软弱，而中、下台阶围岩较硬时，采用动态分部施工工法，仅在上台阶设中隔壁。此时，隧道的开挖方法如图 7.2－14 所示，即用中隔壁将上台阶分成左右两部分。

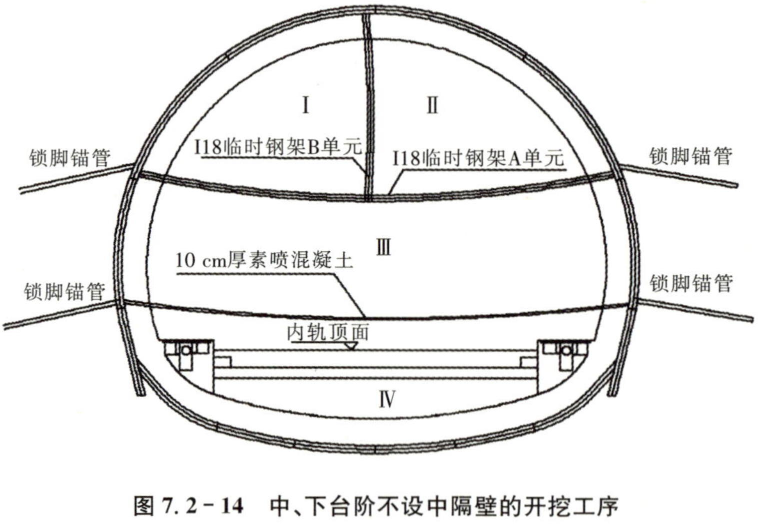

图 7.2－14　中、下台阶不设中隔壁的开挖工序

具体施工工序如下：

(1)开挖Ⅰ部台阶，初喷混凝土封闭掌子面。施作Ⅰ部洞身结构的初期支护和临时支护，安设锁脚锚管，锁脚锚管要求与钢架用 ϕ 22 mm 钢筋 L 形焊接，每榀 2 根。

(2)跟进开挖支护Ⅱ部，步骤同Ⅰ部。

(3)开挖Ⅲ部,安装钢架,钻设锚杆,锚杆要求 L 形焊接在钢架上。喷射混凝土至设计厚度。

(4)开挖Ⅳ部,及时封闭初期支护。

以上施工工序中,若上台阶围岩不能自稳,而且又特别软弱,可以在Ⅰ部和Ⅱ部采用环形预留核心土法进行开挖;上台阶和中台阶的临时仰拱视围岩稳定情况进行设置,若围岩稳定情况较好,可以不设临时仰拱,否则设置;上台阶中隔壁一次拆除的长度不能过长。

2. 上、中台阶设中隔壁

当隧道上、中台阶围岩软弱时,隧道的开挖方法如图 7.2－15 所示,即用中隔壁将上、中台阶共分成左右 4 部分。具体施工工序如下:

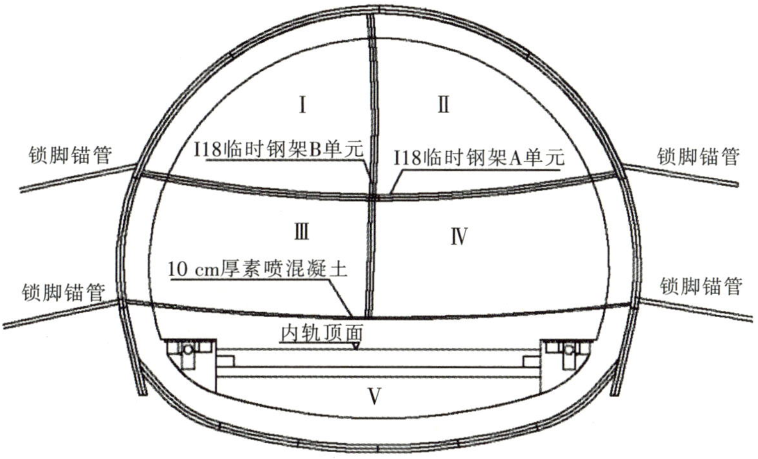

图 7.2－15　上、中台阶设置中隔壁的开挖工序

(1)开挖Ⅰ部台阶,初喷混凝土封闭掌子面,施作Ⅰ部洞身结构的初期支护和临时支护,安设锁脚锚管,锁脚锚管要求与钢架用 ϕ 22 mm 钢筋 L 形焊接,每榀 2 根。

(2)跟进开挖支护Ⅱ部,步骤同Ⅰ部。

(3)开挖支护Ⅲ部,步骤同Ⅰ部。

(4)开挖支护Ⅳ部,步骤同Ⅰ部。

(5)开挖支护Ⅴ部,及时封闭初期支护。

以上施工工序中,若上台阶围岩不能自稳,而且又特别软弱,可以在Ⅰ部和Ⅱ部采用环形预留核心土法进行开挖;上台阶和中台阶各部的临时仰拱视围岩稳定情况进行设置,若围岩稳定情况较好,可以不设临时仰拱,否则设置;中台阶的中隔壁可以和上台阶的保持一样,即为工字钢,也可以保留中间岩柱。

3. 上、中、下台阶均设中隔壁

当整个隧道均处于软弱围岩中时,隧道的开挖方法如图 7.2－16 所示,即用中隔壁将上、中、下台阶共分成左右 6 部分,此时动态分部开挖法即转换为 CD 法或 CRD 法。具体施工工序如下:

(1)开挖Ⅰ部台阶,初喷混凝土封闭掌子面,施作Ⅰ部洞身结构的初期支护和临时支护,安设锁脚锚管,锁脚锚管要求与钢架用 ϕ 22 mm 钢筋 L 形焊接,每榀 2 根。

(2)跟进开挖支护Ⅱ部,步骤同Ⅰ部。

(3)开挖支护Ⅲ部,步骤同Ⅰ部。

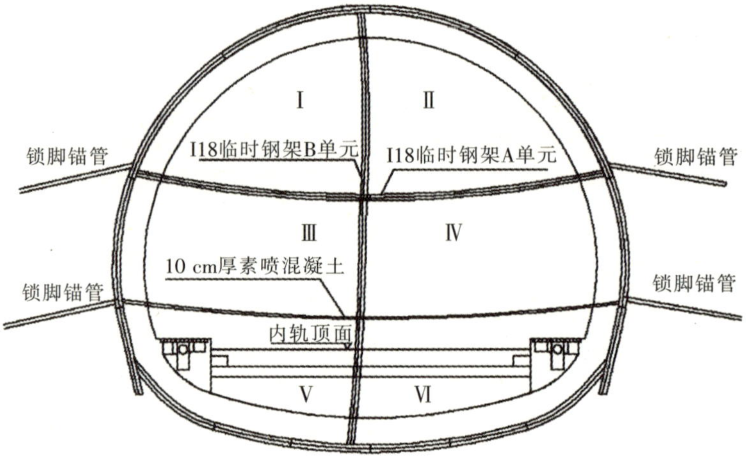

图 7.2-16　上、中、下台阶设置中隔壁的开挖工序

(4)开挖支护Ⅳ部，步骤同Ⅰ部。

(5)开挖支护Ⅴ部，步骤同Ⅰ部。

(6)开挖支护Ⅵ部，及时封闭初期支护。

以上施工工序中，若上台阶围岩不能自稳，而且又特别软弱，可以在Ⅰ部和Ⅱ部采用环形预留核心土法进行开挖；上台阶和中台阶各部的临时仰拱视围岩稳定情况进行设置，若围岩稳定情况较好，可以不设临时仰拱，否则设置；中、下台阶的中隔壁可以和上台阶的保持一样，即采用工字钢，也可以保留中间岩柱，或间隔一定距离设一根工字钢立柱。

7.2.4.2　动态分部开挖工法的施工要点及具体措施

1. 施工要点

对于大断面隧道，其施工中断面开挖分部的确定是以隧道施工过程中的安全为准则的，动态分部开挖工法开挖分部的确定同样是以这一准则为基础的。根据以上对动态分部开挖工法的力学机制的分析，其在实际工程应用中应从以下几个方面采取工程措施：

(1)加强初期支护及超前支护，提高初支结构本身的承载力。

(2)采用扩大拱脚、增设锁脚锚管或钢管等措施，控制隧道施工阶段拱脚的沉降。

(3)在Ⅳ～Ⅵ级围岩条件下，上台阶一般均设中隔壁，一方面可较好地控制地表的沉降，另一方面可保证隧道开挖后初期支护的及时施作，缩短隧道开挖后围岩的暴露时间。

(4)中隔壁采用直墙，以便于中型机械施工，加快施工进度，缩短整个初支结构的闭合时间。

(5)在施工过程中，根据地质条件的变化情况随时增设中隔壁和临时仰拱。

2. 具体措施

动态分部开挖工法在实际工程中的具体措施如下：

1)ϕ 108 mm 管棚超前预加固(进洞时)

隧道拱部 140°范围内采取加密的超前 ϕ 108 mm 长管棚，长度 40～60 m，每节钢管两端均预加工成外丝扣，以便连接接头钢管。环向间距 40 cm，每 35～36 m(55～56 m)打设一轮，外插角 1°～3°，注浆材料采用水泥浆液或水泥-水玻璃混合液浆。开挖中辅以长 3.5 m 加密的 ϕ 42 mm 超前小导管 1.5 m 一环。如图 7.2-17 所示。

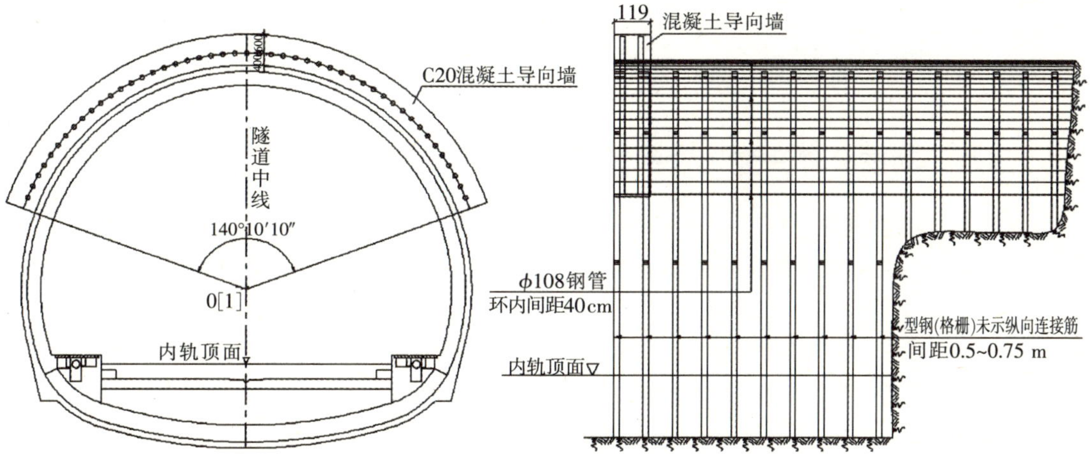

(a)横截面图　　　　(b)纵断面图

图 7.2-17　超前长管棚示意图

2)加强初期支护

按照“强支护”施工理念，为减少隧道变形引起地表沉降，并保障施工安全，该地段主洞初期支护喷射混凝土厚度由 25 cm 增加至 28 cm，钢架由 I20a 工字钢改为 I22a 工字钢；临时仰拱采用 I20 工字钢，喷射混凝土厚 25 cm；中隔壁采用 I22 工字钢，喷射混凝土厚 22 cm。并加设 ϕ 50 mm 锁脚锚管，每榀钢架下加设 8 根。

3)洞身开挖(参见图 7.2-9)

上台阶左侧先行，右侧滞后左侧 5～10 m，设置直中隔壁，临时仰拱根据底板地质情况增设；中台阶及下台阶跟进，中台阶中隔壁及临时仰拱根据围岩情况增设。上台阶为土质时采用人工开挖预留核心土，均采用人工出碴；中、下台阶出现岩层需进行爆破时，采用弱爆破，避免损坏初期支护；并按设计埋设 ϕ 42 mm 注浆小导管，开挖完成后及时喷混凝土封闭，每循环开挖进尺0.5 m(钢架间距)。仰拱及时跟进，仰拱支护每 2～3 m 施工一次，仰拱衬砌每 5 m 一次。主要步骤如下：

(1)拱部超前支护。上一循环架立钢架后施作超前支护。

(2)开挖上台阶，左侧先行。开挖上台阶左侧，每循环开挖进尺 0.5～1 m，为减少隧道变形引起地表沉降，并保障施工安全，进行洞身结构的初期支护和中隔壁临时支护，即初喷 4 cm 厚混凝土，架立隧道钢架(包括导坑临时钢架)，并设置锁脚锚管，钻设径向锚杆后复喷混凝土至设计厚度，底部钢架在初喷混凝土后架设，架设完毕复喷混凝土封闭。

(3)开挖上台阶右侧。上台阶右侧滞后左侧 5～10 m，开挖环宽 0.5～1 m，中隔壁部分临时钢架已施工完毕，施作初期支护，临时仰拱根据底板地质情况增设，台阶长度不大于 10 m。

(4)开挖中台阶。上台阶施工至适当距离(一般不大于 10 m)后，开挖中台阶，左右错开开挖，施作初期支护，即初喷 4 cm 厚混凝土，架立钢架，钻设系统锚杆后复喷混凝土至设计厚度，台阶长度为 10 m 左右。

(5)开挖下台阶。开挖下台阶，封闭初期支护成环，仰拱及时跟进，灌注隧底，利用衬砌模板台车一次性灌注二次衬砌，拱墙衬砌一次施作。中、下台阶出现岩层需进行爆破时，采用弱爆破，避免损坏初期支护。

7.2.5　动态分部开挖工法在浏阳河隧道的现场应用

7.2.5.1　动态分部开挖工法的现场应用

由于浏阳河隧道进口 DK1562＋860～DK1565＋250 里程段隧道洞身处于明显的上软下硬、软硬不均地层中，实际施工中采用了动态分部开挖工法进行施工。其中 DK1562＋860～DK1562＋865 段上、中台阶均设置了中隔壁，并采用了工字钢作为临时支护（见图 7.2－15）；DK1562＋865～DK1562＋980 段上、中台阶也均设置了中隔壁，但上台阶采用中隔壁进行支护，而中台阶采用预留岩柱作为临时支护；DK1562＋980～DK1563＋020 段只在上台阶采用工字钢施作了中隔壁（见图 7.2－14）；DK1563＋020～DK1565＋120 里程以后则将中隔壁取消，隧道施工工法由动态分部开挖工法直接转换到三台阶法进行施工（如图 7.2－18）。在 DK1565＋120～DK1565＋250 段在上台阶采用工字钢施做了中隔壁（见图 7.2－14）。

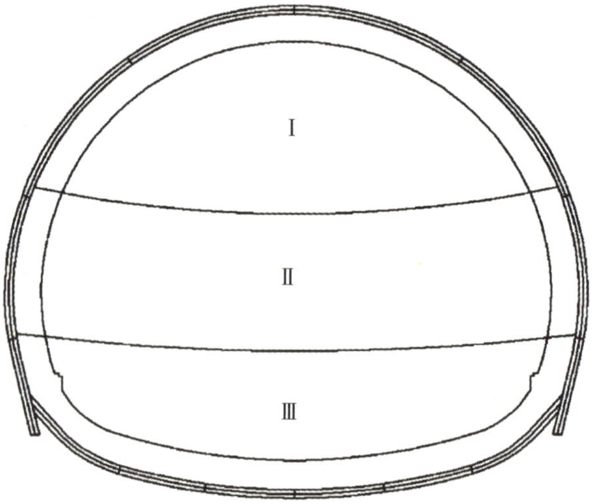

图 7.2－18　三台阶法横断面工序示意图

7.2.5.2　现场应用照片

动态分部开挖工法的现场施工照片如图 7.2－19 所示（中隔壁为直中隔壁）。

（a）洞口段均采用临时仰拱和中隔壁工字钢

（b）上台阶采用中隔壁工字钢，下台阶为岩柱

图 7.2－19　动态分部开挖工法现场施工照片

(c)上台阶可用小型挖掘机，中、下台阶用大型挖掘机

(d)上台阶左侧留核心土的开挖

(e)上台阶右侧留核心土时架设工字钢

(f)在上台阶左侧施工大管棚

(g)在上台阶左侧进行弱爆破时的钻孔

(h)挖掘机在中隔壁中间可左右侧调换

(i)只保留上台阶的中隔壁

(j)上台阶左右两侧错开距离拉近

(k)上台阶中隔壁缩短及取消

(l)转换为上台阶的开挖

图 7.2－19　动态分部开挖工法现场施工照片

7.2.6 小结

(1)在对复合地层和大断面隧道的基本概念进行充分认识的基础上，从浏阳河隧道地层条件复杂多变、上软下硬的工程实际出发，创造性地将台阶法、CD法、CRD法相融合，提出了工序转换方便、施工速度快的动态分部开挖工法。

(2)从隧道施工过程中初期支护的受力状态和拱脚地基承载力的要求等方面，阐述了动态分部开挖工法的力学机制，从理论上论证了该工法在现场实施中的可行性，为该工法的提出提供了有力的理论依据。

(3)在对动态分部开挖工法的力学机制进行深入分析的基础上，确定了动态分部开挖工法的施工工艺要求及其操作要点，并通过浏阳河隧道的现场工程应用，论证了动态分部开挖工法的可行性。

7.3 隧道动态分部开挖工法力学性能的平面数值分析

应用MIDAS/GTS有限元数值计算软件，可建立动态分部开挖工法的平面数值模型，着重分析地层位移场、应力场等的变化规律以及支护结构、中隔壁和二次衬砌的受力性能等，判定该工法施工条件下，结构及围岩的安全性与稳定性，确定关键施工环节和重点控制部位，并提出相关的施工建议。

7.3.1 数值计算模型

实际施工过程中，浏阳河隧道上、中部较软弱，而下部地质条件相对较好，属于前述动态分部开挖工法工况中的第二种情况，因此采用了中台阶留有约1 m厚的中间岩柱作为中隔壁，并且不设置临时仰拱，以下即针对该情况进行平面数值计算分析。

7.3.1.1 计算范围与边界条件

为减小有限元模型中边界约束条件对计算结果产生的不利影响，计算域在水平方向上向左、向右各取50 m；竖直方向上，向下取50 m，向上取至地面。

左右边界设为水平方向的位移约束，上边界设为自由边界，下边界设为竖向位移约束。

7.3.1.2 计算模型的简化

计算中假设原岩应力为大地重力场，模型中不考虑地下水的影响；预支护中小导管注浆视为安全储备，暂不考虑；预支护(加固)中的大管棚采用提高其加固范围内的土体参数的方法来等效模拟。参考相关文献可知，围岩越软弱，预加固效果越明显，相关参数也提高得越明显，本模型的加固参数取相关文献中提高效果的平均值。管棚加固圈等效厚度按式(7.3-1)计算。

管棚注浆采用单排管(见图7.3-1)，假定浆液的扩散半径为R，相邻两注浆孔间距为S，则加固圈的厚度D为：

$$D = 2 \cdot [R^2 - (S/2)^2]^{1/2} \tag{7.3-1}$$

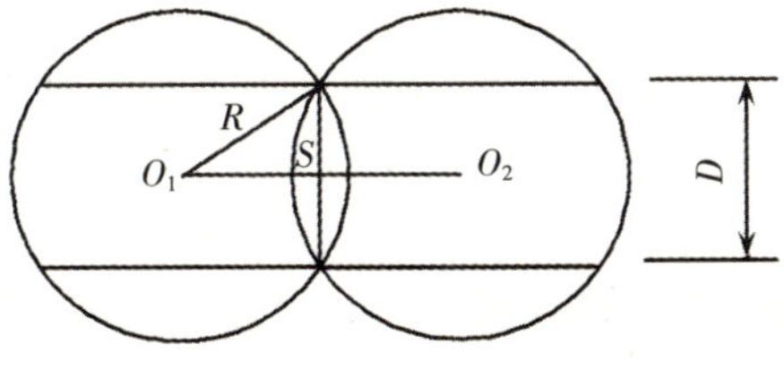

图 7.3-1　管棚加固范围计算示意图

根据本隧道设计情况，相邻两管棚的间距为 0.4 m，管棚的扩散半径 $R=(0.6\sim0.7)S$，则加固范围为 0.27～0.39 m，实际计算中取 0.30 m。

锚杆、锁脚锚管采用杆单元进行模拟，初期支护中的喷射混凝土和型钢支撑采用梁单元来模拟，其中把型钢等效为喷射混凝土，如公式(7.3-2)所示。

$$E=E_0+(E_gA_g/L)/A_c \qquad (7.3-2)$$

式中，E 为折算后的混凝土弹性模量；E_0 为原混凝土弹性模量；E_g 为型钢弹性模量；A_g 为型钢截面积；L 为每榀钢架的间距；A_c 为喷射混凝土截面积。

根据设计资料，取 $E_0=23$ GPa，$E_g=210$ GPa，$A_g=3\,557.8$ mm²，$L=0.6$ m，$A_c=250\,000$ mm²。代入式(7.3-2)，得 $E=27.980\,9$ GPa。

上台阶中隔壁的临时钢支撑也同样采用式(7.3-2)进行等效处理，并用梁单元模拟；而下台阶的中隔壁为约 1 m 宽的岩柱，所以采用平面应变单元进行模拟。

围岩视为各向同性体，采用莫尔-库仑屈服准则；二次衬砌采用平面应变单元进行模拟。材料参数中的泊松比按照地质资料中给的侧压力系数进行换算而得，公式如式(7.3-3)所示。

$$\lambda=\mu/(1-\mu) \qquad (7.3-3)$$

式中，λ 为侧压力系数；μ 为泊松比。

围岩释放系数(围岩、初期支护、二次衬砌各自承受荷载的比例)具有很大的不确定性，其与围岩条件、施工方法、支护措施等紧密相关。根据浅埋暗挖法的工法要点“紧支护、早封闭”，假定开挖后立即进行初期支护，则支护和围岩共同承载受力。

7.3.1.3　计算力学参数

围岩和支护结构的计算力学参数如表 7.3-1 所示。

表 7.3-1　计算力学参数

材料名称	E/GPa	γ/(kN/m³)	μ	c/kPa	φ/(°)
1(1)围岩	0.007	20	0.43	38.3	15.3
4(3)围岩	1.48	23	0.22	860	39
管棚等效加固	0.28	20	0.34	383	26
初期支护	29.92	22	0.2	—	—
中隔壁支护	26.98	22	0.2	—	—
锚杆	210	78.5	0.3	—	—
锁脚锚管	210	78.5	0.3	—	—
二次衬砌	32.25	25	0.2	—	—

注：1(1)为填土；4(3)为弱风化泥质粉砂岩等；锚杆为 ϕ 22 mm，长度为 4 m

7.3.1.4 模型网格

模型共划分了二维平面单元1401个，一维杆(梁)单元185个，节点1447个。网格如图7.3－2所示。

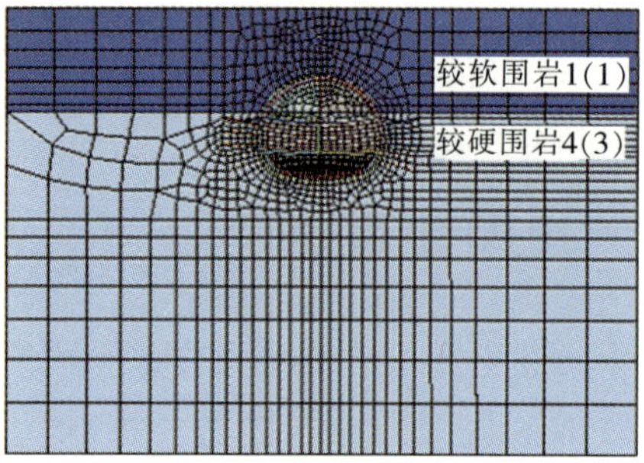

(a)动态分部施工工法整体网格划分

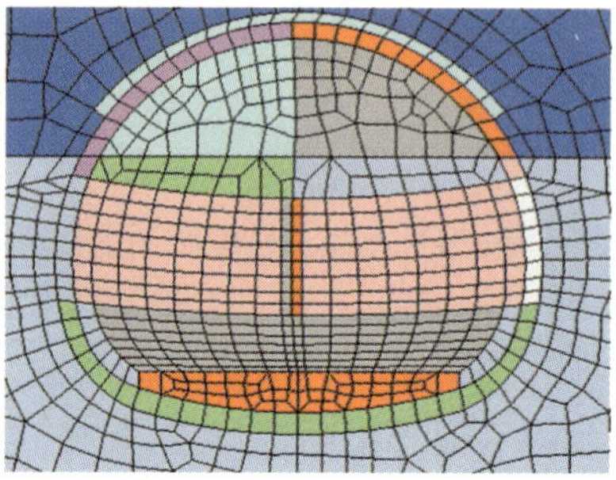

(b)动态分部施工工法的局部网格

图7.3－2 计算模型的网格划分

7.3.2 围岩应力分析

7.3.2.1 围岩的剪应力分析

图7.3－3为各工序下围岩的剪应力云图。对图分析可知：

(1)在上台阶左侧开挖时，最大剪应力(含正负最大)主要分布在左拱脚和中隔壁底部附近；上台阶右侧开挖时，在右拱脚和右拱腰附近的剪应力也较大。

(a)上台阶左侧开挖支护

(b)上台阶右侧开挖支护

(c)中台阶右侧开挖支护

(d)拆除中隔壁

图7.3－3 各工序下围岩的剪应力分布(单位：kPa)

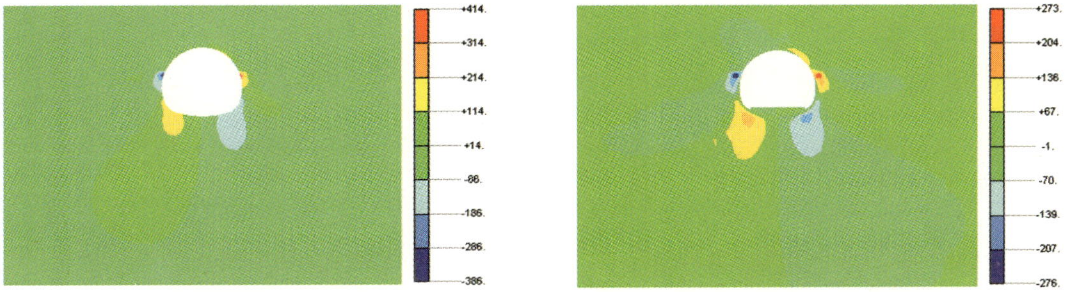

(e)下台阶开挖支护　　　　(f)施作二次衬砌

图 7.3-3　各工序下围岩的剪应力分布(单位:kPa)

(2)在中台阶左右侧开挖时,最大剪应力也主要分布在开挖的拐角处,其中负的剪应力较上台阶的要大。

(3)拆除中隔壁时,最大剪应力主要分布在上、中台阶开挖的拐角处,而且正负剪应力均增大。

(4)在下台阶开挖支护及施作二次衬砌时,最大剪应力主要分布在左右拱脚、左右墙角附近,且二次衬砌的施作使得最大的正负剪应力降低。

综上所述,在开挖阶段,隧道的薄弱部位是左右拱脚及中隔壁的下部;中隔壁的拆除增加了围岩的受力,而二次衬砌的及早施作使结构闭合受力,有利于围岩的稳定。建议中隔壁和下台阶及二次衬砌的错开距离不要太大。

7.3.2.2　围岩的最大主应力分析

图 7.3-4 为各工序下的围岩最大主应力分布,对图分析可知:

(1)围岩的最大主应力(拉应力)主要分布在各开挖部的底板;并且在上台阶左侧开挖时,在拐角处也出现了拉应力。

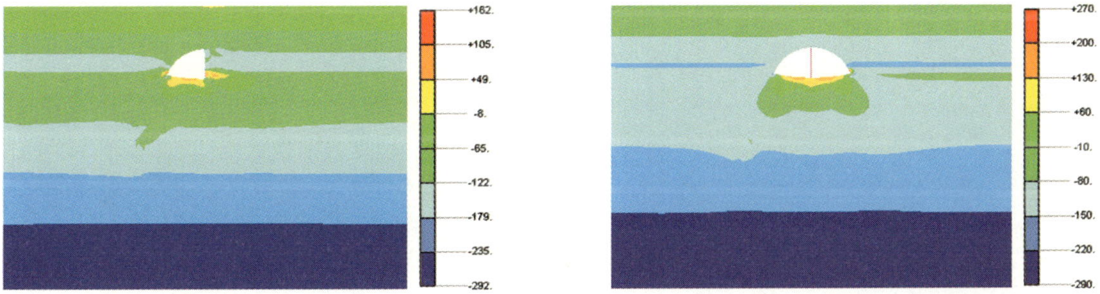

(a)上台阶左侧开挖支护　　　　(b)上台阶右侧开挖支护

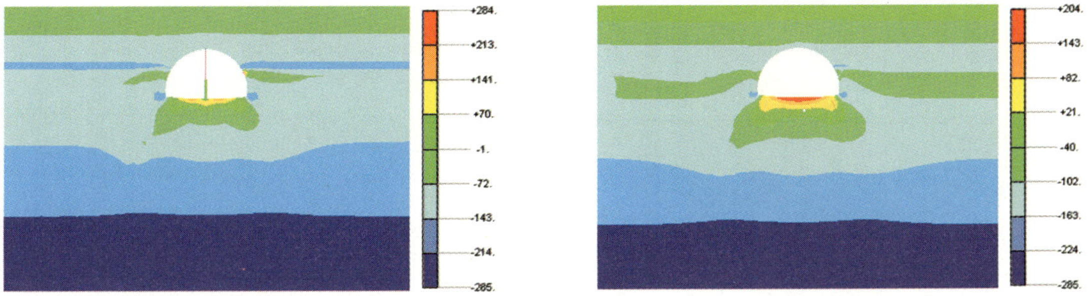

(c)中台阶右侧开挖支护　　　　(d)拆除中隔壁

图 7.3-4　各工序下围岩的最大主应力分布(单位:kPa)

(e)下台阶开挖支护

(f)施作二次衬砌

图 7.3-4　各工序下围岩的最大主应力分布(单位:kPa)

(2)拆除中隔壁后,中台阶的底板大部分出现拉应力,这是由于中隔壁的拆除使得底板的跨度增加,不利于围岩稳定。

(3)在随后的工序中,拉应力主要集中在两侧的墙角附近。

7.3.2.3　围岩的最小主应力分析

图 7.3-5 为各工序下的围岩最小主应力分布,对图分析可知:

(a)上台阶左侧开挖支护

(b)上台阶右侧开挖支护

(c)中台阶右侧开挖支护

(d)拆除中隔壁

(e)下台阶开挖支护

(f)施作二次衬砌

图 7.3-5　各工序下围岩的最小主应力分布(单位:kPa)

(1)围岩的最小主应力(压应力)主要分布在各开挖部的拐角和中隔壁的下部处。所以,在施工中,要在各台阶处施作锁脚锚管,并保证其施作质量。

(2)拆除中隔壁后,最大的压应力从1 132 kPa增加到1 180 kPa,而施作二次衬砌使得压应力又大幅降低到 1039 kPa,进一步表明拆除临时支护对受力不利,而二次衬砌对受力有利。

7.3.2.4　应力路径分析

图 7.3－6 为下台阶开挖完成后右边墙中部水平线上的竖直应力(近似于圆形隧道的切向应力)分布。对图分析可知:

(1)竖直应力的分布分为 3 个阶段:第一阶段,距隧道中线为 $1R \sim 1.5R$(距隧道周边为 2.5～3.7 m)时,竖直应力迅速降低,梯度较大;第二阶段,距隧道中线为 $1.5R \sim 2R$(距隧道周边为 3.7～5.0 m)时,竖直应力缓慢降低,梯度较小;第三阶段,距隧道中线 $2R$(距隧道周边5.0 m)时,应力基本上保持不变。

(2)隧道周边的应力集中系数约为 2(周边最大值为 634 kPa,较远处的应力值为 300 kPa),这和深埋圆形隧道在均布荷载下弹性解析解一致。

(3)若按照应力梯度进行锚杆的布设,则锚杆的长度在 3.7 m 左右即可。实际施工中,锚杆的长度为 4 m,满足要求。

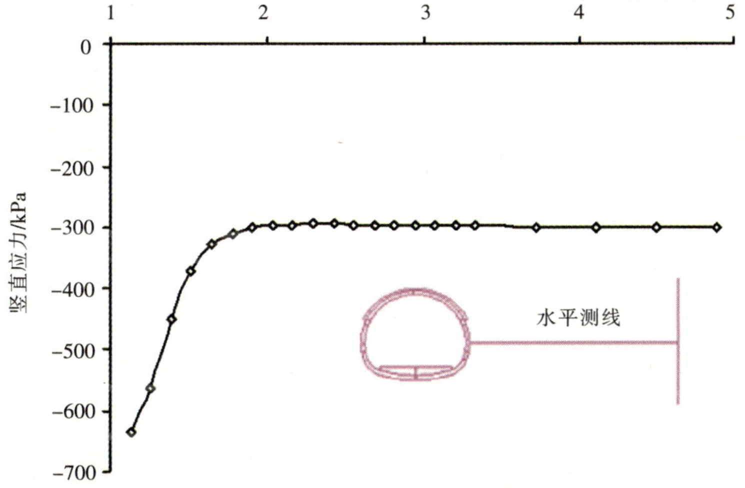

图 7.3－6　隧道竖直应力的水平路径分布

7.3.3　围岩变形分析

7.3.3.1　围岩整体位移矢量分析

图 7.3－7 为各工序下围岩的位移矢量,对图分析可知:

(1)在上台阶左侧开挖时,底板处位移矢量向上,表明底板出现少量的隆起;拱顶上方的位移矢量为左上方沿着约 45°方向向隧道内移动,而右上方土体则沿着 45°方向向右上方移动;近地表处的围岩矢量构成圆弧形状(有点像求地基极限承载力时,地基的滑动面形状),即中线左侧出现沉降,而中线右侧出现隆起。这是因为开挖卸荷(方向指向隧道内)的大部分位于上台阶的左拱腰，由于左拱腰是曲线，而中隔壁为近似直墙，左侧的水平荷载大于右侧的，从而造成左上方土体向隧道内移动，而右上方土体斜向上运动。

(2)在上台阶右侧开挖时，底板处位移矢量向上，且隆起量有所增加，而在中隔壁附近隆起量较小，这是由于中隔壁的约束作用；上台阶左右侧的土体均向隧道内移动，同样在中隔壁上方土体的位移量较小，也是由于中隔壁的支撑作用引起的。

(3)在随后的工序施工中，位移主要发生在隧道的上部，这是由于隧道的上部围岩为软弱围岩，弹性模量较小，而下部围岩较好，弹性模量大，从而上部的变形要比下部的变形要大。

(4)拆除中隔壁支护，使得上部围岩位移增大；而下台阶开挖使得仰拱部位的隆起量增大，仰拱回填及二次衬砌的施作使得隆起量减少，隧道上部的沉降也减少。

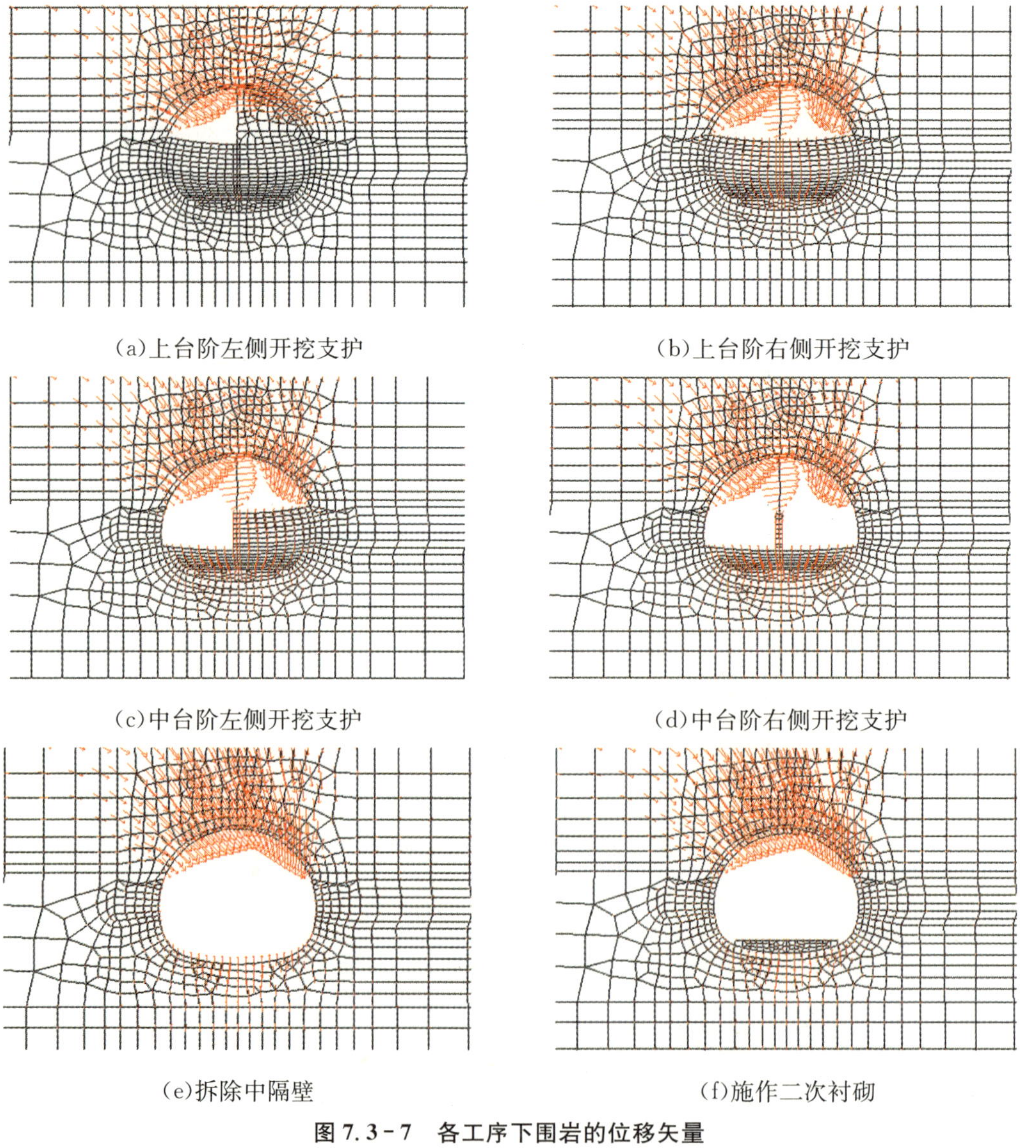

(a)上台阶左侧开挖支护　(b)上台阶右侧开挖支护

(c)中台阶左侧开挖支护　(d)中台阶右侧开挖支护

(e)拆除中隔壁　(f)施作二次衬砌

图 7.3-7　各工序下围岩的位移矢量

7.3.3.2　地表沉降分析

图 7.3-8 为部分工序下的地表沉降曲线。对图分析可知：在上台阶开挖时，地表最大沉降

发生在左侧距隧道中线 7 m 左右处，中线沉降最小；当拆除中隔壁后，地表出现常规的沉降槽形状，此时中线沉降最大，达到 7.4 mm，左右影响范围约 20 m（约 1.5D，即 3R，D 为开挖直径，R 为等效半径）；在下台阶开挖和施作二次衬砌时，地表沉降变化比较小。

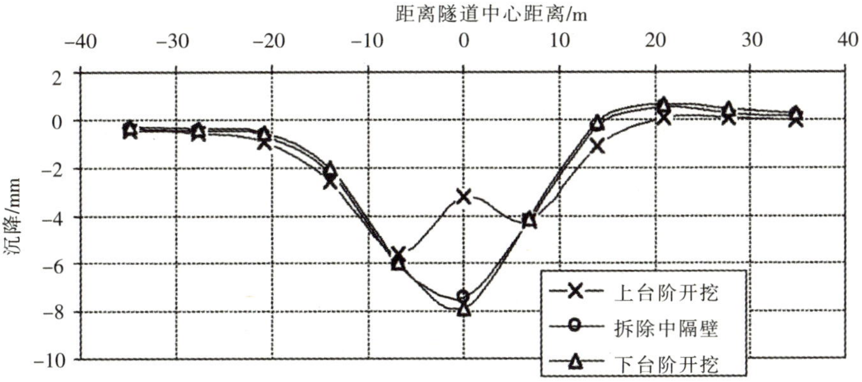

图 7.3-8　部分工序下地表沉降曲线

7.3.3.3　洞内周边变位分析

图 7.3-9 给出了拱顶沉降和周边收敛随工序的变化曲线（水平位移向右为正，向左为负）。对图分析可知：

(1)拱顶左侧最终沉降约 10.5 mm，最大的沉降梯度发生在左侧上台阶开挖时，其次是拆除中隔壁时，且在上台阶右侧开挖时出现隆起，相对上一施工步约隆起 4.8 mm，这是由于上台阶右侧开挖后，其底板和右拱腰的荷载释放的缘故；拱顶右侧最终沉降约 10.3 mm，与左侧拱顶的沉降相近，出现最大沉降梯度的工序是拆除中隔壁，其次是上台阶右侧的开挖。

(2)左侧的最大的水平位移发生在上台阶左侧开挖时，达到 18.87 mm（向隧道内），而当上台阶右侧开挖后，水平位移减小，出现向外扩展，原因同拱顶在该工序出现相对隆起是一样的；左侧的最终水平位移约为 6 mm。右侧最大的水平位移发生在上台阶右侧开挖时，约为 3.56 mm；出现最大水平位移梯度的工序是拆除中隔壁，其次是上台阶右侧的开挖。而出现最大收敛的工序是上台阶右侧开挖，出现最大梯度的工序也是拆除中隔壁，最终收敛约为 6.2 mm。

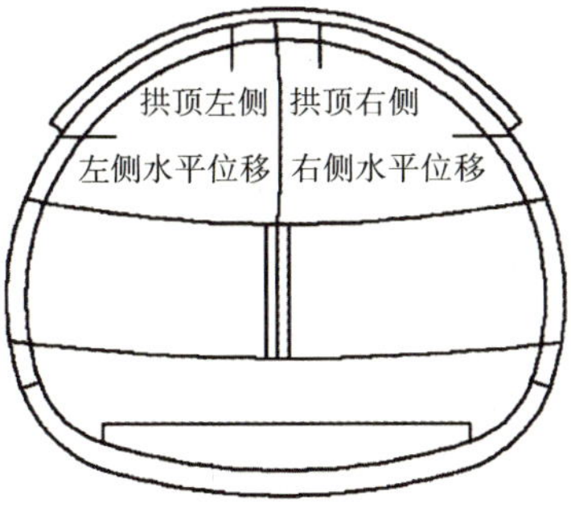

(a)测点布置

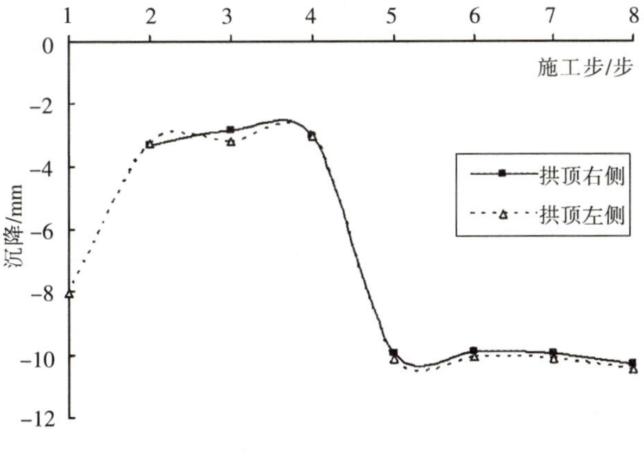

(b)拱顶左右侧沉降随施工步的变化

图 7.3-9　洞内周边变位分析

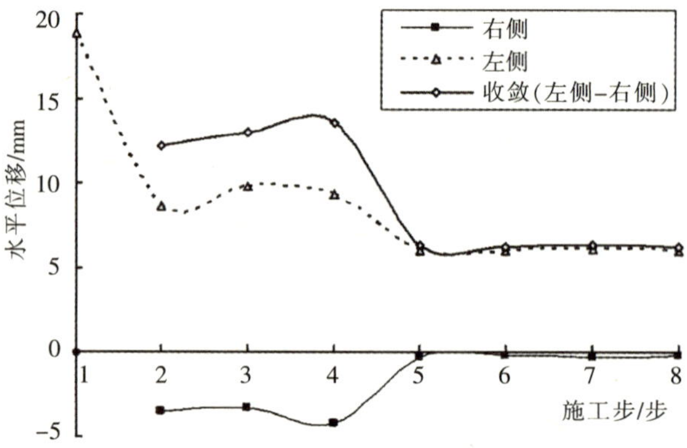

(c)周边收敛随施工步的变化

图 7.3-9　洞内周边变位分析

综合拱顶沉降和水平位移可知，控制洞内变形主要是控制上台阶先开挖一侧的变形——左侧变形，其次是上台阶右侧开挖的变形；中隔壁的存在有利于控制洞内变形，在施工中要保证中隔壁的质量，并避免一次拆除中隔壁过长，从而减少中隔壁的纵向约束和竖向支撑作用；在临近既有建(构)物施工时，建议先施工上台阶距离既有建(构)物较远的一侧。

7.3.4　初期支护结构受力分析

7.3.4.1　喷射混凝土内力分析

1. 弯矩

图 7.3-10 为各工序下的初期支护结构的弯矩分布，从图中可知：

(1)在上台阶左侧开挖时，最大弯矩位于拱顶(也是其与中隔壁的连接部位，309 kN·m)，其次是左拱腰(196 kN·m，以绝对值计)，在左拱脚上部也有较大弯矩。

(2)当上台阶右侧开挖后，弯矩基本上关于隧道中线对称，且数值均较上一开挖步小(如拱顶 151kN·m，拱腰 99 kN·m)，这是因为此时支护结构的荷载基本呈对称分布，且由于中隔壁支护的约束，使得上台阶的大跨度支护结构变为两跨的支护结构。

(3)中台阶左侧开挖时，较大弯矩仍然位于上台阶，拱顶的弯矩有所增大(154 kN·m)；而中台阶右侧开挖后，弯矩略微减少(如拱顶 149 kN·m)，也是因为此时支护结构的荷载呈对称分布的缘故。

(4)拆除中隔壁后，上台阶初期支护结构的弯矩形状发生明显变化(如拱顶从外侧受拉变为内侧受拉，拱脚附近的弯矩从外侧受拉变为内侧受拉)，这是因为拱顶少了中隔壁的支护，变为大跨结构，在竖向主要荷载作用下，拱顶沉降，使得内侧受拉，而拱脚附近由于平面计算中锁脚锚管对初期支护施加一集中力，这和施加约束效果一样；最大弯矩位置也发生了变化(如最大弯矩位于左右拱脚附近，其次为拱顶)，但是数值却降低(最大为 66 kN·m)，这是因为中隔壁存在使得已有初期支护结构分为左右两个部分，受力形状近似为直角三角形，而拆除中隔壁后，受力形状为大半个圆，在同样荷载下，其弯矩较小。

(5)在随后的工序中，弯矩的大小与分布形状基本上未变，在各台阶的锁脚锚杆附近，弯矩发生变号。

(a)上台阶左侧开挖支护

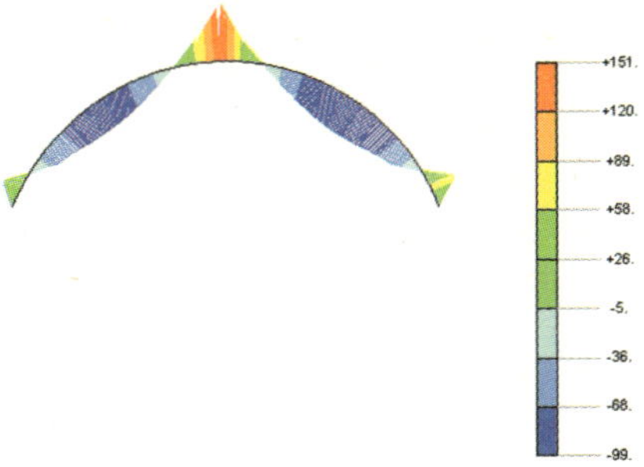

(b)上台阶右侧开挖支护

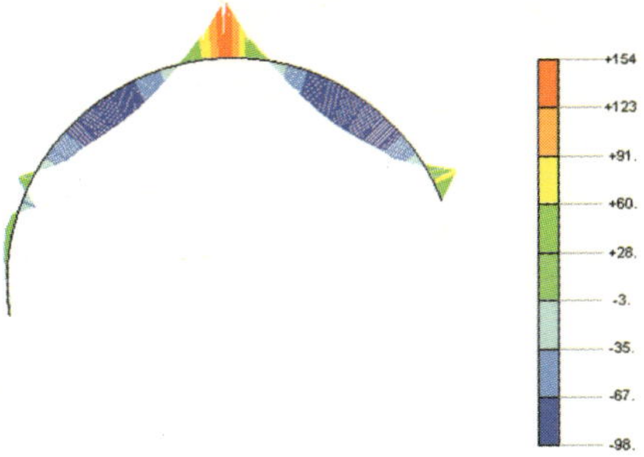

(c)中台阶左侧开挖支护

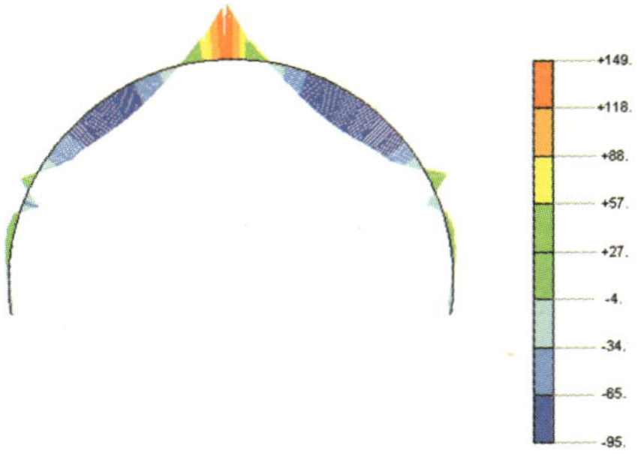

(d)中台阶右侧开挖支护

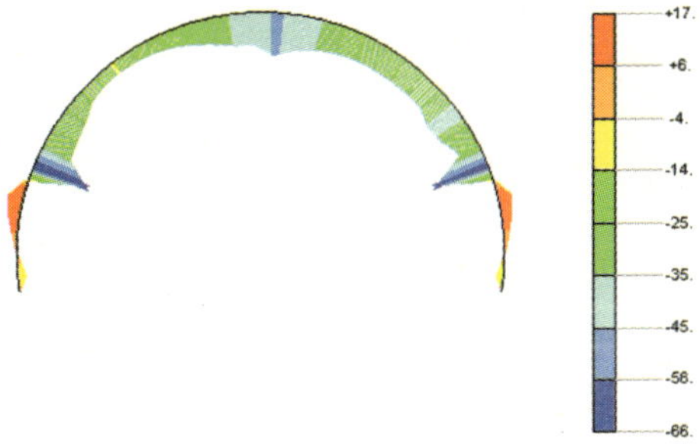

(e)拆除中隔壁

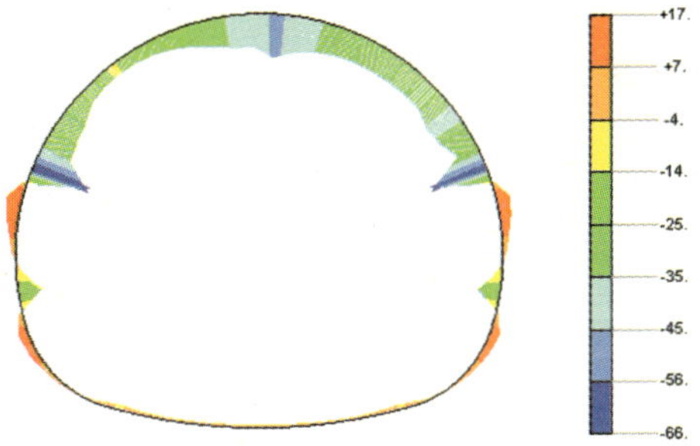

(f)施作二次衬砌

图 7.3-10　各工序下喷射混凝土的弯矩(单位:kN·m)

2. 轴力

图 7.3-11 为各工序下的初期支护结构的轴力分布,从图中可知:

(1)上台阶左侧开挖后,最大轴力在左拱脚附近(677 kN),最小轴力在左拱腰附近(366 kN);上台阶右侧开挖后,最大轴力位于左右拱脚附近(1 053 kN),最小轴力位于右拱腰附近(681 kN),数值明显较上一开挖工序增加。这是因为随着开挖面增大,其所受荷载也增大,所以数值较大;同时因为上台阶中隔壁向右微凸,且左台阶右侧开挖对左拱腰造成二次扰动,所以右侧拱腰的轴力大于左侧拱腰的。

(2)中台阶左右侧开挖后,最大轴力仍位于上台阶的左右拱脚,数值略微增加,最小轴力位于左右拱脚的下方(537 kN),其次是中台阶的左侧拐角和右侧拐角,这是由于锁脚锚管分担了部分荷载。

(3)拆除中隔壁后,最大轴力的位置未变,但数值显著增大(达到 1 270 kN,增加幅度约 21%),最小轴力位置也未变,数值也增大(达到 602 kN,增加幅度约 12%),这是因为此时少了中隔壁的支护,结构跨度变大,围岩压力大部分传至左右拱脚。在施工中若拱脚不稳定,很容易引起沉降变形。因此，应保证工字钢落脚处围岩牢固，必要时可以在落脚处施工混凝土扩大块或注浆。

(4)在随后的工序中，在仰拱的大范围内出现了拉力，最大的拉力发生在仰拱回填时(达到244 kN)，这是因为仰拱的曲率半径较大，在其下部围岩压力的作用下内力更大；二次衬砌的施作使得拉力略微降低(达到234 kN)，这是因为此时二次衬砌结构闭合了。

(5)结合弯矩和轴力分布情况，可知支护结构的薄弱位置是上台阶的左右拱脚，其次是拱顶和仰拱中部；工字钢的搭接位置也值得注意，在施工中应保证工字钢的搭接(或焊接)质量。

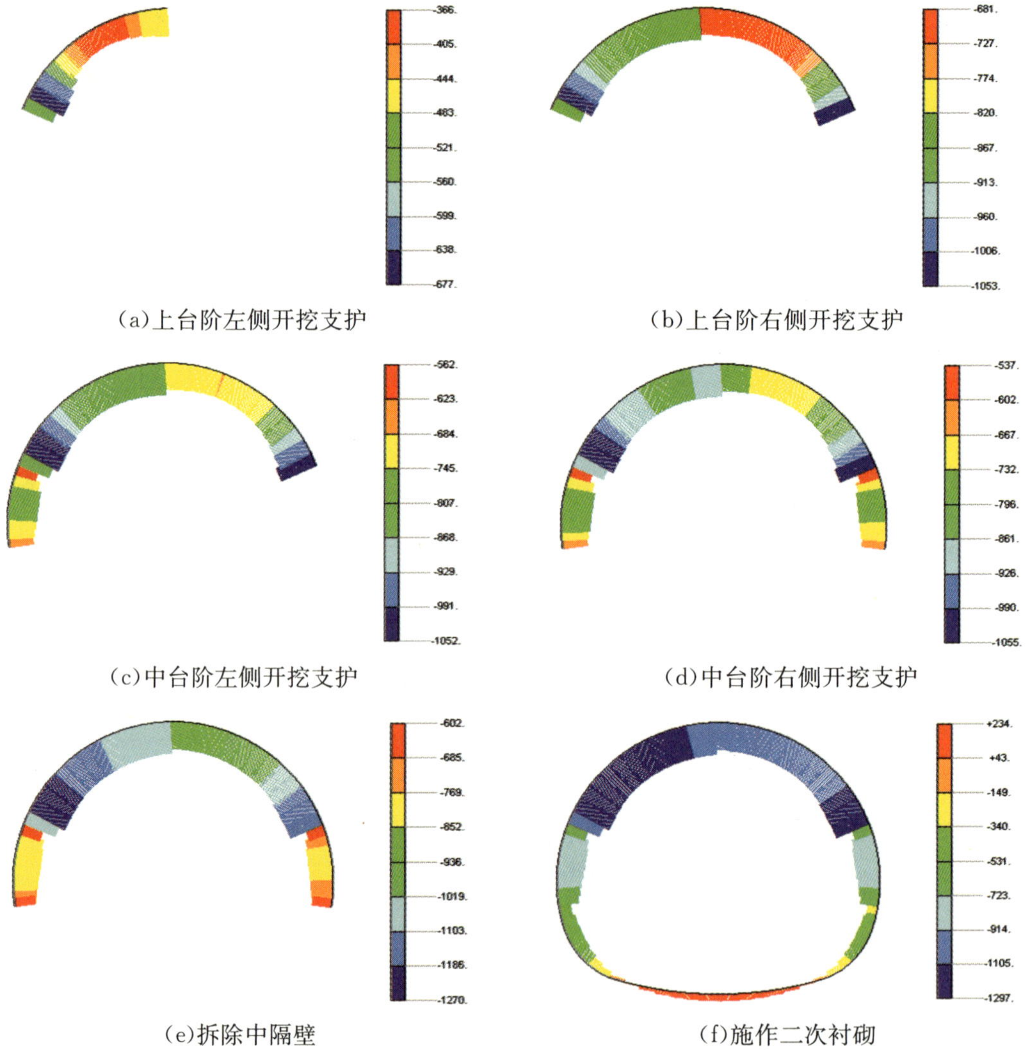

(a)上台阶左侧开挖支护　(b)上台阶右侧开挖支护

(c)中台阶左侧开挖支护　(d)中台阶右侧开挖支护

(e)拆除中隔壁　(f)施作二次衬砌

图 7.3-11　各工序下喷射混凝土的轴力(单位：kN)

3. 喷射混凝土主要部位点的内力随施工步的变化

图 7.3-12 为喷射混凝土主要部位点的弯矩和轴力随施工步的变化，从图中可知：

(1)整体上弯矩和轴力在上台阶右侧开挖和拆除中隔壁时出现显著变化。

(2)上台阶左侧开挖时拱顶弯矩出现最大值，上台阶右侧开挖后弯矩减少；随后在中台阶左右侧开挖后，弯矩略微增加，而当拆除中隔壁后，弯矩发生变号，且变化梯度为最大，在随后工序中变化很小；而左拱腰弯矩的最大值也出现在上台阶左侧开挖时，而当上台阶右侧开挖和拆除中

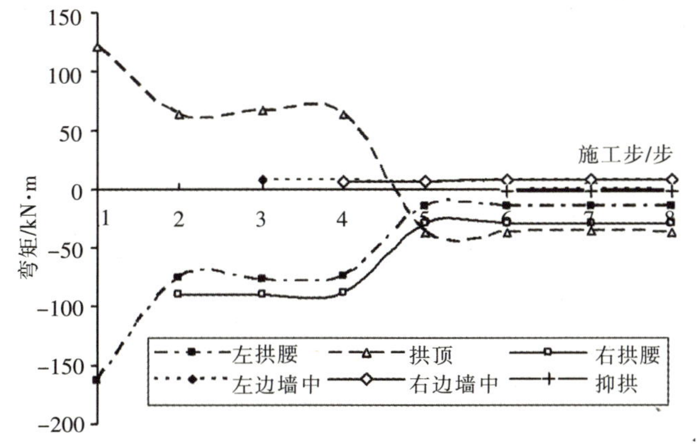

(a)弯矩随施工步的变化

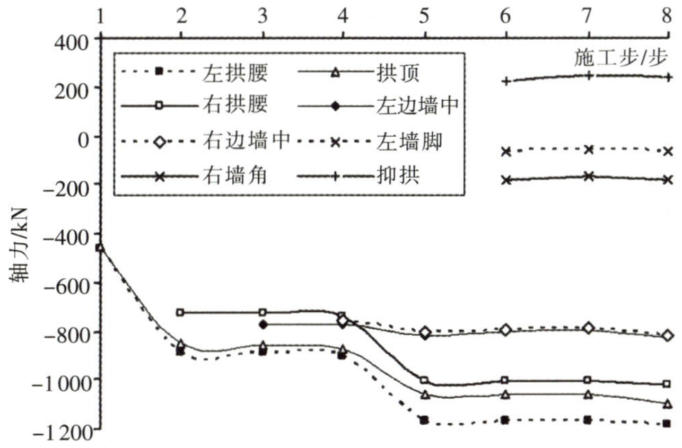

(b)轴力随施工步的变化

图7.3-12　喷射混凝土主要部位点弯矩、轴力随施工步的变化

隔壁时，明显减少；右拱腰的弯矩最大值出现在上台阶右侧开挖时，当拆除中隔壁时，其数值也出现降低；其他测点的弯矩随施工步变化较小。

(3)拱顶和左拱腰的轴力在上台阶右侧开挖和拆除中隔壁时显著增大；右拱腰的轴力也在拆除中隔壁时显著增大；其他部位点随施工步变化较小；值得注意的是，仰拱处的轴力始终为拉力。

综上所述，从初期支护结构的受力角度考虑，隧道施工的关键步为上台阶的左右侧开挖，其次为拆除中隔壁。

7.3.4.2　初支锚杆和锁脚锚管内力分析

图 7.3-13 为各工序下的初支锚杆和锁脚锚管的轴力分布。从图中可知：

(1)上台阶左右侧开挖后，锁脚锚管的最大轴力(为压力)达到 62 kN，且左右两侧锁脚锚管轴力分布为端部小而根部大，最大值均位于根部。

(2)中台阶左侧开挖后，各锁脚锚管的轴力(为压力)较大，最大值也位于其根部；而锚杆的轴力较小，其中最大的锚杆轴力位于左边墙最上部的锚杆处，其值为 7 kN，轴力分布为端部大而根部小。

(3)中台阶右侧开挖后，上台阶的锁脚锚杆轴力降低(降低到 37 kN)，而中台阶的锁脚锚管轴力增大(最大达到 21 kN)；而锚杆的最大轴力位于左右边墙最上部的锚杆处。

(4)拆除中隔壁后，锚杆和锁脚锚管的轴力增大，因为此时隧道由原来的两个小单跨变为大跨度，且少了中隔壁的支撑；下台阶开挖后，中部锁脚锚管轴力降低，因为此时初期支护已经封闭，受力较好；而在随后的工序中，锚杆轴力的分布形式与数值大小变化很小。

综合上述可知，在各台阶的施工中，锁脚锚管起的作用较大，因此务必保证其施工质量，并要与工字钢牢固焊接在一起。

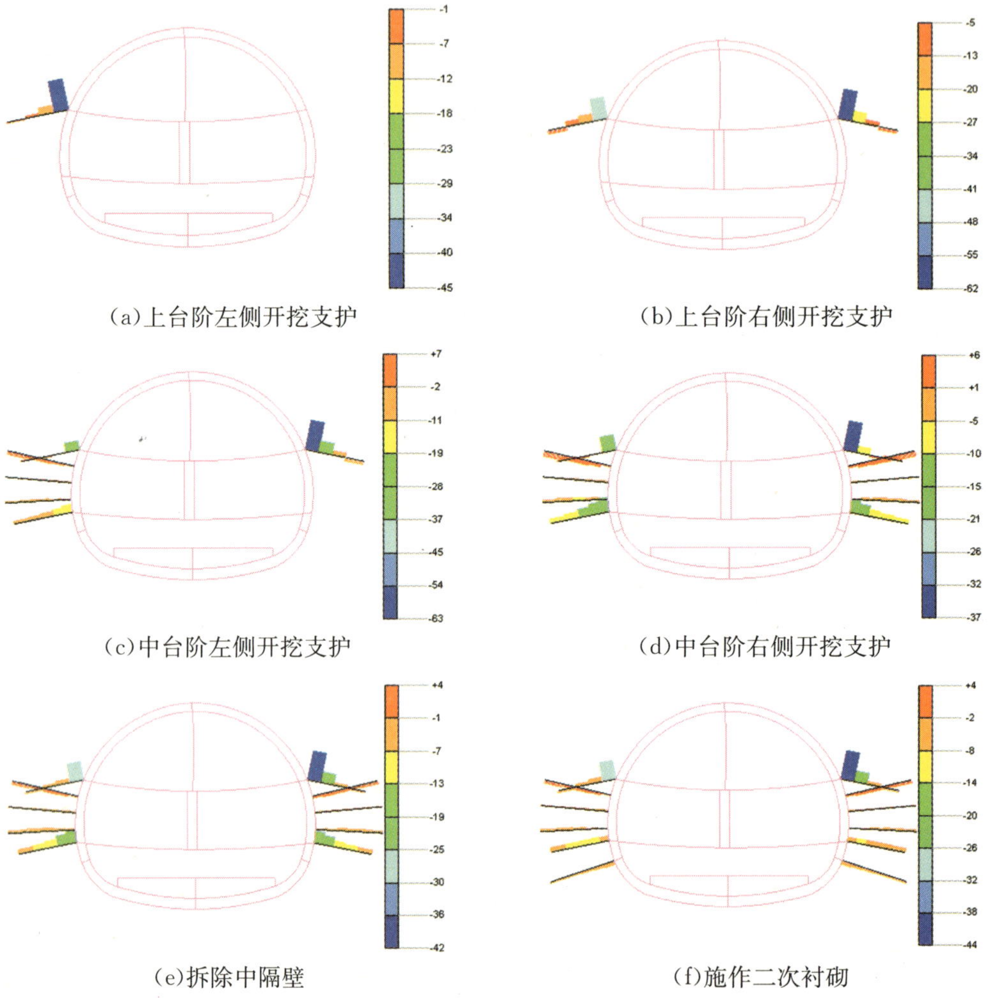

(a)上台阶左侧开挖支护　(b)上台阶右侧开挖支护

(c)中台阶左侧开挖支护　(d)中台阶右侧开挖支护

(e)拆除中隔壁　(f)施作二次衬砌

图 7.3－13　各工序下喷射混凝土的轴力(单位:kN)

7.3.5　中隔壁支护结构及中间岩柱受力分析

图 7.3－14 给出了各工序下，上台阶中隔壁临时支护的弯矩和轴力、中台阶中间岩柱的最大和最小主应力分布。

7.3.5.1　上台阶中隔壁临时支护结构受力分析

(1)从图 7.3－14(a)来看，上台阶左侧开挖后，最大弯矩位于中隔壁与初期支护的搭接位置即拱顶(309 kN・m)，而在中隔壁中部位置的弯矩表示左侧受拉(91 kN・m)；上台阶右侧开挖后，中隔壁的顶部和中部弯矩发生变号，但数值却很小(顶部弯矩为 12 kN・m，中部为28 kN・m)，在随后的开挖中，弯矩没什么变化。这是因为上台阶开挖后，中隔壁不对称受力，中隔壁受到右侧水平土压力的作用，且中隔壁上部位于拐角处，弯矩较大；而当右侧开挖后，中隔壁就主要承受拱顶传来的竖向荷载，而水平荷载却很小，基本上对称受荷。

(2)从图 7.3－14(b)来看，上台阶左侧开挖后，最大的轴力位于中隔壁的顶部(358 kN)，最小轴力位于中隔壁的底部(331 kN)；而上台阶右侧开挖后，最大的轴力位于中隔壁的底部(337 kN)，最小轴力位于中隔壁的顶部(315 kN)；在中台阶左侧开挖后，轴力分布形式未变，数值略微增大；而当中台阶右侧开挖后，数值降低。这是因为各台阶中隔壁左侧开挖使中隔壁不对称受荷，而右侧开挖使其对称受荷，且对称受荷时，上部的围岩压力也部分传给右侧的初期支护结构。

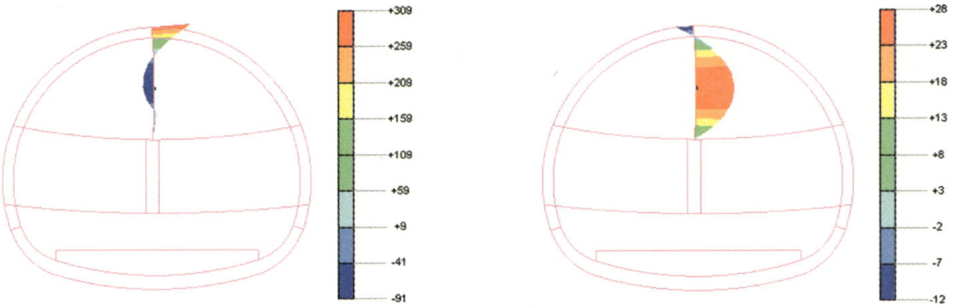

①上台阶左侧开挖支护　　②上台阶右侧开挖支护

(a)上台阶中隔壁临时支护的弯矩(单位：kN · m)

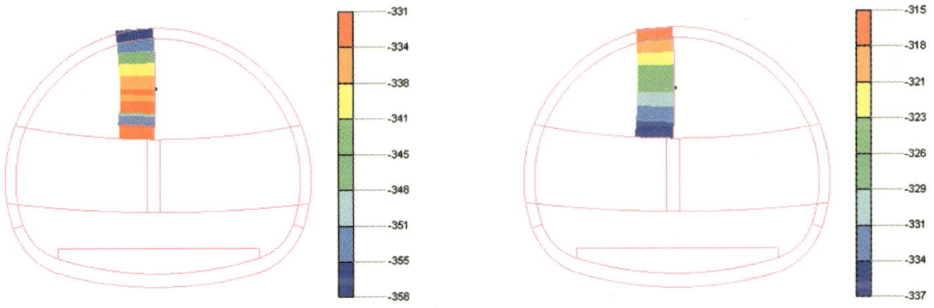

①上台阶左侧开挖支护　　②上台阶右侧开挖支护

(b)上台阶中隔壁临时支护的轴力(单位：kN)

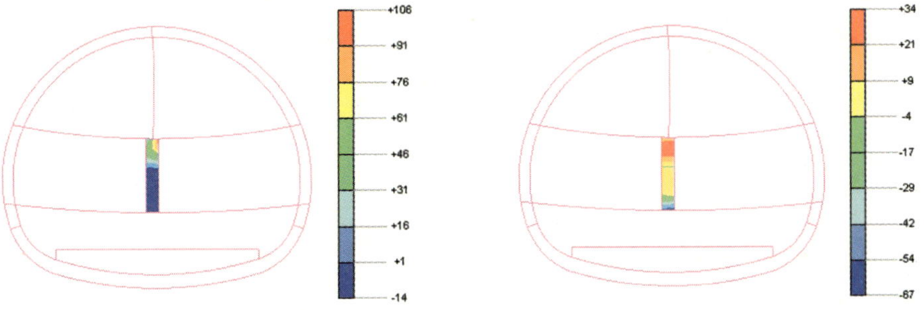

①中台阶左侧开挖支护　　②中台阶右侧开挖支护

(c)中台阶中间岩柱的最大主应力(单位：kPa)

图 7.3－14　喷射混凝土主要部位点弯矩、轴力、最大与最小主应力随施工步的变化

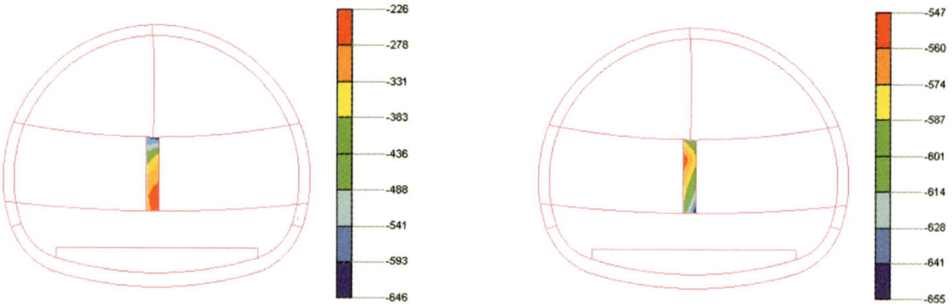

①中台阶左侧开挖支护　　②中台阶右侧开挖支护

(d)中台阶中间岩柱的最小主应力(单位:kPa)

图 7.3-14　喷射混凝土主要部位点弯矩、轴力、最大与最小主应力随施工步的变化

(3)结合上台阶中隔壁的弯矩和轴力来看,上台阶开挖是最关键的施工步,而中隔壁的顶部(和初期支护的搭接位置,即拱顶)是薄弱位置。建议在左侧开挖时,保留其右下范围的土体,使其对中隔壁具有向左的约束,可以在一定程度上减少中隔壁的不对称受荷带来的不利影响。

7.3.5.2　中台阶中间岩柱受力分析

(1)最大主应力:中台阶左侧开挖后,岩柱的上半部大范围出现拉应力,最大值达到106 kPa;而中台阶右侧开挖后,拉应力大幅降低,最大值仅为 34 kPa。这是因为中台阶左侧开挖时,岩柱不对称受力;而当右侧开挖后,基本上对称受荷,且主要承受拱顶传来的竖向压力。

(2)最小主应力:中台阶左侧开挖后,最大压应力位于岩柱的顶部(646 kPa),这是由于此处应力集中所致;而中台阶右侧开挖后,最大压应力位于岩柱底部(655 kPa),这是因为中台阶右侧开挖后,岩柱对称受力。

(3)鉴于围岩一般是抗压强度大于其抗拉强度,所以对于中间岩柱,关键工序为中台阶的左侧开挖。

7.3.6　二次衬砌受力变形分析

图 7.3-15 给出了二次衬砌的最大和最小主应力分布。从图中可知:

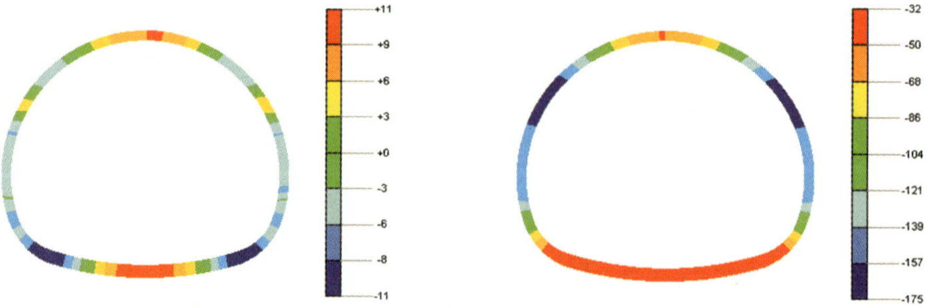

(a)最大主应力　　(b)最小主应力

图 7.3-15　二次衬砌的最大、最小主应力(单位:kPa)

(1)二次衬砌的最大、最小主应力基本上关于隧道中线对称。

(2)最大的拉应力位于拱顶和仰拱，数值为 11 kPa，小于混凝土的抗拉强度，较安全；其次在上台阶左右拱脚的上部处也出现了拉应力，数值较小。

(3)最大的压应力位于上台阶拱脚的上下部附近，达到 175 kPa，远小于混凝土的抗压强度，满足安全性要求。

7.3.7　关键施工步分析

图 7.3－16 为隧道上方地表(以中线、左侧、中线右侧三点为例)沉降随施工步的变化。从图中可以看出：

(1)对于隧道中线，引起沉降最大的是第 5 步施工，即拆除临时支护，这是由于拆除临时支护，减少了对洞周围岩的约束，且跨度也由拆除前的多个小跨度变为整个断面的大跨度；其次是工序 1(上台阶左侧开挖)。鉴于平面计算中中隔壁是一次性拆除的，未考虑中隔壁的三维空间的约束效应，所以关键工序应为上台阶左侧开挖，其次为拆除中隔壁。

(2)对于隧道中线左侧，引起最大沉降的是上台阶左侧开挖；而对于隧道中线右侧，引起最大沉降的是上台阶右侧开挖。所以，关键工序为上台阶的左右侧开挖。

(3)从控制地表沉降的角度考虑，应着重在上台阶的开挖支护中控制。

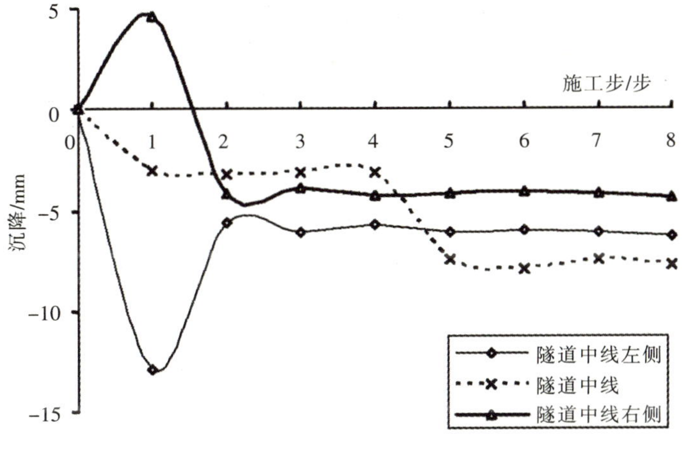

图 7.3－16　各工序下地表隧道中线附近沉降

7.3.8　小结

我们以浏阳河隧道上软下硬复合地层段为工程背景，对超浅埋大断面隧道动态分部开挖工法进行了平面有限元计算分析，详细探讨了该工法施工过程中围岩应力场、位移场以及支护结构的受力特性，得出了以下主要结论：

(1)各施工阶段拐角处的围岩应力值较大，约为周边应力的 2 倍，影响范围约 1.5 倍洞径；中隔壁起到了关键的支护作用，当中隔壁拆除后，底板附近出现了局部拉应力；二次衬砌施作能及时抑制拉应力区的发展。

(2)隧道各部土体开挖后，周边围岩均向洞内挤入，而中隔壁的支撑作用在一定程度上限制了隧道拱顶部位土体的变形，对于确保隧道拱部围岩的稳定具有至关重要的作用。

(3)对于地表沉降，上台阶左侧开挖时，最大沉降发生在左侧距隧道中线 7 m 左右处；上台阶右侧开挖时，沉降呈现"W"形状；而当拆除中隔壁后，表现常规的沉降槽形状，此时中线沉降最大，而左右影响范围约 20 m(约 1.5D)。

(4)喷射混凝土的内力形式和大小均随施工步的进行而逐步变化，强度控制断面均出现在结构相互连接处，且中隔壁的移除对结构内力分布影响较大，当中隔壁拆除后，喷射混凝土各物理量值均有较明显的增加。

(5)系统锚杆和锁脚锚管轴力变化主要发生在上台阶和中台阶开挖时，相对而言，锁脚锚管的轴力较大，而系统锚杆轴力较小，分布形式均为沿深度逐渐减小，为受拉状态。

(6)中隔壁支护结构与中间岩柱为该工法的关键，结构应力最大值均分布在结构底部，除不圆顺连接处外，均表现为受压，而且各内力量值的变化均发生在上、中台阶开挖时。

(7)二次衬砌的最大、最小主应力基本上关于隧道中线对称；最大的拉应力(最大主应力)位于拱顶和仰拱，其次在上台阶的左右拱脚的上部处也出现了拉应力；最大的压应力(最小主应力)位于上台阶拱脚的上下附近；最大拉(压)应力远小于混凝土的抗拉(压)强度，满足安全性要求。

(8)施工关键工序与施工建议。关键工序应为上台阶左侧开挖，其次为拆除中隔壁；隧道的薄弱位置是上台阶的左右拱脚、拱顶，其次是各开挖台阶的拐角。建议从控制地表沉降的角度考虑，着重在上台阶的开挖支护中控制。在左侧开挖时，可以保留其右下范围的土体，使其对中隔壁有向左的约束，可以在一定程度上减少中隔壁的不对称受荷带来的不利影响；并保证锁脚锚管和搭接位置的连接质量，同时避免一次拆除中隔壁的长度过长。

7.4 隧道动态分部开挖工法力学性能的三维分析

隧道施工是一个三维的空间问题，本文主要研究分部开挖工法的三维力学特性。

7.4.1 三维模型的建立

围岩、管棚加固圈、仰拱、仰拱回填和二次衬砌采用实体单元模拟，喷射混凝土采用壳单元模拟，初期支护和临时支护中的工字钢采用三维梁单元模拟，而锚杆则采用三维杆单元模拟。模型的横断面方向同平面的模型，纵向取长度为 30 m，开挖进尺为 1 m，分析时均以开挖到 15 m 的断面位置做分析。网格划分如图 7.4－1 所示，模型的计算参数同本章第三节。

(a)整体网格划分　　(b)(临时)喷射混凝土　　(c)(临时)工字钢和(锁脚)锚杆

图 7.4－1　模型的网格划分

7.4.2　围岩稳定性分析

对于围岩的稳定状态，主要从最大剪应变的分布进行分析。图 7.4－2 为各工序下的先开挖侧在不同施工步下的围岩塑性区的分布。从图中可知：

(1)最大剪应变主要分布在上台阶的左右拱脚和开挖掌子面附近，即掌子面前方约 0.5D，左右拱脚的外两侧约 0.25D；中、下台阶的最大剪应变较小，这同地层上软下硬有关。

(2)随着开挖的进行，开挖掌子面的最大剪应变不断向前推进，且拱脚处的最大剪应变范围也开始向左、向上扩展。中隔壁拆除时，中、下台阶的最大剪应变有所增加，而施作仰拱时，上台阶的最大剪应变减小了一半。

综合上述几点可以知道，在上软下硬地层采用分部开挖工法施工，围岩薄弱的位置是开挖掌子面，其次是拱脚部位。所以，在施工中要保证锁脚钢管的安装及其与工字钢的连接牢靠；若发现围岩变形很大，建议在上台阶先行洞开挖时要留核心土，必要时用喷射混凝土封闭掌子面，或采取其他稳定掌子面的措施(譬如采用“新意法”施工)。

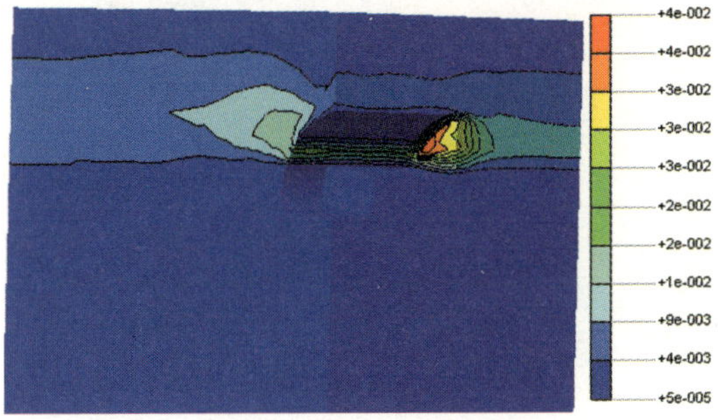

(a)上台阶左侧开挖

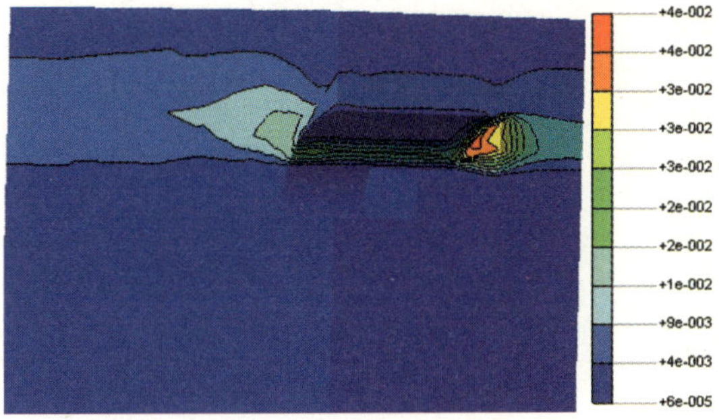

(b)上台阶右侧开挖

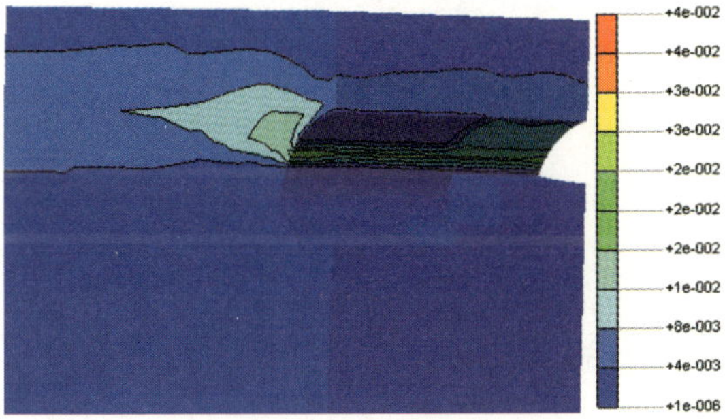

(c)中隔壁拆除

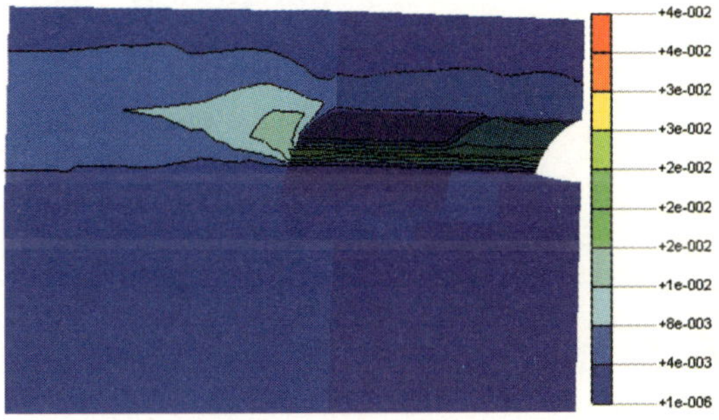

(d)施作二次衬砌

图 7.4－2　各工序下的围岩塑性区的分布

7.4.3　围岩应力分析

对于围岩的应力，主要对竖直应力进行分析，因为其与重力方向一致，较直观。图 7.4－3 为各工序下的先开挖侧在不同施工步下的围岩竖向应力分布。从图中可知：

(1)整体上，随着隧道开挖的进行，应力等值线的倾斜也向前推进；同时，围岩的拉应力开始出现，主要分布在地表和各开挖台阶的底板，最大值为 73 kPa。

(2)应力集中范围分布在隧道外约 0.5D,集中程度较大的位于各开挖台阶的拐角,其中上台阶拱脚处的应力集中程度最大,这是由于上台阶较软弱。最大的应力约 1.3 MPa。

(3)中隔壁拆除时,拉应力突然从 33 kPa 增加到 66 kPa。由此可见,中隔壁在维护稳定方面的重要作用。仰拱回填时,围岩的最大应力为 1 178 kPa,应力集中程度有所缓解,这是由于结构闭合的作用。

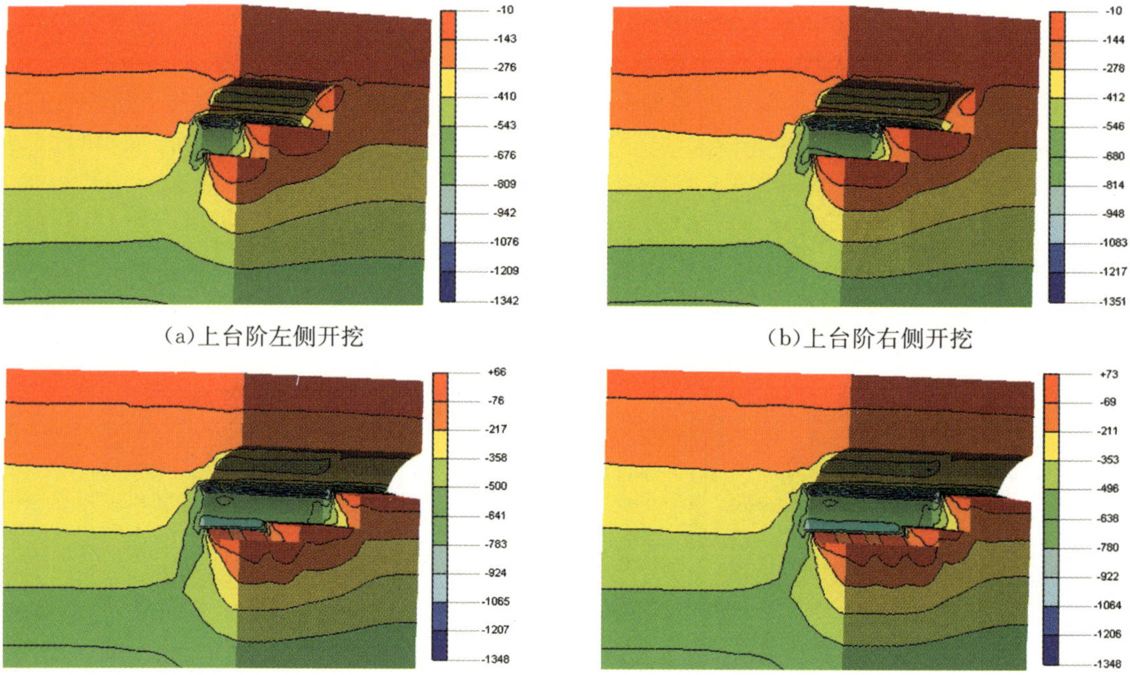

(a)上台阶左侧开挖　　(b)上台阶右侧开挖

(c)中隔壁拆除　　(d)施作二次衬砌

图 7.4-3　各工序下的围岩竖向应力分布(单位:kPa)

7.4.4　围岩变形分析

7.4.4.1　围岩的竖向位移分析

以先开挖侧(本计算模拟为左侧)的围岩竖向位移云图做分析。图 7.4-4 为各工序下的围岩竖向位移云图。从图中可知:

(1)拱顶附近和左拱脚附近的沉降较小,这是由于该处是拐角,所受约束较大;沉降从隧道周围向外扩展,但数值越来越小;同时左上方的沉降沿着斜 45°方向左右两边逐渐减小,这与通常的台阶法施工引起的围岩沉降模式不同(一般台阶法的沉降关于中线对称),主要是因为中隔壁存在的缘故。

(2)沉降主要分布在上台阶隧道外 1D;隆起主要分布在各开挖台阶的底板下 1D,且随着距掌子面的距离增加,沉降(隆起)变大,这一是由于掌子面的约束作用,二是由于中隔壁的支撑作用。

(3)随着开挖的进行,围岩沉降在横向和纵向上都在扩展,且数值在增加。

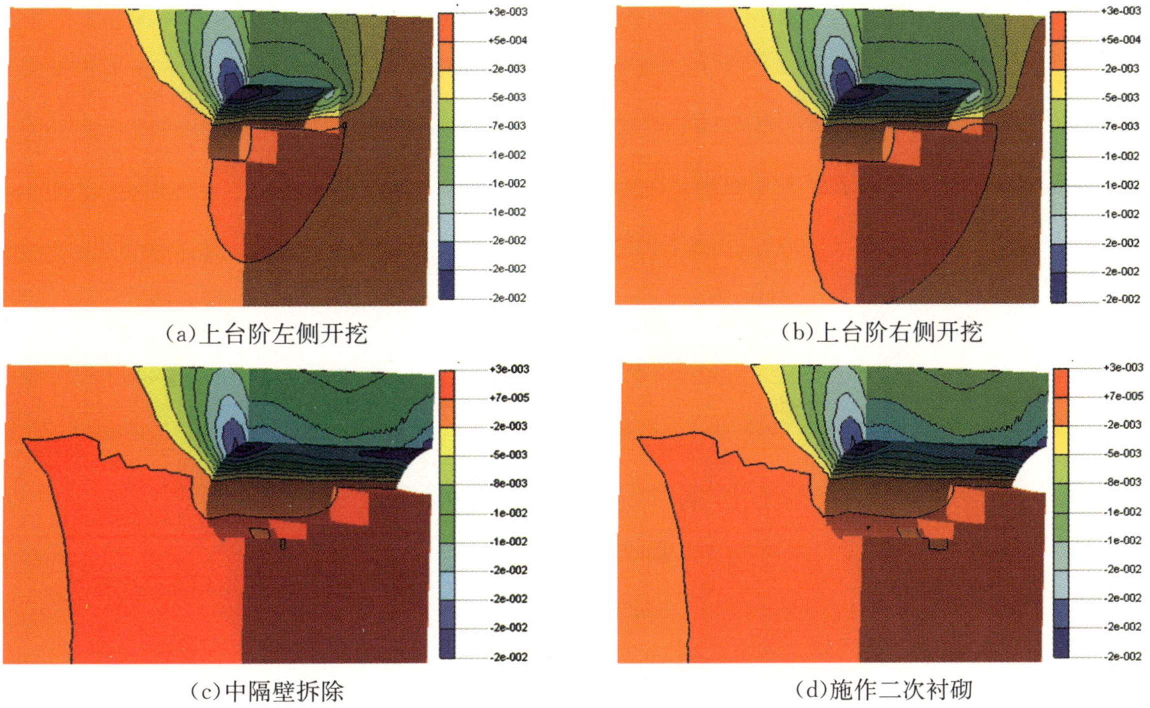

(a)上台阶左侧开挖　(b)上台阶右侧开挖

(c)中隔壁拆除　(d)施作二次衬砌

图 7.4－4　各工序下的围岩竖向位移云图(单位:m)

7.4.4.2　地表沉降分析

1. 整体地表三维沉降形状分析

图 7.4－5 为部分施工步下的地表沉降槽曲面。从图中可知:

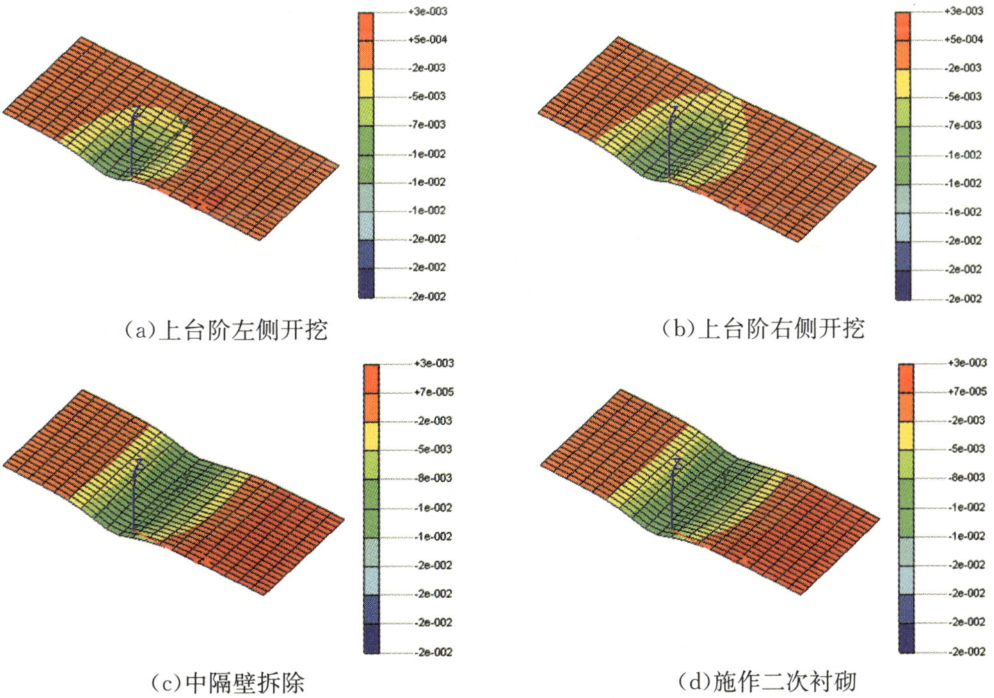

(a)上台阶左侧开挖　(b)上台阶右侧开挖

(c)中隔壁拆除　(d)施作二次衬砌

图 7.4－5　部分施工步下的地表沉降槽曲面图(单位:m)

(1)在上台阶左侧开挖到15 m,地表的沉降并不关于隧道中线对称,在中线左侧沉降的范围和数值均较右侧大,这是因为左侧是先开挖的,且又有中隔壁的支撑。

(2)随着开挖的推进,地表的沉降范围不断向开挖前方和两侧扩散,最终沉降呈现隧道中线大、两侧较小的趋势。

2. 开挖15 m处的地表沉降形状分析

图7.4-6为部分施工步下的地表沉降曲线。从图中可知:

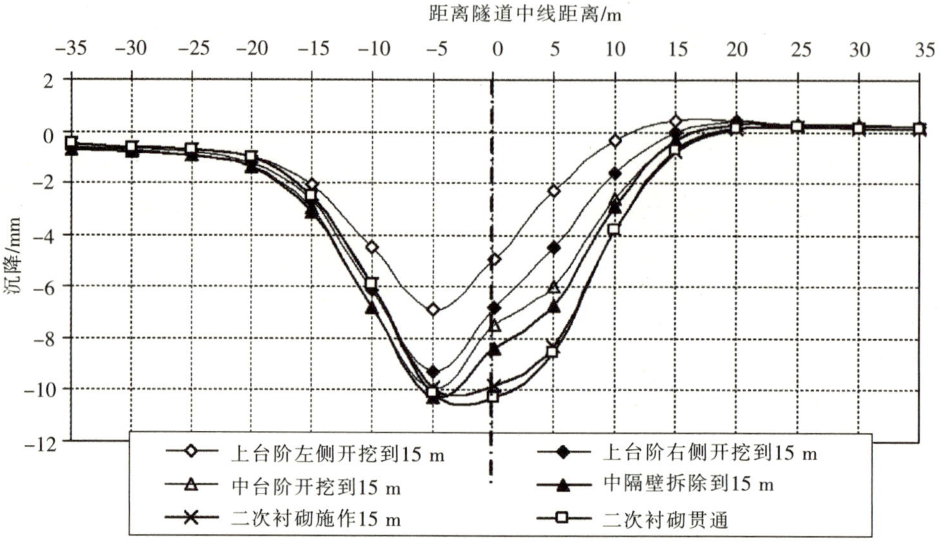

图7.4-6 部分施工步下地表沉降曲线

(1)上台阶左侧开挖到15 m时,地表沉降大部分发生在隧道中线的左侧(先开挖侧),最大沉降为6.9 mm,发生在左侧距隧道中线5 m(0.7*R*,*R*为隧道半径)左右;而中线右侧在距隧道中线15 m(约2*R*)以后大部分出现隆起,最大隆起量0.4 mm。

(2)上台阶右侧开挖到15 m至仰拱施作到15 m,地表最大沉降仍然位于隧道左侧距中线0.7*R*位置,这是由于上台阶右侧后开挖,此时同时具有掌子面和中隔壁的三维约束效应,这点在平面模型中未能反映出来(平面中地表沉降出现了“W”双驼峰形状)。

(3)二次衬砌施作到15 m时,地表沉降大部分集中在距离隧道中线约2*R*的范围,最大沉降发生在隧道中线,可以认为此时中隔壁的三维约束效应已经很小了;最终的地表沉降形状仍然不关于隧道中线对称,隧道左侧(先开挖侧)沉降较右侧(后开挖侧)的大,这体现了隧道施工的应力路径特性,地表沉降和隧道施工过程有关。建议地表测点主要布置在中线两侧2*R*(1*D*)附近。

7.4.4.3 洞内周边变位分析

1. 整体位移矢量云图

图7.4-7为部分施工步下的洞周竖向位移和横向水平位移的矢量云图。从图中可知:

(1)最大的位移矢量位于上台阶先开挖洞侧(左侧)的拱腰附近,且沿着约45°方向向洞内移动;后开挖洞侧的周边位移较小,且以水平方向为主,这主要因为此时有后开挖侧(左侧)掌子面的三维纵向约束效应。

(2)中隔壁的位移基本为水平向左移动,在上台阶中隔壁的中上部位置较大,这是因为左侧为先开挖,且中隔壁的下部有左右围岩的约束。

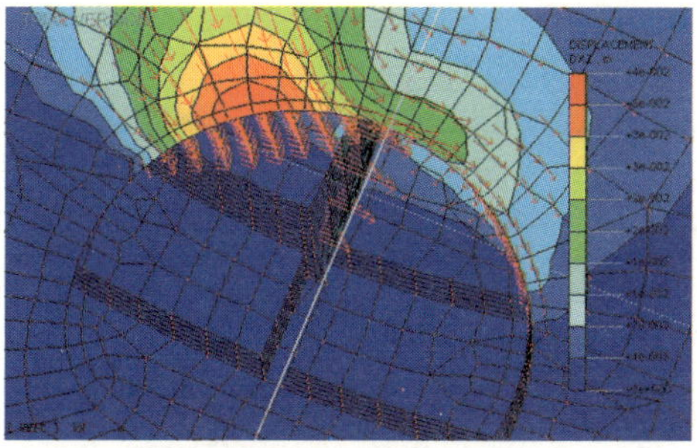

(a)上台阶左侧开挖

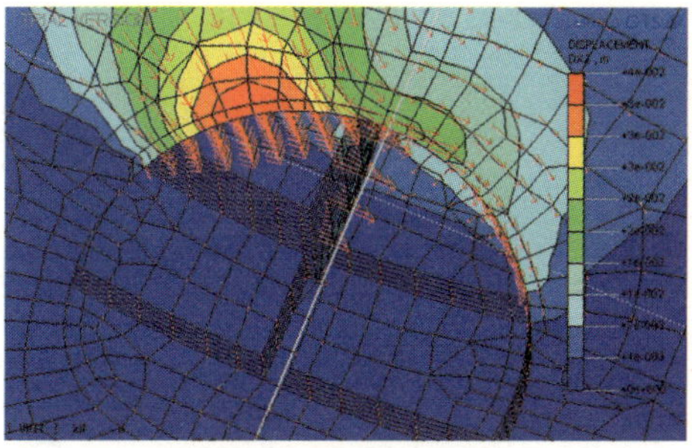

(b)上台阶右侧开挖

(c)中隔壁拆除

(d)施作二次衬砌

图 7.4-7　部分施工步下的洞周围岩的位移矢量云图(单位:m)

(3)各台阶底板出现隆起,但隆起量较小,这比平面的计算结果要小,因为平面为一次开挖贯通,底板荷载为一次性释放,未考虑荷载是分步释放的;上台阶的位移较大,而中、下台阶的位移较小,这是由于地层为上软下硬。

综上所述,建议监测时的测点以设置在上台阶为主,且沉降测点设置在拱顶(靠左)、左拱腰和右拱腰,并且左右拱腰的测点兼作收敛测点。

2. 断面 15 m 处沉降分析

以 15 m 处的断面为例进行分析。计算点布置如图 7.4-8 所示,其中计算点 1(左拱腰)、计算点 2(左拱顶)、计算点 3(右拱顶)、计算点 4(右拱腰)作为沉降测点,计算点 1 和计算点 4 兼作水平收敛计算点。图 7.4-9 给出了各测点沉降随施工步的变化曲线。从图中可知:

(1)洞周沉降最大的是左拱腰和右拱腰测点,这同洞周整体位移矢量图分析结果一致;在临近既有结构物施工时,建议先行施工上台阶距离既有建(构)物较远的一侧。

(2)对于各计算点,在各台阶开挖掌子面到达时,测点已发生大部分沉降,如左拱腰计算点发生的沉降量占最终沉降量的 84.6%,左拱顶发生的沉降量占最终沉降量的 63.4%,右拱顶发生的沉降量占总沉降量的54.5%,右拱腰发生的沉降量占总沉降量的 76.9%。这和地表沉降的规律类似,主要原因是地层为上软下硬,且掌子面的前方未加固,只是在其周围进行了管棚加固。

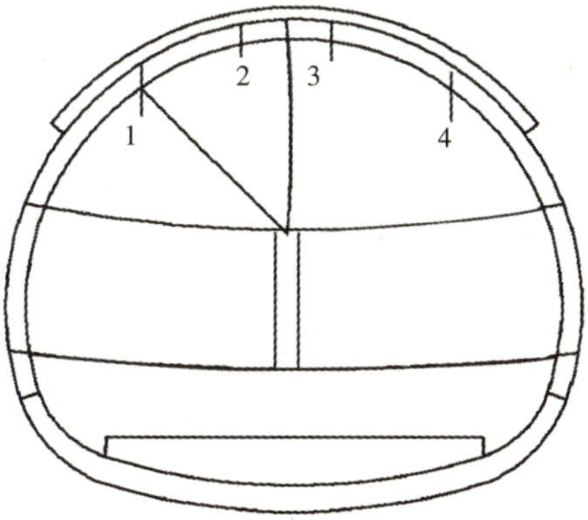

图 7.4-8　计算点布置

(3)由于中隔壁的纵向约束和竖向支撑作用的存在,在中隔壁拆除到 15 m 时,各计算点并没有发生明显的沉

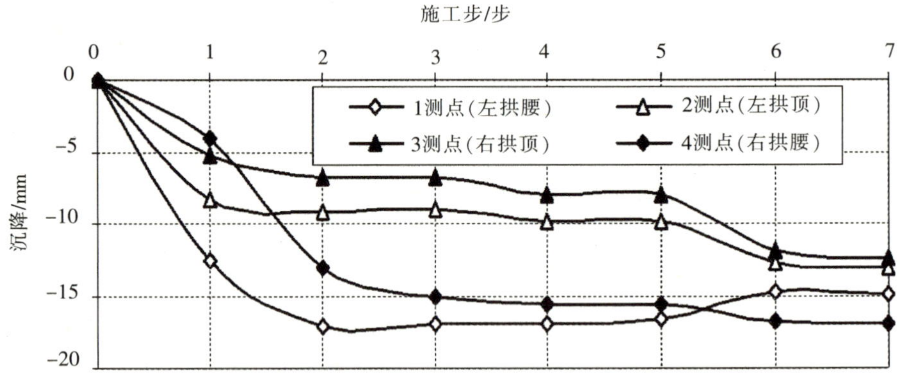

图 7.4-9　拱顶左右侧沉降量随施工步的变化

注:施工步中的 0 表示未开挖,1 表示上台阶左侧开挖到 15 m,2 表示上台阶右侧开挖到 15 m,3 表示中台阶开挖到 15 m,4 表示中隔壁拆除到 15 m,5 表示仰拱回填到 15 m,6 表示二次衬砌施作到 15 m,7 表示二次衬砌贯通

降。而是在二次衬砌施作到 15 m 时(此时中隔壁拆除到 25 m),左拱顶和右拱顶的沉降较大,可以认为中隔壁此时的约束作用很弱了。因此,建议在施工中保证中隔壁的质量,并避免一次拆除中隔壁过长。

(4)从曲线的倾斜率可以看出,上台阶左侧为施工的关键步,控制洞内变形主要是控制上台阶先开挖一侧——左侧的变形,其次为上台阶右侧和拆除中隔壁。

3. 纵向沉降分析

从图 7.4-9 中可知,左拱腰计算点和右拱腰计算点表现的规律相似,左拱顶和右拱顶表现的规律相似,所以下面主要对其进行分析。图 7.4-10 分别给出了上台阶左侧开挖到 15 m 位置时的纵向沉降和中隔壁拆除到 15 m 时的纵向沉降。从图中可知:

(1)纵向沉降明显与开挖距离对应形成台阶状,开挖面前方约 7 m(1R)为沉降的影响范围。

(2)中隔壁的三维和纵向约束作用的长度也约为 7 m(1R)。

(3)由于端面的作用,在边界处计算结果有些误差。

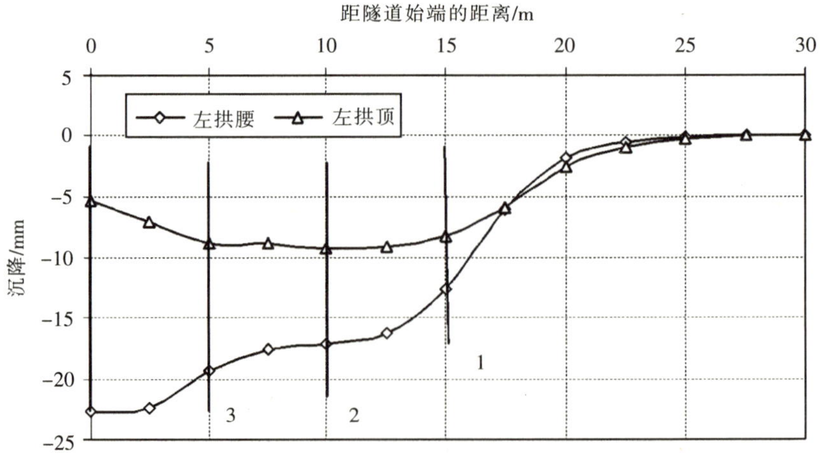

(a)上台阶左侧开挖到 15 m

图 7.4-10　拱顶左右侧沉降随工序的变化

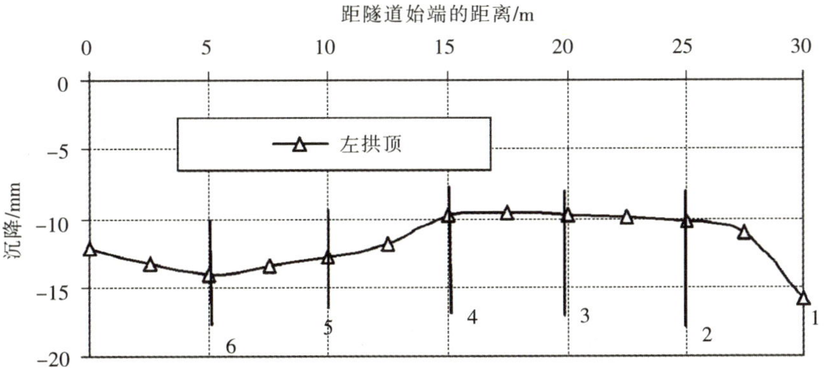

(b)中隔壁拆除到 15 m

图 7.4 − 10　拱顶左右侧沉降随工序的变化

注:图中数字 1 表示上台阶左侧开挖面的位置,2 表示上台阶右侧开挖面的位置,3 表示中台阶开挖面的位置,4 表示中隔壁拆除到的位置,5 表示仰拱回填到的位置,6 表示二次衬砌端面的位置

4. 周边收敛分析

由于周边的位移主要发生在上台阶,所以主要分析上台阶的收敛,并以计算点 1 和计算点 4 为例进行说明。图 7.4 − 11 给出了周边收敛随施工步的变化曲线(水平位移向右为正,向左为负)。从图中可知:

(1)左侧水平位移最大的发生在上台阶左侧开挖后,达到 12.4 mm(向隧道内);而当上台阶右侧开挖后,水平位移减小,出现向外扩展。

(2)右侧水平位移在上台阶左侧开挖时为向右(向隧道外);而当上台阶右侧开挖时,向左移动。水平位移变化梯度较大的工序是上台阶左右侧开挖,其次为中隔壁的拆除。

(3)和水平位移相对应,收敛表现为起初向洞内收敛,而后出现扩张。扩展的原因是中隔壁的纵向约束效应减弱(该断面距拆除中隔壁的位置约 10 m)。

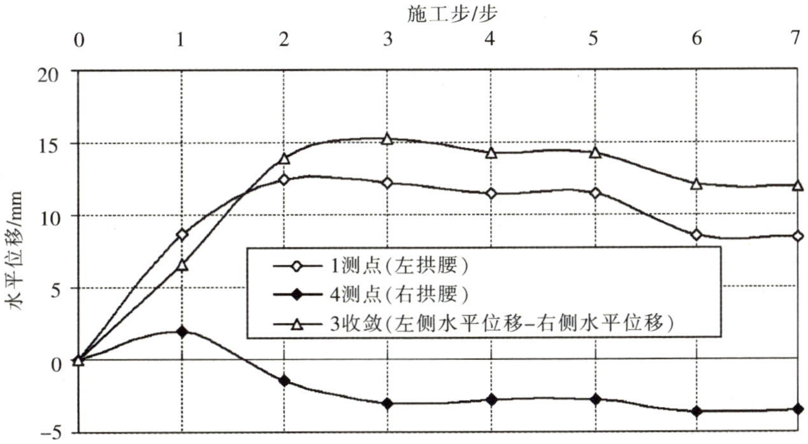

图 7.4 − 11　洞内周边收敛随施工步的变化

注:施工步中的 0 表示未开挖,1 表示上台阶左侧开挖到 15 m,2 表示上台阶右侧开挖到 15 m,3 表示中台阶开挖到 15 m,4 表示中隔壁拆除到 15 m,5 表示仰拱回填到 15 m,6 表示二次衬砌施作到 15 m,7 表示二次衬砌贯通

7.4.5 初期支护结构受力分析

7.4.5.1 工字钢内力分析

1. 整体内力分析

1）横向弯矩

图 7.4－12 为各工序施工到断面 15 m 处工字钢（含中隔壁的工字钢）的弯矩（隧道的横向弯矩，与通常的平面计算的弯矩一致）图。从图中可知：

（1）随着开挖不断向前推进，工字钢逐段架设，弯矩也不断变化。中隔壁工字钢弯矩在上台阶左侧开挖时最大，因为此时受的荷载大部分来自右侧的水平土压力；并且中隔壁工字钢弯矩在左侧开挖面小，这是由于受掌子面的约束支撑作用。

（2）工字钢在左拱腰、左拱脚和拱顶位置附近的横向弯矩较大，这可能与以下几个原因有关：其一是中隔壁靠近中线；其二是左侧为先开挖的，受二次扰动；其三是拐角附近的应力集中。这表明施工中要重视上台阶先行开挖一侧的支护，特别是要注重拱腰附近的应力监测。

（3）上台阶的弯矩较下台阶的大，这是由于地层为上软下硬；并且在初期支护的闭合段，上台阶弯矩有所降低，这是因为支护结构闭合受力较合理，形成了封闭的承载结构。

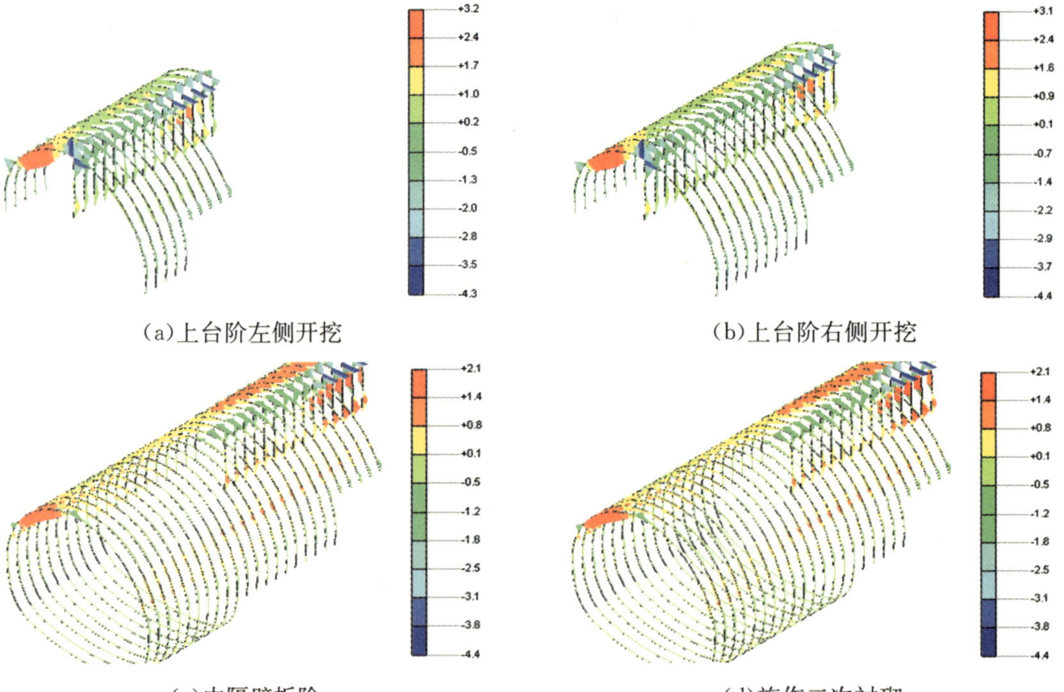

（a）上台阶左侧开挖　　（b）上台阶右侧开挖

（c）中隔壁拆除　　（d）施作二次衬砌

图 7.4－12　各工序下的工字钢的横向弯矩（单位：kN·m）

2）横向轴力

图 7.4－13 为各工序施工到断面 15 m 处工字钢（含中隔壁的工字钢）的轴力（隧道的横向轴力，与平面计算的轴力一致）图。从图中可知：

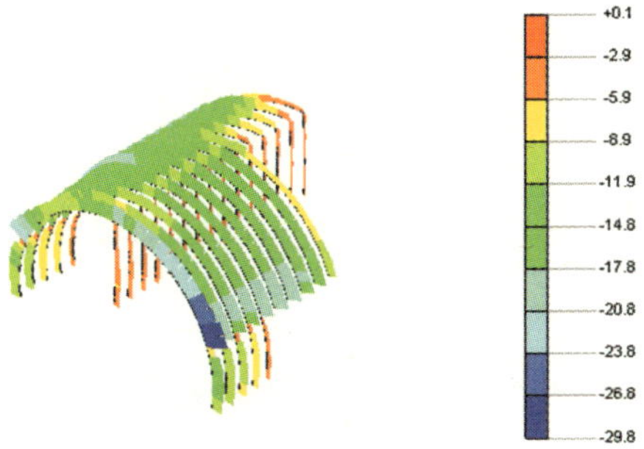

(a)上台阶左侧开挖

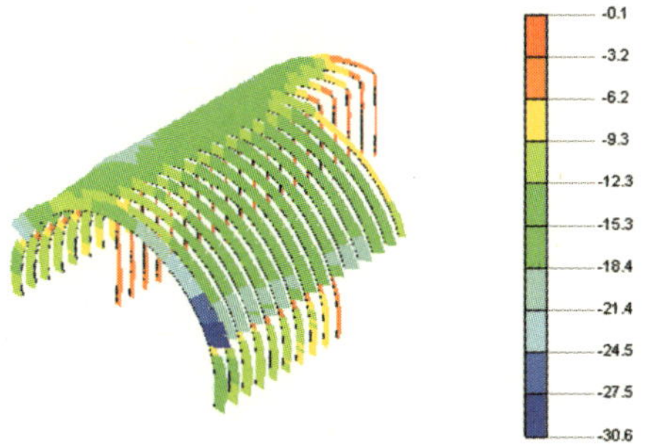

(b)上台阶右侧开挖

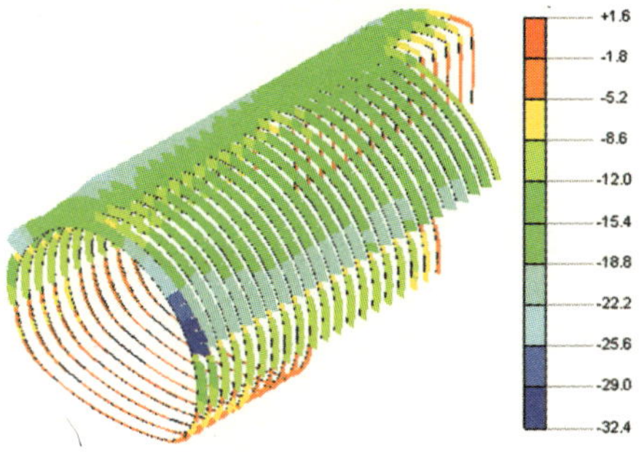

(c)中隔壁拆除

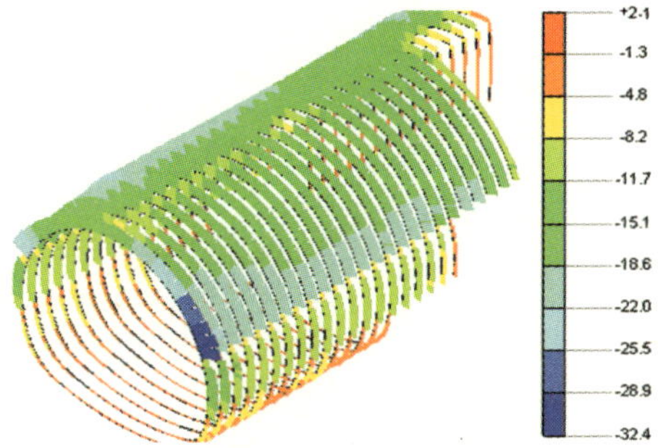

(d)施作二次衬砌

图 7.4－13　各工序下的工字钢的横向轴力(单位:kN)

(1)随着开挖不断向前推进,工字钢的逐段架设,相同位置的轴力在距上台阶开挖面近的地方小,而在距开挖面远的地方大,这是由于受掌子面的纵向约束支撑作用。

(2)上台阶的轴力比下台阶的大得多,且下台阶出现了拉力,但数值较小,这也同地层为上软下硬有关。

2. 工字钢主要部位点的内力随施工步的变化

综合工字钢的弯矩和轴力分析可知,工字钢主要部位点为(左)拱顶、左拱腰、右拱腰,其次为左、右边墙中点,最后为仰拱和左、右墙脚。在监测时,结合位移的监测,可以只监测拱顶和左、右拱腰。

图 7.4－14、图 7.4－15 为工字钢主要部位点的弯矩和轴力随施工步的变化,从图中可知:

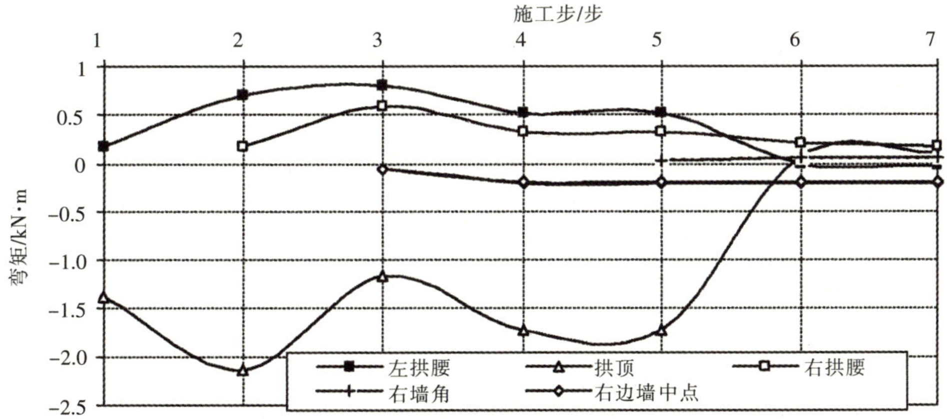

图 7.4－14　工字钢主要部位点弯矩随施工步的变化

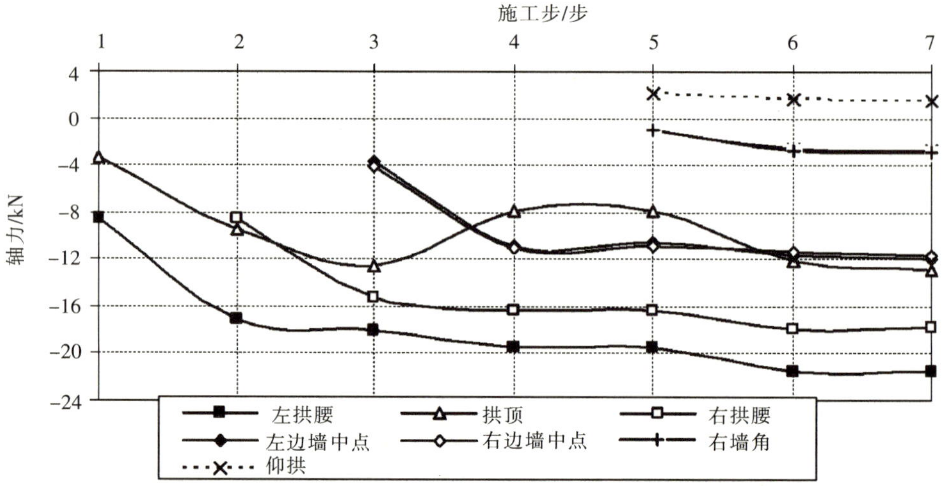

图 7.4-15　工字钢主要部位点轴力随施工步的变化

注：施工步中的 0 表示未开挖，1 表示上台阶左侧开挖到 15 m，2 表示上台阶右侧开挖到 15 m，3 表示中台阶开挖到 15 m，4 表示中隔壁拆除到 15 m，5 表示仰拱回填到 15 m，6 表示二次衬砌施作到 15 m，7 表示二次衬砌贯通

(1)整体上各测点的弯矩数值小于轴力数值，且上台阶的大于下台阶的。

(2)拱顶弯矩在上台阶左侧开挖达到最大时，因为此时为不对称受力；右侧开挖时弯矩增大，而在中隔壁开挖时弯矩降低，这是因为此时中隔壁左右侧的荷载基本对称；在随后的施工步中弯矩增大，这主要因为该断面距开挖掌子面的距离增大，所承受的围岩压力也逐渐增加；仰拱施作到 15 m 时，拱顶弯矩改变方向，此时内侧开始受拉，且数值降低，这主要因为此时该断面距中隔壁的拆除面较远，中隔壁的纵向约束作用很小了，并且此时初期支护结构已经闭合。

(3)左右拱腰在上台阶左侧开挖到 15 m 至中台阶开挖到 15 m 时，弯矩一直增加，这是因为随着开挖的进行，结构所承受的荷载逐步增大。而在中隔壁拆除到 15 m 和仰拱施作到 15 m 时，弯矩降低。前者是因为中隔壁拆除后，结构的受力模式改变了，内力也相应进行调整；后者是因为支护结构闭合。

(4)拱顶和左拱腰的轴力在上台阶左右侧开挖和拆除中隔壁时显著增大，右拱腰的轴力也在拆除中隔壁时显著增大，这主要因为此时的结构为大跨度结构；左右边墙的轴力在中台阶开挖时变化最大；值得注意的是，仰拱处的轴力始终为拉力。

综上所述，从初期支护结构的受力角度考虑，隧道施工的关键步为上台阶的左右侧开挖，其次为拆除中隔壁。

7.4.5.2　喷射混凝土内力分析

1. 横向弯矩

图 7.4-16 为各工序施工到断面 15 m 处的喷射混凝土的横向弯矩，从图中可知：

(1)拱顶弯矩在有中隔壁的地方为外侧受拉，且数值较大；而当中隔壁拆除后，其支护约束作用逐渐消失，则此时为内侧受拉。

(2)右拱腰的弯矩(内侧受拉)大于左拱腰的弯矩，表明先开挖侧的喷射混凝土弯矩较后开挖侧的弯矩大。

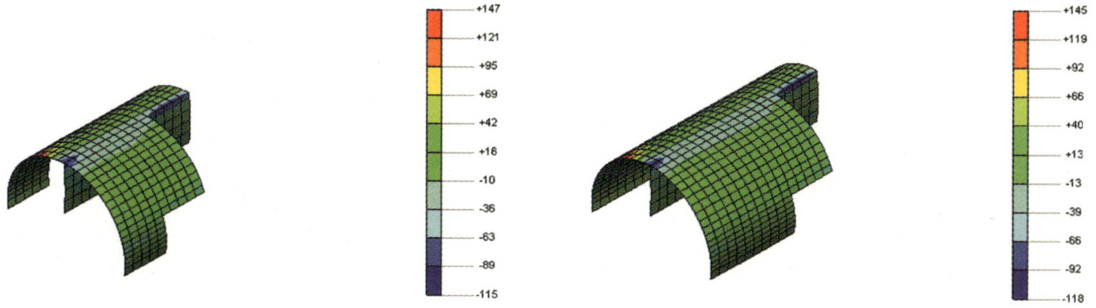

(a)上台阶左侧开挖　　(b)上台阶右侧开挖

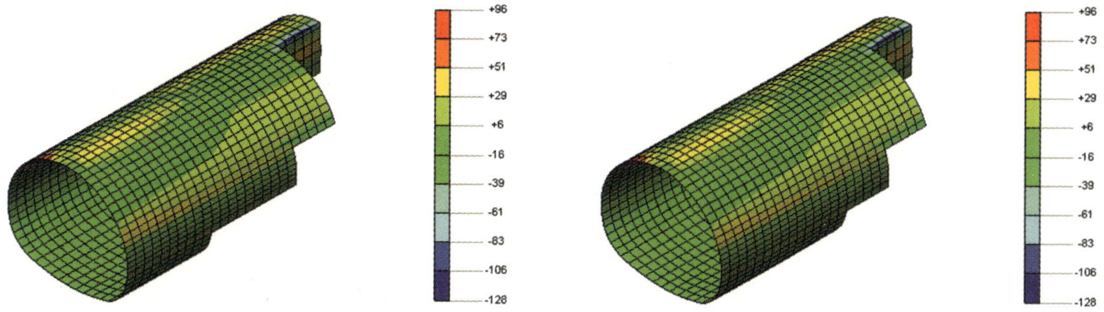

(c)中隔壁拆除　　(d)施作二次衬砌

图 7.4－16　各工序下的喷射混凝土的横向弯矩(单位:kN・m)

(3)上台阶的喷射混凝土的弯矩也较下台阶的大,这同上软下硬的地层有关。

(4)拱顶弯矩的纵向分布随着距上台阶左侧开挖面的远近而不同,在上台阶左侧开挖面和上台阶右侧开挖面的中间达到最大点,此时为偏压程度最大(中隔壁为偏压受力),随后弯矩降低,在中台阶开挖面的附近达到最小,随后又增大,在中隔壁的末端面达到最大,这是因为中台阶开挖使结构所受荷载进一步加大;在中隔壁拆除后,拱顶弯矩减小,并开始反号,然后增大,这与中隔壁的约束作用逐渐消失和下台阶的开挖有关。

2. 横向轴力

图 7.4－17 为各工序施工到断面 15 m 处的喷射混凝土的轴力分布,从图中可知:整体上中隔壁和仰拱位置的轴力较别的地方小,且轴力随着距掌子面的距离增加而增大;左右拱腰处的轴力较大。

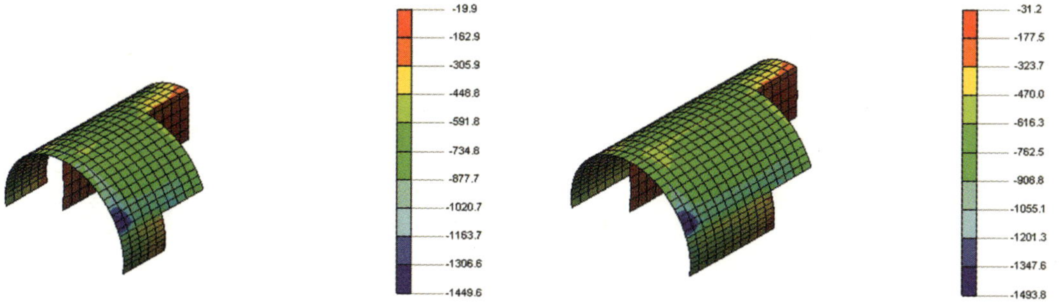

(a)上台阶左侧开挖　　(b)上台阶右侧开挖

图 7.4－17　各工序下喷射混凝土的横向轴力(单位:kN)

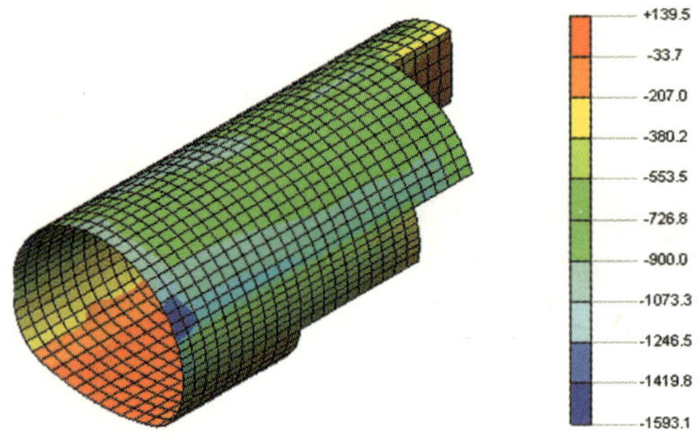

(c)中隔壁拆除

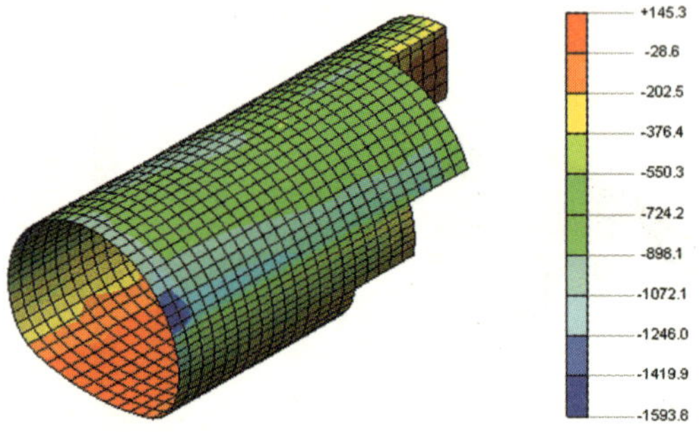

(d)施作二次衬砌

图 7.4－17　各工序下喷射混凝土的横向轴力(单位:kN)

7.4.5.3　锚杆和锁脚锚管内力分析

图 7.4－18 为各工序下的锚杆和锁脚锚管的轴力分布。从图中可知：

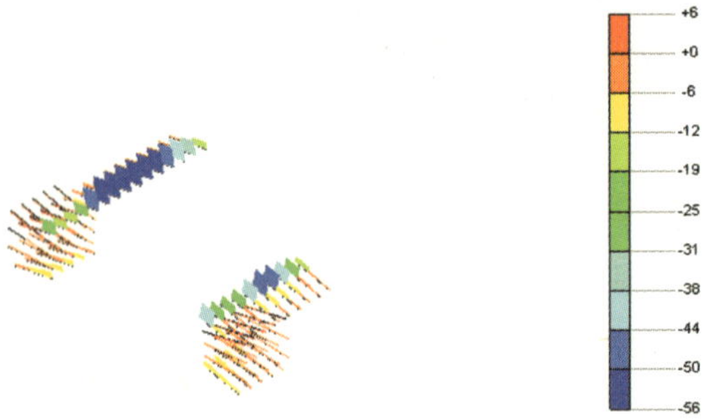

(a)上台阶左侧开挖

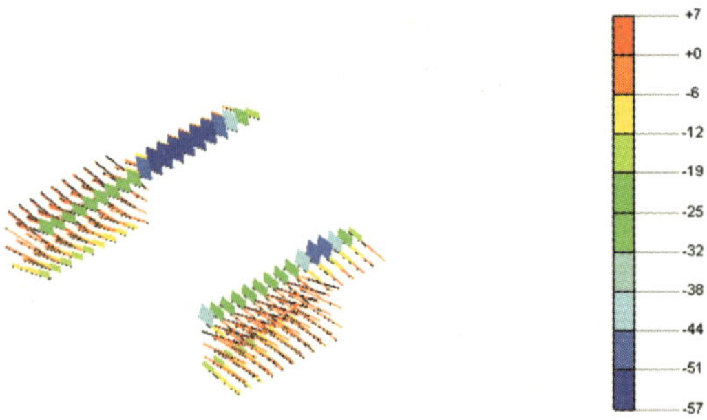

(b)上台阶右侧开挖

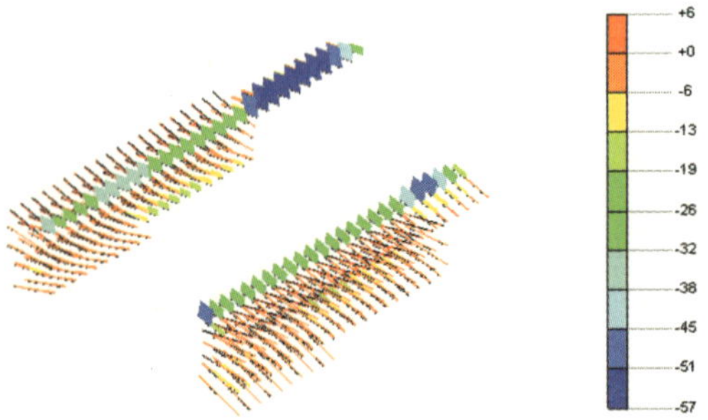

(c)中隔壁拆除

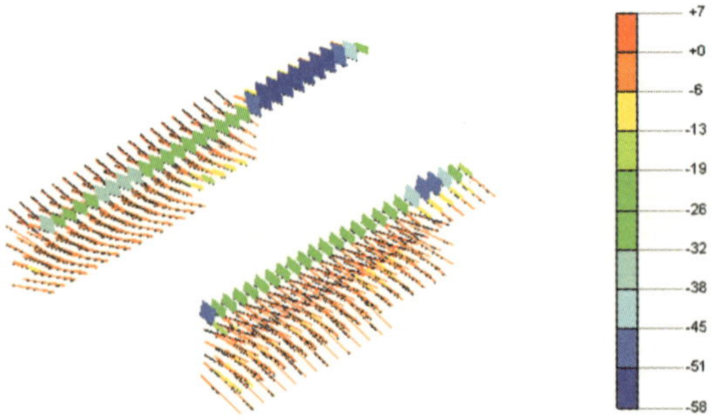

(d)施作二次衬砌

图 7.4－18　各工序下锚杆和锁脚锚管的轴力(单位:kN)

(1)上台阶左右锁脚锚管的轴力比别的(锁脚)锚管的最大轴力大,表明锁脚锚管起的作用较大,因此务必保证其施工质量,并要将其与工字钢牢固焊接在一起。

(2)先开挖侧的锚杆轴力较后开挖侧的锚杆轴力大,且各锚杆均呈现根部(靠近隧道侧)轴力大而端部小。这是由于未考虑锚杆和围岩之间的砂浆黏结作用,只是用节点共位移的方法考虑锚杆作用。

(3)上台阶左侧锁脚锚管的轴力沿着隧道纵向呈现不同的趋势,即靠近左侧开挖面近的地方小,然后随着距离增加而增大,随后又减小,这和喷射混凝土的纵向分布规律相似。

(4)拆除中隔壁后,锚杆和锁脚锚管的轴力增大,因为此时隧道由原来的两个小单跨变为一个大跨，且少了中隔壁的支护；下台阶开挖后，中部锁脚锚管轴力降低，因为此时初期支护已经封闭，受力较好；而在随后的工序中，锚杆轴力的分布形式与数值大小变化很小。

7.4.6　中隔壁支护结构及中间岩柱受力分析

7.4.6.1　上台阶中隔壁工字钢内力分析

图 7.4－19、图 7.4－20 为各工序下断面 15 m 处中隔壁工字钢的弯矩、轴力分布，从图中可知：

(1)从图 7.4－19 可以看出，上台阶左侧开挖到该断面时，最大弯矩位于中隔壁与初期支护的搭接位置即拱顶，在中隔壁中部位置弯矩为左侧受拉；而上台阶右侧开挖到该断面时，各测点弯矩数值变大；中台阶开挖到该断面时，弯矩减小，特别是上台阶中隔壁中间位置的弯矩减小很多，这是因为此时中隔壁主要承受拱顶传来的竖向荷载，而水平荷载很小，基本上对称受荷。因此，建议上台阶中隔壁临时工字钢和初期支护的工字钢要焊接牢固。

(2)从图 7.4－20 可以看出，上台阶左侧开挖后，最大轴力(压力)位于上台阶中隔壁的顶部，最小轴力(拉力)位于上台阶中隔壁的中部；而上台阶右侧开挖后，最大轴力位于中隔壁的底部，最小轴力位于中隔壁的顶部；在中台阶开挖到此断面时，轴力分布形式未变，数值略微增大，原因同弯矩的分析。

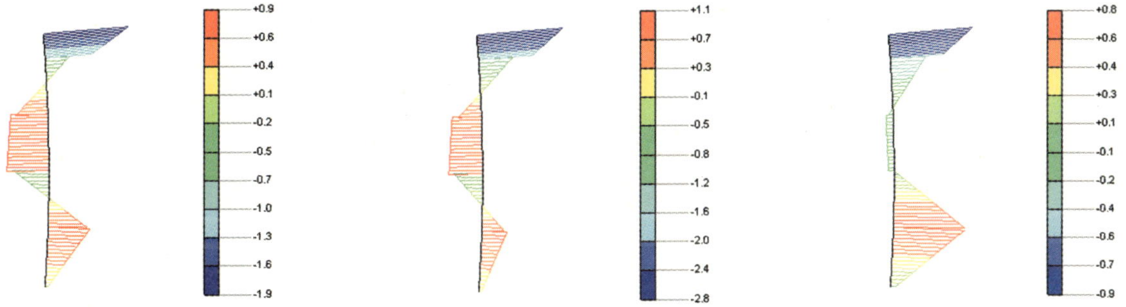

(a)上台阶左侧开挖到 15 m　　(b)上台阶右侧开挖到 15 m　　(c)中台阶开挖到 15 m

图 7.4－19　各工序下断面 15 m 处中隔壁工字钢的弯矩(单位：kN・m)

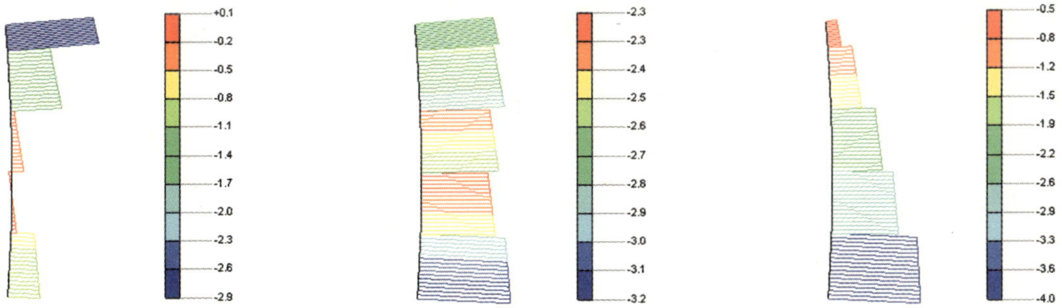

(a)上台阶左侧开挖到 15 m　　(b)上台阶右侧开挖到 15 m　　(c)中台阶开挖到 15 m

图 7.4－20　各工序下断面 15 m 处中隔壁工字钢的轴力(单位：kN)

7.4.6.2　上台阶中隔壁喷射混凝土内力分析

图 7.4－21、图 7.4－22 为各工序下的断面 15 m 处的中隔壁喷射混凝土的弯矩、轴力图，从

图中可知：

(1)从图 7.4－21 可以看出，弯矩的表现规律同此处临时工字钢的，即上台阶左侧开挖到该断面时，最大弯矩位于中隔壁与初期支护的搭接位置即拱顶，中隔壁中部位置弯矩为左侧受拉；而上台阶右侧开挖到该断面时，各测点弯矩数值变大；中台阶开挖到该断面时，弯矩减小，特别是上台阶中隔壁位置的弯矩减小很多，这是因为此时中隔壁主要承受拱顶传来的竖向荷载，而水平荷载很小，基本上对称受荷。建议上台阶中隔壁临时工字钢和初期支护的工字钢要焊接牢固。

(2)从图 7.4－22 可以看出，上台阶左侧开挖后，最大轴力(压力)位于上台阶中隔壁的顶部，最小轴力(拉力)位于上台阶中隔壁的中部；而上台阶右侧开挖后，最大轴力仍位于中隔壁顶部，最小轴力位于中隔壁的顶部后端，且数值增加，这是因为右台阶的开挖增大了围岩压力；在中台阶开挖到此断面时，最大轴力位于中隔壁的底部，最小轴力位于中隔壁的顶部，数值略微减小，因为此时围岩压力部分传递给左右的边墙。

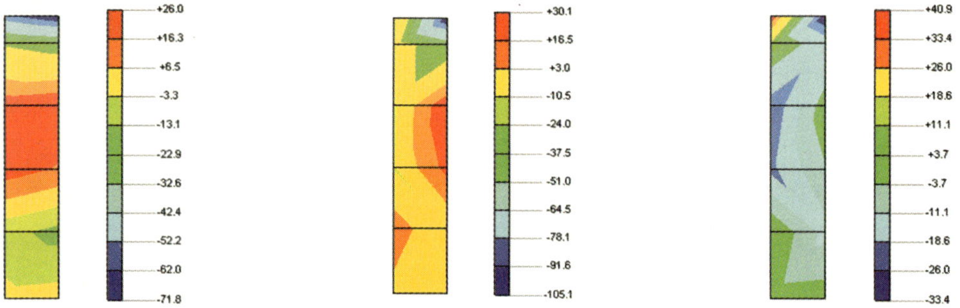

(a)上台阶左侧开挖到 15 m　　(b)上台阶右侧开挖到 15 m　　(c)中台阶开挖到 15 m

图 7.4－21　各工序下断面 15 m 处中隔壁喷射混凝土的弯矩(单位：kN·m)

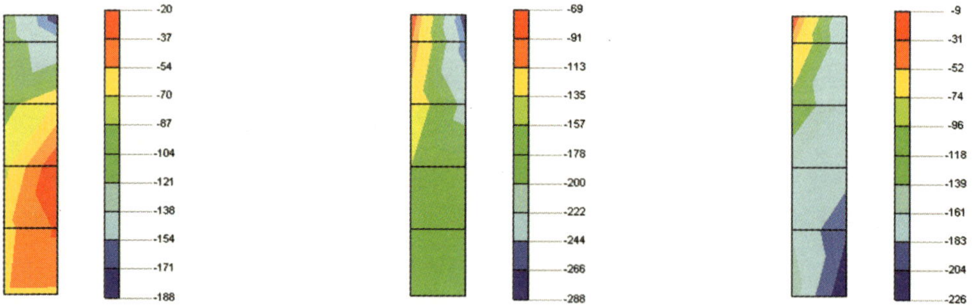

(a)上台阶左侧开挖到 15 m　　(b)上台阶右侧开挖到 15 m　　(c)中台阶开挖到 15 m

图 7.4－22　各工序下断面 15 m 处中隔壁喷射混凝土的轴力(单位：kN)

7.4.6.3　中台阶岩柱受力分析

图 7.4－23、图 7.4－24 为各工序下的中墙岩柱的最大和最小主应力，从图中可知：

(1)随着开挖的推进，最大主应力和最小主应力的分布也向前推移，并且最大的拉应力和最大的压应力整体上增大。

(2)最大拉应力分布在中墙岩柱的上部靠近中台阶掌子面的地方，最大压应力分布在中墙岩柱的末端下部位置。

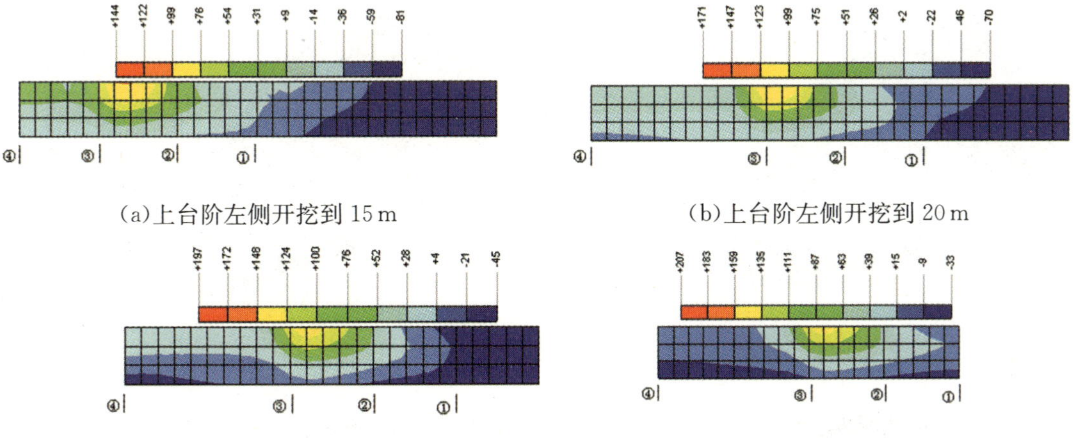

(a)上台阶左侧开挖到 15 m　　(b)上台阶左侧开挖到 20 m

(c)上台阶左侧开挖到 25 m　　(d)上台阶左侧开挖到 30 m

图 7.4－23　各工序下中墙岩柱的最大主应力(单位:kPa)

注:①上台阶左侧的开挖面;②上台阶右侧的开挖面;③中台阶中墙岩柱的始端;④中台阶中墙岩柱的末端

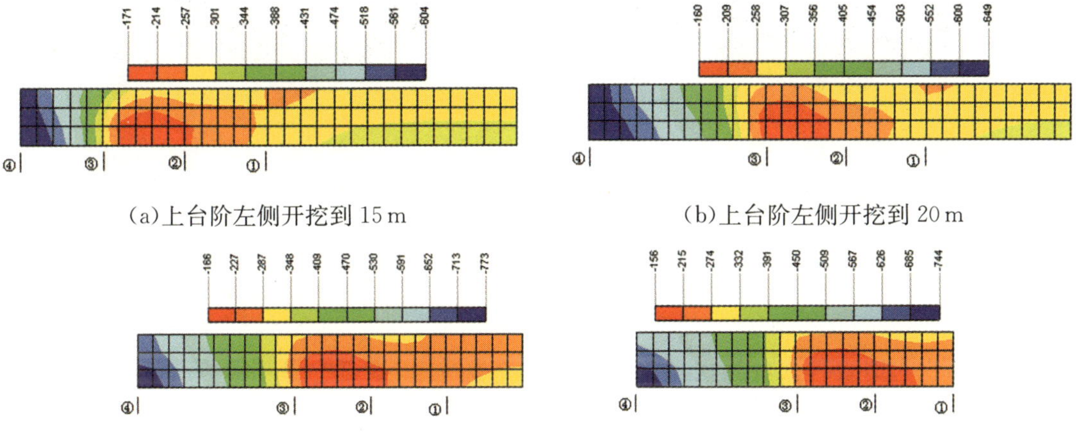

(a)上台阶左侧开挖到 15 m　　(b)上台阶左侧开挖到 20 m

(c)上台阶左侧开挖到 25 m　　(d)上台阶左侧开挖到 30 m

图 7.4－24　各工序下中墙岩柱的最小主应力(单位:kPa)

注:①上台阶左侧的开挖面;②上台阶右侧的开挖面;③中台阶中墙岩柱的始端;④中台阶中墙岩柱的末端

7.4.7　二次衬砌受力分析

图 7.4－25 给出了二次衬砌的最大和最小主应力分布。从图中可知:二次衬砌的最大、最小主应力基本上关于隧道中线对称;最大的拉应力位于拱顶和仰拱;最大的压应力位于左右墙脚,其次是上台阶左右拱脚的上下附近;最大压应力和最大拉应力均小于混凝土的抗压、抗拉强度,满足安全性要求。

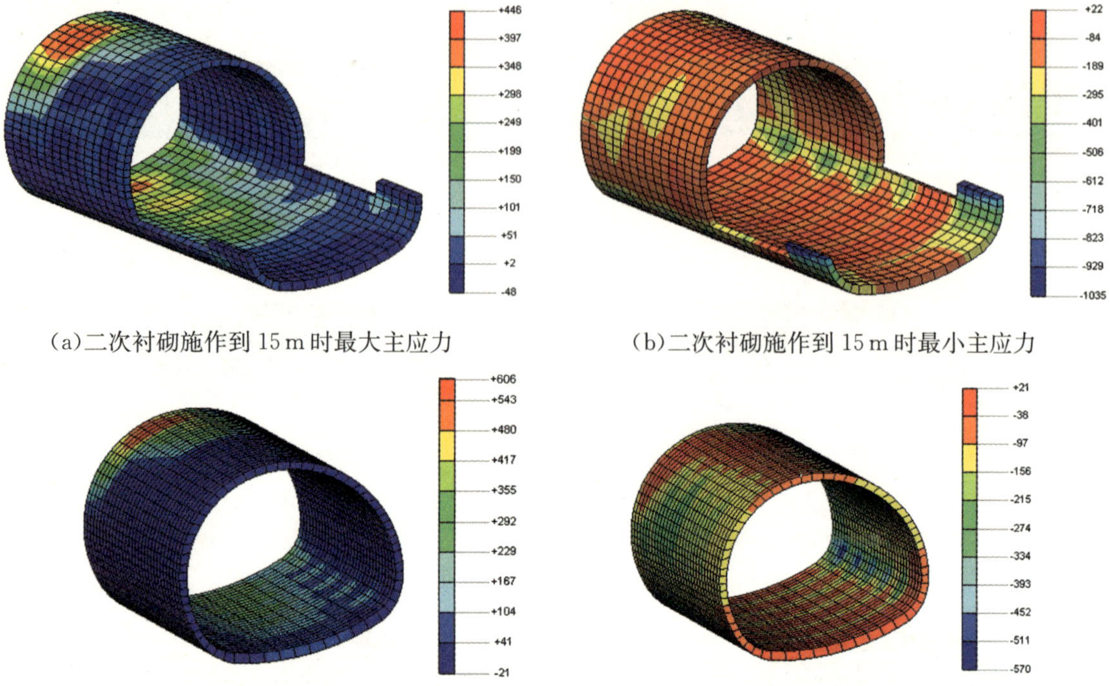

(a)二次衬砌施作到 15 m 时最大主应力　　(b)二次衬砌施作到 15 m 时最小主应力

(c)二次衬砌施作到 30 m 时最大主应力　　(d)二次衬砌施作到 30 m 时最小主应力

图 7.4－25　二次衬砌的最大、最小主应力(单位:kPa)

7.4.8　关键施工步分析

图 7.4－26 为地表各部分开挖到 15 m 时,隧道中线上、隧道中线左侧和隧道中线右侧沉降随施工步的变化。从图中可以看出:

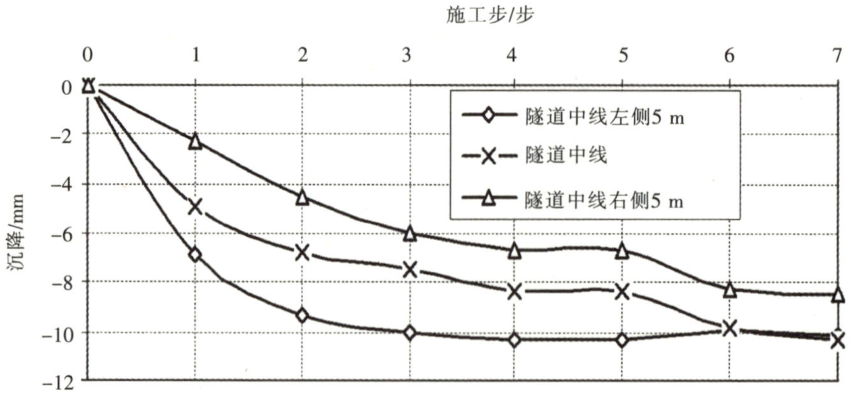

图 7.4－26　各工序下地表隧道中线附近沉降

注:施工步中的 0 表示未开挖,1 表示上台阶左侧开挖到 15 m,2 表示上台阶右侧开挖到 15 m,3 表示中台阶开挖到 15 m,4 表示中隔壁拆除到 15 m,5 表示仰拱回填到15 m,6 表示二次衬砌施作到 15 m,7 表示二次衬砌贯通

(1)整体上,各测点在各开挖面到达时已产生了一部分沉降,产生沉降最大的是隧道中线左侧 5 m 处的测点,其次,为隧道上台阶的左侧开挖和右侧开挖处。

(2)由于中隔壁和右侧开挖面的三维约束作用，当中隔壁拆除到 15 m 时，各测点沉降变化很小。而当二次衬砌施作到 15 m 时，中线测点和中线右侧 5 m 处测点沉降很大，此时中隔壁的空间约束作用已很弱了。

(3)从控制地表沉降的角度考虑，在上软下硬地层，施工的关键步为上台阶先行侧洞的开挖，其次为后行侧洞的开挖。

7.4.9　小结

我们在平面分析的基础上，建立三维数值有限元模型，针对动态分部施工工法的空间力学分布特性及其随施工进展而变化的规律进行了具体分析，主要得出了以下结论：

(1)围岩应力集中范围分布在隧道外约 0.5D 处，集中程度较大的位于各开挖台阶的拐角，其中上台阶拱脚处的应力集中程度最大，这与平面分析结果相符。同时，中隔壁的拆除使得拉应力突然增大。

(2)围岩沉降主要分布在上台阶隧道外 1D 处；隆起主要分布在各开挖台阶的底板下 1D 处，且随着距掌子面的距离增加，沉降(隆起)变大。地表的沉降与施工路径密切相关，最终变形曲线并不关于隧道中线对称，先开挖侧大。

(3)洞周最大的位移矢量位于上台阶先开挖洞侧(左侧)的拱腰附近，而后开挖洞侧的周边位移较小，体现了后开挖侧掌子面的三维纵向约束效应。因此，应加强以上台阶的监测工作。

(4)由于掌子面的约束和支持作用，在距掌子面近的地方初期支护结构的内力小，而在远的地方内力大，且上软下硬地层中上台阶的内力影响大于中下台阶的；上台阶左右锁脚锚管的轴力比其他位置的大，因此应务必保证其施工质量。

(5)中隔壁工字钢在上台阶左侧开挖到该断面时，最大弯矩和最大轴力(压力)位于中隔壁与初期支护的搭接位置；上台阶右侧开挖到该断面时，各测点弯矩数值变大，最大轴力位于中隔壁的底部。

(6)随着开挖的推进，中墙岩柱最大主应力和最小主应力的分布也向前推移，最大的拉应力和最大的压应力也整体上增大。

(7)二次衬砌的最大、最小主应力基本上关于隧道中线对称，最大的拉应力(最大主应力)位于拱顶和仰拱，最大的压应力(最小主应力)位于上台阶拱脚的上下附近。

综合上述动态分部施工工法的形态分析，可知关键工序应为上台阶开挖，其次为拆除中隔壁；隧道的薄弱位置是上台阶的左右拱脚、拱顶，其次是各开挖台阶的拐角。建议从控制地表沉降的角度考虑，着重在上台阶的开挖支护中控制。

7.5　隧道动态分部开挖工法与其他工法的对比研究

通过采用数值模拟，可建立软弱围岩大断面隧道常用施工工法的数值模型，针对其施工安全性、施工速度、经济效应等方面开展对比研究，进一步阐明动态分部施工工法的优越性。

7.5.1 软弱围岩大断面隧道常用施工工法简介

目前国内外针对软弱围岩大断面隧道的施工工法，主要有双侧壁导坑法、三台阶法、CRD法、CD法和动态分部施工工法等，各工法基本施工工序及横断面图见表 7.5－1。

表 7.5－1　软弱围岩大断面隧道施工工法简介

工法名称	横断面示意图	数值模型网格图	主要施工工序简述
双侧壁导坑法	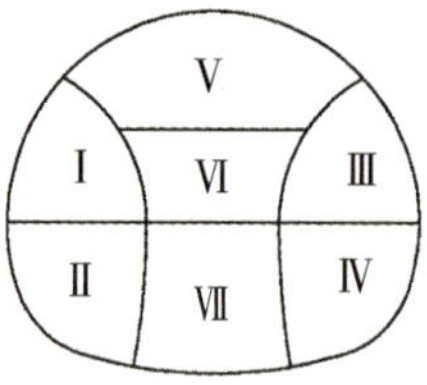	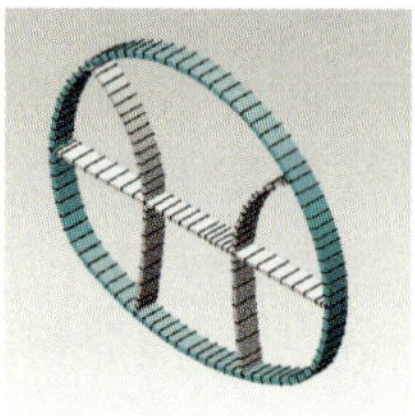	①开挖与支护左侧导坑上部Ⅰ；②开挖与支护左侧导坑下部Ⅱ；③开挖与支护右侧导坑上部Ⅲ；④开挖与支护右侧导坑下部Ⅳ；⑤开挖与支护中间导坑上部Ⅴ；⑥开挖中间导坑中部Ⅵ；⑦开挖与支护中间导坑下部Ⅶ；⑧拆除临时支护；⑨施作仰拱回填；⑩施作二次衬砌
三台阶法	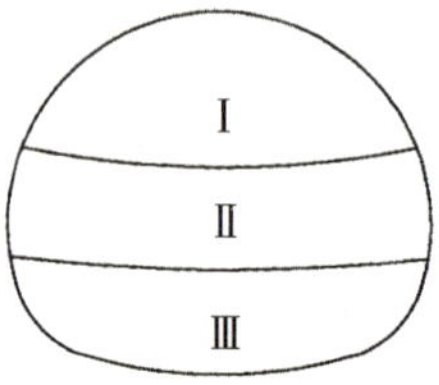	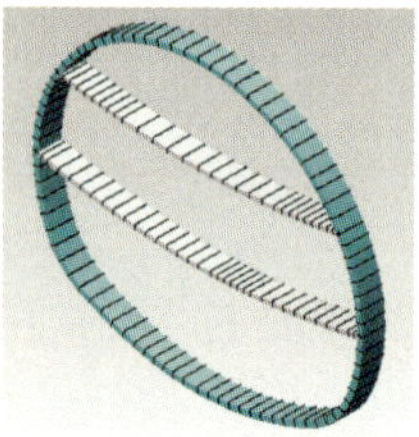	①开挖与支护上台阶Ⅰ；②开挖与支护中台阶Ⅱ；③开挖与支护下台阶Ⅲ，拆除临时支护；④施作仰拱回填；⑤拆除临时支护，施作二次衬砌
CRD法	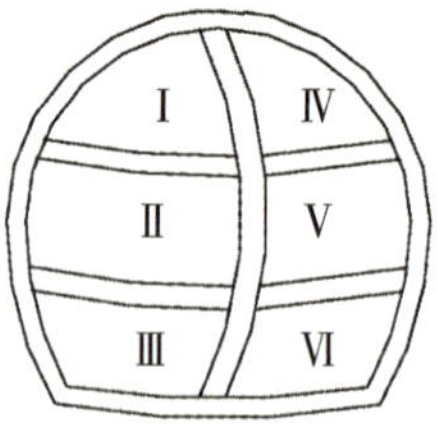	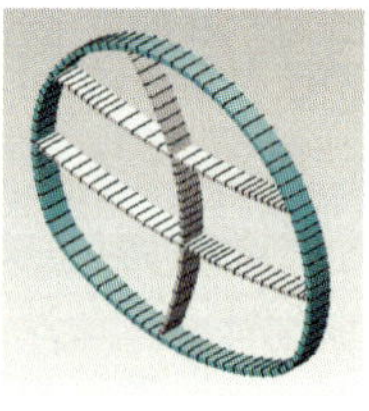	①开挖与支护左侧上部Ⅰ；②开挖与支护左侧中部Ⅱ；③开挖与支护左侧下部Ⅲ；④开挖与支护右侧上部Ⅳ；⑤开挖与支护右侧中部Ⅴ；⑥开挖与支护右侧下部Ⅵ；⑦拆除临时支护；⑧施作仰拱回填；⑨施作二次衬砌
CD法	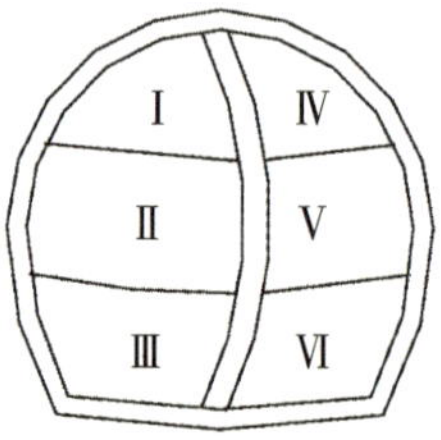	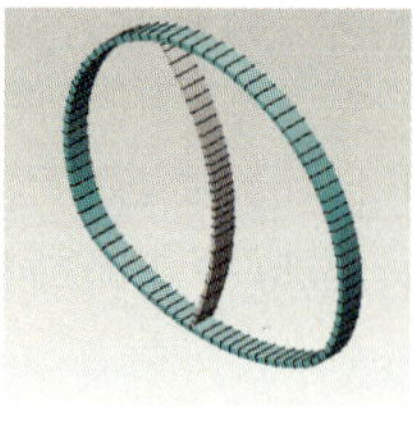	①开挖与支护左侧上部Ⅰ；②开挖与支护左侧中部Ⅱ；③开挖与支护左侧下部Ⅲ；④开挖与支护右侧上部Ⅳ；⑤开挖与支护右侧中部Ⅴ；⑥开挖与支护右侧下部Ⅵ；⑦拆除临时支护；⑧施作仰拱回填；⑨施作二次衬砌
动态分部施工工法	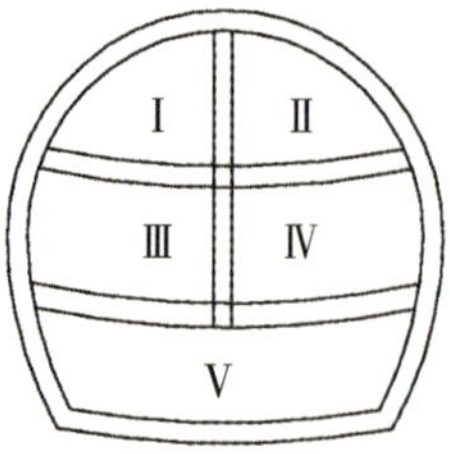	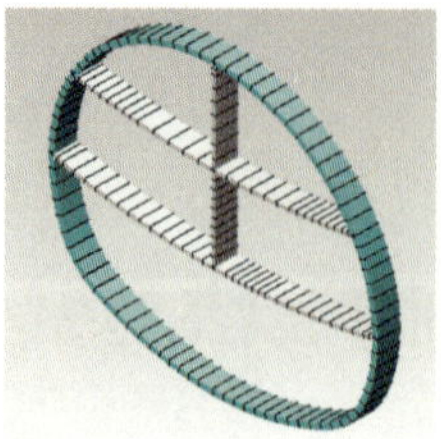	①开挖与支护左侧上部Ⅰ；②开挖与支护右侧上部Ⅱ；③开挖与支护左侧上部Ⅲ；④开挖与支护右侧上部Ⅳ；⑤开挖与支护Ⅴ；⑥拆除临时支护；⑦施作仰拱回填；⑧施作二次衬砌

7.5.2 各施工工法数值模型的建立

采用基于有限元理论的 MIDAS/GTS 计算程序，考虑到数值计算精度及结果受单元划分情况影响较大，为此，本节建模过程将各施工工法在一个模型中考虑，即建模前充分考虑了各种施工工法的几何模型，然后统一划分网格，通过选择网格单元来实现各工法的具体施工工序。

围岩、二次衬砌按平面应变单元考虑，采用四边形单元模拟，初期支护、临时支护采用梁单元模拟。围岩视为服从莫尔-库仑准则，而其他材料均仅考虑其弹性工作状态。模型左右分别取至中线外 40 m，下边界隧底以下 30 m 范围，上边界根据浏阳河实际埋深取至地表。左右边界设置水平约束，下边界设置竖向约束，上边界为自由边界。模型应力场仅考虑自重应力场，所有工况支护结构采用相同参数。通过 MIDAS/GTS 操作界面，划分模型网格如表 7.5－1 及图 7.5－1 所示。

7.5.3 计算结果分析

为便于说明及考虑到分析结论的代表性，选取如图 7.5－2 所示的典型位置进行各物理量的分析。并有如下约定：竖向变形 D_z，“＋”表示沉降，“－”表示隆起；水平变形 D_x，“＋”表示向洞内挤入，即收敛，“－”表示向洞外扩张；应力 S_{xx}（水平应力），S_{zz}（竖向应力）及内力 F_x（轴力），“＋”表示拉应力和拉力，“－”表示压应力和压力。

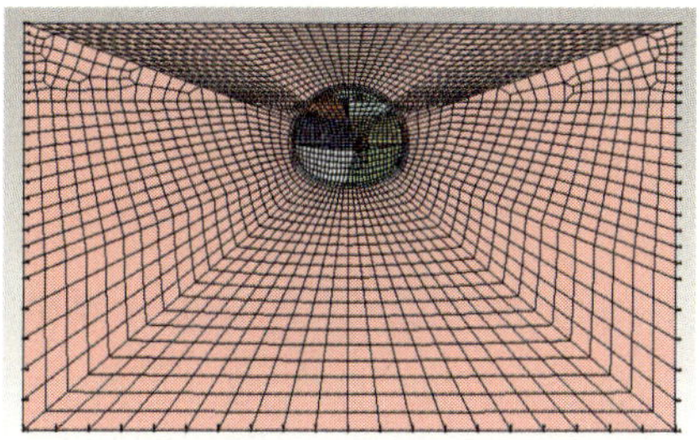

图 7.5－1　各工况数值模型整体网格图

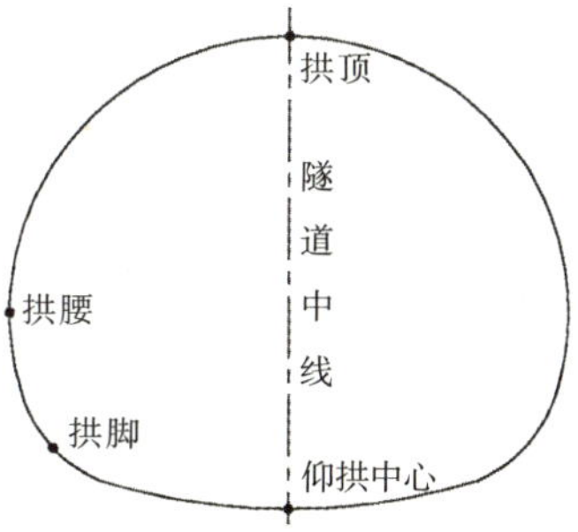

图 7.5－2　分析点位置示意图

7.5.3.1 地表沉降

图 7.5－3、图 7.5－4 分别为不同施工工法条件下，地表最终沉降曲线图及地表中桩随施工工序的沉降曲线图。从图中可知：

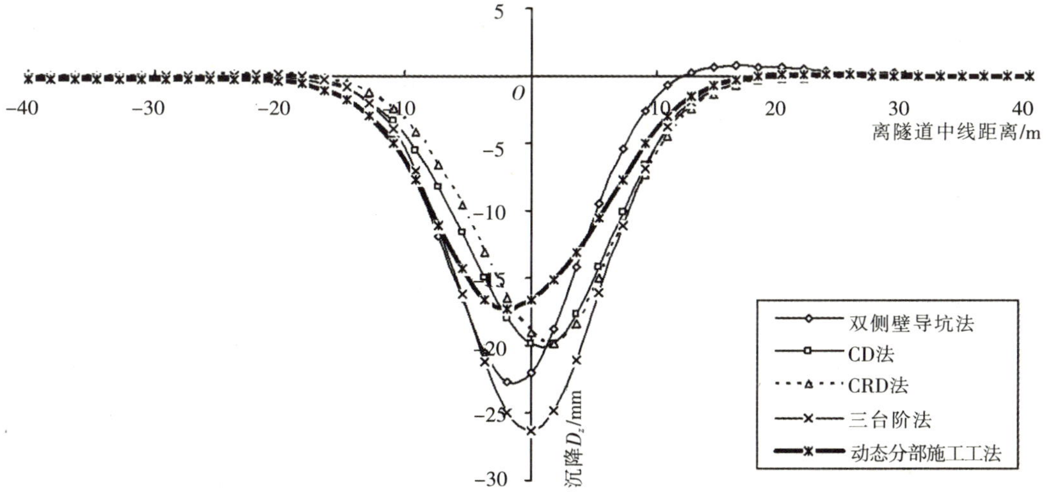

图 7.5－3　各工法条件下最终地表沉降曲线图

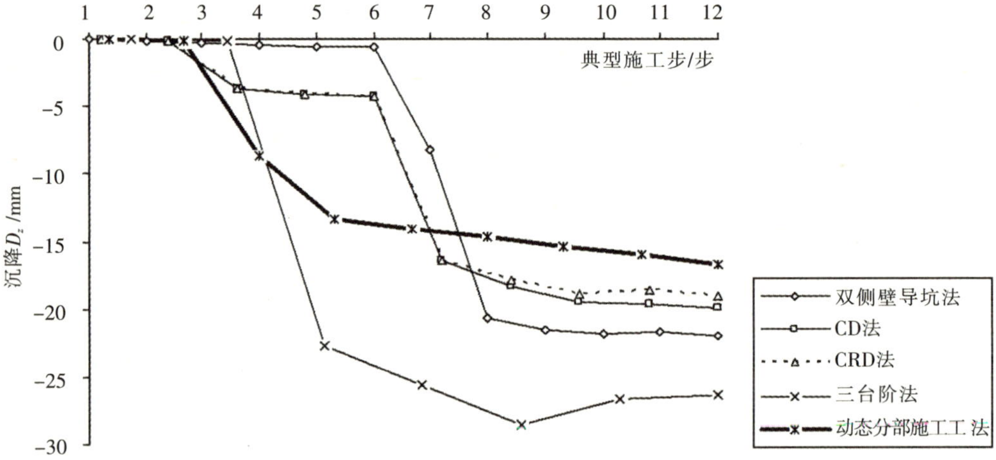

图 7.5-4　各工法条件下地表中桩随施工步的沉降曲线图

(1)各工法条件下，地表最终沉降曲线均呈槽形，其最大沉降位置均位于中线附近，但并不关于隧道中线对称。距隧道中线相同距离位置的沉降值，动态分部施工工法、双侧壁导坑法中，先开挖侧略大于后开挖侧；CD 法和 CRD 法中，先开挖侧略小于后开挖侧；三台阶法中，先开挖侧与后开挖侧基本相等。可见，地表沉降值大小与隧道施工工法、开挖路径有关，这与已有研究成果相符。

(2)不同施工工法在相同位置产生的沉降大小满足如下关系：三台阶法＞双侧壁导坑法＞CD 法≈CRD 法＞动态分部施工工法。可见，动态分部施工工法产生的地表沉降最小。因此，对于地表建筑密集、沉降要求严格地段的隧道开挖，采用本文提出的动态分部施工工法较为有效。

(3)进一步比较各施工工法的地表沉降大小可以发现，除三台阶法外，其余施工工法相对而言均采用了缩小隧道单次开挖跨度的措施，或加设中隔壁，或设置侧壁临时支护，总之是从横向上缩小了单次开挖跨度；而三台阶法主要从深度方向上缩小开挖断面。计算结果表明，从横向上缩小开挖跨度的施工工法所引起的地表沉降小于从深度方向上缩小开挖断面的工法。初步分析，主要有以下两方面原因：一是从横向上缩小开挖跨度的临时支护结构起到了较大的约束作用，及时抑制了围岩的竖向变形；二是竖向应力与水平应力比所致，当竖向应力大于水平应力时，缩小横向跨度对于控制围岩变形较为有效，同理可推测当水平应力比竖向应力大时，缩小竖向跨度(如台阶法)较为有效。

(4)对地表中桩随施工步的沉降变化曲线图 7.5-4 分析可知，围岩变形主要发生在隧道上部围岩开挖时，其变形突变明显，其余阶段变形亦有增加，但变形速率曲线较为平缓。

(5)从各曲线的变化态势来看，动态分部施工工法曲线较为光滑，而其他工法的变形曲线均存在明显的突变点，反映动态分部施工工法对围岩变形的控制更为有效。

综上所述，无论从最终沉降大小还是施工过程沉降趋势来看，本文提出的动态分部施工工法比其他工法更为有利。

7.5.3.2　洞内位移

图 7.5-5 为各工法条件下拱顶随施工步的沉降曲线图，图 7.5-6 为各工法条件下仰拱中心随施工步的隆起曲线图，图 7.5-7 为各工法条件下拱腰随施工步的收敛曲线图。

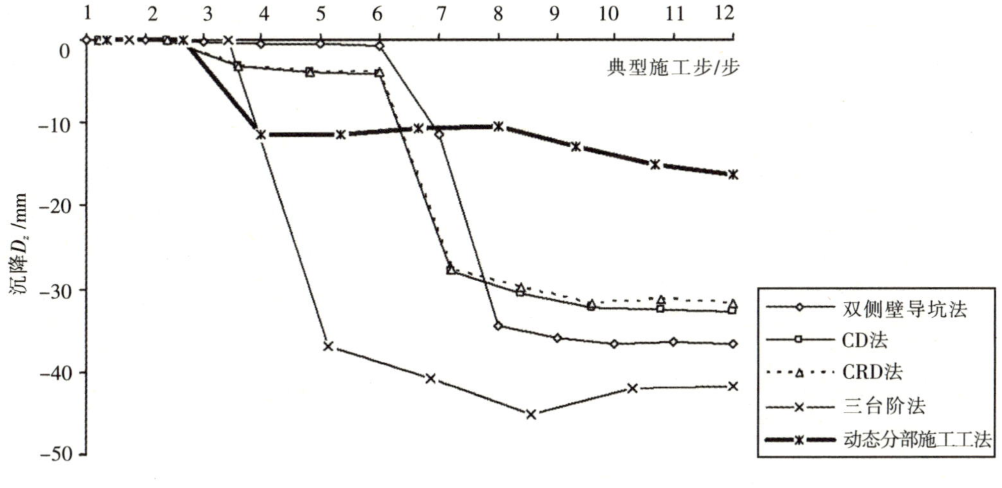

图 7.5－5　各工法条件下拱顶随施工步的沉降曲线图

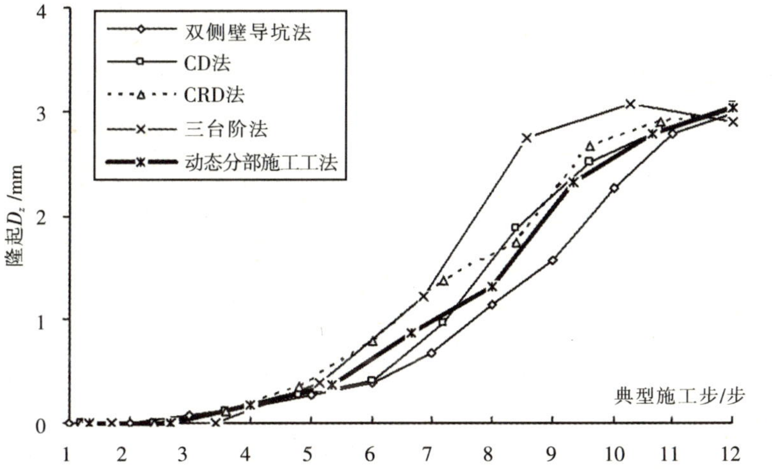

图 7.5－6　各工法条件下仰拱中心随施工步的隆起曲线图

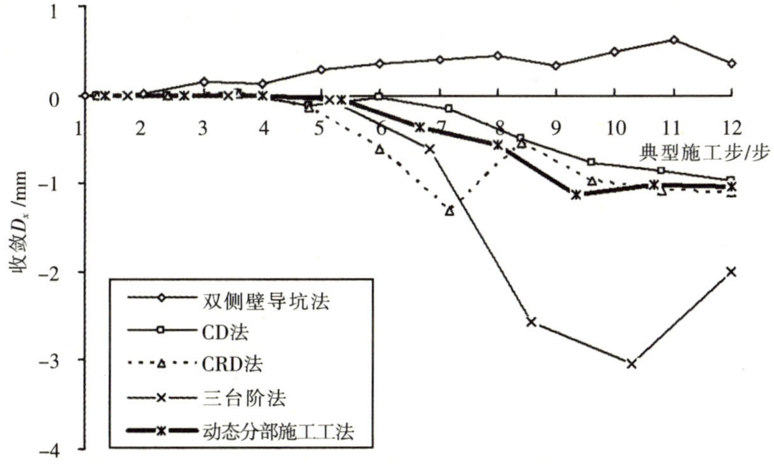

图 7.5－7　各工法条件下拱腰随施工步的收敛曲线图

对以上各图分析可知：

(1)各工法施工条件下，拱顶产生的下沉大小符合以下规律：三台阶法＞双侧壁导坑法＞CD法≈CRD法＞动态分部施工工法，这与地表沉降规律一致。本文提出的动态分部施工工法所产生的拱顶沉降值为其他工法的40%～50%，进一步说明采用缩小横向跨度的工法在限制隧道周边位移上更具有优越性。同时，采用直线形中隔壁的效果比曲线形中隔壁更为明显。

(2)仰拱中心在各工法施工条件下均产生一定程度的隆起，其随施工步变化曲线基本上以双侧壁导坑法和三台阶法为包络线，其他3种工法施工条件下产生的隆起曲线处于包络线内。

(3)拱腰位置的水平位移曲线可分为两种情况：三台阶法产生向洞外扩张，其他工法向洞内收敛。可据此将上述5种工法分为缩小横向跨度和减小竖向断面两类力学模型，而对于竖向应力大于水平应力的情况，采用缩小横向跨度模型较优。

综合上述分析，本文提出的动态分部施工工法控制隧道周边位移相对其他方法具有较大的优越性，设置的直线形中隔壁更为有效。

7.5.3.3　周边围岩应力

图7.5－8为各工法条件下拱顶水平应力随施工步变化曲线图，图7.5－9为各工法条件下拱腰竖向应力随施工步变化曲线图，图7.5－10为各工法条件下拱脚竖向应力随施工步变化曲线图，图7.5－11为各工法条件下仰拱中心水平应力随施工步变化曲线图。对其分析可知：

(1)各工法条件下，隧道周边围岩除仰拱中心位置出现拉应力外，其余均处于受压状态，这对于隧道围岩稳定性是有利的；而仰拱中心产生拉应力时，施工过程中应及时浇筑仰拱，避免隧道地基长时间暴露及被地下水浸坏。

(2)从各工法不同位置的应力水平看，动态分部施工工法应力水平处于其他工法应力水平之间，可见动态分部施工工法对于控制围岩应力亦是有效的。

(3)除拱脚位置外，其他部位应力随施工步的变化均存在明显的突变点，结合施工步可知，软弱围岩大断面隧道应力调整的关键环节为隧道上部岩土体的开挖，这就要求施工监控量测工作应在此时适当加强。

(4)拱顶水平应力、拱腰竖向应力(两者可统一描述为隧道周边围岩径向应力)均随施工步的行进逐渐增大，符合相关理论研究成果。

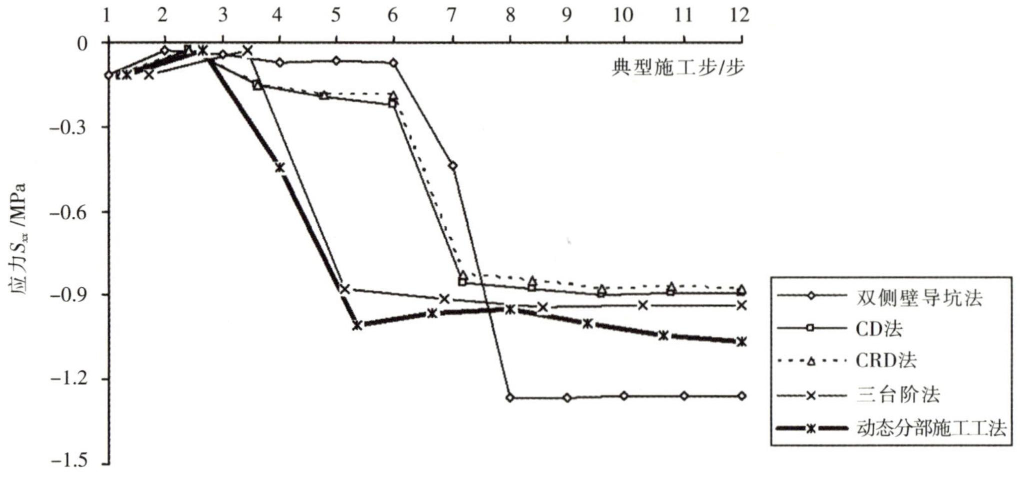

图7.5－8　各工法条件下拱顶水平应力随施工步变化曲线图

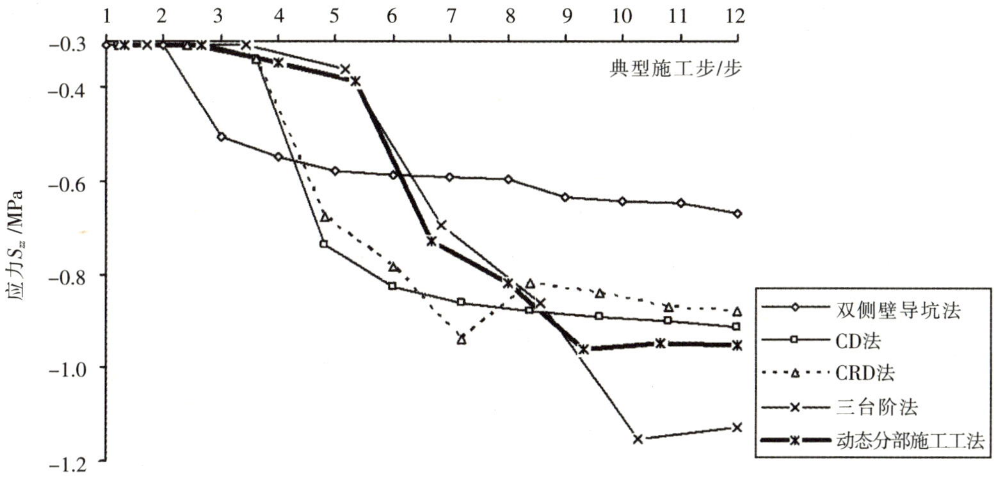

图 7.5-9　各工法条件下拱腰竖向应力随施工步变化曲线图

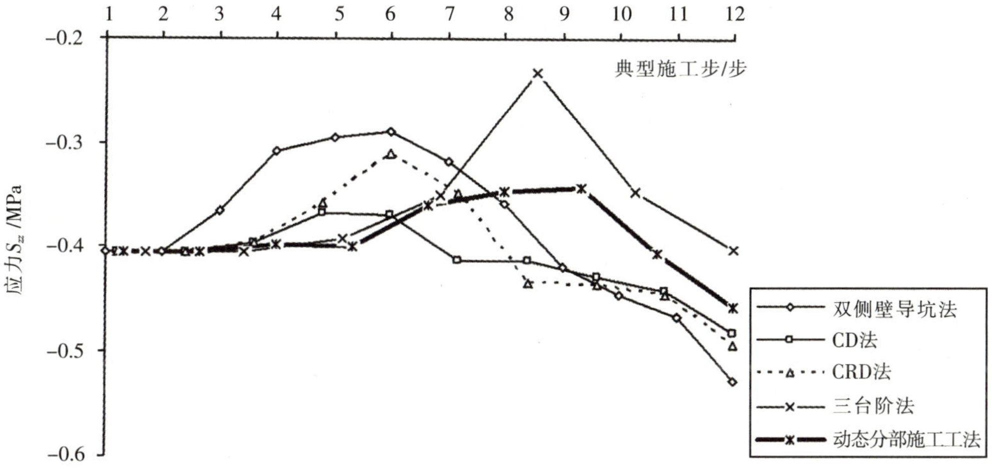

图 7.5-10　各工法条件下拱脚竖向应力随施工步变化曲线图

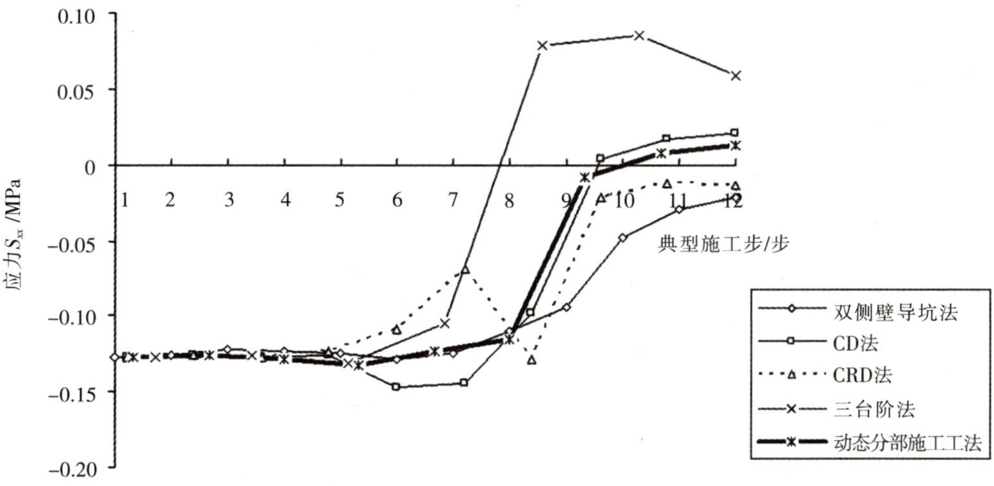

图 7.5-11　各工法条件下仰拱中心水平应力随施工步变化曲线图

综合以上分析可知，动态分部施工工法能够有效控制隧道周边围岩应力发展，且在各施工步中，相对于其他工法，其应力水平调整更为稳定，突变水平相对较低。

7.5.3.4　初期支护内力

图 7.5－12 为各工法条件下初期支护轴力图，图 7.5－13 为各工法条件下初期支护弯矩图。从中可知：

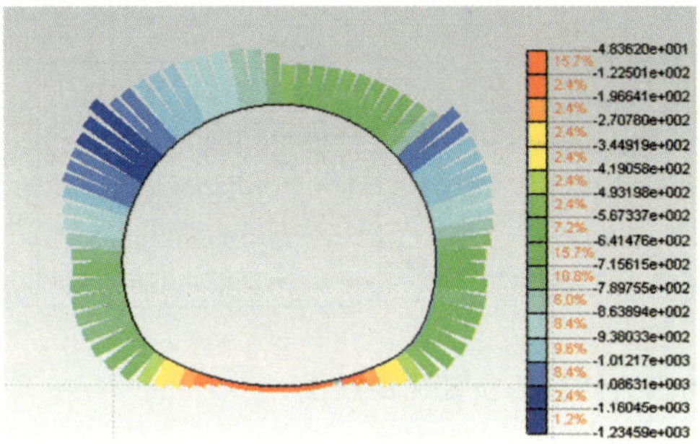

(a)双侧壁导坑法

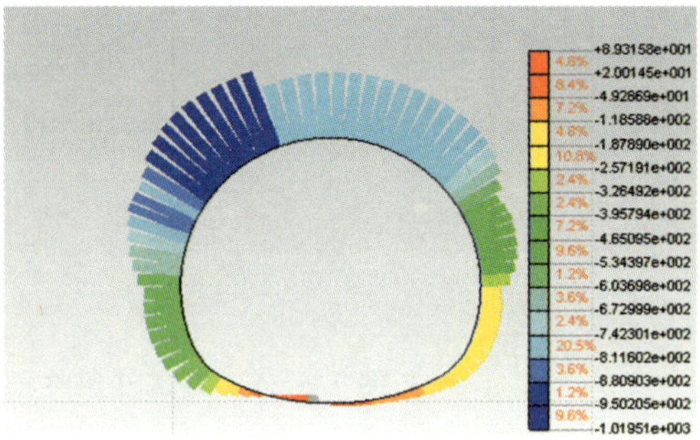

(b)CD 法

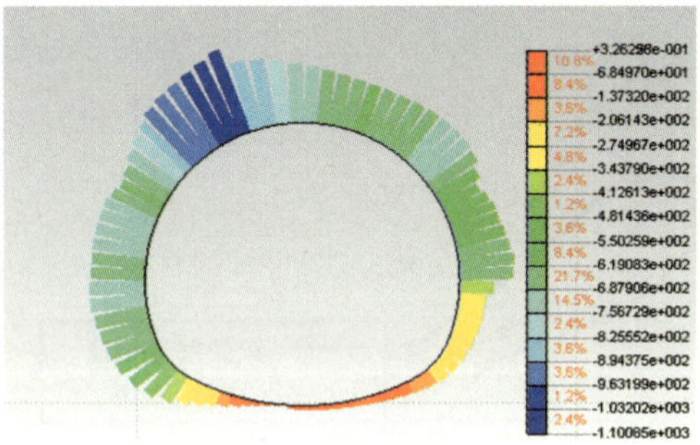

(c)CRD 法

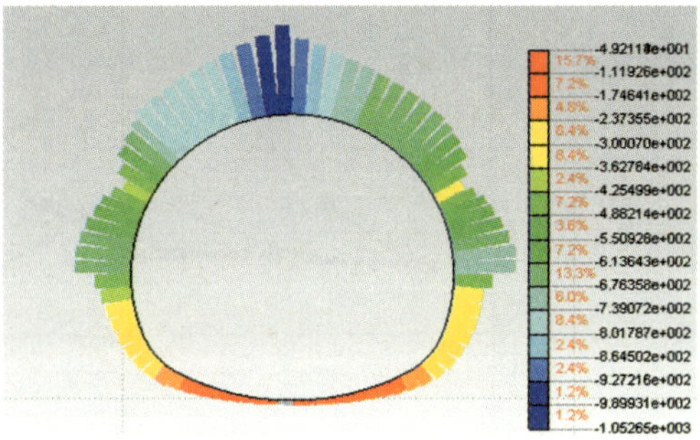

(d)动态分部施工工法

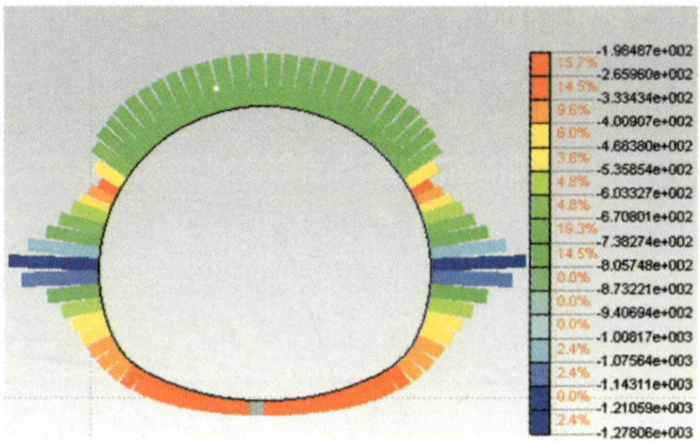

(e)三台阶法

图 7.5－12　各工法条件下初期支护轴力图(单位：kN)

(1)从图 7.5－12 看，双侧壁导坑法、CD 法与 CRD 法的轴力呈不对称分布，先开挖侧轴力明显大于后开挖侧，而动态分布施工工法和三台阶法基本对称，可见采用直线形中隔壁对避免结构性偏压较为有利。

(2)各施工工法中初期支护轴力均是上大下小，符合理论结果，但三台阶法在中台阶临时仰拱处分布有较大的轴力。

(3)各工法初期支护最大轴力大小满足如下关系：三台阶法＞双侧壁导坑法＞动态分布施工

工法>CD 法≈CRD 法。

(4)从图 7.5-13 看，各工法中弯矩差别较大，分布也极不均匀，突变点位置主要发生在各临时支护与初期支护搭接点，其弯矩较大。因此，施工过程中无论采用何种施工工法，均应保证连接位置的牢固。

(5)动态分部施工工法弯矩主要分布在隧道中台阶以上，这与本计算实例的上软下硬地层有关。因此，针对类似地层特点，可适当减弱下部较硬围岩范围内的支护强度，以降低材料用量。

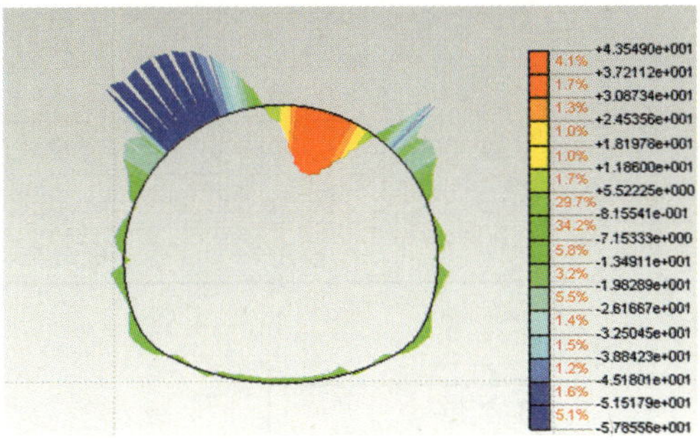

(a)双侧壁导坑法

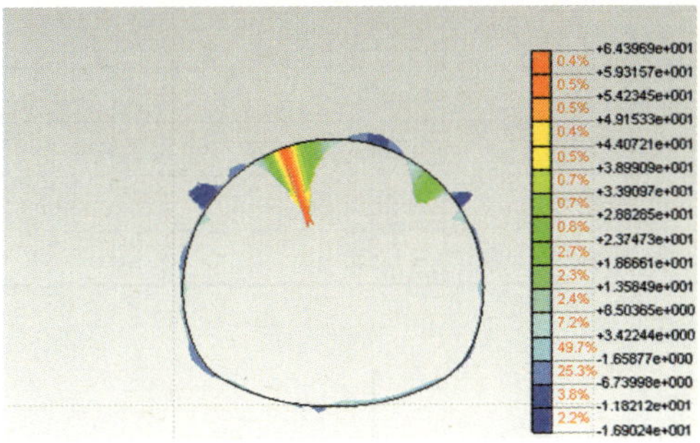

(b)CD 法

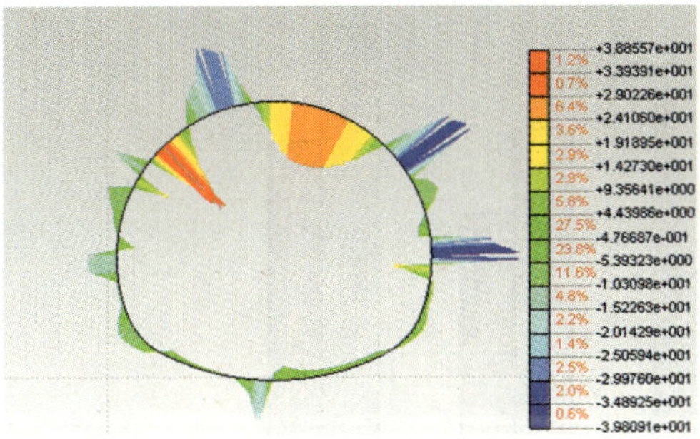

(c)CRD 法

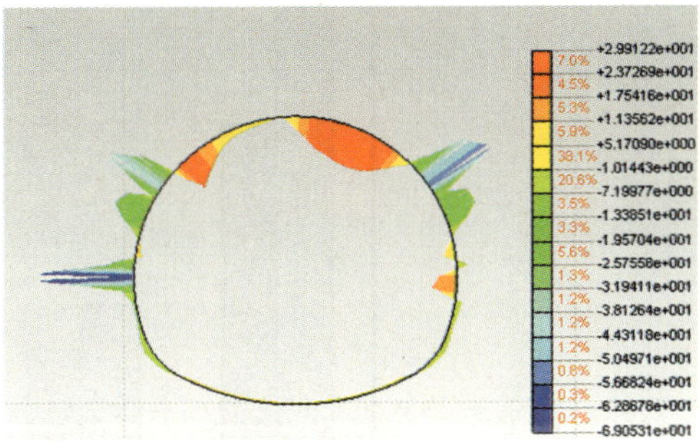

(d)动态分部施工工法

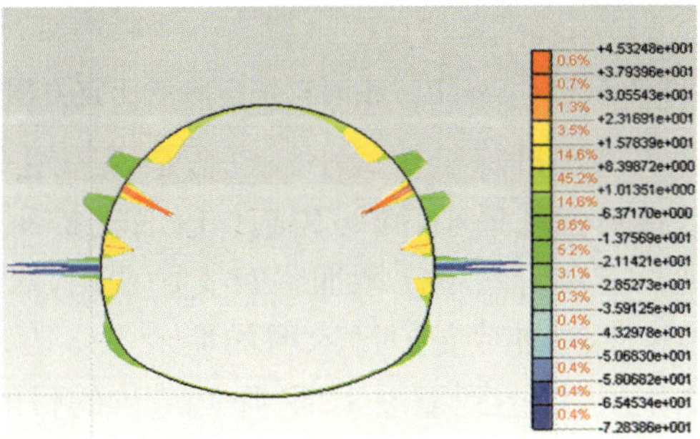

(e)三台阶法

图 7.5-13　各工法条件下初期支护弯矩图(单位:kN·m)

综合上述分析，从初期支护结构受力看，本研究提出的动态分部施工工法能够确保隧道支护结构的稳定。

7.5.4　经济效益进度综合对比分析

施工过程中拆除量比公式如下：

$$拆除量比=\frac{需要拆除的格栅(或型钢)锚喷支护}{不拆除的支护}$$

根据浏阳河隧道的设计资料整理计算得到如表 7.5－2 及图 7.5－14 所示结果。从中可见：

表 7.5－2　各工法临时支护工程量比较表(每延米)

施工工法	临时支护工程量		初期支护工程量		拆除量比	
	工字钢/kg	C20 喷射混凝土/m³	工字钢/kg	C20 喷射混凝土/m³	工字钢	C20 喷射混凝土
双侧壁导坑法	1 773.07	6.61	2 415.86	12.11	0.73	0.55
CD 法	637.79	2.39			0.26	0.20
CRD 法	1 940.13	7.23			0.80	0.60
三台阶法	1 300.34	4.85			0.54	0.40
动态分部施工工法	1 685.66	6.29			0.70	0.52

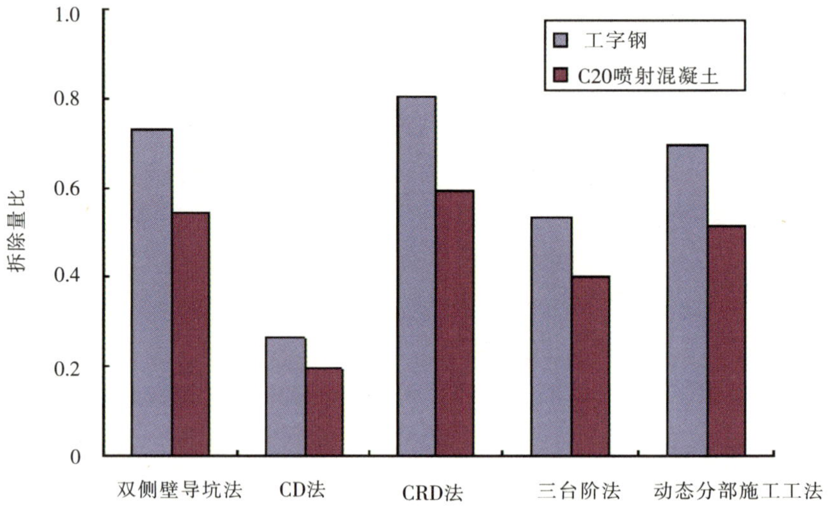

图 7.5－14　各工法临时支护拆除量比直方图

(1)单纯从拆除量比来看,CD 法拆除量比最小。也就是说采用 CD 法施工,每延米隧道支护结构采用的临时支护量最少,材料损耗最小,同时为施作临时支护所耗费的人力、物力、时间均相对较少,符合快速施工的原则。三台阶法不需增加临时支护费用,双侧壁导坑法临时支护每米增加造价 2.4 万元,动态分部施工工法临时支护每米增加造价 1.3 万元。因此在围岩条件允许的情况下,宜尽量采用三台阶法施工,以达到缩短工期、降低造价的目的。

(2)对比本文提出的动态分部施工工法及原设计文件推荐的双侧壁导坑法,两者工字钢及 C20 喷射混凝土拆除量比分别为 0.70 和 0.73、0.52 和 0.55,因此单纯从材料用量上看,动态分部施工工法分别节约约 4.1%、5.5%。

(3)本地段采用三台阶法开挖支护平均进度为 2.1 m/d,采用双侧壁导坑法开挖支护平均进度为 0.5 m/d,动态分部施工工法开挖支护平均进度为 1 m/d,进度较双侧壁导坑法提高 1 倍。

(4)双侧壁导坑法施工工序复杂,不同工序转换很难,在进出软弱围岩地段工法转换十分困难,施工技术要求高,难度大;三台阶法施工工序简单,无施工工法转换,技术难度低;动态分部施工工法施工工序较少,不同工序转换容易,在进出软弱围岩地段工法转换简单,施工技术难度中等。

综合上述分析,针对原设计方案,动态分部施工工法能够在一定程度上降低工程造价,提高施工进度,各工法的综合对比如表 7.5－3 所示,表 7.5－4 给出了浏阳河隧道试验段原采用双侧壁导坑法和修改后的动态分部开挖工法在进度、工程用量等方面的对比,从表中可知:采用动态分部施工工法后经济效益非常明显,且加快了施工进度。如在进度方面比双侧壁导坑法快了 1 倍;在每延米工字钢用量上节约 610 kg,降低了工程成本。

表 7.5－3　不同施工工法比较

项　目	三台阶法	双侧壁导坑法	CD 法	CRD 法	分部台阶法
工法安全性	不够安全	很安全	较安全	安全	较安全
施工技术难度	较低	很高	较高	高	中等
施工机械类型	大、中型	小型	中、小型	小型	大、中、小型
施工工序	少	很多	较多	多	较少
临时支护拆除量	很少	很多	较多	多	少
不同工法转换	容易	很难	较难	难	较容易
不同工序转换	—	容易	较难	较难	容易
工期	短	很长	较长	长	中等
造价	低	很高	较高	高	中等
掌子面的稳定性	较差	好	较好	好	中等
地表沉陷	较大	小	较小	小	较小
周边收敛控制	较差	好	较好	好	较好
适用范围	围岩良好	浅埋、大跨、安全要求高	地质条件差、安全要求高	地质条件差、安全要求高	地质变化、上软下硬地层

表 7.5－4　试验段两种工法的对比

序号	项目	动态分部施工工法	双侧壁导坑法或 CRD 法
1	循环进尺	30 米/月	15 米/月
2	施工人员	83 人	109 人
3	喷射混凝土	3.74 米^3/延米(临时支护)	6.61 米^3/延米(临时支护)
4	钢架	306.98 千克/延米(临时支护)	916.98 千克/延米(临时支护)

7.5.5　小结

我们通过建立软弱围岩大断面隧道常用施工工法(双侧壁导坑法、三台阶法、CD 法、CRD 法)的有限元数值模型,从力学机制、经济效益等角度开展了与动态分部施工工法的对比研究,主要得出以下结论:

(1)从各工法的力学特征来看,动态分部施工工法将传统的曲线形中隔壁变换为直线形中隔壁,能够更有效地控制围岩变形及应力调整,特别是对拱顶沉降、地表沉降抑制作用明显。因此,对于地面环境复杂、控制要求严格的浅埋大断面隧道施工,动态分部施工工法具有较高的安全性和可靠性。

(2)相对于原设计推荐施工工法,即双侧壁导坑法,本研究提出的动态分部施工工法能够在一定程度上降低工程造价,满足快速施工的要求。同时该工法临时支护设置灵活,工序间干扰小,能够实现不同工法的快速、便捷转换,对于软弱围岩大断面隧道具有较强的适应性。

7.6 隧道动态分部开挖下穿排水箱涵段

浏阳河隧道下穿排水箱涵段施工方案经多次研究，确定采用动态分部开挖工法进行施工，其中在上、中台阶均设置了中隔壁。以下分析该工法下排水箱涵、围岩等变形受力特征及施工的安全性，计算选取的断面如图 7.6－1 所示。

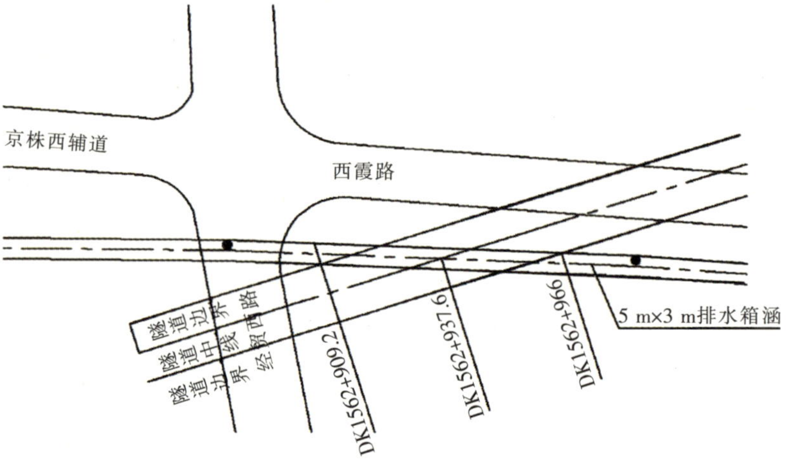

图 7.6－1　计算选取的断面

7.6.1 隧道大截面排水箱涵模型的建立

排水箱涵的三维几何模型及其与隧道的相互位置如图 7.6－2 所示，网格划分如图 7.6－3 所示。其中，围岩、初期支护、二次衬砌和排水箱涵用实体单元模拟，其计算力学参数见表 7.6－1。

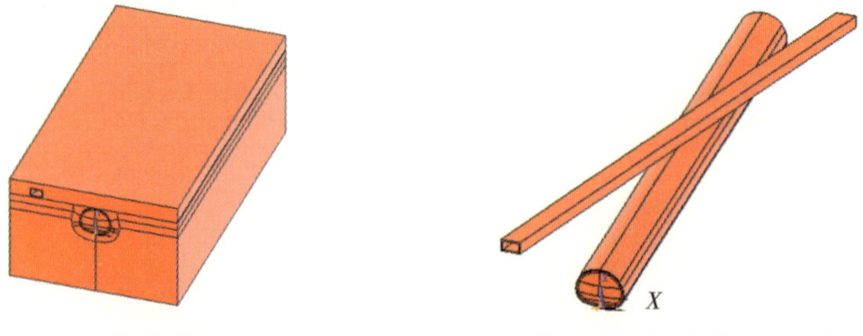

(a)整体模型　　(b)排水箱涵与隧道的相互位置

图 7.6－2　排水箱涵的几何模型及其与隧道的相互位置

(a)整体网格划分　　(b)局部网格划分

图 7.6－3　网格划分

表 7.6-1　计算力学参数

材料名称	E/GPa	γ/(kN/m^3)	μ	c/kPa	φ/(°)
1(1)围岩	0.007	20	0.43	38.3	15.3
4(3)围岩	1.48	23	0.22	860	39
管棚等效加固	0.28	20	0.34	383	26
初期支护	29.92	22	0.2	—	—
中隔壁支护	26.98	22	0.2	—	—
1(1)围岩锚杆加固等效	0.007	20	0.43	383	26
4(3)围岩锚杆加固等效	1.48	23	0.22	1720	46.6
二次衬砌	32.25	25	0.2	—	—

注：1(1)围岩为填土；4(3)围岩为弱风化泥质粉砂岩等；锚杆为 ϕ 22 mm，长度为 4 m；初期支护为 ϕ 50 mm，长度为 3.5 m，壁厚为3.5 mm

7.6.2　排水箱涵变形受力分析

7.6.2.1　排水箱涵轴线方向变形分析

图 7.6-4 给出了排水箱涵轴线方向随着隧道开挖的变形情况，图 7.6-5 给出了排水箱涵轴线与隧道中线交点位置及其交点附近随施工步的变化曲线。

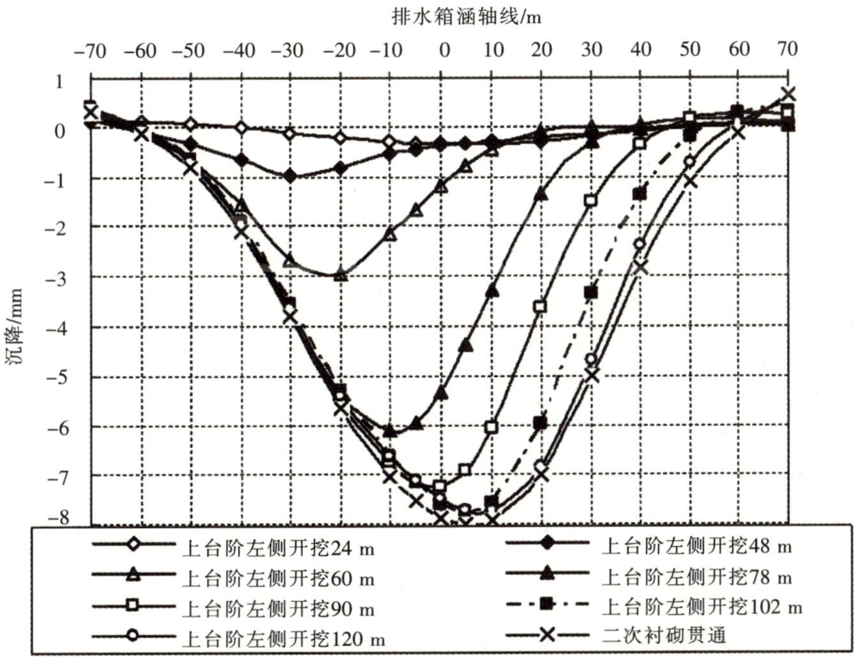

图 7.6-4　排水箱涵轴线方向变形

注：横轴上 0 表示排水箱涵轴线与隧道中线的交点，负数表示排水箱涵轴线前半部分与交点的距离，正数表示排水箱涵轴线后半部分与交点的距离

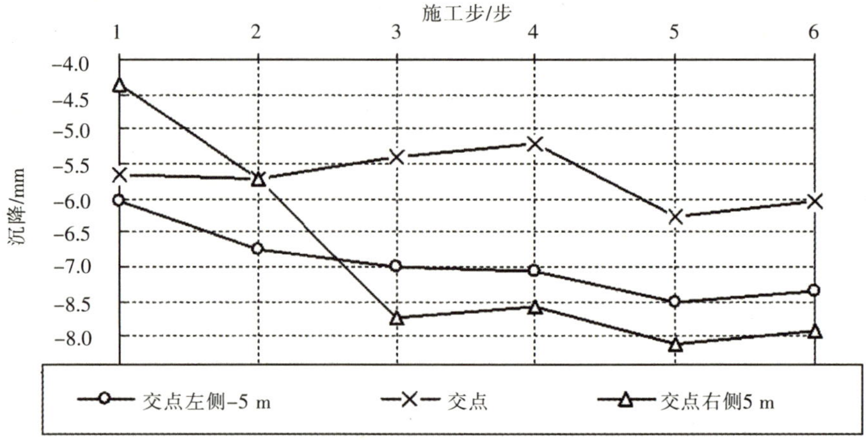

图 7.6-5　排水箱涵轴线与隧道中线交点及其交点附近沉降随施工步的变化

注：横轴上 1 表示上台阶左侧开挖，2 表示上台阶右侧开挖，3 表示中台阶开挖，4 表示拆除中隔壁，5 表示下台阶开挖，6 表示施作二次衬砌

对图分析可知：

(1)排水箱涵的最终沉降形状为左右对称，且类似于 PECK 曲线，沉降主要影响区位于排水箱涵轴线与隧道中线交点左右 40 m，最大沉降约 8 mm，小于既定的变形控制标准，较安全。

(2)同排水箱涵的整体变形相对应，排水箱涵轴线也出现了轴线与隧道中线交点附近沉降大而两端隆起的现象；随着隧道开挖的推进，最大沉降也向排水箱涵前段移动。

(3)排水箱涵轴线与隧道中线交点处的沉降较小，而交点左右侧的沉降均较大，这是由于排水箱涵轴线与隧道中线的交点位于中间临时支护的正上方所致。隧道施工的关键步为上台阶左右侧开挖，其次为拆除中隔壁。

7.6.2.2　排水箱涵横向变形分析

图 7.6-6 至图 7.6-8 给出了排水箱涵与隧道相交前、相交、相交后的三个断面位置下部的横向变形示意。

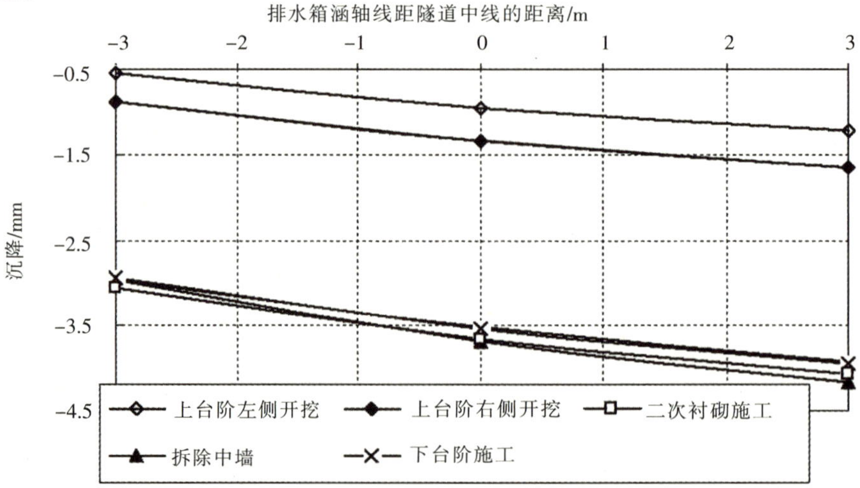

图 7.6-6　排水箱涵与隧道相交前断面的横向变形

注：横轴上 0 表示排水箱涵轴线与隧道中线的交点，负数表示排水箱涵的左侧距隧道中线的距离，正数表示排水箱涵的右侧距隧道中线的距离

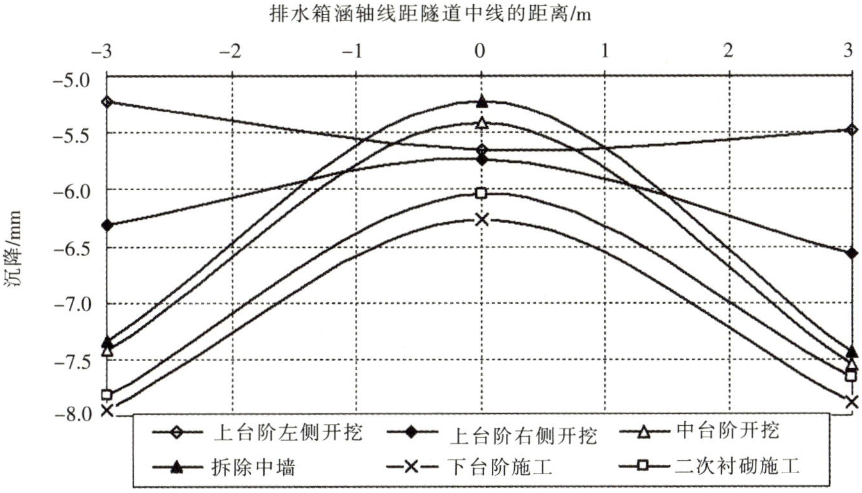

图 7.6－7　排水箱涵与隧道相交断面的横向变形

注：横轴上 0 表示排水箱涵轴线与隧道中线的交点，负数表示排水箱涵的左侧距隧道中线的距离，正数表示排水箱涵的右侧距隧道中线的距离

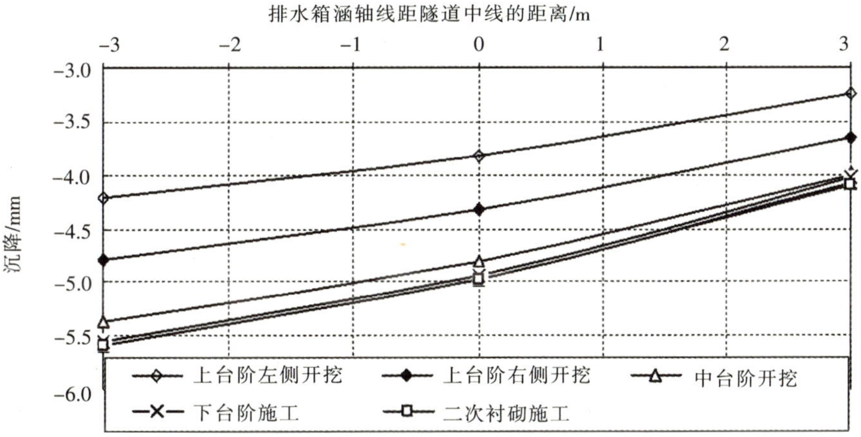

图 7.6－8　排水箱涵与隧道相交后断面的横向变形

注：横轴上 0 表示排水箱涵轴线与隧道中线的交点，负数表示排水箱涵的左侧距隧道中线的距离，正数表示排水箱涵的右侧距隧道中线的距离

对图分析可知：

(1)在排水箱涵与隧道相交前，随着开挖的进行，排水箱涵靠近开挖一侧(右侧)出现沉降，而远离开挖一侧(左侧)出现隆起，即排水箱涵底板发生倾斜，且倾斜度越来越大。

(2)在排水箱涵与隧道的相交处，首先是轴线沉降较两侧小，而后较两侧大，这主要是中隔壁存在与拆除的缘故。

(3)在排水箱涵与隧道相交后，排水箱涵底板左侧较右侧沉降大，原因是隧道掌子面过排水箱涵后，开挖面离排水箱涵左侧较近。

从上述分析可知，排水箱涵的变形不仅有轴线方向的弯曲变形，还有横截面方向的扭转变形，变形较复杂。

7.6.2.3 排水箱涵最大主应力分析

(1)排水箱涵下底板的最大主应力较上顶板大，这主要由于下底板沉降较大，并且排水箱涵轴线方向发生弯曲变形时为下底板受拉。

(2)随着开挖向前推进，底板的最大主应力也向前移，表明离开挖侧越近，最大主应力越大；最大主应力约为 0.2 MPa，小于混凝土的抗拉强度，所以较安全。

7.6.2.4 排水箱涵最小主应力分析

最小主应力的较小值主要分布在排水箱涵的两侧边墙；最小主应力约为 0.8MPa，远小于混凝土的抗压强度。

7.6.3 地表变形分析

7.6.3.1 隧道纵断面方向地表变形分析

图 7.6-9 给出了隧道开挖过程中纵断面的变形曲线。对图分析可知：

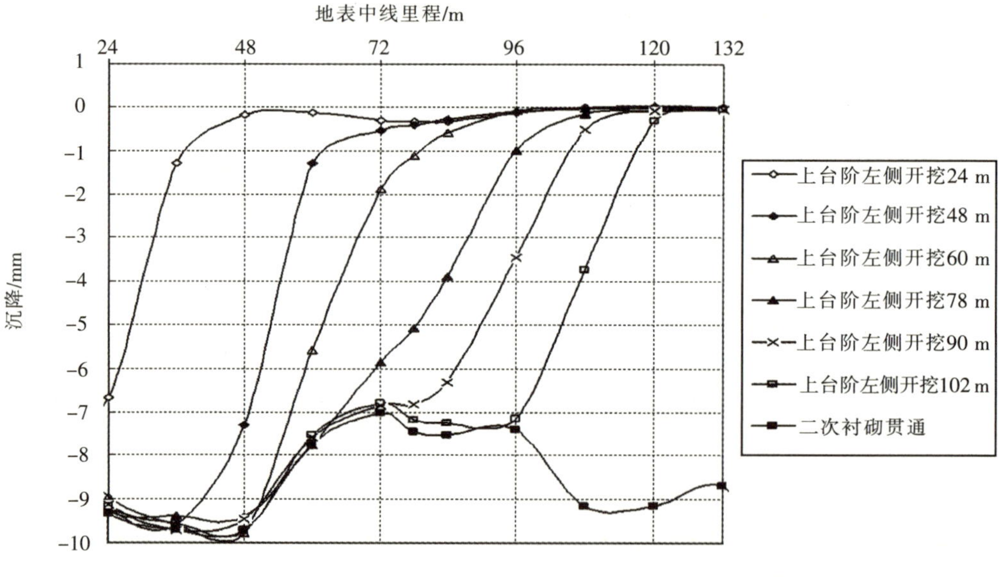

图 7.6-9 纵断面变形曲线

(1)随着开挖的推进，沉降曲线也向前移动，沉降越来越大，且呈现明显的台阶分布；在上台阶左侧开挖到 132 m 前，基本上都是在离开挖面前方 6 m 时出现地表隆起，这主要是由于地层位移所致(水平移动速度大于沉降速度)。

(2)沉降大概收敛于上台阶左侧开挖面后方的 84 m(约 5D，D 为隧道洞径)，开挖面前方影响范围约为12 m(1.5D)；掌子面位置发生沉降约占总沉降的 76%，较大，这是因为该地段的围岩上软下硬，上部围岩非常软弱，所以控制地层沉降重在上台阶的开挖施工。

(3)二次衬砌施工完成后，轴线沉降形状类似于倒沉降槽，即在与排水箱涵相交点附近的沉降较其两侧小，这主要是由于排水箱涵的存在起到了过梁或管棚的支护作用，即排水箱涵的存在对变形是有利的(不考虑排水箱涵本身)。

7.6.3.2　隧道横断面方向地表变形分析

图 7.6－10 给出了 78 m 处(DK1562＋938,在排水箱涵纵向轴线与隧道中线交点附近)的横断面沉降曲线。对图分析可知:

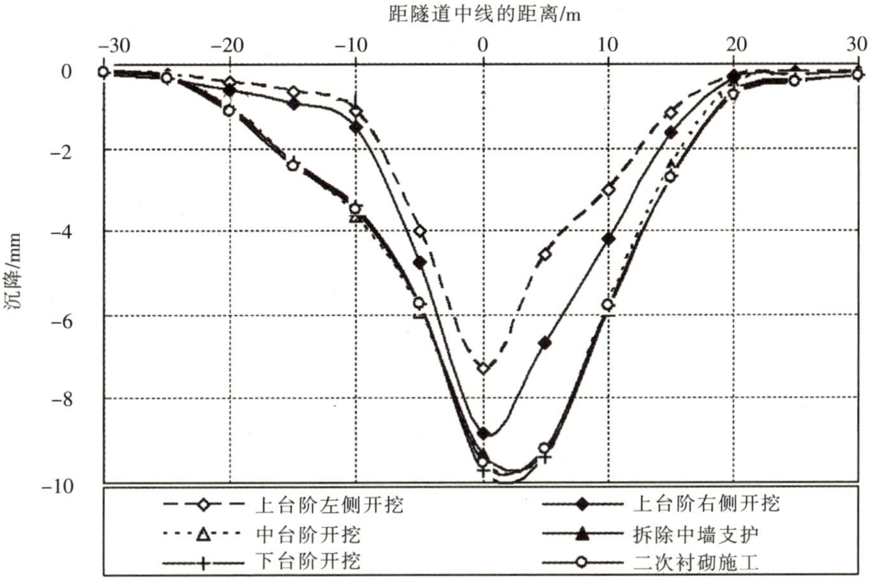

图 7.6－10　横断面沉降曲线

(1)上台阶左侧开挖面到达时,地表变形为不对称分布,靠近左侧的沉降较大,其后各开挖步下地表变形呈对称分布;主要沉降发生在隧道中线附近两侧 15 m(约 $2D$)范围,而在 15 m 以后地表沉降较小,不到 1 mm。

(2)上台阶左侧开挖面到达时,地表已发生了大部分的沉降;其次较大的地表沉降发生在上台阶左侧和上台阶右侧。所以,控制地表沉降的关键在于上台阶的开挖,这同一般的台阶法相似。

(3)地表最终的沉降值以隧道中线处为最大,且较大的沉降位于隧道中线的右侧,这是因为中隔壁的形式为右凸起,且右侧没有排水箱涵,左侧有排水箱涵的支撑作用。地表最终沉降约 9.5 mm,小于沉降的控制标准值,表明该施工方法是安全的。

7.6.4　围岩与支护结构变形受力分析

7.6.4.1　沉降分析

(1)隧道通过排水箱涵前,主要沉降分布在中台阶对应的围岩上方,横向宽度约为 $2D$;而上台阶、中台阶的底部发生一定的隆起,由于中隔壁的存在,最大隆起位于中隔壁和边墙之间。

(2)随着开挖的推进,沉降影响范围在纵向向前扩展,但在横向上扩展较小,即开挖对围岩的横向扰动范围为一定值。

7.6.4.2　围岩最大主应力分析

(1)隧道通过排水箱涵前,在排水箱涵的上方、隧道左侧和开挖面的前方出现拉应力,对比地表的沉降分析可知，拉应力出现的位置正好对应于隧道在纵向和横向上出现隆起的位置。

(2)随着开挖的推进，开挖面前方对应的地表拉应力位置也前移，但在横向上拉应力位置基本不变；二次衬砌施工完成后，地表的拉应力主要位于距隧道中线约 $2D$ 的位置。

7.6.4.3 围岩最小主应力分析

最大的压应力主要分布在左右两侧的边墙和中隔壁，最大值约为 8.5 MPa，小于混凝土的抗压强度。

7.6.4.4 围岩塑性区分析

(1)开挖通过排水箱涵前，在各开挖底板出现拉应力屈服塑性区，且在各台阶的交界处塑性区范围较大；另外，开挖的掌子面前方 1 m 范围和上台阶拱脚处出现剪切屈服塑性区。

(2)下台阶范围的围岩和中台阶的岩柱均出现一定范围的拉力屈服塑性区。这是因为中台阶中隔壁主要为单向受力，少了左右两侧的约束作用，而下台阶是因为开挖卸荷的影响。

(3)塑性区主要位于隧道周围，在排水箱涵周围并未出现塑性区。这表明隧道施工并未对排水箱涵周边的地层产生较大的影响，浏阳河隧道通过排水箱涵段采用动态分部开挖工法施工是得当的。

7.6.5 小结

(1)浏阳河隧道通过排水箱涵段采用动态分部开挖工法能够满足隧道施工安全及排水箱涵的受力和变形控制要求，这说明在临近既有构筑物段隧道施工采用动态分部开挖工法是可行的。

(2)排水箱涵的变形复杂。隧道通过前，排水箱涵发生偏向隧道的顺时针变形；在隧道正下方，排水箱涵均匀沉降；通过隧道后，排水箱涵则发生偏向隧道的逆时针旋转。因此，排水箱涵在发生扭转同时也发生沉降，变形复杂。隧道开挖完成后，排水箱涵的变形类似于两端外伸梁，在隧道开挖上方发生沉降，而两端隆起。

(3)排水箱涵的受力。排水箱涵的较大的最大主应力集中在排水箱涵与隧道的相交处，而较小的最小主应力集中在边墙，均满足排水箱涵安全性的要求。

(4)地表变形。在隧道施工过程中，纵向在离开挖面前方 14 m 时出现地表隆起，而横向在离中线 15 m 以后地表发生相对隆起；沉降大概收敛于上台阶左侧开挖面后方的 84 m(约 $5D$)处，开挖面前方影响范围约为 $1.5D$，横向影响范围约为 $2D$。

7.7 隧道动态分部开挖工法的现场监测

隧道施工监控量测是了解隧道结构及周边围岩的变形和受力状态，保证隧道施工安全，实现隧道信息化施工的重要手段。对于隧道动态分布开挖工法而言，现场监测还可为各分部开挖的合理性以及是否需要进一步施作中隔壁提供依据。以下结合浏阳河隧道采用动态分部开挖工法进行具体施工地段的现场监测，对动态分部开挖工法的监控量测技术进行研究。

7.7.1　监测内容

目前在隧道工程设计中，传统的强度控制理论已逐渐让位于变形控制理论。变形控制理论的基本思想是，支护结构在满足强度使用要求的前提下，尚需满足其刚度和变形上的使用要求，即隧道施工既要保证安全、不失稳，又要保证对其周围环境不造成破坏性的影响，变形监测费用低、方便可靠。结合浏阳河隧道工程实际及数值分析计算结果，浏阳河隧道动态分部开挖工法监测项目如下：

(1)既有构筑物变形观测。

(2)地表、路面和排水箱涵变形监测。

(3)洞内地质和支护结构观察。

(4)洞内三维变形量测：拱顶和周边收敛量测。

(5)工字钢应力监测：初期支护工字钢和中隔壁工字钢应力监测。

(6)混凝土喷层应力监测。

(7)围岩压力监测。

7.7.2　监测方法和监测断面

7.7.2.1　监测方法

1. 既有构筑物变形监测

每次现场监测时，观察地表和路面有无裂缝出现，必要时用裂缝仪、数码相机，并辅以白纸素描。

2. 地表、路面和排水箱涵变形监测

采用 NA2002 全自动电子水准仪、玻璃钢瓦尺、DSZ2 自动调平水准仪等进行监测，如图 7.7－1所示。考虑到测点太少则结果的准确度低，测点太多则监测任务太重，结合其他隧道建设经验和本隧道实际情况，地表布点与监测断面如图 7.7－2 所示。

(a)中线测点的钢珠接头

(b)电子水准仪调平及用伞遮强阳光保护

图 7.7－1　现场测点标志及监测情况

3. 隧道掌子面地质状况和支护结构观察

每次爆破后，通过人工观察、地质罗盘和锤击检查各隧道掌子面，描述和记录(用数码相机)围岩地质情况、岩层产状、裂隙、地表水以及支护效果。

4. 洞内三维变形量测

每隔 5 m 设置一个监测断面，采用全站仪进行无尺量测，测点用反光标志做成，如图 7.7－3 所示。

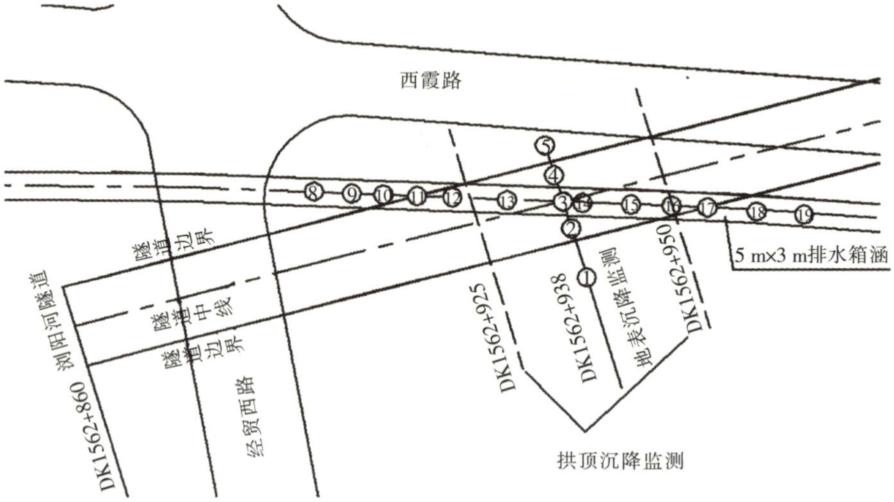

图 7.7－2　排水箱涵地段监测布置图

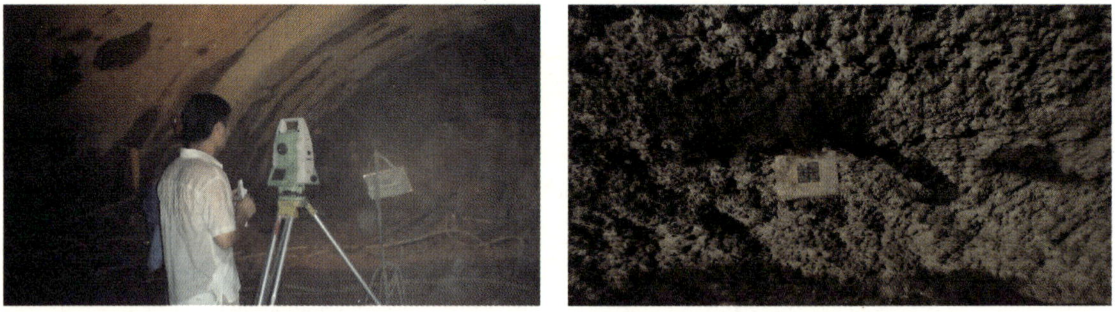

(a)全站仪　　(b)反光片测点

图 7.7－3　现场测点标志及监测情况

5. 工字钢应力量测及换算

工字钢支撑应力量测方法是，先采用 ZX-210T 型钢筋应变计(图 7.7－4)间接测试工字钢支撑上下翼缘的应变，再由虎克定律计算出测点处的应力，然后假定工字钢支撑截面应力按线性分布，根据截面应力分布换算出工字钢支撑的实际应力。

6. 混凝土喷层应力监测

将钢筋应力计绑在钢筋网上，用检测仪测得各点的应变，然后根据材料力学理论计算喷层的应力。

7. 围岩压力监测

将压力盒置于围岩与初期支护的钢支撑之间以及初期支护与二次衬砌之间(图 7.7－5)，为保证量测结果的准确性，压力盒与围岩及支护结构均需接触密实。

图 7.7－4　工字钢的钢筋应变计

图 7.7－5　压力盒的安设

7.7.2.2　监测断面

隧道监控量测断面及量测方法见表 7.7－1。

表 7.7－1　隧道监控量测断面及量测方法一览表

测试项目		工具	测点布置
地表沉降		水准仪	DK1562＋910 DK1562＋930 DK1562＋938 DK1562＋960
拱顶沉降		全站仪	洞内每隔 5 m
选测项目	工字钢应力	应变计	DK1562＋922 DK1562＋942 DK1562＋951 DK1562＋975
	喷层应力	应力计	DK1562＋922 DK1562＋942
	围岩压力	压力盒	DK1562＋922

7.7.3　监测标准和监测管理流程

7.7.3.1　监测标准

1. 地表沉降控制的标准

隧道下穿排水箱涵段隧道覆土厚度为 7 m，埋深为 14 m。围岩内摩擦角按照厚度进行加权平均，则为 25°；通过分析得地表容许的沉降为 30 mm。

2. 喷层应力监测的标准

根据浏阳河隧道的设计和施工图纸，喷射混凝土为 C25 混凝土，所以由《公路隧道设计规范》(JTG D70—2004)可得容许的压应力为 13.5 MPa，允许的拉应力为 1.3 MPa。

3. 工字钢应力监测的标准

根据浏阳河隧道的设计和施工图纸，工字钢为 I18(临时)和 I20a，所以由《公路隧道设计规范》(JTG D70—2004)可得容许的压(拉)应力为 210 MPa。

7.7.3.2 监测管理流程

参照《铁路隧道喷锚构筑法技术规范》(TB10108—2002)中以位移控制基准的 1/3 和 2/3 进行分级管理，吴波等人提出以位移基准的 0.6 和 0.8 进行管理，毛儒等人提出以位移基准的 0.5 和 0.8 进行管理，及我国规定的风险响应级别为红、橙、黄、绿四级等相关文献，浏阳河隧道变形控制管理基准及施工管理流程如图 7.7－6 所示。以控制基准的 60%作为预警值，80%作为警戒值。监测值超过预警值时，要加大监测频率；监测值超过警戒值时，应立即修正支护参数，采取措施后方可继续施工。

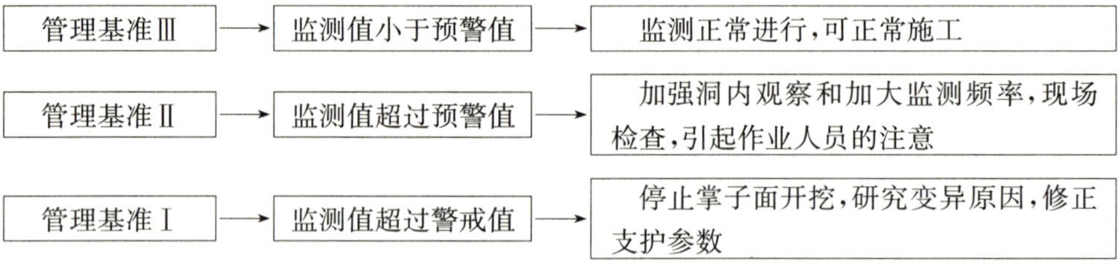

图 7.7－6 浏阳河隧道变形监测管理基准及管理流程

同时，在实际监测中，应根据位移(沉降、收敛)的时程曲线(图 7.7－7)的形状和变化趋势对量测数据进行形象化判释：如果位移时程曲线始终保持 $d^2u/d^2t<0$，说明位移速率不断下降，这是稳定的标志，可正常施工。当位移-时间曲线出现反弯点(如图 7.7－7 中的 A 点所示)，即位移出现反常的急剧增长现象时($d^2u/d^2t\geqslant0$)，表明围岩和支护已呈不稳定状态或危险状态，需发出警告，同时应加大监测频率，并适当加强支护，必要时应立即停止开挖，待做过施工处理后方可进行开挖。

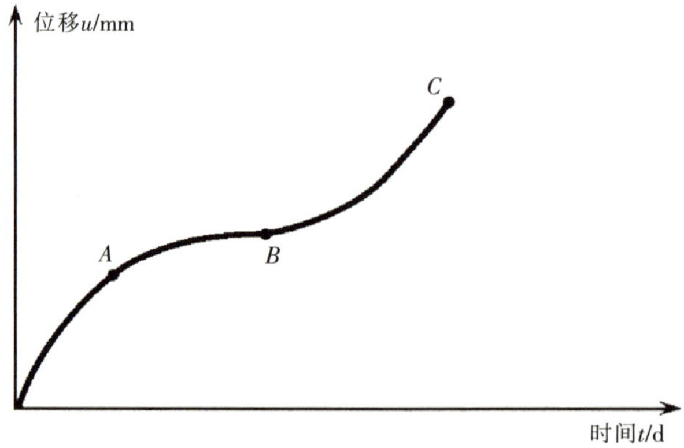

图 7.7－7 时程曲线

7.7.4 监测结果及分析

7.7.4.1 地表监测结果及分析

隧道施工引起排水箱涵纵向沉降(实为排水箱涵上方地表沉降)曲线如图 7.7－8 所示。该地段的地表沉降曲线及沉降时程曲线如图 7.7－9 至图 7.7－16 所示。

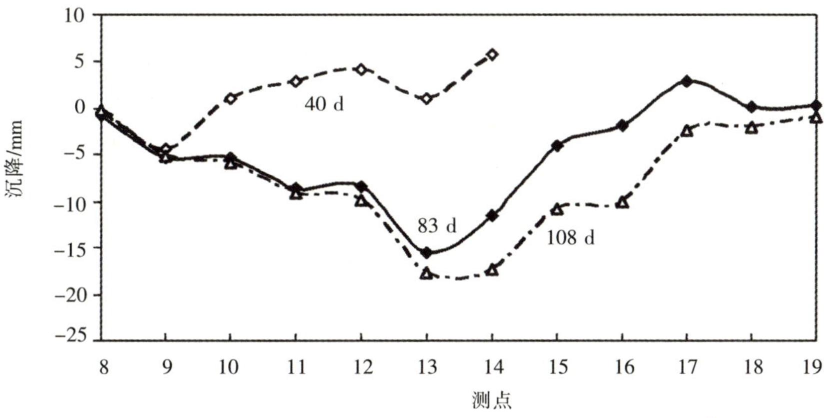

图 7.7－8　隧道施工引起排水箱涵纵向沉降曲线

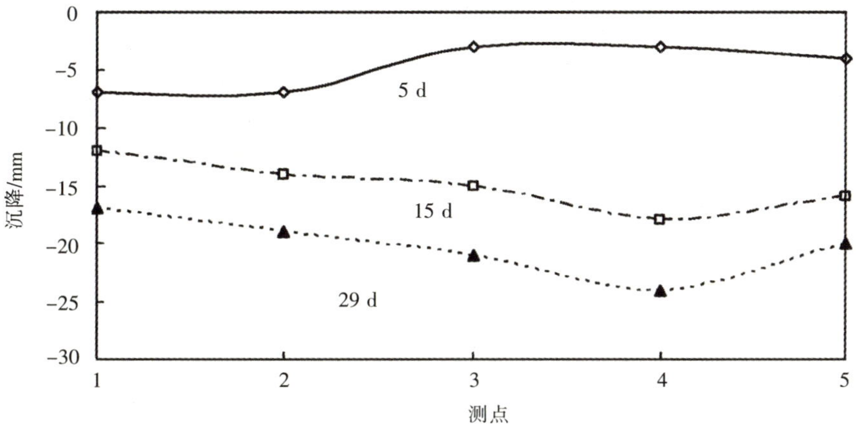

图 7.7－9　断面 DK1562＋910 地表沉降曲线(测点 3 为中线点)

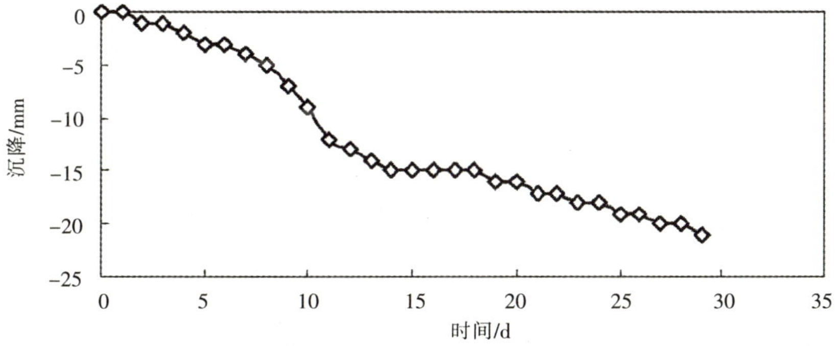

图 7.7－10　断面 DK1562＋910 测点 3 沉降时程曲线

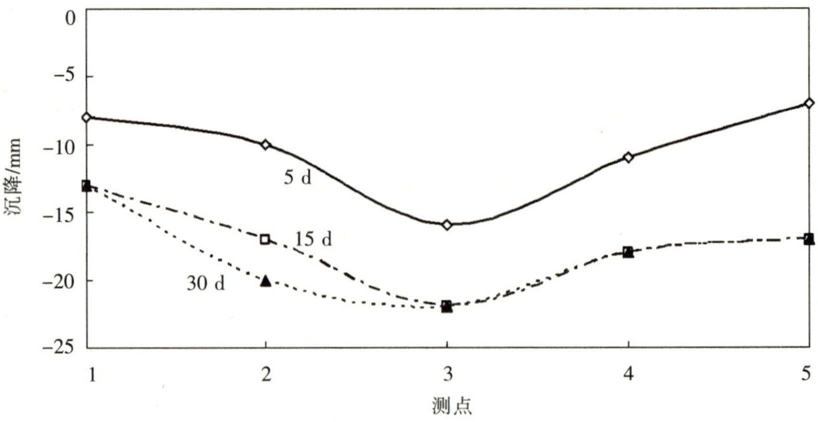

图 7.7-11　断面 DK1562+930 地表沉降曲线(测点 3 为中线点)

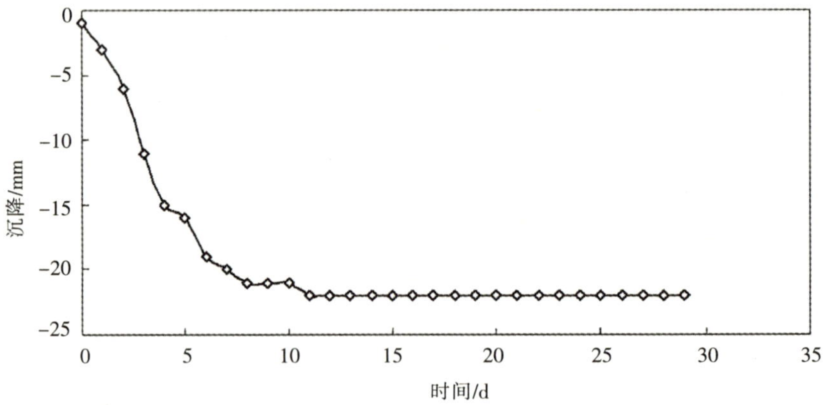

图 7.7-12　断面 DK1562+930 测点 3 沉降时程曲线

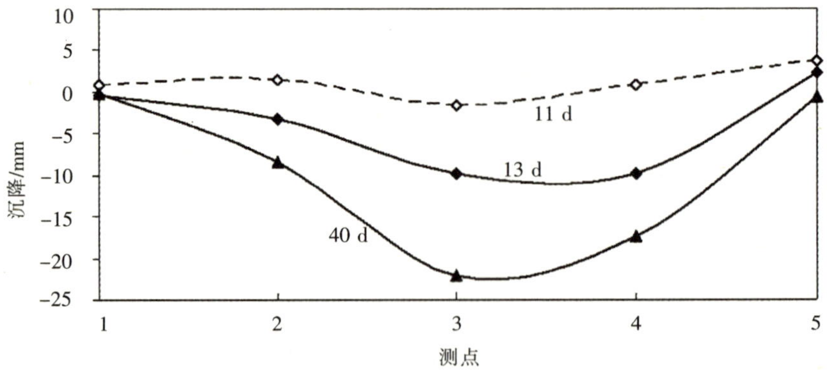

图 7.7-13　断面 DK1562+938 地表沉降曲线(测点 3 为中线点)

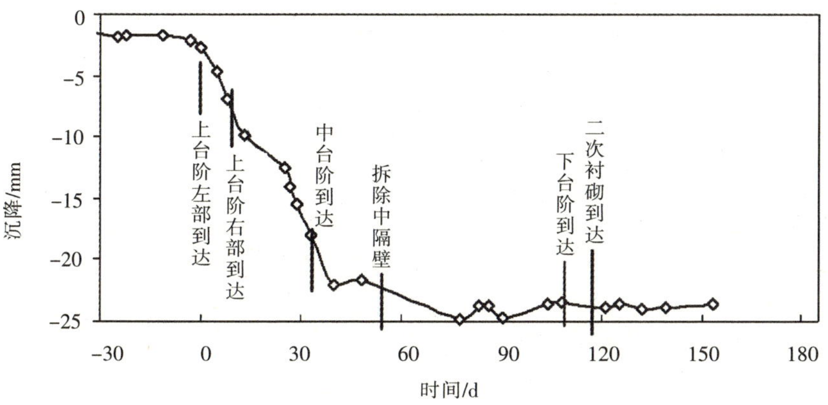

图 7.7－14　断面 DK1562＋938 测点 3 沉降时程曲线

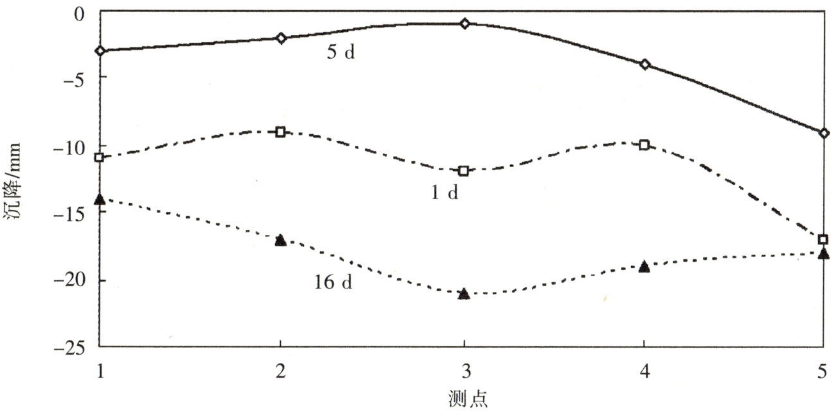

图 7.7－15　断面 DK1562＋960 地表沉降曲线（测点 3 为中线点）

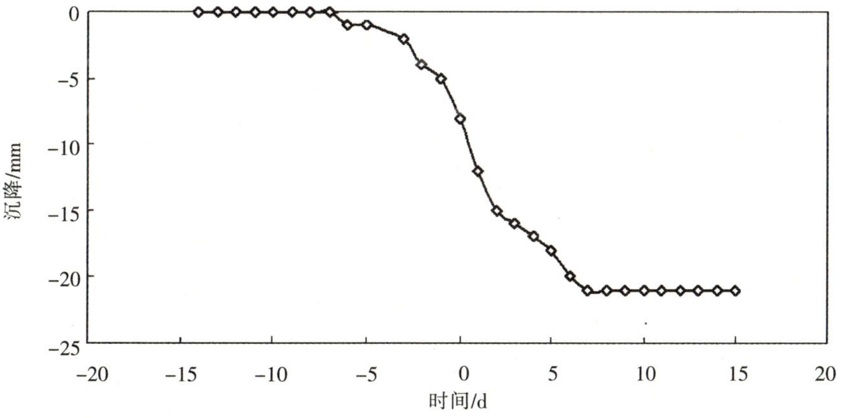

图 7.7－16　断面 DK1562＋960 测点 3 沉降时程曲线

对图分析可知，监测初期，由于隧道洞内采用管棚、小导管注浆，掌子面前方 1 倍洞径范围内出现了微小的隆起变形，随着施工的推进，地表开始出现沉降，最大累积沉降达到 25 mm。

隧道施工引起排水箱涵地段的地表沉降规律以隧道断面 DK1562＋938 为例，其地面沉降曲线如图 7.7－13 所示，测点 3（见图 7.7－2）沉降的时程曲线如图 7.7－14 所示。由图中可知：

(1)沉降槽形状总体上关于隧道中线对称，最大沉降值达到 25 mm，小于既定的控制标准，满足地表安全性和围岩稳定的要求，从而表明该施工方法是合理可行的。

(2)结合现场的施工进度及施工日志，变形的主要阶段为上台阶的左右侧开挖，其次为中隔壁拆除，在其余工序施工中沉降变化不大。这是因为此地段地层上部主要为软弱围岩，而下部围岩较好，所以控制沉降也应主要在这两个开挖阶段进行。

(3)地表测点埋设并监测 30 d 以前，主要由于上台阶的开挖里程未到所测断面，测点的最大沉降值在 5 mm 以内；30 d 以后，由于受开挖影响，测点出现了较大的沉降，而且沉降速率较大，达到 0.76 mm/d；上台阶开挖过该断面 40 d 后，由于掌子面顺利通过了监测断面，因此，沉降速率有所变缓，沉降逐渐趋向稳定，沉降值稳定在 25 mm 左右。

7.7.4.2 洞内拱顶沉降监测结果及分析

隧道内部分断面的拱顶沉降如图 7.7－17 至图 7.7－19 所示。

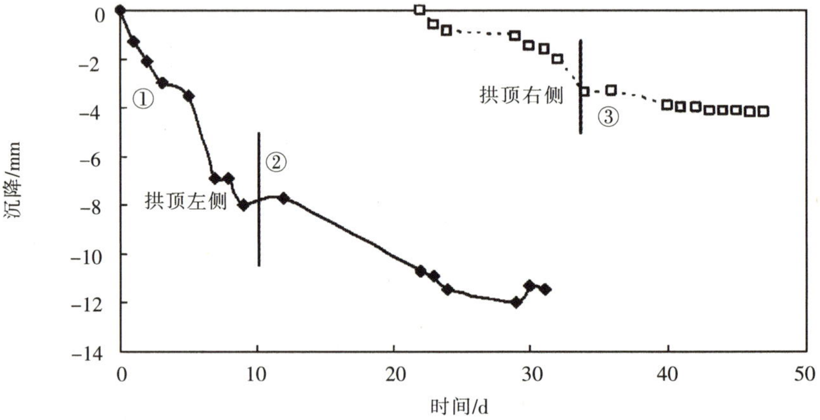

图 7.7－17 断面 DK1562＋925 拱顶沉降

注：①表示上台阶左侧到达；②表示上台阶右侧到达；③表示中台阶到达，后续施工阶段未进行监测

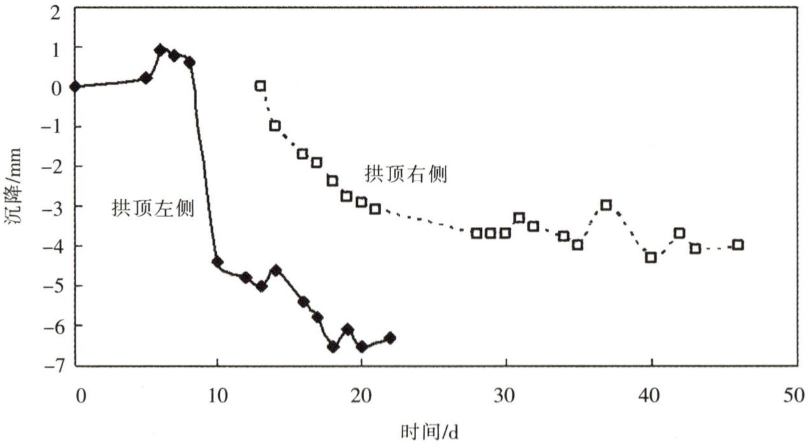

图 7.7－18 断面 DK1562＋940 拱顶沉降

对图分析可知：

(1)洞内拱顶沉降数值较小，最大拱顶沉降约为 15 mm。从拱顶沉降看，围岩是稳定的，因此分部施工工法能满足施工期间结构和围岩的安全性要求，也表明该工法是合理的。

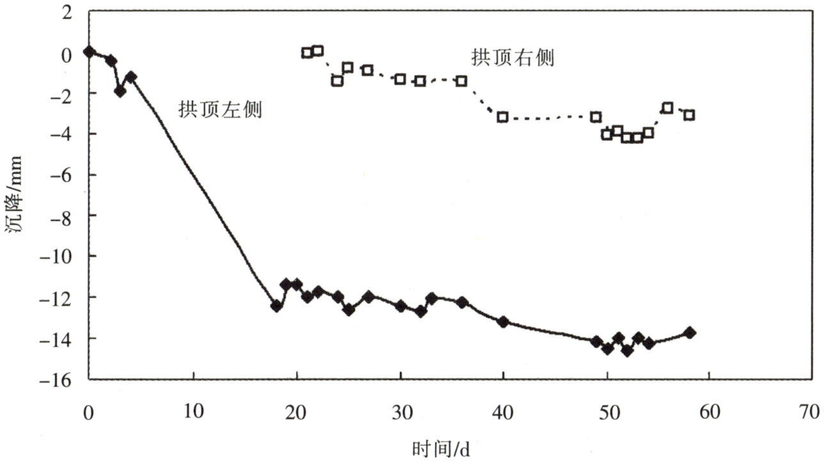

图 7.7－19　断面 DK1562＋955 拱顶沉降

(2)拱顶左侧(先开挖侧)的沉降始终大于拱顶右侧(后开挖侧)的沉降，这一方面是由于先开挖侧受左侧开挖和右侧开挖的二次扰动，另一方面是由于后开挖侧拱顶在监测前已发生了一部分先期位移。

(3)拱顶大部分沉降发生在上台阶左侧开挖，其次是上台阶右侧开挖，中台阶掌子面到达后，沉降变化很小。

7.7.4.3　围岩压力监测结果及分析

图 7.7－20 给出了断面 DK1562＋922 左拱腰处围岩压力监测时程曲线。

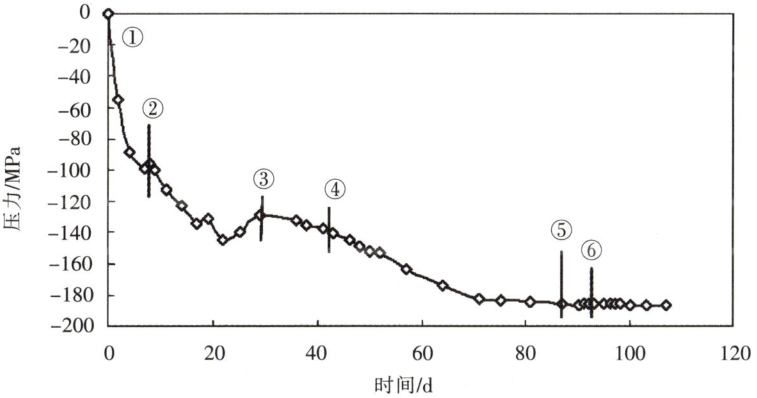

图 7.7－20　断面 DK1562＋922 左拱腰围岩压力监测时程曲线

注：(1)拉应力为“＋”，压应力为“－”。

(2)①表示上台阶左部到达；②表示上台阶右部到达；③表示中台阶到达；④表示拆除中隔壁；⑤表示下台阶到达；⑥表示二次衬砌到达

对图分析可知：左拱腰的围岩压力在上台阶左右侧开挖及拆除中隔壁后增加较大，而中台阶开挖前后压力减小，这是由于部分围岩压力由两侧边墙承担的缘故。最终的围岩压力为 180 kPa，按照松动土压力换算，可得其土柱高为 9 m，与此处隧道断面的覆土厚度相近。

7.7.5 监测结果与数值计算的对比

(1)地表沉降的现场监测结果因施工阶段不同而明显有异，最大沉降发生在上台阶左右两侧开挖处，只是所占的比例不一样；现场监测结果比数值计算结果偏大，这可能由于隧道上方地表土层非常松软，在降雨等的影响下，导致地表沉降很大。

(2)拱顶沉降的监测值也明显分为几个台阶，但是由于未能监测随后的施工步及开挖前的先行拱顶沉降，所以不能反映施工的全过程；先行开挖侧的拱顶沉降大于后行开挖侧的拱顶沉降，这点同数值模拟计算的结果是一致的。

(3)工字钢的内力监测值在上台阶左右侧开挖变化较大，这点同数值模拟计算结果也是一致的；内力的弯矩监测值与数值模拟计算结果相近，但是轴力值却大于数值模拟计算结果，这与实际施工中中台阶长度过长、围岩实际参数与数值模拟计算中采用的有差异等因素有关。

7.7.6 小结

(1)从围岩稳定的角度，并结合相关规范，拟定动态分部开挖工法的监测控制标准，进而建立监测管理基准体系。

(2)现场监测结果表明：地表沉降槽形状总体上关于隧道中线对称，最大沉降值达到 25 mm；先行开挖侧拱顶的沉降始终大于后行开挖侧拱顶的沉降；上台阶各工字钢、喷层应力在上台阶左侧开挖和右侧开挖时增长较快，中台阶到达时变化很小，而拆除中隔壁后，各测点应力又继续增大。由此可见，动态分部开挖工法的重点监测内容为上台阶的变形，重点监测部位为先开挖侧的拱腰、拱顶、后开挖侧的拱腰以及中隔壁和开挖掌子面。

(3)监测结果同数值模拟结果的对比分析表明，现场监测结果因施工阶段不同而明显有异，且最大沉降发生在上台阶左右两侧开挖处，只是所占的比例不一样；现场监测结果与数值计算结果的变化规律是一致的。

(4)根据现场监测结果，动态分部开挖工法的重点监测内容为变形监测，包括地表沉降和洞内的拱顶沉降及周边收敛监测，其次为工字钢的应力监测。重点监测部位为先开挖侧的拱腰、拱顶、后开挖侧的拱腰以及中隔壁的上端。上台阶施工为关键步骤，在上台阶左右侧开挖时，宜加大监测频率。

7.8 总　结

(1)动态分部开挖工法是将传统的 CRD 法与台阶法进行融合、创新和灵活运用后形成的一种新的施工方法和施工理念，按照台阶法从上至下的施工顺序，根据围岩条件、环境要求，进行动态分部设置临时仰拱和竖直中隔壁，避免了传统 CRD 法、CD 法、双侧壁导坑法等工法转换困难以及静态设置临时仰拱和弯曲中隔壁等缺陷，继承了台阶法高效利用机械设备快速组织施工的优点，能够演变出 12 种具体的施工工法(见图 7.8－1)，能够将整个隧道的施工方法和施工理念进行高度统一，便于不同围岩间工法转换，灵活高效，适应性强，特别是针对上软下硬地层、地表沉降控制严格的浅埋大断面隧道施工时，能充分体现其优越性。

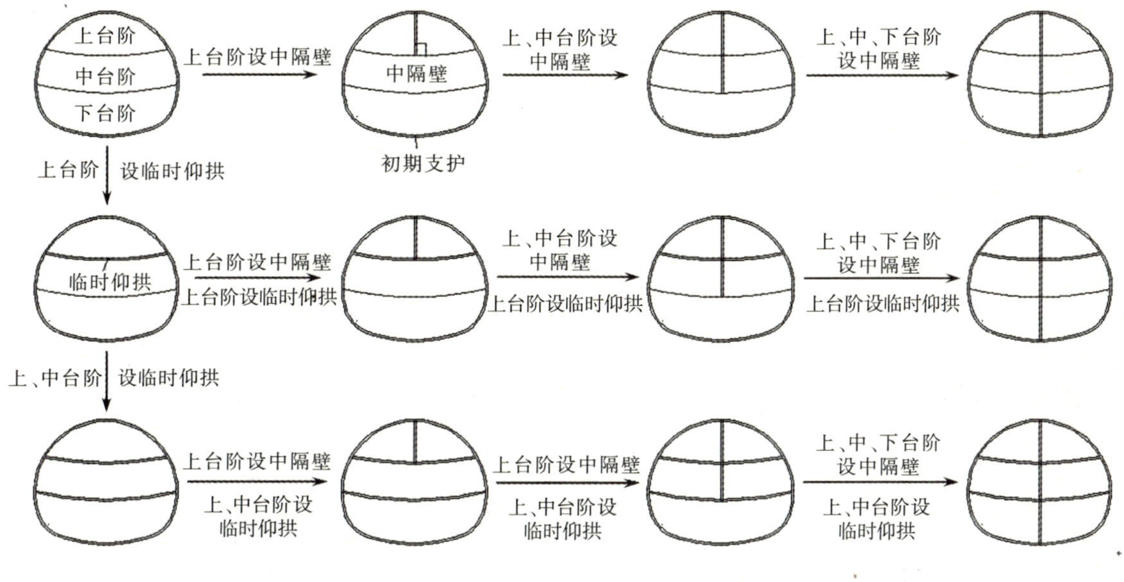

图 7.8-1　动态分部开挖工法转换示意图

(2)金沙洲隧道因工期异常紧张、安全风险高、在横断面上围岩上软下硬和在纵剖面上软弱围岩分布广，加上工程前期进展并不顺利，成为武广高速铁路全线工期和安全双控制性工程。为了实现金沙洲长大断面隧道安全快速施工，我们创造性提出了动态分布开挖工法和施工理念，针对不同的围岩条件和环境条件，采取超前预支护、加强初期支护、重视监测反馈和理论优化分析等辅助手段，实现了金沙洲隧道安全快速施工，确保了武广高速铁路按时开通，得到了各方的高度肯定和赞扬。

(3)金沙洲隧道在浅埋下穿严重偏压段、浅埋下穿水塘段、浅埋下穿高速公路立交桥段、浅埋下穿煤气管线段等施工非常困难的地段，在超前管棚支护与洞外加固基础上，灵活采用动态分步三台阶法施工理念，确保了重大风险源的施工安全。

(4)创造性提出的动态分布开挖工法，安全可靠、经济高效，成功解决了金沙洲隧道和浏阳河隧道在不良地层和复杂环境地段施工时风险大而工期紧迫的现实难题，为隧道实现安全快速施工目标提供了重要技术支持，该工法已经获得国家发明专利。随着我国下穿城市高铁隧道的大量修建以及城市地铁工程的蓬勃发展，动态分部开挖工法施工理念将具有更广阔的推广应用前景。

第 8 章　偏压段进洞施工技术

8.1　地质概况

金沙洲隧道 DK2192＋840～DK2192＋940 段，丘坡表层为 Q4el 粉质黏土，硬塑，厚度为 0.50～5.20 m；丘间谷地及冲积平原区表层为 Q4al 粉质黏土，局部见薄层淤泥及粉细砂等，厚度为 2.60～20.50 m；下伏基岩为 D3m 粉砂岩、砂岩，夹薄层碳质页岩等，全风化至弱风化，以弱风化为主，节理裂隙发育，岩层产状为 110°～135°∠70°～85°。节理产状主要有两组：①220°/85°～90°；②130°/10°～20°。隧道穿越岩土层为粉砂岩弱风化带，岩体完整，裂隙不发育。其中，隧道底板在 DK2192＋855、顶板在 DK2192＋860 切入一条厚约 10 m 的构造破碎带，但胶结较好，呈密实状。

8.2　地形地貌

金沙洲隧道进口段 DK2192＋900～DK2192＋940 右侧为一旧采石深坑，靠隧道一侧岩面陡峭，其地表与隧道开挖轮廓线间距最小为 1.38 m，且松散堆积体已侵入隧道开挖轮廓线内 1 m，隧道偏压严重。该地点现为里水镇洲村垃圾场，由于地形原因，该处长期积水，加之大量垃圾物充填，现已成了垃圾塘，深度无法探知。部分地段出露的垃圾，已变质发臭，自然条件极其恶劣。

DK2192＋900～DK2192＋940 段地表覆盖层受采石场开挖破坏，最小覆盖层埋深仅为1.3 m，且多为坡积土，对隧道形成偏压。隧道进口段平面及断面图分别如图 8.2－1 至图 8.2－5 所示。

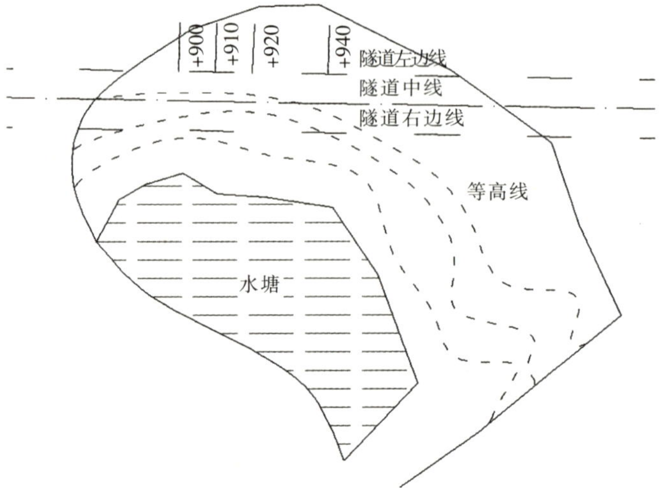

图 8.2－1　DK2192＋900～DK2192＋940 段施工平面图

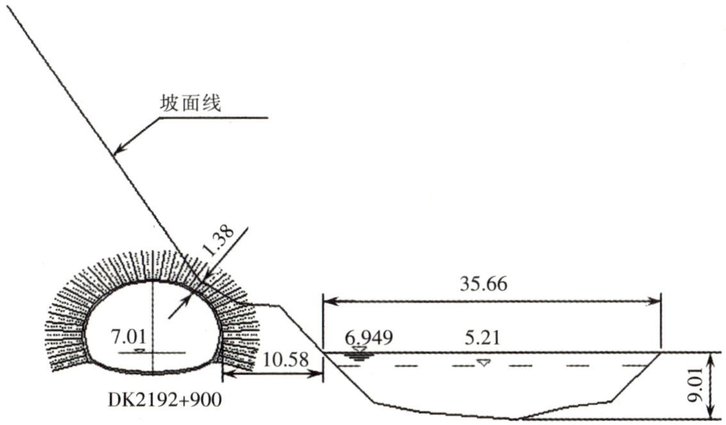

图 8.2－2　DK2192＋900 断面图(单位:m)

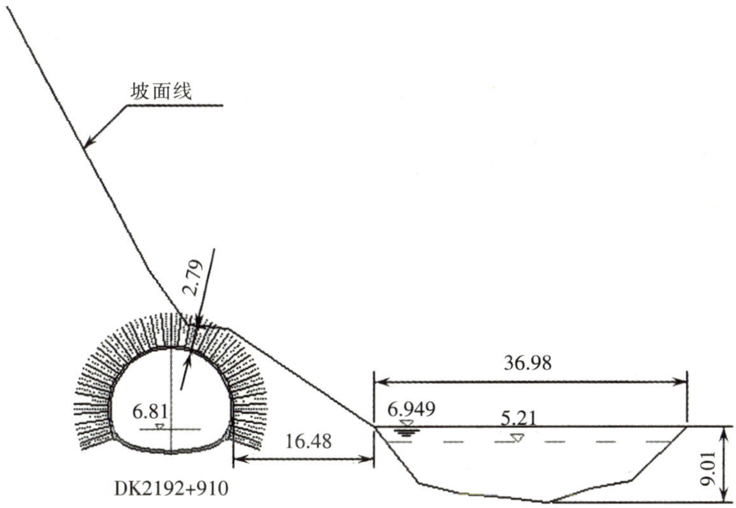

图 8.2－3　DK2192＋910 断面图(单位:m)

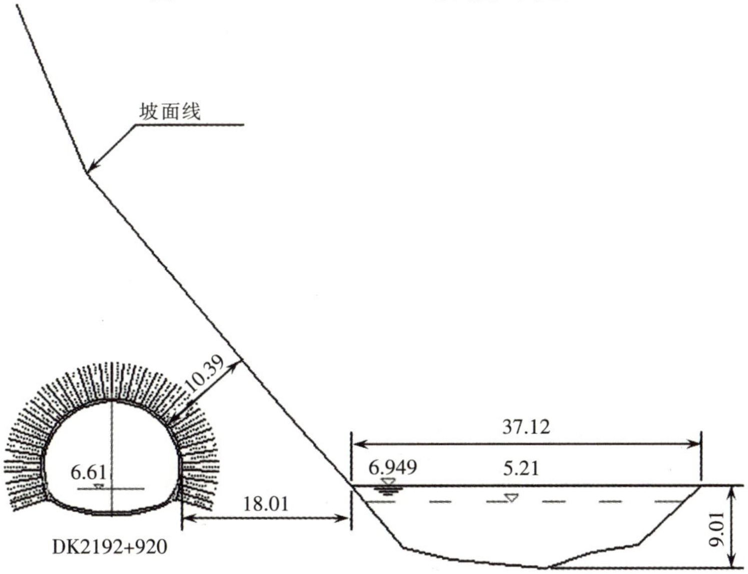

图 8.2－4　DK2192＋920 断面图(单位:m)

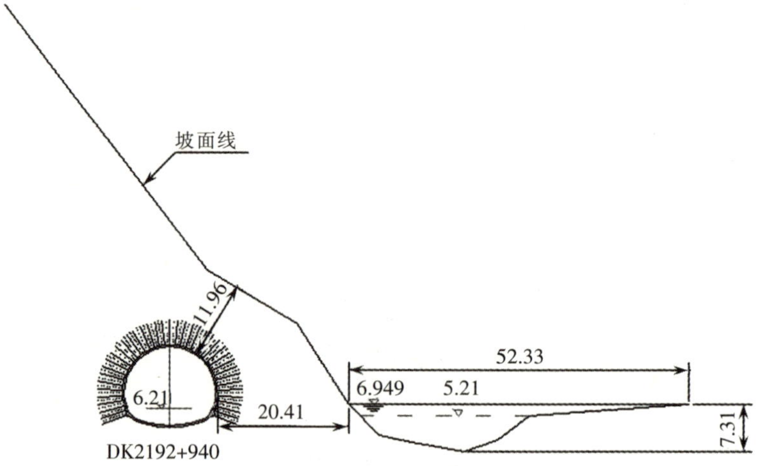

图 8.2-5　DK2192＋940 断面图(单位:m)

8.3　隧道进口偏压段施工工法的比选和论证

8.3.1　设计施工方案

原设计金沙洲隧道偏压段超前支护采用 ϕ 108 mm 钢管管棚，同时对拱墙右侧碎石土堆积体施作超前小导管进行加固，开挖采用三台阶法，如图 8.3-1 所示。具体施工步骤如下：

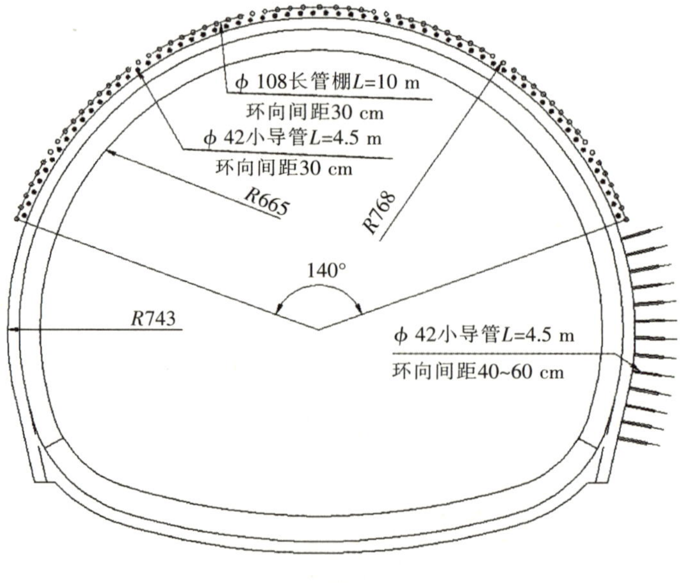

图 8.3-1　金沙洲隧道偏压段超前支护图

(1)DK2192＋892～DK2192＋895 范围在管棚作业完成前，仅施作锚杆、钢筋网及初喷混凝土。管棚作业完成后，完成初期支护，架立钢架，复喷混凝土至设计厚度。

(2)DK2192＋894.3 和 DK2192＋894.9 处架立两榀拱架，作为管棚施工工作室，DK2192＋894.9 处拱架位置上焊接 ϕ 140 mm 导向钢管，单根长 0.8 m，焊接完成后喷射混凝土，形成洞内导向墙并开始施作超前支护管棚。

(3)ϕ 108 mm 管棚超前支护长度按每环 10 m、纵向搭接长度不小于 3 m 设计，环向间距 30 cm，倾角为 3°～8°，沿拱部 140°范围布设。

(4)为加固拱墙右侧碎石土堆积体，自 DK2192＋895 里程处拱墙右侧施作超前小导管，间距 40～60 cm，单根长度为 4.5 m。

施工中部分管棚钻出地面，失去加固效果，引起了小范围的坍塌，掘进被迫停止。

8.3.2　数值模拟分析

为探求合理可行的施工方案，首先对开挖的稳定性进行分析，采用有限元数值模拟法分析围岩的松弛变化。

8.3.2.1　数值模型建立

数值计算选取金沙洲隧道偏压段 DK2192＋920 典型断面形式建立计算模型，模型的基本尺寸和边界条件如图 8.3－2 所示。

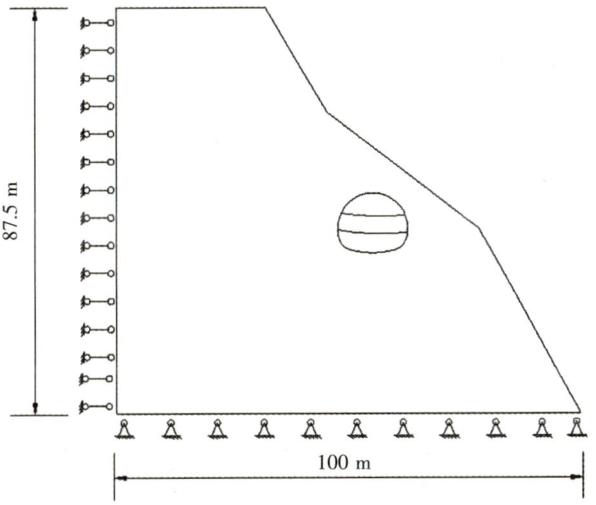

图 8.3－2　数值分析模型

分析时所取的模型水平方向长度为 100 m，垂直方向取 87.5 m 的范围，至顶部模拟地表轮廓线。模型的两侧均采用水平方向位移约束，模型的底部采用水平和垂直方向位移约束，顶部模拟地表不加约束条件。

采用 ANSYS 有限元软件进行数值模拟，采用弹塑性本构模型以及莫尔-库仑准则，采用四面体等参单元对围岩进行模拟，采用梁单元模拟混凝土初期支护和二次衬砌，而锚杆均采用杆单元进行模拟。计算参数由现场试验参数和工程类比确定，取值见表 8.3－1。

表 8.3-1 计算参数

材料类型	特性参数
围岩	$E=1.8\,\text{GPa}, \gamma=20\,\text{kN/m}^3, \nu=0.35, \varphi=25°, c=0.2\,\text{MPa}$
锚杆	$E=2\text{e}11\,\text{Pa}, \phi=25\,\text{mm}, L=3.5\,\text{m}$
混凝土初期支护	$E=2.3\text{e}10\,\text{Pa}, A=0.28\,\text{m}^2, I=1.8\times10^{-3}\,\text{m}^4$
混凝土二次衬砌	$E=3\text{e}10\,\text{Pa}, A=0.55\,\text{m}^2, I=1.4\times10^{-2}\,\text{m}^4$

注：E—弹性模量，γ—容重，ν—泊松比，φ—内摩擦角，c—黏聚力，ϕ—锚杆直径，L—锚杆长度，A—截面面积，I—惯性矩

8.3.2.2 计算结果分析

采用有限元模拟分析可以获得在偏压条件下三台阶施工各个阶段围岩与支护结构的受力与变形分布状况，这里仅列出最终开挖支护完成后部分结果。

图 8.3-3 为隧道开挖完成后围岩塑性区分布图。由图可知，由于偏压和埋深浅，在隧道开挖完成后，可能形成了一条从山坡顶贯通隧道的塑性屈服带，这样一个塑性屈服带，对隧道围岩的稳定与安全十分不利，可能造成隧道坍塌。

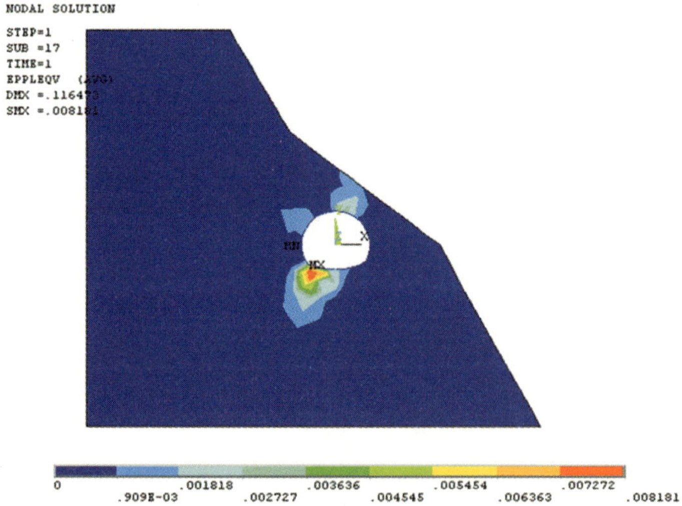

图 8.3-3 隧道施工完毕后围岩塑性区分布图

由上述分析可见，金沙洲大断面隧道进口端偏压段施工采用动态分部台阶法，即使采取超前支护方法进行预支护也可能导致隧道围岩失稳甚至坍塌。因此，有必要调整原设计方案，在洞内超前支护的基础上，同时对洞外进行加固处理。

在数值分析中，通过提高洞外加固区域围岩参数的办法来模拟洞外加固，假设围岩洞外加固后相关参数取值为：$E=4.5\,\text{GPa}, \gamma=21\,\text{kN/m}^3, \nu=0.35, \phi=28°, c=0.35\,\text{MPa}$。

洞外加固后隧道开挖完成时围岩塑性区分布如图 8.3-4 所示。由图可知，在洞外加固后隧道开挖完成时围岩塑性区较小，没有与地表连通，不至于对隧道围岩稳定与结构安全造成不利影响。

由前面数值分析可见，金沙洲隧道偏压段施工必须进行洞外加固处理，才能有效保证施工过程中隧道的稳定与安全。

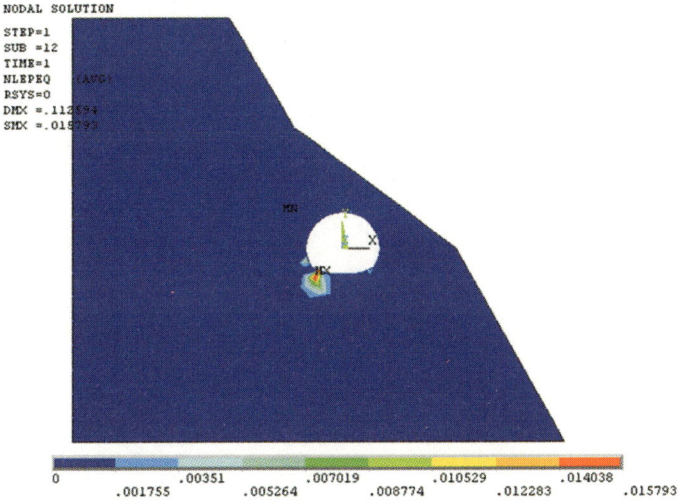

图 8.3-4　洞外加固后围岩塑性区分布图

8.3.3　施工优化方案

由数值分析结果可见，为了降低隧道施工风险，金沙洲隧道偏压段施工需要进行地表处理和隧道内预加固。

8.3.3.1　洞外加固方案

进口偏压段中的 DK2192＋880～DK2192＋900 与 DK2192＋920～DK2192＋945 段，实际加固处理方案为：对直立山体施作 ϕ 22 mm 砂浆锚杆，并挂 ϕ 8 mm 钢筋网、喷射 10 cm 混凝土封闭；进口偏压段中的 DK2192＋900～DK2192＋920 段松散体施作 ϕ 42 mm 小导管，注浆固结，并在尾端挂 ϕ 10 mm 钢筋网、喷射 20 cm 混凝土封闭；对直立山体，施作 ϕ 22 mm 砂浆锚杆，并挂 ϕ 8 mm钢筋网、喷射10 cm混凝土封闭；在洞外浇筑 C20 混凝土反压体。洞外加固处理方案如图 8.3-5 所示。

8.3.3.2　洞内施工方案

1. 初期支护方案

仍采用 ϕ 108 mm 管棚做超前预加固，在原设计施工方案基础上进行了局部调整，将 DK2192＋895～DK2192＋940 偏压浅埋段初期支护锁脚锚管调整为 ϕ 89 mm 钢管，长度为 5.0 m，每侧 8 根；DK2192＋895～DK2192＋940 段右侧拱墙辅助施工 ϕ 42 mm 径向注浆小导管，长度为 4.5 m，间距 0.8 m×0.8 m，以使右侧拱墙以外 3～4.5 m 范围内堆积体固结成环，其余支护措施不变。

2. 掘进工法

鉴于隧道左侧岩体完整性好且硬度大，右侧松散，隧道开挖按照动态分部台阶法施工，增加了中隔壁和临时仰拱，如图 8.3-6 所示。

(1)在超前支护施作后，开挖上台阶的Ⅰ部，并施作其周边的初期支护和中隔壁临时支护，即初喷 4 cm 厚混凝土，架立初支的钢拱架及临时钢架，并设置锁脚锚管；钻设径向锚杆后复喷混凝

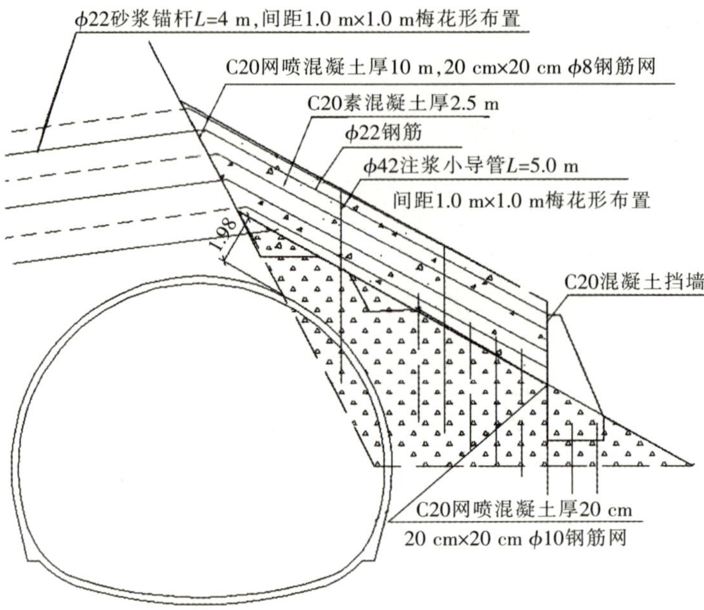

图 8.3－5　金沙洲隧道进口偏压段洞外加固处理方案

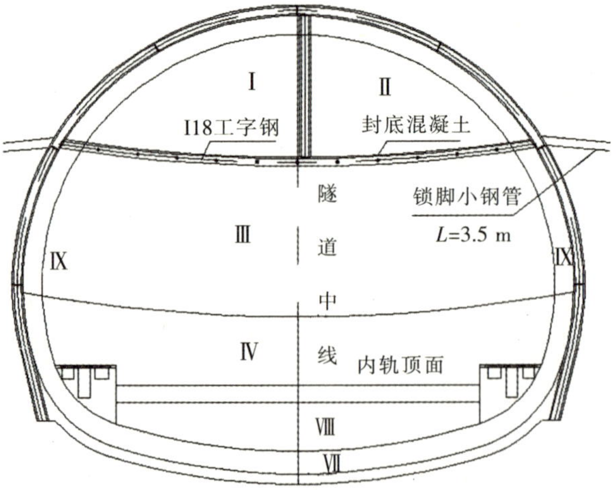

图 8.3－6　动态分部台阶法施工横断面图

土至设计厚度，底部钢架在初喷混凝土后架设，架设完毕后复喷 20 cm 混凝土封闭。

(2)在上台阶Ⅰ部施工完成后，除设中隔壁临时钢架外，上台阶Ⅱ部按Ⅰ部的施工步骤进行施工。

(3)上台阶Ⅰ部掘进 5 m 后，开始Ⅱ部掘进，Ⅱ部掘进 5 m 后，开挖中台阶(Ⅲ部)，施作洞身结构的初期支护，即初喷 4 cm 厚混凝土，架立钢架，钻设系统锚杆后复喷混凝土至设计厚度。

(4)中台阶施作完成后，下台阶(Ⅳ部)按照中台阶(Ⅲ部)的施工步骤进行施工，及时封闭初期支护。

(5)在断面开挖成型后，及时灌注该段内仰拱(Ⅶ部)，进行隧底填充(Ⅷ部)，并利用衬砌模板台车一次性灌注二次衬砌，拱墙衬砌一次施作(Ⅸ部)，如图 8.3－7 所示。

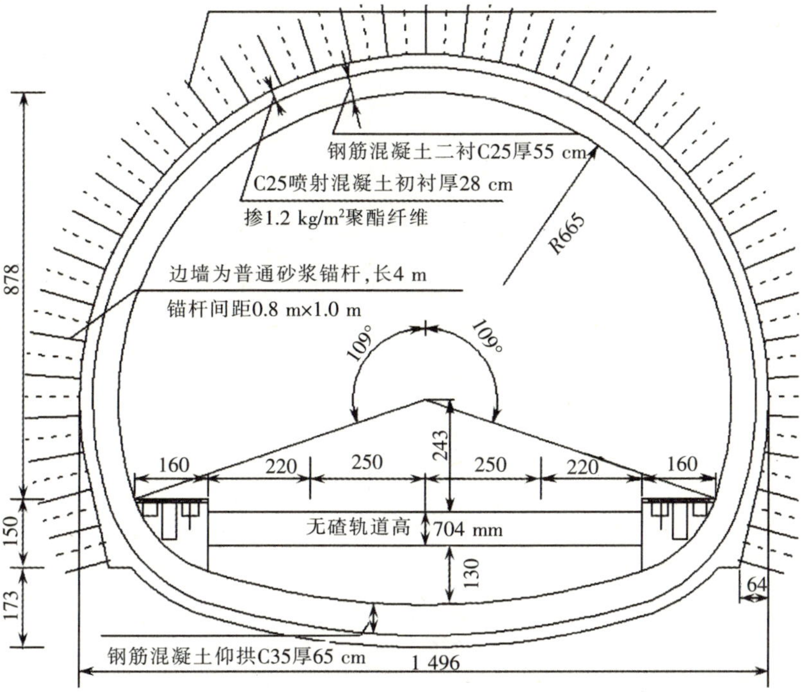

图 8.3－7　偏压段衬砌结构图(单位：cm)

8.4　现场监测与施工效果评价

隧道进口于 2007 年 2 月 8 日施工到 DK2192＋900 处，开始拱部管棚施工。2007 年 2 月 25 日开始上台阶施工，出现坍塌后，停止掘进，进行洞外地表加固，地表加固完成后，恢复掘进。6 月 25 日隧道偏压段初期支护完成，7 月 25 日正洞二衬施工完成。

为确保金沙洲隧道偏压段施工安全，进行监控量测时，将该区间段监控测点断面间距减小，以准确的量测数据指导施工，从而保证隧道工程的安全性和经济性，洞内拱顶沉降与周边收敛测点布置如图 8.4－1 所示，地表沉降测点和控制点的布置分别如图 8.4－2 和图 8.4－3 所示。

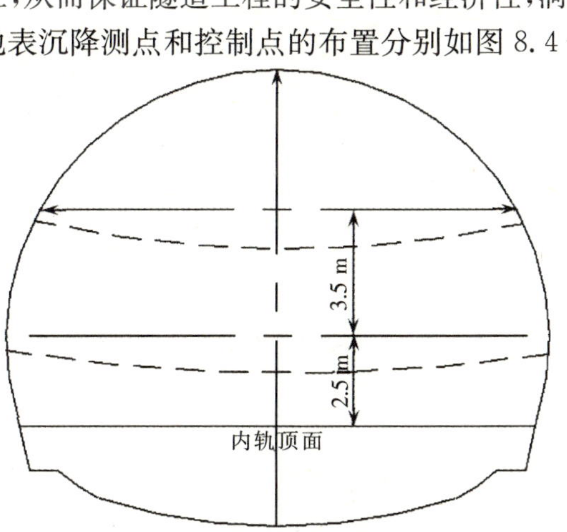

图 8.4－1　偏压段洞内拱顶沉降与周边收敛测点布置

实际监测数据较多，这里列出 DK2192＋910 和 DK2192＋920 断面拱顶沉降和周边收敛的结果。

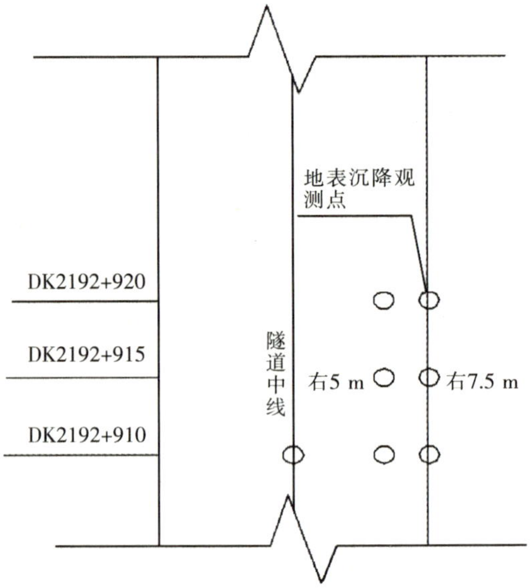

图 8.4－2　偏压段地表沉降测点布置

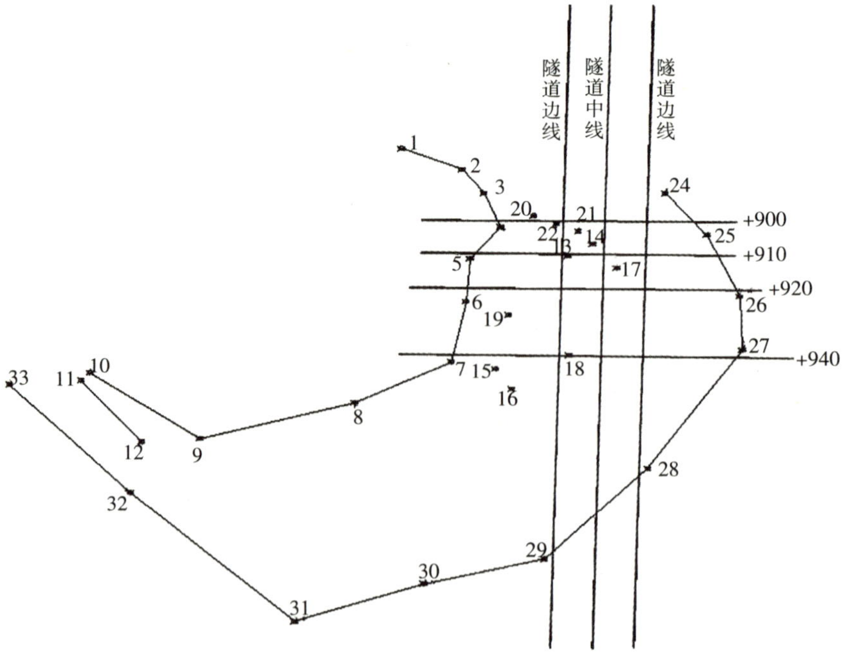

图 8.4－3　偏压段地表沉降控制点布置图

1. 拱顶沉降

考虑隧道偏压段地质结构较复杂，在正洞 DK2192＋900～DK2192＋930 段布置了 5 个拱顶沉降测点，监测拱顶位置的沉降量。量测结果见图 8.4－4，可以看出前期 DK2192＋910 拱顶沉降量较大，最大沉降量达 18 mm，后期沉降量变化很小，可认为围岩与支护结构已处于稳定状态。

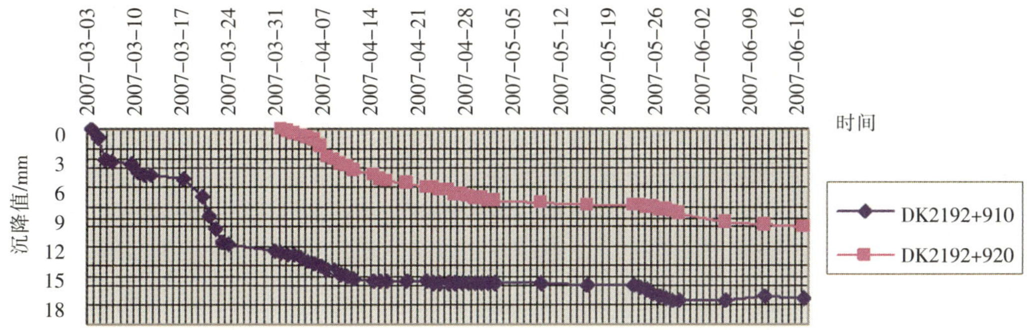

图 8.4－4　DK2192＋910、DK2192＋920 断面拱顶沉降曲线图

2. 周边收敛

在正洞 DK2192＋900～DK2192＋930 段布置了 5 个断面周边收敛测点，量测结果见图 8.4－5。可以看出周边收敛量值随施工的进行缓慢增长，但累计收敛量只有 9 mm，而且增长趋势趋缓，说明围岩与支护结构趋于稳定。

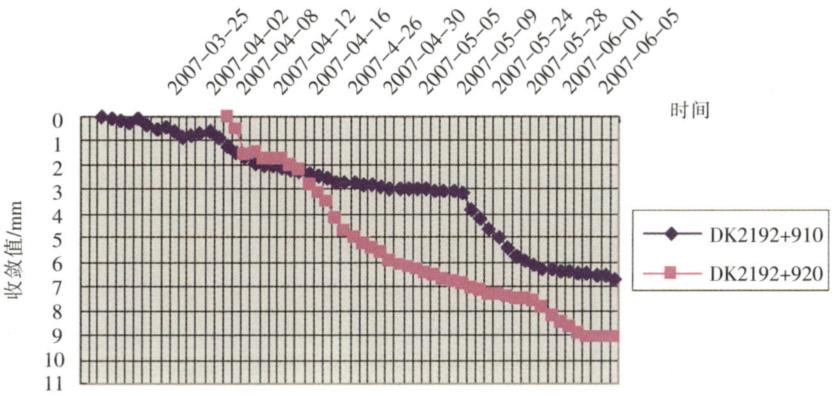

图 8.4－5　DK2192＋910、DK2192＋920 断面周边收敛曲线图

监测结果表明，隧道施工过程中拱顶最大沉降量与洞内最大收敛量均在允许范围之内，且金沙洲隧道施工已经成功地通过偏压段，说明在超前支护与洞外加固基础上采用三台阶法进行大断面偏压隧道施工可以取得良好的效果。图 8.4－6 为进口偏压段施工完成后的状况。

图 8.4－6　进口偏压段施工完成状况

8.5 总　结

（1）金沙洲大断面隧道进口偏压段在超前支护与洞外加固基础上采用动态分步三台阶法施工，成功通过了该隧道的偏压段，取得了较好的效果。

（2）在复杂的地质地段，通过建立计算模型，采取数值方法对施工方法进行分析，可为隧道设计与施工提供有效的技术支持。

（3）采取数值方法对大断面偏压隧道施工方法选择进行分析，该隧道偏压段施工采用在超前支护与洞外加固基础上的动态分部台阶法开挖施工工艺。实践表明，金沙洲大断面隧道采用该种施工工艺，成功地通过了该隧道的偏压段，此段施工过程中，积累了宝贵的经验，可以为类似工程提供参考。

第 9 章　隧道下穿水塘段施工技术

9.1　工程概况

金沙洲隧道进口至斜井段位于剥蚀残丘与冲积平原地貌单元。地表主要为农田、水塘、果园及苗圃，小河渠、小冲沟较发育，部分地段分布农村低层房屋。山顶最大标高 67.626 m，相对高程 1.303～67.626 m。渠涌水位因季节而变化。区内河道因地表平坦，高差小，标高 1.02～3.03 m，故水流平缓。场区处于南亚热带海洋性季风气候区。

DK2193＋340～DK2193＋510 段的地形地貌如图 9.1－1 所示，线路平面如图 9.1－2 所示，此段共穿越两个水塘。DK2193＋337～DK2193＋398 段的水塘经过征地，已排尽塘水，隧道穿越时候已干枯一个多月；DK2193＋400～DK2193＋448 段的水塘征地滞后，造成水塘基本未排水，DK2193＋440 附近埋深仅 3.56 m，其中淤泥层厚度 1 m。猪圈位置如图 9.1－2所示，基础为回填土，此处拱顶埋深 10 m。DK2193＋500 之后，隧道穿越一座小山。

图 9.1－1　DK2193＋340～DK2193＋510 段地形地貌

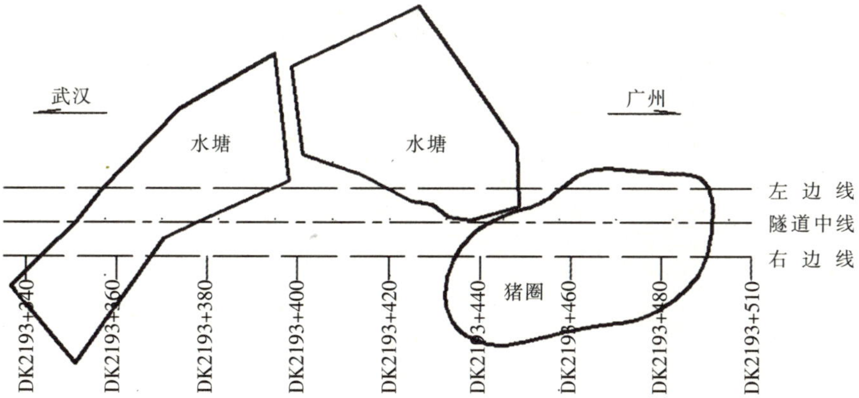

图 9.1－2　金沙洲隧道 DK2193＋340～DK2193＋510 段线路平面

9.2 施工方案及方法

9.2.1 施工方案

1. 围堰抽水

DK2193＋337～DK2193＋398 段的水塘，经过排水后回填土平整，以避免隧道顶地面过多积水。

原计划在隧道掘进进入 DK2193＋400～DK2193＋448 处水塘范围前，修筑围堰，抽干围堰内塘水，局部回填黏土，再在地表施作加固措施。但因水塘塘主要价太高，只进行了修筑部分围堰及抽水作业。

2. 地面加固

地面采用袖阀管进行注浆加固，注浆孔呈梅花形布置，排距 1.5 m，见图 9.2－1 和图 9.2－2。注浆底部进入风化岩(W_3)或隔离层，采用纯水泥浆液。含水量较大的地层采用水泥-水玻璃浆液，注浆压力 0.5～1.0 MPa。注浆完成后，钻孔取样检查，其渗透系数和土的力学指标有所改善。

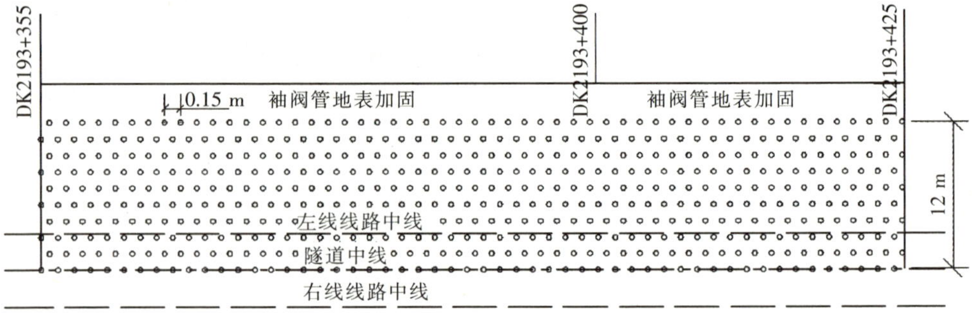

图 9.2－1 DK2193＋355～DK2193＋425 段采用袖阀管地表加固平面布置

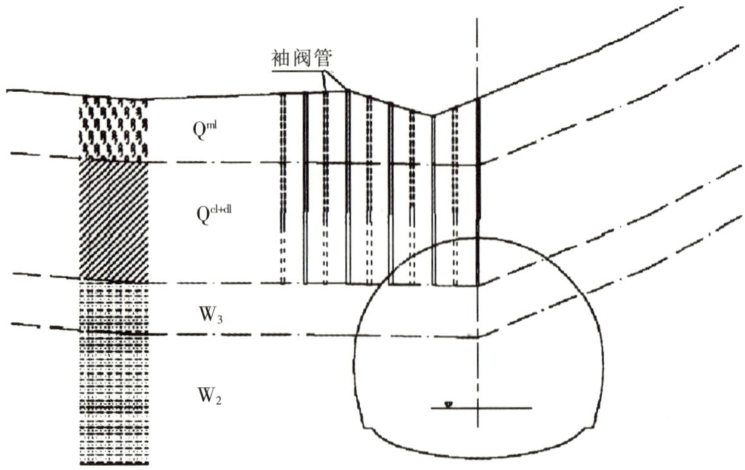

图 9.2－2 DK2193＋355～DK2193＋400 段采用袖阀管地表加固断面图

3. ϕ 108 mm 管棚超前支护

拱部 140°范围埋设管棚，防止因顶部围岩过度松弛而引起坍塌。原设计采用 ϕ 89 mm 管棚，斜向埋设，长度 10 m，开挖 7 m，搭接 3 m，见图 9.2－3。

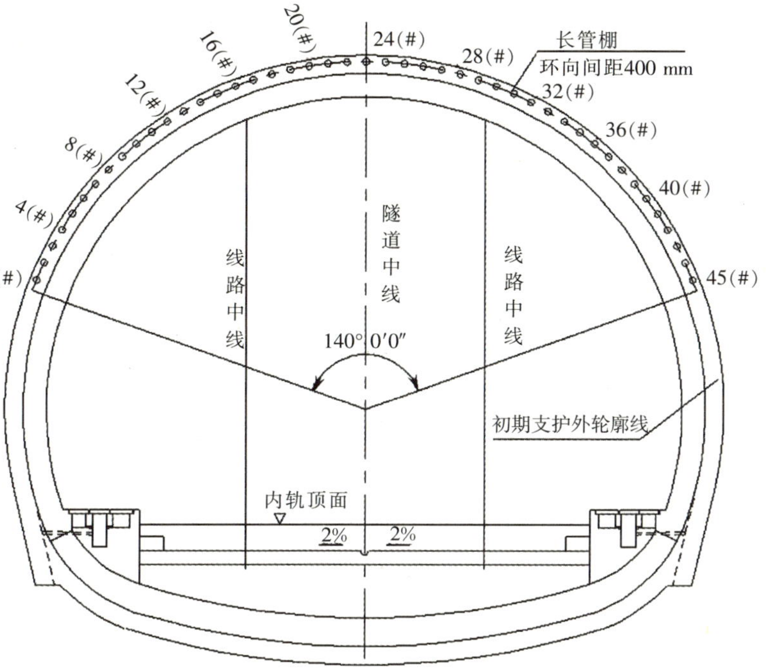

(a)管棚布置平面图

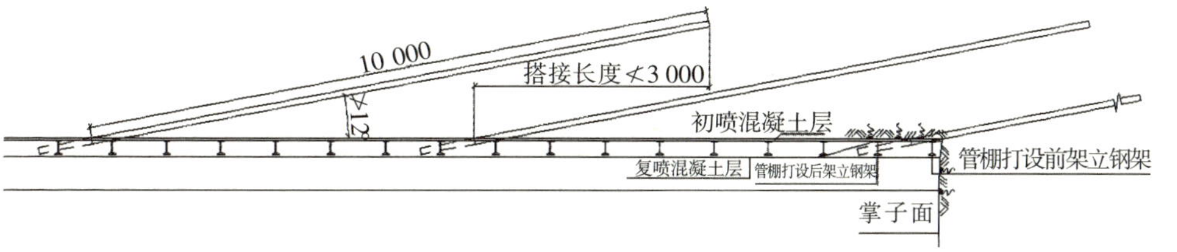

(b)管棚布置剖面图

图 9.2－3　管棚布置设计图

施工优化采用 ϕ 108 mm 管棚，洞内设管棚工作室，管棚水平设置，长度 30～40 m，环向间距 400 mm，见图 9.2－4。管棚采用花管注浆，注浆压力 0.8～1.0 MPa。

优化的管棚埋设方式与原方式的比较见表 9.2－1，从该表可以看出，优化方案在管棚加固支护效果、材料消耗、工期等方面都有显著优势。

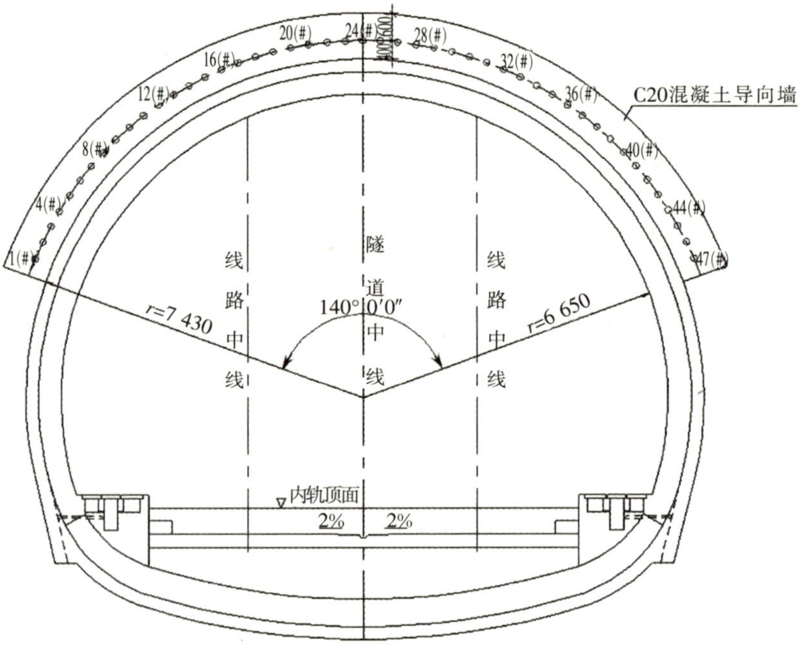

(a)管棚布置平面图

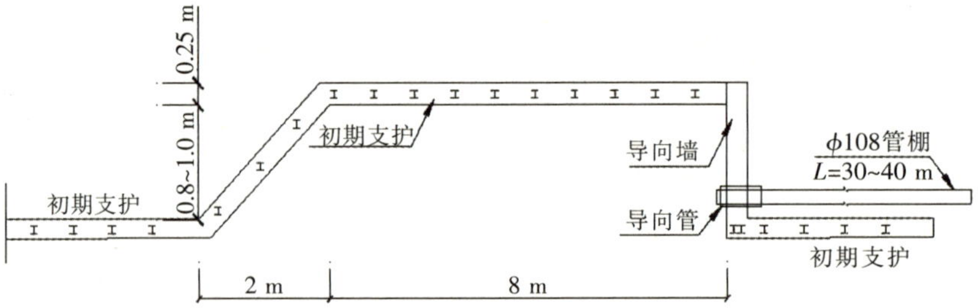

(b)管棚工作室剖面图

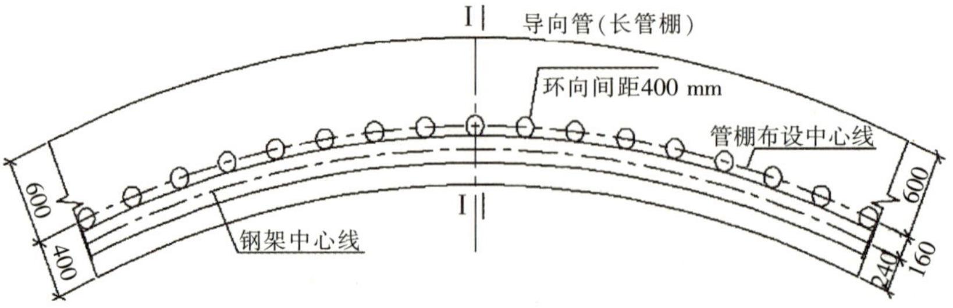

(c)管棚导向管布置平面图

图 9.2-4 管棚水平埋设、增加工作室示意图

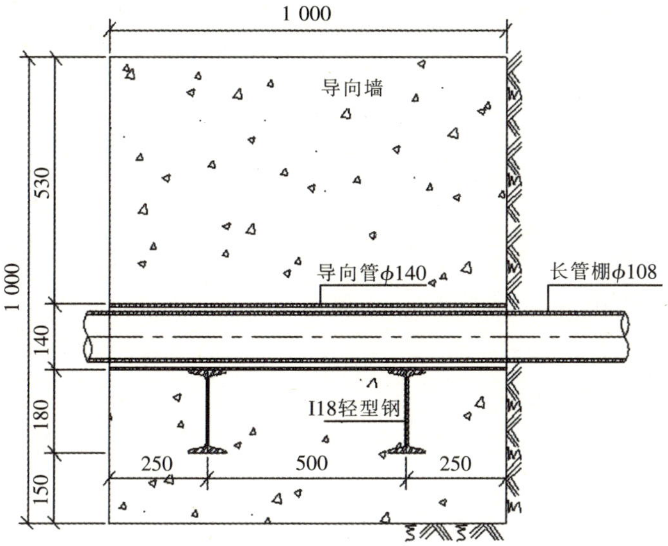

(d)管棚导向管布置Ⅰ-Ⅰ剖面图

图 9.2-4　管棚水平埋设、增加工作室示意图

表 9.2-1　超前管棚斜置和水平设置优缺点对比

对比项目	管棚埋设方式	
	不增加管棚工作室，管棚向外倾斜埋设	增加工作室，管棚水平埋设
优　点	①无须施作管棚工作室，每循环的管棚埋设的工期较短；②管棚向外倾斜埋设	①形成有效加固圈，支护效果好；②减小了管棚的搭接长度，管棚材料节省大约 30%；③管棚依次埋设长度为 30～40 m，虽然施工周期较长，但减少了埋设次数，总工期仍然缩短
缺　点	①管棚角度过大，前端侵入施工断面，后端在顶部形成三角形土环，加固效果较差；②增加了管棚的搭接长度，浪费了材料；③每隔 7 m 进行下循环的管棚埋设，在相同施工区间，虽然管棚埋设工期短，但总工期长	①增加管棚工作室的开挖；②在地质不良地段，管棚工作室的开挖须加大开挖轮廓，存在一定的安全风险。但管棚工作室设在围岩岩性较稳定地段，可减小这一风险

9.2.2　施工方法

1. 超前预报

施工采取掌子面地质描述法、物探法及钻探法(超前深孔钻探、炮眼孔加深钻探)等综合进行超前地质预测预报工作。通过地质描述法分析前方地质构造的变化，通过物探法及钻探法预报前方不良地质。通过预测预报方法相互印证，不断总结提高预测预报的水平和标准性。隧道穿越水塘后，实践表明预报准确性较高：隧道左侧以强风化灰岩为主，右侧及拱顶以全风化砂岩为主，局部有渗水，渗水为黑色，带有猪圈排水异味。

2. 开挖工法

鉴于隧道埋深浅，上半断面围岩较差、土层软弱，上台阶开挖预留核心土，隧道开挖按照动态分部台阶法施工，增加了中隔壁和临时仰拱，如图 9.2-5 所示。

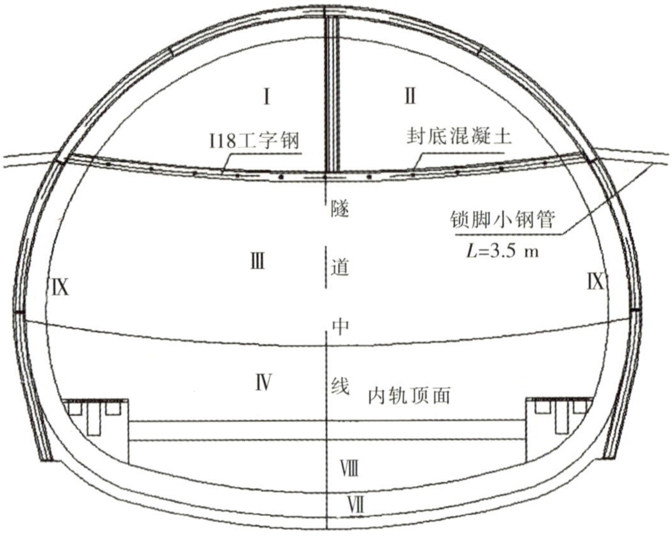

图 9.2-5　动态分部台阶法施工横断面图

上台阶开挖支护缩小超前小导管间距及搭接长度；小导管间距由 40 cm 调整至 35 cm，每进尺 1.5 m（两榀格栅钢架距离）施工 3.5 m 小导管，搭接 2 m。小导管注浆压力为 0.8～1.0 MPa。

3. 开挖及支护

前期施工监控量测的数据分析及有限元模型的模拟计算结果表明，隧道拱顶发生的沉降量较大。为防止初期支护沉降侵入二次衬砌断面，施工中将开挖顶部预留量由 8 cm 调整至28 cm，并增加监控量测点布置。每循环开挖进尺 0.5～0.75 m，开挖完成后立即初喷 4 cm 混凝土并封闭掌子面之后进行支护。

支护严格按设计参数施工，上台阶 ϕ 42 mm 锁脚锚管由每侧 1 排（2 根）增加至 2 排（4 根），保证钢架的固定及注浆饱满。

4. 仰拱及拱墙衬砌施工

仰拱及拱墙衬砌及时跟进，与掌子面距离分别小于 40 m、90 m。

5. 监控量测

监控量测是保证金沙洲隧道穿越水塘施工安全的一项重要措施，施工过程中我们加强了洞内外观察，进行掌子面地质描述，监测围岩变形及支护结果应力、应变，及时地反馈监测信息，进行信息化施工，确保工程安全。

9.3　穿越水塘段隧道施工数值分析

9.3.1　数值模型的建立

选取 DK2193+440 断面进行流固耦合分析，如图 9.3-1 所示，此图为二维有限元模型图。计算范围的选取以能消除边界效应为原则，上边界取至地表面，下边界以及左右边界均取至 5 倍洞径以外。地质条件上仅考虑粉质黏土和粉砂岩两种地层分布，粉质黏土覆盖层厚度为 5.0 m 左右，向下全部为泥质砂岩。

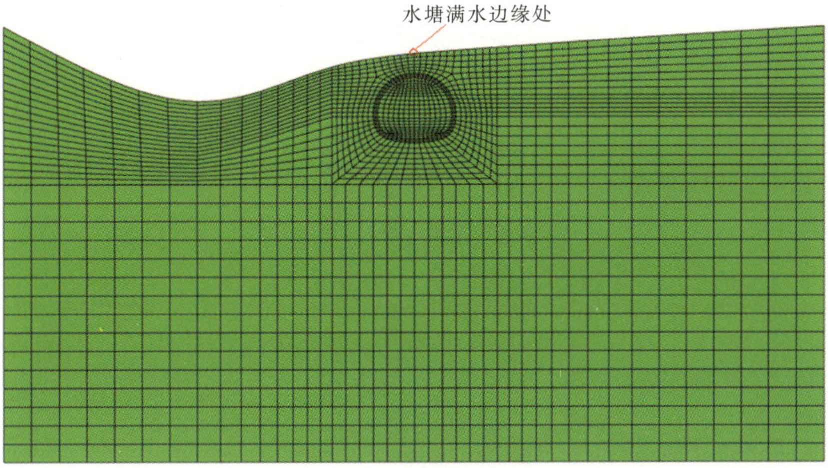

图 9.3-1　DK2193+440 断面二维有限元模型图

耦合计算的边界条件考虑如下：①应力边界。模型两侧和底部为法向约束，顶部为自由边界，初始应力场取自重应力场。②渗流边界。模型两侧及底部为不透水边界（假定与边界无水量交换），顶部边界条件为水塘，承受水塘水头压力，这里假定施工时隧道拱顶地表中心线处为水塘满水边缘，如图 9.3-1 所示。隧道初期支护与围岩接触，喷射混凝土假定为弱透水，初期支护内表面为零水压力边界。二次衬砌施作后，二次衬砌为零水压力边界。

计算中对粉质黏土和粉砂岩采用 Drucker-Prager 模型进行模拟，初期支护喷射混凝土和二次衬砌模注混凝土按弹性本构模型考虑，围岩和结构的物理力学参数见表 9.3-1。洞内施工按三台阶法模拟。

表 9.3-1　模型计算参数

材　　料	密度 /(kg/m^3)	弹性模量 /MPa	泊松比	黏聚力 /kPa	内摩擦角 /(°)	孔隙率 /%	渗透系数 /(m/s)
粉质黏土	1 800	30	0.40	10	25	50	8.11e−5
粉砂岩	2 000	200	0.35	100	30	50	3.46e−6
混凝土	2 300	31 000	0.30	—	—	0.1	9.00e−12

施工工序考虑如下：上台阶开挖→开挖 3 h 以后开始上台阶初期支护→中台阶支护 3 d 以后开始中台阶开挖→中台阶开挖 3 h 以后开始中台阶初期支护→中台阶支护 10 d 以后开始下台阶开挖→下台阶开挖 3 h 以后开挖下台阶支护（清底、施作仰拱和回填）→下台阶支护 3 d 以后开挖浇筑二次衬砌。

9.3.2　隧道支护或预加固措施的模拟

9.3.2.1　锚杆的力学模拟

此处对锚杆的力学效果的模拟主要根据其作用的等效原则来考虑，即在锚杆打设范围内，考虑施锚后围岩弹性模量、黏聚力、内摩擦角、抗压强度等指标的提高。根据相关经验公式，有锚杆时，锚固区的黏聚力 C_i、内摩擦角 φ_i 值可取

$$\varphi_i = \varphi_0, C_i = C_0 + \frac{\tau_a A}{e \cdot i} \tag{9.3-1}$$

式中，C_0 为初始黏聚力；φ_0 为初始内摩擦角；τ_a 为锚杆抗剪强度，$\tau_a = 0.6R_{st}$，R_{st} 为钢筋的抗拉强度设计值；e、i 分别为锚杆的纵间距、横间距；A 为单锚杆的截面积。

施锚区弹性模量的提高公式为

$$E_i = E_0\left(1 + \frac{A}{e \cdot i}\right) \tag{9.3-2}$$

式中，E_i、E_0 分别为加固前后的弹性模量。

按式(9.3-1)、式(9.3-2)可计算得出，施锚区各物理力学参数提高后的最终值为 $\varphi_i = 25°$，$C_i = 14$ kPa，$E_i = 50.03$ MPa。

9.3.2.2 其他预加固技术的模拟

ϕ89 mm 棚、ϕ42 mm 小导管、初期支护中的 I35a 钢拱架以及 30 cm×30 cm 钢筋网，均作为安全储备，数值模拟中不予考虑。

由于没有现场实验数据，仅认为地表注浆只改变注浆加固区渗透性能，即渗透性降低，其物理力学性质不发生改变。因此，地表注浆加固在这里作为安全储备。

9.3.3 耦合计算结果分析

9.3.3.1 竖向位移

二衬浇筑过去 3 年后的竖向位移值如图 9.3-2 所示，由图可知，虽然 DK2193+440 断面紧邻水塘，但在开挖各阶段，开挖断面附近围岩地层竖向位移基本呈对称分布，竖向位移变化趋势如下：

(1)由于拱顶覆土层较浅，上台阶开挖过去 3 h 以后，隧道中心处地表沉降值为111.40 mm，拱顶沉降值为 122.89 mm，开挖底部最大隆起值为 24.04 mm。

(2)上台阶支护过去 3 d 以后，隧道中心处地表沉降值为 128.58 mm，拱顶沉降值为140.10 mm，开挖底部最大隆起值为 14.09 mm。可见在上台阶初期支护过程中地层持续变形，但在一定程度上可抑制底部隆起。

(3)中台阶开挖过去 3 h 以后，隧道中心处地表沉降值为 157.35 mm，拱顶沉降值为169.39 mm，开挖底部最大隆起值为 34.48 mm。可见，中台阶的开挖又引起了地层持续变形，底部隆起值也有所增大。

(4)中台阶支护过去 10 d 以后，隧道中心处地表沉降值为 164.16 mm，拱顶沉降值为176.12 mm，开挖底部最大隆起值为 30.61 mm。

(5)下台阶开挖过去 3 h 以后，隧道中心处地表沉降值为 160.58 mm，拱顶沉降值为171.90 mm，开挖底部最大隆起值为 39.44 mm。

(6)下台阶支护过去 3 d 以后，隧道中心处地表沉降值为 161.51 mm，拱顶沉降值为172.88 mm，开挖底部最大隆起值为 38.14 mm。

图 9.3-2　二衬浇筑过去 3 年后的竖向位移值(单位:m)

(7)二衬浇筑 3 d 以后,隧道中心处地表沉降值为 169.12 mm,拱顶沉降值为 181.06 mm,开挖底部最大隆起值为 36.83 mm。

(8)最终(二衬施工完毕后 3 年,此时的竖向位移值见图 9.3-2),隧道中心处地表沉降值为 170.66 mm,拱顶沉降值为 181.08 mm,开挖底部最大隆起值为 36.85 mm。

可见,随着掌子面的掘进,地层不断持续变形,竖向位移值也逐渐变大,但二衬浇筑完毕后,开挖边界附近的围岩变形基本趋于稳定。

9.3.3.2　竖向有效应力

二衬浇筑过去 3 年后竖向应力如图 9.3-3 所示。由于 DK2193+440 断面左侧紧邻水塘,因此开挖边界附近围岩应力重分布也受此影响,开挖过程中竖向有效应力分布规律如下:

图 9.3-3　二衬浇筑过去 3 年后竖向应力(单位:Pa)

(1)受地形原因和地表水塘的影响,DK2193+440 断面初始竖向应力就呈不对称分布,但各位置竖向有效应力基本上沿埋深逐渐增大，有效应力与埋深成正比。

(2)由于前期地表注浆预加固，围岩渗透性能大大降低，开挖断面附近的围岩应力分布规律发生了变化。

(3)开挖断面拱顶范围易出现松动区，拱腰附近及各台阶开挖落脚处易出现应力集中区域。

(4)二衬浇筑后，开挖断面附近应力分布逐渐稳定，至最终二衬施工完毕后 3 年，可见边墙位置仍然有应力集中区域，拱部范围应力松动始终存在，底部始终为地下水汇集区域；在离开挖断面 1.5 倍洞径区域，竖向有效应力分布与开挖前相比有一定变化，但基本沿埋深呈逐渐增大趋势，如图 9.3－3 所示。

9.3.3.3　孔隙水压

开挖过程中认为地表水塘始终处于蓄水状态，且隧道中心处地表点为水塘水位线，孔隙水压变化规律如下：

(1)隧道开挖前，孔隙水压与埋深成正比，沿埋深往下逐渐增大。

(2)上台阶开挖后，开挖断面形成零压力水头边界，地下水将沿着开挖边界短暂地向底部汇集；至上台阶支护过去 3 d 后，由于隧道开挖边界邻近水塘，地下水得到地表水补给，开挖断面附近地下水逐渐重新达到短暂平衡。地表注浆加固范围内的地下水沿开挖断面拱部流出，汇集于隧道掌子面开挖底部；同时，由于地表注浆的缘故，加固区范围内围岩渗透性能大大降低，加固区以外地下水难以流入加固区内，加固区范围内形成负孔隙水压区(毛细现象)。

(3)中台阶和下台阶的进一步开挖，仍会形成开挖边界上的零压力水头边界，地下水又会重新汇集于开挖断面附近；初期支护施作完后，地下水沿初期支护背后汇集于底部。

(4)二衬浇筑后 3 d，除开挖断面拱部范围始终处于负孔隙水压外，开挖断面附近地下水位逐渐平稳，孔隙水压基本上沿埋深逐渐增大。

(5)二衬浇筑后 3 年的孔隙水压分布如图 9.3－4 所示。

图 9.3－4　二衬浇筑后 3 年的孔隙水压分布(单位：Pa)

9.3.4　现场实测数据分析

实际施工各阶段中，在 DK2193＋440 断面的拱顶沉降与周边收敛的监控量测数据如图 9.3－5所示。由图可知，虽然 DK2193＋440 断面紧邻水塘，但采取相应措施后，在各开挖施工工序阶段，断面附近拱顶沉降和围岩的收敛情况变化均较正常，具体分析如下：

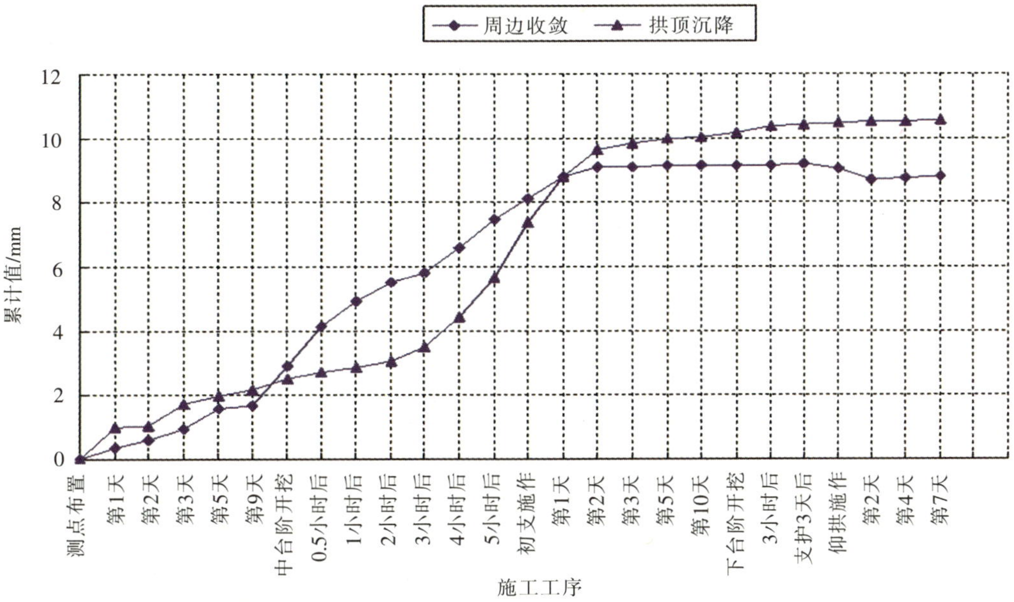

图 9.3－5　DK2193＋440 断面拱顶沉降与周边收敛实测曲线图

(1)该断面测点的布置是在上台阶开挖初期支护施作以后，此时拱顶沉降和周边收敛变化速率较小。到中台阶开挖时，拱顶沉降及周边收敛急剧变化，变化速率增大，初期支护施作以后，围岩与初期支护共同变形并逐渐趋于稳定。下台阶的开挖对拱顶沉降和周边收敛的影响不大，仰拱施作以后围岩基本稳定。

(2)该断面的拱顶沉降值和周边收敛值最大值分别为 10.8 mm 与 9 mm，远小于数值计算结果，究其原因主要是量测点往往在断面开挖以后一段时间后才能布置，而这段时间是围岩地层损失最严重、变化最剧烈的阶段。

(3)该曲线反映的围岩变形规律与数值计算的变化趋势基本相同，围岩在开挖以后 1 d 左右变形较大，初期支护完成以后，围岩与支护共同变形一段时间后趋于稳定。

9.4　总　结

在大断面隧道施工中，穿越水塘问题也是不容忽视的。隧道施工是动态的，施工中存在很多需变更设计的内容，若一味固守原设计的施工方法或施工组织设计方案，往往会使施工难度加大，效果欠佳。通过隧道下穿水塘施工数值模拟研究，采取优化施工组织、科学攻关、加大投入等特殊措施，克服了施工地质情况复杂、埋深浅、水塘未及时排水等困难，安全快速完成了 DK2193＋337～DK2193＋398、DK2193＋400～DK2193＋448 段水塘的穿越，取得了良好的经济效益，为在浅埋地段中隧道施工积累了宝贵的施工经验。

(1)隧道 DK2193＋350～DK2193＋500、DK2193＋690～DK2193＋850 浅埋段，岩体破碎，节理裂隙发育，拱顶易坍塌，且掘进开挖施工时易造成山体变形及地表水塘下渗等环境地质问题，隧道洞身局部受构造影响可能存在顺层偏压问题，施工时应加强防渗、围岩支护。

(2)大管棚在防止围岩松弛和局部坍塌中有较大作用，它使拱部形成致密的防水圈，减小顶部水的渗入，从而提高了施工的安全性。水平设置的管棚效果更好。

(3)考虑到粉砂岩夹碳质页岩等易造成地下水具侵蚀性，施工期间应加强取样化验及监测工作。

(4)隧道沿线有较多的水塘等，且局部水塘下隧道属浅埋段，因此，在设计及施工中必须充分考虑到隧道与水塘间地表水防渗问题，并采取有效的防渗措施。

(5)在该段施工范围，通过灵活采用动态分步开挖施工工法，确保了施工安全，并在纵向随围岩条件变化顺利完成了工法间的转换。

第 10 章　隧道下穿立交枢纽施工技术

10.1　工程概况

金沙洲隧道在里程 DK2194＋560～DK2194＋835 段穿越沙贝立交枢纽，其中在 DK2194＋668～DK2194＋692 处从沙贝立交桥下穿过，如图 10.1－1 所示。隧道施工势必引起邻近地层的位移和变形，从而改变桥梁结构和高速公路的边界条件，影响沙贝立交桥和高速公路等构筑物的安全。为此需要在对金沙洲隧道下穿沙贝立交枢纽施工风险源进行评价的基础上，论证和采用适合地形、地貌、环境特征的必要的地面或洞内加固措施和掘进工法，既确保桥梁和高速公路的运营安全，又利于安全、优质和快速完成隧道的施工。

图 10.1－1　金沙洲隧道和沙贝立交桥相交处鸟瞰图

10.1.1　地形特征

沙贝立交枢纽位于金沙洲隧道范围为 DK2194＋560～DK2194＋835 区段。该区段位于冲积平原区，地势相对较为平坦，属珠江三角洲冲积平原地貌单元及剥蚀残丘陵地貌单元；地面最大标高 5.65 m，相对高程 2.65 m。地表为广佛高速公路、广州西环高速公路，车流量密度大，重车、特重车多。

10.1.2 工程地质和水文条件

1. 地层岩性

勘查揭示,金沙洲隧道 DK2194+560~DK2194+835 区段处在古生界及新生界岩性地层的区域内,场区的岩土层按其成因分类,主要有:第四系人土填土层、全新统冲积相沉积层、残积层、石炭系下统及泥盆系上统。地质勘查钻孔岩芯如图 10.1-2 所示。

(a)DK2194+620 地质勘查钻孔岩芯　　(b)DK2194+652 地质勘查钻孔岩芯

图 10.1-2　地质勘查钻孔岩芯图

2. 隧道围岩级别和地质特征

经过施工单位的补充勘探,金沙洲隧道 DK2194+560~DK2194+835 区段围岩级别及主要地质特征见表 10.1-1。

表 10.1-1　DK2194+560~DK2194+835 区段围岩级别及主要地质特征

隧道区段	长度/m	围岩级别	隧道穿越的岩土层	主要工程地质和水文地质特征	结构特征和完整状态	围岩开挖后的稳定状态
DK2194+560~DK2194+685	125	Ⅴ	穿越灰岩、碳质页岩强风化带,岩体很破碎	软塑至硬塑的冲洪积成因黏性土及饱和砂土、软土,地下水丰富,具遇水软化、崩解的残积土	黏性土呈松软状,饱水砂层呈松散至稍密、中密状	围岩极易坍塌变形,有水时土、砂常与水一齐涌出,浅埋时易坍塌至地表
DK2194+685~DK2194+835	150	Ⅵ	穿越构造破碎带,风化残积土	已风化成土状、半岩半土状、岩块状的全至强风化带,含地下水,隧道出水量4 939.529 m^3/d	呈松散状结构,稍具黏结性,岩体破碎	围岩易坍塌,处理不当会出现大坍塌,侧壁经常小坍塌,浅埋时易出现地表下沉(陷),甚至坍塌至地表

10.1.3　施工难点

(1)隧道在岩溶和断层地质条件下以浅埋形式下穿高速公路，掘进施工中，难以避免引起高速公路沉降，甚至因隧道坍塌引起高速公路中断，在类似工程中经常发生该类事故。

(2)沙贝立交枢纽的高架桥是经过多年改造而形成的交通要道，由两部分组成，即老桥和新修建的 B 匝道桥。车流量密度大，重车、特重车多，高架桥早已不堪重负。隧道施工由于失水引起高架桥桥墩沉降，导致高架桥损伤、破裂甚至垮塌的概率较高，灾害损失严重，属于重大灾害事故源。

(3)在岩溶地区修建大断面隧道，失水引起地面沉降的概率非常高。同时，隧道施工引起岩溶地区地质和地下水系统平衡破坏，诱发周边坍塌的地质事故的因素很多。

10.2　施工技术方案的优化和比选

10.2.1　DK2194＋560～DK2194＋835 段隧道原设计施工方案

1. 超前预加固

隧道 DK2194＋650～DK2194＋700 和 DK2194＋720～DK2194＋780 区段采用帷幕注浆工艺加固地层，注浆轮廓线在隧道开挖线外 5 m 的位置，加固范围和注浆孔布置如图 10.2－1 所示。注浆管为 ϕ 108 mm 钢管，注浆材料采用纯水泥浆液及特种水泥。开挖轮廓线外 4.5～5 m 范围内采用发泡注浆材料，开挖轮廓线外 0～4.5 m 范围内采用无收缩多液注浆材料，开挖轮廓线以内采用水泥浆液(水灰比 1∶1)压注。钻孔和注浆顺序由外向里，同一圈孔间隔施工。当地

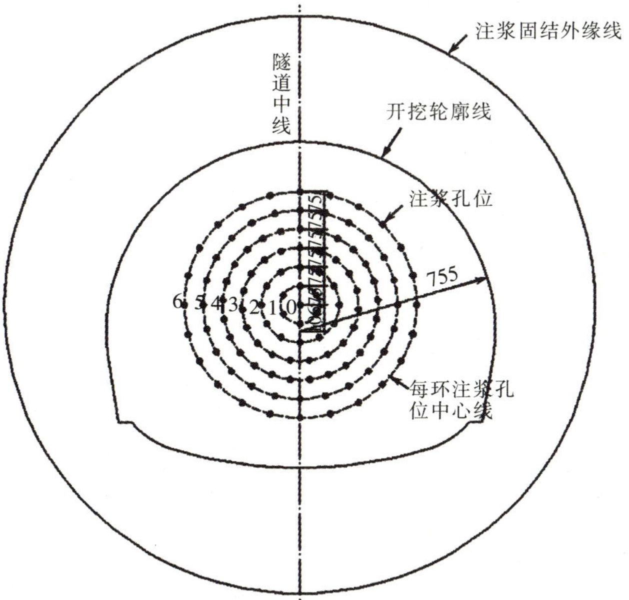

图 10.2－1　注浆孔布置图(单位:cm)

层不易塌孔时，后退式注浆；当岩层破碎容易造成塌孔时，前进式注浆。隧道纵向每一循环的注浆长度为 30 m，开挖 22 m，并保留 8 cm 止浆岩盘，第一循环用 1.5 m 厚 C20 混凝土止浆墙。

2. 掘进工法

DK2194＋560～DK2194＋835 段隧道原设计掘进在 ϕ 89 mm 长管棚＋ϕ 42 mm 超前小导管注浆超前支护下采用双侧壁导坑法和三台阶临时仰拱封闭法施工，见表 10.2－1。

表 10.2－1　金沙洲隧道 DK2194＋560～DK2194＋835 段施工方案

里程范围	围岩级别	施工设计	
		超前支护措施	施工工法
DK2194＋560～DK2194＋675	Ⅴ	ϕ 89 mm 长管棚＋ϕ 42 mm 超前小导管	三台阶临时仰拱封闭法
DK2194＋675～DK2194＋835	Ⅵ	ϕ 89 mm 长管棚＋ϕ 42 mm 超前小导管	双侧壁导坑法

3. 主要难题

(1)原设计未考虑对地表进行处理的措施，而该段地表为高速公路，构筑物众多，地面动荷载大且频率高。根据施工单位的补充勘探，其地层岩性极差，含水量大，且隧道埋深浅，掘进过程中极有可能引起地面的高速公路沉降，甚至因隧道坍塌引起高速公路中断，造成交通瘫痪。

(2)洞内超前全断面帷幕注浆工艺复杂，施工难度大，时间长，会造成该段隧道掘进的全面停止。而且在涌水量达 5 000 m^3/d 的软土层上进行帷幕注浆，其加固效果难以把握。

(3)该区段隧道开挖地层软硬不均，双侧壁导坑工法与三台阶工法转换衔接困难。采用双侧壁导坑法施工，大型机械难以运用。二次衬砌与初期支护施工干扰大，每拆除 6 m 再进行二次衬砌灌注的施工程序，造成二次衬砌接缝过多，对结构防水不利。同时由于工序转换多，不利于隧道围岩稳定及立交枢纽的安全。

(4)超前管棚管径过小，防塌效果较弱。钻孔埋设时无管棚工作室，造成管棚外插角过大，防塌效果减弱。

10.2.2　施工方案优化

为防止因隧道下穿沙贝立交枢纽而引起种种事故发生，经研究论证，隧道穿越 DK2194＋560～DK2194＋835 段之前采取有效的地表加固措施，对隧道上部土体进行防水和加固，保证隧道施工的安全。

10.2.2.1　高速公路段土体改良

(1)在 DK2194＋620～DK2194＋720、DK2194＋780～DK2194＋860 段隧道结构外侧设两道截水墙，上部软土层设两排咬合旋喷桩，下部基岩按照灌探结合的原则，布置间距为 2 m 的 ϕ 110 mm钻孔两排，钻孔深至隧道底板以下 5 m，对基岩进行注浆。在隧道两侧形成 5 m 高的止水墙，在止水墙内设梅花形布置、间距为 2 m 的 ϕ 110 mm 钻孔，对隧道顶部 10 m 范围内的岩层进行注浆堵水加固。在 DK2194＋720～DK2194＋780 段隧道结构外设两排咬合旋喷桩墙，墙内设间距为 800 mm 的 ϕ 600 mm 旋喷桩进行全断面土体改良，加固深度为拱顶以上1 m、基底以下

5 m 的范围。地表加固横断面见图 10.2－2，地表加固平面见图 10.2－3。

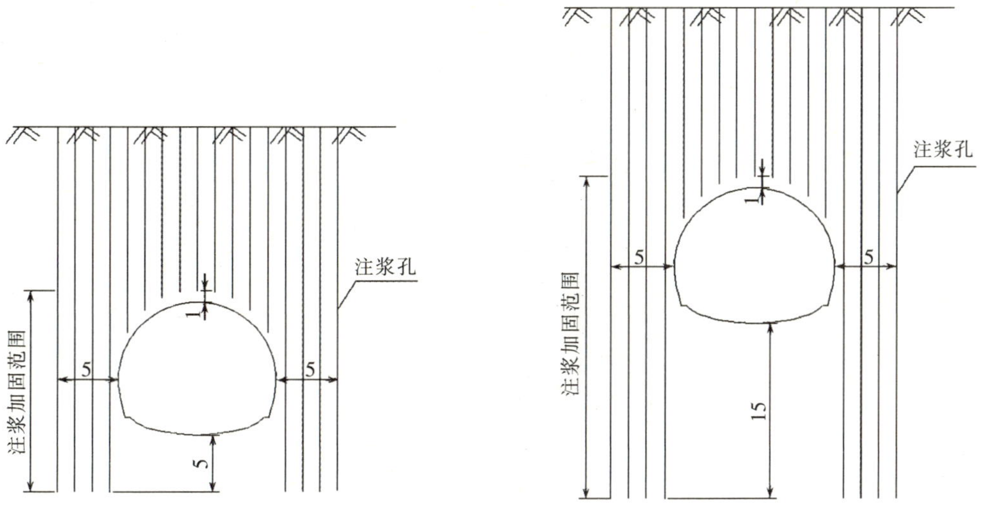

(a)一般注浆孔横断面示意图　　(b)断层带注浆孔横断面示意图

图 10.2－2　地表加固横断面图

(2)在广州西环高速公路两侧路肩处斜向钻孔注浆对路基进一步加固，地表钻孔施工机械采用 HY－100 型地质钻孔机，注浆采用 BW－150 型单液注浆泵。孔位沿高速公路东侧路基布设，间距按 2.0 m 布置，单孔长度为 17.0 m，注浆扩散半径为 1.5 m。灌浆材料为 42.5R 袋装水泥，严格控制 1∶1 水灰比(按重量比，制浆桶直径为 1.0 m 时，水高 51 cm，放置水泥 400 kg；制浆桶直径为 0.8 m 时，水高 70 cm，放置水泥 350 kg)。高速公路斜向注浆现场情况见图 10.2－4。

10.2.2.2　隧道洞内施工方法及支护措施

1. 超前支护

隧道在穿越沙贝立交枢纽时，洞内采用了超前管棚＋超前小导管的措施进行超前预加固。

(1)DK2194＋560～DK2194＋610 段穿越广佛高速公路，超前支护体系是 50 m ϕ 108 mm 长管棚与 ϕ 42 mm 超前小导管结合。在打设管棚之前，扩挖了管棚工作室，使管棚的外插角得到了控制。施工工期在 12 d 左右。

(2)DK2194＋610～DK2194＋835 段穿越广州西环高速公路和佛环匝道桥，超前支护体系是 60 m ϕ 159 mm长管棚与 ϕ 42 mm 超前小导管结合。在打设管棚之前，也扩挖了管棚工作室。施工工期在 15 d 左右。

2. 掘进工法和初期支护加强

金沙洲隧道在穿越沙贝立交枢纽时采用的工法由双侧壁导坑法变更为动态分步台阶施工工法。同时，初期支护予以加强，钢拱架由 I22a 加大至 I25a，喷射混凝土厚度由 28 cm 加大到 35 cm。经过模拟计算分析，初期支护能力提高 30％。在大管棚超前支护下，加强的初期支护能确保施工安全。采用这种工法可达到快速通过、强力支护的目的，在不良地质的地段能起到立竿见影的效果，施工进度提高到 30～40 米/月。

(1)当隧道上台阶围岩软弱，而中、下台阶围岩较硬时，隧道仅在上台阶设中隔壁，即用中隔壁将上台阶分成左右两部分。此时隧道的开挖方法如图 10.2－5 所示。

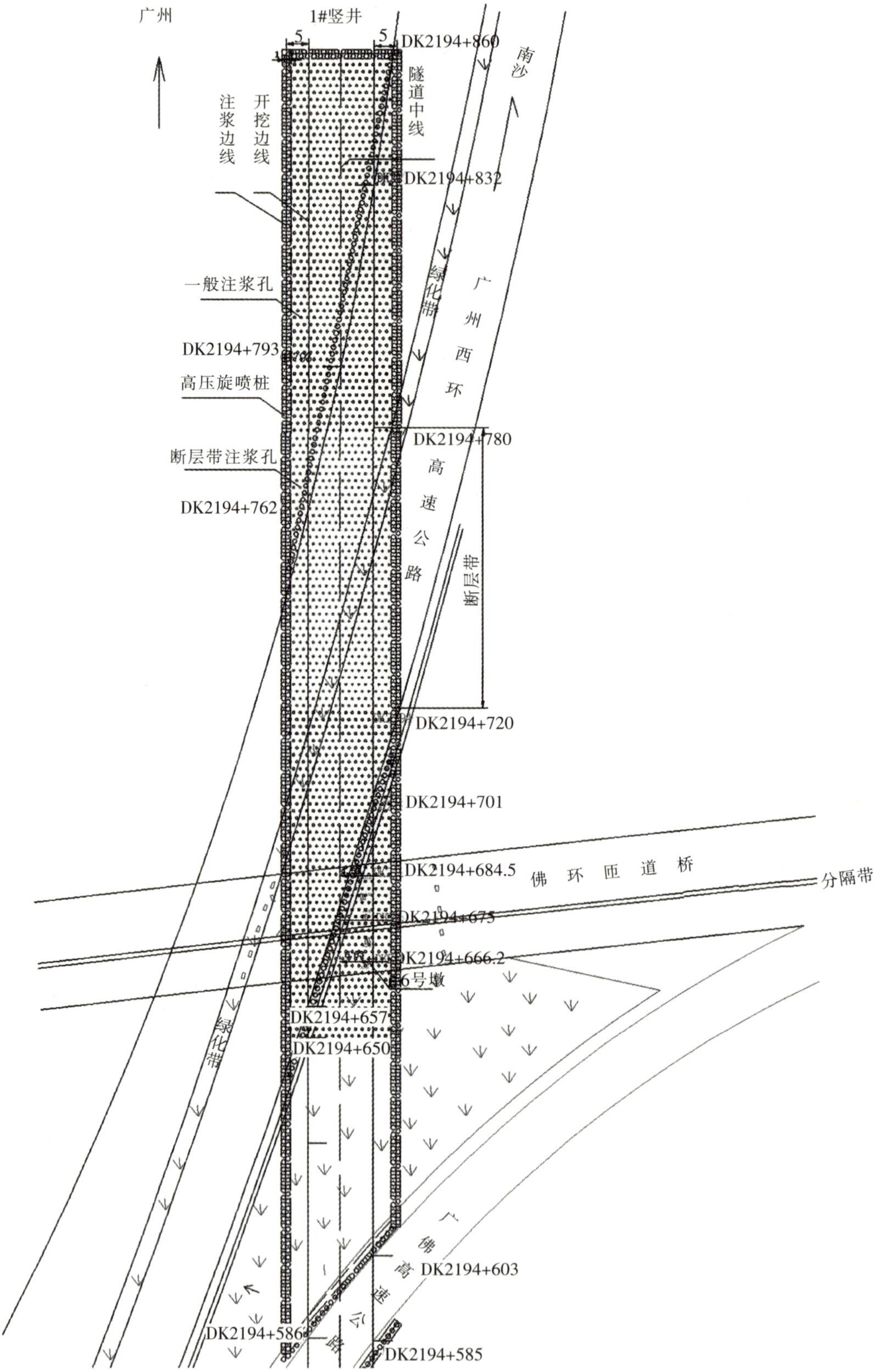

图 10.2-3　地表加固平面图

图 10.2-4　高速公路斜向注浆

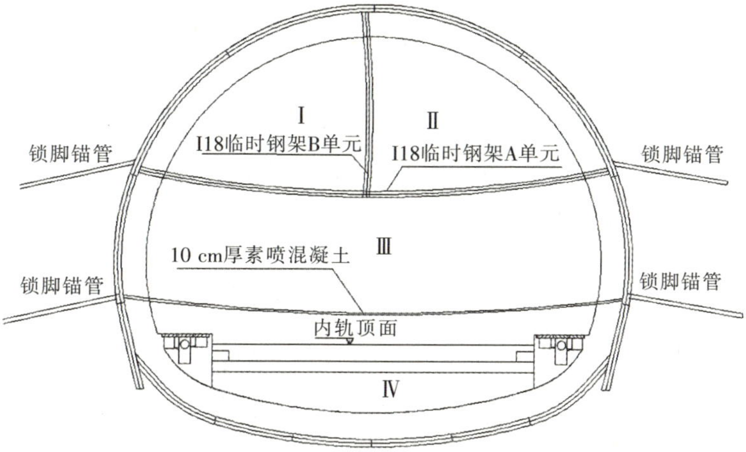

图 10.2-5　中台阶不设中隔壁的开挖方法

若上台阶围岩不能自稳，又特别软弱，可以在Ⅰ部和Ⅱ部采用环形预留核心土法进行开挖。

(2)当隧道上、中台阶围岩软弱时，隧道的开挖方法如图 10.2-6 所示，即用中隔壁将上、中台阶分成左右共 4 部分。

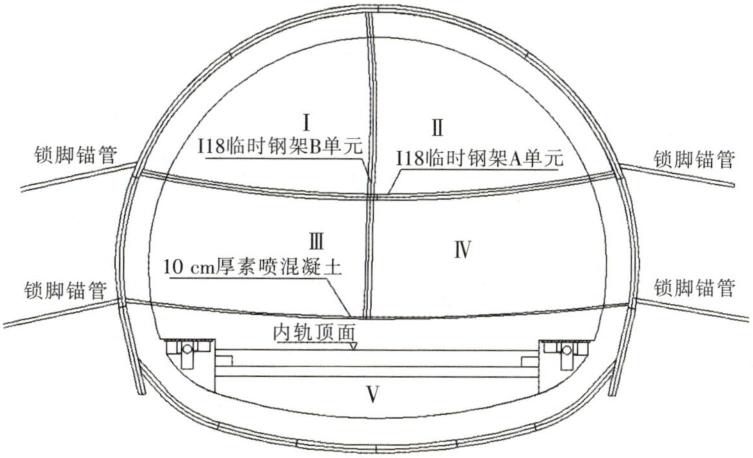

图 10.2-6　上、中台阶设置中隔壁的开挖方法

(3)当整个隧道均处于软弱围岩中时,隧道的开挖方法如图 10.2-7 所示,即用中隔壁将上、中、下台阶分成左右共 6 部分,此时动态分部开挖工法即转换为 CRD 法。

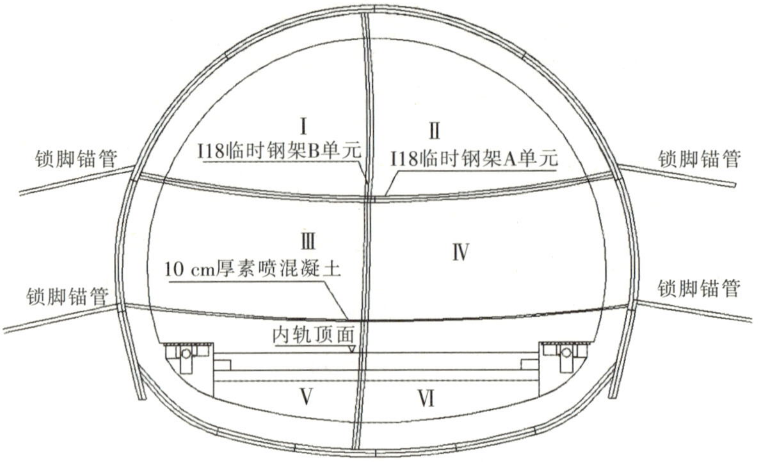

图 10.2-7 上、中、下台阶设置中隔壁的开挖方法

现场上台阶设中隔壁和上、中台阶设中隔壁的情况分别如图 10.2-8 和图 10.2-9 所示。

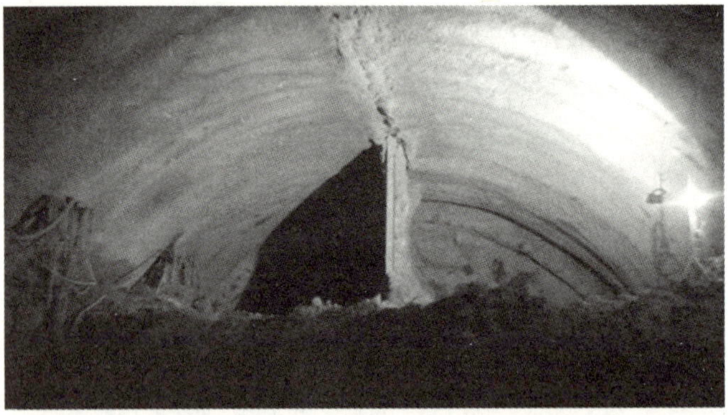

图 10.2-8 上台阶设中隔壁

图 10.2-9 上、中台阶设中隔壁

3. 施工措施

在穿越不良地质地段时，支护参数的选择非常重要。金沙洲隧道在穿越沙贝立交枢纽时，采用动态分步三台阶临时仰拱法施工，在地层围岩极差的情况下，采用以下一系列主要支护参数。

(1)该段设计围岩级别为Ⅵ，围岩条件差，地质情况复杂，地下水丰富，经设计变更后采用三台阶临时仰拱封闭法施工。

(2)开挖以松动爆破为主，局部采用挖掘机或人工风镐开挖，初期支护紧跟掌子面，软弱围岩和不良地质地段认真贯彻"先加固、后开挖、弱爆破、强支护、快成环、严防水、勤量测"的方针组织施工。

(3)开挖结束后立即进行初喷，初喷厚度为 5 cm，增挂网格间距 20 cm×20 cm 的 ϕ 8 mm 钢筋网片，安设 I25a 工字钢，在安装钢架时应预留沉降量 40～50 cm，每榀钢架间距 0.5 m，钢架之间采用 I18 钢架代替连接钢筋进行纵向连接，打设 4 m 长系统锚杆并注浆，间距 1.0 m×1.0 m(环纵)。在上台阶和中台阶各采用 I22a 工字钢做临时仰拱加以支护，在每榀钢架的上、中、下台阶两侧拱脚处各采用 8 根 4.5 m 的 ϕ 60 mm 锁脚小导管将拱脚牢牢锁住。在钢架拱脚处铺垫预制混凝土垫块并垫实，安设 3 组 4.5 m ϕ 60 mm 锁脚小导管并注浆，待所有工序完成后喷射混凝土至 35 cm。

(4)初期支护达到强度后进行径向回填注浆，使初期支护背后与围岩密贴，及时封闭地下水。

4. 施工要点

(1)钢架间连接必须采用高强螺栓，钢架与锁脚锚管的连接须牢固。

(2)超前小导管与锁脚小导管注浆须饱满、密实。

(3)临时仰拱钢架须制作成反拱形。

10.3　隧道衬砌结构

金沙洲隧道 DK2194＋650～DK2194＋685 区段为Ⅴ级围岩，DK2194＋685～DK2194＋700 区段为Ⅵ级围岩，分别采用Ⅴ级和Ⅵ级围岩复合式衬砌。考虑到围岩级别接头处须加强，Ⅵ级围岩复合式衬砌向Ⅴ级围岩地段延伸 10 m，因此 DK2194＋650～DK2194＋675 区段采用Ⅴ级围岩复合式衬砌(图 10.3－1)，共有 25 m，支护参数如表 10.3－1 所示。DK2194＋675～DK2194＋700 区段采用Ⅵ级围岩复合式衬砌(图 10.3－2)，共有 25 m，支护参数如表 10.3－2 所示。

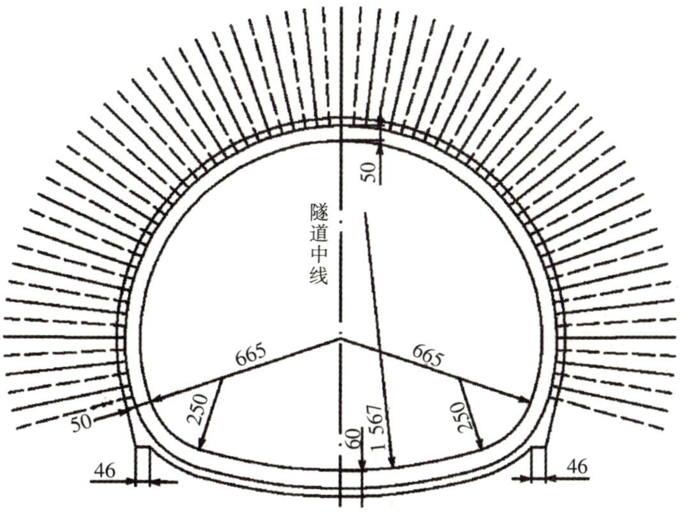

图 10.3－1　Ⅴ级围岩复合式衬砌示意图

表 10.3-1　Ⅴ级围岩复合式衬砌支护参数

复合衬砌	初支类型									
	喷射混凝土（钢纤维）		ϕ 8 mm 钢筋网			锚　杆		钢　架		
初期支护	位置	厚度/cm	位置	网格间距/cm	位置	长度/m	间距/m	规格	位置	每榀间距/m
	拱部、边墙、仰拱	28	拱部、边墙	20×20	拱部、边墙	4.0	0.8×1.0（环×纵）	I20a 型钢	全环	0.8
二次衬砌	C35 钢筋混凝土，拱部、边墙厚度为 50 cm，仰拱厚度为 60 cm									

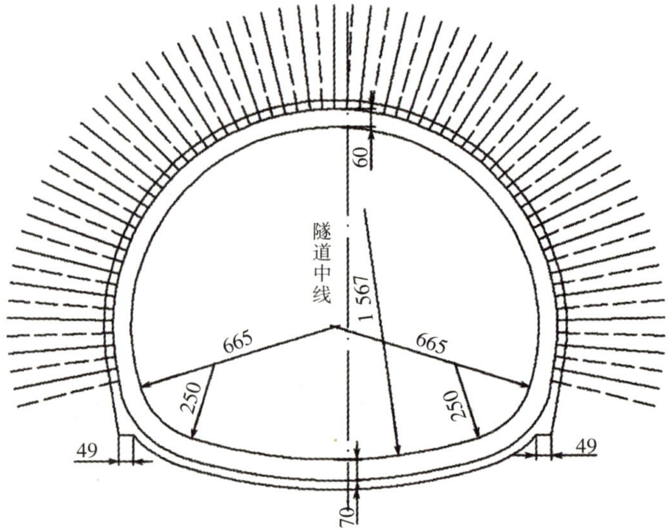

图 10.3-2　Ⅵ级围岩复合式衬砌示意图

表 10.3-2　Ⅵ级围岩复合式衬砌支护参数

复合衬砌	初支类型									
	C25 喷射混凝土（钢纤维）		ϕ 8 mm 钢筋网			锚　杆		钢　架		
初期支护	位置	厚度/cm	位置	网格间距/cm	位置	长度/m	间距/m	规格	位置	每榀间距/m
	拱部、边墙、仰拱	30	拱部、边墙	20×20	拱部、边墙	4.0	0.8×1.0（环×纵）	I22a 型钢	全环	0.5
二次衬砌	C35 钢筋混凝土，拱部、边墙厚度为 60 cm，仰拱厚度为 70 cm									

10.4　隧道现场监测及分析

10.4.1　现场监测方案

为了确保在施工过程中的围岩稳定和施工安全，课题组对金沙洲隧道拱顶沉降、周边收敛、地表沉降等进行了监控量测。

10.4.1.1　拱顶沉降量测和隧道围岩周边收敛量测

洞内断面周边采取全站仪非接触观测方法，现场监测隧道开挖发生的三维位移变化。

10.4.1.2　地表沉降观测

由图 10.4－1 可知，金沙洲隧道穿越沙贝立交桥段与广州西环高速公路斜交，因此这里不具备通常条件下的地表沉降观测条件，即沿隧道轴线方向布设量测断面，测点布置在隧道轴线及其两侧。现场沿广州环城高速公路路肩及中央分隔带布点进行观测。

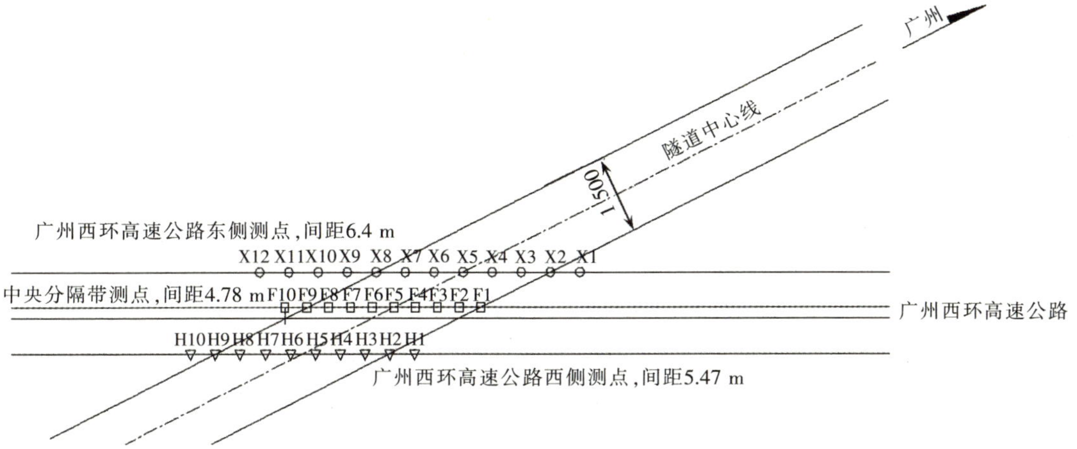

图 10.4－1　隧道地表沉降测点布置图

课题组选取 DK2194＋723 位置沿隧道横断面布置了一个沉降观测断面，如图 10.4－2 所示。但由于测点位于广州西环高速公路路面上，来往车流量很大，测点布置完成后无法进行正常观测。

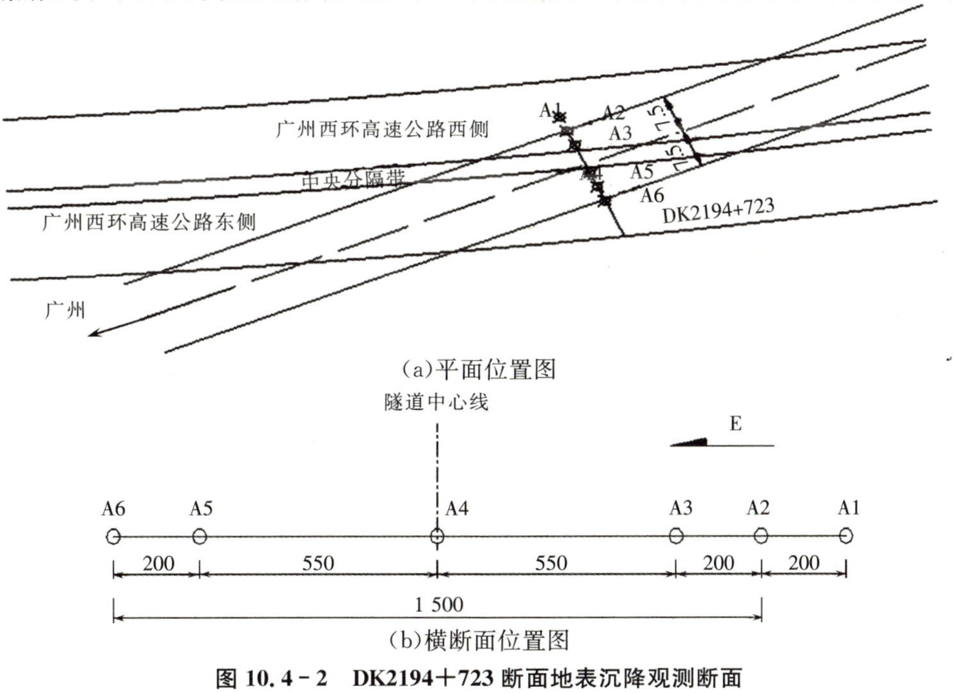

图 10.4－2　DK2194＋723 断面地表沉降观测断面

10.4.2 现场监测结果处理及分析

考虑到工期要求，施工现场分别从竖井和进口两端同时开挖。为确保金沙洲隧道穿越沙贝立交枢纽的安全，竖井掌子面开挖到DK2194＋768时，停止掌子面开挖并打设50 m长ϕ 108 mm管棚，施工至DK2194＋718时，及时注浆封闭。进口端掌子面开挖到DK2194＋663时，也停止掌子面开挖并打设60 m长ϕ 108 mm管棚，施工至DK2194＋723时，两端管棚形成长达5 m的搭接区间。

由于进口掌子面里程距沙贝立交枢纽更近，因此金沙洲隧道穿越沙贝立交枢纽段主要是由进口向竖井方向开挖，最终竖井和进口掌子面在DK2194＋728位置交会。由于监测结果比较多，选取DK2194＋660～DK2194＋728区段的现场拱顶沉降、周边收敛、地表沉降等观测结果进行简要整理分析。

10.4.2.1 拱顶沉降

由于DK2194＋660～DK2194＋728区段施工时间跨度较长，因此这里将观测结果分阶段进行整理。

DK2194＋663断面为进口打设管棚的起始里程，洞内施工至该位置时停止掌子面开挖，台架准备，钻机定位进行管棚打设，此过程需要10 d时间。由于从布点开始至后续量测，其掌子面前期并未继续掘进，因此DK2193＋663断面拱顶沉降速率明显小于其他位置处的拱顶沉降速度。2008年5月30日仰拱开挖后沉降值变化较小，趋于稳定，预计最终沉降值为182.03 mm。

DK2194＋665断面5月14日开挖后布点，到5月31日仰拱开挖通过，其后拱顶沉降值变化较小，预计最终沉降值为272.67 mm。

DK2194＋670断面5月19日开挖后布点，5月22日中台阶通过，6月1日下台阶通过，此后拱顶沉降有减小趋势，预计最终沉降值为284.08 mm。

DK2194＋675断面、DK2194＋680断面、DK2194＋684断面的变化趋势均与DK2194＋670断面相似，从掌子面开挖之日布点量测直至仰拱开挖之前，由于断面开挖面积大，拱顶沉降速率虽在中台阶通过后略有减小，但无明显减缓趋势。仰拱开挖后，形成全环支护封闭，沉降速率明显变小，趋于稳定。3个断面的预计最终沉降值分别为346.21 mm、320.61 mm和252.07 mm。

同样的，DK2194＋689断面、DK2194＋695断面、DK2194＋702断面、DK2194＋709断面和DK2194＋718断面的预计最终沉降值分别为281.92 mm、235.21 mm、157.71 mm、287.81 mm和326.29 mm。

拱顶沉降随时间变化曲线如图10.4－3所示。

10.4.2.2 周边收敛

由图10.4－4可知周边收敛观测结果普遍较小。这是由于现场虽然能保障开挖后及时布点，但测点非常容易遭到破坏，导致观测所得数据量较小。由观测结果可知，DK2194＋663断面周边预计最终收敛值最小，为18.33 mm；DK2194＋670断面周边预计最终收敛值最大，为44.71 mm。

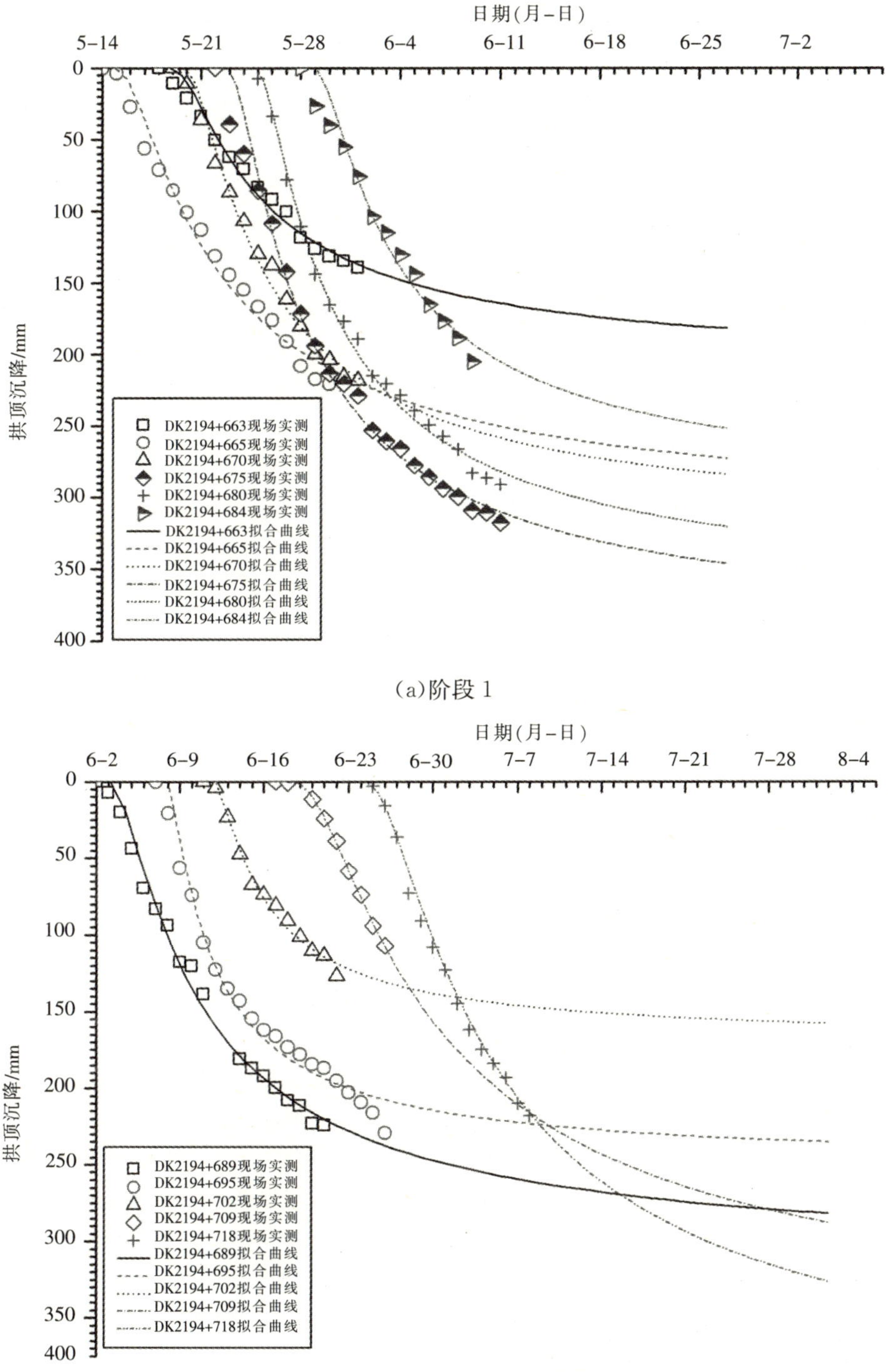

(a)阶段 1

(b)阶段 2

图 10.4-3 拱顶下沉随时间变化曲线图(2008 年)

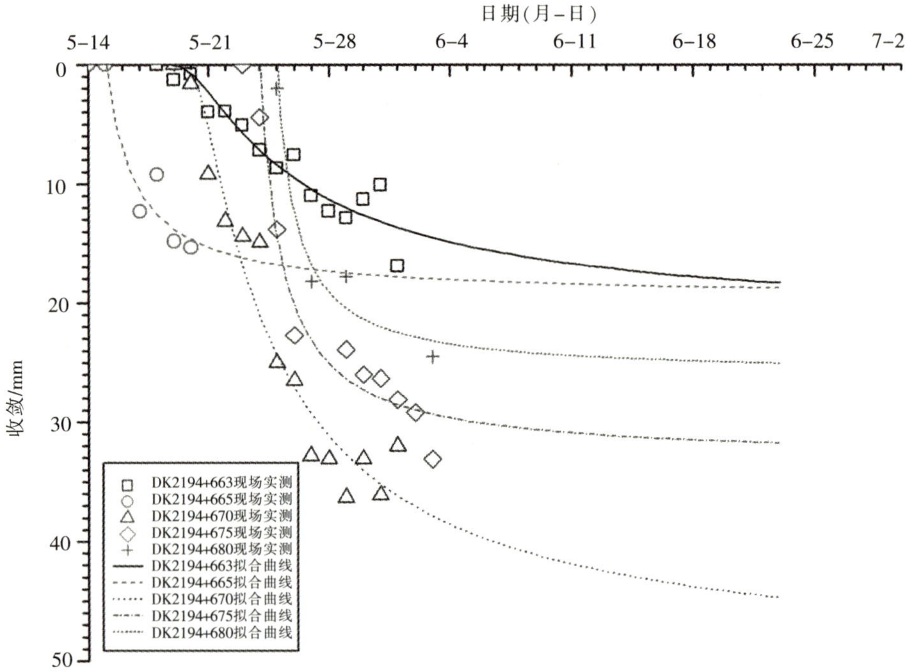

图 10.4-4　周边收敛随时间变化曲线图(2008 年)

10.4.2.3　地表沉降

金沙洲隧道穿越沙贝立交枢纽段与广州的西环高速公路斜交，由于广州西环高速公路交通流量大，现场很难具备通常的隧道地表的横断面沉降观测条件，即沿隧道轴线方向布设量测断面，测点布置在隧道轴线及其两侧。现场选取 DK2490＋723 附近的广州西环高速公路路肩及中央分隔带进行布点观测(见图 10.4-5)。

广州西环高速公路东侧观测断面上，由于测点间距较远，距隧道中心线较远的 X2、X10 两点沉降相对较小，分别为 315 mm 和 303 mm；位于隧道中心线附近的 X4、X5 和 X6 三点沉降相对较大，分别为 540 mm、514 mm 和 465 mm。

中央分隔带断面上，从测点 F1 到 F10，地表累计沉降依次减小，最大沉降位于测点 F1 处，为 244 mm；最小沉降位于 F10 处，为 26 mm。之所以出现这种现象，是因为中央分隔带上测点间距不大(为 4.78 m)，由于广州西环高速公路中央分隔带测点布置位于洞内进口开挖段，现场施工时会先到达 F1 测点所处里程掌子面。随着施工的进行，才会依次到达 F2、F3 以至 F10 测点所处里程的掌子面。由于广州西环高速公路每日通过的重型车辆较多，在开挖引起的地层扰动和地表动荷载的影响下，先进入开挖施工影响断面的测点累计沉降自然更大。

广州西环高速公路东侧观测点也存在同样的现象。如最大沉降点并没有出现在隧道中心线上的 X5 测点(514 mm)，而是位于先进入开挖施工断面的 X4 测点(540 mm)。虽然 X4 测点和 X6 测点均与隧道中心线距离相同，但 X4 测点累计沉降比 X6 测点累计沉降(465 mm)更大。

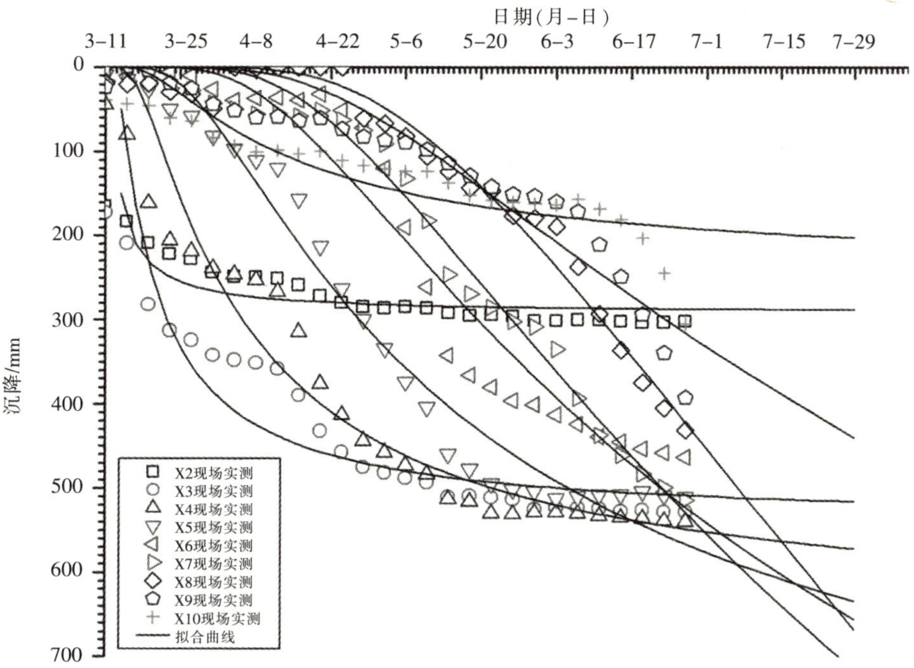

(a)广州西环高速公路东侧地表沉降

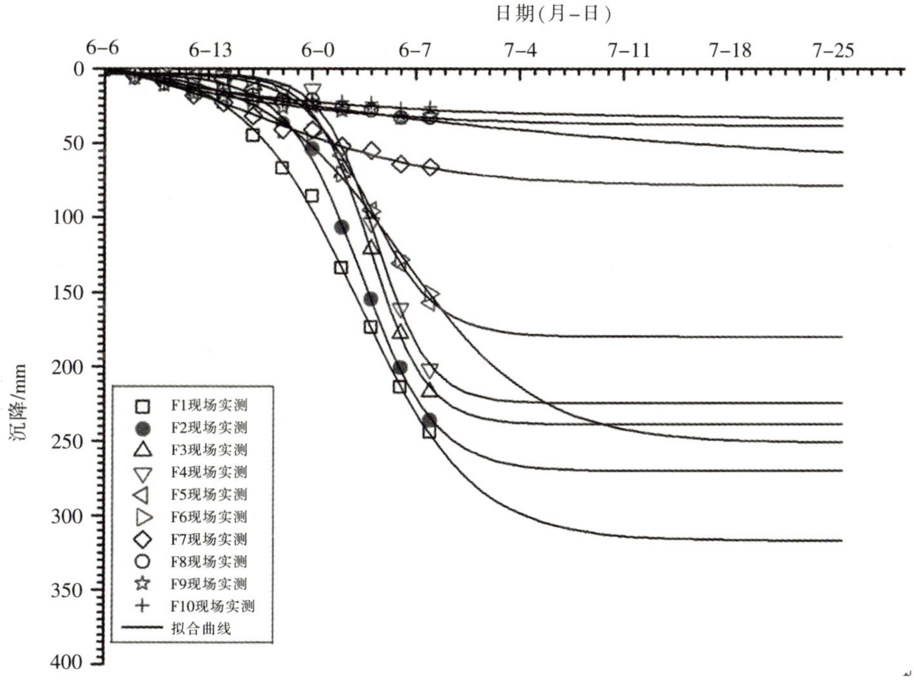

(b)中央分隔带地表沉降

图 10.4-5　广州西环高速公路地表沉降观测结果(2008 年)

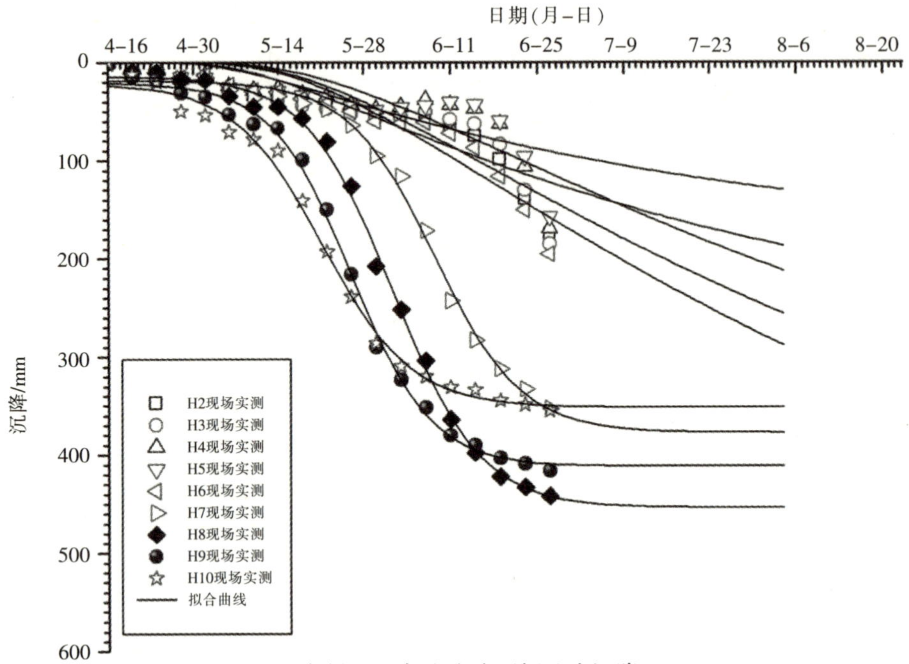

(c)广州西环高速公路西侧地表沉降

图 10.4-5 广州西环高速公路地表沉降观测结果(2008 年)

同样的，由于广州西环高速西侧位于竖井开挖区段，因此先进入施工影响断面的 H8、H9 和 H10 测点沉降相对较大，分别为 442 mm、416 mm 和 355 mm。与隧道中心线距离相同的 H7 测点和 H3 测点，由于 H7 先受到施工影响，因此其累计沉降为 362 mm，而 H3 却为 201 mm。H9 较 H8 先进入施工影响断面，但 H8 距隧道中心线距离更近，因此 H8 测点的累积沉降较 H9 更大，这说明测点地表累计沉降受开挖和偏离隧道中心距离二者影响，并不是某一因素的简单结果。广州西环高速公路西侧累计沉降最小点为 H2 测点，为 145 mm。

选取 DK2194＋723 位置的沿隧道横断面布置了一个沉降观测断面，观测结果如图 10.4-6 所示。但由于测点位于广州西环高速公路路面上，来往车流量很大，测点布置完成后无法进行正常观测，导致该断面观测数据较少。

由图 10.4-2 可知，除 A4 测点紧挨中央分隔带边缘外，其他测点均位于广州西环高速公路路面上。观测结果也表明，可能受中央分隔带的影响，地表最大沉降值并没有处于地表中心线，而是位于 A2 测点，为 107 mm；沉降最小值位于 A6 测点，为 61 mm。与图 10.4-5 的中央分隔带地表沉降值相比，DK2194＋723 断面测得的地表累计沉降明显要小，这是由于广州西环高速公路地表沉降测点布置较早，而 DK2194＋723 断面沉降测点是后期补充布置的缘故。

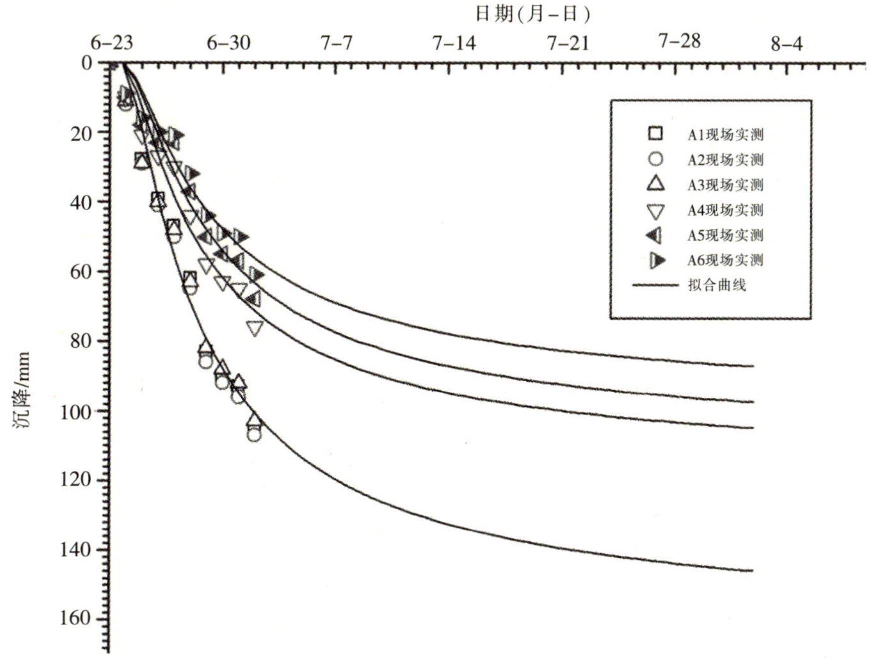

(a)沉降随时间变化曲线图

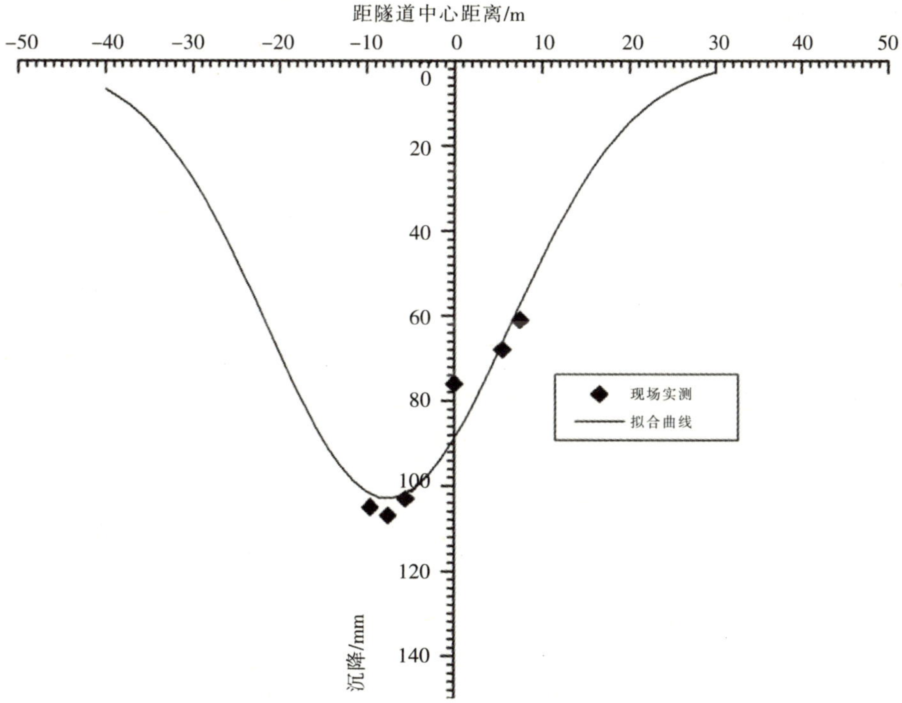

(b)地表横向沉降槽

图 10.4－6　DK2194＋723 断面地表沉降观测结果(2008 年)

10.5 总结

金沙洲隧道穿越沙贝立交枢纽段围岩地质条件软弱，地下水发育，开挖断面大，是该隧道施工的重点及难点之一。施工采用H型注浆构成止水帷幕，以大直径管棚注浆预加固，加强初期支护，采用动态分部三台阶临时仰拱封闭法，实现了快速封闭和快速通过的施工目的。结合地表土体改良和既有桥梁的加固，该段得以顺利施工、快速完成，且未严重影响高速公路的通行密度和疏解能力，表明其成套施工技术是有效的。

第 11 章　大断面隧道铣挖法施工技术

11.1　铣挖法国内外运用现状

隧道等地下工程施工的核心问题主要在开挖和支护两个关键工序上，即在一定的围岩条件下，如何开挖才能更有利于洞室稳定和便于支护，如何支护才能更有效地保证洞室稳定和便于开挖。由于高铁客运专线建设在我国刚刚起步，在隧道修建技术方面没有成熟的经验可供借鉴和参考，许多新的问题、关键技术和难题有待研究和解决。国外高速铁路隧道施工技术较我国先进，其主要依靠先进的施工机械设备，施工机械化程度较高。我国隧道修建主要以钻爆法为主，并逐步引进国外先进的机械设备。在不断的交流过程中，我国与国外之间施工技术水平的差距逐渐缩小。

铣挖法是近年来兴起的一种施工方法，它是将铣挖机安装在液压挖掘机上，用于隧道开挖以及轮廓修整、洞室和横洞开挖等，特别适合不宜爆破施工的地段。铣挖法与钻爆法相比，对围岩地层的扰动小，开挖轮廓圆顺，使得围岩受力状态合理，对地层及邻近建(构)筑物变形控制好，但成本稍高。与隧道掘进机相比，铣挖法的设备较经济，适应相对较软的围岩，操作简单，但对硬岩的适应性差；与盾构法比，铣挖法的设备较经济，适应相对较硬的围岩，操作简单，但对极软地层(如淤泥、黏土、砂卵石地层)的适应性差；与盾构法、顶推法相比，后两者顶推力的控制要求较高，否则会造成地面隆起或沉降，影响邻近建(构)筑物的安全。

国外采用铣挖法开挖隧道已有成功实例，但是其开挖的隧道断面较小，仅 20～100 m^2，且围岩地质条件与国内不同。浏阳河特大断面隧道采用铣挖法、掌子面超前预加固工法施工，在我国尚属首次。其具有技术新、施工难度大、安全风险极大等特点，尤其是其综合难度在国内外都属罕见。

11.2　铣挖法施工机械设备配套

铣挖类设备有两类，一类是采用铣挖头与挖掘机改装配套而成的装配式铣挖机，如德国 Erkat 铣挖机；另一类是整体机，如悬臂式掘进机。装配式铣挖机的特点是成本低、使用灵活，适用于软弱地层。悬臂式掘进机在我国煤炭行业应用较多，但在铁路、公路、水电等隧道施工中应用极少。其设备配套齐全、功能完善，作业粉尘控制较好，适用于中硬岩层。浏阳河隧道采用铣挖法所使用的机械设备简介如下。

1. 装配式铣挖机

(1)铣挖头比选。根据浏阳河隧道岩石强度普遍小于 30 MPa 的工程地质特征，选择 ER1500－1S 型装配式铣挖头，与挖掘机组装成铣挖机。铣挖头直径 670 mm，铣挖宽度 1 m，最大工作压力

35 MPa，铣挖速度 75 r/min（流量在 240 L/min），额定流量 240 L/min（最大320 L/min），输出扭矩 17 500 N·m（P=35 MPa），切削力 52 239 N（P=35 MPa），自重1 750 kg，最大输出功率 120 kW，适用的挖掘机重量为 25～45 t，推荐的挖掘机功率为 110～190 kW。

（2）铣挖机比选。根据铣挖头参数要求，经过比选，选择了日立 ZAXIS330 型挖掘机（合肥产），该挖掘机铲斗容量 1.4 m^3，操作机重 31 000 kg，额定功率 177 kW，车体尺寸（长×宽×高）为 4 640 mm×3 190 mm×3 120 mm。

（3）铣挖头安装。日立 ZAXIS330 型挖掘机在适配过程中，因单液压泵的工作流量（180 L/min）不足，通过双泵合流、增加溢流阀等方法，满足了 ER1500-1S 型铣挖机所要求的 35 MPa压力下，流量为 240 L/min 的工作参数。

2. EBZ160S 型悬臂式掘进机

（1）根据浏阳河隧道地质情况，通过比选，引进了 EBZ160S 型悬臂式掘进机，其为整体式机型，其整机参数（长×宽×高）为 14.4 m×2.9 m×1.75 m，卧底深度 300 mm，爬坡能力±18°，切割硬度≤80 MPa，总重 45 t。其铣挖头为纵向铣挖头。

（2）切割范围：高度 2.4～4.8 m，宽度 3.2～5.0 m；面积 24 m^2。

（3）切割部：切割头形状为圆锥台式，伸缩量为 550 mm，转速 46 r/min、23 r/min。

（4）铲板部：装载形式为三齿星轮式，装载宽度 2.9 m；耙爪转速 32 r/min；装载能力 3.5 m^3/min。

（5）运输部：形式为中双链刮板式，溜槽断面尺寸 0.54 m（宽）×0.35 m（高），链速56 m/min，运输能力 4 m^3/min。

（6）行走部：形式为履带式，履带宽度 600 mm，制动方式为片式制动，对地压强 0.14 MPa，行走速度 0～9 m/min（无级调速）。

（7）该机为电力驱动，输入电压为 1 140 V/660 V，需专用变压器。

11.3 铣挖法工艺试验研究

11.3.1 拟定的铣挖法施工工艺

根据国内外铣挖法研究成果及外方厂家派驻现场的专业人员的施工经验，拟定的铣挖法施工工艺见图 11.3-1。

1. 台班人员配备

对于装配式铣挖机，需配备操作司机 1 人，指挥铣挖断面、修边各 1 人。在外方厂家派驻现场的专业人员的理论培训、现场操作示范及指导下，培养 4～6 名操作人员及技术人员。

2. 铣挖工艺关键工序说明

（1）施工准备及设备配套选型。施工之前，根据围岩地质情况，选取合适的机械设备型号，并进行合理的机械设备配套。做好设备改装、油路系统检查调试工作，同时将掘进机与掌子面齐头并摆放妥当。

（2）开挖断面设计。在所选定的试验地段进行不同铣挖断面设计的试验，以确定合理的铣挖方式及铣挖断面。相关技术人员运用“头脑风暴法”，并结合外方专业人员的建议，总结出两种铣挖断面形式：中槽开挖、分部开挖。中槽开挖在掌子面中央竖向开槽，将掌子面分为左右两部分，

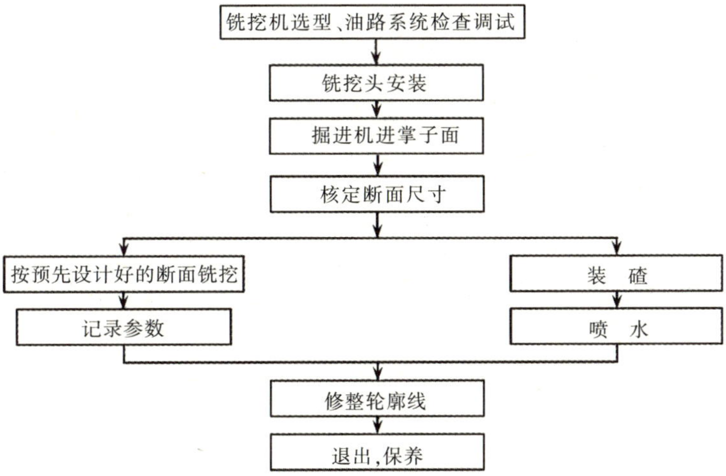

图 11.3-1　铣挖法施工工艺

然后根据铣挖头大小分条块开挖;分部开挖不需拉槽,直接分条块或分部位进行开挖。开挖方式需根据铣挖头形式(横向铣挖头、纵向铣挖头)、旋转方式(顺时针、逆时针)而定,如按上下顺序、左右顺序开挖,见图 11.3-2、图 11.3-3。铣挖条块宽度根据地质条件及铣挖头铣挖宽度而定,分块大小:开挖长度为 4.5～5 m,条块宽度为 0.5～1 m;中槽高度视断面高度而定,宽度为2.5～3 m,深度比每循环进尺长度大 20～30 cm。当操作不熟练或为提高掘进效率时,可在掌子面弹线,标示条块分割线,由下到上编号 1,2,…,n。

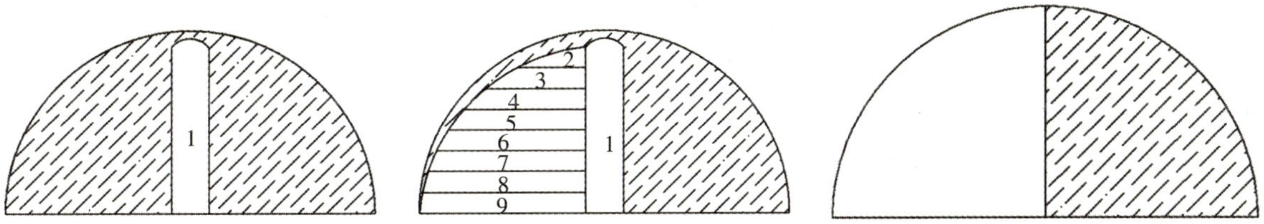

(a)断面中央开槽　　(b)断面左侧分条块开挖　　(c)轮廓修整

图 11.3-2　中槽开挖

注:(1)图中 2～9 开挖顺序仅为示意,具体条块分割根据现场实际情况及断面大小决定。

(2)隧道右侧开挖顺序同左侧,图中未示

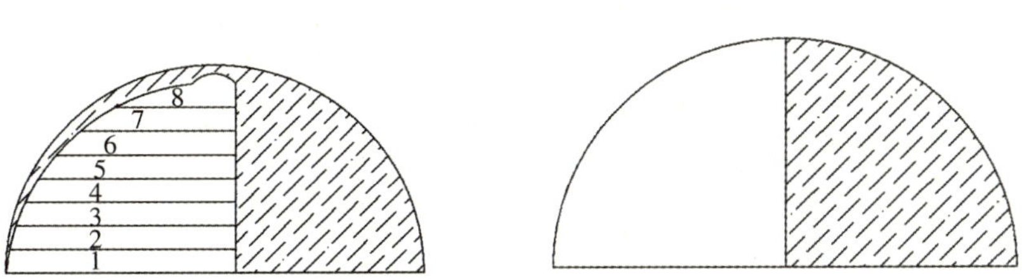

(a)断面左侧分部开挖　　(b)轮廓修整

图 11.3-3　分部开挖

注:(1)图中 1～8 开挖顺序仅为示意,具体分部由现场实际情况及开挖断面大小决定。

(2)隧道右半断面开挖顺序同左半断面,图中未显示

(3)按设计断面铣挖。按设计断面铣挖掘进时,应先进行试掘,然后根据试掘效果调整断面

铣挖参数。铣挖时分部分条块铣挖，左右分部，并不断摆动或调整铣挖头。当铣挖速度降低时将铣挖头游离掌子面，等速度回升后再抵近铣挖。铣挖效果的控制以降低粉尘量、提高岩碴块度、单位铣挖量为标准。

质量控制要求每次开挖循环进尺需满足设计要求；断面轮廓线虽然不能修整到位，但能铣挖到的地方必须修整齐，边角等铣挖效率低的部位由人工或其他机械设备清理，并要保证隧道中线及高程控制，否则重新铣挖。

(4)喷雾除尘、出碴、场地清理。对于高铁客运专线大断面隧道，可以实现铣挖机在掌子面一侧铣挖，另一侧由装配机配合自卸卡车出碴。为控制粉尘量，需适当喷雾降尘，达到既降低粉尘又不引起岩碴泥化的目的。

(5)轮廓修整及人工局部处理。由于机械设备条件所限，局部无法实现开挖轮廓线修整，仅能采用人工修整或其他机械设备修整。

11.3.2 影响铣挖工效的因素

影响铣挖工效的主要因素有岩石强度、围岩完整程度、地下水、铣挖设备选型、开挖断面设计、操作手熟练程度等。

11.3.3 工艺性试验方案

针对以上因素，课题组收集相关资料并进行理论研究，初步明确了各因素对铣挖工效的影响作用。为获得铣挖法全面的技术经济指标，确定影响铣挖工效的敏感性因素，并形成高铁客运专线大断面隧道铣挖法施工工艺，需选取合适的试验段进行试验研究、论证。为此，采用正交试验设计法来确定铣挖法工艺性试验方案。所采用的 $L_{16}(4^3\times2^6)$ 正交试验表最多能安排 3 个 4 位级、6 个 2 位级的因素，把 A(岩石强度)、B(围岩完整程度)、C(地下水)、D(铣挖设备类型)、E(开挖断面设计)、F(操作手熟练程度)顺序放在 $L_{16}(4^3\times2^6)$ 前面的六列上。正交试验设计方案如表 11.3-1 所示。

表 11.3-1 正交试验设计方案表

试验号	因素					
	岩石强度(A)	围岩完整程度(B)	地下水(C)	铣挖设备类型(D)	开挖断面设计(E)	操作手熟练程度(F)
	列号					
	1	2	3	4	5	6
1	1(≥30 MPa)	2(较完整)	3(明水)	1(装配式)	2(分部)	1(生疏)
2	3(5～15 MPa)	4(破碎)	1(干燥)	1	1(中槽)	2(熟练)
3	2(15～30 MPa)	4	3	2(整体式)	2	2
4	4(≤5 MPa)	2	1	2	1	1
5	1	3(较破碎)	1	2	2	2
6	3	1(完整)	3	2	1	2
7	2	1	1	1	2	1
8	4	3	3	1	1	1
9	1	1	4(涌水)	2	1	1

续表

试验号	因素					
	岩石强度(A)	围岩完整程度(B)	地下水(C)	铣挖设备类型(D)	开挖断面设计(E)	操作手熟练程度(F)
	列号					
	1	2	3	4	5	6
10	3	3	2(湿润)	2	2	1
11	2	3	4	1	1	2
12	4	1	2	1	2	2
13	1	4	2	1	1	1
14	3	2	4	1	2	1
15	2	2	2	2	1	2
16	4	4	4	2	2	2

根据正交试验表可知，为确保科研成果的严谨性，共需要做 16 次试验，但是考虑到以下因素，可以将试验规模适当缩减。

(1)将外方操作人员与培训学员在不同地质条件下的铣挖工效进行对比，以确定操作熟练程度对铣挖工效的影响。

(2)根据浏阳河隧道围岩地质条件，除砂砾岩、砾岩等较硬岩外，岩石强度均小于 30 MPa，且节理裂隙越发育，岩体越破碎，风化程度越高，岩石强度相对较低。选择的试验地段岩石强度分别为≥30 MPa、15～30 MPa、5～15 MPa、≤5 MPa，以确定铣挖法主要适应地层。在选择试验地段围岩地质条件的同时，兼顾有无地下水这一因素对铣挖工效的影响。

(3)装配式铣挖机在我国隧道及地下工程中使用经验较少，而悬臂式掘进机在我国煤矿开采中应用经验较丰富。因此，在工艺性试验设计时，先以前者为主，然后利用工艺性试验成果及前人积累的经验，在适当的工况条件下对悬臂式掘进机铣挖法施工工艺进行试验，全面获取铣挖法施工工艺参数。因此在前期的现场试验设计中，可以将有关悬臂式掘进机的试验取消。

因此，为形成特长大断面隧道不同地质条件下铣挖工法，并为顺利将铣挖法用于浏阳河隧道施工进行技术准备，在武广客运专线岳阳段选取 5 座隧道 6 个不同地质地段，采用装配式铣挖机进行了铣挖法现场工艺性试验。目的是通过各种工况条件下的现场工艺性试验，优化施工机械设备配套组合、施工工艺，对影响铣挖工效的敏感性因素进行分析，通过试验获取铣挖法技术参数，与钻爆法进行比较分析，为铣挖法在浏阳河隧道施工中的应用进行适应性分析。

11.3.4　铣挖法现场工艺性试验

根据工艺性试验方案，在武广客运专线岳阳段选取 5 座隧道 6 个不同地质地段，采用装配式铣挖机进行了铣挖法现场工艺性试验。所选取的试验方案及经济成果分析见表 11.3－2，铣挖成本与铣挖工效分析曲线分别见图 11.3－4、图 11.3－5。从试验结果来看，因鹰嘴山隧道、黄元山隧道、报马庄隧道岩石完整性较好，铣挖工率低，且开挖时掌子面附近空气粉尘含量大，能见度低，视线模糊，中途停止了试验。下面仅将具有代表意义的付家山隧道、茅栗铺隧道试验过程作为案例进行介绍。

表 11.3-2　现场工艺性试验方案及经济成果分析表

序号	试验地点	岩石强度/MPa	围岩级别	围岩地质条件及完整程度	操作手	开挖断面设计	机械设备选型	工效/(m^3/h)	成本/(元/米^3)	备注
1	鹰嘴山隧道 DK1414+107	56.5	Ⅳ级	变质砂岩夹硅质砂岩，裂隙不发育，岩体完整性好，无水	外方专业人员	中槽开挖	装配式铣挖机	1.01	448.37	为优化机械设备配套，尝试采用EX300型挖掘机代替ZAXIS330型挖掘机
2	付家山隧道 DK1414+101.6～DK1414+099	8.8	Ⅵ级	碳质板岩夹泥质板岩，节理发育，岩体完整性好，为贫水地段	外方专业人员/我方受训员工	中槽开挖	装配式铣挖机	40.3/22.1	29.2/61.8 综合为：45.53	我方受训员工均具有丰富的挖掘机施工经验
3	茅栗铺隧道 DK1414+467	8.4	Ⅵ级	震旦系板岩，节理较发育，岩层较破碎，个别地方岩体完整性好，掌子面附近干燥无渗水	我方受训员工	分部开挖	装配式铣挖机	2.7(边墙) 17.76(中部)	113.7(边墙) 78.8(中部)	—
4	报马庄隧道 DK416+615	23.3	Ⅵ级	震旦系板岩，节理不发育，掌子面围岩完整性好，为贫水地段	我方受训员工	中槽开挖	装配式铣挖机	1.15	339.4	—
5	黄元山隧道明挖段 DK1416+890～DK1416+896	<5	Ⅴ级	砂质板岩，强风化，局部夹条带状石英砂岩，岩体破碎，节理发育	我方受训员工	分部开挖	装配式铣挖机	83.38	21.5	—
6	黄元山隧道 DK1417+042.4	16.8	Ⅵ级	砂质板岩，局部夹石英砂岩，节理不发育，完整性较好，无水	我方受训员工	中槽开挖	装配式铣挖机	5.95	128.6	—

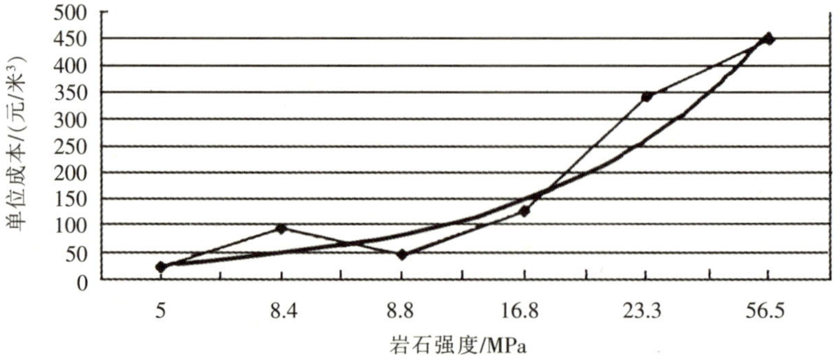

图 11.3-4　铣挖成本分析曲线图

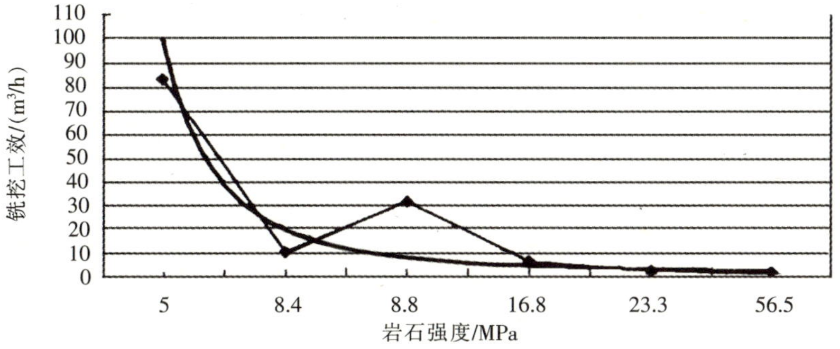

图 11.3－5　铣挖工效分析曲线图

11.3.4.1　铣挖法工艺性试验案例分析

1. 付家山隧道出口铣挖法工艺性试验案例

(1)隧道围岩为硅质板岩，碳质板岩夹泥质板岩，设计为Ⅵ级围岩，实测岩石强度为8.8 MPa，全风化至弱风化状态，中厚层状。区内地下水为基岩裂隙水，赋存于基岩风化裂隙及构造裂隙带，水量较贫乏。

(2)隧道采用台阶法开挖，铣挖机开挖上半断面，面积为 90 m^2。试验时先在开挖掌子面中央位置由上自下开一宽3 m、深 2.8 m 的槽，然后按照先左后右(面向掌子面方向)的顺序分块进行切割开挖，边开挖边装运，保证工作面平坦无堆碴，便于挖掘机工作。铣挖顺序见图 11.3－6。

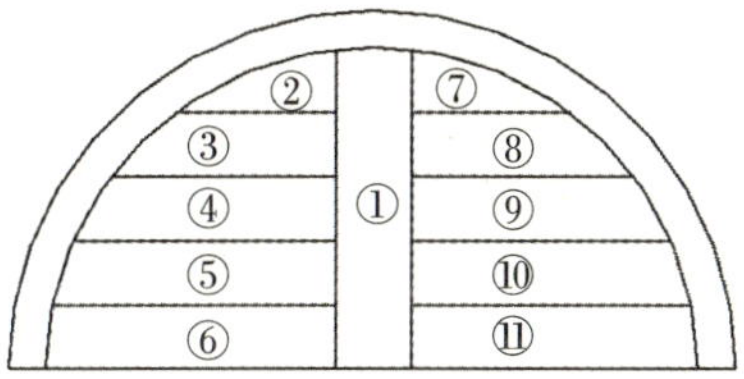

图 11.3－6　付家山隧道铣挖顺序图

(3)工作效率统计分析。付家山隧道作业时间统计及工效计算分别如表 11.3－3、表 11.3－4 所示。

表 11.3－3　付家山隧道作业时间统计

序号	时间段	历时/min	工作内容	操作手	备　注
1	7:15—8:00	45	开挖中槽	外方专业人员	—
2	8:14—9:03	49	右侧开挖		—
3	9:10—10:01	51			—
4	10:04—10:18	14	修整轮廓		—
5	10:28—10:57	29	底部修整		—
6	11:15—15:05	230	左侧开挖	我方受训员工	—
7	16:42—18:10	88			间断，排除油路故障
8	18:10—19:05	55	修整轮廓		—
9	19:41—20:06	25	底部修整		—

表 11.3-4　付家山隧道工效计算

<table>
<tr><th rowspan="2">指标</th><th colspan="2">操作手</th><th rowspan="2">备　注</th></tr>
<tr><th>外方专业人员</th><th>我方受训员工</th></tr>
<tr><td>铣挖数量</td><td>117 m³</td><td>117 m³</td><td rowspan="4">以进尺 2.6 m 计算</td></tr>
<tr><td>铣挖时间</td><td>174 min</td><td>318 min</td></tr>
<tr><td>轮廓修整时间</td><td>14 min</td><td>80 min</td></tr>
<tr><td>铣挖工效
(不计修整时间)</td><td>40.3 m³/h</td><td>22.1 m³/h</td></tr>
<tr><td>综合工效</td><td colspan="3">(117+117)÷(174+318)≈0.476(m³/min),约合 28.6 m³/h</td></tr>
<tr><td>实际开挖时间</td><td colspan="3">合计 586 min,折合约 9.8 h</td></tr>
</table>

2. 茅栗铺隧道进口铣挖法工艺性试验案例

(1)隧道掌子面岩性为板岩,呈深灰及灰黄色,节理较发育,岩层较破碎,个别地方岩体完整性好,设计为Ⅵ级围岩,实测岩石抗压强度为 8.4 MPa,开挖掌子面附近干燥无渗水。

(2)隧道铣挖采用三台阶法开挖,二台阶采用中部拉槽,左右分部开挖,参见图 11.3-6。铣挖试验选在二台阶右侧边墙部,从左到右分步进行,最后铣挖靠近边墙侧剩余部分。其中在铣挖靠近边墙侧角隅部位时,由于该部岩石完整性好,且隧道掌子面附近空气粉尘含量大,洞内能见度差,铣挖耗时较长。

(3)工作效率统计分析。茅栗铺隧道作业时间统计及工效计算分别如表 11.3-5、表11.3-6所示。

表 11.3-5　茅栗铺隧道作业时间统计

<table>
<tr><th>序号</th><th>时间段</th><th>历时/min</th><th>工作内容</th><th>操作手</th></tr>
<tr><td>1</td><td>11:24—12:00</td><td>36</td><td rowspan="4">铣挖二台阶右侧边墙部</td><td rowspan="4">我方受训员工</td></tr>
<tr><td>2</td><td>12:04—13:25</td><td>81</td></tr>
<tr><td>3</td><td>13:33—13:38</td><td>5</td></tr>
<tr><td>4</td><td>13:40—14:50</td><td>70</td></tr>
<tr><td colspan="2">合　　计</td><td colspan="3">192 min</td></tr>
</table>

表 11.3-6　茅栗铺隧道工效计算

<table>
<tr><th>指　标</th><th>操作手(我方受训员工)</th><th>备　注</th></tr>
<tr><td>铣挖数量</td><td>38.02 m³</td><td rowspan="3">以进尺 2.5 m 计算</td></tr>
<tr><td>铣挖时间</td><td>192 min</td></tr>
<tr><td>掘进工效</td><td>铣挖①～⑤17.76 m³/h,铣挖⑥2.7 m³/h</td></tr>
<tr><td>综合工效</td><td colspan="2">11.88 m³/h</td></tr>
</table>

11.3.4.2　铣挖法影响因素敏感性分析

(1)岩石强度及节理裂隙发育程度,是影响铣挖工效的首要因素。当岩石强度小于 15 MPa 时,铣挖工效为 10～20 m^3/h,开挖成本相对较低,为 20～80 元/米^3,特别是黄元山隧道明挖段岩石强度小于 5 MPa 且岩体破碎，铣挖工效极高；当岩石强度在 15～20 MPa 时，铣挖工效小于 10 m^3/h，开挖成本在 128.6 元/米^3 左右；当岩石强度大于 20 MPa 时，铣挖工效极低。

对于遇水易软化岩石，特别是泥质岩类，铣挖岩碴多呈粉末及碎块状。当水量过大时，岩碴泥化，易将铣挖头糊住而影响铣挖效果，同时影响机械就位及行走。故铣挖之前必须保持掌子面干爽，喷雾时也应注意防止泥化。在敏感性因素分析中，由于水直接影响岩石的强度，故不单独考虑水的影响，仅考虑岩石强度。但掌子面降水应作为一道工序进行。

(2)操作手熟练程度是影响铣挖工效的第二因素。同样的地质条件下，铣挖工效的高低与操作手熟练程度有很大关系。如操作熟练，铣挖工效能提高 20%～50%。如付家山隧道在外方操作手操作情况下，铣挖工效达 40.3 m^3/h，而我方操作手的铣挖工效仅为 22.1 m^3/h。

(3)铣挖机械设备的选型是影响铣挖工效的第三因素。在试验刚开始时曾尝试使用 EX300 型挖掘机代替 ZAXIS330 型挖掘机与 ER1500-1S 型铣挖头装配使用，但在使用过程中发现，EX300 型挖掘机底盘太轻，铣挖时机身晃动，影响铣挖效果。后确定采用 ZAXIS330 型挖掘机。ER1500-1S 型装配式铣挖机的特点是成本低、使用灵活，适用于岩石强度小于 15 MPa、节理裂隙发育的软弱围岩地层。

(4)断面设计是影响铣挖工效的次要因素。经过工艺性试验和理论分析，装配式铣挖机宜采用拉中槽后分条块开挖，其铣挖条块宽度根据地质条件及铣挖头铣挖宽度确定，一般条块宽度为 0.5～1 m，中槽高度视断面高度而定，宽度为 2.5～3 m，深度比每循环进尺长度大 20～30 cm；各条块开挖顺序以从上往下为宜。

11.3.4.3　铣挖岩碴理论分析

铣挖法开挖作用原理是利用铣挖机的螺旋状截齿对岩石进行切割、研磨、刨挖，从而达到开挖目的。其以切割、研磨作用为主，刨挖作用为辅。从岩碴粒径含量分析(见表 11.3-7)来看，铣挖岩碴以粉末状、颗粒状为主，并产生大量的粉尘，碎块状岩碴少量，块状岩碴最少。当节理裂隙发育时，刨挖作用明显，碎块状、块状岩碴明显增多，铣挖工效明显增加。当岩石坚硬且节理裂隙不发育时，铣挖机的大部分能量消耗在将岩石研磨成颗粒状及碎块状岩碴过程中，铣挖工效大打折扣。

表 11.3-7　铣挖岩碴粒径含量分析

序号	施工区段	粒径				综合工效/(m^3/h)
		<0.1 mm(粉尘)	0.1～2 mm(粉末状、颗粒状岩碴)	2～20 mm(碎块状岩碴)	20～200 mm(块状岩碴)	
1	鹰嘴山隧道 DK1414+107	10%～15%	70%～85%	5%～10%	1%～5%	1.01
2	付家山隧道 DK1414+101.6～DK1414+099	5%～10%	50%～60%	20%～25%	10%～15%	31.2
3	茅栗铺隧道 DK1414+467	5%～10%	60%～65%	15%～20%	5%～10%	10.2
4	报马庄隧道 DK416+615	10%～15%	65%～80%	5%～10%	1%～5%	1.15
5	黄元山隧道明挖段 DK1416+890～DK1416+896	5%～10%	30%～40%	20%～30%	20%～25%	83.38
6	黄元山隧道 DK1417+042.4	10%～15%	60%～75%	5%～10%	1%～5%	5.95

从铣挖岩碴粒径分析结果来看，提高碎块状、块状岩碴产量是提高铣挖工效的主要途径。为

提高铣挖工效，铣挖时应优化铣挖参数及工艺。主要措施有：

(1)不断调整铣挖头速度。当铣挖头旋转速度降低时，应将铣挖头游离掌子面，等速度回升后再抵近铣挖，铣挖头抵近时应尽量形成一定的冲击力。

(2)掌握节理裂隙发育特征，顺节理裂隙倾向铣挖，尽量提高刨挖作用。

(3)采用预裂爆破辅助方法，增加岩石破碎程度，提高碎块状、块状岩碴的产量，从而提高铣挖工效。

从上述内容也可看出，铣挖法主要适用于岩石强度低且节理裂隙发育的地层。

11.3.4.4 铣挖法存在的问题及改进措施

(1)施工过程中粉尘量大，铣挖头需增加喷雾装置，但应严格控制喷雾效果。喷雾过量会使岩碴泥化糊住铣挖头而影响铣挖效果，喷雾不够则粉尘量太大。

(2)铣挖工效比预期的中低硬度岩石的铣挖工效(25～40 m^3/h)要低，应不断优化铣挖参数及工艺。从铣挖岩碴理论分析结果来看，为提高铣挖工效，可以采取合适的工艺提高铣挖岩碴块度。

(3)对铣挖法影响因素敏感性分析可知，岩石强度及节理裂隙发育程度是影响铣挖工效的主要因素。装配式铣挖机主要适用于岩石强度低且节理裂隙发育的围岩。悬臂式掘进机、装配式铣挖机各自所适应的围岩条件还需进一步研究。

(4)应培养操作手的劳动技能，提高其工作效率。熟练程度不同的操作手，其工效差距很大。特别是在断面轮廓等特殊部位，熟练操作手对断面轮廓的人工修整厚度在 10 cm 左右，且厚薄均匀、工作量小；反之，造成人工修整厚度在20～30 cm，不均匀，且易损坏已有的初期支护。

(5)从试验结果来看，断面设计形式比较单一，装配式铣挖机主要适用于拉中槽然后左右分条块分割，悬臂式掘进机可以进一步进行试验研究。对铣挖过程中作业模式及流程还需优化，以形成流水线生产或平行作业。

11.4 铣挖法施工技术优化研究

11.4.1 ER1500-1S 型装配式铣挖机优化研究

课题组通过铣挖法工艺性试验研究，形成了铣挖法施工工艺，获得了技术经济参数，并对影响铣挖工效的敏感性因素进行分析。为研究铣挖法在浏阳河隧道施工的适应性，并进一步验证工艺性试验结果，先后采用 ER1500-1S 型装配式铣挖机、EBZ160S 型悬臂式掘进机在浏阳河隧道斜井进行适应性研究。

11.4.1.1 ER1500-1S 型装配式铣挖机在浏阳河隧道斜井的试验研究

浏阳河隧道斜井于 2007 年 9 月 22 日正式开工，10 月 15 日采用铣挖机进行施工。斜井洞口段为Ⅴ级围岩，岩石强度为 5.9 MPa，完整性相对较差，使用铣挖机效果理想，铣挖工效为 20～30 m^3/h。随着隧道埋深增加，覆盖层加厚，岩石强度为 14～19 MPa，完整性较好，铣挖工效降低到 5～6 m^3/h，具体情况如下所述。

1. 施工方法

斜井采用台阶法开挖。上台阶高 4 m，上台阶断面为 28 m^2，每循环开挖进尺 1.0 m，全断面开挖每循环开挖量 48 m^3。

2. 施工工艺

调试→铣挖头安装→铣挖机齐头进→核定断面尺寸→铣挖→出碴→修整断面轮廓线→退出保养→清理余碴→利用风镐人工修整。

3. 铣挖效果

斜井洞口段（XDK0＋563～XDK0＋650 段共 87 m）为Ⅴ级围岩，以泥质砂岩及砂质泥岩为主，岩石上部为砂夹卵石及覆盖土，表层岩石风化，岩石强度为 5.9 MPa，完整性相对较差，使用铣挖机效果理想，铣挖工效为 20～30 m^3/h。

斜井 XDK0＋463～XDK0＋563 段共 100 m，隧道围岩为强至弱风化泥质砂岩及砂质泥岩，埋深增加，覆盖层加厚。由于上台阶断面较小，且中心预留 2 m 核心土，形成单工序作业，加之岩石强度逐步提高，到 14～19 MPa 后，铣挖工效降低，每小时开挖 5～6 m^3；局部地段岩石强度在 20～30 MPa，铣挖工效极低，在 1～3 m^3/h。从施工情况来看，ER1500-1S 型装配式铣挖机难以满足浏阳河隧道工期的要求，故停止使用。

4. 技术改进及效果检验

铣挖过程中粉尘量大，洞内作业环境差，我们采取了切实有效的除尘及通风措施，并给装配式铣挖机增加了自动淋水设备。喷雾除尘处理时，如喷雾不当，岩碴会呈泥状，从而糊住铣挖头，降低铣挖工效，同时造成洞内路面泥泞，降低运碴效率。在富水地段，为确保铣挖效果，采取掌子面注浆加固或超前降水的办法确保掌子面无明水。同时，我们在喷雾时通过产生大量泡沫的方法以增强喷雾除尘效果。

铣挖机对岩石强度及完整性适应范围小，一般在 15 MPa 以内；当岩石强度较高（15～30 MPa）且岩石完整性较好时，铣挖工效低；岩石强度在 30 MPa 以上时，铣挖将岩石磨成粉状，工效极低，仅 1～3 m^3/h。为加快施工速度，在上台阶采用铣挖法开挖，下台阶及仰拱可以采用钻爆法开挖，同时在围岩坚硬的地段可以进行预裂爆破，然后再铣挖。

5. 施工机械设备配套作业模式

由于装配式铣挖机是左右侧交替开挖的，故开挖完一侧后，可以在另一侧用装载机对自卸汽车进行装碴。

（1）上台阶开挖流水作业线：多功能平台＋风镐＋铣挖机（若预留核心土，则采用短臂式掘进机）＋装载机＋自卸汽车。

多功能平台（长、宽、高分别为 6 m、11 m、5.5 m）由现场制作，左右对称共 4 组轮胎（每组轮胎有 2 个，为 ϕ 800 mm 橡胶轮胎，轮距 6 m），可由装载机或挖掘机牵引行走，也可由装载机端起移动。工人可在其上进行支护等作业。开挖出碴时，铣挖机在隧道一侧开挖，装载机在隧道另一侧装载，自卸汽车与铣挖机在同一侧且在铣挖机后，装载机仅需后退一个铣挖机机长便可直接装碴于自卸汽车上。当一侧碴出完则装载机与自卸汽车互换位置，出另一侧碴。自卸汽车来回调运，并保证前一辆装完，后一辆马上接上。出碴完毕，装载机端起多功能平台就位掌子面，工人在平台上用风镐修整断面轮廓。

以二台阶法开挖为例，多功能平台尺寸为 6 m×6 m×6 m（长×宽×高），净空，分 4 层作业平台（地面第 1 层、第 2 层、第 3 层左右对称，第 4 层为顶部平台）。三台阶法施工时，多功能平台结构尺寸应根据台阶高度及宽度确定。

(2)下台阶开挖流水作业线：简易平台＋YT28 型风动凿岩机＋风镐＋长臂挖掘机＋自卸汽车。

下台阶开挖高度约 3 m，左右交替施工，一侧开挖时，另一侧用作上台阶出碴运料通道。下台阶开挖应与上台阶开挖错开，保证简易平台能方便打设较高部位处炮眼。出碴时，由于装载机、挖掘机不能同时工作，为提高机械使用效率，利用挖掘机在通道一侧及上台阶直接装碴。在特殊情况下，中间拉中槽，两侧马口交叉开挖，既可提高施工进度，又可保证施工安全，出碴时利用挖掘机装载。利用风镐人工修整断面。

(3)仰拱开挖流水作业线：仰拱栈桥＋YT28 型风动凿岩机＋风镐＋长臂挖掘机＋自卸汽车。

在上一组仰拱及填充施工完毕后，马上开挖下一组仰拱，施工人员可利用仰拱栈桥在刚施工完毕的仰拱及填充上行走。仰拱栈桥长度大于上一组仰拱的长度，一般为 12～13 m，跨越刚施工完的仰拱。仰拱栈桥架设在仰拱的一侧，以便另一侧进行开挖。当刚施工完毕的仰拱强度达到设计要求后，仰拱栈桥换移到另一侧。仰拱左右侧交替开挖，仰拱栈桥交替换移施工。用 YT28 型风动凿岩机钻眼进行松动爆破，人工清底，挖掘机在不同的位置分别装碴。

在特殊情况下，可进行跳槽开挖，即先施工一组仰拱，然后间隔一组或几组不挖，直接挖下一组。这样既可提高进度，亦可保证长距离开挖的施工安全。

采用无轨运输这一常规的运输方式，主要优点为道路制约少、调配灵活、无二次倒运、先期速度快。需注意的是施工时仰拱应紧跟掌子面，以形成高质量通道。

6. 铣挖法施工工效、成本分析

从使用情况来看，当岩石强度为 5.9 MPa，完整性相对较差时，使用铣挖法效果理想，铣挖工效为 20～30 m^3/h；当岩石强度逐步提高，在 14～19 MPa 时，铣挖工效降低，为 5～6 m^3/h；局部地段岩石强度在 20～30 MPa 时，铣挖工效极低，为 1～3 m^3/h。

11.4.1.2 ER1500-1S 型装配式铣挖机在浏阳河隧道的适应性分析

从铣挖试验结果来看，ER1500-1S 型铣挖机对岩石强度及完整性适应范围小，主要适应于岩石强度在 15 MPa 以内、节理裂隙发育的地段；当岩石强度在 15～20 MPa，且岩石完整性较好时，铣挖工效较低，为 5～10 m^3/h；当岩石强度在 30 MPa 以上时，铣挖工效极低，仅 1～3 m^3/h。经验算，斜井采用该铣挖机开挖成本为 134.74 元/米^3，正洞采用铣挖机开挖成本为139.00 元/米^3。

浏阳河隧道正洞岩石强度在 20 MPa 左右，岩石节理裂隙被石膏岩脉充填，整体性较好。从研究结果来看，在浏阳河正洞的围岩条件下采用铣挖法施工工效低，生产成本高，按此速度无法满足浏阳河隧道施工要求，不宜继续使用。但在变形控制要求严等特殊地段，可以采用铣挖法施工。从其施工方法来看，其适用于二台阶法、二台阶法上台阶预留核心土环形开挖、三台阶法、全断面开挖法。

11.4.2 EBZ160S 型悬臂式掘进机适应性研究

在 ER1500-1S 型装配式铣挖机不能满足浏阳河隧道工期要求的情况下，经过多次方案论证，引进了煤矿使用的 EBZ160S 型悬臂式掘进机，用于浏阳河隧道的开挖，以期加快施工速度。引进后，先将其运用于斜井施工，以测算技术指标，并作为技术准备。

1. EBZ160S 型悬臂式掘进机在斜井的试验研究

浏阳河隧道斜井 XDK0＋389～XDK0＋463、XDK0＋255～XDK0＋355 段共 174 m，该段围岩级别为Ⅴ级，穿越地层为弱风化泥质砂岩、砂质泥岩，该类围岩遇水易软化，岩石强度为 14～19 MPa，岩体较完整，局部含石膏，且局部溶孔发育。采用 EBZ160S 型悬臂式掘进机进行开挖，施工断面设计见图 11.4－1、图 11.4－2。

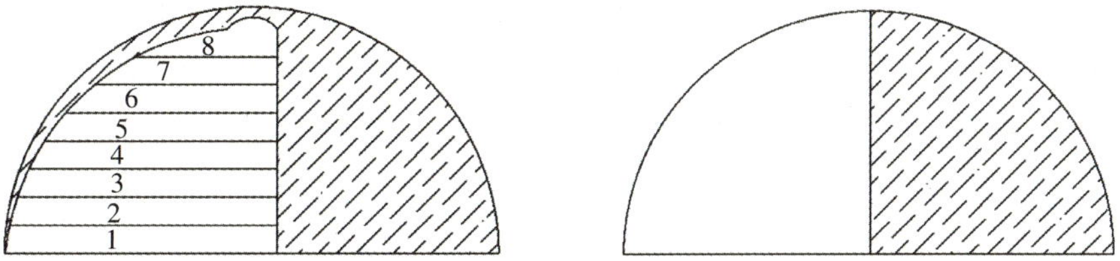

(a)断面左侧分部开挖　　　　(b)轮廓修整

图 11.4－1　EBZ160S 型悬臂式掘进机分部分条块铣挖断面设计

注：(1)图中 1～8 开挖顺序仅为示意，具体分部由现场实际情况及开挖断面大小决定。

(2)隧道右半断面开挖顺序同左半断面，图中未显示

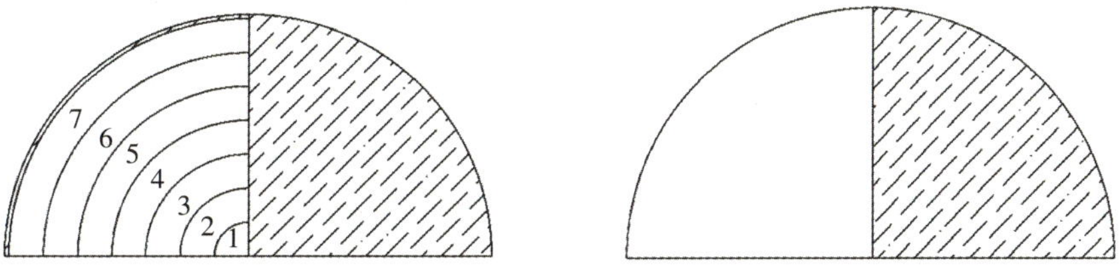

(a)断面左侧分部开挖　　　　(b)轮廓修整

图 11.4－2　EBZ160S 型悬臂式掘进机环形铣挖断面设计

注：(1)按 1～7 开挖顺序顺时针开挖，具体分部由现场实际情况决定。

(2)隧道右半断面开挖顺序同左半断面，人工修整轮廓

2. 施工方法

因悬臂式掘进机最大作业高度为 4.8 m，斜井采用全断面法开挖高度不足，须采用正台阶法施工。上台阶开挖断面面积 26.1 m^2，宽度为 7.3 m，开挖过程中须移动一次掘进机，如先开挖掌子面右侧断面(若悬臂式掘进机在左侧断面，则先开挖左侧)，自下向上施工。开挖成型后，移往另一侧施工。两侧边角用悬臂掘进机修整困难，必须采用风镐人工修整。上台阶开挖完成后，下台阶左右侧分部，每部分条块施工。

3. 技术改进及效果检验

EBZ160S 型悬臂式掘进机开挖时粉尘量较大，通过喷雾产生大量泡沫的方法，可有效控制粉尘量。

EBZ160S 型悬臂式掘进机属煤矿专用设备，原配皮带运输机出碴，高度较低，不能直接装上汽车。由于碴堆在掘进机后部及传送带下部，需用小挖掘机倒碴，然后由装载机装车运出洞外。同时，由于开挖摆动，卸碴尾部亦发生摆动，与现有隧道出碴运输设备配套困难。因此，我们配备了第二次运输机，可以实现铣、掘、装、运流水线作业。

由于开挖下部及边角修整时间长，边角部位易形成超欠挖，故施工时对边角部位采用人工修整。

悬臂式掘进机铣挖工艺性试验研究发现，由于悬臂式掘进机的铣挖头为纵向铣挖头，其以顺

时针切割岩体，机械臂只能上下、左右移动，尚不能进行环形开挖，故其所适应开挖断面设计为图11.4-1，即左右分部分条块铣挖断面设计，从下到上开挖，每一条块从左到右铣挖。拟选的环形铣挖断面设计并不适用于悬臂式掘进机。

4. 铣挖工效、成本分析

EBZ160S型悬臂式掘进机对正面岩石掘进效率较高，两侧边角修整困难，必须采用风镐人工修整。现场开挖分为左右侧开挖，需要移动一次悬臂式掘进机，所需时间为20 min。经测算，斜井上台阶开挖进尺2 m，开挖土方量为52.2 m^3，平均需要约6 h，综合工效为8.7 m^3/h。从现场施工统计资料分析来看，开挖正面弱风化泥质砂岩时，每小时土方量为60 m^3；开挖上台阶底部或卧底时效率低，每小时土方量约为10 m^3；开挖边角时效率较低，每小时土方量大约为5 m^3。

斜井采用悬臂式掘进机开挖成本为201.73元/米^3，正洞采用悬臂式掘进机开挖成本为215.65元/米^3，目前采用租赁方式，仅悬臂式掘进机租赁费用(不含人工工资、风水电及装运碴等费用)为110元/米^3。

5. 机械设备配套改进措施

悬臂式掘进机属煤矿专用设备，为适应高铁客运专线大断面隧道多工序平行作业的需要，并提高工效，施工时增加了输送皮带的高度及长度，即配备悬臂式掘进机的第二次运输设备，有条件的可配备第三次运输设备，将洞碴直接输送到运碴车上，减少装载机装运的过程，形成流水作业，大大提高施工效率。施工方法主要为三台阶法，中下台阶及仰拱的施工作业模式可参考装配式铣挖机的作业模式。

6. EBZ160S型悬臂式掘进机在浏阳河隧道的适应性分析

EBZ160S型悬臂式掘进机属于整体式铣挖机，从现场使用情况来看，其施工正面岩石时掘进效率较高，两侧边角修整困难，必须采用风镐人工修整。从现场施工资料分析来看，其适用于开挖节理裂隙发育、岩体完整性差的Ⅳ、Ⅴ级低硬度(30 MPa以内)围岩地层，其特点是铣挖成本高，掘进效率与地层硬度和工作面自稳能力关系密切。由于其主要适用于煤矿巷道施工，对于大断面隧道有轨运输还不能形成流水线作业，需配备第二次运输乃至第三次运输设备适应自卸卡车出碴的需要。

因EBZ160S型悬臂式掘进机的最大开挖高度是4.3 m，需将大断面隧道分为多部或多台阶开挖，故主要适用于高铁客运专线大断面隧道三台阶法开挖。

浏阳河隧道围岩岩石强度为20 MPa左右，发育1～2组节理，间距在1 m以上，节理裂隙被石膏岩脉充填。设计采用三台阶临时仰拱法，但现场试验采用二台阶法配合弱钻爆法施工。如采用悬臂式掘进机以三台阶法施工，施工效率低，开挖成本高。仅能在围岩软弱、地层变形控制要求高等特殊地段采用三台阶法施工时使用悬臂式掘进机。

11.4.3 铣挖法施工工艺优化

在拟定铣挖工艺的基础上，通过铣挖法工艺性试验发现了铣挖施工的优缺点及施工性能参数，通过优化研究和现场试验，最终形成了铣挖法施工工艺，如图11.4-3所示。

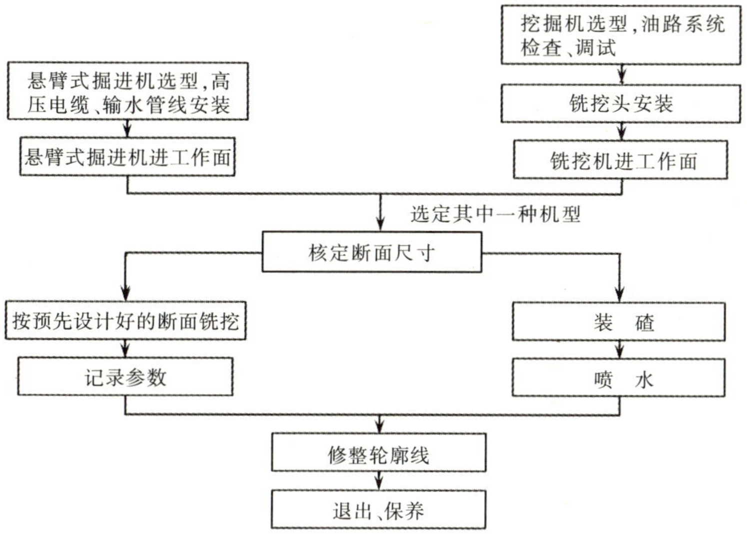

图 11.4-3　铣挖法施工工艺

11.4.4　施工工艺说明及技术要点

1. 施工准备及设备配套模式

施工前，根据围岩地质情况，选取合理的机械设备型号，并进行合理的机械设备配套。所采用的装配式铣挖机铣挖头型号为 ER1500-1S 型，与 ZAXIS330 型挖掘机配套使用。采用的悬臂式掘进机型号为 EBZ160S，并根据需要配备第二次运输与第三次运输设备。如采用悬臂式掘进机，需在洞内布设好悬臂式掘进机所需的高压电缆、输水管线，同时使掘进机与掌子面齐头，并摆设妥当。

浏阳河隧道围岩以Ⅳ、Ⅴ级围岩为主，隧道断面设计采用同心圆，开挖断面宽度、高度分别约为 15 m、13 m，断面拱墙开挖半径为 7.2～7.5 m。开挖断面面积为 150～160 m^2。若采用上下台阶法开挖：上台阶开挖高度约 7.4 m，开挖面积为 90 m^2；下台阶开挖高度约 3 m，开挖面积为 40～45 m^2；仰拱开挖高度为 2.1～2.3 m，开挖面积为 25～30 m^2。如上台阶采用预留核心土环形开挖，则环形开挖部分面积为 50～60 m^2，核心土部分面积为 30～40 m^2，其他部分开挖面积不变。若采用三台阶临时仰拱法开挖，上台阶开挖高度为 4.2～4.7 m，中台阶开挖高度为 3.5～4.0 m，除仰拱为 2.1 m 外，剩余尺寸为下台阶部分。

2. 掌子面降水

掌子面降水的目的是防止因渗水量过大，铣挖的岩碴呈泥状而糊住铣挖头，以致降低铣挖工效。采用台阶法施工时，掌子面基本具有自然降水的能力，仅在拱脚及边墙等局部有水渗出。降水的方法主要有加强两侧排水沟的维护、打设超长炮眼。降水要求：掌子面无明水，尽量保持干燥，铣挖岩碴不能呈泥状。

3. 开挖断面参数设计

EBZ160S 型悬臂式掘进机的铣挖头为纵向铣挖头（铣挖头轴向与掘进方向一致），拨料截齿呈螺旋状，顺时针旋转，铣挖头连接伸长量为 2～3 m。根据铣挖头特点，开挖断面设计主要为左右分部分条块开挖，从下到上开挖，每一条块从左到右开挖。铣挖断面设计见图 11.4-1。分块大小：高度为0.8～1.2 m，宽度为4.5～5 m，深度比设计循环进尺大20～30 cm。

ER1500-1S型装配式铣挖机的铣挖头为横向铣挖头（铣挖头轴线与掘进方向垂直），拨料截齿呈螺旋状，逆时针旋转。根据铣挖头特点，装配式铣挖机宜按中槽条块法开挖，中间拉槽，横向左右分部，竖向上下分条块，各条块开挖顺序以从上往下为宜。其铣挖条块宽度根据地质条件及铣挖头铣挖宽度而定，一般为2.5～3 m，深度比每循环进尺大20～30 cm。铣挖断面设计图见图11.4－4。

当操作不熟练时，可在掌子面弹线，标示条块分割线，根据铣挖顺序从下到上或从上到下编号。

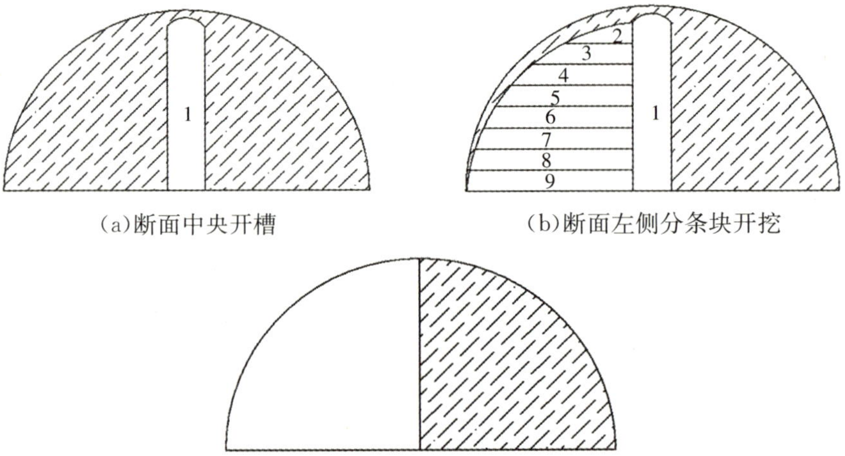

(a)断面中央开槽　　(b)断面左侧分条块开挖

(c)轮廓修整

图11.4－4　装配式铣挖机铣挖断面设计图

注：(1)图中2～9开挖顺序仅为示意，具体条块分割根据现场实际情况及断面大小决定。
(2)断面右侧开挖顺序同左侧，图中未示

4. 按设计断面铣挖

按设计断面铣挖掘进，先进行试掘，然后根据试掘效果调整铣挖参数。铣挖时需不断摆动或调整铣挖头，尽量产生一定的冲击力，并提高刨挖作用效果。当铣挖速度或效率降低时将铣挖头游离掌子面，等速度回升后再抵近铣挖。铣挖效果的控制以降低粉尘量、提高岩碴块度、提高单位铣挖量为标准。为提高悬臂式掘进机铣挖工效，边角及卧底等铣挖工效低的部位，由人工或采用其他机械设备清理。

开挖循环进尺需满足设计要求。断面轮廓线虽然不能修整到位，但能铣挖到的地方，必须修整齐，并要保证隧道中线及高程满足控制要求，否则重新铣挖。

5. 喷雾除尘、出碴、场地清理

在铣挖的同时，采取流水线作业，一边开挖，一边出碴。为控制粉尘量，需适当喷雾，既达到降低粉尘量的目的又不引起岩碴泥化。悬臂式掘进机喷雾装置为自动装置，装配式铣挖机可以配备简易的喷雾装置。为确保除尘效果，喷雾时以喷洒泡沫为主。

6. 轮廓修整及人工局部处理

通常铣挖机施工时正对掌子面铣挖，由于机械设备条件所限，无法实现开挖轮廓线范围10～20 cm厚度轮廓修整，仅能采用人工修整或其他机械设备修整。当然，在采用分部法开挖时，可实现局部处理的平行作业。但在开挖进尺较大或条件允许时，可以将铣挖机在掌子面横向摆设，正对隧道轮廓进行铣挖，这样就不再需要人工修整隧道轮廓。

11.5　施工效果检验

1. 悬臂式掘进机在浏阳河隧道斜井下穿水塘段施工效果检验

斜井 XDK0＋355～XDK0＋389 段共 34 m 为下穿水塘段，该段围岩级别为Ⅴ级，围岩较软弱，岩石强度为 10～15 MPa，掌子面局部渗水量较大，围岩遇水软化，极易发生围岩松弛掉块等现象。施工时特别重视，将其作为下穿浏阳河河底段做施工的技术准备，并进行下穿浏阳河河底段施工工艺适应性研究。施工时上台阶采用铣挖法开挖，下台阶采用弱钻爆法开挖。

浏阳河隧道下穿水塘段埋深浅，围岩软弱，与采用钻爆法相比，采用悬臂式掘进机法施工方案安全、快速，实际施工较预定工期提前 3 d，仅需要 12 d 便顺利通过水塘段。从施工的效果来看，对围岩扰动小，收敛量测仅有 8 mm，掌子面无失稳，为下穿浏阳河河底段施工提供了丰富的经验。从统计资料分析结果来看，下穿水塘段由于围岩相对软弱，且节理裂隙较发育，综合工效提高至 26.1 m^3/h，铣挖成本为 137.5 元/米^3，比初期研究时的铣挖工效要高。

2. 装配式铣挖机在浏阳河隧道出口段施工效果检验

采用装配式铣挖机在浏阳河隧道出口 DK1569＋447～DK1569＋457 段进行了铣挖施工，该段围岩级别为Ⅴ级，埋深约为 15 m，穿越地层为强风化泥质砂岩、粉砂质泥岩，遇水易软化，岩石强度为 16.5 MPa，节理裂隙被石膏岩脉充填，掌子面潮湿，拱顶极易发生松弛掉块现象。采用装配式铣挖机在此地段施工的目的有两个：一是进一步验证装配式铣挖机在浏阳河隧道围岩岩石强度为 15～20 MPa 条件下的适应性；二是因为该段地质条件与下穿河底段设计资料描述的地质条件比较相似，采用装配式铣挖机可为将铣挖法用于下穿浏阳河河底段施工做技术准备。

施工方法采用上下台阶法，上台阶采用预留核心土环形开挖法：设计开挖进尺为 2 m，采用铣挖机进行环形预切槽，切槽宽度为 1～1.5 m，切槽完成后，施作初期支护、超前支护，然后再进行掌子面开挖及下一循环预切槽开挖。在掌子面开挖的同时配备机械设备进行出碴，一侧为挖掘机铣挖断面，另一侧为装载机与自卸卡车配合出碴，可以大大提高施工进度。上台阶施工完成后，下台阶采用弱钻爆法施工。

经工效及成本分析，上台阶铣挖施工综合工效为 9.7 m^3/h，铣挖成本为 91.5 元/米^3。相对适应性研究时的铣挖工效有一定提高，铣挖成本有所降低。

11.6　总　结

2006 年武广客运专线项目经理部投入 1 000 多万元科研经费购买了两台 ER1500-1S 型铣挖机、6 台 ZAXIS330 型挖掘机、1 台 EBZ160S 型悬臂式掘进机及相关配套设施，并于 2006 年 9 月在武广客运专线岳阳段选取 5 座隧道 6 个不同地质地段进行了现场工艺性试验。在铣挖法工艺性试验研究之后，根据研究成果，继续使用 EBZ160S 型悬臂式掘进机及 ER1500-1S 型铣挖机在浏阳河隧道斜井、出口暗洞及出口明挖刷坡中进行适应性研究。浏阳河隧道出口暗洞软弱围岩地段及斜井下穿水塘段地质条件与下穿浏阳河河底段相似，上述地段的试验研究直接作为下穿浏阳河河底段的前期技术准备。通过铣挖法试验研究，我们获得了丰富的试验数据和操作经验，培养了一批技术人员，积极推广了铣挖法在大断面隧道施工中的应用，为铣挖工法的编制提供了依据，形成了铣挖法施工工艺。

通过试验研究，得出铣挖法具有的特点见表11.6－1。总体认为铣挖法主要适用于隧道围岩软弱、节理裂隙发育地层或隧道浅埋、控制变形要求严等具特殊要求地段的施工。铣挖法在用于开挖节理裂隙不发育、岩体完整性好、岩石强度较高的围岩时，铣挖出来的岩碴以粉末状、碎屑状为主，铣挖工效极低；在铣挖法适宜的地质条件下，铣挖工效高，截齿磨耗降低，从而降低开挖成本。

表11.6－1　铣挖法特点

特　点	主　要　内　容
适用性	主要适用于岩石强度较低且节理裂隙发育的地层，特别适用于大断面软弱围岩隧道及隧道变形控制要求严等具特殊要求的地段；当围岩条件与铣挖参数相匹配时，铣挖工效达到理论值，与钻爆法相当。在台阶法施工中，为提高铣挖工效，可根据围岩条件，上台阶采用铣挖法，其余台阶采用钻爆法以及其他组合方式
安全性	安全性好
广泛性	洞内开挖、出碴可分别在两侧平行作业，而且可用于洞内清欠、开槽、预留核心土、环形切槽、超前导坑等施工
影响工效因素	(1)与岩石强度、完整性有很大关系，岩石强度高、完整性好则工效低，反之则高。 (2)与操作手有很大关系，熟练操作手工效高
经济性	(1)与其他非爆破法开挖机械如盾构、掘进机相比，成本较低，经济性较好 (2)同级别的围岩，在岩石强度相同的情况下，如果其完整性好，节理或裂隙不发育，则铣挖成本会有大幅度的增加
其他方面	(1)洞内空气粉尘含量大，作业环境差，需加设喷雾装置 (2)在富水地段，若喷淋不当，会使岩碴呈泥状，从而糊住铣挖头，降低铣挖工效

浏阳河隧道铣挖法现场试验研究技术经济成果总结见表11.6－2。

(1)ER1500-1S型装配式铣挖机适用于岩石强度较低(小于15 MPa)，节理裂隙发育，岩体较破碎的Ⅳ、Ⅴ级软弱围岩隧道，其特点是对隧道围岩扰动小、使用灵活，可用于洞内清欠、开槽、开挖边沟及边坡坡形、坡率的修整。但在进行隧道轮廓修整时，如果操作人员的操作技术不娴熟，很容易破坏已成形的初期支护和靠近掌子面开挖轮廓线附近的超前支护。铣挖过程中粉尘量大，为改善洞内环境，在采取切实有效的除尘及通风措施的同时，还配备了自动淋水装置。因浏阳河隧道围岩遇水易软化，喷淋不当岩碴会呈泥状，从而糊住铣挖头，降低铣挖工效，同时洞内路面泥泞，降低装碴、运碴效率，故改喷水、喷雾为喷洒泡沫，有效地改善了除尘效果。

从装配式铣挖机的开挖断面来说，其开挖半径约11 m、开挖高度10.7 m、开挖深度7.6 m，可用于客运专线大断面隧道二台阶法、三台阶法、全断面法开挖。通过对装配式铣挖机作业模式及流程的研究，发现在铣挖的同时可以实现出碴平行作业。

(2)EBZ160S型悬臂式掘进机属于整体式铣挖机，适用于开挖节理或裂隙发育、岩体完整性差的Ⅳ、Ⅴ级低硬度(岩石强度在30 MPa以内)围岩地层。其特点是设备配套齐全、功能完善，作业时粉尘控制较好，但掘进效率与地层硬度和工作面自稳能力关系密切。EBZ160S型悬臂式掘进机原用于煤矿巷道施工，其机械设备配套在客运专线大断面隧道施工中还存在一定的局限性：悬臂式掘进机原用于煤矿巷道掘进，原配皮带运输机出碴，故高度较低(约1 m)，不能直接装车(自卸汽车高2.5～3.5 m)，且由于开挖摆动，卸碴尾部亦发生摆动，与现在隧道出碴运输设备配套困难。可在悬臂式掘进机开挖后，直接通过专门配备的第二次运输机以及第三次运输机将岩碴装载于自卸汽车上，实现铣、掘、装、运的流水线作业模式。

因悬臂式掘进机最大开挖高度为4.3 m，从其适用的开挖断面来说，需将大断面隧道分为多部或多台阶开挖，故主要适用于客运专线大断面隧道三台阶法断面施工。

表 11.6－2　浏阳河隧道铣挖法现场试验研究技术经济成果总结

序号	试验地点	岩石强度/MPa	围岩级别	围岩地质条件及完整程度	操作手	开挖断面设计	机械设备选型	工效/(m^3/h)	成本/(元/米^3)
1	浏阳河隧道斜井 XDK0＋563～XDK0＋650	5.9	Ⅴ级	泥质砂岩、砂质泥岩，全风化至强风化，岩体较破碎	外方专业人员	中槽开挖	装配式铣挖机	20～30	59.3
2	浏阳河隧道斜井 XDK0＋463～XDK0＋563	14～19	Ⅴ级	泥质砂岩、砂质泥岩，强风化至弱风化，岩体较破碎，无渗水	外方专业人员	中槽开挖	装配式铣挖机	5～6	134.74（开挖出碴）
3	浏阳河隧道斜井 XDK0＋389～XDK0＋463 XDK0＋255～XDK0＋355	14～19	Ⅴ级	泥质砂岩、砂质泥岩，弱风化，岩体较完整，无渗水	外方专业人员	中槽开挖、分部开挖	悬臂式掘进机	8.7	201.73（开挖出碴）
4	浏阳河隧道斜井下穿水塘段 XDK0＋355～XDK0＋389	10～15	Ⅴ级	泥质砂岩、砂质泥岩，弱风化，遇水易软化，岩体较完整，掌子面渗水量较大	外方专业人员	分部开挖	悬臂式掘进机	26.1	137.5（开挖出碴）
5	浏阳河隧道出口 DK1569＋447～DK1569＋457	16.5	Ⅴ级	泥质砂岩、粉砂质泥岩，强风化，遇水易软化，节理裂隙石膏岩脉充填，掌子面潮湿	外方专业人员	环形预切槽	装配式铣挖机	9.7	91.5

YANRONG DICENG SHIGONG JISHU YANJIU

第4篇

岩溶地层施工技术研究

第 12 章　H 型注浆加固技术

12.1　岩溶发育地段辅助工法的优化

隧道施工穿越浅埋富水岩溶地层时，洞内有可能发生冒水、涌泥或引发坍塌的风险，进而危及施工人员的安全；而洞内小量涌水或渗漏，容易引起上层覆盖土的沉降，使地面易突发坍坑、洞穴，进而危及居民正常生活以及交通和道路、地面建(构)筑物、重要管线等的正常使用。当隧道从岩溶表层的覆盖土层中通过时，因土层含水量大、地质自稳能力差，风险更大，后果更严重。隧道开挖掘进还可能破坏岩溶地区原来的水土平衡状态，引发次生地质灾害，其范围可能更大，程度可能更为严重。因此，必须采取可行和可靠的辅助工法来规避洞内和洞外险情的出现。

由于地质条件的复杂性和类似工程设计、施工经验的缺乏，金沙洲隧道施工前期多次发生洞内涌水、地表塌陷、建(构)筑物开裂、竖井沉降等严重情况，如图 12.1－1、图 12.1－2 所示。

图 12.1－1　洞内掌子面涌水

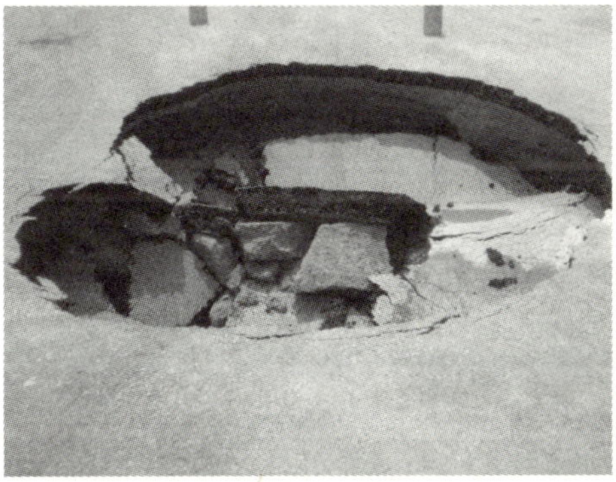

图 12.1－2　路面塌陷

研究提出采用洞内全断面帷幕注浆，注浆加固圈固结范围为开挖轮廓线外 5 m，每一循环注浆长度为 30 m，开挖 22 m，并保留 8 m 止浆岩盘。第一循环采用 5 m 厚 C20 混凝土止浆墙；注浆孔扩散半径为 2 m，按孔底间距 3 m 布置，每一循环共设 7 环 111 个注浆孔；注浆孔开孔直径不小于 108 mm，终孔直径不小于 90 mm；孔口管采用 ϕ 108 mm、壁厚 5 mm 的热轧无缝钢管，管长 3 m，孔口管埋设牢固并采取良好的止浆措施。洞内全断面帷幕注浆设计如图 12.1－3 所示。

钻孔和注浆顺序为由外向内，同一圈孔间隔施工。注浆形式一般采用后退式注浆，岩层破碎容易造成坍孔时，采用前进式注浆。钻进过程中遇涌水或因岩层破碎造成卡钻时，停止钻进，注浆扫孔后再行钻进。

开挖前检测注浆效果，检查孔的出水量＜0.2 L/min，任一孔出水量＜5 L/min；或者进行压水检查，在 1.0 MPa 压力下，吸水量＜2 L/min，则满足要求，否则应进行补注浆，注浆达到效果后

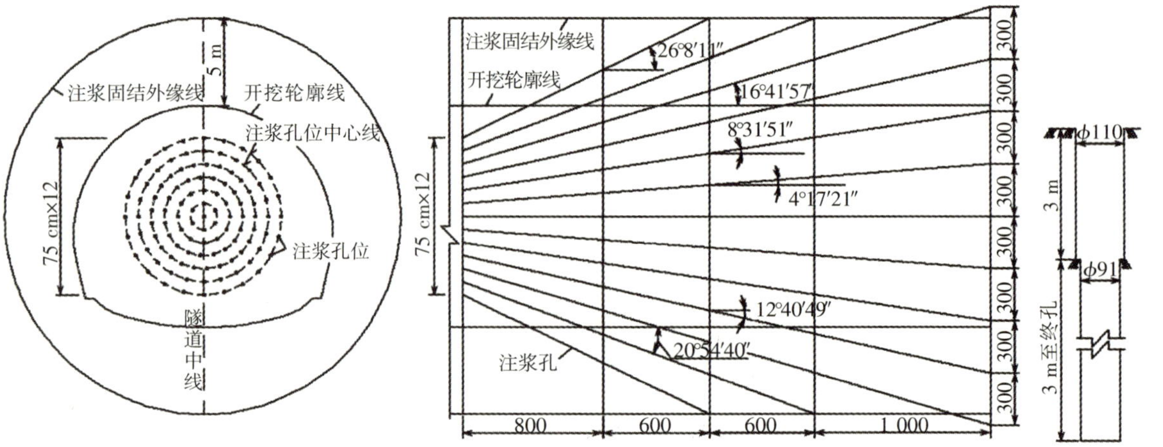

(a) 帷幕注浆断面图　(b) 帷幕注浆剖面图　(c) 钻孔示意图

图 12.1－3　隧道洞内全断面帷幕注浆设计图

才可进行开挖。

在里程 DK2194＋550～DK2194＋610 段进行了两个循环的洞内全断面帷幕注浆施工，由于开挖断面大，围岩软硬不均，效率低下，注浆质量难以保证，施工进度缓慢，施工效果并不理想，难以满足异常紧张的工期要求。施工单位联合建设单位及设计单位，多次邀请和组织行业内外的专家进行联合调查、分析、研究和讨论，一致认为需要增加投入，采用能有效止水、防坍和加快施工进度的辅助工法，在综合国内外经验的基础上，经过不断的深入研究和实践，创造性提出采用 H 型止水帷幕和地表岩土体加固的新型辅助工法，取得了很好的施工效果。

12.2　浅埋岩溶地层 H 型止水帷幕和加固技术

12.2.1　H 型辅助工法基本原理

所谓 H 型辅助工法，就是在隧道开挖线外土体中设置两排咬合旋喷桩或搅拌桩加固，在基岩中设计两排注浆孔，形成 H 型侧向止水与加固帷幕；对侧向止水帷幕之间、隧道拱顶以上的基岩进行注浆加固，或对隧道断面的软弱土体采用旋喷桩或搅拌桩加固，形成 H 型横向止水与加固帷幕。这样两道侧向和一道横向止水与加固帷幕就形成了 H 型止水与加固帷幕。沿隧道纵向，在 H 型侧向止水与加固帷幕之间，每隔一定距离设置一道双排咬合旋喷桩或搅拌桩或钻孔注浆，形成纵向止水与加固帷幕，一道纵向止水与加固帷幕和两道侧向止水与加固帷幕在平面上也形成 H 型的止水与加固帷幕。因此，H 型辅助工法是一种空间止水与加固帷幕技术。

隧道洞顶或洞身的一道横向帷幕区，一方面可提高岩土体的物理力学指标，增加围岩的稳定性，另一方面可防止地下水从上向下渗漏；隧道边缘的两道侧向帷幕区主要起止水作用，在隧道开挖轮廓线外形成两道止水墙，防止地下水从侧面流入隧道；隧道的纵向帷幕区主要起止水作用，防止地下水从掌子面前方流入隧道。

12.2.2　H 型止水帷幕和土体加固工法横断面设计

1. 当隧道断面位于岩层时

当隧道断面位于岩层内时，隧道开挖时围岩稳定性相对较好，施工中主要需防止地下水流失对周围环境产生的不良影响。

在隧道边墙外 3.5 m 处设两道止水帷幕，上部软弱土层设两排咬合旋喷桩或搅拌桩截水，当地表为软土地层且砂岩不与基岩直接接触时，软土层采用双排 ϕ 500 mm 的水泥搅拌桩，按间距 400 mm布置；当地表为软土地层且砂岩与基岩直接接触时，软土层采用双排 ϕ 600 mm 高压旋喷桩，按间距 500 mm 布置。下部基岩采用探灌结合的原则，设两排 ϕ 110 mm、间距为 2 m 的钻孔，钻孔深至隧道底板以下 5 m，对基岩段进行注浆，在隧道两侧形成 5 m 厚的止水帷幕，将隧道施工影响范围与周围环境隔离开，特别是将对地下水的主要影响范围限制在两道止水墙内。

在止水墙之间平面上采用梅花形布置间距为 2 m 的 ϕ 110 mm 的钻孔，对隧道顶部 1～3 m 范围内的岩层进行注浆堵水加固，对溶洞、溶沟、溶槽及裂隙进行充填式注浆，形成拱顶的止水帷幕，与两侧止水墙整体形成 H 型地表注浆加固止水帷幕体系，并进一步缩小施工对地下水和围岩的空间影响范围，将对地下水的影响范围限制在隧道边墙两侧的两道竖向止水墙和拱顶横向止水帷幕之间，可以最大限度减少地下水的流失及不良影响，具体如图 12.2－1 所示。

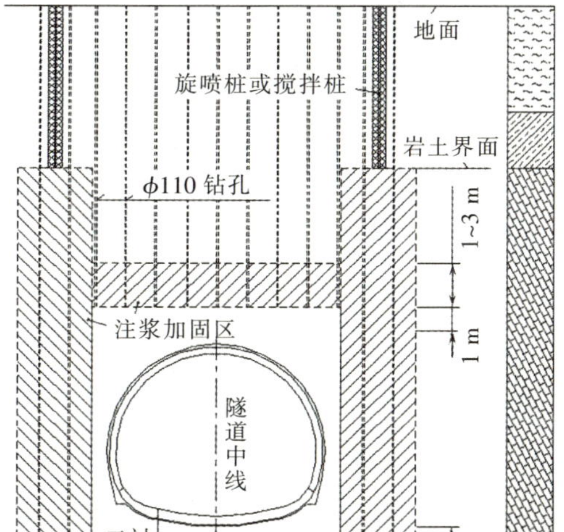

图 12.2－1　隧道断面位于岩层时 H 型辅助工法

2. 当隧道断面位于软弱土层时

当隧道断面位于软弱土层时，隧道开挖时围岩稳定性较差，既要防止地下水流失对周围环境产生的不良影响，又要对软弱围岩进行改良和加固，防止隧道开挖时突水、涌泥等事件的发生，确保施工安全。

在隧道开挖轮廓线外 4 m 内，设两道止水帷幕，采用双排 ϕ 500 mm、间距为 40 cm 的水泥搅拌桩或 ϕ 600 mm、间距为 50 cm 的高压旋喷桩，桩底深入到隧底以下 7 m 或基岩面；在两道止水帷幕之间的土体，采用梅花形布置 ϕ 600 mm、间距为 80 cm 的高压旋喷桩或ϕ 500 mm、间距为 60 cm的水泥搅拌桩，进行全断面加固，加固深度范围为拱顶以上 3～6 m、基底以下 5 m，具体如

图 12.2-2 所示。

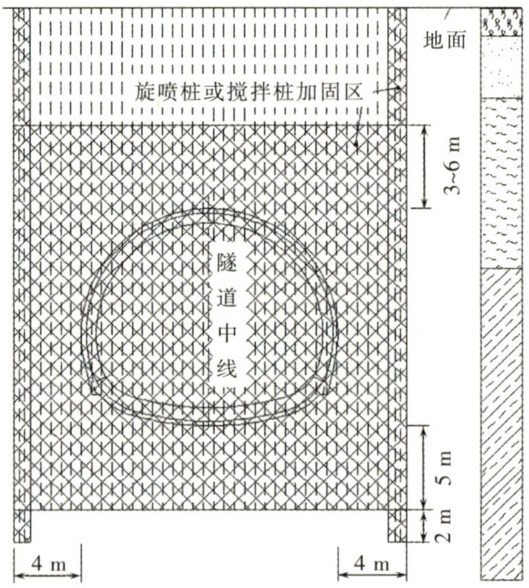

图 12.2-2　隧道断面位于软弱土层时 H 型辅助工法

3. 当隧道断面位于上软下硬地层时

当隧道断面位于上软下硬地层时，上半断面开挖时围岩稳定性较差，下半断面开挖时围岩稳定性相对较好。施工时一方面要防止地下水流失，另一方面要对软弱围岩进行加固，确保施工安全。

在隧道开挖轮廓线外设两道止水帷幕，上部软弱土层设两排咬合旋喷桩或搅拌桩截水，下部基岩设两排钻孔，钻孔深至隧道底板以下 5 m，对基岩段进行注浆，在隧道两侧形成 5 m 厚的止水帷幕。

在两道止水帷幕之间的上半部分土体，采用梅花形布置高压旋喷桩或水泥搅拌桩，对断面土体进行加固，加固深度为拱顶以上 3～6 m，向下至基岩面，具体如图 12.2-3 所示。

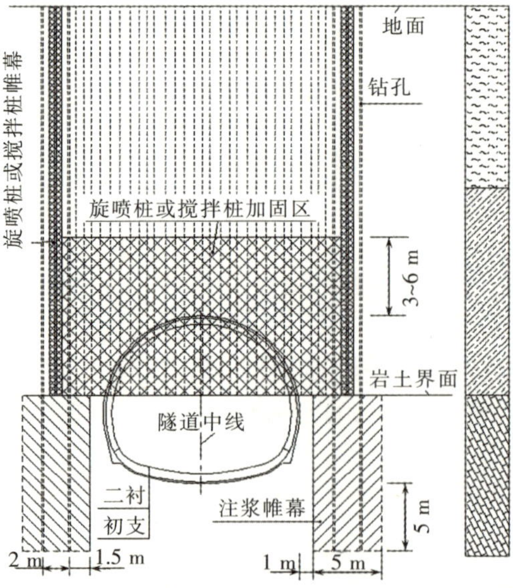

图 12.2-3　隧道断面位于上软下硬地层时 H 型辅助工法

12.2.3　H 型止水帷幕和土体加固工法平面设计

为防止开挖面前端的水流渗入和形成封闭空间止水帷幕的施工单元，沿隧道纵向每隔100～150 m 在两道止水墙间设置一道横向双排咬合旋喷桩或搅拌桩，形成纵向止水帷幕。纵向止水帷幕增强了侧向止水帷幕抗变形刚度，同时每个施工单元形成封闭式止水帷幕，将工程与地下水相互间的不良影响降到了最低，在水平面上也形成类似 H 型的止水帷幕，如图 12.2－4 所示。

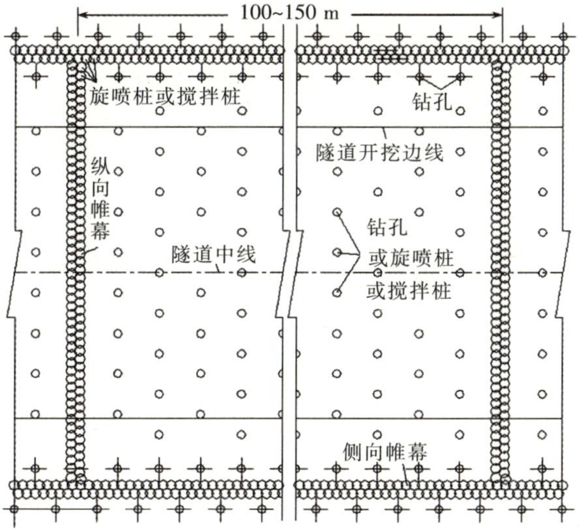

图 12.2－4　H 型辅助工法平面示意图

12.3　旋喷桩、搅拌桩施工技术

12.3.1　旋喷桩施工技术

12.3.1.1　技术参数

(1)平面布置：旋喷桩按直径 600 mm、间距 500 mm 布置。

(2)水泥浆液：水泥浆液水灰比取 1∶0.8～1∶1.5。

12.3.1.2　施工技术控制

1. 对原材料的质量要求

旋喷桩用水泥必须为普通硅酸盐水泥或矿渣硅酸盐水泥，使用前应进行严格检测，防止过期、受潮、结块、变质等，以免影响成桩质量；配制水泥浆液时，用水采用饮用水，污水、地下水不得采用；水泥采用 42.5＃普通硅酸盐水泥；水灰比控制在 1∶1(按重量比，制浆桶直径为 1.0 m 时，水高 51 cm 放置水泥 400 kg；制浆桶直径为 0.8 m 时，水高 70 cm 放置水泥 350 kg)，水泥用量为

150 kg/m。

2. 钻机就位

现场采用了控制纵向偏差及垂直度的方法来对桩机进行定位。其中，由于高压旋喷桩钻机机身较小，故纵向偏差采用定点拉线的办法进行纠偏，即在已使用经纬仪测出的头尾两点间拉线，然后每间隔 50 cm 做一明显中心标记，钻机钻孔时按照拉线方向前进，控制桩体中心偏差小于5 cm，保证桩体中心在同一水平轴线上，如图 12.3－1 所示。

图 12.3－1　钻机就位现场图片

3. 钻孔

单管旋喷钻机使用 MGJ-50 型旋喷钻机，钻进深度在 30 m 以上，钻孔的位置与设计位置的偏差不得大于 50 mm。

4. 桩长

现场技术人员必须根据地面标高及隧道底标高计算出桩长，并严格控制桩长，使其达到设计桩长。

5. 喷射

现场技术人员要严格控制提升速度（0.2～0.25 m/min，现场钻杆以 2 m 计，提一根钻杆时间控制在 8～10 min)，时刻关注输送压力表，将输送压力控制在 20～25 MPa 之间，将水泥浆液相对密度控制在≥1.5 t/m³（现场用的是悬浮比重计，每隔 30 min 测一次，对于检测不合格的，每隔 10 min测一次）。当钻头钻到设计桩底标高处时，喷头开始持续喷浆，30～40 s 内不提升，主要目的为通过水泥浆液固结土体与岩面间的缝隙，达到止水的效果。当钻桩过程中出现停浆时，为保证桩体的成桩均匀性，应将钻头倒回 50 cm 后重新喷浆钻桩。在遇到砂层时，钻头提升速度应相应减缓，控制在 10 cm/min 以内。

6. 冲洗

喷射施工完毕后，应把注浆管等机具设备冲洗干净，管内、机内不得残存水泥浆液。通常把水泥浆液换成水，在地面上喷射，以便把泥浆泵、注浆管和软管内的水泥浆液全部排除。

12.3.2　搅拌桩施工技术

12.3.2.1　技术参数

(1)平面布置：搅拌桩按直径 500 mm、间距 400 mm 布置。
(2)水泥掺量：水泥掺入比为 15%。

12.3.2.2　施工技术控制

(1)确定持力层必须准确，桩体一般最多进入持力层 50 cm，不宜过深，否则将会产生 3 个方面的危害：①由于底部压力过大，水泥浆液无法渗入，底部无法成桩，最终导致桩长不足。②由于底部一般多为黏土或亚黏土，土质过硬，带浆下钻困难或无法下钻，土体无法拌碎。当不带浆下钻时，由于土体无法拌碎，多会导致糊钻，土体与钻头形成圆柱体形状，造成桩内土体积压，发生掉桩头或桩内水泥浆液外溢的情况。③水泥搅拌桩施工一般多为下钻喷浆，如果进入持力层过深，为防止下钻堵管只能一直喷浆，但由于底部下钻速度极慢，导致底部水泥浆液用量过多，造成水泥浆液顺着钻杆溢出地面，且缩短了桩体的施工时间。

(2)为保证桩体搅拌均匀，桩机钻头应焊接至少 6 个横向搅拌刀片，且在每个横向搅拌刀片上焊接 1～2 个竖向搅拌刀片，同时保证桩体的竖向搅拌效果，竖向搅拌刀片长度＞5 cm，宽度≥2 cm。

(3)在桩机井架的正面和侧面一定要吊挂垂球，垂球质量不小于 2 kg，防止施工时桩机倾斜，最终导致检测时桩体无法检测到底。

(4)为了保证水泥浆液的配合比满足要求，每根桩所使用的水泥浆液均匀、充足，且考虑方便现场施工人员的操作和旁站人员的监督：若所施工的桩长皆为统一长度，可将单根桩所需的水泥浆液一次拌制或分两次拌制完成；当桩长较短时，可一次拌制 2～3 根桩所需的水泥浆液。

(5)由于施工工人素质相对有限，现场施工过程中拌制水泥浆液时并不能严格按照要求去做，势必造成施工过程中水泥浆液水灰比不符合要求，对施工质量产生较大的隐患。为了防止此类现象的发生，必须在水泥浆液罐的壁上焊接稍大的铁块或螺丝帽，以标示用水面和水泥浆液面的准确位置。因为每次拌制水泥浆液所需的水泥量是个定值，所以这样就可以避免水泥浆液配合比不准确的情况。

12.4　注浆技术

12.4.1　注浆方式

注浆采用间隔施工，注浆形式为后退式注浆。岩层破碎容易造成坍孔时，采用前进式注浆。

12.4.2 注浆参数

（1）注浆材料采用水泥浆液。

（2）水泥浆液水灰比：1∶0.8～1∶1.5。

（3）注浆压力：初压为 0.2～0.5 MPa，终压为 2～3 MPa。

12.4.3 注浆准备工作

注浆前应进行现场注浆试验，根据实际情况调整注浆参数，获得注浆施工经验。为缩短浆液的凝结时间，在浆液中掺加 3%的速凝剂。

12.4.4 注浆结束标准

（1）单孔结束标准：①注浆压力逐步升高至设计终压，并继续注浆 10 min 以上；②注浆结束时的进浆量小于 20 L/min。

（2）全段结束标准：①所有注浆孔均已符合单孔结束条件，无漏注现象；②注浆后出水量小于 1 m^3/（m·d）；③浆液有效注入范围大于设计值。

12.4.5 注浆工艺流程

（1）钻孔：根据设计要求，对准孔位，根据不同入射角度钻进，要求孔位偏差不大于 5 cm，入射角度偏差不大于 1°。

（2）注入浆液：成孔后，开始注浆，注浆压力为 0.2～0.5 MPa。

（3）拔出注浆管，封堵注浆孔：采用黏土或其他材料封堵注浆孔，防止浆液流失。

（4）冲洗注浆管：注浆完毕，应立即用清水冲洗注浆管。注意必须采取适当措施处理废水，搞好清洁工作。

（5）转入下一孔位施工。

12.5 H 型注浆技术分析和效果

12.5.1 技术分析

（1）洞顶注浆加固区。其作用一方面是对土体进行加固——水泥浆液与土体进行一系列的物理化学反应形成结石，从而提高了土体的抗压强度；另一方面，水泥浆液流入土中，土中的水分一部分与浆液发生化学反应，另一部分则被浆液挤出土体外，这起到很好的截水作用，同时防止地表水渗漏到隧道里。

（2）隧道边缘的注浆区。其主要作用就是止水。在隧道两旁形成一道止水墙，在隧道开挖过程中阻止地下水(孔隙潜水、基岩裂隙水、溶洞水)流入隧道,减少隧道施工失水诱发的次生地质灾害,保证居民和建(构)筑物的安全。

12.5.2　注浆效果

注浆效果(见图 12.5-1)影响工程的安全和质量,特别是在隧道开挖施工至软土段时,由于软土段上部含有大量淤泥层,软塑性大,若注浆没有固结土层,可能会因洞内沉降带动地表发生变化,将造成巨大经济损失和无法估量的不良后果。因此,注浆是否达到预期效果是土体是否固结的关键之一。检测注浆效果的方法及标准如下:

(1)将注浆前后物探资料进行对比,检查注浆效果。我们采用标贯法和触探法对注浆前后的土体、桩体分别进行测试。

(2)注浆后的单位长度吸水量应小于注浆前的单位长度吸水量的 3%～5%,且不存在明显的漏水现象。

(a)开挖效果　　(b)取芯效果

图 12.5-1　现场注浆效果图

12.6　金沙洲隧道岩溶地层 H 型辅助工法的实施

H 型辅助工法在实际运用过程中,可根据地下水条件、岩溶土洞发育情况和围岩软弱状况、环境要求、现场施工场地条件,来调整围岩加固厚度、旋喷桩或搅拌桩桩间距、注浆钻孔间距、纵向帷幕设置间距。金沙洲隧道岩溶地层 H 型辅助工法总平面示意图如图 12.6-1 所示。

(1)在 DK2194+610～DK2194+860 段,隧道下穿广佛高速公路和沙贝立交枢纽,主要采用图 12.2-1 所示的 H 型辅助工法,穿越由基岩面起伏较大形成的部分上软下硬地段采用图 12.2-3所示的 H 型辅助工法。在 DK2194+720～DK2194+780 段,隧道全断面穿越富水土层,采用图 12.2-2 所示的 H 型辅助工法,帷幕间土体采用 ϕ 600 mm、间距为 80 cm 高压旋喷桩,加固深度范围为拱顶以上 10 m、基底以下 5 m。该区段在平面上划分为 3 个封闭的止水帷幕施工单元。

(2)在 DK2194+860～DK2195+354 段,隧道紧邻广州西环高速公路和周围居民区。DK2194+860～DK2194+920 段,采用图 12.2-1 所示的 H 型辅助工法;DK2194+920～

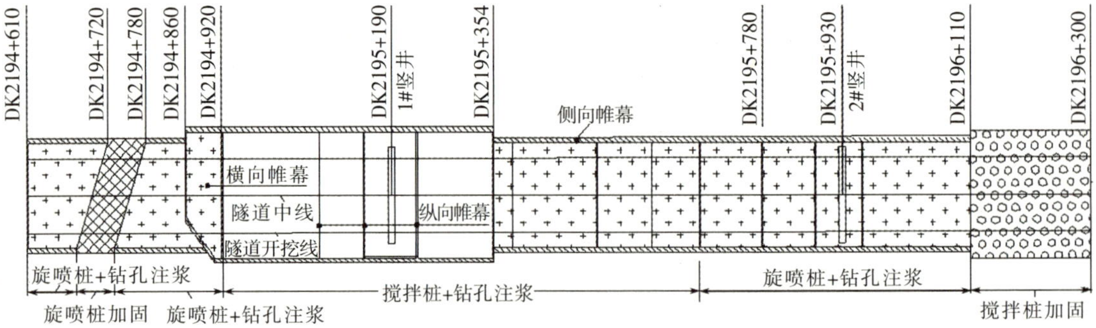

图 12.6－1　金沙洲隧道岩溶地层 H 型辅助工法总平面示意图

DK2195＋354 段，采用类似图 12.2－3 所示的 H 型辅助工法，上部软弱土层采用水泥搅拌桩形成至基岩接触带的侧向止水帷幕，下部基岩段钻孔间距为 3 m，钻孔至隧道底下 2 m，注浆采用间隔施工，注浆形式采用后退式注浆，岩层破碎容易造成坍孔时，采用前进式注浆，由于拱顶上方围岩顶板较厚、完整性相对较好，取消拱顶上方横向止水加固帷幕。该区段在平面上划分为 5 个封闭的止水帷幕施工单元。

(3)在 DK2195＋354～DK2195＋780 段，隧道下穿凤岐里居民区和水塘，采用图 12.2－2 所示的 H 型辅助工法，上部软弱土层在不同地段分别采用水泥搅拌桩、高压旋喷桩形成至基岩接触带的侧向止水帷幕。该区段在平面上划分为 5 个封闭的止水帷幕施工单元。

(4)在 DK2195＋780～DK2196＋110 段，隧道下穿浔峰洲高速公路匝道桥及收费站，在对收费站进行临时封闭、对匝道进行改移满足施工场地需求后，采用图 12.2－3 所示的 H 型辅助工法。该区段在平面上划分为 3 个封闭的止水帷幕施工单元。

(5)在 DK2196＋110～DK2196＋300 段，隧道位于高速公路匝道正下方，同时下穿建设大道和多种地下管线(尤其是煤气管线)，隧道全断面穿越淤泥富水地层，采用图 12.2－2 所示的 H 型辅助工法，帷幕间土体采用 ϕ 500 mm、间距为 40 cm 搅拌桩，加固深度范围为拱顶以上 6 m、隧底以下 5 m 或至基岩面。该区段在平面上形成 1 个封闭的止水帷幕施工单元。

12.7　总　结

(1)在城区复杂环境下进行浅埋岩溶地层大断面隧道施工，安全风险高、技术难度大，类似工程国内外罕见。我们通过开展科研攻关，创造性提出了 H 型止水帷幕和围岩加固的辅助工法。实践表明，采用在地表实施的 H 型辅助工法，结合洞内超前支护手段和动态分部台阶开挖法，金沙洲隧道开创了特大断面隧道在城区浅埋岩溶地层中成功实施的先例。

(2)在地表施工的 H 型止水帷幕和加固工法，将围岩和地下水划分成一个个在空间上呈封闭形态的施工单位，最大限度减少了地下水的流失及不良影响，最大限度减小了施工的空间影响范围和程度，同时通过对封闭空间范围内的隧道软弱围岩进行加固，能够确保隧道施工围岩的稳定和周围环境的安全。

(3)H 型辅助工法将传统的隧道内超前帷幕止水加固技术转移到地表施工，同时将传统的搅拌桩(或旋喷桩)及地表注浆改良加固技术合理结合，形成浅埋隧道 H 型止水帷幕和加固技术，弥补了传统隧道内超前帷幕止水技术的不足之处，开阔了工作面，洞外施工基本上不影响洞内施工，加快了施工进度。特别是为工期紧张的大断面隧道施工提供了有力的技术支持。

（4）通过 H 型注浆加固技术，将隧道失水区域与周边区域阻隔开，防止隧道开挖时区域地下水或地表水通过裂隙或砂层涌入隧道内。同时通过地表注浆，加强了隧道区域围岩稳定性，确保了隧道施工时的安全和施工进度。洞外施工基本上不影响洞内施工，具有较大的经济效益和社会效益。

（5）对富水砂层及溶洞、裂隙发育和地下水丰富等不良地质大断面隧道进行 H 型注浆加固，能有效预防隧道开挖时突水、涌泥等突发事故，同时能有效抑制隧道周边的地层位移和洞内收敛。该工法主要优点在于阻挡地下水渗流，避免诱发次生地质灾害，避免或减少施工区域和邻近地区的损毁，为大断面隧道施工工法变更提供了有力的辅助技术支持。

（6）地表通过 H 型超前预加固中隧道开挖边线两侧止水帷幕的实施，将附近水源阻隔在隧道施工范围外，缩小了岩溶地区隧道开挖对附近地表建（构）筑物的影响；通过 H 型超前预加固中隧道拱顶范围深孔注浆的实施，对隧道拱部及隧道上方破碎围岩和溶洞进行有效充填加固，确保洞内施工安全，有效地控制隧道变形、地表沉降，增强隧道的安全稳定性。

（7）金沙洲隧道在城区浅埋岩溶地层的成功实施表明，H 型超前辅助工法能有效地控制地下水的流失、地表沉降和增强隧道的安全稳定性，施工工艺简单，作业面开阔，施工进度快，具有较好的技术、经济和社会效益。该项技术已总结形成了省部级工法并获得国家发明专利，在类似工程中具有广阔的推广应用前景。

第 13 章　软弱地层改良加固技术

13.1　概　述

武广客运专线金沙洲隧道 DK2196＋110～DK2196＋300 段埋深较浅，拱顶覆盖土厚 9.5～15 m，隧道上方为广州西环高速公路匝道和地方交通要道。洞身开挖范围内主要为淤泥质黏土、粉质黏土及强风化粉质砂岩。洞顶主要地层为淤泥，流塑状，主要成分为黏粒，含少量有机质、腐殖质，属高压缩性土，土质不均匀，平均固结系数 $C_V=9.85\times10^{-4}\ cm^2/s$，$C_H=1.07\times10^{-3}\ cm^2/s$。在流塑状淤泥地层中进行大断面隧道开挖施工，极易引起较大的地层位移和地表沉降，影响隧道结构的稳定并危及既有公路的正常运营。因此，对地层进行改良加固以提高其承载能力显得极为重要。

在软弱地层进行隧道开挖，需要采取有效的地层预加固措施。目前常采用洞内加固的方法，如采用帷幕注浆，而从底部采用竖向旋喷桩或者水泥搅拌桩进行淤泥地层加固技术应用较少。

国内外土体改良技术调研的结果表明，对于金沙洲隧道出口段，通过在淤泥质地层中掺入水泥，采用粉体搅拌法进行地层改良加固是可行的。由于水泥的掺量对加固后的水泥土的强度影响明显，为满足现场施工的要求，需进行淤泥土改良加固的室内试验研究，以得到加固后水泥土的物理力学指标以及合理的水泥掺入比。

实验结合金沙洲隧道 DK2196＋110～DK2196＋555 段流塑状淤泥质地层实际条件，通过现场取原状土样，选取不同的水泥土掺入比和养护龄期，分别进行各类室内试验，同时进行了不同掺入比的石灰土对比试验，供淤泥质地层改良加固设计与施工参考。

根据试验结果，选取了合理的水泥掺入比，并在工程现场采用水泥搅拌桩加固改良。实施效果表明，采用水泥进行淤泥质地层改良加固可以取得良好的工程效果，采用水泥搅拌桩进行淤泥地层加固能够很好地控制隧道开挖期间地层的位移和变形，保证隧道结构的稳定性，同时可加快施工进度。该方法的实施可为类似工程提供参考。

13.2　淤泥质地层改良加固室内试验

试验土样取自金沙洲隧道出口段约 DK2196＋320 里程附近。2007 年 6 月 16 日取土，19 日完成水泥土试样的制作，25 日完成石灰土试样的制作。随后分批进行不同龄期试样各类试验，室内试验的主要内容为以下项目的测定：

(1)原状土密度、含水率。

(2)原状土无侧限抗压强度。

(3)原状土压缩系数和压缩模量。

(4)不同掺入比水泥土、石灰土含水率。
(5)不同掺入比水泥土、石灰土无侧限抗压强度。
(6)不同掺入比水泥土弹性模量、泊松比。
试验依据《铁路工程土工试验规程》(TB10102—2004)、土工试验及混凝土试验规程进行。

13.2.1　试块的制备和养护

1. 水泥土试样

采用 425＃硅酸盐水泥，按 5%、8%、10%、12%、15%、18%和 25%的掺入比将水泥和淤泥土搅拌均匀，装入 50 mm×50 mm 的圆柱形钢模中均匀捣实抹平，12 h 后脱模装入数控混凝土养护箱，温度为 20±3 ℃，相对湿度为 99%，以后按 7 d、14 d、28 d、90 d 的养护龄期分批进行各类试验。图 13.2－1 为部分水泥土试样。

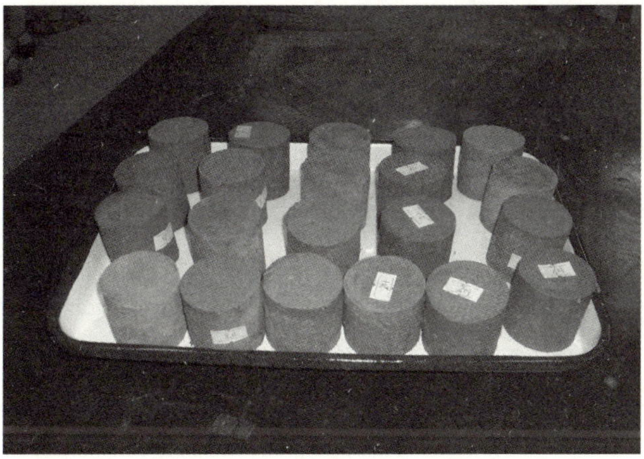

图 13.2－1　部分水泥土试样

2. 石灰土试样

将生石灰粉按 6%、8%、10%、12%、15%的掺入比掺入原状土中，搅拌均匀，装入 50 mm×50 mm的圆柱形钢模中均匀捣实抹平，24 h 后脱模。为模拟淤泥质地层的实际条件，采用塑料袋养生法，即将制备好的试样装入塑料袋内，封闭后置入水中在室内常温下养护。

在石灰土试样制备过程，将其与水泥土试样对比后发现，若石灰土试样在 12 h 后脱模，其自稳能力差，放置过程中无外力情况下仍有较大变形；若石灰土试样在 24 h 后脱模，情况大致与水泥土相仿。

13.2.2　试验结果及其分析

13.2.2.1　原状土的物理力学特征

原状土为取自金沙洲隧道 DK2196＋320 处地下 2～3 m 深处的淤泥土，在天然状态下呈流塑状并具高压缩性。室内试验获得主要物理力学参数平均值如表 13.2－1 所示，作为对比，表中还列出了金沙洲隧道地质勘查报告提供的部分参数。

表 13.2-1 原状土室内试验结果与地质勘查报告部分结果的比较

试样	试验项目						备 注
	含水率/%	天然密度/(g/cm³)	干密度/(g/cm³)	压缩系数/MPa⁻¹	压缩模量/MPa	无侧限抗压强度/kPa	
原状土(淤泥)	81.82	1.51	0.83	1.21	1.65	12	本次试验
淤泥(均值)	68.43	1.57	0.94	1.57	1.77	24.29	地质勘查报告结果

13.2.2.2 水泥土和石灰土含水率试验结果

将水泥以 0%(原状土)、5%、8%、10%、12%、15%、18%和 25%的掺入比掺入原状土后，所制成的水泥土的含水率试验结果如表 13.2-2 所示，水泥土含水率较原状土含水率有所降低，且随水泥掺入量增加而降低；表 13.2-3 为不同石灰掺入比石灰土的含水率试验结果；不同掺入比(λ)的水泥土和石灰土含水率(ω)变化的对比见图 13.2-2。

比较水泥土和石灰土含水率后可发现，在掺入比相同的情况下，石灰与水泥对含水率的影响规律大致相同，石灰对于含水率影响略大。

表 13.2-2 水泥掺入比对于含水率的影响

水泥掺入比	0%(原状土)	5%	8%	10%	12%	15%	18%	25%
含水率	81.8%	72.7%	69.3%	66.3%	64.8%	62.7%	59.1%	53.6%

表 13.2-3 石灰掺入比对于含水率的影响

石灰掺入比	0%(原状土)	6%	8%	10%	12%	15%
含水率	81.8%	69.09%	66.31%	65.88%	64.82%	63.13%

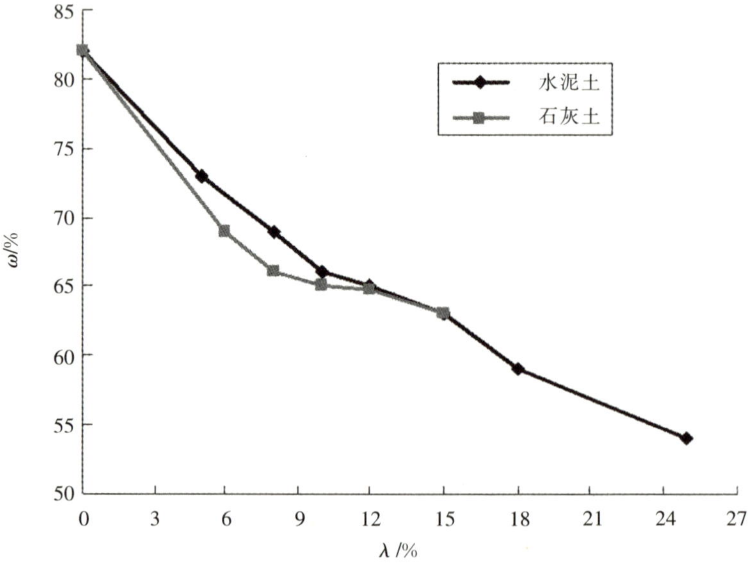

图 13.2-2 不同掺入比的水泥土和石灰土含水率变化的对比

13.2.2.3　无侧限抗压强度试验结果

1. 原状土无侧限抗压强度

原状土无侧限抗压强度试验采用应变控制式无侧限压缩仪，试样直径 40 mm，高度80 mm，以每分钟 1%～3%的应变速率转动转轮，整个试验在 8～10 min 内完成。本试验共做 6 组，试样均为剪切破坏（见图13.2-3），试验计算误差均在允许范围内，取其算术平均值得原状土的无侧限抗压强度为 12 kPa。

图 13.2-3　原状土破坏后形态

2. 水泥土无侧限抗压强度

我们分别进行了 5%、8%、10%、12%、15%、18%和 25%掺入比的 7 组 7 d、14 d、28 d 养护龄期共 105 个水泥土试样的抗压强度试验，所用仪器为允许膨胀压缩仪和 TY-2000 电液式压力试验机，试样破坏后有明显的剪切破坏特征。水泥土的无侧限抗压强度试验结果如表 13.2-4 所示，经过 7 d 养护后，水泥土平均无侧限抗压强度为 72.6～987.6 kPa，为天然原状土抗压强度的6.1～82.3 倍；14 d 养护后，平均无侧限抗压强度为 145.3～3 134.1 kPa，为天然原状土抗压强度的 12.1～261.2 倍；28 d养护后，平均无侧限抗压强度为 310.8～3 505.7 kPa，为天然原状土抗压强度的 26.0～292.1 倍。试验结果表明，通过掺入一定数量的水泥，可以显著改善淤泥的力学特性。不同养护龄期的平均无侧限抗压强度（σ）与不同水泥掺入比（λ）关系曲线如图 13.2-4 所示。

表 13.2-4　不同水泥掺入比试样在不同养护龄期的平均无侧限抗压强度

水泥掺入比	0%（原状土）	5%	8%	10%	12%	15%	18%	25%	备注
无侧限抗压强度/kPa	12	72.6	94.3	198.6	344.1	532.0	669.5	987.6	7 d
		145.3	206.8	325.6	583.2	1 166.6	2 128.6	3 134.1	14 d
		310.8	453.5	937.6	1 215.3	1 495.5	1 849.7	3 505.7	28 d

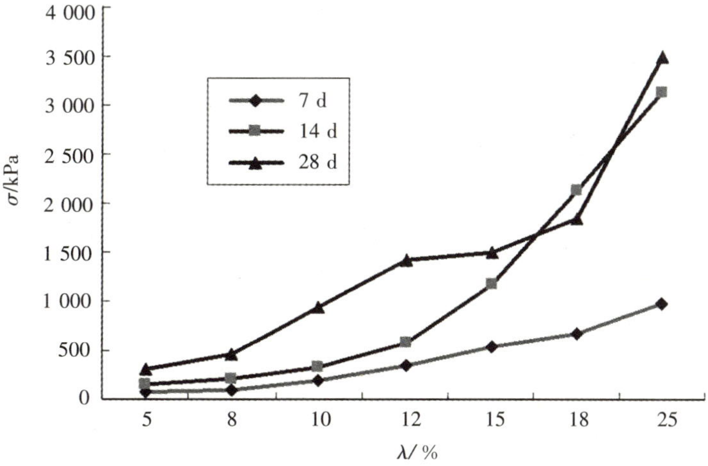

图 13.2-4　不同养护龄期的平均无侧限抗压强度与不同水泥掺入比关系曲线

3. 石灰土无侧限抗压强度

我们对养护 7 d 后的 6%、8%、10%、12%、15%等不同掺入比石灰土试样进行无侧限抗压强度试验，每一掺入比石灰土均取 5 个试样进行试验，这里列出每组 5 个试样试验的平均值，如表 13.2-5所示。7 d 养护期不同掺入比(λ)的水泥土和石灰土试样平均无侧限抗压强度(σ)对比如图 13.2-5 所示。

对比水泥土和石灰土试样可以发现，水泥或石灰掺入料含量对试样强度影响显著，各改良土试样强度随掺入料剂量的增大而增加，在相同渗入比的情况下，水泥土试样的强度要明显高于石灰土试样。

表 13.2-5 不同掺入比石灰土试样平均无侧限抗压强度

石灰掺入比	0%(原状土)	6%	8%	10%	12%	15%	备注
无侧限抗压强度/kPa	12.0	68.2	86.5	124.3	187.4	253.6	7 d

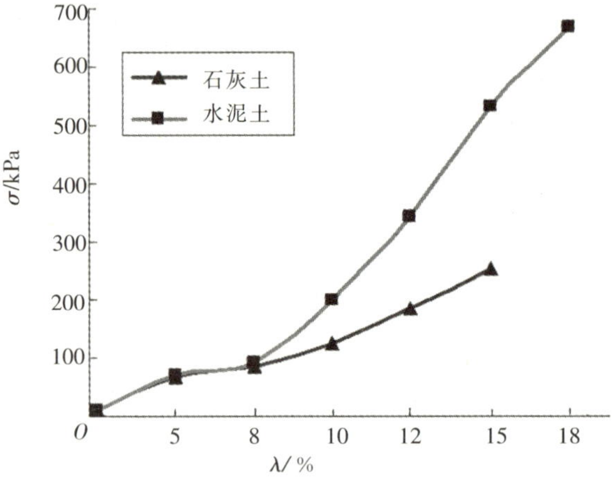

图 13.2-5 7 d 养护期不同掺入比的水泥土和石灰土试样平均无侧限抗压强度的对比

13.2.2.4 水泥土弹性模量和泊松比试验结果

对于养护 28 d 的水泥掺入比为 5%、8%、10%、12%、15%、18%和 25%的圆柱形试样进行试验，在试样表面粘贴电阻应变片(见图 13.2-6)，将其放在 TY-2000 电液式压力试验机上，沿纵

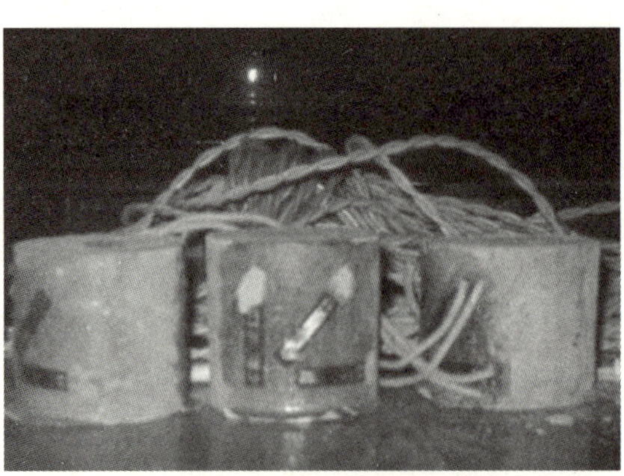

图 13.2-6 水泥土试样弹性模量和泊松比的测定

向加载，施加荷载始终保持 0.02 kN/s 的速率，直至试样破坏，破坏过程发生在加载的 5～10 min 内。试验中，记录各个试样的应力-应变曲线，通过计算获得不同水泥掺入比试样平均的弹性模量和泊松比，如表 13.2－6 所示。需要说明的是，由于水泥掺入比为 5%的试样强度较低，电阻应变片粘贴效果不佳，试验结果不理想，没有列在表 13.2－6 中。水泥土的不同掺入比与弹性模量关系曲线如图 13.2－7 所示。

表 13.2－6　水泥土试样弹性模量与泊松比试验结果

水泥掺入比	0%(原状土)	5%	8%	10%	12%	15%	18%	25%
弹性模量 E/GPa	—	—	0.0086	0.1124	0.3214	0.5521	0.6548	0.9928
泊松比 μ	—	—	0.378	0.364	0.357	0.316	0.228	0.171

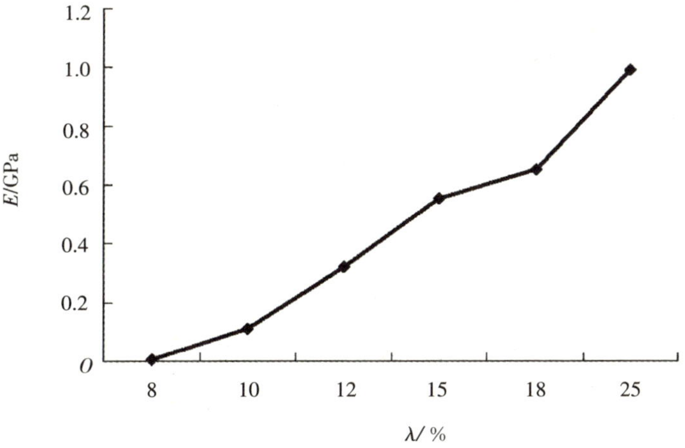

图 13.2－7　水泥土的不同掺入比与弹性模量关系曲线

表 13.2－6 和图 13.2－7 表明，水泥土弹性模量随水泥掺入比增加而增大，泊松比则随水泥掺入比增加而减小，规律性很好。

13.2.2.5　主要结论

(1)室内试验表明，通过掺入一定量的水泥或石灰，均可以显著改善淤泥的力学特性，因此采用地表粉喷桩或者水泥搅拌桩对出口淤泥质地层进行改良加固，可望取得较好效果。

(2)从物理力学性质各方面对比水泥土和石灰土，结合本工程实际，建议采用水泥作为固化剂，掺入比为 8%～10%，考虑到实际施工受到多方面因素影响，可以将掺入比加大到 18%。

13.3　淤泥质地层改良加固现场施工技术

13.3.1　加固方案

根据金沙洲隧道 DK2196＋110～DK2196＋300 段地层实际条件，采用水泥搅拌桩加固改良，加固平面宽度在隧道开挖跨度外 4 m 范围内，深度范围：下部穿越砂层进入粉质黏土层不小于 1 m，上部至拱顶开挖线以上 6 m。水泥搅拌桩加固横断面及加固平面布置分别如图 13.3－1、图 13.3－2 所示。

水泥搅拌桩设计桩径 50 cm，相互咬合 10 cm，水泥掺入比不小于 18%。对位于匝道处的搅拌桩，须先将匝道进行改移，破除路面后再施工；对位于交通要道处的搅拌桩，采取分幅围闭施工，实施交通管制。

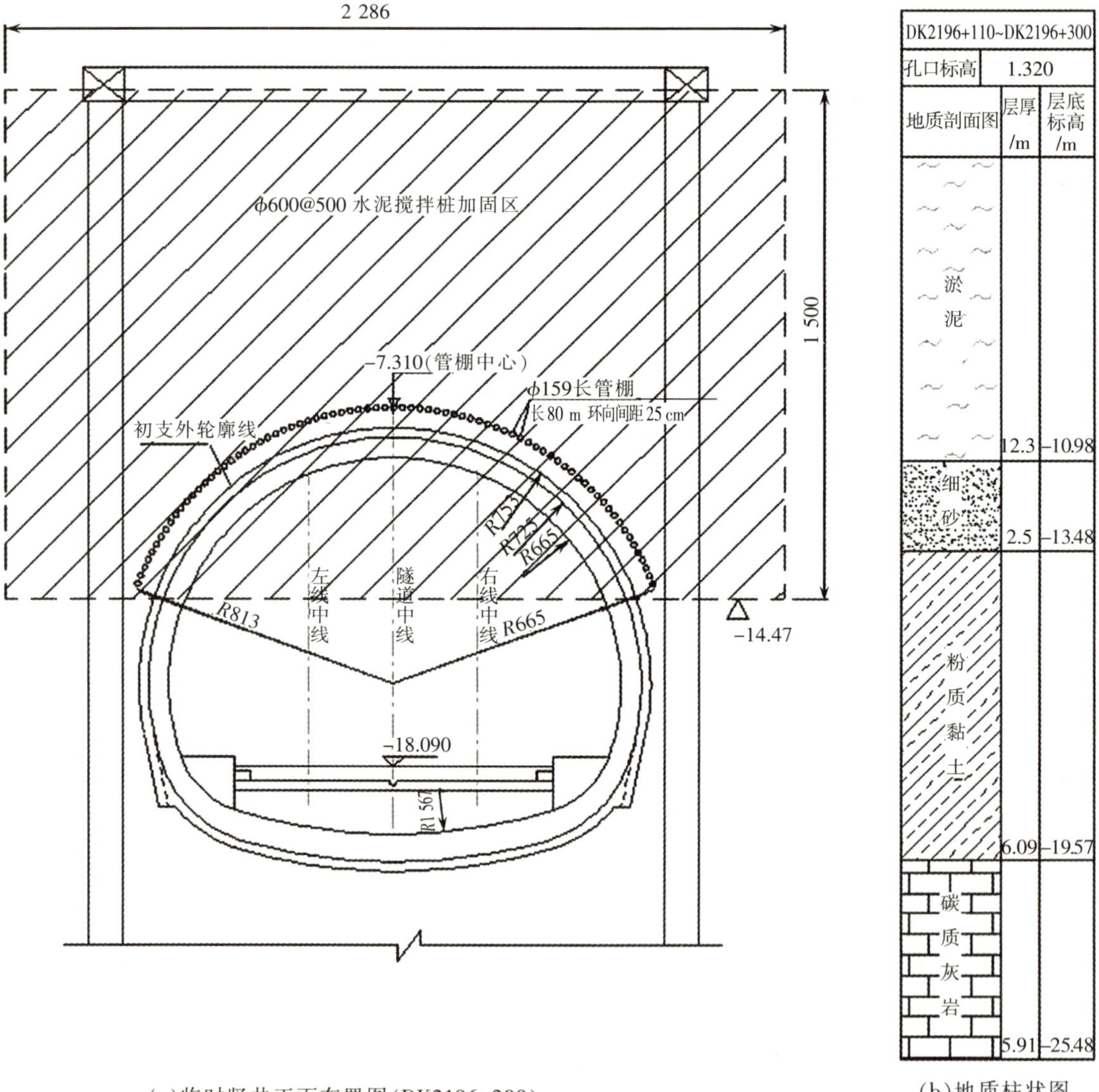

(a)临时竖井正面布置图(DK2196+300)　　(b)地质柱状图

图 13.3－1　水泥搅拌桩加固横断面图

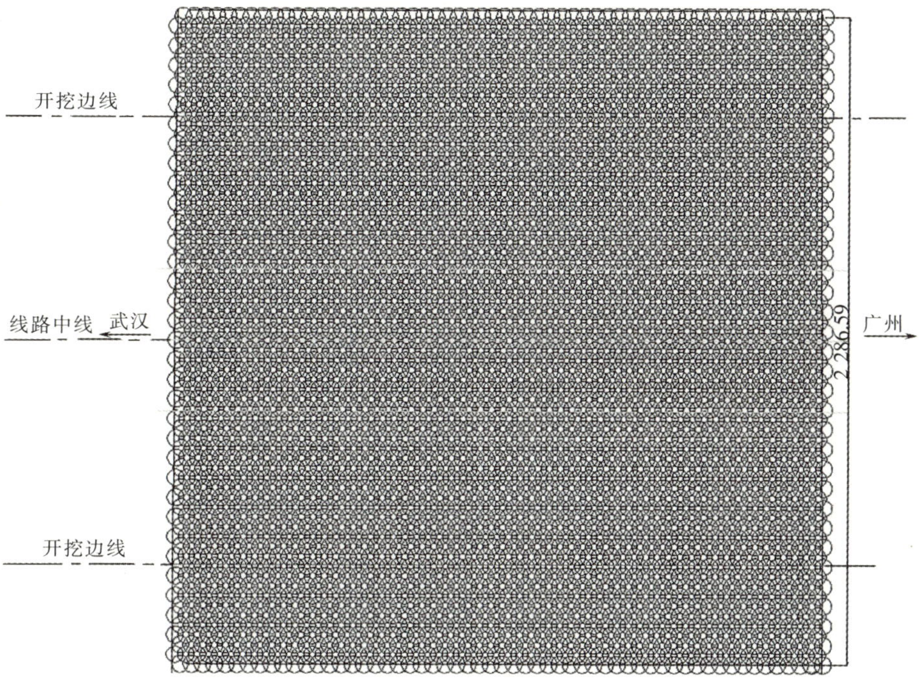

图 13.3－2　水泥搅拌桩加固平面布置图

注：(1)本图尺寸以厘米计。

(2)本图为金沙洲隧道 DK2196＋110～DK2196＋300 段水泥搅拌桩加固平面设计图，搅拌桩加固至开挖跨度外 4 m 范围内，采用梅花形满樘布置

13.3.2　水泥搅拌桩加固施工工艺

1. 桩机就位

粉喷桩机就位，对中桩位，对中误差不大于 50 mm，垂直偏差不大于 1%。

2. 钻进下沉

启动粉喷桩机搅拌钻头，钻头正向旋转钻进，同时开动空压机往钻头喷射压缩空气，以利于钻进，防止堵塞喷射口。直至钻到桩底设计标高。钻进速度 1.0 m/min，钻头旋转速度56～62 r/min。

3. 提升喷粉

启动粉体发送器，利用压缩空气将水泥粉喷送至钻头，同时使搅拌钻头一边反向旋转一边提升搅拌，使土体和水泥粉充分拌和，直到提升高出设计桩顶 50 cm 时，停止喷粉。深度误差控制在 23～70 cm，喷粉压力控制在 0.4～0.6 MPa，水泥掺入量 130 L/m，提升速度 1.0 m/min，旋转速度 58～61 r/min。

4. 下沉复搅

钻头再次下沉搅动桩体，不再喷粉，搅至桩底。

5. 提升复搅

按步骤 3，提升复搅至桩顶面，不喷粉(如第一次喷粉量不足时可补喷)，直至将搅拌头提升到地面。

6. 主要技术参数

以一个桩为例，给出粉喷桩主要技术参数，如表 13.3－1 所示。

表 13.3－1　粉喷桩主要技术参数

时间	步　骤	钻进/提升速度/(m/min)	旋转速度/(r/min)	喷粉量/(kg/m)	喷粉时间/min	水泥掺入量/(L/m)	钻进深度/m	设计桩长/m
0:00	钻进下沉	1.0	56～62	—	—	130	18.9	11.6
0:19	提升喷粉	1.0	58～61	47	10			
0:32	下沉复搅	1.0	59～64	—	—			
0:46	提升复搅	1.1	60～64	—	—			
0:57	(桩头复搅)成桩	—	—	—	—			

13.3.3　水泥搅拌桩加固施工注意事项

(1)桩机就位后检查桩机偏差情况，布桩位置与设计误差不得大于 2 cm，成桩桩位偏差不应超过 5 cm。在成桩过程中用经纬仪检查桩机垂直偏差，成桩过程中垂直偏差最大为 1%。

(2)开始钻进下沉，钻进速度应控制在 1.0 m/min 左右，旋转速度为 56～62 r/min，电流值控制在 60～70 A。

(3)提升喷粉时，提升速度以控制在 1.0 m/min 左右为宜，搅拌头旋转速度为 58～61 r/min，电流值为 64～72 A，严格控制喷浆量。

(4)下沉复搅时，钻进速度不宜大于 1.0 m/min，旋转速度以 59～64 r/min 为宜，电流值控制在 58～78 A。

(5)提升复搅时，提升速度以 1.1 m/min 为宜，搅拌头旋转速度为 60～64 r/min，电流值为 60～76 A。

(6)为保证相邻两根桩能相互咬合，搅拌桩不得跳打，必须逐根挨个施工。

(7)搅拌桩施工时，在第一次提升喷粉过程中，钻头提升至离地面 6～8 m 高度处，地面开始出现较为严重的溢浆现象，有 5%的浆液从孔间冒出溢至地面，致使地面土层产生较大隆起，施工中须不断进行场地清理平整后，方可正常施工。我们采用了减少喷粉下沉时间、增加重复次数的工艺及两次快速喷粉提升工艺进行处理，有一定效果。

(8)桩端不能穿透砂层。由于地面下 14.3 m 位置有一层粉细砂，厚约 2.5 m，为淤泥质粉细砂，较为密实，粉喷桩机搅拌钻头难以钻进砂层内，更不能穿过砂层到达粉质黏土层，造成砂层渗漏水情况严重。

13.4　淤泥质地层改良加固效果

金沙洲隧道 DK2196＋110～DK2196＋300 段地表采用水泥搅拌桩加固后，在开挖过程中，上台阶掌子面稳定，挖出的改良土土块坚硬，自稳能力强，有较强的抗剪强度，表明通过对此段地表软土(基本上为淤泥土)的改良基本达到了预期效果。

在施工管棚过程中发现，土体改良后，地层较硬，孔口流出的浆液反映土体主要为水泥土混合物，基本为较硬地层，个别地段很硬，难以钻进。水泥搅拌桩现场施工情况如图 13.4－1 所示，水泥搅拌桩地层现场加固效果如图 13.4－2 所示。

图 13.4－1　水泥搅拌桩现场施工

图 13.4－2　水泥搅拌桩地层加固效果

13.5　总　结

(1)室内试验表明，通过掺入一定量的水泥，可以显著提高淤泥土的物理力学特性，为采用地表粉喷桩进行金沙洲隧道出口淤泥质地层改良加固提供了基础。

(2)在室内试验的基础上，选取水泥作为固化剂，掺入比不低于 18%，进行现场地表粉喷桩施工。隧道现场施工结果表明，该方法加固效果良好。

(3)通过地表粉喷桩进行淤泥质地层的改良加固，能有效地控制大断面隧道开挖引起的地层变形和位移，相对于其他方法，本法具有施工进度快、易于保证加固效果等优点。

第 14 章　岩溶地层大断面隧道施工技术

14.1　工程概况

14.1.1　地质特点

武广客运专线金沙洲隧道 DK2194＋800～DK2196＋300(明暗挖交界里程)段穿越岩溶发育地段,该地段地质情况复杂多变。在 DK2194＋800～DK2195＋025 段,隧道穿越 C1ds 灰岩弱风化带,局部夹粉砂岩、碳质页岩,岩体较完整,岩溶较发育。DK2194＋800～DK2194＋860 段,隧道穿越多个溶洞,地下水丰富,强透水,属Ⅲ级围岩。DK2195＋025～DK2195＋290 段,隧道穿越 C1ds 灰岩弱风化带,岩体较完整,地下水较贫乏,弱富水、弱透水。DK2195＋290～DK2195＋690 段,隧道穿越 C1ds 灰岩弱风化带,夹强风化碳质页岩,岩体破碎,裂隙发育,属Ⅳ级围岩,地下水丰富,弱透水。DK2195＋690～DK2195＋940 段,隧道穿越地层主要为 C1dc 强风化带,以灰岩为主,碳质页岩、炭质灰岩呈互层状,属Ⅴ级和Ⅳ级围岩,其下伏基岩仍属岩溶发育的灰岩。

隧道在 DK2195＋190 处变为上坡,隧道埋深逐渐减小,在 DK2196＋893 处升至地面,其中将 DK2196＋300 处设计为明挖暗埋交界口,其后地段进行明挖暗埋施工。隧道在 DK2196＋040 段后埋深减小到 20 m 以下,洞身穿越残积层和第四系土层,其中 DK2195＋940～DK2196＋040 段隧道底板穿越第四系土层及 C1dc 强风化粉砂岩,地下水贫乏;在 DK2196＋040～DK2196＋300段,隧道底板穿越 C1dc 强风化粉砂岩、第四系松散层黏性土及软土,底板穿越土层以残积土为主,为富水区,属Ⅵ级围岩,该段地表下伏基岩仍出现大量岩溶地质状况。

14.1.2　周围环境与风险

金沙洲隧道 DK2194＋800～DK2196＋300 段地表与广州西环高速公路平行,相距仅 15～25 m。下穿沙凤二路、浔峰洲匝道、凤岐里村,且地下埋有多种管线,地表还有大量的居民区。穿越岩溶地区的隧道施工面临诸多风险。

洞内掘进有可能发生冒水、涌泥或引发洞内坍塌,其中任何一项都严重危及施工人员的人身安全;而洞内的小量涌水或渗漏,虽可能未严重威胁洞内施工安全,但容易引起上层覆盖土的沉降,甚至可能破坏原来的水土平衡状态,引发次生地质灾害,使地面易突现坍坑、洞穴,危及居民、交通、地面建(构)筑物和重要管线安全,其范围可能更大,程度可能较为严重。

当浅埋隧道在岩溶地区覆盖(残积)土层通过时,风险更大:土层含水量大,地层自稳能力差,掘进的技术难度大、复杂程度高,要认真研究解决这些问题。而隧道开挖掘进引起岩溶地区的水土平衡状态失衡概率较大，应特别关注洞内和洞外施工面临的风险，采取可行、可靠的技术措施。

因此，加强对岩溶地区隧道施工技术的研究是本工程的关键，也是隧道工程技术界高度重视的课题。

14.2　岩溶发育形态特征及规律

(1)岩溶的主要形态有溶洞、溶沟、溶槽、裂隙、暗河、石芽、漏斗及钟乳石等，是可溶性岩受水的化学和物理作用的结果。

(2)岩溶自上而下，由强变弱。基岩面上分布着槽沟；浅部基岩岩溶发育较强，有的甚至呈珠状自上而下分布；深部为古老溶洞，分布较少；暗河为古老溶洞连通而成。

(3)浅部溶洞充填物多，深部溶洞充填物少。一般充填物呈全充填、半充填、无充填，多呈流塑、软塑状态。

(4)岩溶地区地下水状况较为复杂，其连接通道、补偿源、径流特征存在多样性和复杂性。

(5)岩溶上层的覆盖层大多较为软弱，属富水地段。

14.3　施工过程中出现的问题

金沙洲隧道由桥改隧，较为仓促，隧道初期的设计仅在穿越沙贝立交枢纽和 DK2194＋650～DK2194＋700 段采用 5 m 的超前帷幕注浆，其他地段并未采取较好的止水和引水措施。施工前期多次引发地表塌陷、竖井沉降等。

(1)2007 年 4 月 23 日 8 时 30 分，在 DK2195＋224 处掌子面钻设炮眼时有涌水现象，水质为泥夹沙且流速较大。2007 年 4 月 24 日凌晨，引起施工区内的地面沉降、施工用房屋倒塌、广州西环高速公路坡脚处地面塌陷，塌陷面积 15～25 m^2。

(2)2007 年 5 月 6 日 4 时 30 分，DK2195＋152 处掌子面涌水，水压较大，引起广州西环高速公路坡脚、工区附近道路地面塌陷。

(3)2007 年 5 月 8 日 10 时 45 分，DK2195＋228 处掌子面涌水，水量据估算达 3 120 m^3/d，地表、高速公路路基边坡出现 4 条裂缝，裂缝长度 15 m，最大宽度 8 cm。

(4)2007 年 7 月 5 日，广州西环高速公路路面沉降，沉降区域与隧道中心线间最小距离为 50.14 m。

(5)2007 年 7 月 14 日 10 时 04 分，广州西环高速公路涵洞出口处出现塌陷，注浆处理后基本稳定。由于洞内涌水引起地表塌陷，2007 年 7 月 14 日至 9 月 29 日 1＃竖井洞内被迫暂停施工，停止抽排水，洞外开始施工隧道两侧止水帷幕墙。

(6)2007 年 9 月 30 日，在 1＃竖井隧道两侧止水帷幕墙按设计文件施工完后，1＃竖井开始试抽水，重新开工。隧道日排水量约 2 100 m^3。

(7)2008 年 7 月 5 日，武广客运专线金沙洲沙凤村 DK2194＋906 处地面塌陷，陷坑近似椭圆形，长轴为 15 m，短轴为 10 m，深 0.5 m。

(8)2008 年 7 月 11 日，金沙洲新社区金沙洲小学东北角外侧新修柏油路中间发生地面塌陷，塌坑直径 2m，深 1.5 m，如图 14.3－1 所示。

图 14.3-1　2008 年 7 月 11 日金沙洲新社区金沙洲小学东北角马路上塌陷

(9)2008 年 9 月 7 日上午，金沙洲隧道 1＃竖井往广州方向，施工掘进至 DK2195＋355 处，洞内正在进行上台阶出碴作业。12 时 10 分，拱顶偏左侧渗水量加大，拱顶围岩出现掉块，接着出现直径 1.5 m 左右的漏斗状洞穴，随后涌出大量的泥块、石块和水(见图 14.3-2)，约 300 m^3。洞内施工人员紧急撤离，无人员伤亡。12 时 30 分，在金沙洲隧道 DK2195＋355 处上方，金沙洲沙凤村沙凤二路突发路面塌陷，塌穴直径约 19 m，深约 4 m。

图 14.3-2　DK2195＋355 处洞内涌水

(10)2008 年元月 3 日，2＃竖井沉降，浔峰洲北环高速公路出口沉降 30 cm 以上，其后封闭浔峰洲出口匝道，改移道路。

(11)2008 年 9 月 30 日，北环高速公路浔峰洲出口出现塌坑，随后回填并注浆。

14.4　岩溶发育地段施工方案的选择

针对金沙洲隧道在岩溶发育地段施工中出现的问题，特别是 1＃竖井多次涌水、地表坍塌和 2＃竖井段结构和地表的大数值沉降的问题，施工单位联合建设单位及设计单位，多次邀请和组织局内外及广州市的专家进行联合调查、分析、研究和讨论，综合国内外成功经验，逐渐确定较为完整的综合性施工技术与对策，基本思路是全面加强地质调查和勘探。

(1)洞内的超前地质预报。采用先进的仪器设备,探明地下水源和地层变化,确保施工安全。

(2)洞外在沿线进行全面地质普查和勘探。地质勘探强调“探灌结合”,发现问题由施工单位及时灌浆或采取其他可靠措施。

(3)加大投入,洞内、洞外采取强有力的止水和土体改良加强措施,以及适宜的引排和降水技术措施,防止次生灾害的发生。

(4)经过大量的研究和比选,确定隧道掘进采取超前预加固和操作性强、变换灵活的掘进工法。最终确定和采用的工法如表 14.4-1 所示。

表 14.4-1　金沙洲隧道穿越岩溶地段洞内、洞外采用的施工工法一览表

序号	施工里程	洞内采用的施工工法	洞外采用的施工工法
1	DK2194+870～DK2195+780	超前小导管+ϕ 89 mm/ϕ 108 mm/ϕ 159 mm 管棚,拱部平行设置,采用分部台阶法和三台阶临时仰拱法	H 型注浆
2	DK2195+780～DK2196+110	超前小导管+ϕ 89 mm/ϕ 108 mm 管棚,拱部平行设置,加强初期支护参数,采用三台阶临时仰拱法和 CRD 法	H 型注浆、地表加固
3	DK2196+110～DK2196+300	加密 ϕ 159 mm 管棚,拱部平行设置+小导管+加强支护参数,采用分部台阶法、三台阶临时仰拱法和 CRD 法	土体改良+降水井降水

注:(1)采用 ϕ 108 mm 和 ϕ 159 mm 管棚时,在洞内设管棚工作室,沿隧道纵轴线打设,长度 30 m、40 m、70 m、80 m,最长达 110 m。

(2)DK2196+110～DK2196+300 段穿越建设大道,土性软弱,富水。ϕ 159 mm 管棚纵向间距 25 cm,即管棚几近密排,打设长度 60～80 m。

(3)加强超前支护,即钢拱架由 I22a 加大至 I25b;喷射混凝土厚度由设计 28 cm 提高到 35 cm。在此基础上,变更开挖工法,由双侧壁导坑法变更为上台阶有中隔壁的分部台阶法、三台阶临时仰拱法、CRD 法,以上三种工法在现场施工时便于转换

(5)经过模拟分析,比较出口浅埋段明暗挖隧道施工方案的技术风险和经济效益,确定将明暗分界点由原来的 DK2196+555 改至 DK2196+300,浅埋暗挖隧道缩短 255 m。

(6)在明暗挖分界点 DK2196+300 处增设临时竖井,由施工单位设计施工,以满足工期要求。

14.5　岩溶发育地层施工技术和工法

14.5.1　地表加固

14.5.1.1　H 型注浆

隧道洞身埋设于灰岩段(属Ⅲ级围岩),在隧道结构外侧设置两道止水墙,其上部软土层设两排咬合旋喷桩,下部进入基岩段遵循探灌结合的原则,布置间距为 2 m 的 ϕ 110 mm 钻孔两排,钻孔深至隧道底板以下 5 m,对基岩进行注浆,在隧道两侧形成 2 m 高止水墙,对隧道范围顶部 1.0 m 范围内的岩层进行注浆堵水加固。

隧道洞身埋设于土层段,在隧道结构外设两排咬合的旋喷桩,形成止水墙,隧道开挖线1 m范围内利用旋喷桩加固,墙内设间距为 800 mm 的 ϕ 600 mm 旋喷桩进行全断面加固,加固深度范

围为拱顶以上 1.0 m、基底以下 5 m。

灌浆材料为 42.5R 袋装水泥，水灰比取 1∶1(按重量比，制浆桶直径为 1.0 m 时，水高 51 cm 放置水泥 400 kg；制浆桶直径为 0.8 m 时，水高 70 cm 放置水泥 350 kg)，水泥用量为 150 kg/m，水泥浆液相对密度≥1.5 t/m³。

H 型注浆地表施工情况如图 14.5－1 所示。

图 14.5－1　H 型注浆地表施工情况

14.5.1.2　土体改良

在隧道 DK2196＋110～DK2196＋300 段，洞顶地层主要为流塑状淤泥，主要成分为黏粒，含少量有机质、腐殖质，属高压缩性土，土质不均匀。该地段采用搅拌桩地表加固，按梅花形布置。

水泥搅拌桩法是以水泥作为固化剂的主剂，通过特制的搅拌机钻进后往软土中喷射粉状固化剂，在地基深处就地将软土和固化剂强制搅拌，使喷入软土中的固化剂(水泥)与软土充分拌和在一起，固化剂和软土之间产生一系列物理化学作用，形成抗压强度比天然土高得多，并具有整体性、水稳性的水泥加固桩体，由若干根这类加固桩体和桩间土构成复合地基。现场土体改良情况如图 14.5－2 所示。

图 14.5－2　现场土体改良情况

14.5.1.3　动态降水

金沙洲隧道地处南亚热带海洋季风气候区，雨量充沛。其周边地表水不发育，主要为低洼处降雨积水。地下水主要赋存于冲积砂层和石灰岩溶洞、裂隙中，地下水丰富，补给方式主要为大气降水。

在 DK2196＋100～DK2196＋300 段，隧道埋深浅，洞身穿越土层含水量大，地下水的渗透和补给量大。为防止因坑外地表过量沉降而发生滑塌，同时方便各项施工作业，决定对隧道周边进行井点降水。在降水的同时，设立观测点，随时对地下水位进行观测，控制降水作业对地表沉降带来的影响。降水井构造如图 14.5－3 所示。

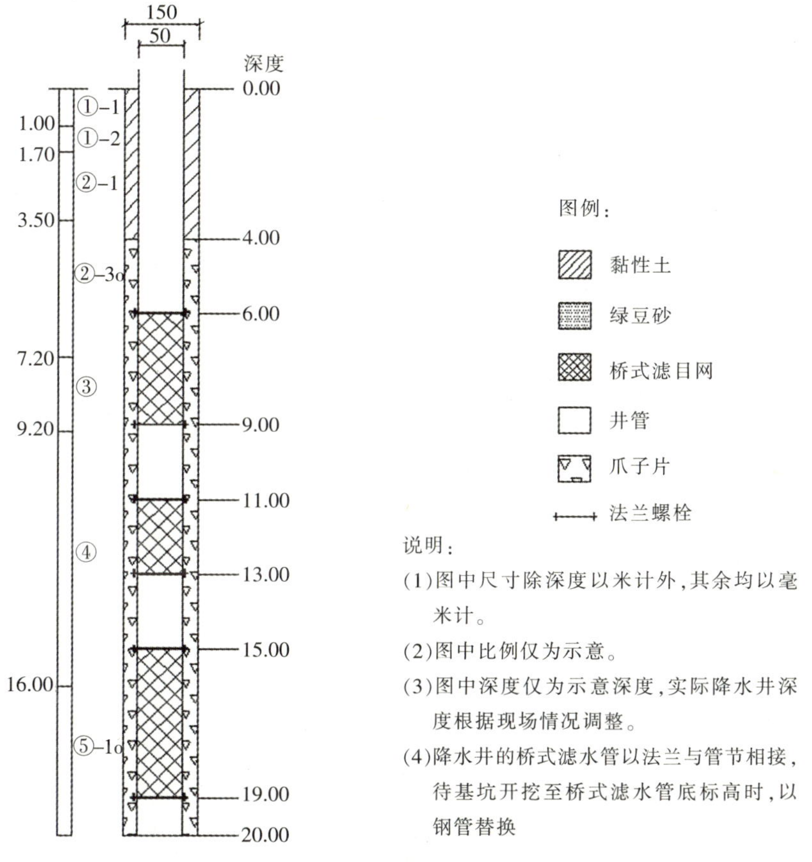

图 14.5－3　降水井构造图

1.降水井设计

(1)井口：井口要高出地面 0.5 m，其深度根据现场实际情况确定。在允许的条件下，需在基坑开挖前把地下水位降低至开挖面以下 0.5 m，以保证加真空时不漏气。

(2)井壁管：井壁管采用直径(内径)为 50 mm 的钢管焊接。

(3)过滤器(滤水管)：采用桥式滤水管，滤水管外包两层尼龙网(30 目和 40 目)，滤水管的直径与井壁管的直径相同。

(4)沉淀管：沉淀管接在滤水管底部，直径与滤水管直径相同，长度为 1.0 m，沉淀管底口用铁板封死。

(5)封孔：一般采用优质黏土或水泥浆液封闭。

2. 成井(孔)施工工艺

成孔施工机械设备选用 QJ150-1 型工程钻机及其配套设备。采用正循环回旋钻进泥浆护壁的成孔工艺及下井壁管、滤水管，围填砾料、黏性土及封孔等成井工艺。成井工艺流程如下：测放井位→埋设护口管→安装钻机→钻进成孔→清孔换浆→下井管→填砾料→填黏性土→井口封闭→洗井→安泵试抽→排水。

14.5.2 隧道内施工

14.5.2.1 超前地质预测预报

金沙洲隧道施工采用掌子面地质描述法、物探法（TSP 法、红外线法）及钻探法（超前深孔钻探、炮眼孔加深钻探）等方法进行超前地质预测预报工作。通过地质描述法探查前方地质构造，通过物探法、钻探法预报土层变化和不良地层。通过预测预报方法的相互印证，不断总结提高预测预报的水平和标准性。

1. TSP203 在金沙洲隧道施工中的应用（见表 14.5－1）

表 14.5－1 TSP203 地质预报结果与实际的比对

序号	里　程	长度/m	探测结果推断	与实际比较
1	DK2195＋836～DK2195＋859	23	围岩破碎，节理裂隙发育，稳定性差	相符
2	DK2195＋803～DK2195＋836	33	围岩破碎，稳定性较差，可能含水	相符
3	DK2195＋798～DK2195＋803	5	节理裂隙发育，稳定性差，含水	相符
4	DK2195＋778～DK2195＋798	20	围岩破碎，节理裂隙发育，稳定性差	局部相符
5	DK2195＋739～DK2195＋778	39	围岩破碎，稳定性差，可能含水	不相符

2. 电法在金沙洲隧道中的应用

电法是以岩石之间电磁学性质及电化学性质差异为基础，通过观测和研究电（磁）场在地下的分布规律，探查地质构造和不良地质。

(1)金沙洲隧道处于平原区，地势相对平坦，分布着一些残丘，本次勘测区域 DK2195＋640～DK2195＋830 段的岩性主要为粉质黏土、淤泥、淤泥质土、砂岩、页岩、灰岩，风化强烈，砂岩、页岩多全强风化，灰岩多强风化，围岩稳定性差，其地质比对如图 14.5－4 所示。

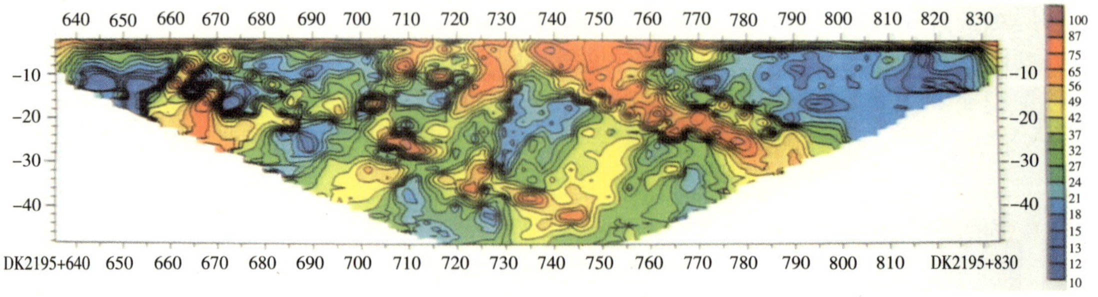

图 14.5－4 金沙洲隧道 DK2195＋640～DK2195＋830 段地质比对图

(2)DK2195＋700～DK2195＋720 段为一涌沟，地表水量较大，沟中及线路左侧有水和淤泥，因此隧道围岩富水性强，呈有压状态，易发生突水、突泥现象。

(3)DK2195＋780～DK2195＋820 段在中至右 8 m 断面上表现为一团块状低阻体，深度在－20～－5 m，阻值低，变化小，推测该段为一塌陷体或被扰动后富水体。

3. 地质雷达在金沙洲隧道中的应用

金沙洲隧道紧邻广州西环高速公路，隧道中存在大量的出水点。其距公路收费站较近，出水量比较大，对高速公路的混凝土路面危害较大。对其检测并及时进行处理很有必要，否则一旦地面因失水发生塌陷，势必会引起高速公路的交通堵塞，造成交通混乱。运用地质雷达对高速公路地表混凝土进行空洞检测，是保证地面行车安全的重要措施之一。

(1)DK2195＋730～DK2195＋830 段线右 80 m 为正常情况带。地质雷达探测结果见图14.5－5。

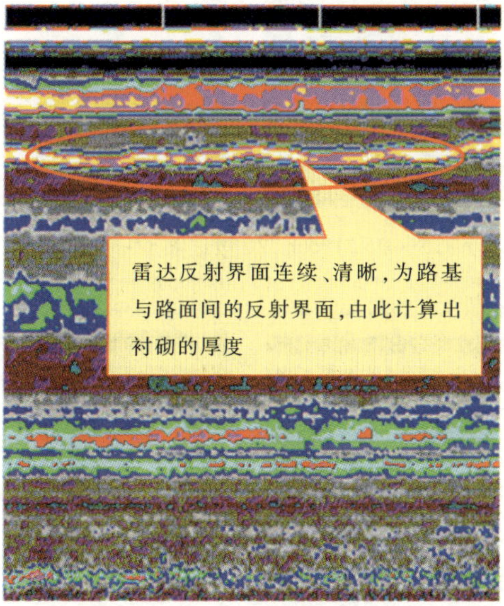

图 14.5－5　DK2195＋730～DK2195＋830 段线右 80 m 地质雷达探测图(局部)

(2)DK2195＋725～DK2195＋770 段线右 60～80 m 及 DK2195＋705～DK2195＋745 段线右 30～50 m 位置，由于隧道开挖造成路基松动沉降、路基与路面脱空形成空洞，部分路面开裂塌陷。地质雷达探测结果如图 14.5－6、图 14.5－7 所示。

14.5.2.2　管棚、超前小导管超前支护

ϕ 108 mm 和 ϕ 159 mm 大管棚，采用壁厚 6～8 mm 的热轧无缝钢花管，每节钢花管两端加工成外丝扣，布置在拱顶 140°范围内，管棚环向间距为 25～40 cm，外插角为 4°。钢花管上梅花形的钻孔作为注浆孔，孔径为 100 mm，尾部 2 m 范围内为止浆墙。采用BW－150泵对管棚进行注浆，浆液为 1∶1 水泥浆液，注浆压力为 0.3～0.5 MPa。注浆固结体与管棚形成的共同棚架的护拱作用是确保开挖顺利、防止坍方继续发展的重要因素。在管棚施工中必须重视注浆对地层的改良作用。

掘进时，每环施作长 4.5 m 的 ϕ 42 mm 超前小导管，搭接长度为 2 m。

在隧道穿越软弱围岩且其上部为建设大道地段，要适当加密管棚间距并加大管棚直径，采用 ϕ 159 mm 大管棚，环向间距仅 25 cm，搭接长度为 5 m，确保开挖时掌子面施工安全和地面管线的安全。

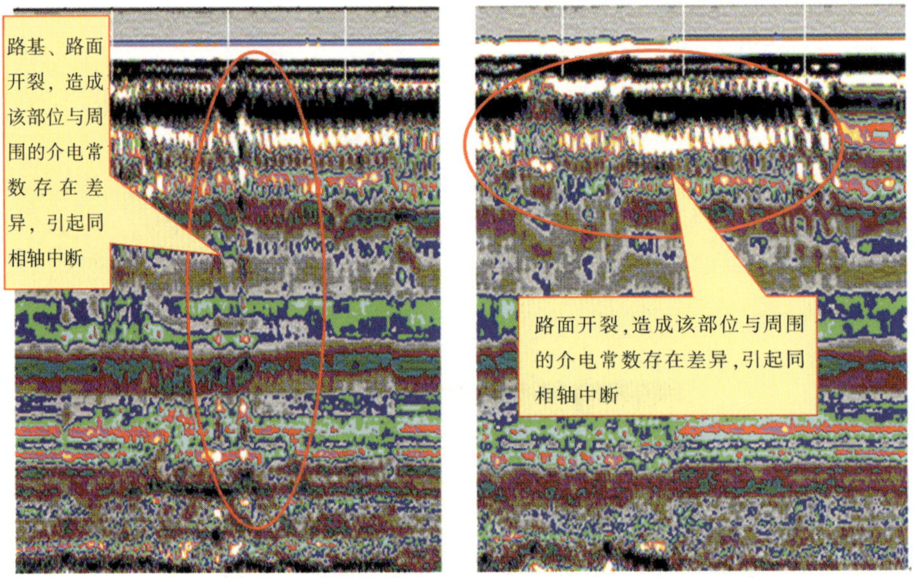

图 14.5－6　DK2195＋725～DK2195＋770 段线右 60～80 m 地质雷达探测图(局部)

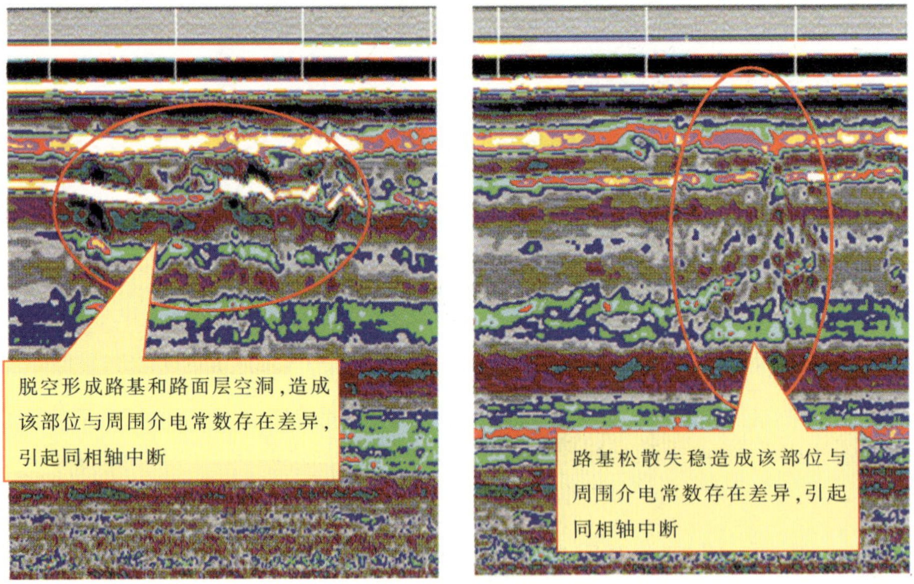

图 14.5－7　DK2195＋705～DK2195＋745 段线右 30～50 m 地质雷达探测图(局部)

14.5.2.3　加强支护参数

初期支护工字钢由原来的 I22a 工字钢加强为 I25a 工字钢，喷射钢纤维混凝土的厚度由原来的 28 cm 增加到 35 cm。

14.5.2.4　开挖工法及支护

(1)隧道在 DK2195＋920～DK2196＋045 及 DK2196＋200～DK2196＋300 范围内施工采用 CRD 法,在其余岩溶地段采用三台阶临时仰拱法和分部台阶法施工。

(2)软弱围岩地段不宜进行爆破施工,应进行机械开挖辅以人工修边,减少对软弱围岩的扰动。每循环进尺上台阶控制在 1 榀钢架以内,中、下台阶每循环进尺控制在 2 榀钢架以内,快速施工,及早封闭成环。

中、下台阶施工时遇到较硬的围岩,机械挖掘困难,以松动爆破为主,局部采用挖掘机或人工风镐开挖,初期支护紧跟掌子面。对软弱围岩和不良地质地段,认真遵循"先加固、后开挖,弱爆破、强支护,快成环,严防水,勤量测"的方针组织施工。

隧道开挖掘进采用三台阶临时仰拱法、CRD 法和分部台阶法。三台阶临时仰拱法中所设的临时仰拱采用 I22a 工字钢,喷射 25 cm 厚钢纤维混凝土;CRD 法中所设的支护中隔壁、临时仰拱采用 I22a 工字钢,喷射 25 cm 厚钢纤维混凝土;分部台阶法仅在上台阶设中隔壁,中隔壁为 I22a 工字钢拱架。

(3)开挖结束后立即进行初喷,初喷厚度为 5 cm,增挂 20 cm×20 cm 的 ϕ 8 mm 钢筋网片,安设 I25a 工字钢。在安装钢架时应预留沉降量 40～50 cm,每榀钢架间距 0.5 m,钢架之间采用连接钢筋进行纵向连接,打设 4 m 长系统锚杆并注浆,间距 1.0 m×1.0 m(环×纵)。在钢架拱脚处铺垫预制混凝土垫块并垫实,安设三组 4.5 m ϕ 60 mm 锁脚小导管并注浆,待所有工序完成后喷射混凝土至 35 cm 厚。

(4)初支达到强度后,进行径向回填注浆,使初支背后密实,及时封闭地下水。

(5)加快隧道初期支护的施工速度,在分部台阶法和 CRD 法下,人工开挖 1# 导洞室要保证在 6～8 h 完成,12 h 以内完成初期支护的安装。

14.5.2.5　加快仰拱及拱墙衬砌施工

仰拱及拱墙衬砌施工要及时跟进,二者与掌子面距离分别不大于 30 m、90 m。对于特殊地段,二者与掌子面的距离尽量缩小到 25 m、45 m。在隧道下台阶初期支护结构达到一定强度的同时,加速施作二次衬砌仰拱。

14.5.2.6　监控量测

监控量测是保证金沙洲隧道穿越水塘施工安全的一项重要措施。施工过程中我们加强了洞内外观察,进行掌子面地质描述,对围岩变形及支护结构应力、应变进行检测,及时反馈监测信息,确保工程安全。

14.5.3　地下管线保护

金沙洲隧道在 DK2196＋214 处下穿煤气管线。该处隧道拱顶距离地面 12.7 m,煤气管线在隧道上方横穿,埋深为 3.35 m,距离隧道顶部 9.35 m。该处淤泥层覆盖较厚,隧道施工时地表不可避免地会发生沉降,如不采取措施,可能危及煤气管线的安全,造成严重的安全事故。

14.5.3.1 地基加固

为减少地表沉降，对该里程段范围内的淤泥层全部采用水泥土搅拌桩进行加固，加固高度为拱顶以上 6 m 范围，加固宽度为隧道开挖断面外左右侧各 4 m，桩间距 40 cm，桩直径 60 cm，相互咬合 20 cm。为保证煤气管线安全，管线两侧各 2.5 m 范围内不采用水泥搅拌桩处理。有关地下管线加固平面图如图 14.5－8 所示。

煤气管线及其两侧各 2.5 m 范围，采取袖阀管注浆加固措施，具体方法是：在煤气管线两侧各 1.5 m 处布置一排袖阀管注浆孔，孔间距 1.5 m，加固长度为隧道两侧各 20 m，宽度为煤气管线两侧各 2.5 m。隧道开挖断面及两侧各 4 m 范围内加固深度为隧道起拱线处至拱顶以上 6 m，其余部位加固深度为隧道拱顶至拱顶以上 6 m。

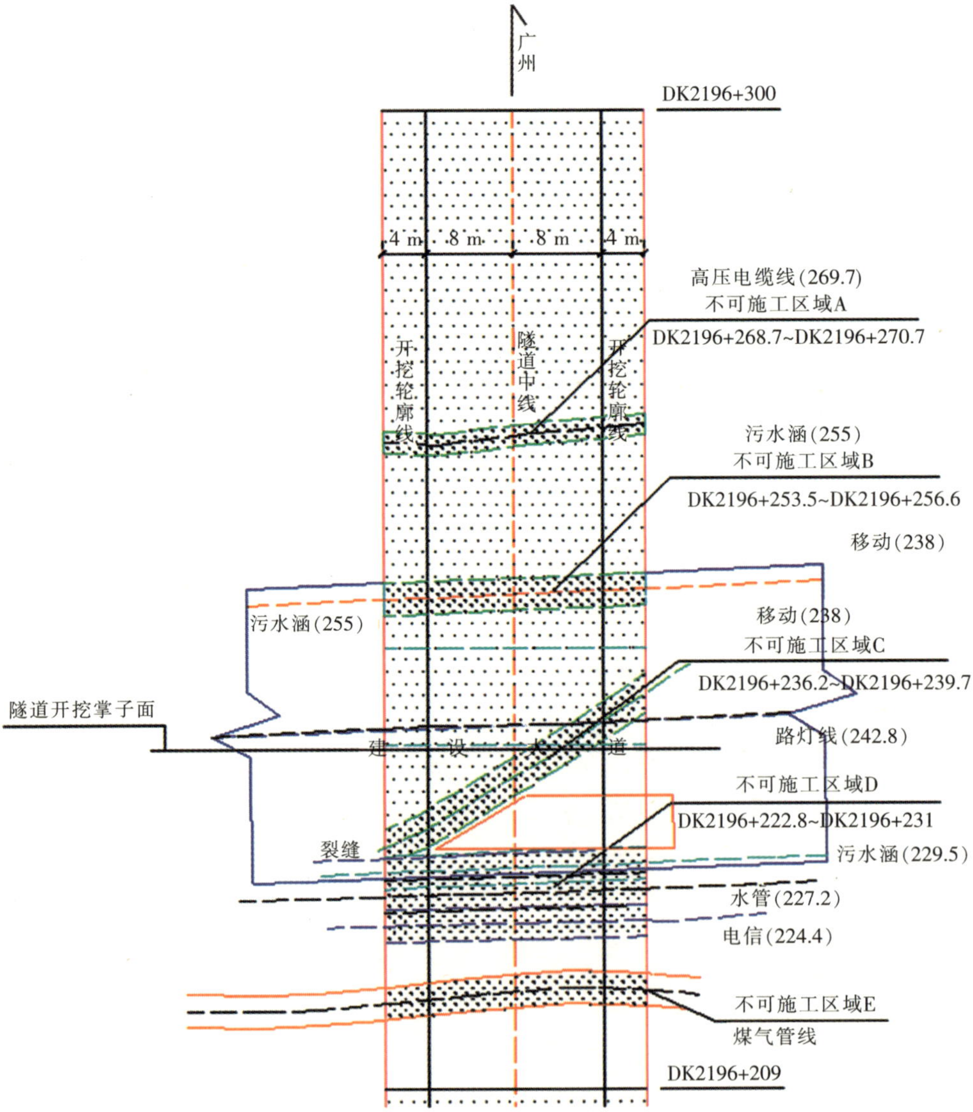

图 14.5－8 地下管线加固平面图

通过高压将水泥浆液渗透到周边土体中，可确保煤气管线底部淤泥层固结，最大限度减少隧道开挖过程中的地表沉降。根据经验，可将地表沉降控制在 20 cm 以内。为保证压注的水泥浆液不至于影响煤气管线，施工过程中严格控制注浆深度及注浆量。

14.5.3.2　主要技术措施

(1)在管线顶部地面每隔 5 m 布置一个水准观测点，由技术人员每天进行不少于 1 次的地表沉降观测。若变化速率增大，则增加观测频率。由于地表沉降是缓慢发生的，通过地表沉降观测能够对煤气管线的安全进行预警，并可根据时间-沉降曲线预测最终沉降量，将观测结果及时反馈给应急小组，以尽早采取预防措施。

(2)使用专用仪器对煤气泄漏情况进行监控，当发生煤气泄漏后立即进行人员与车辆疏散、关闭煤气管线、稀释有毒气体等工作。

(3)准确确定煤气管线位置及埋深，避免地表加固钻孔时触及煤气管线，是保证施工安全的主要措施。

(4)由于隧道埋深浅，隧道开挖会不可避免地对管线造成损伤，安全风险较大。把暗埋的煤气管线改移至地表后，可实时监控和采取对策。煤气管线改移及下沉可调节装置的安装如图 14.5－9、图 14.5－10 所示。

在地下工程施工过程中，通过对可调节装置丝杆顶部进行沉降观测，当发现管线下沉值较大时(下沉允许值参照相关规范)，及时采用可调节装置将管线调整到原标高，调整方法为通过转动丝杆 5，将钢护管、煤气管提升到原标高。可调节装置设计如图 14.5－11 所示。

可调节装置特征是：设置可调节装置基础 1，基础顶部预埋钢板 2，然后在基础顶部预埋钢板 2 上，采用钢板焊接可调节装置门形架 3，门形架顶板上钻孔，并将固定螺母 4 焊于门形架顶板上，然后将可调节丝杆 5 插入螺栓孔。为了保证调整时的方便性和易操作性，可调节装置一般沿管线方向每 5～10 m 布置一处。固定可调节装置后，安装钢护管 6，钢护管纵向连接处焊接牢固，

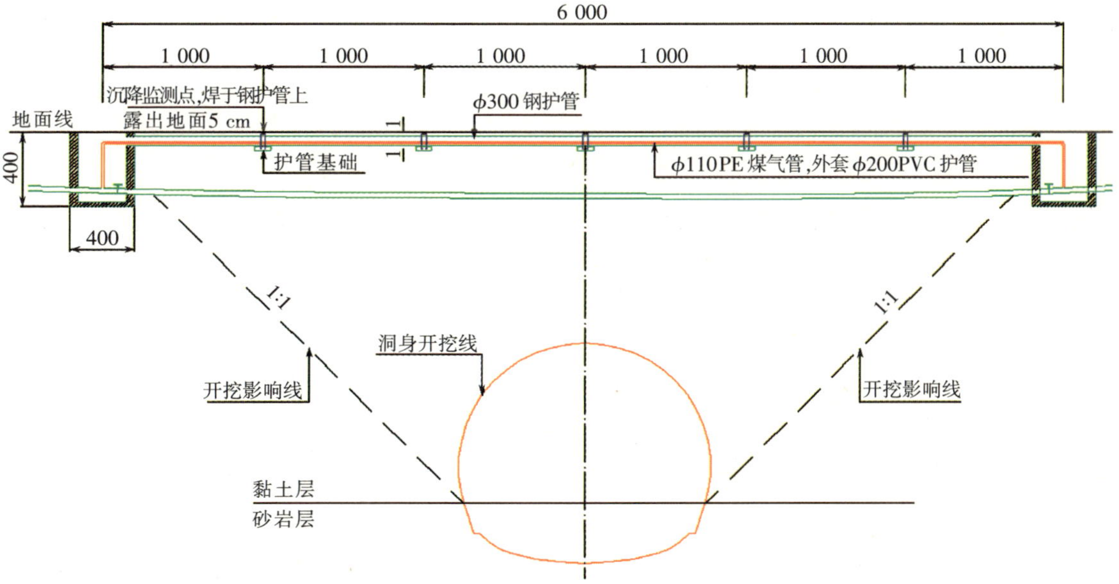

图 14.5－9　煤气管线改移图

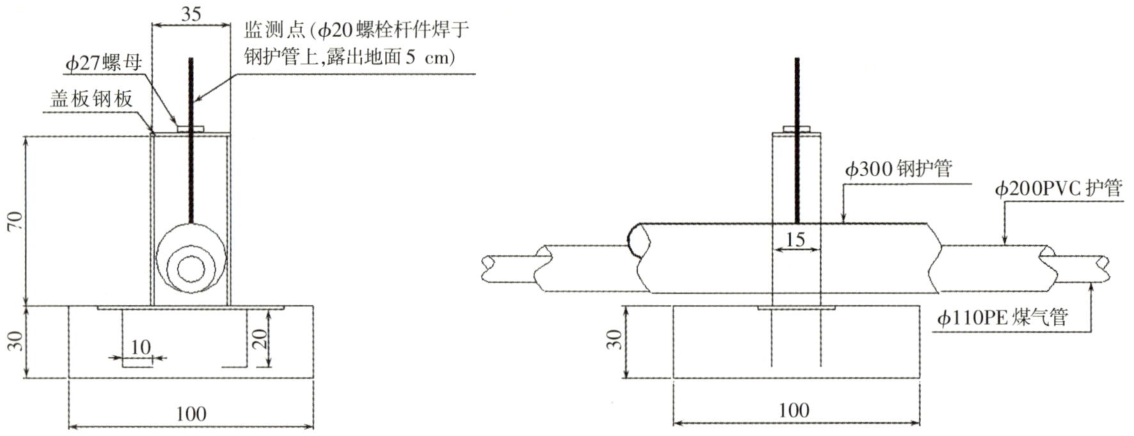

(a)正面图　　(b)侧面图

图 14.5-10　下沉可调节装置安装图

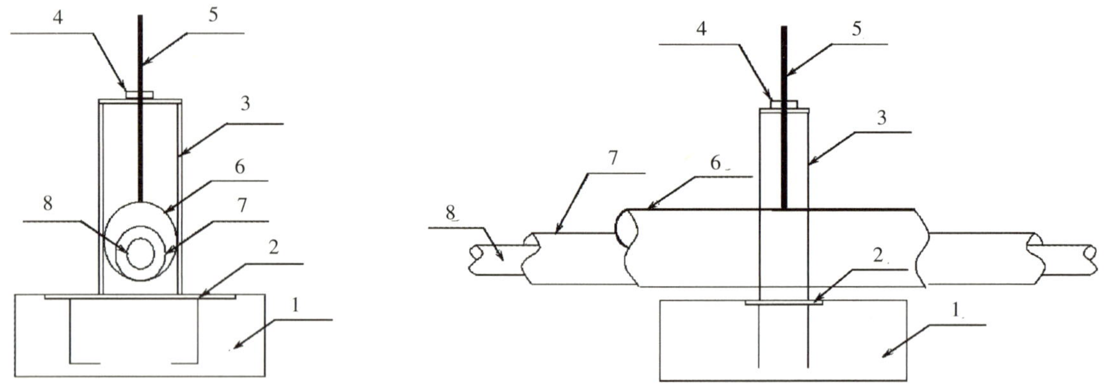

(a)正面图　　(b)侧面图

图 14.5-11　可调节装置设计图

1. 可调节装置基础　2. 预埋钢板　3. 门形架　4. 固定螺母
5. 可调节丝杆　6. 钢护管　7. PVC护管　8. 煤气管

然后将丝杆5底部与钢护管6焊接,丝杆顶部露出地面5 cm。可调节装置一般在原煤气管正上方施作,以减小管线改移长度,同时有利于地下工程施工完毕后恢复原管线。可调节装置施作完毕后,在钢护管内穿入PVC护管7和煤气管8。以上工作完毕后实施管线改接工作,主要是将下穿地下构筑物及受其影响段两端挖开截断(需停止供气),通过弯头改接到带有可调节装置的管线上。管线改接需要设置工作井,对工作井侧壁根据情况采取浇筑混凝土等围护措施。

14.5.4　洞内涌水堵塞

金沙洲隧道所处地段地下水丰富,施工中曾多次出现涌水。主要是隧道底部的涌水,来自岩溶溶洞水和风化带裂隙水。其水力联系较为复杂,曾多次发现涌水微咸,表明与海水连通,压力较大。现以DK2196+109～DK2196+112段堵水施工为例介绍岩溶段涌水堵塞处理采用的施工技术。

1. 涌水情况及应对措施

2009 年 1 月 5 日凌晨 1 点，DK2196+112 处中台阶下部发现少量涌水(见图 14.5－12)，现场立即进行封堵。凌晨 2 点左右，DK2196+109 处右侧拱脚轨面上 20 cm 高度处有大股水涌出(见图 14.5－13)，涌水夹杂泥沙，水质混浊并带有咸味。经量测，涌水速率达 120～150 m^3/h。

图 14.5－12　DK2196+112 处隧道涌水

图 14.5－13　DK2196+109 处隧道涌水

在涌水的同时，隧道线路右侧初期支护出现环向及纵向裂纹，导致下台阶掌子面坍塌。2009 年 1 月 5 日监测数据表明该段收敛值及沉降值增大。针对现场情况，洞内加强抽排水，同时采取一系列措施进行堵水和增大监控量测频率。

2009 年 1 月 5 日，于涌水处安装阀门，在涌水处周围浇筑半径 1 m 的混凝土，防止涌水口松塌。

2009 年 1 月 6 日，DK2196+104～DK2196+109 段仰拱二次衬砌浇筑完成，仰拱及时跟进至涌水处，并在中台阶掌子面用锚杆+网片喷射混凝土封闭。

2009 年 1 月 7 日，中台阶临时仰拱和下台阶掌子面浇筑 50 cm 厚混凝土作为注浆堵水时的止水墙。

2009 年 1 月 8 日至 9 日，对局部出水点进行封堵，但局部出水点封堵后水压增大，涌水由下台阶掌子面止水墙流出，止水墙漏水，无法继续实施注浆堵水。

2009 年 1 月 11 日，下台阶掌子面重新施作 40 cm 厚混凝土止水墙。止水墙施作完毕，其强度应满足要求。

2009 年 1 月 14 日、15 日、16 日，在止水墙达到设计强度后，对最大涌水点周边冒水部位进行注浆堵水。

2009 年 1 月 17 日上午，关闭最大涌水点闸阀 2 min 后，该段中台阶仰拱及下台阶面多处再次有水涌出，堵水效果不佳。

2. 原因分析

DK2196+110～DK2196+300 段隧道上台阶穿越淤泥质黏土层，该地层已采用咬合水泥搅拌桩改良；中台阶穿越粉质黏土及淤泥质黏土层；下台阶穿越粉质黏土层。根据地质勘查资料，DK2196+110～DK2196+120 段隧道全断面穿行于 C1dc 粉砂岩承压水含水层内，含水层顶板标高为－16.06～－3.61 m，含水岩层厚度为 6.9～19.8 m，承压水位埋深为 0.8～1 m，承压水位标高为 1.09～1.34 m，承压水头高度为 4.7～17.4 m，系中等富水区。且该段为粉砂岩与灰岩的交界带，为岩溶发育段、可溶岩与非可溶岩交界处及构造裂隙发育段。涌水是由下至上喷涌而出的，因此分析得出涌水系基岩风化带中的裂隙水及溶洞水的结论。

3. 加固处理措施

(1)上台阶立即停止掘进，封闭掌子面。

(2)中台阶停止掘进，临时仰拱紧跟施作，掌子面挂网锚喷 30 cm 厚的混凝土作为止水墙；清理中台阶临时仰拱上的弃土、杂物，先将各涌水点集中引流至 1～2 根 ϕ 100 mm 钢管内。

(3)在既有止浆墙的基础上，施作 50 cm 厚 C35 混凝土止浆墙加固，中台阶临时仰拱在既有基础上再浇筑 50 cm 厚混凝土进行封底。止浆墙及封闭层与初期支护边墙、仰拱、中台阶掌子面相接处打设注浆孔，在混凝土达到一定强度后注浆封堵。按 2 m×2 m 梅花形竖向钻孔，袖阀管注水泥-水玻璃双液浆，钻孔深度要求进入灰岩 3～4 m；在中台阶掌子面底部 1 m 范围内顺线路方向斜向下 30°、45°打设两排注浆钻孔，钻孔深度分别为 12 m 和 18 m，伸入灰岩 3 m 左右，并进行注浆，以固结中台阶前方土体。

(4)中台阶两侧拱脚位置打设注浆孔，注浆孔与垂直方向夹角为 15°，斜向下 7～8 m，纵向间距 1 m，固结初期支护背后围岩。

(5)仰拱填充端头与边墙相接处打设注浆孔，注浆孔与垂直方向夹角为 15°，每根长 7～8 m，固结初期支护背后围岩。

(6)采用袖阀管注浆施工方法及工艺流程。

袖阀管注浆钻孔布置如图 14.5－14 所示。

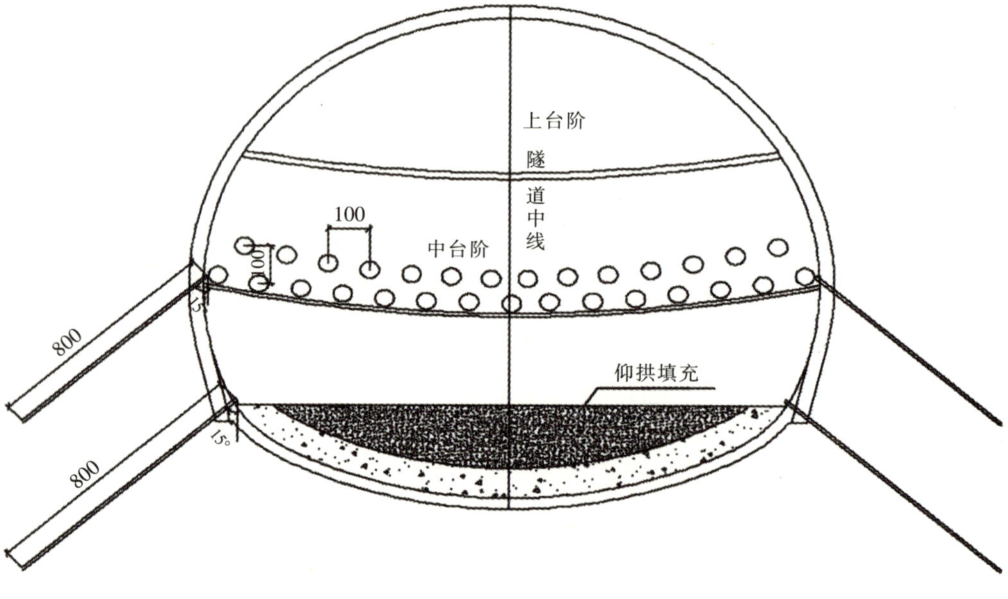

(a)正面布置图

图 14.5－14　袖阀管注浆钻孔布置图

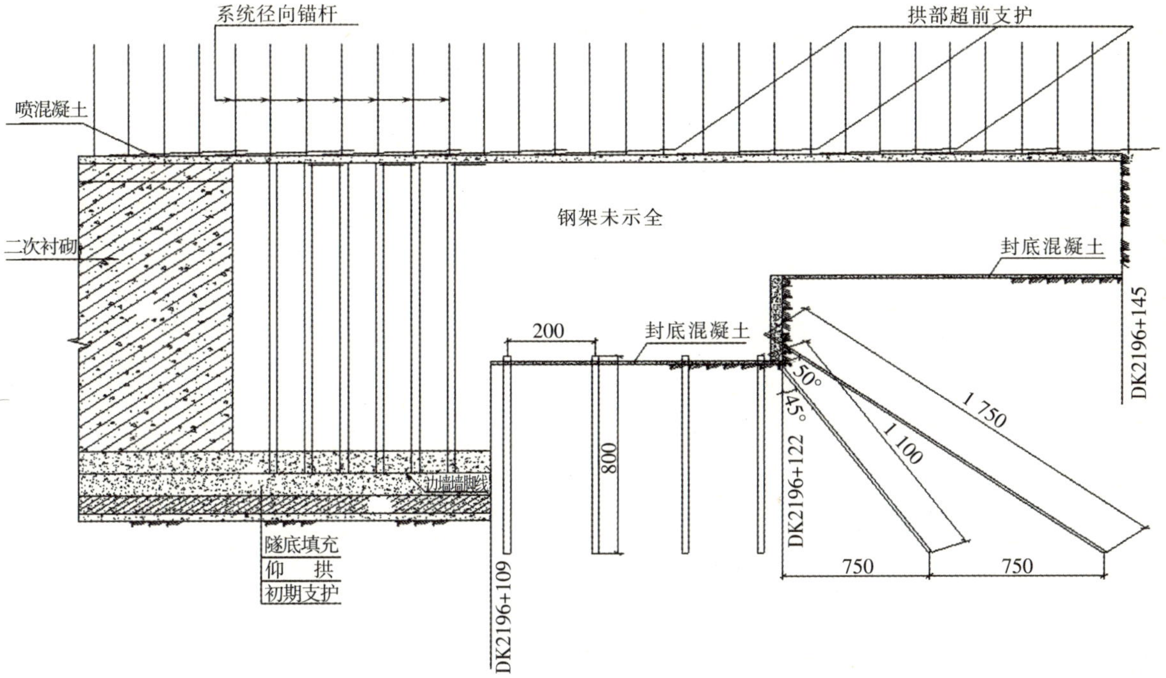

(b)侧面布置图

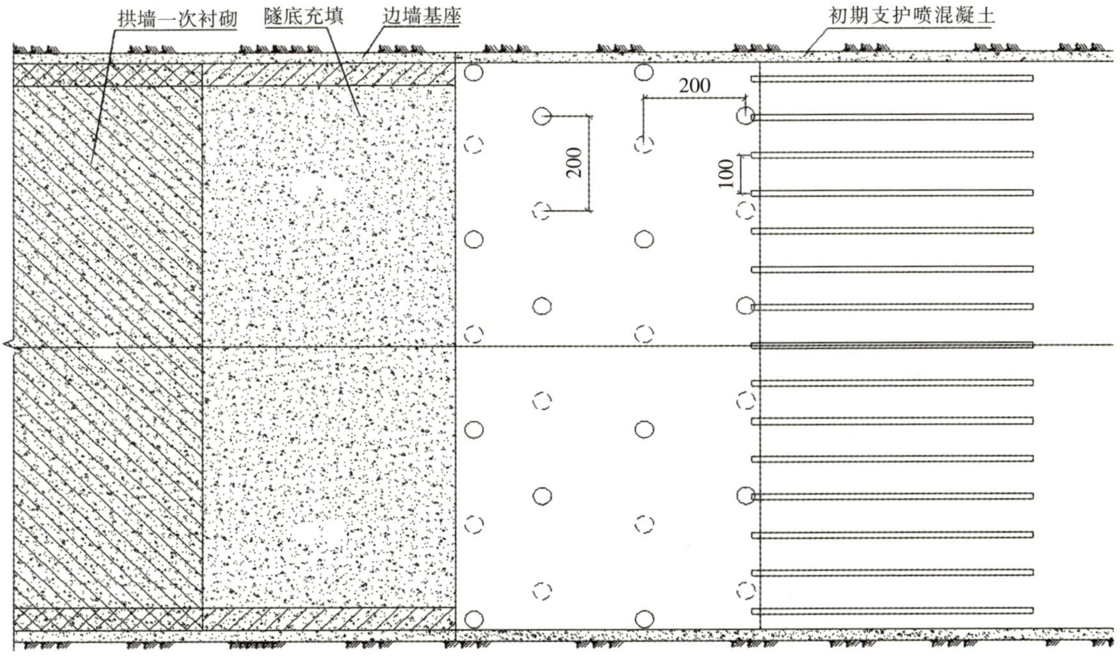

(c)平面布置图

图 14.5－14　袖阀管注浆钻孔布置图

4. 开挖方法

(1)开挖中台阶至上台阶长 8～10 m 后，再同步挖上、中、下台阶，至永久性仰拱滞后中台阶 20 m 后，由距中台阶掌子面 8～10 m 处逆向开挖仰拱。

(2)为保证涌水段开挖过程的安全,分两部开挖,即在永久仰拱顶平面位置处增加一道临时仰拱,每次开挖两榀即施作临时仰拱及初支仰拱,如图 14.5-15 所示。

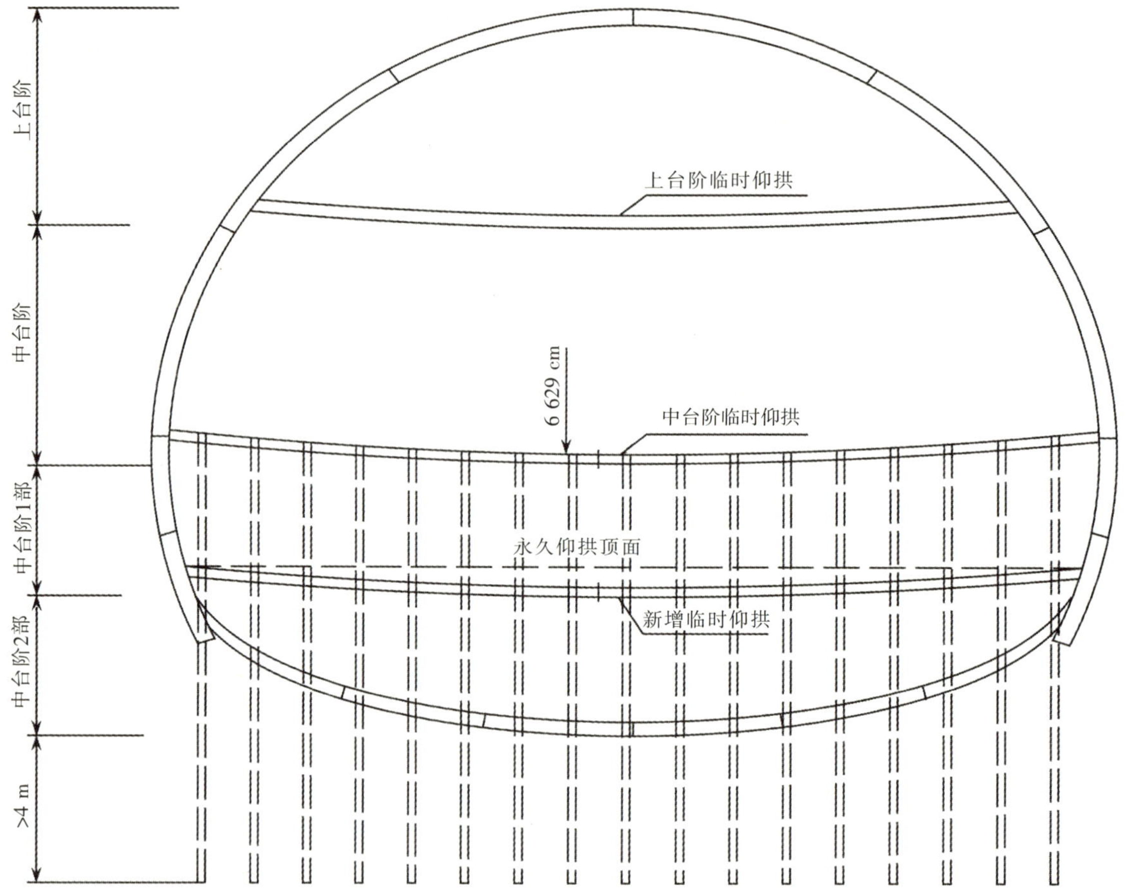

图 14.5-15　2#竖井大里程侧新增下台阶临时仰拱及辅助措施示意图

(3)在开挖永久性仰拱过程中,查找涌水点(DK2196+108 段线右 1m 处),于涌水点重叠放置由壁厚 1.5 mm 钢板制成的无底无盖长方体蓄水池(长 1 m、宽 1 m、深 1.5 m),下部做锯齿形结构以便插入仰拱底部土体,并放入水泵进行抽水。

(4)严格按照规范施作仰拱初支结构,使初支结构及早封闭成环。由于安装蓄水池无法使用钢拱架封闭成环处,因此采用钢拱架与蓄水池直接焊接的方法,使钢拱架连接为整体。铺设防水板,绑扎仰拱钢筋,施作仰拱及仰拱填充混凝土。

5. 堵水措施

(1)涌水段二次拱墙衬砌及时跟进,衬砌施作完成后,在仰拱蓄水池处安装钢制盖板,盖板大小与蓄水池内轮廓等同,预留直径为 110 mm 的圆孔且安装法兰盘,用于水泵排水和注浆堵水。

(2)在预留圆孔处安装 ϕ 110 mm 钢管,两端安装法兰盘,一端与盖板法兰盘焊接牢固,超前涌水处 20 m 施作二次衬砌及永久性仰拱,确保该涌水处前端再无涌水后,在 ϕ 110 mm 钢管外端安装法兰盘并焊接牢固,进行强制堵水。

(3)在仰拱涌水处进行封堵后,可能造成水压增大,周边二次衬砌施工缝处有水渗出。对渗水处进行观察后,根据其最高出水点推断承压水头,在最高渗水点钻孔注浆封堵。

涌水点堵水实施前后对照效果如图 14.5－16、图 14.5－17 所示。

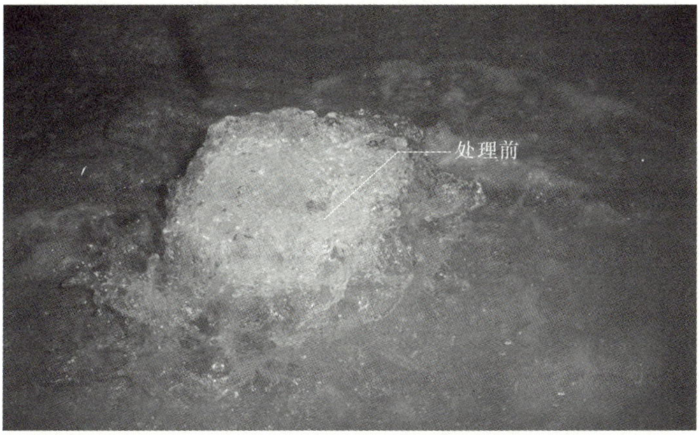

图 14.5－16　涌水点处理前

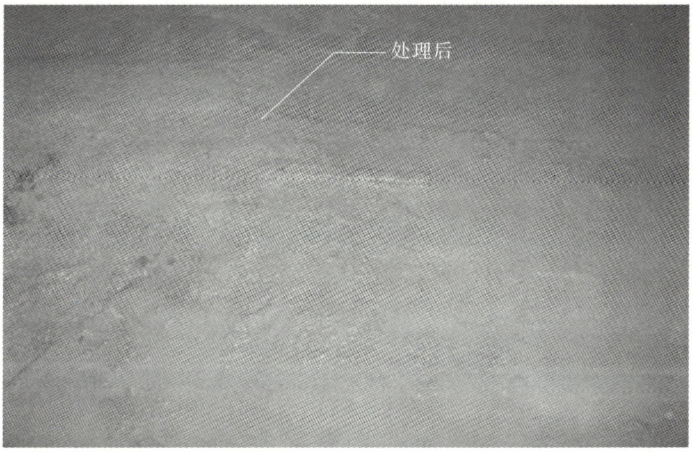

图 14.5－17　涌水点处理后

14.6　总　结

在隧道工程界，在岩溶区施工一直是最令人头痛的施工难题。特别是金沙洲隧道所处的岩溶富水区，地表已经过人类的工程行为建设，居民高层住宅、高速公路、市政道路和地下管线密布，在其下方修建跨度和断面都很大（相对于地铁区间隧道而言）的浅埋隧道，可谓危机四伏。施工中既要关注洞内施工安全，又要非常重视施工可能引起水土平衡状态失衡的问题，以免诱发次生地质灾害，危及地面安全。铁四局经过 4 年的摸索、试验、研讨攻关，如期完成金沙洲隧道岩溶浅埋段近 1.5 km 的隧道施工。洞内未出现人身事故，也未造成地面大面积明显损坏，取得良好的社会效益及经济效益，并积累了丰富的经验。

（1）岩溶地段浅埋隧道的施工，要加强地质普查、勘探工作。施工中除加强超前地质预报，采用高精度、高技术含量的仪器设备探测地层和地下水的变化外，还要加强地质调查，勘探取样，并强调探灌结合，有效解决难题。

(2)H型注浆阻止或减少了岩溶水和裂隙水的侵入。隧道埋设在岩层内或残积土层内所选用的工艺和参数略有不同。施工工艺和参数要与地质条件相符，实践证明这样做取得了较好的效果。相对于全断面超前帷幕注浆技术，H型注浆具有操作性强、效果较好的优点。

(3)在浅埋软弱地层修建隧道，大管棚超前预加固具有良好的防塌和防地层下沉的作用。特别是在通过道路、居民区和埋有重要地下管线地段时，大管棚注浆辅助小导管注浆的地段，施工都较为顺利。金沙洲隧道的几次塌陷都发生在大管棚未及时施工地段，这从一个侧面证实了大管棚超前预加固的效果。

管棚的直径及打设方式(斜向插打或设管棚工作室平行插打)、注浆效果都对其所起的作用有较大影响。提高管棚的施工工艺水平，改进钻进和注浆设备，加快打设的速度，是隧道工程建设中的重要课题之一。

(4)浅埋大断面隧道掘进工法的研究和改进不可或缺。采用双侧壁导坑法，具有开挖稳定性较好、地表沉降减少的优点。但是由于其工序繁多，分部开挖断面过小，无法使用机械设备，因此施工工期过长。同时，在长隧道施工中，其与台阶法难以转换，在实际施工中可行性较差。金沙洲隧道的重要创新举措是：在超前大管棚预加固的支护下，加强初期支护的参数，增加喷射混凝土层的厚度，提高初期支护强度，依据围岩的软弱情况，分别采用上台阶加设中隔壁和临时仰拱的分部台阶法、三台阶临时仰拱法和CRD法。其相互间转换方便，特别适应于上软下硬的地层，提高了工法的可操作性，减少了施工环节，加快了施工进度，满足了全线工期要求。

(5)岩溶承压水的堵塞治理，在隧道初期支护和二次衬砌完成后进行最为有效。根据地质和水文情况，采用合适的临时止水、排水措施和加强工法，尽快完成初期支护，封闭成环，再进行强力堵水较为适宜。

(6)富水地段的隧道防水施工难度大。要重视初期支护背后的注浆，使初期支护与围岩密贴，减少渗漏，并加强初期支护的强度，否则全封闭型防水工艺难以实施。在富水地段提前进行二次衬砌，会造成渗漏严重，甚至引起道床结构的破坏，极为不利。

第 15 章　隧道防排水技术

15.1　概　况

金沙洲隧道横穿三角洲平原的广花盆地，处于地下水丰富的南部边缘地段。此区地处北回归线以南，属亚热带海洋性气候，雨量充沛，为地下水提供了充足水源。隧址附近地表无河流，距离隧道最近的河长约 1.2 km。场区地表水主要为沿线的小河沟及鱼塘，主要接受大气降水。

隧道区域内地下水水化学类型较复杂，以 HCO_3-Ca、HCO_3-Na、HCO_3-Mg，Cl-Ca、Cl-Na 型水为主，pH 为 6.86～8.15，系中性水，溶解性总固体（矿化度）为 0.273～4.756 g/L，为淡水至咸水。

部分地段地下水对混凝土有中等侵蚀性，对钢结构有弱至中等侵蚀性。

15.2　防排水设计

1. 防排水原则

根据工程地质、水文地质及施工方法不同，分别采用“以排为主，防排结合”和“以防为主，多道设防”的原则进行防排水设计，达到《地下工程防水技术规范》(GB 50108—2001)规定的一级防水标准的要求。在二次衬砌防排水施工之前，应先进行初期支护背后回填注浆。

2. 复合式衬砌的防水机制

复合式衬砌防水有防水层及二次衬砌混凝土两道防线，二者缺一不可。因为二次衬砌模筑混凝土在硬化过程中，内部存在温度应力、收缩应力，使混凝土产生变形。由于初期支护喷射混凝土表面粗糙、凹凸不平，约束模筑混凝土变形，于是就产生了拉应力。当此拉应力大于模筑混凝土抗拉强度时，模注混凝土即被拉裂，在隧道起拱线应力集中区产生的裂缝最多。如果在初期支护喷射混凝土和二次衬砌模筑混凝土之间采用不透水、表面光滑的塑料片材做防水隔离层，便可以消除或减弱这种约束，使二次初砌模筑混凝土不产生裂缝，基本保证其防水性。

3. 防排水设计

隧道衬砌要求混凝土抗渗等级不小于 P12，暗洞二次衬砌、明洞结构采用防水混凝土，拱墙混凝土掺加防水剂，仰拱混凝土采用高效抗裂防水膨胀剂。

DK2192＋831～DK2194＋340 段隧道从山岭进入，洞身埋设在地面以上，采用防排结合型防水设计，拱墙设 EVA 型单面自粘型防水板；隧道衬砌防水板背后环向设置 ϕ 50 mm 打孔波纹管，环向排水盲沟间距为 8 m；在隧道两侧边墙墙角外侧两道环向盲沟之间设置 ϕ 110 mm 打孔波纹管，环向盲沟与纵向盲沟两端均直接与隧道侧沟连通，便于排水管路的维护。每段纵向盲沟中

部设置一处 ϕ 50 mm 泄水孔通到隧道侧沟。

DK2194＋340～DK2196＋893 段隧道洞身埋于地面以下，采用全封闭型防水设计，全断面敷设防水板。富水地段在防水板背后设置纵向、横向排水管。

全隧道洞内采用双侧水沟，隧道中间设置直径为 16 cm 的半圆形的排水明沟。

在隧道最低点处设置 1 号排水泵房，出口段洞内设置 2 号排水泵房，洞内的水通过侧沟和左右侧沟间的横沟排入泵房中。1 号排水泵房中的水通过隧道的侧沟抽到出口排出，2 号排水泵房中的水直接从出口抽排出。

DK2194＋340～DK2194＋342 过渡地段采用整体衬砌，取消初期支护喷混凝土层，初期支护和二次衬砌整体浇筑。

4. 施工排水

金沙洲隧道施工排水以机械排水为主，根据隧道施工工作面分为进口、斜井、1＃竖井、2＃竖井和明暗交界处临时竖井共 8 个汇水区段。要求隧底无漫流水、工作面无积水。在隧道两侧设临时排水沟或集水坑，所有工作面的渗水和废水排入排水沟或集水坑。顺坡排水地段，渗水和废水沿排水沟流出；反坡排水地段，在洞内设移动式集水箱，逐段抽提，排出隧道。隧道外设沉淀池，废水经沉淀后方可排放。施工排水如图 15.2－1 所示。

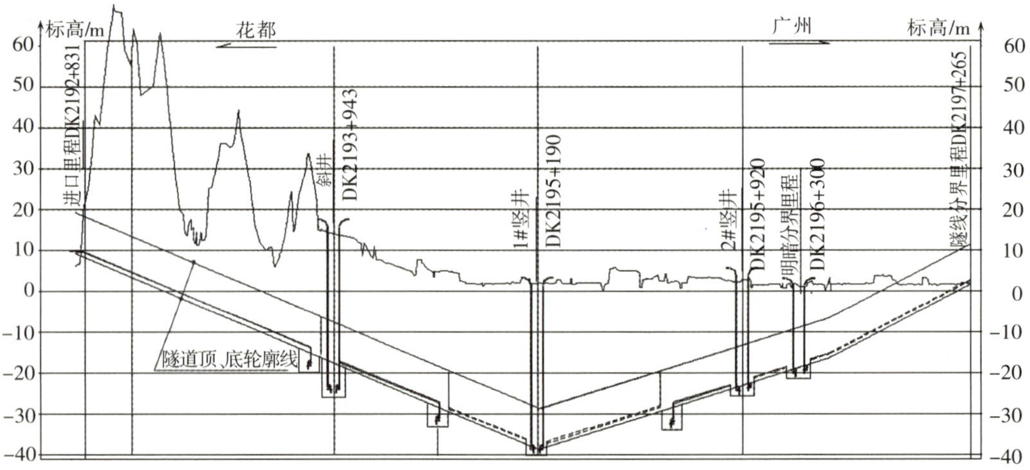

图 15.2－1　金沙洲隧道施工排水图

15.3　初期支护背后回填注浆

隧道初期支护施工结束以后，需对初期支护背后进行回填注浆，以保证初期支护与围岩密贴，达到防水效果。

(1)回填注浆应在初期支护混凝土强度达到理论强度的 70％后进行。

(2)注浆管采用 ϕ 42 mm 钢花管，呈梅花形布置，间距 2 m，沿隧道初期支护环向布置。

(3)回填注浆采用 1∶1 水泥浆液，富水地区需掺水玻璃，注浆压力为 0.5～1 MPa。

15.4　防排水材料及性能指标

(1)防水板:需满足设计要求,具体要求如表 15.4-1 所示。

打孔波纹管:HDPE 材质,开孔面积≥400 mm^2/m,ϕ 50 mm;ϕ 110 mm/93 mm:环刚度≥8 kPa。

(2)中埋式橡胶止水带:幅宽 30 cm,硬度为 60±5 度,膨胀拉伸强度 15 MPa,扯断伸长率 380%,撕裂强度 30 kN/m。

(3)钢板泥子止水带:幅宽不小于 30 cm,厚 6 mm,拉伸强度≥0.06 MPa,延伸率≥1 000%,泥子胶与钢板黏结剪切强度≥0.1 MPa,与混凝土黏结剪切强度≥0.09 MPa,耐低温(−40℃时不脆裂),耐高温(150℃时不流淌)。

(4)聚硫密封胶:SGJL851M 型新型防水聚硫密封胶,相对密度 1.6±0.1 g/cm^3,适用期 2～6 h,表干时间≤24 h,下垂度≤1 mm,恢复率≥80%,低温柔性−55℃,黏结强度≥0.4 MPa,伸长率≥500%,颜色接近混凝土。

(5)遇水膨胀橡胶止水条:硬度为 45±7 度,膨胀前拉伸强度≥3 MPa,扯断伸长率 350%,体积膨胀率 400%。

(6)混凝土界面剂:白色乳液,黏度 0.025～0.06 Pa・s,pH7～8.5,固体含量 5.6%～7%,抗拉黏结强度≥0.2 MPa,剪切强度≥0.4 MPa,干燥时间≥2 h。

(7)可维护注浆管:管径 ϕ 18 mm/8 mm,出浆孔间距 17 mm。抗压强度:试验温度 20 ℃,试件长 80 mm,承重 20 kg,1 min 后管内径变形≤2 mm。骨架与外层完整性:管子骨架与外层编织网之间应完整,不得有松开和脱落现象。

表 15.4-1　防水板性能指标

项　目		暗挖隧道指标(单面自粘型)
胎　基		EVA 防水板厚 1.5 mm
厚　度		≥4 mm
幅　宽		≥2 m
土工布(与胎基复合)		复合土工布厚 350 mm
外　观		成卷卷材应卷紧、卷齐,里进外出≤20 mm;卷材表面平整,无可见缺陷;柔度:在规定温度以上易展开;接头不超过 1 个
尺寸偏差	厚度	平均值≥4 mm
		最小单值≥3.8 mm
	面积(30 $米^2$/卷)	不允许出现负偏差
不透水性(24h 无渗漏)		≥0.8 MPa
断裂伸长强度(常温)		≥210 N/cm
扯断伸长率(常温)		≥110%
柔　度		−10℃,ϕ 20 mm,3 s,180°,无裂纹
与混凝土剪切性能(常温)		≥4.0 N/mm
剥离性能(常温)		≥2.0 N/mm

15.5 隧道防水层施工技术

金沙洲隧道防水结构为EVA防水板加土工布的复合式防水结构，配合纵向、横向排水盲沟或可维护注浆系统。

1. 施工机具

防水层施工的机具包括自动双缝热熔焊接机、手动热熔器、射钉枪和作业台车。

2. 施工准备

(1)检查隧道衬砌的厚度，对不合格的地方进行修补，全面检查后报监理工程师审核，在监理工程师审核通过后方可进行防水板的安装。

(2)检查防水板是否有变色、波纹(厚薄不均)、斑点、刀痕、撕裂、小孔等缺陷，如果存在质量疑虑，需进行张拉试验、防水试验和焊缝抗拉强度试验。

(3)防水板下料时应根据初支的平整度考虑留一定的富余量，下料后将EVA防水板拼接，即沿防水板一边画好搭接线，搭接宽度15 cm，热焊黏结。

3. 防水板施工工艺流程

防水板的施工工艺流程如图15.5-1所示。

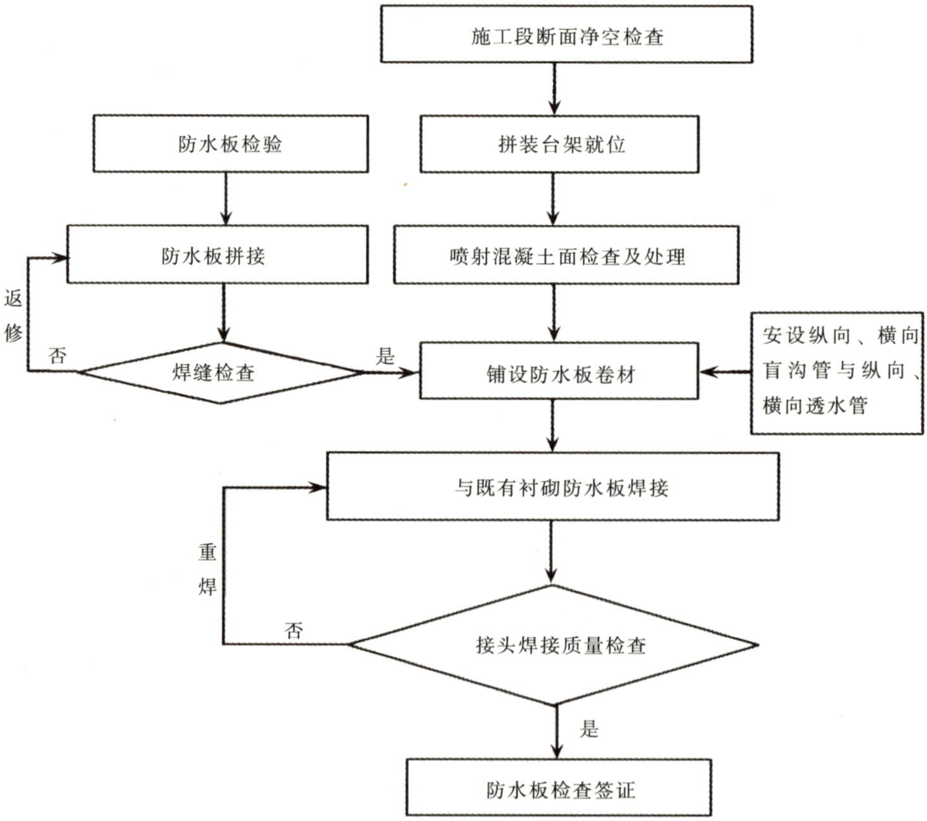

图15.5-1 防水板施工工艺流程图

4. 基面处理

防水层铺设前，应先对隧道初期支护喷射混凝土表面进行处理，切除锚杆头和钢筋露头，并用细石混凝土抹平覆盖，凹坑深宽比应控制在 1∶10 以内，未达标准者应用细石混凝土填平，凹坑太大处要用细石混凝土填平并补喷混凝土，确保喷射混凝土表面平整，无尖锐棱角。

5. 防水板悬挂固定

隧道暗挖段单面自粘防水板卷材的固定采用吊挂方式。利用厂家钉在土工布上的吊带将防水板固定在射钉上，并保证防水板铺设平整、圆顺及与初期支护密贴等。防水板的固定如图 15.5－2所示。

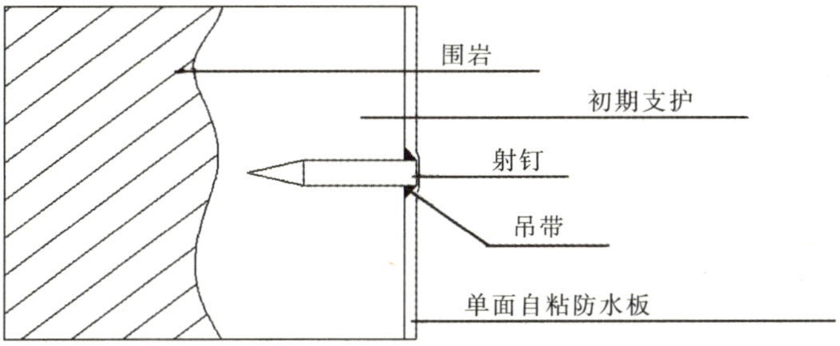

图 15.5－2　防水板固定示意图

6. 施工缝防水层铺设

施工缝根据所处段衬砌结构防水设计的不同，可分为防排结合型地段施工缝和全封闭型地段施工缝两种。

(1)防排结合型地段施工缝的铺设：环向施工缝铺设遇水膨胀橡胶止水带，纵向施工缝刷涂厚 2 mm 的混凝土界面剂。在素混凝土地段(Ⅲa 级衬砌地段)，环向施工缝采用钢板泥子止水带。排水盲沟铺设于初期支护与防水板之间，环向盲沟采用 ϕ 50 mm 打孔波纹管，纵向盲沟采用 ϕ 110 mm 打孔波纹管。

(2)全封闭型地段施工缝的铺设：环向施工缝铺设中埋式遇水膨胀橡胶止水带，纵向施工缝铺设遇水膨胀橡胶止水带并刷涂厚 2 mm 的混凝土界面剂。可维护注浆管设于拱顶模筑衬砌外缘、防水板内侧，纵向注浆管孔径 20 mm，采用聚乙烯管。在防水板敷设完成后，将注浆管用胶粘于防水板内侧。结合施工缝布置，注浆管 8～10 m 一段，两端分别与预设的 ϕ 20 mm 镀锌钢管注浆口连接。镀锌钢管注浆口应突出衬砌内缘 35 cm，以便于连接。

7. 防水板搭接

防水板卷材的搭接采用双缝焊接。在出厂前应在每幅防水板两边预留 15 cm 的 EVA 胎基，此范围内去掉焊接面的土工布及黏结层，保留迎水面的土工布或黏结层及背水侧的黏结层，以便于现场的焊接施工。防水板的焊接施工应满足相关规范的要求。

8. 防水板焊接

焊接前先除尽防水板表面的灰尘，防水板搭接宽度须大于 10 cm，如图 15.5－3 所示。防水板采用自动双缝热熔焊接机按照预定的温度、速度焊接，单条焊缝的有效宽度不小于 1 cm，焊接后两条焊缝间留一条空气道。

9. 防水板焊接质量检查

采用空气检漏器现场检测防水板焊接质量。先堵住空气道的一端，然后用空气检测器从另一端打气加压，直至压力达到 0.25 MPa 时停止充气，保持 15 min，压力下降在 10%以内，说明完

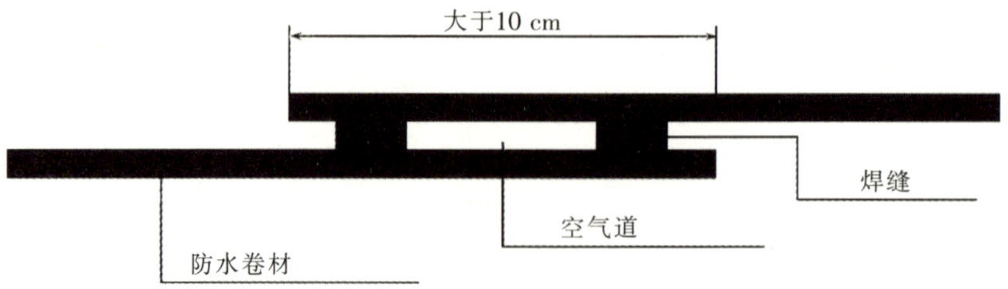

图 15.5-3 防水板焊接示意图

全黏合。如压力下降过快，说明有渗漏，须用检测液（如肥皂水）找出漏气部位，用手动热熔器焊接修补后再次检测，直到完全黏合。

10. 防水板保护

为防止暗挖段钢筋焊接熔渣烧坏防水板，并确保防水板与二次衬砌混凝土的黏结性能，应在完成防水板的铺设后撕除防水板表面薄膜，并立即在隧道全环防水板内侧刷涂 2～3 mm 厚的 M10 水泥砂浆保护层（仰拱部位也可在防水板表面薄膜撕除后刷涂 20～30 mm 厚的 M20 水泥砂浆保护）。同时施工过程中应采取合理措施防止钢筋绑扎损坏防水板，也可在隧道仰拱部位设置垫块等。

铺设防水板地段距开挖工作面的距离应不小于爆破安全距离。因为防水板是易燃物品，一旦引燃，将造成火灾，所以工作区内应禁止烟火，并设消防设施和高压水管以备用。

11. 防水板穿孔

根据隧道综合接地、电气化接地及纵向排水管等设置情况，隧道防水板卷材可能需要穿孔。为此，在模筑衬砌范围内预设钢管或钢筋外包两道缓膨型遇水膨胀橡胶止水条止水。

12. 防水层铺设注意事项

专用射钉按梅花形布置，拱部射钉间距为 0.5～0.7 m，边墙射钉间距为 1.0～1.2 m。防水板铺设要松紧适度，能紧贴在喷射混凝土表面。防止过紧或过松，以免防水板受挤压破损或形成人为蓄水点。防水板间搭接缝应与沉降缝、施工缝等防水薄弱环节错开 1 m 以上。

13. 防水板破损处理

自粘防水板出现破损时，必须及时修补。应将破损部位清污后，用超过破损部位边缘 100 mm的双面自粘防水板修补并压实密封。

14. 防水板施工主要注意事项

隧道防排水作为一道重要工序应按设计严格执行，同时配备专门的施工队伍，确保防排水施工质量。在铺设防水板之前，应对隧道暗挖段初期支护的渗漏水情况进行检查，并采取有效措施进行处理。

15.6 隧道排水系统施工技术

15.6.1 全封闭系统盲管施工

隧道二次衬砌背后按 8 m 一环设 ϕ 50 mm 环向排水盲管，两侧边墙脚纵向施工缝设 ϕ 110 mm纵向排水盲管，纵向排水盲管每 8 m 一段，环向与纵向排水盲管采用 T 形接头连通，将地下水引入洞内侧沟。排水盲管平面设置如图 15.6－1 所示。

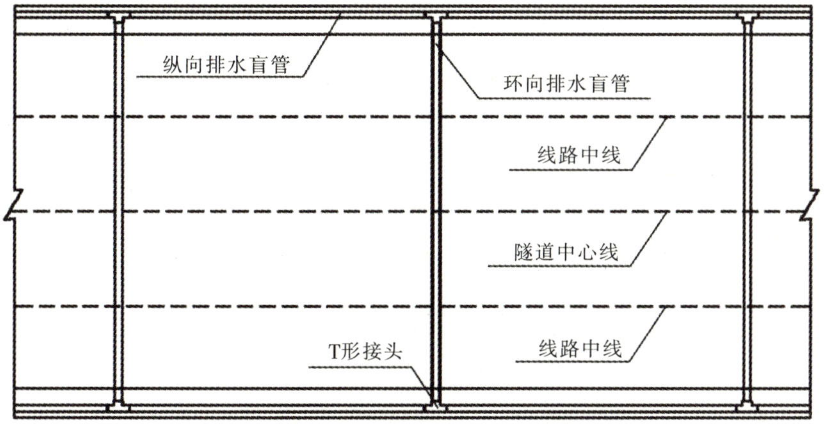

图 15.6－1　排水盲管平面设置图

金沙洲隧道工程全封闭防水地段排水盲管采用纵向 ϕ 110 mm 波纹管，外裹无纺布。排水盲管的两种安装方式分别如图 15.6－2、图 15.6－3 所示，两种安装方式的对比如表 15.6－1 所示。

排水盲管外裹无纺布与喷射混凝土表面既要紧密接触，又要保持一定的松弛度，不宜张拉过紧。固定排水盲管的外露锚钉切除后以砂浆抹平，防止刺破防水板。施工中要做好排水盲管接头的处理工作，防止杂物进入管道。

排水盲管沿岩面布设，铺设要松，以适应起伏不平的岩面；纵向排水盲管要求控制好标高，与隧道的纵向坡度一致，上下不能有起伏现象，保证排水的畅通；纵向排水盲管、环向排水盲管、泄水管采用变径三连通连接牢固，泄水管出口要离开水沟内壁一定距离，不得紧贴沟壁表面，施工时要注意纵向拉力适中。

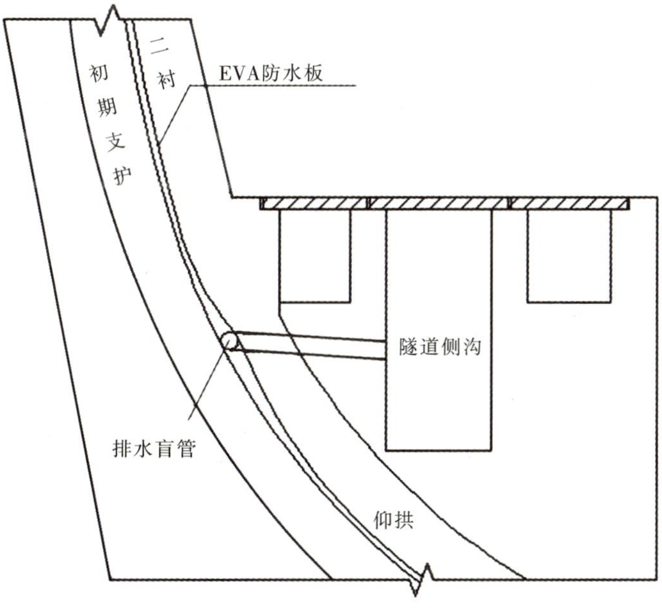

图 15.6－2　排水盲管在防水板外侧安装示意图

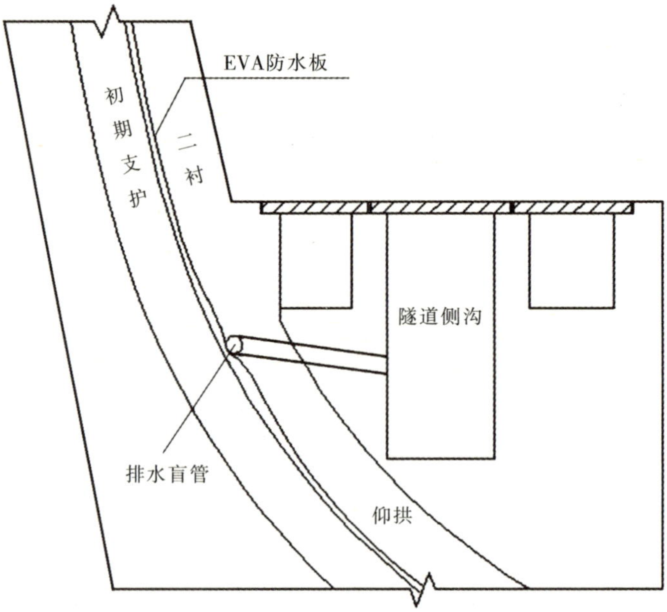

图 15.6－3　排水盲管在防水板内侧安装示意图

表 15.6－1　排水盲管两种安装方式对比表

安装方式	优　点	缺　点
在防水板外侧	施工方便，能保证盲管起到排水作用	出口处要穿破防水板，施工不当将造成防水隐患
在防水板内侧	仅排除进入防水板内的渗水	施工难度大，盲管容易被混凝土压扁，造成堵塞，无法起排水作用

15.6.2　排水沟施工

沟槽整体一次性浇注技术关键在于模板，一是要采用大块定型钢模板，要求模板厚、刚度高、不变形、线条感强；二是要组块尽量少，以便于拆装及沟槽连成整体一次浇筑。

15.6.2.1　施工流程

排水沟施工流程如图 15.6－4 所示。

15.6.2.2　主要工序技术措施

1. 基面处理

施工前需将沟槽范围已浇筑混凝土表面凿毛，清除浮粒和杂物，露出新鲜混凝土。对水沟外侧模板底部位置进行严格找平，保证模板标高精确，以便于控制浇筑成型的沟槽上口标高。若不平整，可铺砂浆找平，也可事先采用定位筋架立来避免不平整。

2. 模板安装

要求模板一次安装成型，不允许将沟槽分拆浇筑。关模时注意控制好侧模的高程及相对尺寸，保证水沟与电缆槽的尺寸准确。

3. 混凝土施工

用混凝土罐车通过自制溜槽的预留口将混凝土浇筑至模板内，再用小型振动棒振捣密实，施工至顶面时，人工严格找平收面。收面应分次进行，确保线条顺直。

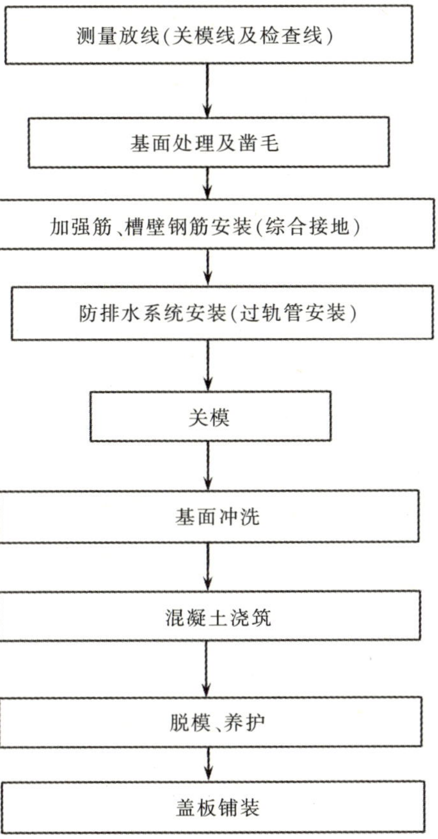

图 15.6－4　排水沟施工流程

4. 脱模及养护

由于模板较重，脱模时要特别小心，注意保护沟槽壁，防止损坏。沟槽脱模后 2 h 内对沟槽洒水养护，保证沟槽强度，混凝土养护时间至少 14 d。

15.6.2.3　效果评价

在金沙洲隧道，沟槽模板每组 20 m，施工月进度达到 300 m；外观质量达到了验标要求，线条顺直，棱角分明，盖板尺寸准确，厚度均一，与隧道整体非常协调。

15.7　防水混凝土施工

隧道衬砌既是外力的承载结构，也是防水的最后一道，因此，要求衬砌混凝土既要有足够的强度，又要有一定的抗渗性。施工中应确保混凝土抗渗等级，以实现混凝土的自我防水功能。金沙洲隧道二次衬砌采用防水混凝土，抗渗等级不低于 P8，防水混凝土结构的衬砌厚度不小于 30 cm，防水混凝土的保护层厚度大于 5 cm。在设计和施工过程中，要采取切实有效的防裂、抗裂措施，并保证混凝土的密实性、整体性良好，减少结构裂缝的产生，提高结构的自防水能力。

15.8 二次衬砌背后回填注浆堵水技术

二次衬砌背后回填注浆应在二次衬砌混凝土强度达到设计强度的70%后进行。通过回填注浆，可进一步填充拱顶混凝土细部空洞和环向施工缝，封堵渗水管道。

1. 注浆管的预埋

(1)拱部注浆管预埋：二次衬砌混凝土施工前，在拱顶和拱腰处埋设 ϕ 20 mm 注浆管 3 根，注浆管纵向间距 5～8 m。每一环二次衬砌长度内，埋设两环注浆管。

(2)环向施工缝注浆管埋设：二次衬砌施工前，在防水板内侧、拱顶模筑衬砌外缘设置纵向 ϕ 20 mm可维护注浆管，每 10 m 一段，环向注浆管结合环向施工缝布置，分别与预设的 ϕ 20 mm 镀锌钢管注浆口连接，镀锌钢管注浆口应突出衬砌内缘 3～5 cm。

2. 注浆参数

(1)注浆浆液的配制：一般采用 42.5 级的普通硅酸盐水泥，水灰比为 1∶1。

(2)注浆压力：注浆压力应控制在 0.05～0.1 MPa。回填注浆压力不宜过高，只要能克服管道阻力和二次衬砌与初期支护之间的空隙阻力即可。压力过高，易造成结构变形和环向施工缝漏浆。

3. 注浆施工注意事项

注浆前清理注浆孔，安装好注浆管，保证其通畅，必要时进行压水实验。

注浆时，应由低处向高处、由无水处向有水处一次性注浆，以利充填密实，避免浆液被水稀释离析。

二次注浆时，当注浆压力稳定上升，达到设计压力并持续稳定，不进浆或进浆量很少时，即可停止注浆，进行封孔。

15.9 渗漏水病害处理措施

15.9.1 局部渗漏处理

1. 二次衬砌混凝土表面湿渍区及渗漏水区处理

对二次衬砌混凝土表面湿渍区及渗漏水区封堵处理的具体措施为：在湿渍区及渗漏水区边缘线外 0.5 m 范围内打设注浆孔，安设灌浆嘴，灌注 1∶1 超细水泥浆液，注浆孔深度＝衬砌厚度－10 cm，孔距为 0.5 m×0.5 m，注浆压力为 1～1.5 MPa。施工过程中逐步增加注浆压力，根据现场情况确定最终压力参数。注浆完毕后 72 h 混凝土表面无水渗出为合格，检验合格后将混凝土表面清理干净，最后用调和好的水泥基渗透结晶型防水涂料刮涂两层防水，厚度小于2 mm。

2. 二次衬砌施工缝渗漏水处理

在施工缝处凿内宽 5～6 cm、外宽 4～5 cm、深 5 cm 的倒梯形槽。清除槽内混凝土残渣并用清水清洗干净。沿施工缝每间隔 20～30 cm 钻孔一处，钻孔深度为衬砌厚度的 2/3，安设马牙扣形注浆管，直径 32～42 mm，管口贴胶带。在槽中沿施工缝刮涂快干型封缝胶带两道，待封缝胶带固化后揭除胶带，在管口安设灌浆嘴，灌注 1∶1 超细水泥浆液，注浆压力为 1～1.5 MPa。注浆施工从下到上逐孔进行，施工过程中逐步增加注浆压力，根据现场实际情况确定最终参数。浆液固化并检验合格后，拆除灌浆嘴，对槽进行处理后用高压水冲洗，在槽中放入 ϕ 50 mm 半圆形波纹管，并按间距 50 cm 采用金属卡和射钉将波纹管固定，然后将调和好的聚硫密封胶(要求聚硫密封胶固化后的颜色接近混凝土本色)填入槽中并稍稍高出，然后用刀抹平。待聚硫密封胶固化后，在槽周围用调和好的水泥基渗透结晶型防水涂料刮涂两层防水，厚度小于 2 mm。

15.9.2　轨道基础渗漏病害处理

1. 设排水槽

为解决隧道基底渗漏水和排水不畅问题，在隧道中心线位置增加一条宽 30 cm、深 40 cm(要比垫层底实际施工标高低 10 cm)的矩形沟槽，中心排水槽的设置里程为 DK2192＋831～DK2196＋300；隧道两侧将既有的半圆形小水槽疏通，不另设排水槽。纵坡排水槽的设置与隧道一致，排水槽应平整、光滑，排水槽上设置盖板，水沟盖板大样如图15.9－1所示。

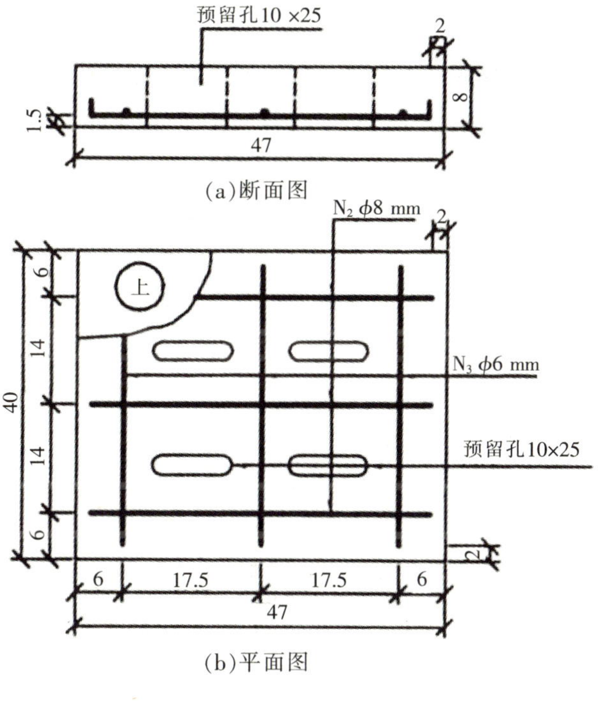

图 15.9－1　盖板大样图(单位:cm)

2. 设排水降压管

有病害或排水不畅地段中心排水槽下及隧道两侧侧沟底部设排水降压管，有病害地段排水降压管间距为 2 m，排水不畅地段为 5 m。排水降压管沿纵向布置，钻 ϕ 110 mm 孔，孔内设 ϕ 100 mm PVC 管，具体见图 15.9－2。若隧道病害段拱墙无湿渍，纵向盲管经检查畅通且有水流出，该段隧道两侧侧沟可以不设排水降压管。两种不同结构的排水降压管的设置方法如下：

(1)排水型结构排水降压管(DK2192＋831～DK2194＋340)：排水降压管在结构以下段周边开孔，外包一层土工布，PVC 管与围岩之间空隙采取粗砂回填；结构以上段管壁与结构混凝土之间灌注 M10 水泥砂浆，管口高出沟底面 10 cm。侧沟处排水降压管长度为 245 cm，中心处排水降

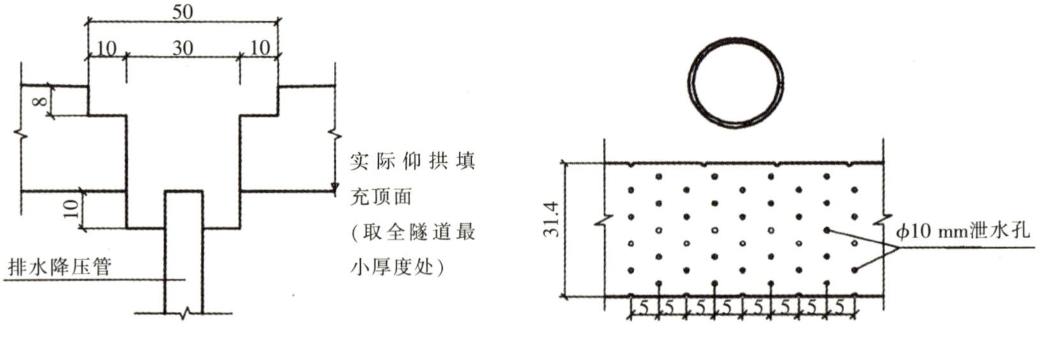

(a)中心槽大样图(1:10)　　(b)PVC管打孔展示

图 15.9－2　降压管示意图(单位:cm)

压管深度为深入仰拱以下 50 cm。包扎土工布时，土工布应完整，并将土工布包裹高度向结构段即上端延伸 10 cm，在端部用铁丝缠绕并扎紧。排水型结构排水降压管设置如图 15.9－3 所示。

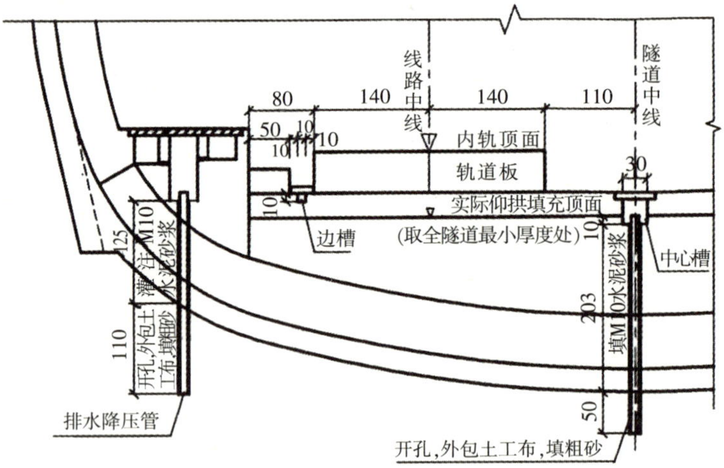

(a)排水型结构排水降压管处设置图

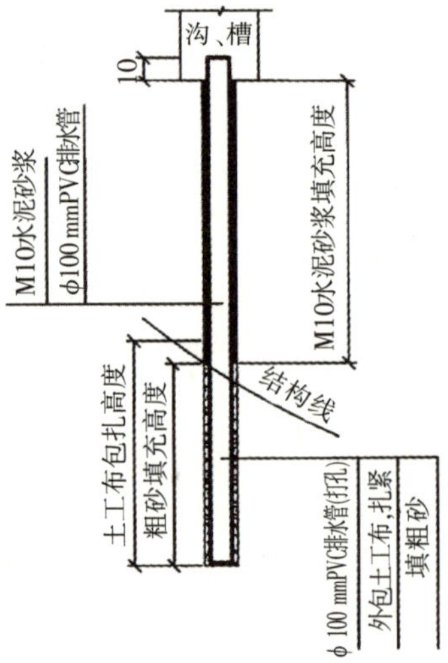

(b)排水降压管大样图

图 15.9－3　排水型结构排水降压管设置示意图(单位:cm)

(2)全封闭防水型结构排水降压管(DK2194＋340～DK2196＋300):排水降压管位于二次衬砌与防水板间,深度根据围岩级别的不同而不同。管壁开孔,外包一层土工布,沟槽口 20 cm 长度管壁与结构混凝土间灌注 M10 水泥砂浆,下部回填粗砂,上部管口高出底面 10 cm。包扎的土工布应完整,并用铁丝绑扎牢固。施工时注意保护防水板,钻孔不得损坏防水板。具体如图 15.9－4所示。

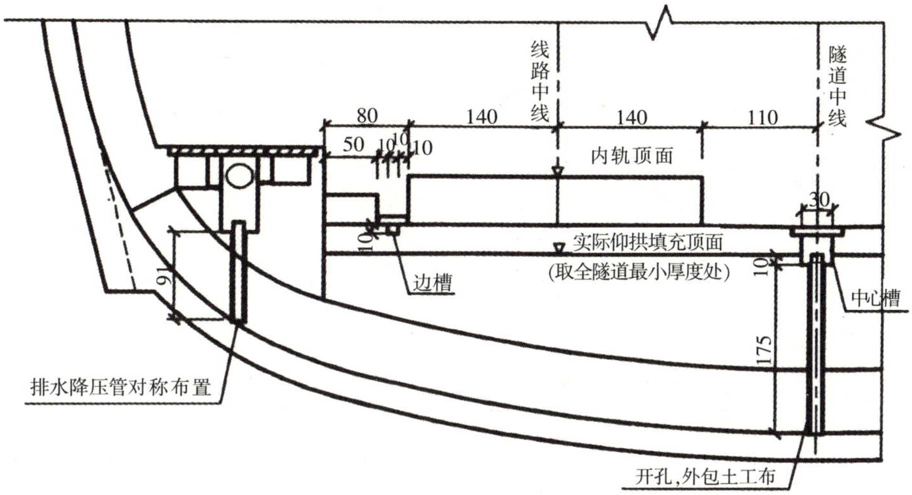

图 15.9－4　全封闭防水型结构排水降压管设置示意图(单位:cm)

15.10　总　结

金沙洲隧道的防水设计分两类:洞身埋于地面以上的山岭隧道采用防排结合型防水设计;洞身埋于城市地平线以下的地下隧道采用全封闭型防水设计,即隧道衬砌承担全部水头压力,不允许地下水渗入隧道内。

富水区环境条件差,全封闭型防水施工技术复杂,其效果难以达到理想要求。通过金沙洲隧道和城市地铁隧道的全封闭型防水施工,我们得出如下结论:

(1)应把隧道防水作为一个施工理念,贯彻于隧道施工的全过程,而不是仅仅局限在防水板的铺设上。依据"多道设防,以防为主"的原则,在隧道掘进、初期支护、防水板铺设、二次衬砌、成洞后的渗漏整治程序中都要有完备和可行的防水技术措施。

(2)隧道掘进中会出现围岩松弛变形,因此初期支护封闭后的注浆极为重要。利用注浆,可填塞初期支护背后的空洞和水囊。在基本无大渗漏的条件下再进行防水板的铺设,能成功堵截地下水。未经注浆整治而过快进行二次衬砌的地段,隧道渗漏均较为严重。

(3)处理好施工缝(沉降缝、变形缝、诱导缝)的防水、完善防水板铺设的工艺技术是防水施工的关键,二次衬砌完成后的注浆也是必不可少的。

(4)全封闭防水板的铺设是无法全部阻止地下水的侵入的,因此,在富水区防水板以内地下水渗入是不可避免的,而且还无法切断其水力的联通。这些细微水流具有流量小、压力大的特点,极易造成隧道结构和轨道结构的破坏。施工要依据"以排为主,防排结合"的原则,通过环向排水盲管、纵向排水盲管、泄水管、降压管及排水沟将地下水引排出地面。

第 16 章　岩溶地层围岩注浆防水技术

16.1　围岩注浆防水理论分析

16.1.1　围岩注浆防水可行性分析

现代设计理论认为，隧道及地下工程中的围岩是工程结构的重要组成部分，其不仅仅是结构荷载的来源，同时也是工程支护结构的重要部分，因此，在结构设计工程中，人们通常对围岩的承载能力给予一定的重视，对其防水作用却不够重视。但近年来的工程实践与研究发现，围岩对隧道及地下工程的防水具有较为重要的作用。

(1)围岩是隧道及地下工程中与地下水接触最多、最紧密的部分，地下水主要沿围岩裂隙、孔隙等渗流，若通过注浆充填隧道周围一定范围内的围岩内部裂隙、孔隙等，能够有效地减少隧道及地下工程周围的地下水。

(2)在岩溶、富水等复杂地质条件下，通过有效的围岩注浆能够提高围岩的稳定性，减少围岩变形产生的荷载。特别是隧道及地下工程建成后，作用在支护结构上的荷载，为隧道及地下工程各组成部分按照设计状态工作创造了有利条件。

(3)围岩注浆防水能够封闭围岩的内部缝隙，提高围岩的抗渗能力，增加地下水的渗流阻力，进而消耗地下水压力，为隧道及地下工程其他防水措施更好发挥作用提供了有利条件。

(4)岩体本身就具有较好的防水抗渗性能，结构密实、稳定性较好的围岩，在不受剧烈外界作用影响下，能够保持相当长的时间，这对提高防水系统的耐久性能具有积极作用。

(5)围岩可修补性较好，在查明空隙的前提下，可通过多次注浆对围岩进行修补，提高围岩的防水能力，这有利于隧道及地下工程防水系统的维护。

从上述分析看，围岩注浆防水对隧道及地下工程防水具有较好的可行性，对建立耐久性好、可维护性强的防水体系具有积极作用。

16.1.2　注浆固结机制分析与确定

16.1.2.1　基本注浆固结机制分析

围岩注浆的目的在于充填围岩内部孔隙，提高围岩抵抗地下水渗透的能力，特别是对于岩溶、富水地质条件下的围岩，还要提高围岩的自稳能力，以抵抗水压力和荷载作用，保证施工安全。因此，对注浆质量要求较高，需要依据合理的围岩注浆固结机制指导围岩注浆。

1. 渗透注浆机制

渗透注浆是指在注浆压力作用下，浆液克服各种阻力渗入地层颗粒状土的孔隙中，从而取代孔隙内的水和空气，提高地层的力学性能(见图 16.1－1)。渗透注浆是应用最为广泛的注浆理论。浆液在地层内的扩散方式包括球面扩散和柱面扩散。根据材料性质的不同，可以将渗透浆液分为牛顿流体渗透浆液和宾汉姆流体渗透浆液。

在岩溶发育地区，渗透注浆通过浆液扩散作用，不断取代破碎围岩孔隙内的水。在这个过程中，浆液受到水作用、围岩阻力、黏度变化等因素影响，故渗透注浆原理较为复杂。目前国内外还没有十分准确的渗透注浆理论公式，但是岩溶地区的渗透注浆浆液多为宾汉姆流体渗透浆液，其扩散方式一般为柱面扩散。

2. 压密注浆机制

压密注浆是用极稠的浆液(塌落度＜25 mm)，通过钻孔挤向土体，在注浆处形成近似球形的浆泡，浆体扩散靠周围土体的压缩。压密注浆适用于加固比中砂细的砂土或能够排水的黏土，其优点是可对软弱地区起到最大的压密作用。压密注浆与渗透注浆的加固机制不同，渗透注浆是通过浆液渗入土颗粒空隙内，将土颗粒胶结起来；而压密注浆是通过注浆压力产生挤压作用，使周围土体发生变形，提高土体密度。如图 16.1－2 所示，压密注浆形成浆泡后，其半径随着注浆压力增大而增大。当浆泡的水平投影面积与注浆压力乘积足以将上覆土层抬起时，注浆压力不宜再升高，应停止注浆。

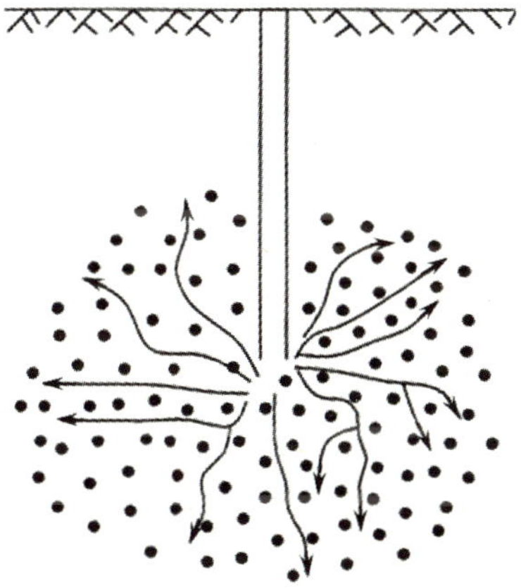

图 16.1－1　渗透注浆示意图

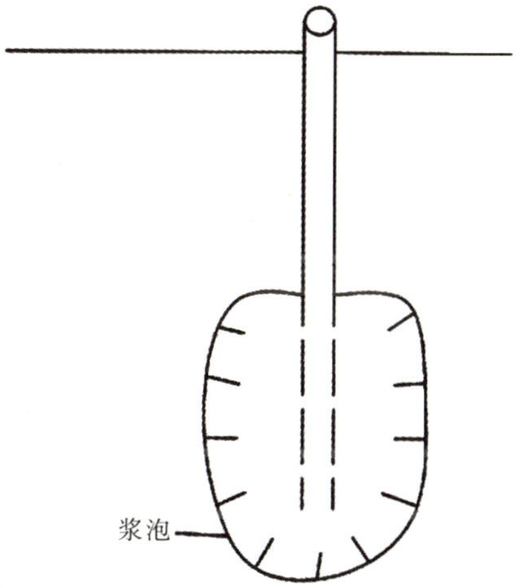

图 16.1－2　压密注浆示意图

3. 劈裂注浆机制

劈裂注浆是在钻孔内施加浆体压力于弱透水性地基中，当浆体压力超过劈裂压力时，土体产生水力劈裂，即在土体内突然出现裂缝，于是吃浆量突然增加。劈裂注浆通过钻孔形成网状浆脉，通过对土体挤压和浆脉的骨架作用对土体进行加固，如图 16.1－3 所示。

通常情况下，劈裂注浆是一个先压实后劈裂的过程，浆液在地层中流动分为三个阶段，如图 16.1－4 所示。

(1)第一阶段：鼓泡挤密阶段。刚开始注浆时，浆液所具备的压力不大，不能劈裂地层，浆液聚集在注浆管孔附近，形成椭球形泡体挤压土体，其压力、速率与时间的关系曲线如图 16.1－4 所示，曲线中的第一个峰值压力(a 点压力)即为启裂压力。

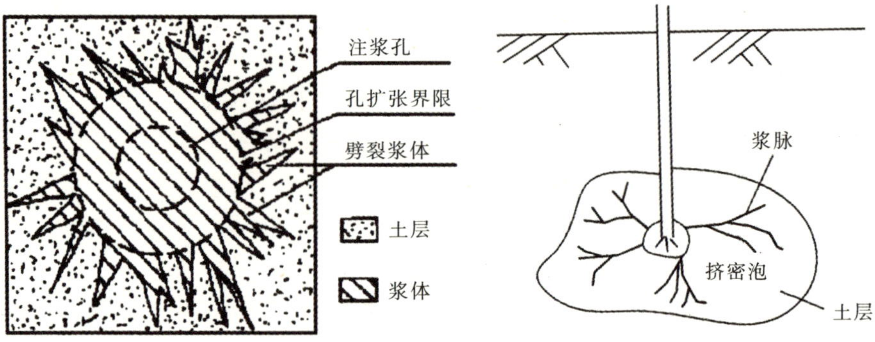

图 16.1-3　劈裂注浆示意图

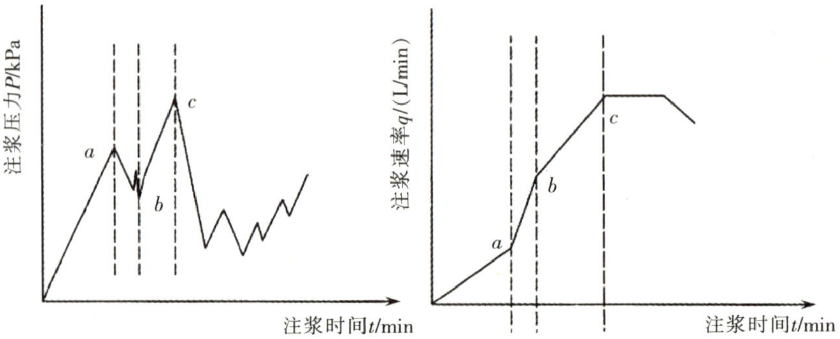

图 16.1-4　注浆压力-注浆时间曲线与注浆速率-注浆时间曲线

(2)第二阶段:劈裂流动阶段。当压力达到一定程度(启裂压力)时,浆液在地层中产生劈裂流动,劈裂面发生在阻力最小的小主应力面。当地面存在软弱破裂面时,则浆液先沿软弱破裂面劈裂流动。当地层比较均匀时,初始劈裂面是垂直的。劈裂压力与地基中小主应力及抗拉强度成正比,垂直劈裂注浆压力为

$$p_v = \gamma h \cdot \frac{1-\mu}{(1-N)\mu}\left(2k_0 + \frac{\sigma_t}{\gamma h}\right) \tag{16.1-1}$$

式中,p_v 为垂直劈裂注浆压力;γ 为土的重度;h 为注浆段深度;μ 为土的泊松比;N 为土体特性综合参数;k_0 为土的侧压力系数;σ_t 为土的抗拉强度。

劈裂流动阶段的基本特征是,压力值先是很快降低,然后维持在一低压值左右摆动。但是由于浆液在劈裂面上形成的压力推动裂缝迅速张开,在裂缝的最前端出现应力集中,因此这时压力虽然低,裂缝却迅速发展。

(3)第三阶段:被动土压力阶段。裂缝发展到一定程度,注浆压力又重新上升,地层中大、小主应力方向发生变化,水平向主应力转化为被动土压力(最大主应力),这时需要更大的注浆压力才能使裂缝加宽或产生新的裂缝,出现更大的注浆峰值(图 16.1-4 中的 c 点)。由于此时水平向应力大于垂直向应力,地层出现水平向裂缝(二次劈裂)。

被动土压力阶段是劈裂注浆加固土体的关键阶段,垂直劈裂后浆液沿着裂缝向四周渗透扩散,大量注浆,使小主应力有所增加,缩小了大、小主应力之间的差别,提高了土体的稳定性。浆液注入地层后,随着劈裂的产生,裂缝呈脉状,有主劈裂面也有次劈裂面,纵横交叉形成网络。浆脉网可提高土体的法向应力之和,并提高土体的刚度。

16.1.2.2　注浆固结机制的确定

实际工程经验表明，围岩因受到地质构造运动、地下水长期渗流等作用的影响，其内部情况较为复杂，很难确定哪种注浆固结机制是合理的围岩注浆防水机制。针对这一问题，我们进行了一系列的调研工作，主要调研对象包括宜万铁路多个典型隧道、大伙房输水隧洞、渝怀铁路圆梁山隧道等工程的注浆资料，得出以下结论：

（1）当围岩内部存在较大的空洞、裂隙时，注浆以充填注浆为主。

（2）当围岩自稳性较好，但岩体节理贯通性较好，地下水可沿裂隙不断渗流时，注浆以渗透注浆为主。

（3）岩溶地区隧道及地下工程常遇到溶洞、溶腔，其内部常存在充填物质，若充填物渗透性较好，注浆以渗透注浆和压密注浆为主；若充填物渗透性较差，则注浆以劈裂注浆为主。

（4）地下水压力较大时，一般需要采用速凝浆液充填围岩表面缝隙，控制地下水喷涌，然后根据实际情况选择适当的注浆机制进行围岩注浆。

通过上述的分析，围岩注浆防水不能单一地采用某一注浆固结机制指导注浆，需要根据实际情况综合应用注浆固结机制，才能获得较好的效果。

16.2　围岩注浆防水方法研究

16.2.1　围岩注浆防水固结方式分析

围岩注浆技术已运用多年，在不断的工程实践中，形成了多种围岩注浆固结方式，这些围岩注浆固结方式各具特点，在具体施工中需要根据实际情况选择适合的注浆固结方式。我们通过调研大量的工程实例与研究资料，对较为常用的注浆固结方式的特征进行了归纳与总结，详见表 16.2-1。

表 16.2-1　围岩注浆固结方式特征

注浆固结方式	注浆固结方式简介	注浆范围	适用的水文地质条件	注浆目的	施工难度	施工速度
全断面预注浆	通过对开挖面前方围岩进行注浆，使开挖面前方较大范围内的围岩被固结，保证其能够自稳，并抵抗一定的荷载作用	开挖面和开挖轮廓线以外一定范围	岩溶富水地层、软弱地层（水压和出水量较大，且围岩自稳能力差的地层），大型充填型溶洞	对开挖面前方围岩进行加固，预防开挖面垮塌和突水、突泥	较大	较慢
帷幕注浆	对开挖面前方、轮廓线以外的围岩进行注浆，在隧道（洞）外侧形成一定厚度的止水帷幕保护壳，控制地下水入侵	开挖轮廓线外侧一定范围	岩溶富水地段，出水量较大，但水压不大，且围岩有一定自稳能力的地层	加固围岩，控制地下水入侵，预防突水、突泥	大	慢
周边小导管预注浆	通过小导管对隧道开挖周边围岩进行注浆，控制围岩变形、地下水入侵等，以满足开挖需要	开挖轮廓线外侧较小范围	水压和涌水量较小、围岩有一定自稳能力的地层	加固围岩，提高围岩抗渗防水能力。或作为全断面预注浆和帷幕注浆后的补充注浆	较小	较快

续表

注浆固结方式	注浆固结方式简介	注浆范围	适用的水文地质条件	注浆目的	施工难度	施工速度
径向注浆	在开挖面后方，沿隧道及地下工程径向进行钻孔注浆	开挖轮廓线外侧	地下水丰富、软弱围岩地层	治理初期支护出现的大面积渗漏水或支护结构变形	小	快
局部注浆	工程局部围岩较差或出水量较大，采用局部钻孔注浆，进行固结与封堵	开挖轮廓线外侧	地下水丰富、围岩较完整	局部加固、注浆堵水。也常用于全断面注浆或帷幕注浆的补充注浆	小	快
补充注浆	实施相关注浆后，未达到设计要求，根据实际情况进行补充注浆	开挖面或开挖轮廓线外侧	—	局部针对性注浆	小	快

16.2.2 注浆工艺分析

围岩注浆过程选择合适的注浆工艺非常重要，这对注浆效果、注浆速率都有较大影响，应根据围岩特点、水压以及水流迁移路径等因素选择注浆工艺。根据调研，目前适合于围岩注浆防水的工艺较多，主要有孔口管注浆法、花管注浆法、袖套管注浆法、双重双栓塞复合注浆法和循环式注浆法等。

16.2.2.1 孔口管注浆法

孔口管注浆法是较为常用的注浆方法，即采用钻孔机械设备在围岩内钻孔后，在钻孔上安装孔口管，通过孔口管对围岩进行注浆。孔口管注浆法根据钻孔深度和注浆方式可以分为前进式注浆、后退式注浆和全孔式注浆，如图 16.2-1 所示。

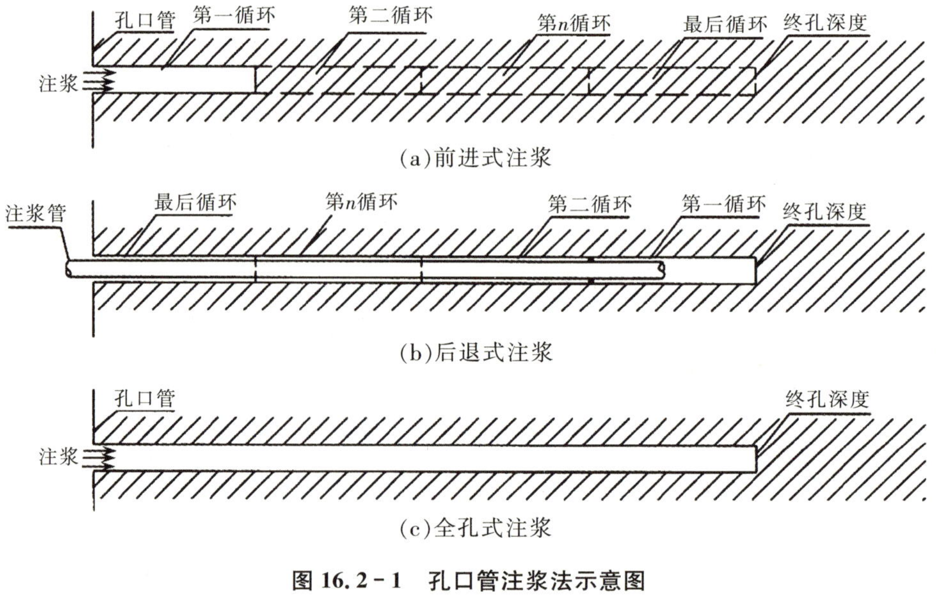

图 16.2-1　孔口管注浆法示意图

1. 前进式注浆

前进式注浆是钻孔不是一次性达到设计终孔深度，而是根据围岩特性、注浆要求分多次进行钻孔注浆，如图 16.2-1(a)所示。该方法施工要点是每次按照设计要求钻孔到一定深度后，安装孔口管进行注浆，待浆液达到设计强度后，再重新钻孔到下一设计深度并注浆，如此进行若干循环后，达到最终注浆设计要求。该方法主要用于自稳能力较差、成孔率较低的围岩，较适用于破碎围岩、充填性溶洞，但是该方法的施工效率较低。

2. 后退式注浆

后退式注浆是钻孔一次性达到设计终孔深度后，将带有止浆塞的注浆管设备插入钻孔内，将钻孔分成若干段进行注浆，如图 16.2-1(b)所示。注浆时，注浆管由孔底开始注浆，采用止浆塞进行止浆，注浆结束后，注浆管后退至下一段再次进行注浆。该方法适用于自稳能力较好、成孔率较高的围岩，但是施工工序烦琐，施工效率较低。

3. 全孔式注浆

全孔式注浆是钻孔一次性达到设计终孔深度后，安装孔口管对钻孔进行注浆，如图 16.2-1(c)所示。该方法以全部钻孔为注浆对象，注浆速率高，适用于自稳能力较好的围岩。缺点是注浆段较长，注浆效果难以保证。

16.2.2.2　花管注浆法

花管注浆法是在注浆管前端的一段管子上以一定间距开直径为 2～5 mm 的溢浆孔(如图 16.2-2 所示)，使浆液由溢浆孔呈放射状进入围岩。该注浆法增加了注浆管的出浆面积，使浆液能够及时扩散至围岩内，大大减小了注浆压力急剧上升和浆液涌出的可能性。花管注浆法可用于砂砾层渗透注浆，也可用于土体劈裂注浆；如果与注浆塞组合，还可用于孔壁较好的岩体裂隙注浆。但是花管注浆法存在以下缺点：花管的溢浆孔容易堵塞，影响注浆效果；注浆后，注浆花管不能取出，只能使用一次，注浆成本较高；注浆花管不宜过长，一般单根长度应小于 5 m。

图 16.2-2　注浆花管示意图

16.2.2.3　袖套管注浆法

袖套管注浆法广泛应用于砂砾层渗透注浆、软土层劈裂注浆和深层土体劈裂注浆。袖套管注浆工艺主要是：

(1)钻孔：采用泥浆护壁钻孔，如图 16.2-3(a)所示。

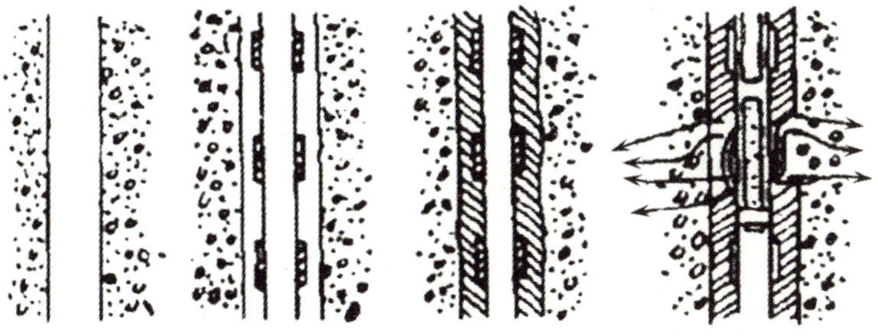

(a)钻孔　(b)插入袖套管　(c)灌入泥浆套壳材料　(d)注浆

图 16.2-3　袖套管注浆法示意图

(2)插入袖套管:袖套管一般直径为 50～60 mm,每隔 35～50 cm 钻一组射浆孔,外包橡皮套。插入钻孔时,管端封闭,管内充满水,如图 16.2－3(b)所示。

(3)灌入泥浆套壳材料,如图 16.2－3(c)所示。

(4)注浆:泥浆套壳达到一定强度后,在单向袖套管内插入带有双向止浆塞的注浆芯管进行分段注浆。如图 16.2－3(d)所示。

该注浆方法对注浆孔进行分段注浆,而且套壳材料封闭袖套管与钻孔之间的孔隙,故注浆加固区容易达到良好的效果。该方法比较适合用于地表垂直注浆,对于水平孔或斜向上孔适应性较差。

16.2.2.4　双重双栓塞复合注浆法

双重双栓塞复合注浆法所用的注浆管为双重注浆管,双栓塞间为具有单向阀的混合射枪,如图 16.2－4 所示。复合注浆时,先用廉价、高强度的悬浊型浆液(A 浆液)进行脉状注浆,以充填大空隙,提高围岩的均匀性,防止昂贵浆液流失;然后用黏度低、凝结时间短、纯溶液型化学浆液(B 浆液)进行注浆。

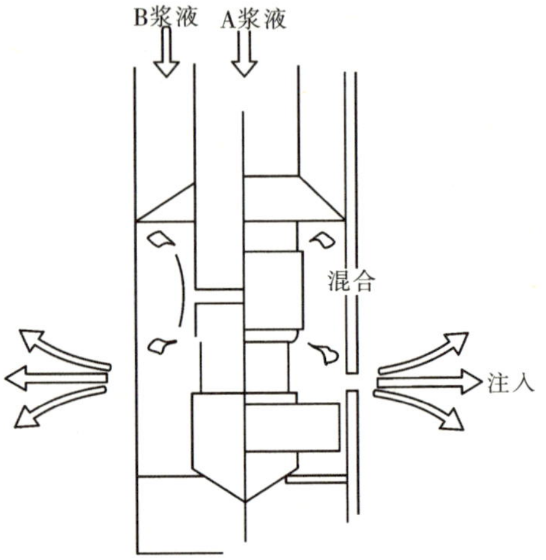

图 16.2－4　双重双栓塞复合注浆法示意图

16.2.2.5　循环式注浆法

在渗透能力较强或压缩性较大的介质内注浆,一般采用纯压式注浆;而对吸浆率较小的裂隙岩体,浆液注入较困难,而且容易引起注浆压力急剧升高。循环式注浆法则较适合对这种介质进行注浆。采用该方法时,需保持注浆压力恒定,注浆孔内多余的浆液返回注浆泵内,继续进行注浆,形成循环注浆系统,如图 16.2－5 所示。

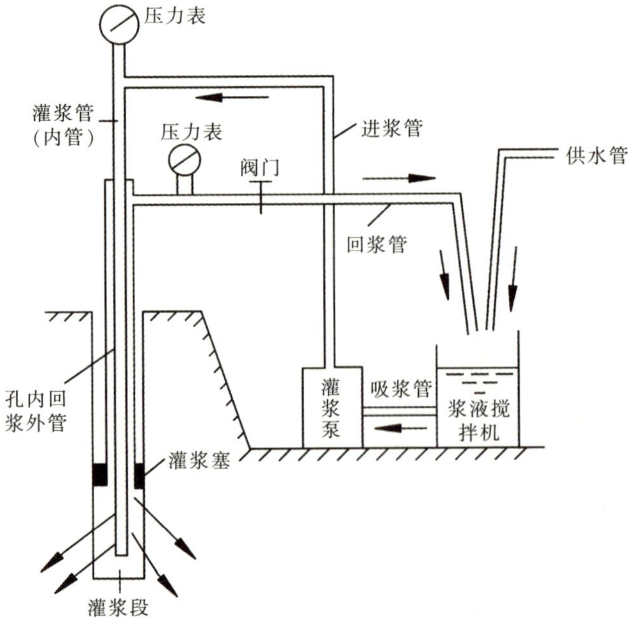

图 16.2－5　循环式注浆法示意图

从上述分析可以看出，目前的注浆工艺各具特点，应根据实际围岩情况、注浆目的进行选择。本课题根据上述分析，并借鉴相关工程经验，对常用注浆工艺的特征做了总结，如表 16.2－2 所示，在具体围岩注浆防水过程中，可以参照此表进行选择。

表 16.2－2　常用注浆工艺特征

注浆工艺		适用条件	施工速度	注浆质量	备　注
孔口管注浆法	前进式注浆法	断层破碎带、高压水封堵、富水（或贫水）型溶洞充填物注浆固结	较慢	好	围岩较差
	后退式注浆法	围岩稳定性较好，成孔率较高，但围岩内部节理发育，对围岩注浆质量要求较高	慢	好	—
	全孔式注浆法	围岩裂隙水注浆封堵，局部注浆	快	一般	围岩完整性较好
花管注浆法		贫水性溶洞或溶槽充填物注浆加固、局部注浆、径向注浆	快	一般	可以配合小管棚使用
袖套管注浆法		适用于地表注浆	较慢	较好	—
双重双栓塞复合注浆法		围岩内部孔隙较多，连通性较好，需浆量较大，采用两种浆液进行注浆	较慢	较好	—
循环式注浆法		围岩裂隙水注浆封堵、局部注浆，渗透性较差的围岩或充填物注浆	较慢	好	围岩完整性较好

16.3　围岩注浆防水参数研究

围岩注浆防水的目的主要是提高围岩防水抗渗能力，同时提高围岩稳定性。由于注浆参数的确定是一项半经验半理论性质的研究，为了提高工作效率，本课题此处主要以经验公式法确定围岩主要注浆参数。

16.3.1　注浆圈厚度

注浆圈厚度主要受到隧道开挖半径、围岩等情况的影响，在以往隧道围岩注浆中，主要通过经验和工程类比确定。在一般节理、裂隙地层，注浆加固范围为隧道直径的 2～3 倍；进行全断面注浆时，如在高压、富水条件下，注浆加固范围为开挖直径的 3～4 倍；日本修建青函海底隧道时，考虑到海底的危险程度，注浆加固范围按开挖直径的 5 倍确定。因此，本课题采用下列公式确定注浆圈厚度。

$$R = KR_a \tag{16.3-1}$$

式中，K 为计算系数，按表 16.3－1 取值；R_a 为隧道开挖半径。

表 16.3－1　注浆圈厚度取值表

围岩条件	围岩节理不发育，地下水丰富	围岩较差，地下水丰富，水压较大	围岩较差，自稳能力差，地下水丰富，水压较大；穿越大型富水充填型溶洞
计算系数（K）	2～3	3～4	5

16.3.2 注浆段长度

注浆段长度主要根据钻孔机械的特点、注浆圈的厚度、止浆墙的厚度以及地质情况等因素确定，并综合考虑帷幕注浆效率、施工的方便以及工程类比经验方法。一般为 6～20 m。

16.3.3 注浆压力

1. 按经验公式计算

根据经验，注浆压力 p 取最大静水压力的 3 倍，则

$$p = 3 \times p_0 \quad (p_0\text{为最大静水压力}) \tag{16.3-2}$$

2. 根据地层注浆深度计算

$$p = KH \tag{16.3-3}$$

式中，K 为系数，按经验取 0.023；H 为水头高度。

对式(16.3－2)、式(16.3－3)的计算结果进行综合分析，根据实际情况选择注浆压力(终压)。

16.3.4 止浆岩盘厚度

$$d = \frac{p_0 D_0}{4[\tau]} \tag{16.3-4}$$

式中，p_0 为注浆压力(MPa)；D_0 为注浆段开挖平均直径(m)；$[\tau]$为岩石允许抗剪强度(MPa)。为保证注浆时的安全，按上式计算得到的 d，应考虑一定的安全储备，一般情况下可将 d 乘以 1.4～1.85 倍的安全系数。

16.3.5 混凝土止浆墙厚度

$$d = \frac{pr}{[\sigma]} + 0.3r \tag{16.3-5}$$

式中，p 为最大注浆压力；r 为隧道平均开挖半径；$[\sigma]$为混凝土允许抗压强度，$[\sigma]=\sigma_{3\sim7\mathrm{d}}/k$，其中 $\sigma_{3\sim7\mathrm{d}}$表示 3～7 d 混凝土强度，$k$ 表示安全系数，一般取 2；如果混凝土加早强剂，按 C30 允许抗压强度的 70%来考虑，则$[\sigma]=10.5\times0.7\times1/2\approx3.68$(MPa)。

根据围岩的状况，在围岩整体性较好的地段，也可利用围岩作为止浆岩盘。

16.3.6 浆液扩散半径及终孔间距

按经验，隧道围岩注浆工程中浆液扩散半径一般为 1.0～6.0 m。在初步确定后，一般需要通过现场试验进行修正。

1. 按注浆加固交圈理论计算终孔间距

根据注浆加固交圈理论，注浆终孔的布置应使浆液扩散后能互相连接，不应存在浆液扩散的盲区，使得注浆后围岩在理论上能形成严密的止水帷幕。一般情况下，多排注浆孔布置以梅花形

居多，以获得较佳的注浆效果。

如果注浆终孔的行间距为 a、排距为 b，按注浆加固交圈理论，则应满足下式要求：

$$a \leqslant \sqrt{3}R \tag{16.3-6}$$

$$b \leqslant \frac{2}{3}R \tag{16.3-7}$$

式中，R 为浆液扩散半径。

2. 按经验公式计算终孔间距

终孔间距 D 按以下的经验公式计算

$$D = (1.4 \sim 1.7)R \tag{16.3-8}$$

式中，R 为浆液扩散半径。

16.3.7 注浆量

注浆量指单孔注浆量，渗透注浆量主要与地层的孔隙率有关。假设浆液在地层中均匀扩散，单孔注浆量 Q(m^3)参照下式计算：

$$Q = \pi R^2 L\eta\alpha\beta \tag{16.3-9}$$

式中，R 为浆液有效扩散半径(m)；L 为注浆段长度(m)；η 为围岩孔隙率，按地质资料取值；α 为浆液充填系数，一般取 0.6～0.8；β 为超耗系数(含超注、跑冒消耗)，取 1.2～1.5。

在断层及断层破碎带，注浆量不太符合上述公式，往往计算与实际出入较大，事前难以给出准确的数量，应以现场实际注入量为准。

16.3.8 径向注浆注浆参数

径向注浆是指为进一步加强围岩注浆效果，对局部渗水和漏水量大的位置进行注浆。

16.3.8.1 径向注浆加固圈厚度

按照工程经验，径向注浆加固圈厚度 B 一般为

$$B = (0.5 \sim 1.0)D \tag{16.3-10}$$

式中，D 为隧道开挖直径(m)。

16.3.8.2 注浆孔间距

孔网参数为 1.5 m×1.5 m，梅花形布置，采用 ϕ 42 mm 花管。

16.3.8.3 注浆终压

注浆终压不大于 2.5 MPa，可根据现场注浆情况进行适当调整。

16.4 注浆材料比选试验分析

16.4.1 注浆材料基本性能分析

1. 水泥单液浆

水泥单液浆是最为常用的注浆材料，其优点是凝结时间可以根据实际需要进行调节；浆液结石体强度高，后期强度不会随时间流逝而显著降低；结石体抗渗性能好；采用单液方式注入，工艺及设备简单，操作方便；水泥作为注浆材料，来源丰富，价格低廉；浆液可根据需要进行配制，可灌性好；浆液无毒性，对地下水环境无污染。但缺点是对中细、粉砂层及裂隙细微岩层可注性差；浆液初、终凝时间相对较长，不能准确控制；浆液容易流失，结石率低。普通 32.5R 硅酸盐水泥浆液，水灰比一般采用 0.6∶1～2.0∶1，添加一定量的速凝剂和 SW 早强减水剂，凝结时间应根据实际需要进行调整。

2. 水泥-水玻璃浆液

水泥-水玻璃浆液是水泥浆和水玻璃混合的双液浆，其特点是浆液可控制好，凝结时间可准确控制在几秒至几十分钟范围内；浆液结石体强度较高，为 5.0～20.0 MPa；浆液的结石率高，可达 100%；结石体的渗透系数小，在 10^{-3} cm/s 左右；浆液适宜于 0.2 mm 以上裂隙及 1 mm 以上粒径的砂层使用；材料来源丰富，价格较便宜，浆液对地下水和环境无污染；随着时间流逝，后期强度显著降低或丧失；可灌性较单液浆差，施工中易出现堵管、爆管现象；按配合比配制好的浆液在注入水中时会立刻发生变化，难以达到预期的注浆效果，结石时间及强度难以保证。

3. 抗分散型水泥基浆液

近年来，随着材料技术的发展，水泥基注浆材料也不断进步，具有代表性的是 HSC 系列抗分散型水泥基注浆材料（HSC 系列特种注浆材料），该材料可分为含水细砂型、承压涌水型、帷幕加固堵水型、早强防水加固型 4 种。可针对不同的地层条件、地层的渗透性、出水量、地层的结构强度、不同的注浆阶段等因素，选择不同型号的注浆材料。各种型号材料的适用范围如下：

（1）含水细砂型特种注浆材料：适用于粉细砂层、淤泥质软土层、高应力软弱破碎围岩的堵水加固，特点是对地层扰动小，加固作用明显。超细双液型浆液粒径：D50＜3.0 μm，D90＜10.0 μm；比表面≥2.5 m²/g，其他指标与普通双液型相同。普通双液型浆液的粒径较大，浆液一般只能渗入宽度大于 0.2 mm 的裂缝；超细双液型浆液的渗透能力优于普通型，可以渗入宽度大于 0.05 mm 的裂缝，以实现工程要求的扩散半径和充填率，更适合于高压帷幕注浆施工。

（2）承压涌水型特种注浆材料：适用于硬岩及强约束地层的大涌水。在 0.8 m/s 流动水中，3 min的留存率为 80%，凝结时间可在 30 s 到十几分钟调整。可瞬凝止水，抗大涌水冲刷。

（3）帷幕加固堵水型特种注浆材料：适用于一般软弱围岩、寒区围岩、城市地下工程的堵水，特点是加固过程中自然堵水，堵水可靠性高，堵水率高。

（4）早强防水加固型特种注浆材料：适用于低流速水时的快速充填注浆，特点是早期强度高，可在静止和低流速水中使用。

16.4.2　注浆材料的对比分析

16.4.2.1　HSC 特种注浆材料与超细水泥的基本性能对比

HSC 特种注浆材料与超细水泥的基本物理指标相似，价格也接近，二者的性能对比见表 16.4-1至表 16.4-3。

表 16.4-1　HSC 特种注浆材料与超细水泥的基本性能

性能项目	HSC 特种注浆材料	超细水泥
粒径/μm	6～8	6～8
结石率/%	98～100	65～90
泌水率/%	0～2	3～15
耐侵蚀性　硫酸镁(5%)	1.14	损坏
耐侵蚀性　氯化钠(5%)	1.11	0.82
抗渗性/(10^{-9} cm/s)	70	50

表 16.4-2　不同注浆量下 HSC 特种注浆材料与超细水泥注浆性能试验结果

注浆量（浆材占复合土体的百分比）	复合土体抗压强度/MPa	
	HSC 特种注浆材料	超细水泥
3%	0.4	0.10
5%	0.8	0.15
10%	1.3	0.40
15%	2.0	0.41
20%	3.6	0.60

表 16.4-3　不同水流速度下 HSC 特种注浆材料与超细水泥注浆性能试验结果

水流速度/(m/s)	留存率/%	
	HSC 特种注浆材料(含水细砂型)	超细水泥
0.1	90	31
0.3	70	13
0.5	54	<10

16.4.2.2　注浆材料的配合比试验

注浆材料浆液的可注性对浆液的注浆效果影响较大，这里通过材料的配合比试验评价各种材料的浆液的黏稠度，试验结果见表 16.4-4。从试验结果中可以看到，各种材料在试验配合比下都能够制成具有一定可注性的浆液。

16.4.2.3　各种材料的凝结时间试验

按照各种材料的配方进行凝结时间测试，测试结果如表 16.4-5 所示。从试验结果可以看出，HSC 特种注浆材料凝结时间较长，适合渗透范围较大、水压较小的注浆，而水泥基双液快凝抗流失注浆材料的凝结时间非常短，适合用水量较大的高水压注浆。

表 16.4－4　材料配合比试验

材料配方		普通水泥＋速凝剂（占水泥质量的4%～8%）	HSC 特种注浆材料	水泥基双液快凝抗流失注浆材料	普通水泥＋早强剂（占水泥质量的 4%）	复合注浆材料［普通水泥＋粉煤灰＋早强剂（占水泥质量的 3%～4%）］	复合注浆材料（普通水泥＋膨润土）
配合比	（水：灰）	1：1	1：1	1：1	1：0.04：1.04	1：0.3：0.03：1.6	1：2：3
	（水泥：膨润土/早强剂：水）	1：0.8	0.8：1	0.8：1	1：0.04：0.84	1：0.3：0.03：1.6	1：2.5：3.5
	（水泥：粉煤灰：早强剂：水）	0.6：1	0.6：1	0.6：1	1：0.04：0.64	1：1：0.04：1.6	1：3：4
双液体积比（A/B）		—	—	1：1	—	—	—
试验结果		可制浆	可制浆	可制浆	可制浆	可制浆	可制浆，浆液较稠

表 16.4－5　各种材料的凝结时间对比

材料配方	凝结时间/min					
	0.6：1（水灰比）		0.8：1（水灰比）		1：1（水灰比）	
	初凝	终凝	初凝	终凝	初凝	终凝
普通水泥＋早强剂	547	780	656	879	689	960
普通水泥＋速凝剂	60	180	240	480	360	600
HSC 特种注浆材料	139	167	169	196	189	216
超细水泥注浆材料	438	726	525	876	570	932
复合注浆材料（普通水泥＋粉煤灰＋早强剂）	560	880	680	960	710	1 060
复合注浆材料（普通水泥＋膨润土）	3 360	4 200	3 480	4 320	3 720	4 560
水泥基双液快凝抗流失注浆材料	9	12	—	—	15	25

16.4.2.4　材料的强度试验

各种材料经成型后进行标准养护，按照不同龄期进行抗压强度试验，重点测试材料的早期强度，试验结果见表 16.4－6。

表 16.4－6　各种材料的强度试验结果

材料配方	抗压强度/MPa					
	30 min	1 h	1 d	3 d	7 d	28 d
普通水泥＋早强剂	—	—	—	8.3	13.7	14.6
普通水泥＋速凝剂（抗压强度比）	—	—	132%	239%	115%	111%
HSC 特种注浆材料	—	—	7.1	11.4	15.1	16.5
复合注浆材料（普通水泥＋粉煤灰＋早强剂）	—	—	1.6	7.0	13.1	13.9
复合注浆材料（普通水泥＋膨润土）	—	—	—	—	—	4.3
水泥基双液快凝抗流失注浆材料	1.6	2.1	10.6	13.6	18.7	25.2

注：水灰比为 1：1，双液体积比为 1：1

16.4.2.5　水泥基双液注浆材料性质研究

根据试验结果，水泥基双液快凝抗流失注浆材料的特性适合于浏阳河隧道注浆，因此我们专门对该材料做了进一步的性能试验，并提出不同配合比的水泥基双液快凝抗流失注浆材料，以便于注浆工程实施中选择，试验结果见表 16.4－7 至表 16.4－11。

表 16.4－7　水泥基双液注浆材料流动性和凝胶时间、凝结时间测试结果

材料配合比		流动性/mm		混合后凝胶时间/min		凝结时间/min	
		双液加水搅拌后放置时间(45 min)		单液加水搅拌后放置时间		初凝	终凝
		A 料	B 料	10 min	60 min		
Ⅰ型-1	H_2O∶A=0.6∶1 H_2O∶B=0.6∶1 体积比 1∶1	260	260	48 s	瞬凝	9	12
Ⅰ型-2	H_2O∶A=1.2∶1 H_2O∶B=1.2∶1 体积比 1∶1	300	300	8	5	15	25
Ⅱ型	H_2O∶A=1∶1 H_2O∶B=66.6∶1 体积比 1∶1	400	20	15	10	75	115

表 16.4－8　水泥基双液注浆材料凝胶时间、凝结时间测试结果

材料名称		凝胶时间(30 s)/min	双液凝结时间/min		单液凝结时间(A)/h		单液凝结时间(B)/h	
			初凝	终凝	初凝	终凝	初凝	终凝
双液(A 粉＋B 粉)体积比 1∶1	水灰比 0.6∶1	3.5	7	10	8.5	10	16	20
	水灰比 0.8∶1	8	—	—	8.7	10.5	17.3	18.5
	水灰比 1.2∶1	15	12	15	9.5	12	18.5	20
双液(A 粉＋B 液)体积比 1∶1	水灰比 0.6∶1	14	20	25	7	10	—	—
	水灰比 0.8∶1	17	27	58	8	10	—	—
	水灰比 1.2∶1	20	55	320	8.2	12	—	—
	水灰比 1.5∶1	—	45	385	9	15	—	—
单液	水灰比 0.6∶1	—	222	242	—	—	—	—
	水灰比 1.0∶1	—	240	258	—	—	—	—
	水灰比 1.5∶1	—	270	306	—	—	—	—

表 16.4－9　水泥基双液注浆材料抗压强度试验结果

材料名称		抗压强度/MPa					
		4 h	6 h	1 d	3 d	7 d	28 d
双液(A 粉＋B 粉)体积比 1∶1	水灰比 0.6∶1	10.8	13.5	20.5	24.2	28.3	28.8
	水灰比 0.8∶1	—	—	9.7	10.0	16.2	17.6
	水灰比 1.2∶1	3.0	3.5	2.8	2.8	3.6	3.8

续表

材料名称		抗压强度/MPa/					
		4 h	6 h	1 d	3 d	7 d	28 d
双液（A粉+B液）体积比1∶1	水灰比0.6∶1	—	—	1.9	3.1	5.0	5.6
	水灰比0.8∶1	—	—	1.1	2.3	4.3	4.8
	水灰比1.2∶1	—	—	0.6	1.8	3.6	3.9
	水灰比1.5∶1	—	—	0.5	1.2	2.9	3.2
单液	水灰比0.6∶1	—	—	13.8	15.6	17.0	18.2
	水灰比1.0∶1	—	—	4.4	4.6	4.7	5.6
	水灰比1.5∶1	—	—	1.2	2.1	2.2	2.6

表16.4-10　水泥基双液注浆材料基本性能测试结果

材料名称		浆液容重/(kg/m^3)		黏度/(mPa·s)		相对密度	
		A料	B料	A料	B料	A料	B料
Ⅰ型	H_2O∶A=1.2∶1 H_2O∶B=1.2∶1	1520	1530	10.5	10.5	1.4	1.37
Ⅱ型	H_2O∶A=1∶1 H_2O∶B=66.6∶1	1330	2000	10.5	10.5	1.37	1.02

表16.4-11　水泥基双液注浆材料抗水流冲刷性测试结果

水流速度/(m/s)	留存率/%		
	(Ⅰ型-1) H_2O∶A=1.2∶1 H_2O∶B=1.2∶1 体积比1∶1	(Ⅰ型-2) H_2O∶A=0.6∶1 H_2O∶B=0.6∶1 体积比1∶1	(Ⅱ型) H_2O∶A=1∶1 H_2O∶B=66.6∶1 体积比1∶1
0.3	80	100	80
0.6	80	100	80
1.0	70	100	80
1.2	70	100	70
2.0	50	80	50

16.4.2.6　各种注浆材料的综合性能评价

根据对各种注浆材料所进行的室内试验结果，结合各种注浆材料的组成、特点以及价格，进行综合性能评价(见表16.4-12)，以得到适应不同现场情况的注浆材料。

表16.4-12　注浆材料综合性能评价表

材料名称	材料特性	价格(2007年)
普通水泥+早强剂	结石体抗压强度高、抗渗性能好；常用于粗砂层的加固，在致密土体中以劈裂形式进入地层	1000元/米^3
普通水泥+速凝剂	结石体抗压强度高、抗渗性能好；常用于粗砂层的加固，在致密土体中以劈裂形式进入地层	1000元/米^3
HSC特种注浆材料	适用于粉细砂层、淤泥质软土层、高应力软弱破碎围岩的堵水加固，早期强度高	约为普通水泥浆液的2倍

续表

材料名称	材料特性	价　　格
超细水泥注浆材料	适用于粉细砂层、黏土含量低于 2%的地层，此材料仅适用于细小裂隙地层中的渗透注浆	普通水泥浆液的 2～3 倍
复合注浆材料（普通水泥＋粉煤灰＋早强剂）	结石强度和黏结力都比较低，抗渗透和耐冲蚀的能力很弱，故仅在低水头的防渗工程中使用	比纯水泥浆液略便宜
复合注浆材料（普通水泥＋膨润土）	结石强度和黏结力都比较低，抗渗透和耐冲蚀的能力很弱，故仅在低水头的防渗工程中使用	与水泥单液浆接近
水泥基双液快凝抗流失注浆材料	流动性、抗分散性、可注性好；在流动水中浆液不分散，堵水效率高；注入地层后均匀性好，能固结深部地层；可速凝，早期强度高、后期强度不收缩，耐久性好；可控性好，无污染	约为普通水泥浆液的 2 倍

16.4.3　室内材料试验的结论

根据上述试验研究与分析结果，注浆材料需要根据围岩的实际情况进行选择。选择注浆材料应重点考虑注浆材料早期强度、固结性能、抗分散性、凝结时间、耐久性、自身的浸润性、流动性、凝结时间的可控可调、后期强度等因素。单纯强调材料的细度和降低材料的黏度甚至采用化学浆材（真溶液），没有实际意义。

（1）可注性较好、空隙较大的地层以普通水泥为主，适当添加早强剂、速凝剂等外加剂。其中，早强剂的掺量为水泥质量的 4%左右，速凝剂的掺量为水泥质量的 4%～8%，水灰比宜控制在 0.6∶1～1∶1 的范围内。

（2）空隙较小的地层可采用 HSC 特种注浆材料（水灰比宜控制在 0.8∶1～1∶1）或复合注浆材料（普通水泥＋粉煤灰＋早强剂，早强剂的掺量为水泥质量的 3%～4%，水灰比控制在 0.6∶1～0.8∶1 的范围内较为适宜）。

（3）有流动水的地层，可采用水泥基双液快凝抗流失注浆材料，水灰比控制在 0.6∶1～1∶1 的范围内。水泥基双液快凝抗流失注浆材料为全无机材料，无污染，不会发生酸环境分解，耐久性能好，可以替代水泥-水玻璃浆液，适用于软弱围岩、复杂地层隧道的注浆工程。

16.5　注浆质量检测标准分析

16.5.1　注浆结束标准

1. 单孔结束标准

（1）单孔注浆压力逐步升高，当达到设计终压时继续压浆 10 min，进浆速度为初始进浆速度的 1/4 以下且注浆量达到设计注浆量的 80%以上。

（2）浆液注入量与设计大致接近，结束时的进浆量小于 20 L/min。

2. 全段结束标准

(1)所有注浆孔均符合单孔注浆结束条件。

(2)检查孔出水量和压水试验结果达到要求。

(3)浆液扩散和固结情况良好。

满足上述条件,则进行开挖,否则应进行再次注浆处理。

16.5.2 注浆效果评定

1. 分析注浆记录

对记录的注浆数据进行分析,了解注浆量变化是否合理。

2. 钻孔取芯

在加固范围的拱部、底部和两边墙及中心共设 5 个检查孔,孔的底部靠近注浆加固圈的外围,长度为注浆段长度,观察芯内浆液充填情况。同时量测检查孔的出水量,检查孔出水量应小于 0.2 L/(m・min),且一处漏水量应小于 4 L/min。

3. 钻孔压水试验

对取芯钻孔进行压水试验,在 1.0 MPa 水压下,进水量应小于 2 L/(m・min)。

4. 围岩注浆前后的声波检测

国内外的一些工程已将声波检测技术应用于软弱围岩注浆加固的效果评判中,但由于目前对围岩注浆前后声波对比关系还无统一的定量标准,因而可以借鉴一些工程实例,将注浆前后围岩的声波值变化作为注浆效果评判的补充和参考。

16.6 工程实例

16.6.1 富水隧道围岩注浆防水实例 1

16.6.1.1 工程概况

金沙洲隧道在掌子面超前 5 m 探孔时,隧道拱部中线部位有一个探孔在钻进至 2.5 m 处时,孔内出现涌泥,约 5 s 后开始突水,水质混浊。该孔距隧底 8.09 m,水平喷距 20 m,射距 20 m,流量为 100 m^3/h。

突水 4 h 后射距减小为 12 m,8 h 后射距减小为 5 m。突水 48 h 后水量稳定在 20 m^3/h。2 月 19 日 22 时揭示该溶腔,溶腔内有零星块石坠落,流塑状泥质充填物流出总量约 8 m^3,水量为 20 m^3/h。观察发现溶腔主要位于隧道顶部,沿隧道横向发育宽度为 8.3 m,纵向宽度为 1.7 m。持续至 2 月 20 日上午 10 时,掉碴总量约 5 m^3,之后溶腔段围岩稳定,没有异常现象发生。2 月 20 日 23 时 30 分,在 3#横通道爆破施工时,溶腔内充填物突然涌出,涌出物堆满掌子面,其体积约 500 m^3。涌出物主要为块石和少量黏性土,最大块石为 3 m×2 m×1 m。经探测,正洞拱部发育一充填溶腔,探测到开挖轮廓以上 13 m 均为松散堆积体充填,充填物为软至流塑状软土夹块石,无自稳能力。具体见图 16.6-1。

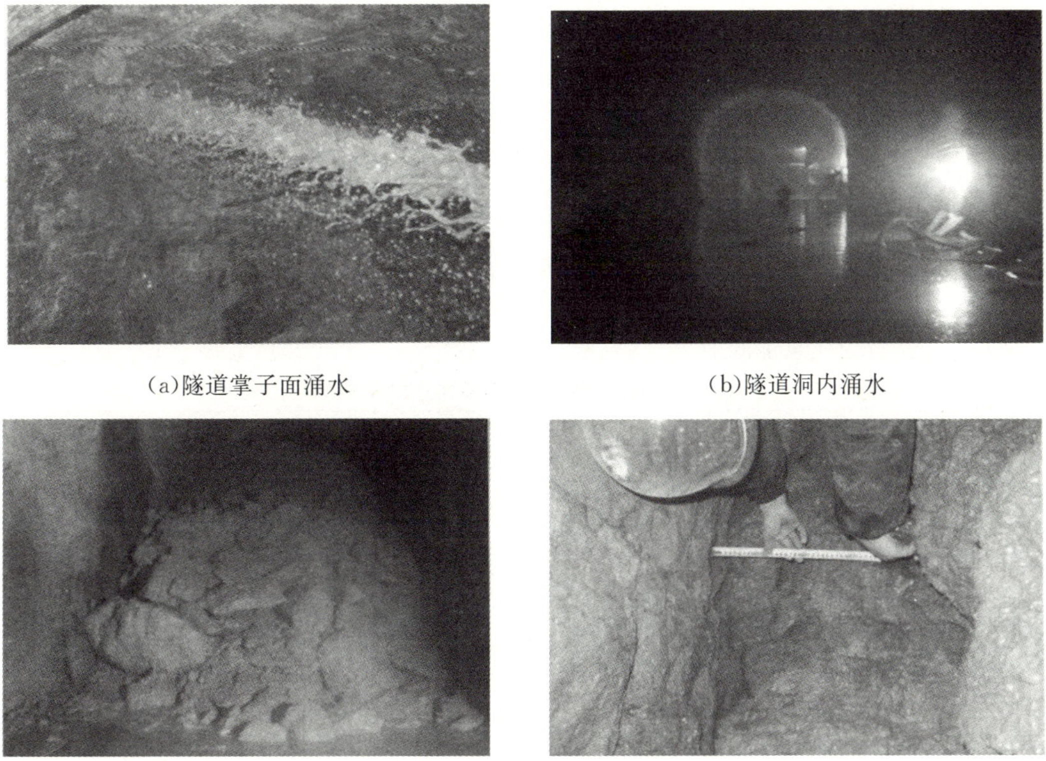

(a)隧道掌子面涌水　(b)隧道洞内涌水

(c)隧道洞内涌石　(d)隧道洞内突泥

图 16.6-1　隧道突水、突泥

16.6.1.2　针对性处理方案

(1)在确保安全的情况下,对堆积体上半断面向掌子面方向进行适当清理,形成上、下半断面台阶。

(2)对前方溶洞进行进一步探测,探明拱顶是空腔还是充填松散堆积体,并量测堆积体高度(以探测高度 8 m 为限)。

(3)若探测表明拱顶为空腔,可采取清碴办法进行施工,并对空腔进行回填处理;若为松散堆积体,且无法确定其堆积高度,则由设计单位根据情况做出止浆墙、注浆加固和超前大管棚超前支护设计。

(4)确定加固及管棚支护方案后,应首先在上半断面开挖工作间,施作 1.5～2.0 m 厚止浆墙,止浆墙应采用径向锚杆和周边围岩连接,并对止浆墙下部堆积体进行花管注浆,固结松散堆积体。

(5)在综合考虑工程岩溶特征和确保今后运营安全的基础上,对该段进行结构设计。

16.6.1.3　注浆处理

1. 注浆目的

隧道穿越溶腔段,通过注浆可改善充填淤泥、块石的松散状态,增加其强度,提高其自稳能力,防止开挖过程中发生突泥、突水等地质灾害,保证施工安全;超前帷幕注浆,在开挖轮廓线外形成不小于 5 m 厚的注浆加固圈,可减少其透水系数,达到“以堵为主,限量排放”防排水方案的目标；形成开挖轮廓线外 5 m 厚的注浆加固圈，可减少直接作用在衬砌结构上的荷载，从而保证结构安全。

2. 注浆段长

本次注浆设计注浆段总长 18 m，其中包括对松散体注浆和超前周边帷幕预注浆。

3. 注浆方案及设计参数

对松散体进行注浆固结，可避免作业平台被拱部以上松散体继续推动，以确保下一步施工安全，设计参数见表 16.6－1。采用超前周边帷幕预注浆及超前管棚周边帷幕预注浆，注浆范围为衬砌轮廓外 5 m，设计参数见表 16.6－2。根据开挖后对注浆效果的检测情况进行局部径向补充注浆，以保证溶腔段的注浆加固效果。

表 16.6－1　固结松散体注浆设计参数表

序　号	名　　称	设计参数	
		松散体加固	溶腔段
1	浆液扩散半径/m	0.8	2.0
2	注浆段长/m	6	18
3	浆液充填率	75%	80%
4	浆液损失率	10%	20%

表 16.6－2　超前周边帷幕预注浆浆液配合比表

序号	名　　称	浆液配合比
1	普通水泥单液浆	水灰比 0.6∶1～1.0∶1.5
2	水泥砂浆	水灰比 0.45∶1～0.5∶1，掺砂量为水泥质量的 20%
3	水泥-水玻璃浆液	水灰比 0.6∶1～1.5∶1，水泥浆与水玻璃的体积比 1∶0.3～1∶1
4	HSC 系列特种注浆材料	水灰比 0.6∶1～1.5∶1

4. 注浆材料及配合比

(1)固结注浆采用普通水泥单液浆，水灰比为 0.6∶1～1∶1。

(2)超前周边帷幕预注浆采用普通水泥单液浆、水泥砂浆、水泥-水玻璃浆液、HSC 系列特种注浆材料等。

5. 注浆工艺

(1)采用前进式分段注浆方式进行钻孔注浆施工。注浆分段长度为 3～4 m。

(2)孔口应准确定位，每钻进一段就检查一段，及时纠偏。

(3)注浆孔开孔直径不小于 65 mm，终孔直径不小于 55 mm。

(4)钻孔与注浆顺序为由上向下，隔孔施工。

(5)采用水囊式止浆塞进行注浆施工。

(6)在钻孔过程中遇到较大突水时，应立即停止钻孔进行注浆。

(7)一个孔段的注浆作业一般应连续进行直到结束，不宜中断，应尽量避免因机械故障、停电、停水、器材等问题造成的被迫中断。对于因间歇注浆、制止串浆冒浆等而实行的有意中断，应先扫孔至原设计深度以后再进行复注。

6. 注浆效果评定方法及要求

注浆效果评定是确定开挖施工方案的依据，为此需要进行以下各项工作：

(1)采用地质雷达结合抽样钻探检验注浆质量，达不到设计要求的应进行方案调整、补充设计和补孔注浆，检查孔应根据现场情况随机抽取，但必须重新成孔，不可利用既有注浆孔，检查孔抽查数为总注浆孔数的5%～10%。

(2)根据现场钻孔所揭示的地质状况，在注浆结束后，可采用分析法即结合注浆过程中压力-流量-时间曲线，反算注浆后地层的浆液充填率，判定注浆效果。

(3)对检查孔进行注浆，压力应很快上升，且进浆量很小。

(4)检查孔应无流泥，成孔好，无坍孔现象，出水量小于0.2L/(m·min)。

16.6.1.4　注浆效果综合评定

对掌子面钻多孔检查，孔内若无涌水、淤泥，无塌孔现象，说明成孔较好，注浆固结效果良好。注浆过程及效果如图16.6-2、图16.6-3所示。

图 16.6-2　小管棚钻孔及注浆

图 16.6-3　注浆后效果

16.6.2　富水隧道围岩注浆防水实例 2

16.6.2.1　工程概况

施工中，金沙洲隧道发育充填溶洞，充填物为砂卵石和黏土，钻孔出水量60～180 m^3/d。该溶洞与上部含水裂隙、管道连通，直接接受上部地下水补给。该处地表为水谷坝岩溶槽谷，大气降水汇集后全部渗入地下，地下水补给充足。因溶腔充填及隧道涌水疏干了附近地下水，该处钻孔出水量较少，隧道开挖会造成溶腔充填物下滑，诱发突水、突泥，隧道施工需加强超前支护及衬砌结构。

16.6.2.2 注浆方案

1. 注浆前辅助工程及设备

(1)超前帷幕注浆前初期支护、径向注浆必须按设计施工到位。

(2)做好抢险救灾物资的准备及应急预案的制订工作，对施工设备进行检修，注浆泵应有备用设备。

(3)施工前应做好大的涌水处理应急预案的制定工作，以应对突发事件。

2. 注浆试验

注浆前，首先进行注浆试验，掌握浆液充填率、注浆量、浆液配合比、凝结时间、浆液扩散半径、注浆终压等参数，以现场动态调整相关注浆参数，保证注浆质量，从而达到注浆目的与注浆效果。如果注浆参数与设计参数有较大差别，须及时通知总指挥部，由总指挥部组织相关单位进行现场确认，以调整相关参数。

3. 注浆实施工艺流程

施作掌子面C20混凝土止浆墙→超前帷幕预注浆→注浆效果检查→扩挖管棚工作室→超前长管棚施工→开挖支护→局部径向补充注浆。

4. 注浆设计

根据隧道工程地质和水文地质条件，超前帷幕注浆及开挖支护结构设计如下：采用8 m超前帷幕注浆预加固，通过注浆形成开挖轮廓线外不小于8.0 m厚的加固圈，超前帷幕注浆达到设计要求后方可进行开挖施工。根据开挖揭示情况，局部进行衬砌外8 m径向补充注浆，确保注浆效果，达到堵水和加固围岩的目的。设计注浆段总长30 m。

5. 注浆材料

注浆材料首选普通水泥浆液，必要时采用普通水泥-水玻璃浆液。注浆材料配合比如表16.6-3所示。

表 16.6-3 浆液配合比表

序号	名称	浆液配合比
1	普通水泥浆液	水灰比 0.6∶1～1∶1
2	普通水泥-水玻璃浆液	水灰比 0.6∶1～1∶1 水玻璃浓度 30～35°Bé 水泥浆与水玻璃的体积比 1∶0.3～1∶1

6. 注浆工艺

(1)采用前进式分段注浆方式进行钻孔注浆施工。

(2)孔口应准确定位，每钻进一段就检查一段，及时纠偏。

(3)注浆孔开孔直径不小于110 mm，终孔直径不小于91 mm。

(4)钻孔与注浆顺序应由外向内，同一圈孔间隔施工。

(5)在钻孔过程中遇到较大突水时，应立即停止钻孔进行注浆。

(6)一个孔段的注浆作业一般应连续进行直到结束，不宜中断，应尽量避免因机械故障、停电、停水、器材等问题造成的被迫中断。对于因间歇注浆、制止串浆冒浆等实行的有意中断，应先扫孔至原设计深度以后再进行复注。

7. 注浆参数

超前帷幕注浆设计参数如表 16.6－4 所示。现场注浆施工中，注浆参数应根据现场情况进行动态调整优化。

表 16.6－4　超前帷幕注浆设计参数表

序　号	参数名称	正　　洞
1	加固范围	衬砌外 8 m 围岩
2	扩散半径/m	2.0
3	注浆段长/m	30
4	注浆终压/MPa	2.0～3.0
5	注浆速度/(L/min)	5～110
6	终孔孔间距/m	3.0
7	围岩孔隙率	一般灰岩地层为 1%～3%、溶洞充填物为 20%～30%
8	浆液充填系数	0.7～0.9
9	浆液损耗系数	0.10

8. 注浆过程控制

(1)注浆过程中，要随时注意泵压及流量变化。若吸浆量很大或压力突然下降，注浆压力长时间上不去，应查明原因。如工作面漏浆，可采取封堵措施；如跑浆，可采取调换浆液种类、调整浆液配合比等措施，必要时采用间歇注浆的方法，以达到注浆目的。

(2)若注浆过程中发现有大的空洞等，可先注水泥砂浆或混凝土，后进行注浆，并及时向有关单位报告。

(3)在注浆过程中，若局部单循环孔压力长期不上升，可停注，先对双循环孔进行注浆，后对单循环孔复注。

(4)注浆过程中严格遵守施工顺序，按照设计方案及相关规定、规范办理。

9. 注浆结束标准

1)单孔结束标准

(1)注浆压力逐步升高至设计终压，并继续注浆 10 min 以上。

(2)注浆结束时的进浆量小于 5 L/min。

2)全段结束标准

(1)所有注浆孔均已符合单孔结束条件，无漏注现象。

(2)注浆后预测出水量小于 3 m^3/(m·d)。

(3)检查孔出水量小于 0.2 L/(m·min)。

(4)检查孔钻取岩芯，其浆液充填饱满。

(5)浆液有效注入范围大于设计值。

16.7 总 结

围岩注浆防水技术是一项半经验半理论性的技术，在以往的工程施工中，工程技术人员进行了大量的尝试与研究，有成功的经验，也有失败的教训。我们针对岩溶、富水地层隧道围岩注浆防水技术进行了系统化的研究，分别对注浆机制、注浆材料性能与特点、注浆工艺参数与确定方法以及注浆质量检测标准进行了系统化的分析与总结，建立起一套系统的岩溶、富水地层隧道围岩注浆防水技术，并将该技术在水工隧洞、高压富水铁路隧道、岩溶富水铁路隧道中进行应用，并取得较好的注浆效果。

注浆防水技术与设计经验、施工经验、施工质量以及现场控制等多种因素有关，在具体应用注浆加固技术时，应该以本课题研究成果为基础，参照以往成功工程经验，加强施工监管及控制，并结合现场实际情况调整相关参数。

第 17 章　衬砌混凝土裂缝渗漏水治理技术

17.1　隧道衬砌裂缝成因分析

混凝土取材广泛、价格低廉、抗压强度高、可浇筑成各种形状，并且耐火性好、不易风化、养护费用低，是当今世界建筑结构中使用最广泛的建筑材料。混凝土最主要的缺点是抗拉能力差，容易开裂。大量的工程实践和理论分析表明，几乎所有的混凝土构件都是带裂缝工作的，只是有些裂缝很细，甚至肉眼看不见，一般对结构的使用无大的危害，可允许其存在；有些裂缝在使用荷载或外界物理、化学因素的作用下，不断产生和扩展，引起混凝土碳化、保护层剥落、渗水，使混凝土的强度和刚度受到削弱，耐久性降低，危害结构的正常使用，严重时甚至发生垮塌事故，必须加以控制。我国现行公路、铁路、建筑、水利等部门设计规范均采用限制构件裂缝宽度的办法来保障混凝土结构的正常使用。

近年来，我国交通基础设施建设得到迅猛发展，各地兴建了大量的混凝土隧道。在隧道的建造和使用过程中，有关因出现裂缝而影响工程质量甚至导致隧道垮塌的报道屡见不鲜。混凝土开裂可以说是“常发病”和“多发病”，经常困扰着隧道工程技术人员。其实，如果进行一定的工艺设计并采取相应的施工管理以及养护措施，很多裂缝是可以克服和控制的。但是，在目前施工队伍水平参差不齐，管理形式多样的情况下，要做到混凝土结构无裂缝是很难的。

混凝土结构裂缝的成因复杂而繁多，甚至多种因素相互影响，但每一条裂缝均有其产生的一种或几种主要原因。下面简略介绍隧道衬砌及混凝土构件裂缝的种类及其产生的原因。

17.1.1　荷载裂缝

荷载裂缝是混凝土结构在常规静、动荷载及次应力下产生的裂缝。归纳起来主要有直接应力裂缝、次应力裂缝两种。

1. 直接应力裂缝

直接应力裂缝是指外荷载引起的直接应力产生的裂缝。直接应力裂缝产生的原因有：

(1)在设计计算阶段，结构计算时有些应力未计算或部分漏算，计算模型不合理，结构受力假设与实际受力不符，荷载少算或漏算，内力与配筋计算错误，结构安全系数不够；结构设计时未考虑施工的可能性，设计断面不足，钢筋设置偏少或布置错误，结构刚度不足，构造处理不当，设计图纸交代不清等。

(2)在施工阶段，技术交底不清或不到位，不按设计图纸施工，擅自更改结构施工顺序，改变结构受力模式，不对结构做机器振动下的疲劳强度验算等。

(3)在混凝土结构使用阶段，超出设计载荷的重型车辆通过，受车辆撞击，发生火灾、地震、爆炸等。

2. 次应力裂缝

次应力裂缝是由外荷载引起的次应力产生的裂缝。次应力裂缝产生的原因有：

(1)在设计外荷载作用下，由于结构物的实际工作状态与常规计算有出入或计算时未考虑，从而在某些部位引起次应力，使结构物开裂以致出现裂缝，从而导致钢筋锈蚀。

(2)隧道衬砌上经常需要凿槽、开洞、安装风机等，在常规计算中难以用准确的图式进行模拟计算，一般根据经验设置受力钢筋。研究表明，在受力构件上挖孔后，力流将产生绕射现象，在孔洞附近密集，产生巨大的应力集中。因此，若处理不当，在这些结构的转角处、构件形状突变处、受力钢筋截断处容易出现裂缝。

实际工程中，次应力是产生荷载裂缝的最常见原因。次应力裂缝多属张拉、劈裂、剪切性质。次应力裂缝也是由荷载引起的，只是按常规一般不计算，但随着现代计算手段的不断完善，次应力裂缝也是可以做到合理验算的。例如现在对预应力、徐变等产生的二次应力，不少平面杆系有限元程序可正确计算。在设计上，应注意避免结构突变(或断面突变)，当不能回避时，应做局部处理，如转角处做圆角，突变处做成渐变过渡；加强构造配筋，转角处增配斜向钢筋；对于较大孔洞，有条件时可在周边设置护边角钢。

荷载裂缝依荷载不同而呈现不同的特点。这类裂缝多出现在受拉区、受剪区或振动严重部位。如果受压区出现起皮或有沿受压方向的短裂缝，往往是结构达到承载力极限的标志，是结构破坏的前兆，其原因往往是截面尺寸变化。

17.1.2 结构在不同受力方式下产生的裂缝

受力方式不同产生的裂缝，其特征如下：

(1)中心受拉时，裂缝贯穿构件横截面，间距大体相等，且垂直于受力方向。采用螺纹钢筋时，裂缝之间、钢筋附近出现次裂缝。

(2)中心受压时，沿构件出现平行于受力方向的短而密的平行裂缝。

(3)受剪时，若箍筋太密，发生斜压破坏，出现大于45°的斜裂缝；若箍筋适当，发生剪压破坏，沿梁端中下部出现约45°的相互平行的斜裂缝。

(4)受弯时，弯矩最大截面附近从受拉区的边沿开始出现与受拉方向垂直的裂缝，并逐渐向中性轴方向发展。采用螺纹钢筋时，裂缝间可见较短的次裂缝。当结构体配筋较少时，裂缝少而宽，结构可能发生脆性破坏。

(5)大偏心受压和受拉时，大偏心受压和受拉区的配筋较少的小偏心受压构件类似于受弯构件，其产生的裂缝特征参见第(4)条。

(6)小偏心受压和受拉时，小偏心受压和受拉区的配筋较多的大偏心受压构件类似于中心受压构件，其产生的裂缝特征参见第(2)条。

(7)受扭时，构件一侧腹部先出现多条约45°的斜裂缝，并向相邻面以螺旋方向展开。

(8)受冲切时，沿构件侧面发生约45°的斜面拉裂，形成冲切面。

(9)局部受压时，在局部受压区出现与压力方向大致平行的多条短裂缝。

17.1.3 温度裂缝

混凝土具有热胀冷缩的性质，当结构外部环境或内部温度发生变化时，混凝土将发生变形，若变形遭到约束，则在结构内将产生应力，当应力超过混凝土抗拉强度时即产生温度裂缝。在某些连拱隧道中，温度应力可以达到甚至超出荷载应力。温度裂缝区别于其他裂缝最主要的特征是，温度裂缝将随温度变化而扩张或合拢。引起温度变化的主要因素有：

(1)年温差。一年中四季温度不断变化，但变化相对缓慢，只有结构的位移受到限制时才会产生温度裂缝。例如对于连拱隧道，计算年温差内力时一般以 1 月和 7 月月平均温度的对比作为变化幅度。考虑到混凝土的蠕变特性，计算年温差内力时应考虑折减混凝土弹性模量。

(2)骤然降温。冷空气侵袭、突降大雨、日落等可导致结构外表面温度突然下降，但内部温度变化相对较慢，因而产生温度梯度。计算骤然降温内力时可采用设计规范或参考实地资料进行，不考虑折减混凝土弹性模量。

(3)水化热。在施工过程中，大体积混凝土(厚度超过 2.0 m)浇筑之后，由于水泥水化放热，使内部温度很高，内外温差太大，导致表面出现裂缝。施工中应根据实际情况，尽量选择水化热低的水泥品种，限制水泥单位用量，减少骨料入模温度，降低内外温差，并缓慢降温，必要时可采用循环冷却系统进行内部散热，或采用薄层连续浇筑法以加快散热。

(4)蒸汽养护或冬季施工时施工措施不当，混凝土骤冷骤热，内外温度不均，易出现裂缝。

(5)若焊接措施不当，铁件附近混凝土容易烧伤开裂。采用电热张拉法张拉预应力构件时，预应力钢材温度可升高至 350 ℃，混凝土构件也容易开裂。试验研究表明，由火灾等原因引起高温烧伤的混凝土的强度随温度升高而明显降低，钢筋与混凝土的黏结力随之下降。混凝土温度达到 300 ℃后，抗拉强度下降 50%，抗压强度下降 60%，光圆钢筋与混凝土的黏结力下降 80%。由于受热，混凝土体内游离水大量蒸发，也可产生急剧收缩。

17.1.4　收缩裂缝

1. 收缩的种类

在实际工程中，混凝土因收缩所产生的裂缝是最常见的。在混凝土收缩种类中，塑性收缩和缩水收缩(干缩)是导致混凝土结构变形的主要原因，另外还有自生收缩和碳化收缩。

(1)塑性收缩。发生在施工过程中、混凝土浇筑后 4～5 h，此时水泥水化反应激烈，分子链逐渐形成，出现泌水和水分急剧蒸发，混凝土失水收缩，同时骨料因自重下沉，因此时混凝土尚未硬化，故为塑性收缩。塑性收缩所产生的量级很大，可在 1%左右。在骨料下沉过程中若受到钢筋阻挡，便形成沿钢筋方向的裂缝。因硬化前沉实不均匀，将发生表面的顺腹板方向的裂缝。为减小混凝土塑性收缩，施工时应控制水灰比，避免过长时间的搅拌，下料不宜太快，振捣要密实，竖向变截面处宜分层浇筑。

(2)缩水收缩(干缩)。混凝土硬化以后，随着表层水分逐步蒸发，湿度逐步降低，混凝土体积减小，称为缩水收缩。因混凝土表层水分损失较快，内部水分损失较慢，因此产生表面收缩大、内部收缩小的不均匀收缩。表面收缩变形受到内部混凝土的约束，致使表面混凝土承受拉力，当表面混凝土承受拉力超过其抗拉强度时，便产生收缩裂缝。混凝土硬化后收缩主要是缩水收缩。例如，配筋率较大(超过 3%)的构件，钢筋对混凝土收缩的约束比较明显，混凝土表面容易出现龟裂纹。

(3)自生收缩。自生收缩是混凝土在硬化过程中，水泥与水发生水化反应而引起的收缩。这种收缩与外界湿度无关，且可以是正的(收缩，如普通硅酸盐水泥混凝土)，也可以是负的(膨胀，如矿渣水泥混凝土与粉煤灰水泥混凝土)。

(4)碳化收缩。碳化收缩是大气中的二氧化碳与水泥中的水化物发生化学反应引起的收缩。碳化收缩只有在相对湿度为50%左右才发生，且随二氧化碳浓度的增加而加快。碳化收缩一般不做计算。

混凝土收缩裂缝的特点是大部分属表面裂缝，裂缝宽度较细，且纵横交错，呈龟裂状，形状没有任何规律。

2. 影响混凝土收缩产生裂缝的因素

研究表明，影响混凝土收缩产生裂缝的主要因素有：

(1)水泥品种、标号及用量。矿渣水泥、快硬水泥、低热水泥配制的混凝土收缩性较强，普通水泥、火山灰水泥、矾土水泥配制的混凝土收缩性较弱。另外水泥标号越低、单位体积用量越大、磨细度越大，则混凝土收缩越大，且发生收缩时间越长。例如，为了提高混凝土的强度，施工时经常采用强行增加水泥用量的做法，结果收缩应力明显加大。

(2)骨料品种。骨料中石英、石灰岩、白云岩、花岗岩、长石等吸水率较小，收缩性较弱；而砂岩、板岩、角闪岩等吸水率较大，收缩性较强。另外，骨料粒径越大，收缩越小；含水量越大，收缩越大。

(3)水灰比。用水量越大，水灰比越高，混凝土收缩越大。

(4)外掺剂。外掺剂保水性越好，混凝土收缩越小。

(5)养护方法。良好的养护可加速混凝土的水化反应，获得较高的混凝土强度。养护时保持湿度越高、气温越低、养护时间越长，则混凝土收缩越小。采用蒸汽养护方式比自然养护时的混凝土收缩要小。

(6)外界环境。大气中湿度小、温度高、风速大，则混凝土中水分蒸发快，混凝土收缩快。

(7)振捣方式及时间。采用机械振捣方式比手工捣固方式时的混凝土收缩性要弱。振捣时间应根据机械性能决定，一般以5～15秒/次为宜。时间太短，振捣不密实，混凝土强度不足或不均匀；时间太长，造成分层，粗骨料沉入底层，细骨料留在上层，强度不均匀，上层易产生收缩裂缝。

对于温度和收缩引起的裂缝，增配构造钢筋可明显提高混凝土的抗裂性，尤其是薄壁结构(壁厚20～60 cm)。构造上配筋宜优先采用小直径(8～14 mm)钢筋、小间距(10～15 cm)布置，全截面构造配筋率不宜低于0.3%，一般可采用0.3%～0.5%。

17.1.5　基础变形产生的裂缝

由于基础竖向不均匀沉降或水平方向位移，使结构中产生附加应力，超出结构的抗拉能力，会导致结构开裂。具体分析如下：

(1)地质勘查精度不够、试验资料不准。没有充分掌握地质情况就设计、施工，是造成地基不均匀沉降的主要原因。比如丘陵区或山岭区桥梁，勘查时钻孔间距太大，而地基岩面起伏又大，勘查报告不能充分反映实际地质情况。

(2)地基地质差异太大或地质与山坡处于变化较大的古滑体上，隧道的修建改变了原有的稳定状态，产生新的滑移力。

(3)在原有隧道或明槽附近新建隧道，例如分期修建或改造高铁左右线隧道，新建时放炮引起震动，均会使原有隧道受到影响。

(4)在低于0 ℃的条件下，含水率较高的地基土因冰冻膨胀。一旦温度回升，冻土融化，则地基沉降。因此地基的冰冻或融化均可造成不均匀沉降。

(5)结构体基础置于滑坡体、溶洞或活动断层等不良地质时,可能造成不均匀沉降。

(6)隧道建成以后,原有地质基础条件变化。大多数山体经人工开挖扰动或浸水、风化后,均可能出现不均匀应力变化。特别是对于承受水平推力的衬砌而言,对地质情况掌握不够、设计不合理和施工时破坏了原有地质条件,是使其产生水平位移裂缝的主要原因。

17.1.6 钢筋锈蚀诱发的裂缝

由于混凝土质量较差或保护层厚度不足,混凝土保护层受二氧化碳侵蚀碳化至钢筋表面,使钢筋周围混凝土碱度降低,或由于氯化物介入,钢筋周围氯离子含量较高,均可引起钢筋表面氧化膜破坏,钢筋中铁离子与侵入混凝土中的氧气和水分发生锈蚀反应,其锈蚀物氢氧化铁体积比原来增长2~4倍,从而对周围混凝土产生膨胀应力,导致保护层混凝土开裂、剥离,沿钢筋纵向产生裂缝,并有锈迹渗到混凝土表面。由于锈蚀,钢筋有效断面面积减小,混凝土与钢筋的握裹力削弱,结构承载力下降,并将诱发其他形式的裂缝,加剧钢筋锈蚀,导致结构破坏。

要防止钢筋锈蚀,设计时应根据规范要求控制裂缝宽度,保护层厚度要足够(当然保护层亦不能太厚,否则构件有效高度减小,受力时将加大裂缝宽度);施工时应控制混凝土的水灰比,加强振捣,保证混凝土的密实性,防止氧气侵入,同时严格控制含氯盐的外加剂用量,沿海地区或其他存在腐蚀性强的空气、地下水地区尤其应慎重。

17.1.7 冻胀裂缝

气温低于0℃时,吸水饱和的混凝土中出现冰冻,游离的水转变成冰,体积膨胀9%,因而混凝土产生膨胀应力;同时混凝土凝胶孔中的过冷水(结冰温度在-78℃以下)在微观结构中迁移和重分布产生渗透压,使混凝土中膨胀力加大,混凝土强度降低,并导致裂缝出现。混凝土初凝时受冻最严重,终凝后混凝土强度损失为30%~50%。冬季施工时,对预应力孔道灌浆后若不采取保温措施,也可能发生沿管道方向的冻胀裂缝。

温度低于0℃和混凝土吸水饱和是发生冻胀破坏的必要条件。混凝土中骨料空隙多、吸水性强,骨料中含泥土等杂质过多,混凝土水灰比偏大、振捣不密实,养护不力使混凝土早期受冻,等等,均可能导致混凝土冻胀产生裂缝。冬季施工时,采用电气加热法、暖棚法、地下蓄热法、蒸汽加热法养护以及在混凝土拌和水中掺入防冻剂(但氯盐不宜使用),可保证混凝土在低温或0℃以下的温度条件下硬化。

17.1.8 施工材料质量不合格产生的裂缝

混凝土主要由水泥、砂、骨料、拌和水及外加剂组成。配制混凝土所采用材料质量不合格,可能导致结构出现裂缝。

1. 水泥

水泥安定性不合格,水泥中游离的氧化钙含量超标时,虽然氧化钙在凝结过程中水化很慢,但在水泥混凝土凝结后仍然继续起水化作用,可破坏已硬化的水泥石,使混凝土抗拉强度下降。

水泥出厂时强度不足,水泥受潮或过期,可能使混凝土强度不足,从而导致混凝土开裂。

当水泥含碱量较高(例如超过0.6%),同时又使用含有碱活性的骨料时,可能导致碱骨料反应。

2. 砂、骨料

(1)砂石粒径太小、级配不良、孔隙率大,将导致水泥和拌和水用量加大,影响混凝土的强度,使混凝土收缩加大。如果使用超出规定的特细砂,后果更严重。砂石中云母的含量较高,将削弱水泥与骨料的黏结力,降低混凝土强度。砂石中含泥量高,不仅将造成水泥和拌和水用量加大,而且还会降低混凝土强度和抗冻性、抗渗性。砂石中有机质和轻物质过多,将延缓水泥的硬化过程,降低混凝土强度,特别是早期强度。砂石中硫化物可与水泥中的铝酸三钙发生化学反应,使砂石体积膨胀2.5倍。

(2)碱骨料反应也会导致混凝土产生裂缝。碱骨料反应有三种类型:

碱硅酸反应。参与这种反应的骨料有流纹岩、安山岩、凝灰岩、蛋白石、黑硅石、燧石、磷石英、玻璃质火山岩、玉髓及微晶或变质石英等。反应发生于碱与微晶氧化硅之间,其生成物硅胶体遇水膨胀,在混凝土中产生很大的内应力,可导致混凝土突然爆裂。这类反应是碱骨料反应的主要形式。

碱硅酸盐反应。参与这种反应的骨料有黏土质岩石、千枚岩、硬砂岩、粉砂岩等。此类反应的特点是膨胀速度非常缓慢,混凝土从膨胀到开裂,能渗出的凝胶很少。

碱碳酸盐反应。多数碳酸岩石没有碱活性,有特定结构的泥质细粒白云质灰岩和泥质细粒灰质白云岩才具有与碱反应的碱活性,且还需高碱度、一定湿度环境,才能发生反应并膨胀。

碱骨料反应产生裂缝的形状及分布与钢筋限制力有关。当限制力小时,常出现地图状裂缝,并在缝中有白色或透明的浸出物;当限制力大时,则出现顺筋裂缝。在工程实践中必须对骨料进行碱活性检验,采用对工程无害的材料,同时使用含碱量低的水泥品种。

3. 拌和水及外加剂

拌和水或外加剂中氯化物等杂质含量较高时,对钢筋锈蚀有较大影响。采用海水或含碱泉水拌制混凝土,或采用含碱的外加剂,可能对碱骨料反应有影响。

17.1.9 施工工艺质量不合格产生的裂缝

在混凝土结构浇筑,构件制作、起模、运输、堆放、拼装及吊装过程中,若施工工艺不合理、施工质量低劣,容易产生纵向的、横向的、斜向的、竖向的、水平的、表面的、深进的和贯穿的各种裂缝,特别是细长薄壁结构更容易出现。裂缝出现的部位和走向、裂缝宽度因产生的原因而异,比较典型、常见的有:

(1)混凝土保护层过厚,或在施工时乱踩踏已绑扎好的上层钢筋,使承受负弯矩的受力钢筋保护层加厚,导致构件的有效高度减小,形成与受力钢筋垂直的裂缝。

(2)混凝土振捣不密实、不均匀,出现蜂窝、麻面、空洞,导致钢筋锈蚀或其他荷载裂缝的产生。

(3)混凝土浇筑过快,混凝土流动性较低,在硬化前因混凝土沉实不足,硬化后沉实过大,容易在浇筑数小时后产生裂缝,即塑性收缩裂缝。

(4)混凝土搅拌、传输转运时间过长,使水分蒸发过多,引起混凝土坍落度过低,使得在混凝土体上出现不规则的收缩裂缝。

(5)混凝土初期养护时急剧干燥,使得混凝土与大气接触的表面出现不规则的收缩裂缝。

(6)用泵送混凝土施工时,为保证混凝土的流动性,增加水和水泥用量,或因其他原因加大了水灰比,导致混凝土凝结硬化时收缩量增加,使得混凝土体上出现不规则裂缝。

(7)混凝土分层或分段浇筑时,接头部位处理不好,易在新旧混凝土和施工缝之间出现裂缝。如混凝土分层浇筑时,后浇混凝土因停电或设备故障等原因未能在先浇的混凝土初凝前浇筑,引起层面之间的水平裂缝;分段现浇时,先浇混凝土接触面凿毛、清洗不好,新旧混凝土之间黏结力小,或后浇混凝土养护不到位,导致混凝土收缩而产生裂缝。

(8)混凝土早期受冻,使构件表面出现裂纹,或局部剥落,或脱模后出现空鼓现象。

(9)台车支撑强度不足或刚度不足,在浇筑混凝土时,侧向压力的作用使得模板变形或浇筑混凝土后台车不均匀下沉,产生与模板变形一致的裂缝。

(10)混凝土养护龄期强度不足时拆模,使得构件在自重或施工荷载作用下产生裂缝。

(11)装配式结构在构件运输、堆放时,支承垫木不在一条垂直线上,或悬臂过长,或运输过程中剧烈颠簸、碰撞,吊装时的吊点位置不当;侧向刚度较小的构件,侧向无可靠的加固措施等,均可能导致裂缝产生。

(12)工序不正确,对产生的后果认识不足,可能导致裂缝产生。如拆模、立模、分段浇筑时间控制不好等。

(13)施工质量控制差。任意套用混凝土配合比,水、砂石、水泥材料计量不准,结果造成混凝土强度不足和其他性能(和易性、密实度)下降,导致结构开裂。

(14)混凝土衬砌从建成到使用,涉及设计、施工、监理、运营管理等各个方面。设计疏漏、施工低劣、监理不力,均可能使隧道衬砌出现裂缝。因此,严格按照国家有关规范、技术标准进行设计、施工和监理,是保证结构安全耐用的前提和基础。在运营管理过程中,进一步加强巡查和管理,及时发现和处理问题,也是相当重要的一个环节。

17.2　隧道及地下工程衬砌混凝土结构裂缝渗漏水特征分析

17.2.1　渗漏水的类型

隧道及地下工程衬砌混凝土结构裂缝渗漏水是指隧道及地下工程衬砌结构施工完成后或在使用过程中,由于自然条件(地下水、地层、冻融)的变化,使结构物发生各种变异,如开裂、错位、冻结、崩塌等,导致围岩地下水或地表水直接或间接地以渗漏或涌出的形式进入隧道及地下工程内,大大缩短了结构物的使用寿命。此类病害危及隧道及地下工程内的行车安全、设备安全和结构安全等。隧道及地下工程衬砌混凝土结构裂缝渗漏水通常可按以下几种方法分类:

(1)根据渗漏程度,将渗漏水定性地分为湿渍、渗水、滴水、滴水成线、射水和涌水。

(2)根据发生位置的不同,可将渗漏水分为拱顶(顶部)渗漏水、边墙渗漏水、仰拱(底板)水害和附属设施水害。

(3)根据补给水源的不同,将渗漏水分为地下水补给的渗漏水和地表水补给的渗漏水两种。其中,地下水补给的渗漏水,水源稳定,四季变化不大;地表水补给的渗漏水,受地表降水影响较大。

17.2.2 渗漏水的成因

隧道及地下工程衬砌混凝土结构渗漏水的成因分为外因(外力和环境等外部因素)和内因(材料和设计、施工等构造方面的因素)两大类。隧道建成后,成为穿越山体的地下水汇集通道;地下工程建筑修成以后,破坏了围岩内原有的水系平衡。运营隧道及地下工程渗漏水,大多是漏水、冻害、材料老化、偏压和衬砌背后空洞引起的,归纳起来主要有以下几点:

(1)围岩为透水性较强的砂卵层、破碎围岩、岩溶及灰岩等地层,地下水在地下建筑周围渗流发育,对地下结构产生较大的水压力。

(2)衬砌混凝土施工质量较差,蜂窝、孔隙和裂缝等缺陷较多,自身防水能力不足。

(3)由于防水层的施工质量、材料质量、材料耐久性、抗腐蚀能力等因素的影响,导致防水层在隧道等地下建筑运营期间被破坏。

(4)二次衬砌的变形缝、施工缝处的防水措施不合理或施工质量较差,导致变形缝和施工缝在运营期间形成防水缺陷。

(5)初期支护能力不足或地层运动导致围岩变形较大,使防水结构被破坏。

(6)在排水型地下结构中,原排水设施由于某些原因遭到破坏失去排水作用,地下水位上升,产生水压并使围岩劣化,导致作用在防水层和二次衬砌上的水压力过大。

17.2.3 渗漏水的危害

渗漏水对地下结构的稳定性、行车安全、地面建筑和隧道周围水环境都会产生诸多不利影响,主要体现在以下几个方面:

(1)渗漏水对混凝土产生溶蚀、侵蚀,造成衬砌结构破坏。

(2)地下建筑周围的地下水不断渗漏,造成围岩软化,加剧围岩变形,导致支护结构承受较大的荷载。

(3)地下水在衬砌内部渗漏时,加剧衬砌内部钢筋的锈蚀速度,降低了结构安全性。

(4)寒冷和严寒地区,渗漏水结冰,冻胀力促使混凝土结构被破坏。

(5)渗漏水导致地下建筑内部空气湿度加大,加快洞内设备锈蚀,影响设备的正常使用,增加设备维修费用。

(6)渗漏水常常引起电器设备短路、跳闸,影响行车安全、设备安全和人员安全。

(7)渗漏水常引起路基沉降、基底裂损等路基病害,危及行车安全。

(8)隧道发生渗漏水,造成地下水流失,破坏周围的水环境平衡,对环境造成破坏。

17.2.4 渗漏水病害治理施工条件

一般隧道及地下工程衬砌混凝土结构裂缝出现渗漏水时,工程已进入使用状态,这不同于新建该工程,施工过程受到多个不利条件的制约,导致运营隧道渗漏水病害治理施工难度较大,为保证施工质量需耗费更多的精力。主要的干扰因素如下:

(1)运营隧道、地铁等交通设施不断有列车通过,在繁忙路段列车通过隧道的间隔时间仅有几分钟,如无特殊情况列车不会停运,申请开天窗时间几无可能。因此施工过程必将受到列车通行的极大干扰。

(2)运营的地下结构的渗漏水病害具有较强的隐蔽性，渗漏原因、水的来源、水的渗流通道以及防水层破坏点等很难确定。

(3)治理施工空间有限。由于一般情况下维修过程中不会中断构筑物的使用，因此施工过程中可利用的空间非常小。

(4)渗漏水治理的施工环境质量较差，主要体现在以下几个方面：①地下结构内通风不畅，运营过程中产生的废气难以排放，造成结构内部灰尘较多、空气质量差；②发生渗漏病害的地下结构内部非常潮湿，严重时有积水，给施工带来不利影响；③铁路隧道的洞内一般没有照明，管线不能进入隧道深处，隧道内光线不足，施工过程需要临时照明；④在电气化铁路隧道内，渗入隧道内的水常常引起电线短路，施工过程中需要防止人员触电。

通过上述分析可知，运营隧道及地下工程渗漏水病害治理施工条件比较差，对施工质量和治理效果产生较大的不利影响。因此，渗漏水病害治理的前提是为施工提供可靠的施工平台，在不影响隧道及地下工程正常运行的情况下进行施工。国外在隧道及地下工程渗漏水病害治理过程中采用台车作为施工平台，取得较好的效果。

17.3　注浆法治理衬砌混凝土结构裂缝渗漏水的机制

地下水之所以能够渗透过二次衬砌，是因为二次衬砌结构体内部存在孔洞、缝隙等水流通道。衬砌内部注浆是通过压力设备将注浆材料压入二次衬砌结构体内的空隙处，浆液凝固后与二次衬砌形成一个整体，封闭水流通道，提高二次衬砌的抗渗能力，进而达到治理渗漏的目的。化学注浆法主要用于治理既有隧道及地下工程的渗漏水，其堵水原理是采用钻孔与地下水渗流通道连通，并在钻孔内安装注浆针头，浆液通过注浆针头逐渐扩散、充填衬砌裂缝内的空隙，如图 17.3－1 所示。注浆针头的注浆方式一般为注浆针头与衬砌接缝斜交注浆[图 17.3－1(a)]、注浆针头骑缝注浆[图 17.3－1(b)]，两种方式的选用主要由衬砌接缝的延伸情况、结构形态以及注浆目的等因素决定，其目的是钻孔必须与衬砌接缝相交，保证浆液能够扩散。

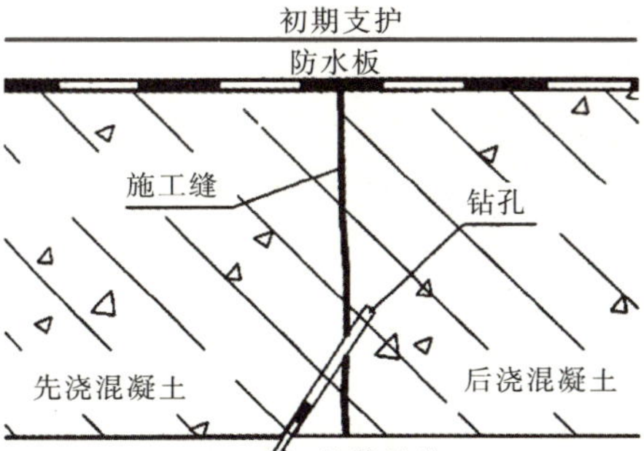

(a)注浆针头与接缝斜交注浆

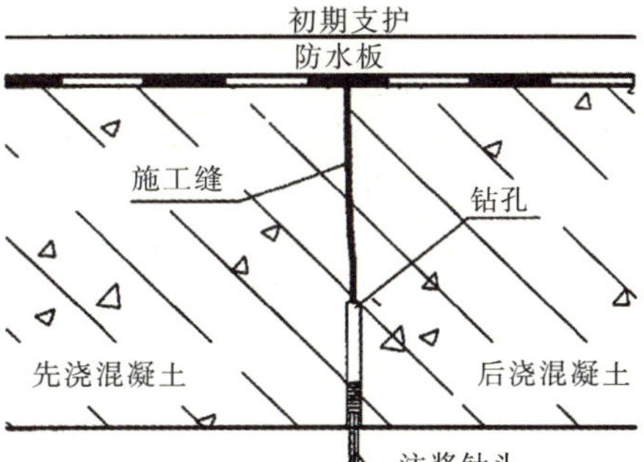

(b)注浆针头骑缝注浆

图 17.3－1　针头注浆治理衬砌接缝渗漏水

衬砌内部注浆根据二次衬砌空隙情况、渗漏情况的不同，使用不同的注浆材料和方法，主要可以分为以下两种。

1. 堵水型衬砌内部注浆

堵水型衬砌内部注浆是以堵水为目的对二次衬砌混凝土进行注浆，要求二次衬砌混凝土结构完好，具有足够的强度。此种注浆堵水常用在治理衬砌施工缝、变形缝以及不影响结构承载力的裂缝等处的渗漏病害，即二次衬砌渗漏处不需要结构补强，只要注浆堵水就可达到治理渗漏病害的目的。

2. 补强型衬砌内部注浆

二次衬砌常常由于施工、荷载过大等原因，形成蜂窝或较大裂缝，此时不但发生渗漏病害，而且严重影响结构承载能力，治理渗漏病害前需要对衬砌进行结构补强。渗漏水治理过程中，宜选择补强型注浆材料。

17.4 注浆法治理渗漏水的适用条件

研究衬砌内部注浆治理隧道及地下工程渗漏水病害的适用条件，首先必须了解影响衬砌内部注浆效果的因素。从渗漏水病害的影响因素和衬砌内部注浆过程中涉及的因素看，影响衬砌内部注浆效果的因素主要有围岩条件、水压条件、衬砌结构条件、渗漏水病害情况、隧道及地下工程设计类型等。

1. 围岩及水压条件分析

隧道及地下工程修建过程中，破坏了原来地下环境的平衡，需采取必要的支护和加固措施，建立新的地下环境平衡体系。运营一定时间后，支护和加固结构受地下环境影响，其加固效果逐渐减弱，围岩变形逐渐增大，作用在衬砌上的围岩压力和水压力逐渐增大，导致二次衬砌变形加剧。衬砌内部注浆仅是对二次衬砌的缺陷进行修补，不能对围岩起到加固作用，所以衬砌内部注浆要获得良好的加固效果，围岩必须稳定，作用在衬砌上的水压力不能超过设计压力。

2. 衬砌结构条件分析

隧道及地下工程之所以发生渗漏病害，其中最重要的原因是二次衬砌结构存在缺陷。衬砌内部注浆是对缺陷进行修补，其治理效果与衬砌内缺陷的状态有关。对于连通性较好的裂缝、孔洞等缺陷，通过衬砌内部注浆，可以获得良好的注浆效果；而对于连通性不好的衬砌缺陷（如衬砌内的蜂窝），其治理效果较差。

衬砌内部注浆主要用于修补混凝土结构内部缺陷，起到提高混凝土强度和抗渗能力的作用，对改善隧道及地下工程整体承载能力的作用不大。因此，隧道及地下工程结构本身必须有足够的承载能力，如果支护能力不足，应该先采取必要的方法提高结构的支护能力，然后再进行渗漏水治理。

3. 渗漏水病害情况分析

隧道及地下工程渗漏水病害一般表现为湿渍、渗水、滴水、滴水成线、射水和涌水。湿渍、渗水或滴水的成因是二次衬砌混凝土自身有缺陷，如不够密实、存在毛细孔或微裂隙等渗水点或面，此类孔隙一般较小且连通性不好，单纯使用钻孔注浆方法的堵水效果较差，需要采取多种防水措施予以解决；射水和涌水通常有明显的水流迁移路径，通过注浆的方法可以封闭水流通道，实现注浆堵水的目的。

4. 隧道及地下工程设计类型分析

目前，国内隧道及地下工程建设在处理地下水方面有两种设计类型：一种是全封闭型，另一种是防排结合型。全封闭型在设计时考虑了较大的水压力作用，采用注浆方法对渗漏水进行全面封堵，不会对结构造成过大的水压力。而防排结合型考虑的水压力较小。据调查，很多发生渗漏病害的衬砌，其背后的排水设施都失去作用。如果对此类渗漏水病害采取全面的注浆堵水措施，会造成衬砌结构承受较大的水压力，不利于衬砌结构安全。因此，建议采用衬砌内部注浆法治理防排结合型隧道及地下工程的渗漏水病害时，要考虑衬砌背后的排水降压问题。

17.5　注浆法治理渗漏水施工工艺研究

17.5.1　注浆材料分析

形成渗漏水的衬砌结构内部缺陷尺寸较小，其扩散能力较差，在选择注浆材料时，应选择纯溶液的化学浆液。目前，可用于化学注浆的浆液较多，但是在具体确定浆液品种时，应注意以下几点：

(1)由于注浆材料的可注性不同，其能够深入空隙的大小也不同，因此，选用的注浆应该适应衬砌内空隙的尺寸，以保证注浆效果。

(2)注浆过程中，渗漏水的水压和水量对注浆材料的凝胶效果影响非常大。渗漏水的水压和水量较大时，很容易使注浆材料分散，达不到聚合堵水的效果。所以，注浆前应该根据渗漏水的水压和水量，选择注浆材料和调整材料的配合比。

(3)注浆材料要满足渗漏水治理的要求。隧道衬砌发生渗漏病害后，衬砌内缺陷可能对结构安全产生不利影响，因此，选择注浆材料时，要考虑衬砌结构是否需要补强，从而决定是否选择具有补强作用的注浆材料。

(4)注浆材料要满足环保要求。目前常用的注浆材料中有很多是带有毒性的化学注浆材料，一旦进入地下水环境，会对生态环境造成破坏，所以选择注浆材料时要考虑环境保护的因素。

(5)所有注浆材料均须保证有足够的耐久性。

根据现有注浆材料的特点以及隧道与地下工程渗漏水病害的特点，我们推荐数种较为常用的注浆材料，其特性见表 17.5－1。

表 17.5－1　常用注浆材料特性表

注浆材料	材料配合比	材料特点	使用条件
丙烯酰胺	材料配合比根据渗漏水的量而定，渗漏量≤1 L/s，选用 8%～10%浓度的浆液；渗漏量＞1 L/s，选用 12%～14%浓度的浆液，同时加入速凝剂	黏度低，渗透性好，抗渗性好，耐碱、耐细菌的侵蚀	能注入小于 0.1 mm 的细微裂缝，主要用于治理渗漏水
改性环氧树脂	主剂、固化剂和促进剂等按照工程需要进行配制	黏度低，可注性好；对水具有良好的亲和性和黏结性，能在有水条件下与混凝土黏结；有良好的力学性能和耐老化性能	能够灌入大于0.003 mm的裂缝，用于补强、防渗注浆
环氧树脂	主剂、固化剂和促进剂等按照工程需要进行配制	黏度大，强度较高，不能在有水的条件下施工	能够渗入大于 0.1 mm 的结构裂缝，用于结构补强。对于有渗漏水的裂缝，需要先治理渗漏水。不适合用于承受动力荷载作用的结构

17.5.2 注浆工艺分析

目前对衬砌内部进行注浆的方法主要有两种，一种是凿槽埋管注浆，另一种是钻孔注浆。

(1)凿槽埋管注浆常用于缝漏病害的治理，主要方法是沿渗漏缝开槽，将注浆管置于槽内，并采用防水砂浆等材料进行回填。此种注浆方法的优点是注浆管沿渗漏缝布设，浆液能够较为均匀地渗入裂缝内。但是这种方法也存在较大的缺点，由于需要在衬砌表面开槽，对衬砌表面造成一定的破坏，如果注浆槽回填不当以及材料收缩等，很容易形成新的缝漏。

(2)钻孔注浆可用于各种渗漏病害的治理，主要方法是按照设计要求钻孔，并安装注浆针头，便可进行注浆。其优点是对衬砌结构破坏较小，适用于混凝土衬砌注浆。该方法是目前国际上较为先进的治水方法，经工程验证，其能够获得较好的注浆效果。

根据上述分析，钻孔注浆优于凿槽埋管注浆，故推荐衬砌内部注浆采用钻孔注浆。

17.5.3 注浆孔布设参数

1. 面渗漏区注浆孔参数

以面渗漏区中心为中点布设注浆孔，钻孔深度为 $1/3h$～$1/2h$（h 为结构断面厚度），孔径为 12～16 mm，孔距和排距为 0.3～1 m，梅花形布设，注浆孔布设面半径应比渗漏区半径大 0.4～0.6 m。

2. 渗漏注浆孔参数

(1)钻孔间距根据裂缝宽度确定，见表 17.5－2。

表 17.5－2　注浆钻孔间距表

裂缝宽度 b/mm	$b\leqslant0.1$	$0.1<b<0.3$	$b\geqslant0.3$
钻孔间距 a/cm	$a=30$	$a=40$	$a=50$

(2)根据注浆孔与渗漏缝的位置关系，注浆主要以骑缝注浆和斜交注浆为主，见表 17.5－3。

表 17.5－3　注浆孔与渗漏缝关系表

注浆孔与渗漏缝的位置关系	裂缝	注浆孔布设
骑缝	裂缝延伸方向与衬砌表面垂直	沿缝布设
斜交	裂缝延伸方向与衬砌表面斜交	布设在衬砌一侧，距离缝 10～16 cm

17.5.4 注浆压力分析

影响注浆压力大小的因素较多，通常有材料性质、渗漏水压力、二次衬砌混凝土强度、注浆方法以及衬砌缺陷情况等，由于各因素在工程病害中变化较为复杂，因此应该根据具体工程情况确定。但应该满足以下要求：

(1)注浆压力不应大于 77%的混凝土抗压强度值。

(2)注浆压力应该大于渗水压力，一般注浆压力应为渗水压力的 1.2～1.8 倍。

(3)注浆压力应该根据注浆位置调整。如果注浆点位于混凝土结构完好的裂缝，注浆压力可以提高；如果注浆点位于混凝土质量较差的面渗漏区，则需要采用较低的注浆压力。

17.5.5　衬砌接缝注浆防水设备

由于衬砌接缝宽度一般在 3 mm 以内，注浆量较小，但要求的注浆压力较大，因此采用小型电动或手动高压化学注浆泵，注浆泵的流量应大于 1 L/min，以避免因流速小、渗透速度慢而造成注浆系统的堵塞，影响浆液充分扩散到接缝的周围。注水泵与注浆泵不得交叉使用，注浆泵类型见表 17.5－4。本课题使用的注浆泵如图 17.5－1 所示。

表 17.5－4　注浆泵类型

设备名称	最大压力/MPa	最大流量/(L/min)
高压电动单液注浆泵	21.0～70.0	4.5
便携式手动单液注浆泵	8.4	1.4
电动双液注浆泵	0.2	2.0

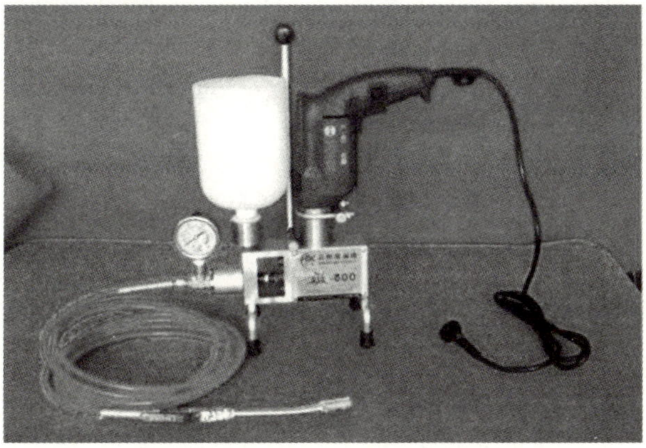

图 17.5－1　电动单液注浆泵

17.6　现场试验及工程实例

17.6.1　隧道渗漏水治理实例 1

1. 渗漏水概况

根据现场调查，主要渗漏原因是墙体结构混凝土不够密实，空隙较多。渗漏情况如图 17.6－1(a)所示。拆模后施工单位对结构不密实处进行抹面处理，但是对渗漏水未达到有效治理目标。

2. 治理方法

虽然施工单位已经对结构不密实情况采取了必要的治理措施，但通过钻孔发现结构内部存在明显的水流迁移路径，故采取以下治理措施：

(1)由于结构内部水流迁移路径明确，因此进行针对性注浆堵水。

(2)注浆材料选择亲水性环氧树脂补强材料，本次注浆同时具备补强和堵水作用。

(3)根据水流迁移路径情况，沿路径钻4个注浆孔，孔深为10 cm左右。

(4)采用手动注浆泵进行注浆，最大注浆压力为2.3 MPa。

(5)注浆材料选择无膨胀性的改性环氧树脂类注浆材料。

3. 治理效果

试验过程中，4个注浆孔共注浆2.2 L，其中单孔注浆最大量为1.2 L，注浆结束30 min后，结构表面渗水明显减少，表面逐渐干燥，如图17.6－1(b)所示。经过连续2 d的观察，试验处渗漏水治理效果较好，在观察期内没有再次发生渗漏。

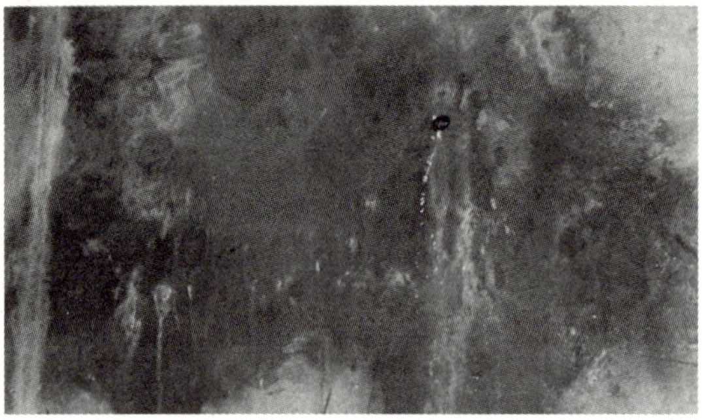

(a)治理前

(b)治理后

图17.6－1　混凝土渗漏治理前后情况对比

17.6.2　隧道渗漏水治理实例2

17.6.2.1　渗漏水概况

隧道二次衬砌修建完成后，于隧道进口和出口发生大量渗漏水病害，根据现场调查和建设资料分析，推断其形成原因为：

(1)围岩透水性较强，地表降水增大后，隧道内渗水量明显增加。

(2)施工过程中防水板破坏。

(3)二次衬砌施工质量较差。

(4)二次衬砌施工缝处的止水带、止水条等防水设施未按照设计要求施工。

隧道内衬砌表面的渗漏水主要表现为湿渍、渗水、滴水成线，故可以推定渗漏水的补给水源的压力不大。根据现场调查，隧道内的渗漏水病害主要表现为仰拱施工缝渗漏、环向施工缝渗漏和混凝土裂缝渗漏，其中混凝土裂缝渗漏又包括结构疏松混凝土裂缝渗漏和结构完好混凝土裂缝渗漏。施工单位对渗漏病害处曾采用凿槽埋管法进行治理，但施工过程不合理，治理后效果不好，仍存在大量的渗漏水病害(如图17.6－2所示)。由于采用凿槽埋管法治理后，改变了衬砌表面出水点位置和渗水路径，此类病害再治理较为困难。

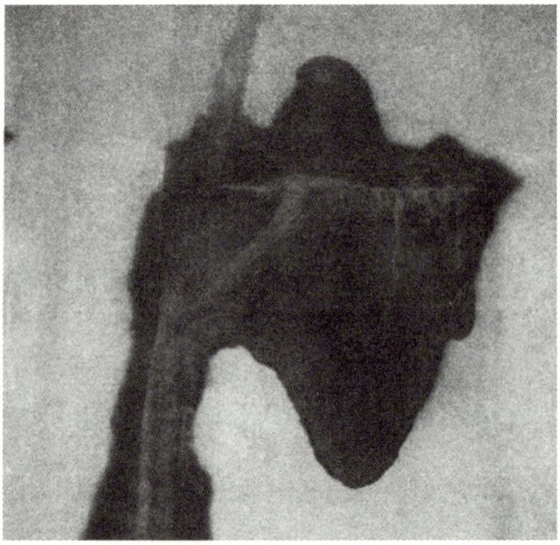

图17.6－2　凿槽埋管法治理后的残余渗漏

17.6.2.2　结构疏松的混凝土裂缝渗漏治理方法

1. 治理方案概述

此类病害是由于衬砌混凝土结构疏松，衬砌内部和表面形成多条裂缝，有些较宽的裂缝表现为渗漏，而有些细微裂缝则暂时不发生渗漏。但较宽的裂缝被封堵后，未发生渗漏的细微裂缝可能会发生渗漏，因此此类病害需要遵循循序渐进、多次治理的原则进行治理。根据现场情况，此类渗漏病害的治理方案如下：

(1)清理发生渗漏处的衬砌表面，标记衬砌表面出水点和裂缝位置。

(2)以各出水点所在的裂缝连线为渗漏主缝，先对其进行钻孔注浆，待主缝完全封堵后，结束主缝的治理。

(3)若主缝封堵后其他细微裂缝继续发生渗漏，可根据渗漏位置和走向进行钻孔注浆，但要注意钻孔时不能破坏主缝注浆效果。

(4)根据第(3)项中的治理效果，多次进行细微裂缝注浆，最后达到对渗漏水完全封堵的目的。

2. 注浆孔参数

由于发生此类病害的衬砌裂缝一般为不规则裂缝，且宽度较小，为了达到良好的注浆效果，注浆时应该采用注浆孔与裂缝斜交的方式。注浆孔分为系统注浆孔和补充注浆孔。

(1)系统注浆孔是沿裂缝发展方向，按照间距 25～35 cm 布设的注浆孔，具体位置见图17.6－3。

(2)系统注浆孔注浆完成后，可能达不到完全堵水的效果，则应适当增设注浆孔进行补充注浆，增设的注浆孔即为补充注浆孔，补充注浆孔位置视残余渗漏情况而定。

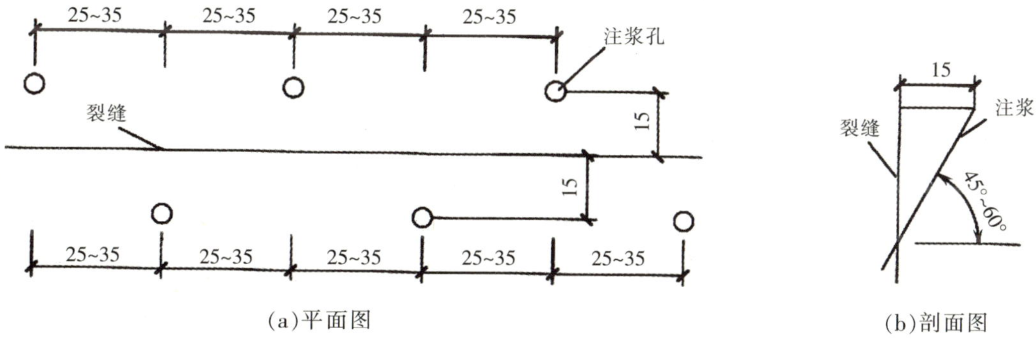

图 17.6－3　治理结构疏松的混凝土裂缝渗漏的注浆孔布设图(单位：cm)

3. 注浆参数

(1)注浆孔的注浆顺序为由下到上。

(2)注浆材料以聚氨酯为主，掺加一定量的稀释剂和固化剂，材料遇水凝结时间控制在 20 s 左右。

(3)注浆压力控制在 20～40 MPa。

4. 治理效果

经过 4 次注浆处理，共钻孔 21 个，使用注浆材料 2.6 kg，达到衬砌表面无渗水的效果。图 17.6－4 为治理前和治理后(30 h)衬砌表面的情况。

(a)治理前　　(b)治理后

图 17.6-4　结构疏松的混凝土裂缝渗漏治理前后情况对比

17.6.2.3　结构完好的混凝土裂缝渗漏治理方法

1. 治理方案概述

结构完好的混凝土裂缝一般仅为一条，裂缝两侧混凝土质量较好，渗漏水由裂缝渗出。此类病害治理较为容易，一般情况下，一次注浆即可达到注浆效果。治理方法如下：

(1)清理发生渗漏水处的衬砌表面，标记衬砌表面出水点和裂缝位置。

(2)根据渗漏缝情况进行钻孔注浆。

2. 注浆孔参数

发生此类病害的衬砌裂缝一般为规则裂缝，且宽度较大，本次现场试验处的混凝土裂缝宽度为 0.4～1 mm。根据现场调查，治理此类病害采用一次注浆堵水，布设的注浆孔间距为 40～50 cm，具体位置见图 17.6-5。

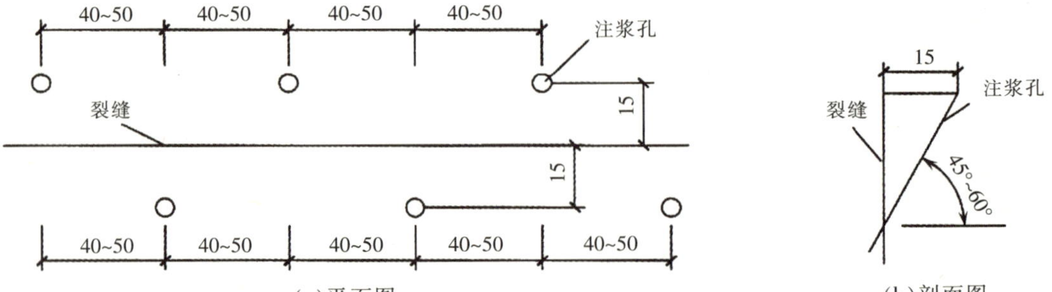

(a)平面图　　(b)剖面图

图 17.6-5　治理结构完好的混凝土裂缝渗漏的注浆孔布设图(单位：cm)

3. 注浆参数

(1)注浆孔的注浆顺序为由左下到右上。

(2)注浆材料以聚氨酯为主，掺加一定量的稀释剂和固化剂，材料遇水凝结时间控制在 10 s

左右。

(3)注浆压力控制在 20～30 MPa。

4. 治理效果

此处渗漏为规则混凝土裂缝渗漏，一次注浆达到了衬砌表面无渗水的效果。治理过程中，沿裂缝长度设 7 个注浆孔，使用注浆材料 1.8 kg，图 17.6－6 为治理前和治理后(5 h)的衬砌表面情况。

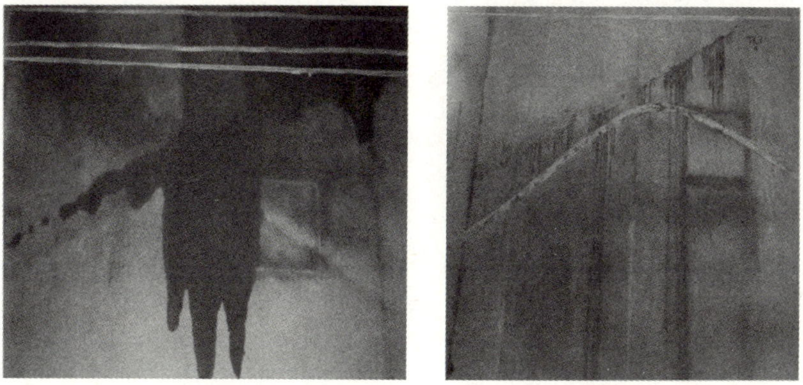

(a)治理前　　(b)治理后

图 17.6－6　结构完好的混凝土裂缝渗漏治理前后情况对比

17.6.2.4　凿槽埋管法治理后的残余渗漏治理方法

1. 治理方案概述

由于此类病害为凿槽埋管法治理后再次发生的渗漏，难以找出真正的出水点，故治理起来十分困难。根据以往治理此类渗漏病害的经验，采取如下治理方法：

(1)清理衬砌表面残余渗漏处，标记衬砌表面的出水点。

(2)将已有引排管底部封堵，利用凿槽埋管注浆方法进行注浆，对裂缝进行封堵。

(3)沿槽两侧进行系统钻孔注浆，注浆过程中应仔细观察衬砌表面，防止注浆压力过大将槽挤出。

(4)系统注浆结束后，根据残余渗漏情况，适当增加补充注浆孔。如果补充注浆效果不理想，可以将槽部分凿开，再根据出水点位置增加注浆孔。

2. 注浆孔参数

由于凿槽埋管处理后破坏了衬砌表面的出水点，因此系统注浆孔应按照图 17.6－5 布设。

3. 注浆参数

(1)系统注浆孔的注浆顺序为由下到上。

(2)注浆材料以聚氨酯为主，掺加一定量的稀释剂和固化剂，材料遇水凝胶时间控制在 20 s 左右。

(3)注浆压力控制在 10～25 MPa。

4. 治理效果

此处病害经过多次补充注浆后，仍有局部渗漏存在，故将排水槽上部凿开，查明出水点后，再次进行补充注浆，获得良好的注浆效果。图 17.6－7 为治理前和治理后(0.5 h)的效果。

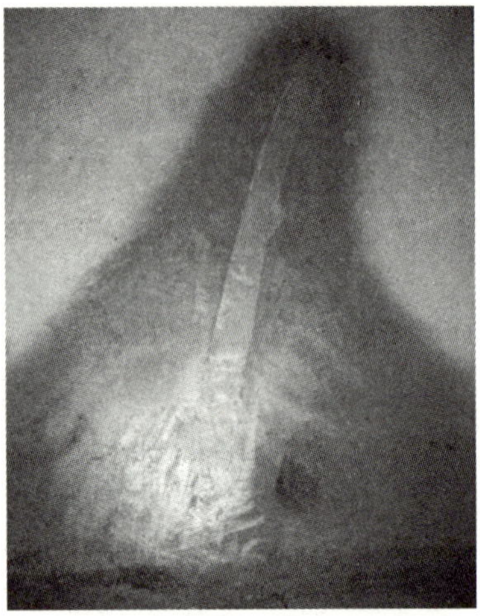

(a)治理前

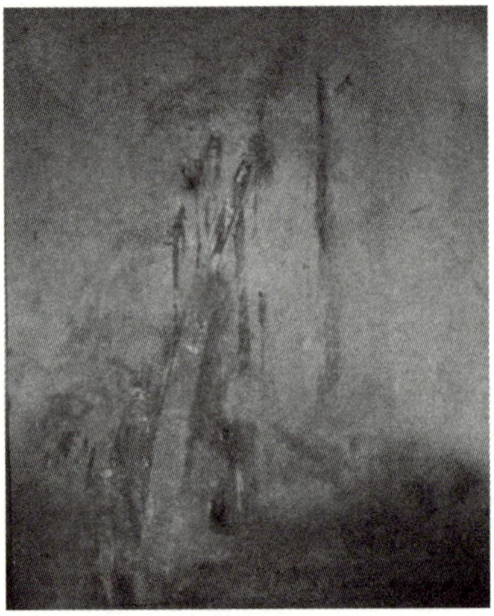

(b)治理后

图 17.6-7　凿槽埋管法治理后残余渗漏治理前后对比

17.7　隧道典型部位渗漏水整治实施方案

确定总体渗漏水整治方案应坚持“上堵下排、拱堵墙排、先堵后排”的原则，坚持“堵排结合”“拱顶先堵、边墙后排”的措施。

总体施工顺序为：首先，处理拱顶对行车有影响的渗漏水处，采取注环氧树脂或者超细水泥浆液堵水的方法（若后期拱部再次渗漏，则继续注环氧树脂或超细水泥浆液堵水；若边墙渗漏，则采取凿槽埋管排水措施）。其次，处理其余拱顶渗漏水处，采取注入环氧树脂或超细水泥浆液堵水的方法。最后，处理边墙渗漏水处，采取凿槽埋管排水的方法。

17.7.1　拱顶渗漏水整治

(1)对渗漏水处钻设注浆孔，注浆孔钻设深度大约为隧道二次衬砌混凝土厚度的 1/2（根据实际情况决定钻设深度），沿隧道环向每 15～20 cm 钻设一孔，沿渗漏水处两侧 10～15 cm 梅花形布置。具体布置如图 17.7-1 所示。

(2)注浆材料采用环氧树脂或超细水泥浆液，环氧树脂分为 A 组（主剂，为环氧树脂）及 B 组（固化剂），通常配合比（质量比）为 A∶B=5∶1（作业时间较短的情况下配合比调整为4∶1），环氧树脂相对密度为 1.12 g/cm^3，固化剂相对密度为1.01 g/cm^3，注浆压力控制在 0.3～0.5 MPa。超细水泥浆液水灰比为 1∶1，注浆压力为 1.0～1.5 MPa，施工过程中根据实际情况确定最终压力。

17.7.2　边墙施工缝渗漏水整治

对边墙施工缝渗漏水处，采取凿槽埋管排水措施。

(1)在施工缝处凿内宽 5～6 cm、外宽 4～5 cm、深 5 cm 的倒梯形槽清除槽中混凝土残渣并用

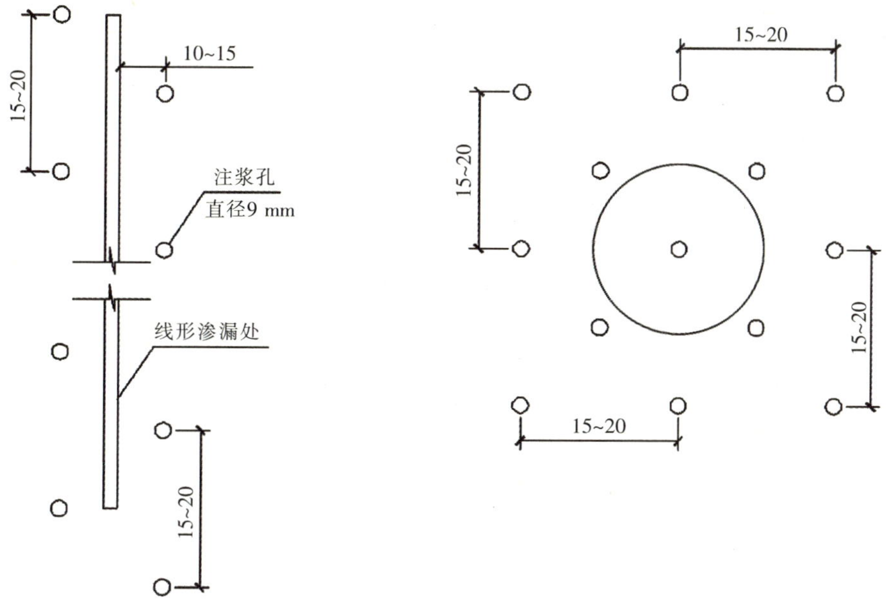

(a)拱顶线形渗漏处布孔示意图　　(b)拱顶面形渗漏处布孔示意图

图 17.7-1　拱顶渗漏水处布孔示意图(单位:cm)

清水洗槽及其周围。

(2)沿施工缝每间隔 20～30 cm 钻排水孔一处,钻设深度为二衬混凝土厚度,钻设直径小于 20 mm。

(3)沿渗漏水下方一直开槽至侧沟顶,槽内放置直径 50 mm 的半圆形 PVC 管,PVC 管内放入直径 3 cm 的塑料软管,待封堵用的"水不漏"有一定强度后,拔出塑料软管,使其形成一个暗沟,表面与衬砌混凝土面齐平。

(4)采用水泥基渗透结晶型防水涂料刮涂两层,厚度不小于 2 mm。

(5)根据渗漏水情况决定是否对边墙施工缝进行注浆,若需注浆,两侧按环向间距 15～20 cm、距渗漏水处 10～15 cm 打设注浆孔,注入超细水泥浆液进行堵水。水泥浆液水灰比为 1∶1,注浆压力宜为 1.0～1.5 MPa。注浆过程中,逐步增加注浆压力,终压根据现场情况确定。边墙施工缝漏水整治如图 17.7-2 所示。

17.7.3　边墙非施工缝处渗漏水整治

(1)渗漏水处为点状或线状无压渗漏水,水量较小时,可在渗漏水处周边钻设注浆孔,注浆孔深大约为隧道二次衬砌混凝土厚度的 1/2(根据实际情况决定钻设深度);沿隧道环向每 15～20 cm钻设一孔,孔沿渗水处两侧 10～15 cm 做梅花形布置。具体布置如图 17.7-1 所示。注环氧树脂堵水。

(2)渗漏水处为线状漏水,水量较大时,则采取凿槽埋管排水措施。

17.7.4　混凝土表面湿渍及渗漏水区处理

对混凝土表面湿渍及渗漏水区采取压超细水泥浆液的方法封堵处理。

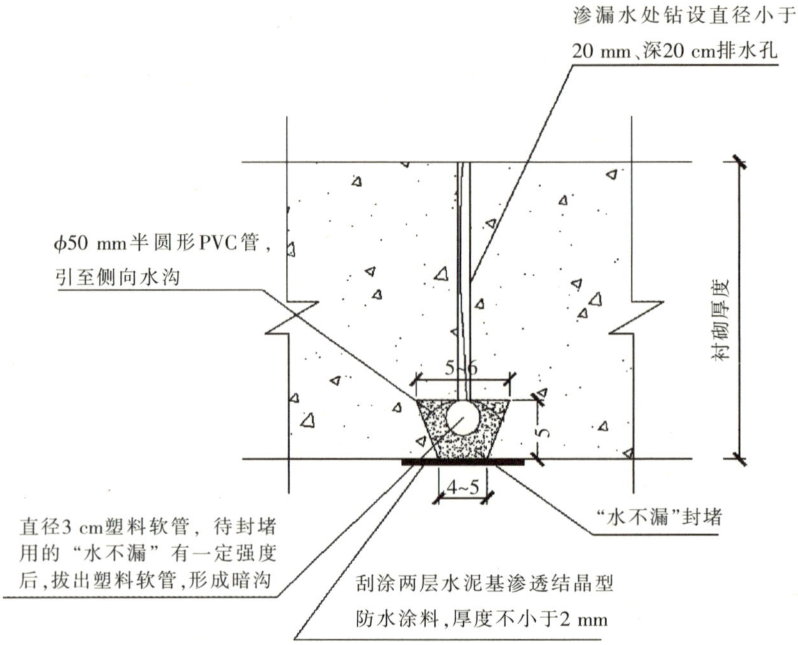

图 17.7-2　边墙施工缝渗漏水整治示意图(单位：cm)

(1)在湿渍区及渗漏水区边缘线外 0.5 m 范围内打设注浆孔，安设注浆嘴，注浆孔深度＝衬砌厚度－10 cm，孔间距为 0.5 m×0.5 m，注浆压力为 1.0～1.5 MPa。施工过程中应逐步增加注浆压力，根据现场情况确定最终压力参数。注浆完毕 72 h 内混凝土表面无渗出为合格。

(2)检验合格后将混凝土表面清理干净，用调好的水泥基渗透结晶型防水涂料刮涂两层，厚度不小于 2 mm。具体见图 17.7-3。

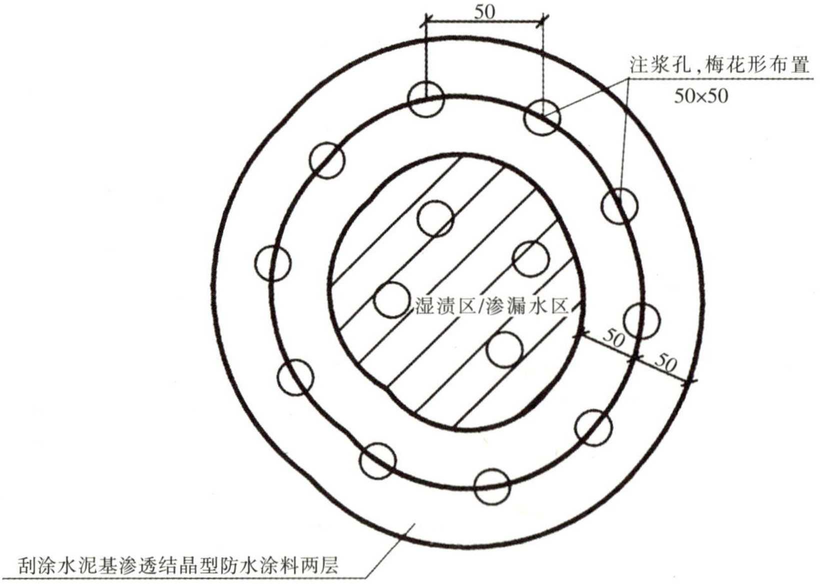

(a)湿渍处理平面示意图

图 17.7-3　湿渍处理示意图(单位：cm)

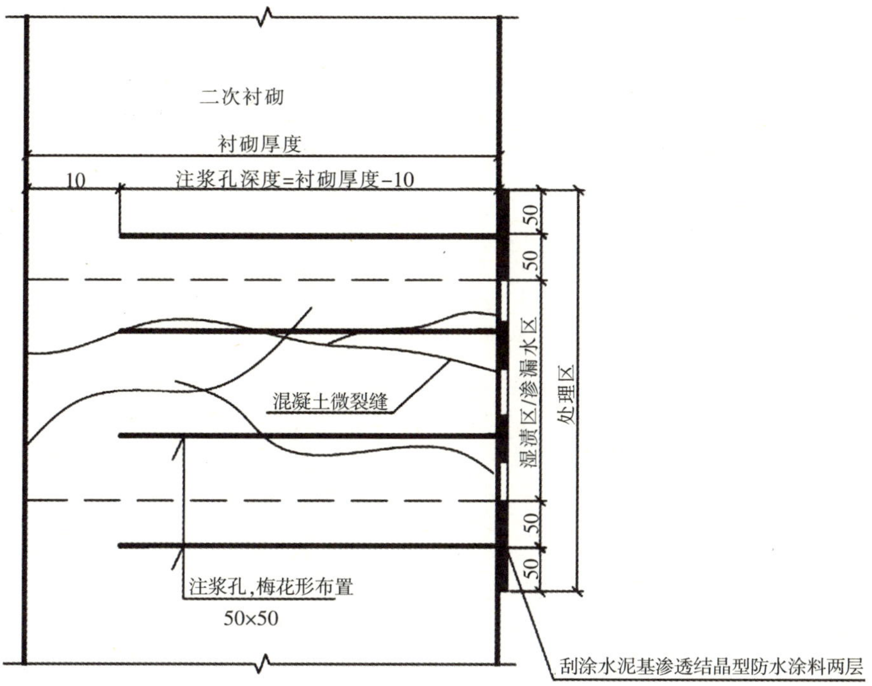

(b)湿渍处理剖面示意图

图 17.7-3　湿渍处理示意图(单位:cm)

17.7.5　拱顶松动混凝土修补方案

1. 凿除原松动混凝土

由于拱顶前期注入聚氨酯量较大,导致拱顶不密实混凝土被破坏,在注浆过程中,发现有掉块的风险,必须将松动的混凝土全部凿除,重新在凿除处充填混凝土,使其与二衬混凝土成为一体,确保行车安全。施工步骤为:①清除表面 5 cm 厚松动的混凝土。②凿除聚氨酯夹层。③将衬砌钢筋凿出。④清洗表面并凿毛。具体如图 17.7-4 所示。

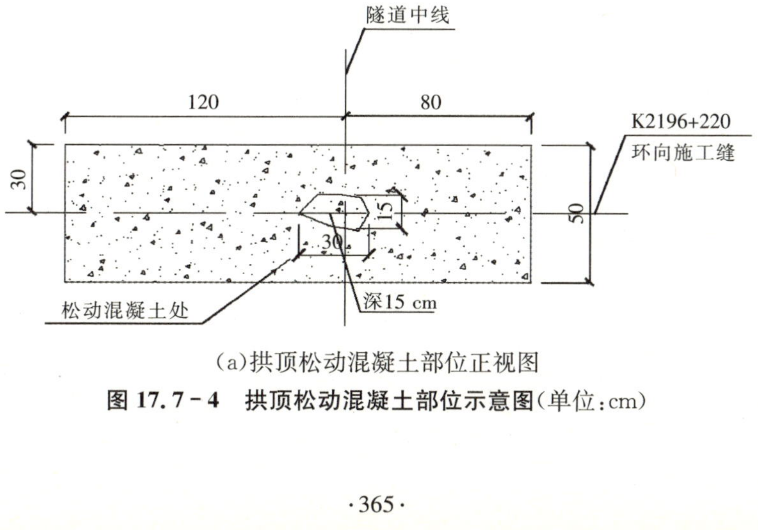

(a)拱顶松动混凝土部位正视图

图 17.7-4　拱顶松动混凝土部位示意图(单位:cm)

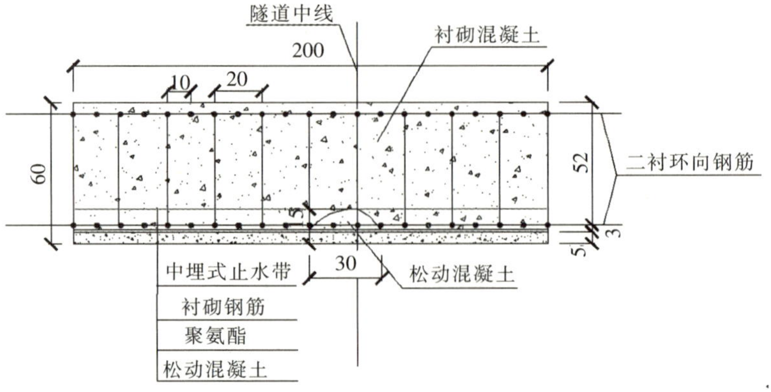

(b)拱顶松动混凝土部位剖面图

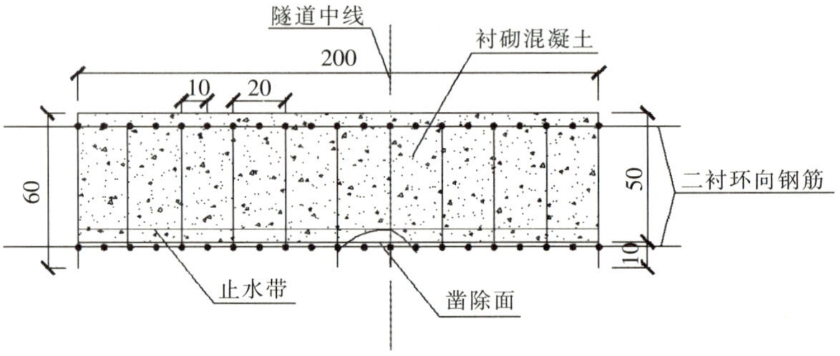

(c)拱顶松动混凝土凿除后剖面图

图 17.7-4　拱顶松动混凝土部位示意图(单位:cm)

2. 植筋

由于注浆材料注入厚度大部分为 10 cm,少部分为 15 cm,原衬砌钢筋保护层厚度为 8 cm,为了确保注入的注浆材料稳定,不开裂、不脱落,能将钢筋完全包裹,需将缺陷范围内环、纵向衬砌钢筋全部凿出,在其下绑扎一层间距 10 cm×10 cm 的 ϕ 8 mm 钢筋网片,采用 ϕ 8 mm 勾筋(间距 20 cm,梅花形布置)与露出的衬砌钢筋连接,如图 17.7-5 所示。

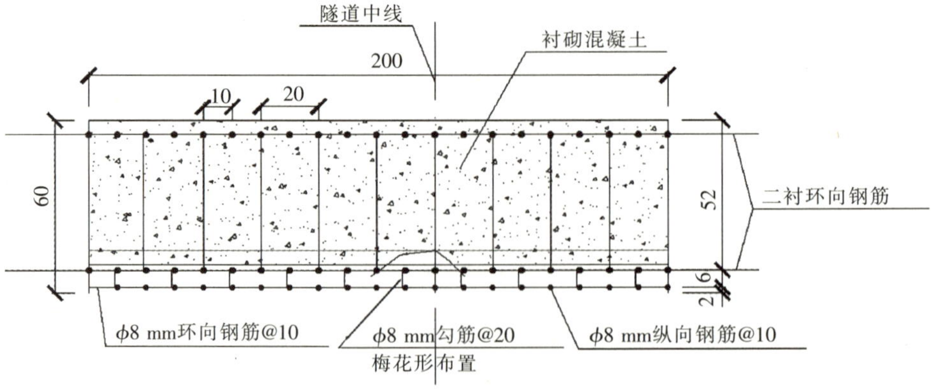

图 17.7-5　拱顶植筋示意图(单位:cm)

3. 模板制作与安装

(1)模板制作。自制 4 块长 110 cm、宽 35 cm、厚 3 mm 的钢板作为模板,模板采用螺栓连接,在模板四周 5 cm 的位置间距 20 cm 预留螺栓孔,并在模板上预留一个注浆孔和一个出浆孔。

（2）模板安装采用长 20 cm、直径 20 mm 的膨胀螺栓固定，外露 5 cm，采用双螺帽固定。模板拼装缝隙用双面胶堵塞，防止压浆时漏浆。模板安装如图 17.7－6 所示。

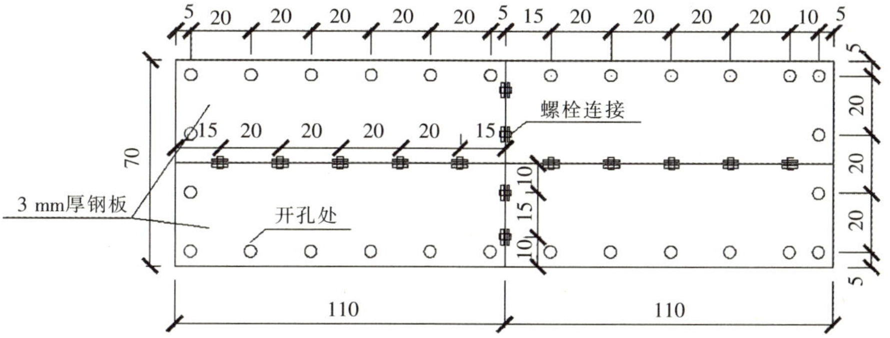

（a）模板平面图

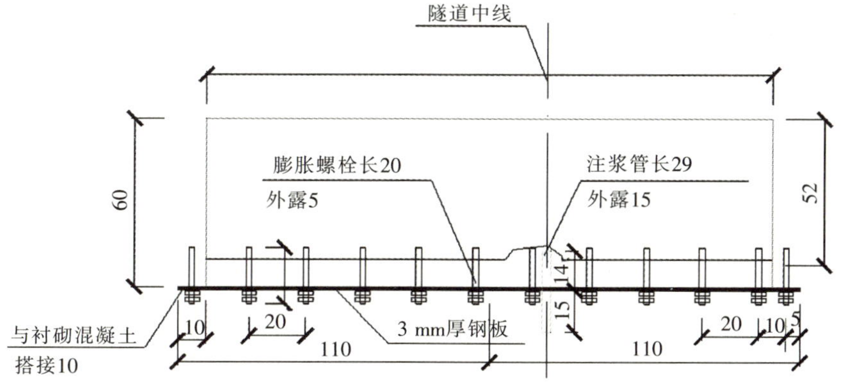

（b）模板立面图

图 17.7－6　模板安装（单位：cm）

4. 注浆

采用活塞式灰浆泵无压注入 C40 注浆液，浆液采用高强无收缩注浆材料，配合比为浆料∶水＝1∶0.14，无压注浆将空洞注满。注浆管、出浆管安装在空洞最深处，长 29 cm，外露 15 cm。注浆管与模板穿孔处采用棉纱封堵，避免漏浆。当出浆管出浆时，说明已注满，停止注浆。

5. 拆模与打磨

等强 24 h，拆除模板，切除膨胀螺栓和注浆管，清理表面并对不平整部位进行打磨。

17.8　总　结

隧道及地下工程衬砌混凝土结构裂缝渗漏水问题，因工程的特殊性，造成渗漏水治理较为困难。为了获得较好的渗漏水治理方法，我们在以往研究成果的基础上，进行了大量的试验研究工作，对隧道及地下工程衬砌混凝土结构裂缝渗漏水治理技术进行了深入研究。

从隧道及地下工程渗漏水形成原因入手，分析衬砌内部注浆法治理隧道及地下工程渗漏水问题的可行性，主要对堵水机制、适用条件、施工工艺、注浆材料等进行了系统的研究和总结，并将研究成果应用于工程实践中，获得较好的治理效果。

从工程实践来看，城市富水地层中要坚持“以防为主，以排为辅”的设计理念。目前由于材料、工艺等方面的限制，全封闭型防水还不能达到预期的目的，因此要考虑有排水的措施，特别是要重视初期支护背后的注浆防排水措施，这是防水体系成败的关键；还要提高施工缝、变形缝的质量，这是隧道渗漏水的薄弱环节；另外，在隧道开通运营前，要对二次衬砌背后充分注浆，否则，运营后的治理代价太大、风险太高。

第5篇
城市隧道施工安全风险管理

第 18 章　城市隧道施工安全风险管理基础

18.1　城市隧道施工安全风险管理基本理论

18.1.1　基本原则

(1)城市隧道施工安全风险管理，必须遵循节能、节地、保护环境和可持续发展的基本方针。我国人口众多，资源相对缺乏，城市隧道施工安全风险管理必须考虑包括建设、运营和维护在内的城市隧道全寿命周期，以保障人员安全，积极推广应用保护环境的新技术、新工艺，引领和促进社会的可持续发展为目标，严格执行国家工程建设的节能、节地、保护环境的基本方针，实现资源节约与可持续发展。

(2)城市隧道施工安全风险管理，应从规划、可行性研究、勘察设计、施工直至竣工验收[illegible]付使用，实施全过程的安全风险管理。城市隧道建设投资大，施工工艺复杂，施[illegible]境复杂，所需的施工设备繁多，涉及的专业工种与人员众多且相互交叉，工程[illegible]类风险，风险管理作为减少或降低风险的有效手段，需在整个建设过程中实施。同时，工程施工安全风险是贯穿整个建设工程的客观问题，工程建设过程中无法避免或消除全部的风险，而一旦发生风险，必将产生人员伤亡或经济损失等，直接危及人民生命、财产和健康安全，甚至会造成严重的环境影响或破坏。

随着城市隧道施工活动的不断深入开展，工程施工安全风险也不断发展变化与传递，有些风险在工程施工初期因采取有效的控制措施得到了规避，但有些风险会随着施工活动重新出现或恶化，有些风险只有到施工甚至运营阶段才会出现甚至恶化。因此，必须在工程施工的全过程中实施风险管理，对各类施工安全风险尽早进行辨识、分析与控制，对各阶段施工安全风险实施跟踪记录和管理。每个阶段完成后必须形成风险评估报告或风险管理记录文件，记录风险管理对象、内容、方法及控制措施，并作为下阶段风险管理和实施的基本依据。

另外，工程施工安全风险管理需考虑工程施工过程中不同时期施工活动的具体内容和要求，需针对具体的施工活动开展安全风险管理工作，并完成相应的风险辨识与分析，通过实施风险评估、风险记录和动态风险管理等技术手段完成安全风险管理活动，对以辨识的风险采取风险处置措施，减少或降低可能发生的风险及损失。因此，为了确保风险管理的有效性、连续性和经济性，需全过程实施安全风险管理。

18.1.2 基本概念

(1)风险(risk):潜在的不利事件或事故发生的概率(频率)P 及其损失 C 的组合,表达式为 $R=f(P,C)$。

(2)事故(hazard):工程施工中,可造成人员伤亡、环境影响、经济损失、工期延误和社会影响等损失的不利事件和灾害的统称,也称为"风险事件""风险事故"。

(3)风险因素(risk factors):导致风险事件发生的潜在原因,是促使风险事件发生概率和(或)损失幅度增加的因素。

(4)风险损失(risk loss):工程施工过程中任何潜在的或外在的不利影响、破坏或损失,包括人员伤亡、环境影响、经济损失和工期延误等。

(5)风险管理(risk management):对工程施工安全风险进行风险界定、风险辨识、风险估计、风险评价与风险控制。

(6)风险界定(risk delineation):分析工程施工安全风险管理目标及对象,划分风险评估单元。

(7)风险辨识(risk identification):调查识别工程施工中潜在的风险类型、发生地点与时间及原因,并进行筛选、分类。

(8)风险估计(risk estimation):对辨识的工程施工安全风险发生的可能性及其损失进行估算。

[illegible]价(risk evaluati[illegible]进行等级评定、风险排序与风险决策。

[illegible]应急预案,实施风险监测、跟踪与记录。[illegible]自留 4 种方式。

(11)风险分析(risk analysis):对风[illegible]辨识和估计,采用定性或定量方法分析风险。

(12)风险评估(risk assessment):对风险进行分析和评价,对风险危害性及其处置措施进行决策。

(13)风险接受准则(risk acceptance criteria):对风险进行分析与决策,判断风险是否可接受的等级标准。

(14)风险记录(risk register):对已辨识的风险进行记录跟踪管理,记录内容包括风险名称、风险等级、风险处置措施及控制效果等。

(15)人员伤亡(loss of life and personal injury):工程施工安全风险发生后导致各类人员产生的健康危害、身体伤害及死亡等。

(16)环境影响(harm to surroundings):工程施工安全风险造成的自然环境污染、周边区域场地及邻近建(构)筑物的破坏。

(17)经济损失(economic loss):工程施工安全风险引起工程发生的各种直接或间接费用的统称。

(18)工期延误(project delay):工程施工安全风险导致工程未按照计划规定日期完成,引起施工工期的延长及不合理的工期提前。

(19)社会影响(harm to society):工程施工安全风险引起的非正常安全转移安置、社会负面影响或不稳定及政府公信力的丧失等。

(20)第三方(third party):不直接参与工程施工,但受到工程施工活动影响的周边区域环境或社会群体中的其他机构或人员等。

18.1.3　风险分类

1. 按照风险因素或诱发风险因素分类

按照风险因素或诱发风险因素可分为自然风险和人为风险。

2. 按照项目建设阶段分类

按照项目建设阶段可分为规划阶段风险、可行性研究风险、勘察与设计风险、招标投标风险、施工风险等。

3. 按照风险管理层次关系与技术影响因素分类

按照风险管理层次关系与技术影响因素可分为:总体风险,包括社会、政治和金融影响,合同纠纷,企业破产和体制问题,第三方干扰,员工冲突,自然灾害(台风、暴雨或雷击等)等;具体风险,包括工程地质勘查有误或失真,设计失误或漏项,执行的规范、标准或设计规定存在问题,工程施工方案有误,施工设备故障,人员决策或操作失误,施工质量不能满足标准要求,施工工期延误等。

4. 根据风险损失分类

根据风险损失可分为人员伤亡风险、环境影响风险、经济损失风险、工期延误风险和社会影响风险(政治影响和治安影响等)。其中,人员伤亡风险和环境影响风险具体包括:

(1)人员伤亡风险。包括工程施工直接参与人员及场地周边第三方人员发生的伤害、死亡及职业健康危害等。

(2)环境影响风险。包括:①施工对邻近既有各类建(构)筑物、道路、管线或其他设施等的破坏;②工程施工活动对周边区域的土地与水资源的破坏、对动植物的伤害;③施工发生的空气污染、光电磁辐射、光干扰、噪声及振动等;④周边环境改变或第三方活动对本工程造成的破坏。

18.1.4　风险管理程序

隧道施工安全风险管理包括风险界定、风险辨识、风险估计、风险评价、风险处理、风险监测等风险管理单元,主要分为风险评估和风险控制两个阶段。根据城市隧道建设各方的建设任务和内容,风险管理实施程序中需通过风险界定确定工程施工安全风险管理对象,划分工程施工评估单元,对工程施工全过程的风险进行风险因素及损失辨识分析,利用风险评估方法对风险进行量化分析,对各项风险进行风险等级评定、排序与决策。可选择专业的评估机构作为咨询单位协助开展风险管理,通过建设各方及评估机构的沟通与协作,开展城市隧道施工安全风险分析与评估,提出相应的风险控制措施,建立城市隧道施工安全风险记录和检查制度,并编制工程施工安全风险管理文件。隧道施工安全风险管理程序和流程分别如图 18.1-1、图 18.1-2 所示。

工程施工安全风险管理应由建设单位负责组织和实施,并以合同约定建设各方的风险管理责任。建设单位在编制概算时,应确定施工安全风险管理的专项费用,做到风险处置措施费专款专用。工程施工安全风险管理费用主要包括风险查勘费、风险分析与评估费、工程周边环境调查及现状评估费和工程建设第三方监测费等。

考虑城市隧道施工安全风险管理参与单位众多、工程建设情况复杂,为了更好地实施风险管

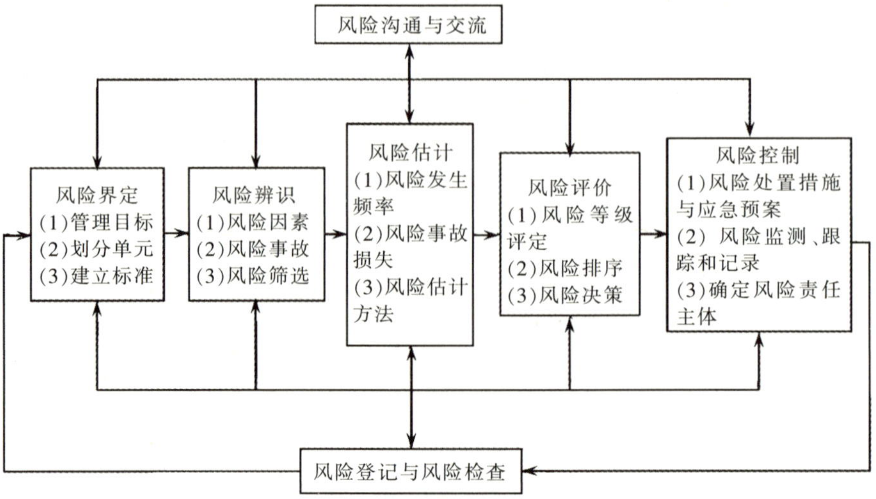

图 18.1-1　隧道施工安全风险管理程序

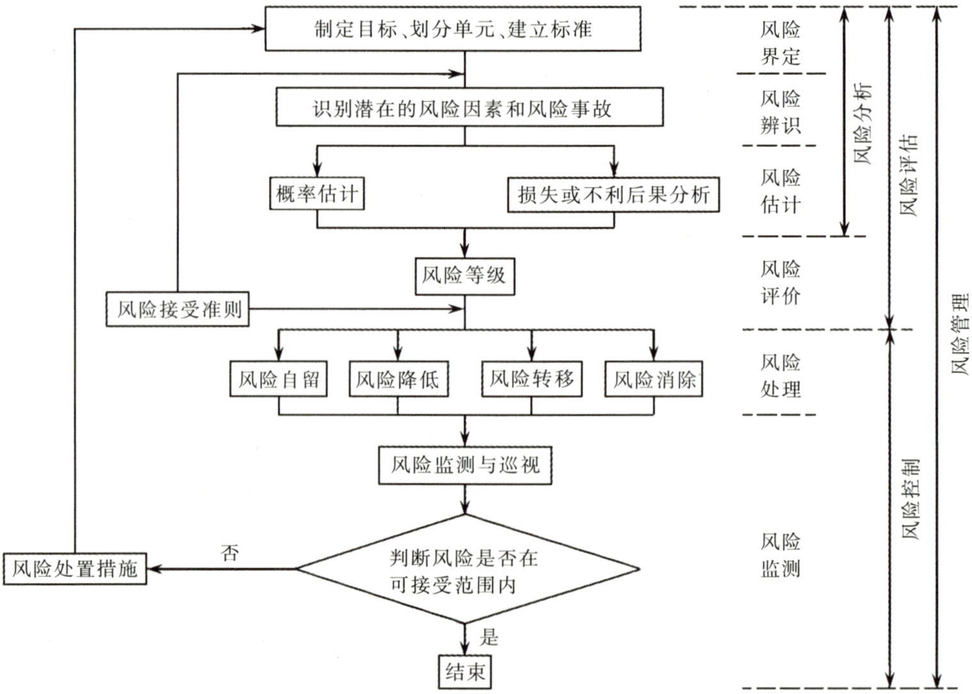

图 18.1-2　隧道施工安全风险管理流程

理，施工安全风险管理应由建设单位负责组织，成立风险管理工作机构与管理组织，并在签订的合同文件或技术条件书中约定建设各方的风险管理职责和任务。

18.1.5　风险管理阶段

城市隧道施工安全风险管理需贯穿于工程建设全过程，结合我国城市隧道建设的实际情况，根据工程建设内容与过程，一般可将其划分为 5 个阶段的管理。

(1)规划阶段风险管理。

(2)可行性研究阶段风险管理。

(3)勘察与设计阶段风险管理。

(4)招标、投标与合同签订阶段风险管理。

(5)施工阶段风险管理。

城市隧道施工安全风险管理具体实施中,考虑工程建设期内各阶段可能存在相互交叉或者同期建设等情况,风险管理也应适应工程建设需要,结合工程建设阶段和具体要求来开展。

城市隧道建设项目涉及建设单位、监理单位、勘察设计单位、施工单位和供应商等建设各方,风险管理实施中最重要的是提高建设各方的工程施工安全风险管理意识,加强风险信息的相互沟通与交流,也包括各方内部、外部以及与第三方的风险沟通与交流,通过通报、会议等多种形式组织建设各方共同参与,针对重大风险因素开展专项风险管理,并在实施过程中执行风险登记与检查制度,编制规范的风险记录与管理文件。

工程施工安全风险管理各阶段编制完成的风险管理文件,应作为后续阶段实施风险管理的基础依据。

18.1.6　风险界定

城市隧道施工安全风险管理应界定风险管理对象与目标,划分工程施工安全风险评估单元,制定本工程施工安全风险等级标准。

城市隧道施工安全风险管理根据工程建设项目的分项、分部、单位和单项工程,采用工作分解结构(work breakdown structure,WBS)对其划分评估单元,参考本规范制定的风险管理等级标准,拟定本工程施工安全风险管理执行标准,以便开展工程施工安全风险管理。

工程施工安全风险管理的总体目标是通过对工程施工安全风险实施管理,保障工程建设安全,降低或减少工程施工安全风险损失,使建设各方的总体目标基本一致,但考虑工程建设各方参与角色和分工有差异,承担的责任和目标也存在一些差异,因此,制定风险控制标准要求建设各方相互制约,发挥建设各方的管理积极性,共同参与工程施工安全风险管理,风险管理责任分担坚持责、权、利协调一致。工程建设风险管理目标的制定应遵循以下基本原则:

(1)应与工程建设总体目标、项目特点及经济技术水平相匹配。

(2)应充分发挥工程建设各方的技术优势,调动其积极性。

(3)风险管理责任分担应坚持责、权、利协调一致,权责明确。

根据城市隧道不同的实施内容,应遵循“分类型、分阶段、分目标”的基本原则划分风险评估单元。城市隧道施工安全风险管理划分评估单元的基本原则包括:

(1)分类型原则。根据城市隧道所处场地条件、结构类型及施工方法的不同,在进行工程施工安全风险管理时,需针对隧道的水文地质条件、结构类型、施工技术、环境条件及建设各方等的特点,分类确定施工安全风险管理目标及控制措施。

(2)分阶段原则。随着工程分阶段施工,施工安全风险类型也将动态变化,相应各项施工安全风险的发生概率、损失以及对整个工程施工安全风险的影响都在不断变化,从而决定城市隧道施工安全风险管理是一个分阶段的实施工程。

(3)分目标原则。城市隧道建设工程中参与对象众多(包括建设单位、勘察单位、咨询单位、设计单位、施工单位、监理单位和第三方监测单位等),不同参建单位的风险管理对象、实施方案及风险可接受水平各不相同，在保障城市隧道建设安全、经济、可靠、适用的基本原则下，工程建设各方应考虑各自的需求及能力，制定相应的施工安全风险管理目标。

工程施工安全风险等级标准应按风险发生可能性及其损失进行划分。城市隧道施工安全风险表示为工程建设过程中潜在的人员伤亡、环境破坏、经济损失、工期延误和社会影响等不利事件发生的概率与潜在损失的集合，对风险等级标准需考虑风险发生可能性和损失进行综合评估。

18.1.7 风险辨识

风险辨识是工程施工安全风险管理的基础和前提，全面、系统地辨识各类风险对完成风险管理至关重要。由于城市隧道建设中建设条件复杂，涉及人员众多，专业要求高，因此，需注重收集所需的基础资料。只有通过对工程各类资料的系统分析，才能更好地辨识工程潜在的风险。进行城市隧道施工安全风险辨识前，应具备下列基础资料：

(1)工程周边水文地质，工程地质，自然环境及人文、社会区域环境等资料。

(2)已建线路的相关工程施工安全风险或事故资料，类似工程施工安全风险资料。

(3)工程规划、可行性分析、设计、施工与采购方案等相关资料。

(4)工程周边建(构)筑物等相关资料。

(5)工程邻近既有轨道交通及其他隧道等资料。

(6)可能存在业务联系或影响的相关部门与第三方等信息。

(7)其他相关资料。

风险辨识可包括风险分类、确定参与者、收集相关资料、风险辨识、风险筛选和编制风险辨识报告等 6 个步骤。

(1)风险分类。应根据风险损失类型进行分类，系统分析工程建设基本资料，对工程建设的目标、阶段、活动和周边环境中存在的各种风险因素进行分析。

(2)确定参与者。风险辨识参与者需选择工程经验丰富及理论水平较高的工程技术人员、管理人员和研究人员，风险辨识中专家水平对辨识十分重要。

(3)收集相关资料。应全面收集工程相关资料，对现场进行风险勘查，系统分析工程建设风险因素。潜在的风险因素包括客观因素和主观因素，如工程建设场地及周边环境、建设技术方案及工程投资、工期和人员等。

(4)风险辨识。利用风险调研表或检查表建立初步风险清单，清单中明确列出客观存在的和潜在的各种施工安全风险，包括影响工程安全、质量、进度、费用、环境、信誉等方面的各种风险。

(5)风险筛选。根据风险辨识的结果对工程施工安全风险进行二次识别，整理并筛选出与工程活动直接相关的各项风险，删除其中与工程活动无关或影响极小的风险因素及事故，并进一步进行识别分析，确定是否有遗漏或新发现的风险点。

(6)编制风险辨识报告。在风险辨识和风险筛选的基础上，根据建设各方的具体要求，结合工程特点和需要，以表格形式列出详细的风险点，并列出已辨识的工程建设风险清单。

目前风险辨识中可采用的方法较多。推荐选用检查表法、专家调查法两种方法，通过工程逐步积累资料，编制工程施工安全风险检查表。另外，每个工程的建设条件和内容存在一定的差异，需将客观辨识和专家调查法主观辨识相结合，这样可更好地全面辨识各种施工安全风险。风险辨识表参见表 18.1－1 填写。

表 18.1－1　城市隧道施工安全风险辨识表

工程名称		工程标段	
进展阶段	□规划阶段　□可行性研究　□勘察与设计 □招标、投标与合同签订　□施工		
参与单位	1. 建设单位： 2. 设计单位： 3. 勘察单位： 4. 施工单位： 5. 监理单位： 6. 第三方监测单位： 7. 其他单位：		
填写人		填写日期	

编号	风险名称	发生位置	风险因素（可能成因）	风险损失（不利影响/危害后果）	等级		风险等级	处置负责单位						备注
					概率	损失		建设单位	设计单位	勘察单位	施工单位	监理单位	监测单位	
1														
2														
3														
4														
5														
6														
7														
8														
9														
10														
11														
填表说明	1. 按照不同阶段和建设内容填写表格。 2. 表格由调研单位自行组织填写，参与单位选填相关内容。 3.“风险名称”栏中填写风险的名称或描述。 4.“发生位置”栏中填写风险发生的里程桩号或具体位置、周边环境等													

风险辨识完成后应编制风险辨识报告，说明风险辨识采用的方法、辨识范围、参与人员，并填写风险清单。风险清单可按表 18.1－2 填写。

表 18.1－2　城市隧道施工安全风险清单表

工程名称		工程标段	
进展阶段	□规划阶段　□可行性研究　□勘察与设计 □招标、投标与合同签订　□施工		
参与单位	1. 建设单位： 2. 设计单位： 3. 勘察单位： 4. 施工单位： 5. 监理单位： 6. 第三方监测单位： 7. 其他单位：		

续表

风险类别	分部工程	风险名称	编码	风险等级	风险因素	备注
编制人				编制日期		
审核人				审核日期		
批准人				批准日期		
填表说明	1. 按照不同阶段和建设内容填写表格。 2. 表格由参与单位组织填写。 3. “风险名称”栏中填写风险的名称或描述					

18.1.8 风险分析方法

风险分析有很多种方法，可分为定性分析方法、定量分析方法和综合分析方法三类。在进行风险分析时，可根据工程建设的具体内容、不同建设阶段、风险发生的特点来选取风险分析方法。不同类风险分析方法所包括的具体分析方法及其适用范围如表 18.1－3 所示。

表 18.1－3 城市隧道施工安全风险分析方法表

分类	名称	适用范围
定性分析方法	检查表法	基于经验的方法。由分析人员列出一些项目，识别与一般工艺设备和操作有关的已知类型的有害或危险因素、设计缺陷以及事故隐患。可用于对物质、设备或操作规程的分析
	专家调查法	难以借助精确的分析技术但可依靠集体的经验进行风险分析。适用于问题庞大、复杂，专家代表不同的专业，并且没有交流的历史，或专家之间存在分歧、隔阂，不宜当面交换意见，以及受时间和经费限制时的风险分析
	“如果……怎么办”法	既适用于一个系统，又适用于系统中的某个环节，适用范围较广，但不适用于庞大系统分析
	失效模式及后果分析法	可用在整个系统的任何一级，常用于分析某些复杂的关键设备

续表

分类	名称	适用范围
定量分析方法	层次分析法	应用领域比较广阔，可以分析社会、经济及科学管理领域中的问题。适用于任何领域的任何环节，但不适用于层次复杂的系统
	蒙特-卡罗法	可以解决许多复杂的概率运算问题，对于那些费用高的项目或费时长的试验，具有很明显的优越性。比较适合在大中型项目中应用，一般只在进行较精细的系统分析时才使用，适用于问题比较复杂、要求精度较高且不允许进行真实试验的场合，特别是对少数可行方案进行精选、比较时更有效
	可靠度分析法	可分析结构在规定时间内、规定条件下具备预定功能的安全概率，计算结构的可靠度指标，并可对已建成结构进行可靠度校核。适用于对地下结构设计进行安全风险分析
	数值模拟法	采用数值计算软件对结构进行建模模拟，分析结构设计的受力与变形，并对结构进行风险评估。适用于复杂结构计算，以判定结构设计与施工风险
	模糊数学综合评判法	适用于任何系统的任何环节
	风险图法	适用于对结果精度要求不高、只需要进行粗略分析的项目。如果只进行一个项目、一个方案分析，则该方法相对烦琐，所以该方法适合在多个类似项目同时分析或一个项目的多个方案同时比较分析时使用
	控制区间和记忆模型法	适用于结果精度要求不高的项目，且只适用于变量间相互独立或相关性可以忽略的项目
	神经网络方法	适用于预测问题、原因和结果的关系模糊的场合或模式识别及包括模糊信息的场合；不一定非要得到最优解，主要是快速求得与之相近的次优解的场合；组合数量非常多，实际求解几乎不可能的场合；对非线性很高的系统进行控制的场合
	主成分分析法	适用于各个领域，但其结果只有在比较相对大小时才有意义
综合分析方法	工程类比分析法	可利用周边区域的类似工程建设经验或风险事故资料对待评估工程进行分析，适用于对隧道施工安全风险进行综合分析
	事故树法	应用范围比较广，非常适合于重复性较大的系统。可以使用该方法对设计对象的安全性做出分析，经常用于直接经验较少的风险辨识
	事件树法	可以用来分析系统故障、设备失效、工艺异常、人的失误等，应用比较广泛。但不能分析平行产生的后果，不适用于详细分析
	影响图方法	与事件树法适用范围类似，但比事件树法有更多的优点，因此可以应用于较大系统的分析
	风险评价矩阵法	可根据使用需求对风险等级划分进行修改，适用于不同的分析系统，但要有一定的经验和数据资料作依据。既适用于整个系统，又适用于系统中某个环节
	专家信心指数法	难以借助精确的分析技术但可依靠集体的经验进行风险分析。适用于问题庞大、复杂，专家代表不同的专业，并且没有交流的历史，或专家之间存在分歧、隔阂，不宜当面交换意见，以及受时间和经费限制时的风险分析
	模糊层次综合评估方法	适用于任何系统的任何环节
	模糊事故树分析法	适用范围与事故树法相同，与事故树法相比，更适用于那些缺乏基本统计数据的项目

工程规划和可行性研究风险管理中宜采用定性分析方法，并辅以定量分析方法。工程规划和可行性研究风险分析主要针对规划线路和不同方案进行评估，如存在规划考虑不周、资料收集不够或线路沿线的信息掌握不充分等因素，宜采用定性分析方法；对可行性研究中的不同方案评估，宜采用定量分析方法。

工程勘察与设计风险管理中宜采用定量分析方法，并辅以综合分析方法。在工程勘察与设计中可得到工程建设基础数据资料，也可对工程建设结构和施工方案进行计算与分析，因此，此阶段的风险管理宜采用定量分析方法，分析风险发生的可能性及潜在损失，为工程决策与处理措施的制定提供依据。同时，通过工程结构设计的细化和深入，明确工程建设重大风险因素，并对其进行专项初步设计风险分析。

工程施工风险管理中宜采用综合分析方法。城市隧道施工风险管理可针对具体的建设对象和工作内容，开展现场风险管理，包括利用现场监测技术，实施现场动态信息化反馈施工。因此，风险管理可结合工程具体对象选择相应的方法。

18.1.9 风险控制

由于城市隧道本身所具有的地层条件及施工环境的复杂性、不确定性和特殊性，在其建设的整个过程中，经济、安全、工期、环境等各方面都存在巨大的风险，近年来连续出现的城市隧道工程大型事故不但造成了大量的人员伤亡与经济损失，甚至造成严重的环境影响与社会影响。因此，城市隧道施工风险控制必须坚持“安全第一、保护环境、预防为主”的原则，积极采取经济、可行、主动的处置措施来减少或降低风险，保障生命财产安全，将对周边的环境影响与社会影响降低到合理、可接受的水平。

城市隧道施工风险管理的目标是保障工程建设安全，降低工程施工安全风险损失，因此，工程建设各方的总体目标应该是一致的。风险管理实施前应由建设单位说明工程施工安全风险管理要求，建立风险管理组织实施制度，明确工程建设各方职责，均衡工程建设各方的风险效益，协调工程建设各方的风险管理目标。

城市隧道建设风险控制方案应由工程建设单位负责组织编制，其他工程建设各方一起参与。应从城市隧道施工风险因素入手，完成风险辨识与评估后，根据项目建设的总体目标，以有利于提高对工程施工安全风险的控制能力、减少风险发生可能性和降低风险损失为原则，选择合理的风险处置对策，编制风险控制方案。

风险处置有 4 种基本对策，可选择一种或多种对策实施风险控制。城市隧道施工风险处置对策包括：

(1)风险消除。不让工程施工安全风险发生或将工程施工安全风险发生的概率降低到最小。

(2)风险降低。通过采取措施或修改技术方案等降低工程建设风险发生的概率和(或)损失。

(3)风险自留。风险自留的前提是所接受的工程施工安全风险可能导致的损失比风险消除、风险降低和风险转移所需的成本低。采取风险自留对策时应制定可行的风险应急处置预案，采取必要的安全防护措施等。

(4)风险转移。依法将工程建设风险的全部或部分转让或转移给第三方(专业单位)，或通过保险等合法方式使第三方承担工程建设风险。

工程保险是风险转移的一种重要方式，城市隧道建议应购买工程保险。工程保险可保护参保人的利益，是完善工程承包责任制并有效协调各方利益关系的重要手段。

目前，工程保险的责任范围主要包括两部分：第一部分主要是针对工程项目的物质损失部分，包括工程标的有形财产的损失和相关费用的损失；第二部分主要是针对被保险人在施工过程中可能产生的第三者责任而承担经济赔偿责任导致的损失。由于工程保险是风险发生后的风险转移措施，属于事故后的风险规避与经济补偿，在进行工程施工安全风险管理实施中，不应将工程保险作为一种减轻或降低风险的基本措施，同时，工程保险不能消除和减少建设单位实施风险管理的责任。

18.2　城市隧道施工安全风险等级标准

城市隧道施工安全风险管理应根据工程建设阶段、规模、重要性及施工安全风险管理目标等制定风险等级标准。城市隧道施工风险等级的划分需要遵循国家相关标准，并易于风险管理决策与现场实施。目前国内外尚无可直接参考的标准，因此，本标准主要结合目前国内城市隧道的建设现状和基本特征制定。

工程施工安全风险等级标准宜以长度在 10 km 以上的城市轨道交通单条线路为基本建设单位制定。由于各地具体经济情况和工程建设条件不同，在开展风险管理工作时，需根据城市隧道建设实际情况、不同建设阶段、工程规模、重要性等因素来确定本地的执行标准。实际工程施工安全风险管理中，如果是针对整条线路或一个具体工程开展风险评估与控制，相应的风险等级标准可以以下标准为基础，制定工程施工安全风险管理的具体实施标准。

18.2.1　风险发生可能性等级与风险损失等级

风险发生可能性等级主要根据风险发生的概率或频率划分为 5 级，参考国际隧道与地下空间协会制定的分级方法，制定本规范的风险发生可能性等级标准。风险发生可能性等级标准宜采用概率或频率表示，并应符合表 18.2－1 的规定。

表 18.2－1　风险发生可能性等级标准

等　级	1	2	3	4	5
可能性	频繁的	可能的	偶尔的	罕见的	不可能的
概率或频率值	＞0.1	0.01～0.1	0.001～0.01	0.0001～0.001	＜0.0001

风险损失等级因损失的类型不同而较难统一划分，一般以定性表示为基础，针对不同的损失类型采用量化的等级标准编制。本书中按照风险损失等级标准进行风险分类。风险损失等级标准宜按损失的严重性程度划分为 5 级，并应符合表 18.2－2 的规定。

表 18.2－2　风险损失等级标准

等　级	A	B	C	D	E
严重程度	灾难性的	非常严重的	严重的	需考虑的	可忽略的

工程建设人员伤亡等级标准参考国务院《生产安全事故报告和调查处理条例》(2007-06-01)和《企业职工伤亡事故分类标准》GB 6441—86 的规定。城市隧道施工安全风险管理，要坚持人员“安全第一”的原则，对工程施工安全风险可能引起的建设人员或邻近区域的第三方(非直接参

加工程建设的其他人员)伤害或死亡,伤亡等级标准的制定应考虑参与对象和工作内容的不同。工程建设人员和第三方伤亡等级标准宜按风险可能导致的人员伤亡类型与数量划分为5级,并宜符合表18.2-3的规定。

表18.2-3 工程建设人员和第三方伤亡等级标准

等级	A	B	C	D	E
建设人员	死亡(含失踪)10人以上	死亡(含失踪)3～9人,或重伤10人以上	死亡(含失踪)1～2人,或重伤2～9人	重伤1人,或轻伤2～10人	轻伤1人
第三方	死亡(含失踪)1人以上	重伤2～9人	重伤1人	轻伤2～10人	轻伤1人

城市隧道建设对周边环境影响包括两种类型:自然环境影响和社会环境影响。其中,自然环境影响等级标准的制定参考了《国家处置城市地铁事故灾难应急预案》(2006-01-24)、《建设项目环境保护管理条例》(1998-11-18)和《中华人民共和国环境影响评价法》(2003-09-01)等。城市隧道环境影响等级标准宜按建设对周边环境的影响程度划分为5级,并宜符合以下规定:

(1)导致周边区域环境影响的等级标准,宜符合表18.2-4的规定。

(2)造成周围建(构)筑物影响的经济损失等级标准,宜符合表18.2-5的规定。

表18.2-4 环境影响等级标准

等级	A	B	C	D	E
影响范围及程度	涉及范围非常大,周边生态环境发生严重污染或破坏	涉及范围很大,周边生态环境发生较重污染或破坏	涉及范围大,周边生态环境发生污染或破坏	涉及范围较小,周边生态环境发生轻度污染或破坏	涉及范围很小,周边生态环境发生少量污染或破坏

经济损失等级参考了国务院《生产安全事故报告和调查处理条例》(2007-06-01)划分等级,具体数值需根据一条线路或评估对象的工程总投资估算进行评估。由于各地经济条件各不相同,区域经济差异较大,因此,较难制定各城市的具体标准,因此,本标准主要根据我国城市隧道建设投资与经济水平,制定经济损失等级标准。经济损失等级标准宜按施工安全风险引起的直接经济损失费用划分为5级,工程本身和第三方的直接经济损失等级标准宜符合表18.2-5的规定。

表18.2-5 工程本身和第三方的直接经济损失等级标准

等级	A	B	C	D	E
工程本身	1000万元以上	500万～1000万元	100万～500万元	50万～100万元	50万元以下
第三方	200万元以上	100万～200万元	50万～100万元	10万～50万元	10万元以下

工期延误等级标准主要根据国内城市隧道一般的建设周期与可接受的合理工期,同时考虑工期长短进行划分。由于不合理的工期提前也易引发各种工程施工安全风险,因此,由非合理的工期提前所导致的施工安全风险,亦可根据工期提前程度拟定相应的工期不合理提前的等级标准。针对不同的工程类型、规模和工期,根据关键工期延误量,工期延误等级标准可采用两种不同单位进行分级,短期工程(建设工期2年以内,含2年)采用天表示,长期工程(建设工期2年以上)采用月表示。工期延误等级标准宜符合表18.2-6的规定。

表 18.2-6　工期延误等级标准

等　　级	A	B	C	D	E
长期工程	延误大于 9 个月	延误 6～9 个月	延误 3～6 个月	延误 1～3 个月	延误少于 1 个月
短期工程	延误大于 90 d	延误 60～90 d	延误 30～60 d	延误 10～30 d	延误少于 10 d

任何灾害或事故的发生都会引起社会负面压力，严重影响公众和政府对工程建设的良好意愿和政府公信力，从而导致工程建设各方的社会信誉受到损失。社会舆论与公众评价对城市隧道建设的进展影响巨大，社会信誉损失是建设各方潜在风险损失的重要部分。社会信誉损失与不同风险事故的后果密切相关，尤其是如造成第三方损失或对周边区域环境造成损害，将会引起严重的社会信誉损失。本标准制定的社会影响等级标准的执行部分参考了《国家处置城市地铁事故灾难应急预案》(2006-01-24)。社会影响等级标准宜按施工安全风险影响严重性和转移安置人员数量划分为 5 级，并宜符合表 18.2-7 的规定。

表 18.2-7　社会影响等级标准

等　　级	A	B	C	D	E
影响程度	恶劣的，或需紧急转移安置 1 000 人以上	严重的，或需紧急转移安置 500～1 000 人	较严重的，或需紧急转移安置 100～500 人	需考虑的，或需紧急转移安置 50～100 人	可忽略的，或需紧急转移安置少于 50 人

18.2.2　风险等级标准

风险等级标准的制定借鉴了国际隧道与地下空间协会制定的《隧道工程风险管理指南》(2004 年)，相应的风险分级用风险等级标准矩阵表示。根据风险发生的可能性和风险损失，工程施工安全风险等级标准宜分为 4 级，并宜符合表 18.2-8 的规定。

表 18.2-8　风险等级标准

可能性等级	损失等级				
	A（灾难性的）	B（非常严重的）	C（严重的）	D（需考虑的）	E（可忽略的）
1(频繁的)	Ⅰ级	Ⅰ级	Ⅰ级	Ⅱ级	Ⅲ级
2(可能的)	Ⅰ级	Ⅰ级	Ⅱ级	Ⅲ级	Ⅲ级
3(偶尔的)	Ⅰ级	Ⅱ级	Ⅲ级	Ⅲ级	Ⅳ级
4(罕见的)	Ⅱ级	Ⅲ级	Ⅲ级	Ⅳ级	Ⅳ级
5(不可能的)	Ⅲ级	Ⅲ级	Ⅳ级	Ⅳ级	Ⅳ级

18.2.3　风险接受准则

城市隧道建设应保障人员安全，减少对周边环境的影响，将建设风险造成的各种不利影响、破坏和损失降低到合理、可接受的水平。

在城市隧道施工安全风险管理中，应全面考虑各项施工安全风险。城市隧道施工安全风险影响因素较多，包括自然环境、场地条件、结构设计与施工、机电设备安装、参建人员及周边建

(构)筑物(包括周围道路、房屋、管线、桥梁和其他)等。实施城市隧道施工安全风险管理,应在安全可靠、经济合理、技术可行的前提下,通过规划、设计和施工等全程采用风险控制措施,把城市隧道建设中潜在的各类风险降低到合理、可接受的水平(as low as reasonably practicable, ALARP,参见图 18.2－1),以保证建设安全和工程质量,减少经济损失和人员伤亡,并控制工程建设投资,保障工程建设工期。

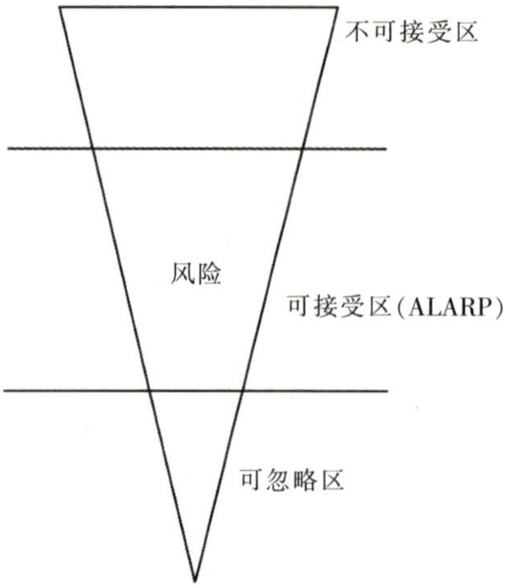

图 18.2－1　ALARP 原则

城市隧道建设中,不同等级的风险需采用不同的风险处置与控制对策。结合风险等级标准矩阵,不同等级风险的接受准则和相应的处置原则与控制方案需考虑风险管理的目标和建设各方的职责来决定。针对不同等级风险,应采用不同的风险处置原则和控制方案,各等级风险的接受准则应符合表 18.2－9 的规定。

表 18.2－9　风险接受准则

等级	接受准则	处置原则	控制方案	应对部门
Ⅰ级	不可接受	必须采取风险控制措施降低风险,至少将风险降低至可接受或不愿接受的水平	应编制风险预警与应急处置方案,或进行方案修整或调整等	政府主管部门、工程建设各方
Ⅱ级	不愿接受	应实施风险管理以降低风险,且降低风险所需的成本不应高于风险发生后的损失	应实施风险防范与监测,制定风险处置措施	
Ⅲ级	可接受	宜实施风险管理,可采取风险处置措施	宜加强日常管理与监测	工程建设各方
Ⅳ级	可忽略	可实施风险管理	可开展日常巡视检查	

第 19 章　城市隧道施工安全风险管理技术

19.1　规划阶段风险管理技术

19.1.1　管理基础

1. 城市隧道规划阶段风险管理应具备的基本资料

城市隧道规划阶段风险管理，需全面收集与工程施工安全风险相关的资料，系统了解工程所在区域的场地及周边环境，这既有利于实施风险管理，又有利于选取安全可靠、经济适用的风险控制方案。

城市隧道规划阶段风险管理应具备以下基本资料：

(1)城市总体规划、城市轨道交通线网规划及轨道交通专业规划报告和图件。

(2)隧道规划报告和图件。

(3)工程地质和水文地质勘查资料。

(4)城市隧道沿线的周边环境(包括文物、地下管线和障碍物等)调查资料。

(5)对城市隧道规划方案的综合比选与评价报告。

(6)其他相关资料。

2. 城市隧道规划阶段风险管理应完成的工作

在城市隧道规划阶段进行有效的风险管理，对城市隧道的设计、施工及运营风险管理十分关键。规划阶段风险管理应针对提出的多种规划方案进行风险评估，探明各阶段(包括运营阶段等)潜在的重大风险因素，规避和降低由于线位、站位和施工方法等规划方案不合理所引起的潜在风险。对城市隧道规划阶段选定的方案可进行调整与修正，甚至可重新拟定，因此，风险管理应结合风险评估结果进行风险决策，风险控制应以规避为主，对选定的方案进行调整或优化，在经济、合理、可行和适用的原则下，规避重大风险因素，减少风险发生。

根据城市隧道规划方案，施工安全风险管理应完成下列工作：

(1)编制工程施工安全风险辨识清单。

(2)分析工程建设(包括运营阶段)中潜在的重大风险(Ⅰ级和Ⅱ级风险)因素。

(3)评估多种规划方案的施工安全风险。

(4)提出风险处置方案。

(5)编写工程施工安全风险评估报告。

城市隧道规划阶段风险管理实施主要内容应包括规划方案风险评估、重大风险因素分析。城市隧道规划阶段重大风险处置，宜采用修改线路方案、重新拟定建设技术方案等风险处置措施。

19.1.2 规划方案风险评估

1. 城市隧道规划方案中的主要风险因素

(1)线位和站位选择与敷设方式不当。

(2)水文与工程地质条件及周边环境条件不确定。

(3)工程征地与动迁、拆迁,总体技术方案及工程建成后运营影响。

(4)其他潜在的重大风险因素。

2. 城市隧道规划阶段风险评估应包括的内容

城市隧道规划阶段主要是拟定工程建设方案,选定工程线路,重点分析工程建设的线位与站位选址风险,分析拟定线路潜在的重大风险因素。要求实施的风险评估内容是基本选项,需结合具体的工程建设内容进行有针对性的分析。城市隧道规划阶段风险评估应包括以下内容:

(1)规划方案与城市轨道交通网络协调性风险分析。

(2)线位、站位、线路选择与工程选址风险分析。

(3)重大不良地质条件与周边区域环境条件风险分析。

(4)拆迁风险分析。

(5)其他重大风险因素分析。

(6)不同工程规划方案风险分析。

城市隧道规划方案的制订,需充分调查并考虑与城市其他规划建设工程的相互关系,尤其是不同结构类型的隧道,应分析工程实施的先后顺序及投入运营后可能引起的施工安全风险。同时,重点分析评估与城市其他工程建设的相互影响风险,提出由本隧道建设引起风险的处置措施。城市隧道规划中,应分析城市隧道与其他城市规划工程的相互关系,评估隧道实施先后顺序及投入运营后可能引起的其他工程施工安全风险。

19.1.3 重大风险因素分析

在规划阶段,对可能存在的重大风险因素应结合具体的工程进行逐项分析,确保重大风险因素不遗漏。应对工程地质、水文地质、地下管线、暗渠、古河道以及邻近建筑等调查清楚,特别是在建筑密集、交通繁忙、地下管线众多而复杂的城区,应详细查明重大风险因素的发生地点及预计发生时间。对特殊设计的隧道以及首次采用的新材料、新工艺和新设备等,必须进行其可能引起损失的分析。本规范中列出各类工程常见的重大风险因素,各地需针对城市隧道建设具体情况,开展现场风险查勘,进行有针对性的分析与评估。

城市隧道规划阶段应对下列可能引起重大风险的因素进行专项风险分析:

(1)规划线路的功能定位与远期预测。

(2)邻近或穿越既有轨道线路(含铁路、高速铁路等)的工程。

(3)邻近或穿越既有建(构)筑物(包括道路、重要市政管线等)的工程。

(4)邻近或穿越有重要保护性的建(构)筑物、古文物或地下障碍物以及沿线及车站附近既有遗留工程的工程。

(5)邻近或穿越既有军事保护区及设施等的工程。

(6)邻近或穿越江河湖海的工程。

(7)自然灾害(包括暴雨、飓风、冰雪、冻害、洪水、泥石流、地震等)。

(8)影响结构和施工安全的特殊不良地质条件(包括断裂、采空区、地表裂缝、岩溶、洞穴等)、有害气体、大范围污染区等。

(9)需特殊设计或采用新技术、新工艺、新材料、新设备及系统的工程。

(10)生态环境污染及破坏。

19.1.4　风险评估报告编制

城市隧道规划阶段应编制风险评估报告,报告要求内容全面、数据资料翔实、分析结论客观公正,提出的风险对比指标及风险评估结论具有可比较性,风险处置措施要有针对性和有效性。同时,编制的风险评估报告需通过专项评审,作为后续建设阶段风险管理的依据。

城市隧道规划阶段风险评估报告主目录包括:

(1)概述。

(2)编制依据。

(3)风险评估流程与评估方法。

(4)各规划方案风险评估。

(5)规划方案综合对比风险评估。

(6)推荐方案重大风险因素分析。

(7)结论与建议。

风险评估报告中应给出规划方案风险清单、不同规划方案风险对比,并应提出重大施工安全风险的处置措施。其中风险记录表及重大风险(Ⅰ级和Ⅱ级风险)处置记录表可分别采用表19.1-1及表19.1-2。

表 19.1-1　城市隧道施工安全风险记录表

<table>
<tr><td colspan="2">工程名称</td><td colspan="4"></td><td colspan="2">工程标段</td><td colspan="2"></td></tr>
<tr><td colspan="2">进展阶段</td><td colspan="8">□规划阶段　□可行性研究　□勘察与设计
□招标、投标与合同签订　□施工</td></tr>
<tr><td colspan="2">参与单位</td><td colspan="8">1. 建设单位:　5. 监理单位:
2. 设计单位:　6. 第三方监测单位:
3. 勘察单位:　7. 其他单位:
4. 施工单位:</td></tr>
<tr><td colspan="2">填写人</td><td colspan="4"></td><td>填写日期</td><td colspan="3"></td></tr>
<tr><td>序号</td><td>风险名称</td><td>位置或范围</td><td>风险描述</td><td>风险等级</td><td>风险处置措施</td><td>负责单位</td><td>实施时间</td><td>处置后风险等级</td><td>备注</td></tr>
<tr><td>1</td><td></td><td></td><td></td><td></td><td></td><td></td><td></td><td></td><td></td></tr>
<tr><td>2</td><td></td><td></td><td></td><td></td><td></td><td></td><td></td><td></td><td></td></tr>
<tr><td>3</td><td></td><td></td><td></td><td></td><td></td><td></td><td></td><td></td><td></td></tr>
<tr><td>4</td><td></td><td></td><td></td><td></td><td></td><td></td><td></td><td></td><td></td></tr>
<tr><td>5</td><td></td><td></td><td></td><td></td><td></td><td></td><td></td><td></td><td></td></tr>
<tr><td>6</td><td></td><td></td><td></td><td></td><td></td><td></td><td></td><td></td><td></td></tr>
<tr><td>填表说明</td><td colspan="9">1. 按照不同阶段和建设内容填写表格。
2. 表格由记录单位组织填写,参与单位选填相关内容。
3. "位置或范围"栏中填写风险发生的里程桩号或具体位置及周边环境等</td></tr>
</table>

表 19.1-2　城市隧道建设重大风险（Ⅰ级和Ⅱ级风险）处置记录表

工程名称		工程标段	
风险名称及编号		发生位置	
风险等级		风险描述	
填写人		填写日期	
处置单位	1. 建设单位： 2. 设计单位： 3. 勘察单位： 4. 施工单位：	5. 监理单位： 6. 第三方监测单位： 7. 其他单位：	
1. 风险处置措施 2. 现场监测与预警 签字（盖章）： 年　月　日			
施工单位审核意见： 签字（盖章）： 年　月　日			
建设单位审核意见： 签字（盖章）： 年　月　日			
设计单位审核意见： 签字（盖章）： 年　月　日			
其他参与单位意见： 签字（盖章）： 年　月　日			

注：表格由施工单位填写后报送建设与设计等单位，审核中各单位应填写意见

19.2　可行性研究阶段风险管理技术

19.2.1　风险管理基础

城市隧道可行性研究阶段风险管理中，需根据选定的线路方案和隧道设计，要求施工安全风险管理实施单位组织工程建设有关各方开展现场风险管理调查。此阶段的风险管理对后续阶段的风险管理实施十分重要，它为规范工程施工安全风险管理提供了重要的依据。

1. 城市隧道可行性研究阶段风险管理应具备的基本资料

（1）工程可行性研究报告和图件。

(2)工程地质和水文地质勘查报告。

(3)隧道设计初步方案及图件。

(4)隧道沿线的周边环境(包括地下管线和障碍物等)调查报告。

(5)完成的规划阶段风险评估报告。

(6)其他相关专题研究报告和参考资料。

2. 城市隧道可行性研究阶段风险管理应完成的工作

(1)城市隧道现场风险管理。

(2)工程可行性方案风险分析评估。

(3)重要、特殊的隧道结构设计和施工方法的适用性风险分析。

(4)施工及运营期环境影响风险分析。

(5)车辆及机电设备系统选型与配置风险分析。

(6)可行性方案风险的处置措施,包括工程保险建议方案。

城市隧道可行性研究阶段风险管理实施主要内容应包括现场风险调查、可行性方案风险评估等。

19.2.2　现场风险调查

现场风险调查应结合规划阶段的风险评估报告、工程线路和图纸等资料编制现场调查计划,具体包括待调查的隧道信息、调查时间和方式、参与人员、现场记录及调查资料整理。由于工程建设前期开展调查实施难度大,线路现场复杂,根据目前各城市实施风险管理的现场经验,合理地划分调查单元,全面地开展现场调查,对辨识工程施工安全风险十分必要。现场风险调查前应了解工程沿线的工程地质和水文地质情况,根据划分的风险评估单元,制订现场风险调查计划。

现场风险调查计划应包括对工程全线展开踏勘和环境调查,重点对工程中潜在的重大风险因素展开调查分析,避免工程资料与现场实际条件不符,并做好现场记录和拍照。上述资料需包含在编制的风险评估报告中。现场风险调查应安排专业人员按照可行性方案进行全线线路和站位的踏勘,并做现场风险记录。

城市轨道交通工程一般从城市密集区穿越,修建隧道无疑会对周边环境造成影响或破坏,因此,应调查摸清工程影响范围内的交通情况、道路状况、地面建(构)筑物状况及军事区、涉密性的特殊建(构)筑物、古文物或保护性建筑的安全状况。必要时,应要求建设单位进行专项补充调查和现状安全性评估。应核实和检查工程影响范围的各类地下障碍物、地下构筑物、地下水、地下管线等的规模和安全状况。了解工程影响范围内需征地、动迁、拆迁的规模和当前使用状况,分析其对周边环境和建设工期的影响。了解工程建设影响范围内的噪声、空气、水以及生态等环境保护要求,参考规划阶段辨识的重大风险因素,进行全面施工环境影响风险调研。

19.2.3　风险评估

对可行性研究中的主要施工安全风险因素,需结合具体隧道的实际情况进行分析,优化可行性方案,规避和降低由于线位、站位和施工方法等可行性方案不合理所带来的风险,为工程设计、施工及工程保险做好前期准备。城市隧道建设施工方法与工期密切相关,合理地选择施工方法不但可节省工程建设投资,还能降低工程施工风险,保障合理的施工工期。另外,城市隧道运营期间易对周边环境产生噪声或振动影响，同时，可能还会发生各类灾害（火灾、恐怖袭击）或运营事故，需针对上述因素进行分析，并开展专题试验与研究。

城市隧道可行性研究中的主要风险因素包括：

(1)自然灾害。

(2)区域特殊不良工程地质与水文地质条件。

(3)隧道施工方法选择与工期拟定。

(4)工程施工对周边环境的影响（包括第三方损失及周边区域环境影响）。

(5)施工现场动迁、拆迁及交通疏散。

(6)重大关键性节点工程。

(7)工程施工环境保护，包括污染、粉尘、噪声、振动或地下水流失等。

(8)危及人员和工程安全的各种危险物质，包括地下水、气体、化学品及其他污染物、爆炸物及放射性物质等。

(9)线路建设规模、客流预测以及车辆、机电设备及系统选型与配置对线路的服务水平、工程投资的影响。

(10)隧道运营及其对周边区域环境的影响。

城市隧道可行性研究风险评估需考虑工程建设规模、技术经济指标的合理性与环境保护影响风险、施工方法选择不当风险、技术方案的不确定性与变更风险等，评估施工安全风险因素引起的建设工程风险。重大关键节点工程一般是城市隧道建设的难点，需考虑工程潜在的重大风险因素，对各重大关键节点工程进行专项风险分析，必要时进行计算模拟分析与试验测试。另外，需结合隧道的规模、施工方法及机电系统配置，合理安排建设工期，防止因工程建设工期紧张等引起的风险。可行性研究风险评估应评估风险因素和工期风险，并对重大关键节点工程进行专项风险评估。

应考虑城市隧道施工的规模、水文与工程地质条件、邻近地下及地面环境等因素，从施工方法的可行性、安全性、适应性和经济性、工期进度及对周围环境影响等方面进行综合分析，并选择合适的施工方法，避免因施工方法不适合所引起的工程施工安全风险。不同施工方法潜在的主要风险因素见表 19.2－1。

表 19.2－1　不同施工方法潜在的主要风险因素

施工方法	风险因素或事故	施工方法	风险因素或事故
明挖法 盖挖法 沉井法	塌方（坍塌）	矿山法 （包括钻爆法、 浅埋暗挖法等）	洞口失稳
	涌水		塌方
	大变形破坏		瓦斯
	开裂		流土、流砂
	其他		涌水
盾构法	设备风险		沉陷
	进出洞及掘进风险		大变形
	涌水		岩爆
	其他		其他
沉管法	基槽疏浚		设备风险
	管段托运、沉放、防水	顶管法	进出洞及掘进风险
	基础处理		涌水
	其他		其他

隧道施工方法的选择应与工程地质、水文地质及周边环境等条件相适应，应采用工艺成熟、安全可靠、技术可行、风险可接受的施工方法。

城市轨道交通网络的建设势必会遇到较多的交叉点、换乘节点或近远期建设问题，如不同线路的上穿、下穿、交叠或近距离平行施工等，如果考虑不周，会对后期工程建设产生很多影响。为避免引起此类施工安全风险，应对这些相互影响进行充分的评估和处理，并需提前做好规划方案，做好不同期建设工程之间的衔接和预留。可行性研究风险评估应合理处理新建隧道与近远期施工隧道的相互关系，对于地质条件差、后期施工影响大的工程，应在本期工程建设阶段为后期施工预留条件，避免相互交叉影响引起的风险。

可行性研究风险管理应针对重大风险提出风险控制方案，宜采用优化可行性方案、调整实施方法和调整机电系统配置等风险处置措施。

19.2.4　风险评估报告编制

城市隧道可行性研究风险管理应编制风险评估报告，该报告对后续阶段风险管理十分重要。城市隧道可行性研究风险评估报告主目录包括：

1. 概述

2. 编制依据

(1)采用的风险评估方法及标准。

(2)编制依据的文件和资料。

3. 工程总体风险评估

(1)地质勘查风险分析。

(2)地质灾害风险分析。

(3)管线综合风险分析。

(4)线路及车站选址风险分析。

(5)动迁、拆迁风险分析。

(6)周边环境影响风险分析。

(7)建设工期风险分析。

(8)交通组织风险分析。

(9)其他风险分析。

4. 土建结构施工风险评估

(1)明挖施工的地下车站、暗挖或盖挖施工的车站可参考拟定。

(2)地下区间应根据不同施工方法来考虑(以盾构法和矿山法为例，其他施工方法可参考拟定)。

采用盾构法施工，主要内容为：

a. 盾构选型与地层适应性风险分析。

b. 盾构制作、运输、组装调试和交货期风险分析。

c. 主要施工设备(盾构和盾尾注浆设备等)风险分析。

d. 盾构进出洞施工风险分析(包括地基加固风险分析)。

e. 盾构推进阶段的施工风险分析。

f. 管片生产、运输和拼装风险分析。

g. 联络通道施工风险分析。

采用矿山法施工，主要内容为：

a. 矿山法适应性风险分析。

b. 线路不同埋深风险分析。

c. 超前地质预报风险分析。

d. 施工主要设备风险分析。

e. 进出洞施工风险分析。

f. 开挖方案及施工工艺风险分析。

g. 工作面稳定性风险分析。

h. 初次支护与衬砌施工风险分析。

i. 不良地层施工风险分析。

j. 平行隧道相互施工影响分析。

k. 隧道辅助施工方法风险分析。

(3)联络通道风险分析。

(4)附属工程风险分析(包括通风井、车站出入口和变电站等)。

(5)重大风险因素及关键节点工程风险分析。

5. 机电安装风险评估

(1)供电系统风险分析。

(2)通信系统风险分析。

(3)信号系统风险分析。

(4)通风和空调系统风险分析。

(5)给水排水、消防系统风险分析。

(6)防灾、报警与环境控制系统风险分析。

(7)自动售检票等其他车站设备风险分析。

(8)轨道及安全门风险分析。

(9)设备联调风险分析。

6. 人员安全及职业健康风险评估

(1)人员安全风险分析。

(2)职业健康风险分析。

7. 工程施工环境影响风险评估

(1)施工对周边建(构)筑物影响风险分析。

(2)噪声污染风险分析。

(3)水污染风险分析。

(4)空气污染风险分析。

(5)施工渣土污染风险分析。

(6)生态环境影响风险分析。

8. 工程运营期风险评估

(1)运营灾害风险分析。

(2)运营事故风险分析。

(3)运营生态环境影响风险分析。

(4)其他运营风险分析。

9. 风险控制措施建议

10. 结论与建议

可行性研究风险评估报告还需提交可行性方案的综合比选分析、施工方法适应性风险分析、推荐优化的风险可接受方案等。同时，需组织专家对可行性研究风险评估报告进行专项评审，并作为后续工程阶段施工安全风险管理的依据。

可行性研究风险评估报告中应列明可行性方案风险清单，说明风险评估等级、总体风险评估结果，并应提出重大风险的处置措施。

19.3　勘察与设计阶段风险管理技术

19.3.1　风险管理基础

1. 城市隧道勘察与设计阶段风险管理应具备的基础资料

(1)城市隧道规划报告和图件。

(2)工程地质及水文地质勘查报告，沿线环境、地下管线和障碍物等调查报告。

(3)城市隧道设计文件及图件。

(4)城市隧道开工批复文件、相关专题研究报告与专家咨询意见等。

(5)已完成的规划阶段和可行性研究阶段的风险评估报告。

(6)其他相关资料。

2. 城市隧道勘察与设计阶段风险管理应完成的工作

结合前期风险管理资料，根据本阶段实施内容和不同风险等级分别开展风险管理。由于本阶段可通过工程勘察资料和设计计算获得大量的工程数据资料，因此，建议采用量化方法进行分析，为后续合同签订与工程施工提供风险管理依据。城市隧道勘察与设计阶段风险管理应完成以下工作：

(1)工程勘察与设计潜在专项风险辨识，编制风险记录表。

(2)针对重大风险因素进行专项风险分析与评估。

(3)制定Ⅲ级及以上风险的处置措施，并编制风险应急预案。

3. 城市隧道勘察与设计阶段风险管理的基础原则

城市隧道勘察与设计阶段风险管理，应遵循“分对象、分阶段、分等级”的基本原则，控制工程施工安全风险至可接受水平。

我国城市隧道勘察与设计，具体可包括以下阶段：

(1)勘察阶段。此阶段的工作一般有可行性研究阶段勘察(简称“可研勘察”)、初步设计阶段勘察(简称“初步勘察”)、施工图设计阶段勘察(简称“详细勘察”)和施工阶段勘察(简称“施工勘察”)等，必要时，可结合工程具体需要进行专项勘察。应将勘察工作阶段引起的施工安全风险降低到可接受水平。

(2)设计阶段。此阶段的工作一般有总体设计、初步设计和施工图设计。设计阶段对工程施工和运营风险影响很大，应以安全、可靠的工程设计文件，控制并减少由于设计失误或施工可行性差等因素引起的工程功能缺陷、结构损坏及工程事故等。

城市隧道勘察与设计阶段风险管理的基本原则中，“分对象”主要是对建设各方及隧道类型进行分类分析，建设单位需针对不同对象组织风险管理；“分阶段”“分等级”是要求该阶段建设各方考虑各项风险等级进行分析，要求提交的勘察与设计资料满足工程建设安全与风险控制要求。

4. 工程勘察与设计阶段风险管理实施的主要内容

(1)工程勘察风险管理。

(2)总体设计风险管理。

(3)初步设计风险管理。

(4)施工图设计风险管理。

19.3.2　工程勘察风险管理

工程勘察各阶段工作，要注重调查潜在的不良水文地质和工程地质条件，查明不良地质作用及危害，并在勘察中采取合适的措施，降低因勘察技术和勘察资料等原因引起的风险。另外，在对工程地质勘察与环境调查报告进行审查和论证时，要注重对岩土工程勘察的数据分析与处理分析，控制因勘察遗漏、失误或环境调查不准、室内试验方法及参数获取失误等引起的工程设计与施工风险。

1. 工程勘察中的主要风险因素

(1)勘察方案不全面，包括勘察孔位布置与数量、钻探与原位测试技术、室内土工试验方法、试验数据分析等。

(2)地下障碍物、构筑物及地下管线调查不清。

(3)不良工程地质与水文地质及周边环境影响未探明。

(4)工程勘察与环境调查报告有误。

(5)勘察设施故障及人员操作不当等。

城市隧道勘察中常见的地质风险因素参见表19.3-1。

表19.3-1　城市隧道勘察中常见的地质风险因素

序号	类别	地质风险
1	人工填土	填土由于其松弛性和不均匀性，往往给地基、基坑边坡和围岩的稳定性带来风险
2	人工空洞	城市地区浅表层受人类工程活动影响，易形成人工空洞。人工空洞对隧道的施工带来潜在的风险。容易形成空洞的地段一般包括雨水管线与污水管线周边、深基坑工程附近、地下水位动态变化较大地段、原有空洞部位(菜窖、墓穴、鼠洞等)、管线渗漏地段、砂土复合地层结构地段等
3	卵石、漂石地层	卵石、漂石地层中的漂石会给围护桩施工、管棚和小导管施工以及盾构施工带来困难和风险，卵石、漂石地层的高渗透性也会给工程降水和注浆带来困难
4	饱水砂层透镜体	饱水砂岩透镜体由于其分布的随机性，详细勘察阶段不容易被发现。施工时，隧道开挖范围遇到它会造成隧道涌水和流砂
5	上层滞水	上层滞水由于其分布的随机性和不稳定性，又因详细勘察距离施工的时间较长，造成其不容易被查清，给施工带来一定风险
6	岩溶和溶洞	在岩溶地区岩溶和溶洞的分布无规律，且不易勘察，易给后期施工带来难以预见的风险。饱水的大型溶洞还易造成施工中的地下水突涌
7	断层破碎带	在各断裂的断层破碎带之中，隧道施工会增加塌方风险，基坑开挖施工容易受到地质断裂带中沿岩石裂隙面滑动的滑动力的不利影响，这种滑动会带来很大的风险

续表

序号	类别	地质风险
8	活动地裂缝	在黄土地区存在的活动地裂缝上下盘升沉速率快，地裂缝内易涵养地下水，对工程的影响较大，易造成后期的工程施工安全风险
9	高承压水、高压裂隙水	软土地层的高承压水易导致隧道涌水和失稳等风险，岩石地层的高压裂隙水会造成隧道的突水风险
10	有害气体	赋存于地层中的可燃或有毒气体易造成隧道施工中的爆燃或施工人员中毒等风险
11	膨胀围岩	膨胀围岩在开挖或遇水后膨胀会造成地下结构受力和变形超标等风险
12	湿陷性地层	湿陷性地层在不同含水量时的承载力和变形特性差异较大，对其所采用的加固方法和措施方面有风险
13	高灵敏度淤泥质地层	此类地层对工程活动的扰动敏感，稳定性差，易出现基坑等工程的失稳等风险
14	活动地震断裂带	活动地震断裂带的活动易导致变形风险
15	液化地层	液化地层中的城市隧道结构易在地震和列车运行振动作用下出现基底变形沉降风险
16	高地压地层	高地压地层(岩层)条件下易出现岩爆等风险
17	高硬度岩层	高硬度岩层在采用掘进机类设备施工时存在设备适用风险
18	粉细砂地层	含水的粉细砂地层易产生流砂等风险
19	不明水源	地下(废弃)水管、化粪池等渗漏易引起施工安全风险

针对城市隧道不同的施工方法，需分析不良工程地质与水文地质条件，其主要风险因素见表19.3－2。

表 19.3－2　不同施工方法中可能存在的主要不良地质与水文地质风险因素

施工方法	不良工程地质风险因素	不良水文地质风险因素
明挖法 盖挖法 沉井法	(1)施工范围内的软弱地层； (2)高灵敏度淤泥质地层； (3)可液化地层	(1)地下水位较高，降水困难； (2)上层滞水； (3)高承压水
矿山法 (包括钻爆法、浅埋暗挖法等)	(1)隧道范围有无含水粉细砂层； (2)岩溶、断层破碎带； (3)膨胀围岩； (4)含瓦斯地层； (5)高地压； (6)可液化地层	(1)地下水位较高，降水困难； (2)上层滞水，层间水； (3)高地下水压力
盾构法	(1)隧道范围有无大卵石层、漂石、空洞； (2)隧道穿越遇到变异性及不均匀性高的地层； (3)含瓦斯地层； (4)可液化地层	(1)始发、接收段高地下水压力与砂层同时存在； (2)高地下水压力
沉管法或顶管法	(1)高灵敏度淤泥质厚层； (2)可液化地层； (3)暗浜及土壤等	(1)高速水流区； (2)高地下水压力

工程勘察开展前，工程设计单位应根据地下结构类型和施工方法提出工程勘察要求，勘察单位结合工程地质和水文地质条件进行方案深化，编制工程勘察大纲，重点应包括与不良工程地质

或水文地质相关的风险因素。建设单位在勘察前应组织设计交底，勘察后组织勘察成果交底，参与工程建设的有关设计、施工、监理等单位应参加勘察成果交底。勘察成果交底需针对工程地质风险、环境风险和工程地质风险处置建议进行专门介绍。因现场场地条件或现有技术手段的限制，存在无法探明的工程地质或水文地质情况时，应分析设计和施工中潜在的风险。

勘察施工或环境调查过程中易发生操作不当引起的施工安全风险，如地质钻孔封堵不到位、地质钻孔卡钻导致钻杆拔不出等，也可能造成对邻近地下管线的破坏，引起区域停电、管道爆炸和火灾等，因此必须制定并实施有效的预防措施，并做好人员及设备的防护。

2. 工程勘察风险管理宜采用的风险处置措施

(1)收集并利用邻近已建的建(构)筑物工程勘察成果。

(2)审查勘察报告，检查试验方法与数据，抽查钻孔芯样。

(3)调整钻孔间距，增加钻孔数量。

(4)采取多种勘察手段。

(5)充分利用现场及室内测试等技术人员的工程实践经验。

19.3.3 总体设计风险管理

1. 主要风险因素

总体设计风险管理，应对全线总体技术标准、技术要求、工程规模、项目功能、线路敷设方式、配线、重难点车站及区间的施工方法、各系统专业的总体设计方案(如选择代表性工点、机电系统专业，提出典型方案布置)等进行风险评估。城市隧道总体设计风险因素应从隧道自身以及周边环境等方面考虑。总体设计中的主要风险因素包括：

(1)自然灾害。

(2)不良地质条件和工程周边环境条件。

(3)隧道交叉相互影响。

(4)邻近重要的古建筑、国家和城市标志性建筑等。

(5)车辆、机电设备及系统选型与配置。

(6)工程设计缺陷或失误。

总体设计风险管理，应在收集工程建设用地范围地质灾害危险性评估、地震安全性评价与环境影响评价等专题研究报告的基础上，复查评估结论，若发现不合理之处，需要进行专项风险评估。

2. 工程自身的风险分级

总体设计风险管理，应根据隧道类型、施工难易程度和邻近区域影响特征，评估隧道自身的风险等级。

隧道自身的风险是指由于隧道自身建设要求或施工活动所导致的风险，如深大基坑、大断面隧道等施工所导致的风险。自身的风险等级的确定主要考虑地质条件、工程埋深、结构特性(地下结构层数、跨度、断面形式、覆土厚度、开挖方法)等风险因素。其中，明挖法和盖挖法可以地质条件、地下结构的层数或基坑深度作为分级参考依据，矿山法可以车站的层数和跨度作为分级参考依据，暗挖区间可以隧道的跨度、断面复杂程度作为分级参考依据，盾构法可以隧道相互之间的空间位置关系作为分级参考依据。

针对常见的各类施工方法，对隧道自身的风险等级的评估说明参见表19.3-3。

表 19.3－3　不同施工方法中隧道自身的风险等级

风险等级	施工方法	工程自身风险	级别说明
Ⅰ级	明挖法 盖挖法	地下 4 层或深度超过 25 m(含 25 m)的深基坑	—
	矿山法	双层暗挖车站或净距超过 15.5 m 的单层暗挖车站	—
	盾构法	较长范围处于非常接近状态的并行或交叠盾构隧道	—
Ⅱ级	明挖法 盖挖法	地下 3 层或深度 15～25 m(含 15 m)的深基坑	(1)见表注； (2)对平面复杂基坑、偏压基坑等，风险等级可上调一级
	矿山法	断面大于 6 m 的采用矿山法施工的工程	(1)见表注； (2)对断面复杂、存在偏压、受力体系多次转换的暗挖工程，风险等级可上调一级
		较长范围处于接近状态的并行或交叠盾构隧道	见表注
	盾构法	盾构区间的联络通道	—
		盾构始发至到达区段	—
Ⅲ级	明挖法 盖挖法	地下 2 层或 1 层或深度为 5～15 m(含 5 m)的基坑	(1)见表注； (2)对平面复杂基坑、偏压基坑等，风险等级可上调一级
	矿山法	一般断面矿山法工程	(1)见表注； (2)对断面复杂、存在偏压、受力体系多次转换的暗挖工程，风险等级可上调一级
		较长范围处于接近状态的并行或交叠盾构隧道	见表注
	盾构法	一般盾构法区间	—
Ⅳ级	—	基坑深度小于 5 m，隧道建设无相互影响的工程	—

注：在工程自身的风险等级基础上，当遇到以下情况时可进行风险等级调整：

(1)当水文地质和工程地质条件复杂时，风险等级可上调一级。

(2)当新建城市轨道交通工程采用与工程施工风险有关的新技术、新工艺、新设备、新施工方法时，风险等级可上调或下调一级。

(3)新建城市轨道交通工程施工安全风险因素识别和分析，可结合具体工程条件调整

3. 周边环境的风险分级

总体设计风险管理，应根据隧道周边环境设施重要性和邻近关系，评估周边环境影响的风险等级。

城市隧道环境影响的风险主要指建设活动导致周边区域的建(构)筑物受到影响或破坏，隧道环境影响的风险等级需根据城市轨道交通地下结构与工程影响区范围内环境设施的重要性、位置关系、地下结构类型与施工方法等因素划分。

位于城市隧道影响区范围内的环境设施，按其重要性可划分为两类：重要设施和一般设施。环境设施重要性分类见表 19.3－4。

表 19.3-4　环境设施重要性分类

环境设施类别	环境设施重要性类别	
	重要设施	一般设施
地面和地下轨道交通	既有城市轨道交通线路和铁路	—
既有地面建(构)筑物	省市级以上的保护古建筑，高度超过 15 层(含)的建筑，年代久远、基础条件较差的重点保护的建筑物，重要的烟囱、水塔、油库、加油站、煤气管线、高压线铁塔等	15 层以下的一般建筑物，一般厂房、车库等建(构)筑物等
既有地下建(构)筑物	地下道路和交通隧道、地下商业街及重要人防工程等	地下人行过街通道等
既有市政桥梁	高架桥、立交桥的主桥等	匝道桥、人行天桥等
既有市政管线	雨污水干管、中压以上的煤气管、直径较大的自来水管、中水管、军用光缆等，其他使用时间较长的铸铁管、承插式接口混凝土管	小直径雨污水管，低压煤气管，电信、通信、电力管(沟)等
既有市政道路	城市主干道、快速路等	城市次干道和支路等
水体(河道、湖泊)	江、河、湖和海洋	一般水塘和小河沟
绿化、植物	受保护古树	其他树木

考虑城市隧道与工程影响范围环境设施的邻近程度及位置关系，考虑不同隧道施工方法，分析确定的邻近距离特征及影响特性关系见表 19.3-5。

表 19.3-5　不同施工方法与周围环境设施的邻近关系

施工方法	相邻位置关系				说　明
	非常接近	接近	较接近	不接近	
明挖法 盖挖法	$<0.7H$	$0.7H$～$1.0H$	$1.0H$～$2.0H$	$>2.0H$	H 为隧道开挖深度或埋深
矿山法 (包括钻爆法、浅埋暗挖法等)	$<0.5B$	$0.5B$～$1.5B$	$1.5B$～$2.5B$	$>2.5B$	B 为矿山法隧道毛洞宽度，当采用爆破法施工时，需研究爆破震动的影响
盾构法 顶管法	$<0.3D$	$0.3D$～$0.7D$	$0.7D$～$1.0D$	$>1.0D$	D 为隧道的外径
沉井法	$<0.5H$	$0.5H$～$1.5H$	$1.5H$～$2.5H$	$>2.5H$	H 为地下结构埋深

根据综合环境设施的重要性分类(表 19.3-4)和隧道不同施工方法与周围环境设施的邻近关系(表 19.3-5)，建立城市隧道施工环境影响的风险分级，见表 19.3-6。

表 19.3-6　城市隧道施工环境影响的风险分级

风险等级	环境设施分类	相邻位置关系	说　明
Ⅰ级	邻近重要设施	非常接近	(1)注意分析隧道施工方法及穿越邻近设施的形式； (2)需考虑现场邻近设施保护要求和特点并进行具体分析； (3)风险评估可根据施工方法适当进行等级调整
Ⅱ级	邻近重要设施	接近	
	一般设施	非常接近	
Ⅲ级	邻近重要设施	较接近	
	一般设施	接近	
Ⅳ级	邻近重要设施	不接近	
	一般设施	较接近	

针对重大风险可开展专题试验研究和风险分析，编制风险处置措施与应急技术处置方案。总体设计风险管理应编制风险记录文件，记录Ⅲ级及以上风险的名称、发生位置、等级、描述、建

议控制方案及备注等信息。

19.3.4　初步设计风险管理

1. 初步设计中的主要风险因素

初步设计方案风险分析中的重点是对设计参数及计算模型的风险分析，同时结合工程重大风险因素，分析设计结果的合理性和经济性风险，并对工程设计方案的变更风险进行规定，避免工程设计方法随意变化引起新的风险。初步设计中的主要风险因素包括：

(1)自然灾害。

(2)不良工程地质及水文地质条件。

(3)地层物理力学参数的取值，工程荷载与计算模型，工况选取不当或失误。

(4)车辆及机电设备及系统配置不当。

(5)设计方案变更不确定性。

2. 初步设计风险分析单元的划分

初步设计风险管理应划分风险分析单元，根据初步设计资料，初步设计风险分析单元的划分可包括：

(1)建筑设计风险分析。

(2)结构设计风险分析。

(3)给水、排水设计风险分析。

(4)动力与暖通设计风险分析。

(5)电气、信号与设备监控系统设计风险分析。

(6)主要设备、新材料或新技术应用风险分析。

(7)防灾与报警系统设计风险分析。

(8)环境保护设计风险分析。

(9)工程运营风险分析。

3. 初步设计中各对象的主要风险因素或事故

初步设计风险管理中需考虑不同隧道类型，结合拟采用的设计方案与施工方法建立风险评估列表，一般初步设计中各对象的风险因素或事故见表 19.3－7。

表 19.3－7　城市隧道初步设计中风险因素或事故

<table>
<tr><th>单位名称</th><th>施工方法</th><th>子单位工程</th><th>分部工程</th><th>风险因素
或事故</th></tr>
<tr><td>车站基坑</td><td>明挖法
盖挖法
沉井法
盾构法</td><td>端头井、出入口等</td><td>基坑围护，沉井，地基处理及降水、排水，基坑开挖与回填，内部结构，工程防水等</td><td rowspan="5">塌方(坍塌)、涌水、流土、流砂、大变形破坏、开裂、设备风险、其他风险等</td></tr>
<tr><td rowspan="3">区间隧道</td><td rowspan="3">明挖法
盖挖法
沉井法
盾构法
矿山法
顶管法</td><td>敞开段、暗埋段、标准段</td><td>基坑围护，地基处理及降水、排水，基坑开挖与回填，内部结构，工程防水等</td></tr>
<tr><td>区间隧道</td><td>进出洞、标准段、特殊段、地基处理、工程防水等</td></tr>
<tr><td>联络通道</td><td>地基处理、工程防水等</td></tr>
<tr><td>附属工程</td><td>明(盖)挖法
顶管法等</td><td>泵房、风井等</td><td>地基处理、工程防水等</td></tr>
</table>

4. 初步设计中的主要风险管理工作

(1)编制工程施工安全风险清单,建立层状或树状结构风险评估列表,对全线隧道的风险进行分级评估。

(2)对工程自身的风险进行风险评估,编制Ⅰ级工程自身的风险控制专项措施。

(3)对Ⅰ级环境影响的风险应通过理论和试验研究,评估其影响程度和范围。

(4)编制Ⅱ级及以上环境影响的风险应急处置方案。

对关键工程、重大周边建(构)筑物影响以及采用新技术、新工艺、新设备的隧道应进行专题风险评估。初步设计风险管理应分析因城市规划调整或更新所引起的周边环境变化,评估其对隧道建设的影响风险。

5. 初步设计风险管理可采用的风险处置措施

(1)补充地质勘探资料,提高勘查精确性,获取可靠的设计计算参数。

(2)对周围环境建(构)筑物进行调查,并提出保护性措施。

(3)建立施工安全风险等级审查、设计变更风险管理办法。

(4)制定重大风险控制指导文件。

(5)聘请有经验的设计咨询单位参与初步设计建设风险管理。

初步设计风险管理应编制风险记录文件,记录Ⅲ级及以上风险的名称、发生位置、等级、描述、建议控制方案及备注信息。

19.3.5 施工图设计风险管理

1. 施工图设计中的主要风险因素

(1)自然灾害。

(2)不良工程地质条件与水文地质条件及不明地下障碍物等。

(3)工程结构变形、沉降和位移。

(4)工程施工偏差。

(5)结构形式与施工方法不适应。

(6)车辆、机电设备及系统选型与配置不当。

(7)工程运营功能调整。

(8)施工现场及周边环境条件限制。

在前期工程施工安全风险评估和风险管理基础上,应结合施工图设计方案再次进行施工安全风险辨识,编制工程施工安全风险清单。

2. 施工图设计风险管理的主要内容

施工图设计风险管理,应建立风险评估层状或树状结构列表,结合现场调查资料开展。其主要内容包括:

(1)对环境风险因素进行现状调查、检测和评估。

(2)编制工程施工安全风险和风险等级清单。

(3)对重大环境影响风险开展工程施工安全风险专项设计。

(4)制定地下结构自身的风险控制措施。

(5)其他施工影响分析。

城市隧道施工图设计风险管理可按照风险因素与风险的层状或树状结构关系进行列表分

析，示例参见表 19.3－8。表 19.3－8 中列出部分主要风险，对于具体的城市隧道，需根据现场的地质情况、周边环境、结构类型和施工方法等，进行有针对性的分析。

表 19.3－8　城市隧道施工中主要风险因素或事故

<table>
<tr><th>单位工程</th><th>施工方法</th><th>分部工程</th><th>分项工程</th><th>主要风险因素或事故</th></tr>
<tr><td rowspan="25">车站基坑、附属工程（出入口、泵房、风井等）</td><td rowspan="25">明挖法
盖挖法
沉井法
矿山法（包括钻爆法、浅埋暗挖法等）</td><td rowspan="9">基坑围护</td><td>水泥土搅拌桩</td><td rowspan="9">坍塌，渗漏水，管涌，流砂，沉陷，开裂，周围建(构)筑物倾斜或开裂，内衬墙出现裂缝，不均匀沉降，地下结构上浮、突浮，土体滑坡，等等</td></tr>
<tr><td>钢板桩</td></tr>
<tr><td>预制钢筋混凝土板桩</td></tr>
<tr><td>土钉墙</td></tr>
<tr><td>钻孔灌注桩（成孔、下钢筋笼、成桩）</td></tr>
<tr><td>型钢水泥土搅拌桩</td></tr>
<tr><td>地下连续墙（导墙、成槽、钢筋笼、成墙）</td></tr>
<tr><td>沉井制作、下沉和封底</td></tr>
<tr><td>工程防水</td></tr>
<tr><td rowspan="5">地基处理及降水、排水</td><td>注浆</td><td rowspan="5">沉陷，开裂，周围建(构)筑物倾斜或开裂</td></tr>
<tr><td>高压喷射注浆</td></tr>
<tr><td>水泥土搅拌桩</td></tr>
<tr><td>人工地层冻结</td></tr>
<tr><td>基坑明排水、轻型井点、喷射井点、电渗井点、疏干管井、减压管井</td></tr>
<tr><td rowspan="5">基坑开挖与回填</td><td>桩基工程（立柱桩、抗浮桩、逆筑法桩）</td><td rowspan="5">渗漏，围护结构失稳破坏，坑底隆起，管涌，流砂，基坑内土体滑坡，机械倾覆，等等</td></tr>
<tr><td>基坑开挖</td></tr>
<tr><td>支撑体系</td></tr>
<tr><td>倒滤层结构</td></tr>
<tr><td>土方回填</td></tr>
<tr><td rowspan="6">内部结构</td><td>模板</td><td rowspan="6">内衬墙出现裂缝、渗漏、不均匀沉降，地下结构上浮，等等</td></tr>
<tr><td>钢筋</td></tr>
<tr><td>混凝土</td></tr>
<tr><td>防水混凝土</td></tr>
<tr><td>现浇结构</td></tr>
<tr><td>工程防水</td></tr>
<tr><td rowspan="14">区间隧道及附属结构</td><td rowspan="3">矿山法</td><td rowspan="14">区间隧道</td><td>钻孔</td><td rowspan="4">塌方，失稳，流土，流砂，涌水，瓦斯泄漏，大变形，岩爆，渗漏水，开裂破坏，不均匀沉降，设备故障，等等</td></tr>
<tr><td>爆破</td></tr>
<tr><td>土方开挖</td></tr>
<tr><td>暗挖法</td><td>支护</td></tr>
<tr><td rowspan="4">顶管法</td><td>工作井</td><td rowspan="4">坍塌，上浮，冒顶，轴线控制不当，管片破损，渗漏水，开裂破坏，不均匀沉降，设备故障，等等</td></tr>
<tr><td>进出洞施工与洞口防护</td></tr>
<tr><td>管节制作</td></tr>
<tr><td>管节顶进</td></tr>
<tr><td rowspan="6">盾构法</td><td>进出洞和洞口加固</td><td rowspan="6">掌子面失稳，刀头及刀具磨损，盾尾密封失效，隧道上浮、冒顶，轴线控制不当，管片破损，渗漏水，不均匀沉降，设备故障，等等</td></tr>
<tr><td>盾构组装、解体</td></tr>
<tr><td>盾构推进及管片拼装</td></tr>
<tr><td>盾构刀具更换</td></tr>
<tr><td>管片制作</td></tr>
<tr><td>盾构掉头和过钻等</td></tr>
</table>

续表

单位工程	施工方法	分部工程	分项工程	主要风险因素或事故
区间隧道及附属结构	沉管法	区间隧道	干坞	潮汐和暗流，沉放错位，水下连接失效，管节开裂破坏，不均匀沉降，设备故障，等等
			基槽浚挖	
			管段制作	
			管段沉放	
			管段基底及接头处理	
	矿山法	联络通道	土体加固	土体加固失效，塌方（坍塌），渗漏水
	顶管法		土体开挖	

施工图设计阶段需再次核准初步设计的风险等级，根据不同的风险等级开展相应的设计风险分析与评估。

对重大环境影响风险（Ⅰ级和Ⅱ级风险）应开展工程施工安全风险专项设计，编制重大环境风险专项设计文件。文件的内容主要包括：风险分析评价、工程环境监测控制标准、工程技术措施、环境影响保护设计措施和专项监控量测设计方案等，并满足施工图设计文件的深度要求。针对工程自身的Ⅱ级风险和Ⅲ级（含）以下的环境影响风险，施工图设计文件中应包括风险分析评价和专项措施等专项内容，原则上可不再进行专项设计。同时，地下结构自身的风险控制各项措施和要求在施工设计文件中应体现。

施工影响风险分析，应分析和预测工程施工可能对周围环境和设施带来的相关影响，提出施工控制指标要求。施工影响分析通常采用数值模拟、反分析、工程类比等方法，预测分析隧道施工对周边环境所造成的附加荷载和附加变形影响，判断施工方法、加固措施等能否满足工程环境对象所允许的限定承载能力和容许变形能力等。

施工图设计风险管理，应对采用的新技术、新材料、新工艺、新型车辆、新设备系统及关键单项工程进行风险分析，对建设中的关键工序或难点进行专项风险评估。施工图设计风险管理中，对有重大环境影响的区域，应明确现场监控量测要求，提出工程环境影响的风险预警控制指标，并建议实施信息化施工，开展风险预警控制工作。另外，需配合建设单位招标、投标和建设管理，编制工程现场施工注意事项说明及事故应对技术处置方案。

3. 施工图设计风险管理采用的风险处置措施

在工程施工图设计及工程施工期间，设计单位需重视施工配合工作，并向施工、监理等单位就设计意图、设计要求、设计条件等设计文件做设计交底，充分进行相关单位之间的风险沟通和交流。另外，配合监督施工单位在施工中是否落实风险控制措施。对在施工工程中发现的不落实情况或与设计条件不符的情况，设计单位应及时通知建设单位，并要求责任相关单位及时改正。施工图设计风险管理中可采用的风险处置措施包括：

（1）实施风险等级审查制度。

（2）对重大施工安全风险进行多级审查。

（3）审查工程控制性节点风险控制方案。

（4）加强相关单位间的风险沟通与交流。

（5）建立施工图设计变更风险管理方法。

施工图设计风险管理应编制施工图设计风险记录文件，记录Ⅲ级及以上风险的名称、发生范围、等级、监控指标、控制方案及备注等信息。

19.3.6 风险管理文件编制

城市隧道勘察与设计风险管理应编制风险管理文件。勘察与设计风险管理文件应包括风险管理设计的风险记录、风险评估报告、专题研究报告等。其中风险记录表及重大风险（Ⅰ级和Ⅱ级风险）处置记录表可分别采用表 19.1-1 和表 19.1-2。勘察与设计风险管理文件应经过勘察与设计单位项目负责人签字后作为后续风险管理的依据。

城市隧道勘察设计风险管理应编制风险管理文件，同时可根据实际条件开展风险评估。编制的风险管理文件包括：辨识的风险清单、风险评估报告、风险控制措施、现场施工风险监控指标、重点及关键工程施工安全风险说明。城市隧道勘察设计风险评估报告主目录包括：

（1）概述。

（2）编制依据。

（3）风险评估流程与评估方法。

（4）各单项风险评估。

（5）关键节点工程风险评估。

（6）专项风险控制措施。

（7）结论与建议。

19.4 招投标与合同签订阶段风险管理技术

19.4.1 风险管理基础

1. 城市隧道招标、投标与合同签订阶段的风险管理应具备的基础资料

（1）工程招标、投标文件。

（2）投标单位资格要求。

（3）工程招标、投标时间规定。

（4）已完成的相关工程的风险评估报告。

（5）其他相关资料。

2. 城市隧道招标、投标与合同签订阶段风险管理应完成的工作

城市隧道招标、投标与合同签订风险管理工作的目的是通过开展工程招标、投标文件编制风险管理，以法律文件形式明确工程施工安全风险管理要求，约定工程建设各方的分工和职责。同时，结合具体项目的施工方法、工程规模、建设管理模式等，通过招标、投标文件的编制，对前期完成的风险管理工作进行梳理，对重大风险或新辨识的风险进行再分析评估，并列举以往从事类似工程进行风险管理的经验及经典工程实例，为本工程施工安全风险管理的实施提供参考。城市隧道招标、投标与合同签订阶段的管理，应完成下列工作：

（1）招标文件中有关风险管理要点编制。

（2）投标文件中有关风险管理评估。

（3）承包合同签订中明确各方风险管理内容及责任。

工程招标、投标与合同签订中的风险管理实施内容应包括招标与投标文件准备、合同签订风险管理。

19.4.2 招标、投标文件风险管理

1. 招标单位编制的招标文件中应包括的风险管理要点

招标单位在发放工程招标文件前，应预留投标准备时间，并提供必需的文件资料。招标单位编制的招标文件及拟定的相关条款中，应说明工程招标的施工安全风险点及其风险承担责任。

招标单位需明确工程的风险管理目标，依据招标工程的规模、特点、性质及自身管理能力等，合理确定招标范围、招标方式、发包方式和投标时间限制，制定科学合理的工程标底和评标方法。招标文件中需明确工程施工安全风险等级标准和原则，工程重点、难点，投标单位的风险管理内容、目标、费用、机构人员配置、资质资格要求和责任约束等相关内容。同时，对投标单位的标书进行约定。招标单位编制的招标文件中有关风险管理要点应包括：

(1)对投标单位工程施工安全风险管理的要求，包括风险管理机构组织与人员配备等。

(2)工程施工安全风险等级标准及风险点。

(3)针对重大风险，对投标单位实施工程施工安全风险管理的要求。

(4)投标单位在其他类似工程中的风险管理的相关经验等说明。

(5)投标文件中有关工程施工安全风险管理的内容及评估方法。

(6)合同执行过程的风险管理费用的调整原则。

(7)执行工程施工安全风险管理的有关工程技术标准和规范。

(8)要求投标单位提供可靠的经济担保与工程保险等文件。

2. 投标单位编制的投标文件中应包括的风险管理要点

投标单位需对招标文件中的各项条款进行详细研究，对施工现场及周围环境、工程地质条件、水文地质条件进行详细的调查，可按照招标要求开展前期风险分析准备工作。投标文件各部分(包括技术、经济、商务和其他部分等)的风险管理方案和措施等均需符合招标文件要求。投标单位提交的投标文件中，风险管理方案应符合招标文件的要求，投标单位编制的投标文件中有关风险管理的要点应包括：

(1)工程施工安全风险管理的制度体系与人员组织。

(2)风险分析与风险等级评估及风险处置措施等。

(3)新辨识或增加的工程施工安全风险点。

(4)工程建设风险管理实施进度计划。

(5)与建设各方的相互协调与沟通联系工作。

(6)对其他建设各方的风险管理的要求及责任界定。

(7)重大风险的处置措施及应急预案。

(8)类似工程的风险管理经验。

19.4.3 合同签订风险管理

合同文件中，中标单位应按要求单独列出工程施工安全风险管理费用，同时，说明工程施工安全风险管理的计划投入及处置措施费用。这些费用在投标时应不低于国家规定的费率标准，

不能作为降价让利的项目。中标单位承诺的工程施工安全风险管理费用要求及时到位，并做到专款专用。中标单位应单独列出工程施工安全风险管理费用，包括施工安全措施费用等。

目前，我国工程保险还处在试行与探索阶段，各城市隧道建设中，尤其是复杂隧道的建设中，都要求开展工程保险。各地区由于存在较大的经济水平差异，现阶段较难统一规定相应的保险费率，工程保险的内容及条款需针对具体工程进行编制，并说明投保双方的权利与责任。如现场发生了符合保险规定的风险，保险公司需及时开展赔偿支付。签订的合同文件中，中标单位应明确合同项中工程施工安全风险管理责任及保险人的赔偿要求。

招标单位与中标单位签订的合同中，工程施工安全风险管理要点应包括：

(1)合同条款的完整性和准确性风险分析。

(2)以合同为依据，对新辨识或增加的施工安全风险应说明是否需再次进行风险评估。

(3)合同款项支付及延期支付的风险分析。

(4)建设工期提前或延误的风险分析。

(5)重要设备的采购与供货风险分析。

(6)工程材料、构(配)件和设备不符合工程规格、质量及安全要求的风险分析。

(7)对于未辨识的工程施工安全风险，合同中应明确与其相关的风险管理责任，具体实施或执行方案可通过双方商定，并应在合同条款中补充说明。

19.4.4　风险管理文件编制

工程招标、投标与合同签订应编制工程施工安全风险管理文件，记录招标、投标及合同签订过程中实施的风险管理内容。风险管理文件中需约定双方风险管理的权利、责任和义务，同时，说明风险管理计划、管理费用与管理职责分担，约定合同双方的风险承担责任与保险赔偿要求。

招标、投标与合同签订风险管理文件应包括工程施工安全风险管理内容、管理费用与管理职责分担，并应说明风险赔偿要求。招标、投标与合同签订中的风险管理文件应经过合同双方签字盖章后作为后续阶段风险管理的依据，其中风险记录表及重大风险(Ⅰ级和Ⅱ级风险)处置记录表可分别采用表 19.1－1 及表 19.1－2。

19.5　施工阶段风险管理技术

19.5.1　风险管理原则

城市隧道施工阶段风险管理应完成以下工作：

(1)建设各方施工风险分析及职责划分。

(2)制定现场工程施工安全风险管理实施制度。

(3)编制关键节点工程施工安全风险管理专项文件。

(4)编制突发事件或事故应急预案。

城市隧道施工必须实施动态风险管理，利用现场监测数据和风险记录，实现施工风险动态跟踪与控制。城市隧道施工风险管理应编制风险控制预案，建立重大风险事故呈报制度。

城市隧道施工风险管理是工程施工安全风险管理过程的核心，也是工程施工安全风险能否得到有效控制的关键阶段。随着工程施工进展，工程施工安全风险不断动态变化，因此，工程建设过程中建设各方必须实施动态风险管理。动态风险管理主要体现在风险信息的收集、分析与决策的动态过程中，对风险的预报、预警与控制实施的动态过程中。

目前，我国部分城市如北京、上海和广州等在城市隧道建设中已尝试开展以施工动态管理为基础，结合工程建设进度和周边条件，动态地对现场及未来工程建设潜在风险进行分析与评估，同时，通过现场施工风险记录资料，利用现场监测信息化手段，依据施工参数、环境监测反馈信息等对施工工程施工安全风险开展跟踪与反馈。上述技术措施的实施，一方面保证了风险管理的连续性和有效性；另一方面为工程进展中发生的新情况、新问题提供了预报、预警，为调整、优化、完善设计与施工方案，及时处置、控制风险提供了保证。

城市隧道建设中无法完全消除或避免风险，加之外界影响或变化也会导致不可预见的风险，因此，需针对潜在的各类重大风险建立健全相应的事故呈报管理体系与制度，确保事故信息能及时、可靠地传递给相关建设方，以方便开展事故抢险与人员救护。风险管理中针对辨识的重大风险需编制风险控制预案，包括消除监测预警标准及预告、风险抢险队伍与物资准备、事故处理应急处置决策等。同时，还要做好风险告示和风险记录，及时更新施工现场与参与人员等相关信息。

城市隧道施工风险管理实施的主要阶段宜包括：施工准备期、施工期、车辆及机电系统安装与调试阶段、试运行和竣工验收阶段。

19.5.2　施工准备期风险管理

城市隧道施工准备期的风险管理，应以建设项目目标、工程任务及场地条件为依据，在对项目进行分解后，根据项目施工组织方案以及周边的环境条件，参考勘察设计与设计阶段编制的风险记录文件，对辨识的风险进行逐项核实和分析，并编制现场风险核查表。现场风险核查表的编制可参考表19.3－8。

1. 施工准备期主要风险因素

(1)自然灾害。

(2)不良工程地质和水文地质条件及不明障碍物。

(3)施工机械与设备，施工技术、工艺、材料等。

(4)周边环境影响因素。

(5)其他各类突发事件。

2. 施工准备期风险管理应完成的工作

(1)征地、拆迁、管线迁改、交通疏解及场地准备等风险分析。

(2)场地地质条件风险分析。

(3)邻近建(构)筑物(包括管线、道路等)的影响风险分析。

(4)工程建设工期及进度安排风险分析。

(5)工程施工组织设计及技术方案可行性风险分析。

(6)施工监测布置及监测预警标准风险分析。

(7)现场风险管理制度及组织的建立。

(8)现场施工安全防范措施的制定及抢险物资的储备。

(9)设计方应配合开展施工图设计风险交底，应根据现场施工反馈信息，对施工图设计风险进行动态管理。

3. 施工准备期风险管理实施的主要内容

(1)制订风险管理计划。

(2)编制施工风险管理实施说明书。

(3)建立风险管理工作制度。

(4)根据工作前期阶段已有的风险管理成果，在正式开工前分析施工的风险，制定风险处置措施。

(5)针对重大风险进行前期阶段施工专项风险评估，并制定应急预案。

施工准备期风险管理中，政府监管部门、建设单位、承包单位(施工及安装单位)、设计单位、监理单位、第三方监测单位和邻近社区等应加强风险管理工作的相互沟通与交流，编制建设各方风险联络处置方案。

19.5.3　施工期风险管理

1. 城市隧道施工期风险管理中的主要风险因素

(1)邻近或穿越地下管线中的大口径管线(热力、电力、水管和通信管线等)、保护性建(构)筑物、军事区或重要设施是隧道的重要风险点。

(2)穿越地下障碍物施工。地下障碍物将直接影响正常的施工，通常情况应将地下障碍物预先清除，对于特殊情况下需在施工中直接切削穿越的，应制定有效的风险控制措施。

(3)浅覆土层施工。浅覆土层是指隧道覆土厚度小于施工隧道直径 1/2 的工况。浅覆土层施工易造成开挖面失稳和隧道上浮等风险，并加剧土体的扰动和损失量，导致发生塌陷等事故。

(4)小曲率区段施工。小曲率区段是指隧道曲线半径小于施工隧道直径 1/50 的工况。小曲率区段对隧道轴线的控制存在一定风险，应加强对盾构姿态的控制，合理选择管片型号，并提高管片的拼装质量。

(5)大坡度段施工。大坡度段是指隧道轴线大于 30‰的区段。大坡度段施工易造成盾构姿态控制和隧道内水平运输困难，应合理地控制盾构姿态和选取水平运输机具。

(6)小净距隧道施工。小净距隧道是指两隧道间距小于隧道直径 60%的邻近施工。在施工时应严格控制参数，加强监测，并对两隧道之间区域实施地基加固措施。

(7)穿越江河段施工。穿越江河段是指所建隧道处在江河下的工况。穿越江河段施工时，易形成开挖面与江河贯通以及隧道渗漏的风险。通常可采取提高开挖面稳定性、改善隧道抗位移抗变形能力以及加强隧道防喷涌、防渗漏性能等风险控制措施。

(8)特殊地质条件或复杂地段施工。

另外，针对具体城市隧道建设，应考虑增加车站、基坑、复杂工程安装、联络通道、进出洞等单项工程的施工风险分析；由于隧道建设存在大量的多工种、多专业交叉，应重视人员安全风险控制。

2. 施工期风险管理应完成的工作

(1)施工中的风险辨识和评估。

(2)编制现场施工风险评估报告，并应以正式文件的形式发送给工程建设各方，经各方交流后形成风险管理实施文件记录。

(3)施工对邻近建(构)筑物影响风险分析。

(4)施工风险动态跟踪管理。

(5)施工风险预警预报。

(6)施工风险通告。

(7)现场重大事故上报及处置。

3. 施工期风险管理中建设各方应完成的工作

施工期风险管理需建设各方共同参与,其具体内容包括:

(1)施工风险辨识和评估。根据工程条件、施工方法以及设备,按照工程施工进度和工序,对工程施工安全风险进行二次风险评估和整理,对工程的重大风险进行梳理和分析,确定工程施工安全风险等级,并对重大风险提出规避措施和事故预案,完成施工风险评估报告。具体包括:

a. 各分部工程的主要风险特点。

b. 重大风险因素。

c. 风险等级及排序。

d. 风险管理责任人。

e. 风险规避措施。

f. 风险事故预案。

(2)风险评估报告应以正式的文件形式发送给工程建设各方,并经讨论使工程建设各方对工程施工安全风险评估等级和控制对策达成共识。

(3)施工对邻近建(构)筑物影响风险分析。隧道的施工可能会对邻近的各类建(构)筑物产生一定的影响。风险分析的目的是通过建立工程施工引起地层变形与邻近建(构)筑物损坏的费用损失之间的关系,完成施工影响风险分析的经济损失评估。本书建议的风险分析内容与步骤如下:

a. 对既有建(构)筑物的现状调查,包括结构形式、建造时间、重要程度、服务年限与状态、与工程邻近距离及周边区域环境等。

b. 判断邻近建(构)筑物的破坏形式,用可以衡量的指标(如裂缝宽度、倾斜度、差异沉降等)定义各个破坏阶段。

c. 进行工程施工地层变形计算分析,结合现场监测数据,得到周围地面沉降值,并分析影响地层变形的因素。

d. 通过力学计算和统计分析,得到建(构)筑物发生破坏的概率,计算建(构)筑物与破坏衡量指标的关系。

e. 建立建(构)筑物的破坏和损失之间的关系,将不同级别的破坏与建(构)筑物造价的损失相对应。

f. 对不同施工工况下建(构)筑物的损失进行评估,提出工程施工风险控制对策与处置措施。

根据风险评估结果,在每个单项工程施工之前,建设单位可通过风险预告的形式,将其中的主要风险点通告施工单位。

施工单位需提出专门的风险处置方案并上报建设单位,审批通过后方可施工。施工现场风险通告是工程施工安全风险管理中非常重要的环节,施工单位应在工程现场设置风险宣传牌,对各个阶段的风险点和注意事项进行宣传和教育。现场风险通告应包括:

(1)主要风险事故。

(2)风险管理实施责任人。

(3)风险因素与风险等级。

(4)施工人员注意事项。

(5)事故预兆。

(6)风险规避措施。

(7)风险事故预案。

4. 建设单位风险管理的主要内容及职责

对于事故、意外、缺陷等问题，建设各方应认真、细致、充分、全面地分析，包括证据分析、过程分析、原因分析、责任分析，并保持客观、中立的态度，对定性、定责应做到公正、准确。调查还应查明发生的原因与过程、财产损失情况和对后续工作的影响，并提出处理措施和完善风险控制措施的建议。事故各相关单位应采取措施防止类似事故的再次发生，并对员工进行教育和培训。建设各方可根据施工现场情况和进度，跟踪风险动态变化情况，实施风险控制策略，采取相关措施。在出现风险征兆后应及时通报建设各方，跟踪风险征兆发展，及时启动应急预案。

建设单位负责组织和监督现场施工风险管理的实施，其风险管理主要内容及职责应包括：

(1)组织工程建设各方建立风险管理培训制度。

(2)全过程参与现场风险管理，检查各方风险管理实施状况。

(3)定期组织工程建设各方开展风险管理工作的沟通和交流，并对风险状况进行记录。

(4)组织工程建设各方对工程施工安全风险处置措施进行审定，其中重大风险的控制方案须经施工单位组织专家评审后方可实施。

(5)配合政府主管单位对现场施工风险管理活动进行同步监督管理。

(6)监督风险管理实施和风险事故处理。

(7)试运行中统一指挥调度轨行区的设备系统安装及调试。

5. 设计单位风险管理的主要内容及职责

设计单位负责进行设计方案交底与施工风险管理监督，其风险管理主要内容及职责应包括：

(1)对工程重大风险进行工程设计交底。

(2)对周边重要环境影响区域进行风险影响分级，参与编制周边环境保护措施。

(3)制定工程重大风险预警控制标准，明确现场检测要求。

(4)参与制定施工注意事项及事故应急处置方案。

(5)配合施工进度进行重大风险沟通与交流。

(6)参与建设单位风险管理，检查现场施工注意事项落实情况。

(7)指导审查施工单位风险管理方案、处置措施与应急预案。

(8)协调实施现场施工风险跟踪管理。

6. 施工单位风险管理的主要内容及职责

施工单位负责施工现场风险管理的执行和落实，其风险管理主要内容及职责应包括：

(1)结合施工组织设计拟定风险管理计划，建立工程施工风险管理实施细则。

(2)对Ⅲ级及以上风险，根据设计单位技术要求等，确定预警监控指标及标准。

(3)对Ⅱ级及以上风险，编制事故应急处置预案。

(4)现场区域作业人员必须严格执行登记制度，对作业层技术人员进行施工风险交底，制订工程施工安全风险管理培训计划。

(5)负责完成工程施工风险动态评估，分析并梳理Ⅱ级及以上风险，提交重大工程施工安全风险动态评估报告。

(6)结合工程施工进度及时上报工程施工信息,向工程建设各方通告现场施工风险状况。

(7)工程设计、施工方案如有重大变更,应根据变更情况对工程施工安全风险进行重新分析与评估。

(8)因施工安全风险处置措施的实施而发生的费用增加或工期延长,应经过建设单位批准后方可实施。

(9)对与工程施工有关的事故、意外或缺陷等进行风险记录。

(10)必须做到施工安全措施费用专款专用。

7. 监理单位风险管理的主要内容及职责

监理单位负责协查与监理施工现场风险管理执行情况,其风险管理主要内容及职责应包括:

(1)将施工安全风险管理纳入日常监理工作。

(2)确保现场监理人员及时到位。

(3)协助建设单位审查施工单位的施工方案,评估施工单位风险管理实施情况。

(4)协助建设单位对工程质量、安全和进度进行风险检查。

(5)评估监理工作内容不全或失察风险。

(6)对于施工重大风险,应在施工前检查施工单位风险预防措施,并应进行旁站监理,做好监理现场记录。

(7)对施工单位存在的风险或违反风险管理规定的行为,监理单位有责任向施工单位提出警告,不听劝阻或情节严重的,监理单位有权力予以停工处置,并及时上报建设单位。

(8)对施工现场监测和第三方监测进行监理。

现场监理工程师的主要风险管理职责是评估本身监理工作不到位或失察风险,并核查和监督施工现场风险管理的执行情况。为此,监理工程师应充分了解设计意图,根据设计要求重点对施工方案的可操作性进行分析,掌握施工中存在的风险及其应对措施,以保证施工能完全满足设计的要求。

8. 第三方监测单位风险管理的主要内容及职责

第三方监测单位应负责现场监测工作和风险预警,其风险管理主要内容及职责应包括:

(1)制定合理的监测方案,并对监测方案进行风险评估。

(2)评估监测点布置不当、监测点或监测设备损坏风险。

(3)对监测数据的准确性和可靠性进行风险分析。

(4)将风险管理纳入日常监测数据分析,及时提交施工风险预警、预报信息。

为明确责任和保证监测质量,现场施工监测应由专业的第三方监测单位承担。监测单位应根据设计要求,制定详细的现场施工监测方案,监测方案必须满足设计与监控要求,并与施工开挖工序一致。监测说明应明确量化各监测指标的预警值以及各级预警所应采取的应对措施。

监测指标的预警值应由监测单位和设计单位根据设计要求、工程经验、计算分析以及监测反馈分析共同确定。监测单位应把施工现场风险分析作为监测报告的一部分内容,采用月报、周报等形式提交监测报告,及时提交施工粉尘预警、预报。

9. 工程保险单位风险管理的主要内容及职责

工程保险单位应负责现场的保险评估检查与风险赔偿,其风险管理主要内容及职责应包括:

(1)协商决定承保政策,并提供保单信息。

(2)进入施工现场,检查评估施工风险控制情况。

(3)要求被保险单位及时提供工程施工进度及风险信息。

(4)如发现存在违反保险条款的施工风险,必须通知被保险人。

(5)施工中如发生保险合同中约定承保的风险损失,应及时支付风险赔偿。

10. 施工期风险管理可采用的风险处置措施

(1)编写现场施工风险记录,建立现场风险管理监督机制。

(2)加强风险培训,提高施工管理人员和现场施工人员的风险防范意识。

(3)对Ⅲ级及以上风险编制风险处置措施,建立工程施工预警监控系统。

(4)对重大风险必须进行专项风险论证,并编制风险监控方案与应急预案。

(5)保险单位应参与工程施工风险管理,实施风险的均衡控制。

(6)预先成立工程施工安全风险事故抢险专业队伍,做好人员及物资的储备工作。

一旦施工现场发生重大施工安全风险事故,施工单位应及时上报建设单位和相关政府主管部门,并应及时组织人员实施抢险。

事故抢险或救灾结束后,建设单位应按相关规定组织风险因素及损失的专项调查,并进行风险事故通报,落实防范和整改措施,避免风险再次发生。

对施工中玩忽职守、对现场潜在重大施工安全风险隐匿不报的行为,一经发现,相关责任单位应按照合同约定和相关法律承担相应的责任。

19.5.4　车辆及机电设备系统安装与调试阶段风险管理

城市轨道交通车辆及机电设备系统安装与调试阶段是风险易发阶段,由于系统处于组装与调试期,各设备与系统之间存在一定的衔接与协调关系,同时,各系统安装中也需要进行必要的防护,通过该阶段的风险分析,可辨识工程系统运营风险因素。车辆及机电设备系统在安装与调试风险管理中的主要风险因素应包括下列内容:

(1)设备系统的检验或测试不全面。

(2)现场检验或调试问题。

(3)系统联调及并网运营故障。

(4)不同期建设线路或多余线路联合调试问题。

对城市轨道交通的车辆与机电设备系统,需要考虑安装调试及运营后可能的风险类型及对建设工期、设备运营可靠性及设施等的影响风险进行分析,同时,分析机电设备系统的不适用或不配备风险。当现场机电设备系统规格和验收标准有重大变更时,应对安装与调试重新进行风险辨识与评估,并编写风险管理记录文件。

车辆及机电设备系统安装与调试中采用的新技术,需要通过试验研究并进行风险评估。对延长线、跨线或交叉的特殊线路,如需与已运营线路进行衔接,则需要对其进行专项风险分析,避免对已运营线路造成严重的影响。

车辆及机电设备系统安装与调试风险管理应编制系统安装与调试风险控制应急预案。针对轨道、通信信号、供电、机电设备与车辆等机电系统,尤其是电力及电气设备、大型设备,在安装与调试中,应分别制定风险控制预案,包括设备供电、临电调试,车辆段接车调试等应急预案。现场一旦发生险情,应及时采取措施控制。

19.5.5 试运行和竣工验收阶段风险管理

城市隧道试运行和竣工验收必须符合政府部门相关管理文件规定。在各分项系统完成安装与调试并确保各项技术指标合格的基础上，应进行联合调试。联合调试风险管理应由建设、运营、施工、监理、设计及设备供应等相关单位参加，并编写风险管理记录文件。试运行和竣工验收风险管理应进行系统试运行联合调试风险分析，应对轨道、供电、接触网、信号、通信、车辆、屏蔽门及调试指挥等各系统进行专项风险评估，编写风险管理记录文件。

联合调试与不载客试运行应严格按照列车运行图进行，针对不同系统进行风险分析，提供系统试运行风险评估报告。试运行和竣工验收风险管理应评估城市轨道交通运营规章制度风险，审核应急预案与抢险演练制度。

试运行和竣工验收风险管理应结合现场资料和风险管理经验，采用风险检查表法，对建设方面和运营方面分别进行风险分析。

1. 建设方面风险分析

(1)图件系统风险分析，包括车站、区间、车辆基地和综合维修基地、轨道系统、预留线等的风险分析。

(2)机电设备风险分析，包括供电系统、信号系统、通信系统、通风空调系统、给水排水和消防系统、防灾报警系统(FAS)、设备监控系统(BAS)、自动售检票系统(AFC)、车站屏蔽门、安全门、自动扶梯及电梯、防淹门系统等的风险分析。

(3)车辆系统风险分析。

(4)系统联调及试运行风险分析。

2. 运营方面风险分析

(1)组织机构和人员配置及要求风险分析。

(2)行车组织和客运组织风险分析。

(3)线路运营备品备件风险分析。

(4)相关技术资料配备风险分析。

(5)资产接管风险分析。

(6)试运营规章制度风险分析。

(7)应急预案与演练。

试运营中，针对轨道、供电、接触网、信号、通信、车辆、屏蔽门及调度指挥等系统需进行综合模拟运行，各相关系统的安全性、可靠性和适用性指标要求达到运营线路的标准。另外，还需要对客运服务设施和通风空调、FAS、BAS及AFC等系统进行综合动态模拟运行。当联合调试季节符合冷源运行条件时，空调系统要求做带负荷综合效能运行。相关城市轨道交通设施应做到配合协调、联动迅速，功能达到设计规范要求。

19.5.6 风险管理文件编制

城市隧道施工风险管理应编制风险管理文件，并可将其作为工程竣工验收交付文件之一。城市隧道施工风险管理文件应包括：

(1)施工准备期风险分析与评估。

(2)工程施工主要风险分析评估及现场风险管理记录。

(3)工程重大风险规避措施及事故预案。

(4)车辆及机电设备系统安装与调试及试运行的风险评估及故障处理记录。

(5)其他现场施工风险事故记录、处置措施及责任人员等信息。

施工风险管理文件应经建设单位和现场其他工程建设各方盖章确认后作为施工竣工文件存档备案,其中风险记录表及重大风险(Ⅰ级和Ⅱ级风险)处置记录表可分别采用表 19.1－1 及表 19.1－2。

第 20 章　城市隧道施工安全风险管理应用研究

20.1　工程简介

金沙洲隧道和浏阳河隧道是我国首次在城市浅埋复杂地层中长距离下穿的特大断面高铁隧道。由于地下水丰富，在岩溶地貌、破碎带、上软下硬地层、软弱围岩中进行大断面隧道施工时，围岩稳定性差、地层失水过多和开挖方法不当，容易引发突泥、突水、大变形、坍塌等工程灾害和路面塌陷、桥梁沉降、建筑物开裂、管线爆裂等环境问题，安全风险极高，修建期间的安全问题受到各方的高度重视和关注。

借助隧道工程风险管理理论，对施工安全进行风险管理是当前解决这类问题的一条科学途径。隧道工程风险管理在我国尚处于起步阶段，针对金沙洲隧道和浏阳河隧道进行安全风险管理的应用研究，意义重大。

由于两个隧道风险管理内容多、工作量大、实施难度大，为了便于现场应用和推广，我们基于风险管理研究成果，开发了隧道施工安全风险管理软件，以提高金沙洲隧道和浏阳河隧道风险管理的信息化水平和效率。

20.2　隧道施工安全风险管理内容

安全风险是指事故发生的可能性（概率）及其损失（后果）的组合。安全风险管理是指通过优化组合各种风险管理技术，对工程实施有效风险控制，减少风险的影响，以较低的、合理的成本获得最大安全保障的管理行为。

风险管理的内容包括风险界定、风险辨识、风险估计、风险评价、风险处理、风险监测等单元。风险管理的实施主要包括风险评估和风险控制两个部分，风险评估包括风险分析和风险评价两个阶段，风险分析又包括风险界定、风险辨识和风险估计三个阶段；风险控制包括风险处理和风险监测两个阶段。风险界定主要包括风险管理的目标、概率准则、后果准则、接受准则等内容。

施工阶段风险管理是在施工图设计阶段静态风险评估成果的基础上，结合实施性施工组织设计、施工专项方案、施工调查、资源配置、施工水平等因素进行再评估，并在施工过程中结合地质预报、监控量测、仿真分析等手段，再对施工风险进行动态评估和动态控制。

20.3　隧道主要安全风险分析

20.3.1　金沙洲隧道主要安全风险分析

1. 进口浅埋偏压段的施工风险

隧道进口段地质、地形复杂，发育有 F_1 正断层，节理裂隙发育，地形偏压，地表与隧道开挖轮廓线最小间距为 1.38 m，并伴随松软土体侵入隧道断面，施工时可能产生大变形、塌方等安全风险，后果较严重，风险等级评价为高度。

2. 浅埋下穿水塘段的施工风险

隧道在里程 DK2193＋340～DK2193＋510 段浅埋下穿水塘，最小埋深仅 3.56 m，且含 1 m 厚的淤泥层，隧道断面围岩呈上软下硬状态，岩体破碎，又因水塘中的水容易渗漏，施工时可能导致突泥、突水、坍塌等安全风险，后果较严重，风险等级评价为高度。

3. 穿越浅埋岩溶地层的施工风险

隧道有 1820 m 在灰岩中穿越，埋深 8～22 m，岩溶发育，溶洞分布广、规模大，充填淤泥土，最厚达 5.5 m，且灰岩面起伏较大，导致隧道断面超过 500 m 位于上软下硬地层中和超过 200 m 位于软弱富水土层中，施工时可能发生突泥、突水、大变形、坍塌等安全风险，后果严重，风险等级评价为高度。

4. 穿越断层破碎带的施工风险

隧道在 DK2192＋865 附近发育有 F_1 断层破碎带，在 DK2193＋690～DK2193＋850 段浅埋穿越岩体裂隙发育带，在 DK2194＋650～DK2194＋800 段穿过 F_2 断层破碎带，在 DK2194＋400～DK2194＋675 和 DK2195＋550～DK2195＋950 段穿越密集的砂岩、碳质页岩、灰岩互层带及可溶岩与非可溶岩接触带，洞内掘进时可能出现涌水、冒泥和坍塌等安全风险，后果严重，风险等级评价为高度。

5. 下穿沙贝立交枢纽的施工风险

隧道在 DK2194＋560～DK2194＋835 段下穿高速公路沙贝立交枢纽，此处车流量很大，地面交通繁忙，隧道断面位于上软下硬倾斜地层中，特别是在 DK2194＋720～DK2194＋780 段，隧道全断面穿越富水土层，下部岩体发育 F_2 断层破碎带，施工时很容易发生突泥、突水、坍塌、地表塌陷、路面沉陷、桥面开裂、桥基失稳等安全风险，后果很严重，风险等级评价为极高。

6. 下穿居民区或紧邻高速公路的施工风险

隧道在 DK2195＋354～DK2195＋780 段浅埋下穿凤岐里居民区，在 DK2195＋780～DK2196＋110 段浅埋下穿浔峰洲高速公路匝道桥及收费站，在 DK2196＋110～DK2196＋300 段浅埋于高速公路匝道正下方并下穿建设大道，在 DK2194＋860～DK2195＋354 段还紧邻广州西环高速公路和周围居民区，施工时可能发生突泥、突水、坍塌、地表沉陷、房屋开裂、桥基失稳等安全风险，后果较严重，风险等级评价为高度。

7. 下穿地下管线的施工风险

在出口段，隧道下穿多种地下管线，特别是下穿有压煤气管线，拱顶覆土厚度不到 10 m，隧道全断面位于流塑状淤泥、软弱黏土层中。在软弱地层中进行大断面隧道开挖时，较大的地层位移和地表沉降可能会影响地下管线的正常使用和安全，可能导致煤气管线爆裂、燃烧等灾害，后果很严重，风险等级评价为极高。

20.3.2 浏阳河隧道主要安全风险分析

1. 浅埋下穿人工填土段的施工风险

里程 DK1561＋101～DK1561＋687 暗挖段为原修建京珠高速公路弃土，填土层厚度为 10～17 m，工程性质差且不稳定，隧道埋深 9～10 m，属超浅埋，围岩级别为Ⅵ级，施工时很可能发生塌方、掌子面失稳等安全风险，风险等级评价为高度。

2. 浅埋下穿排水箱涵段的施工风险

隧道在里程 DK1568＋085～DK1568＋143 段下穿京珠西辅道排水箱涵，排水箱涵净空尺寸为 5 m×3 m(宽×高)，排水箱涵基底距隧道拱顶最小高度仅 0.7 m，与隧道轴线斜交角为 20°，隧道属于超浅埋，施工时可能导致排水箱涵开裂、大变形、渗漏水等安全风险，风险等级评价为高度。

3. 浅埋下穿牛角冲互通立交桥段的施工风险

隧道在里程 DK1562＋890～DK1563＋410 段下穿长永高速公路和牛角冲互通立交桥，桥梁墩台均采用扩大基础，墩台距离隧道结构边缘最小水平距离为 16 m，墩台基础与隧道拱顶距离为 10 m，隧道浅埋穿越风化槽谷，施工时可能导致地层失水、洞内塌方、路面塌陷、桥梁开裂等安全风险，风险等级评价为高度。

4. 穿越风化槽谷段的施工风险

在里程 DK1570＋301～DK1570＋431 段出现风化槽谷，风化槽谷最大深度达 53.6 m，已深入隧道开挖底部以下。该范围地下水丰富，围岩级别为Ⅵ级，施工时可能发生塌方、掌子面失稳、突泥、突水、大变形等安全风险，风险等级评价为高度。

通过对金沙洲隧道和浏阳河隧道施工主要安全风险定性分析可知，金沙洲隧道整体风险等级评价多为高度，浏阳河隧道整体风险等级评价均为高度。金沙洲隧道浅埋下穿沙贝立交枢纽和超浅埋下穿地下管线的施工风险等级评价均为极高，此类风险不可接受，必须采取风险处理措施降低风险至可接受范围并加强监测。

我们主要对两个风险等级为极高的风险源进行系统的管理，以确保重大风险源的施工安全，同时开发了风险管理软件在现场进行应用，以提高风险管理的信息化水平和效率。

20.4 下穿立交桥施工安全风险管理

20.4.1 工程简介

金沙洲隧道在 DK2194＋560～DK2194＋835 段穿越沙贝立交枢纽，在 DK2194＋560～DK2194＋610 段以 44°角度斜交下穿广佛高速公路，在 DK2194＋610～DK2194＋835 段以 20°小角度斜交下穿广州西环高速公路，在 DK2194＋668～DK2194＋692 段以 84°近乎垂直大角度下穿沙贝立交桥，该桥上跨广州西环高速公路。沙贝立交枢纽与金沙洲隧道的平面位置关系如图

20.4－1 所示。

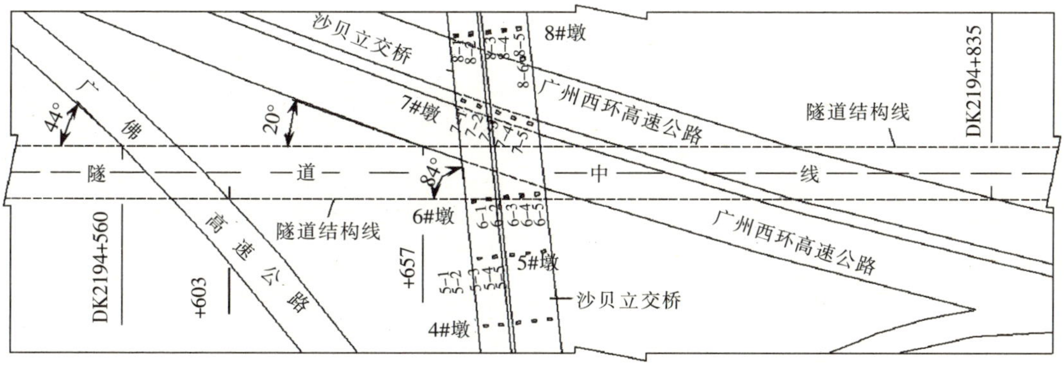

图 20.4－1　沙贝立交枢纽与金沙洲隧道的平面位置关系

在里程 DK2194＋675 处，隧道与既有老桥的断面关系如图 20.4－2 所示，隧道开挖宽度为 12.98 m、开挖高度为 15.10 m，隧顶位于 6＃墩位基底以下 18.83 m，5＃、6＃和 7＃墩中心与隧道中线水平距离分别为 17.99 m、4.30 m 和 13.82 m；隧道与 B 匝道桥断面关系如图 20.4－3 所示，5＃、6＃和 7＃桩底与隧顶竖直距离分别为 1.17 m、1.12 m 和 6.27 m，5＃、6＃和 7＃桩中心与隧道中线水平距离分别为 21.13 m、4.45 m 和 15.98 m。

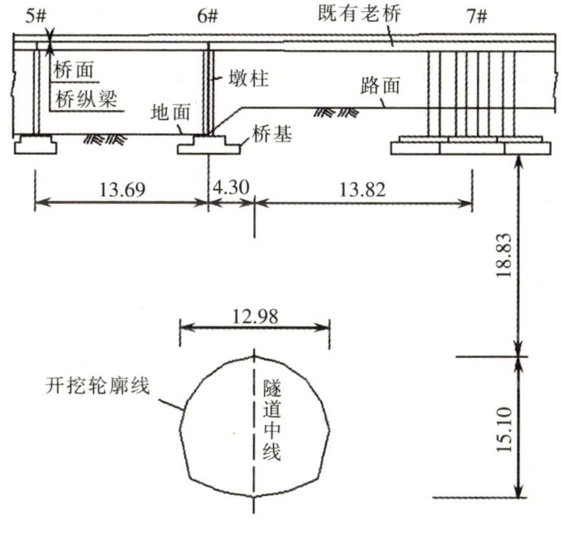

图 20.4－2　隧道与既有老桥断面关系图(单位：m)

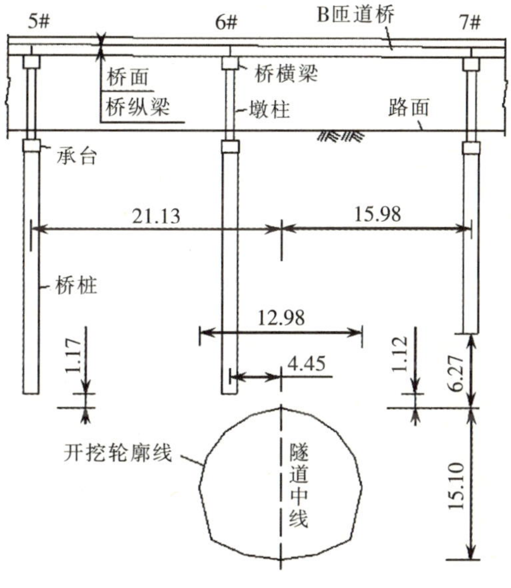

图20.4－3　隧道与 B 匝道桥断面关系图(单位：m)

沙贝立交桥由两座桥面宽约 9.5 m 的既有老桥(小里程侧，1989 年修建)和拓宽改建的一座桥面宽约 5.0 m 的 B 匝道桥(大里程侧，1999 年修建)并列组成。既有老桥在上跨广州西环高速公路处采用两跨连续刚构(6＃墩至 8＃墩)，其余为 T 梁，采用扩大基础结构；B 匝道桥为简支 T 梁桥，采用桩基础。立交桥端部连接形式以及与高速公路的位置关系现场照片分别如图 20.4－4、图 20.4－5 所示。

图 20.4－4　立交桥端部连接形式

图 20.4－5　立交桥与高速公路的位置关系

DK2194＋560～DK2194＋835 段地层上覆淤泥质土、粉质黏土，厚度为 7.6～43.45 m，下伏基岩以灰岩为主，局部为灰岩、粉砂岩、碳质灰岩互层。其中，DK2194＋720～DK2194＋780 段下伏断层破碎带，由于基岩面起伏较大，导致隧道纵向围岩软硬极不均、横断面围岩上软下硬或全断面位于软弱土体中，岩溶较发育，地下水丰富，围岩级别为Ⅵ级，开挖后易突泥、突水、大变形或坍塌。金沙洲隧道下穿沙贝立交枢纽地质纵剖面如图 20.4－6 所示。

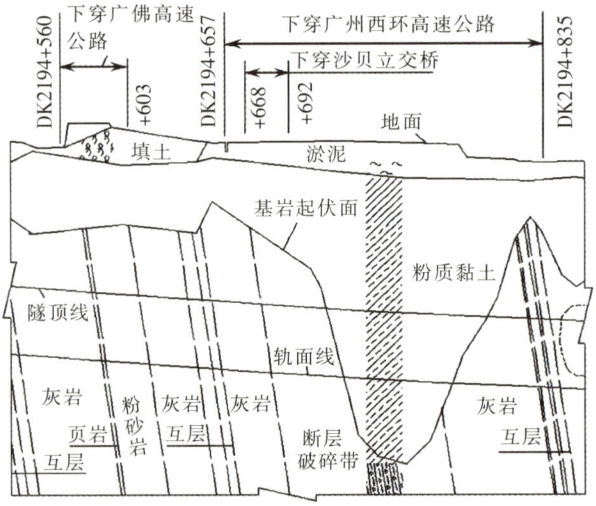

图 20.4－6　金沙洲隧道下穿沙贝立交枢纽地质纵剖面

20.4.2　立交桥安全风险辨识

金沙洲隧道下穿沙贝立交枢纽段的施工，对桥而言安全风险最大、后果最为严重，因此，本文主要针对隧道施工时沙贝立交桥的安全风险进行辨识。

1. 立交桥风险事件

金沙洲隧道开挖引起地表移动和变形的各个分量包括地表沉降、水平位移、倾斜变形、曲率变形和地表水平变形以及地表可能发生的不连续变形等，均有可能对沙贝立交桥产生不利影响。隧道施工引起的地层变位可能导致的立交桥风险事件可归结为：

(1)桥体开裂。隧道开挖引起地表沉降，从而引起桥墩和基础沉降，整体沉降或者不均匀沉降都会使桥结构内应力发生重分布，桥面、梁体和桥墩都很有可能开裂，影响桥梁的正常使用。老桥的两跨连续刚构对位移特别敏感，微小的位移就会引起纵向主梁开裂，特别是 B 匝道桥基础基底距隧道拱顶很近，很小的地表位移都会引起桥体开裂。

(2)桥面起伏过大。隧道开挖引起地表沉降槽内的桥基沉降大，槽外的桥基沉降小，桥基不均匀沉降和倾斜都会导致桥纵向起伏增大，从而影响桥梁的正常使用，再加上新老桥的基础类型和上部结构存在差异，最终沉降差异大，导致桥的横向起伏也增大。

(3)桥梁错台。隧道开挖引起的地层水平位移或者隧道纵向的不均匀沉降，可能引起相邻的桥墩产生水平位移或者前后桥墩不均匀沉降，从而导致桥梁错台，影响桥梁的正常使用，甚至使桥梁丧失稳定性而被破坏。

(4)局部坍塌。隧道开挖引起桥梁扩大基础基底两侧产生不均匀沉降，从而导致桥墩重心偏斜，引起附加应力重分布，使得结构内应力发生变化，甚至桥梁局部失稳破坏。由于扩大基础基底距隧道拱顶比较近，而且地层岩性比较差，如果隧道支护变形控制不当，有可能导致桥梁基底倾覆。

(5)整体失稳。如果隧道开挖引起的地表沉降、水平位移、地表倾斜超出控制范围，甚至隧道坍塌引起地表塌陷，导致桥梁基础和桥墩过度倾斜和沉降而丧失稳定性，桥梁将会整体坍塌，造成灾难性后果。

2. 立交桥风险事件的根本原因

立交桥风险事件的根本原因主要是隧道施工引起的地层变位尤其是地表沉降。针对隧道下穿该段的施工方案，各种因素引起的地表沉降主要为：①ϕ 159 mm 超前大管棚施工引起的沉降；②隧道施工引起的沉降；③开挖过程中掌子面纵向变形引起的沉降；④隧道施工工序转换或者拆除临时支撑后施作二次衬砌前引起的沉降；⑤水土流失以及地层固结引起的沉降。

根据现场的实际情况，分析各种可能性下的风险因素清单，通过计算分析，可得出各个风险因素的相应权重，权重较大者为控制因素。金沙洲隧道施工引起的地表沉降风险清单见表 20.4－1。

表 20.4－1　金沙洲隧道施工引起的地表沉降风险清单

风险因素	权重	风险子因素	权重
管棚施工引起的地表沉降	0.0624	管棚成孔过程中水土流失	0.4781
		管棚注浆不充分	0.2760
		管棚跟管不及时	0.1440
		管棚长度未达设计要求	0.1018
隧道施工引起的地表沉降	0.4982	开挖方法不当	0.2412
		初期支护强度和刚度不够	0.1392
		钢拱架安装不到位	0.1062
		地下水处理不当	0.0838
		未及时封闭成环	0.0652
		预留变形量过大	0.0505
		超挖	0.0383
		施工方法不当	0.2482
		施工机械振动	0.0273
掌子面纵向变形引起的地表沉降	0.0388	掌子面前方未超前加固	0.4425
		掌子面未封闭，暴露时间过长	0.3418
		掌子面未留核心土	0.3267
工序工法转换引起的地表沉降	0.1714	因局部不良地质转换工序	0.7334
		沉降过大需转换其他工法	0.1991
		因其他需要临时转换工序	0.0675

续表

风险因素	权重	风险子因素	权重
水土流失导致的地表沉降	0.2291	止水墙止水效果差	0.6738
		地表注浆不充分	0.2255
		旋喷桩施工	0.1007

通过表20.4-1可以得出金沙洲隧道开挖引起地表沉降的主要因素为：隧道施工、水土流失、工序工法转换。

20.4.3 立交桥安全风险评估

结合施工方案和风险标准，采用层次分析法和 $R=P\times C$ 定级法对金沙洲隧道下穿沙贝立交桥老桥和B匝道桥的损坏风险进行了评估，立交桥损坏的风险等级见表20.4-2。

表20.4-2 金沙洲隧道下穿沙贝立交桥引起立交桥损坏风险等级表

序号	项目	风险事件	发生概率	损失后果	风险等级	项目风险等级
1	沙贝立交桥老桥因过量沉降引起损坏	桥体开裂	5	3	极高	极高
		桥面起伏过大	3	2	中度	
		桥梁错台	3	4	高度	
		局部坍塌	2	4	高度	
		整体垮塌	1	5	高度	
2	沙贝立交桥B匝道桥因过量沉降引起损坏	桥体开裂	3	2	中度	极高
		桥面起伏过大	4	3	高度	
		桥梁错台	3	4	高度	
		局部坍塌	3	5	极高	
		整体垮塌	1	5	高度	

20.4.4 立交桥安全风险处理

根据风险接受准则，由表20.4-2可知，隧道开挖导致沙贝立交桥老桥和B匝道桥损坏的项目风险等级均为极高，此类风险不可接受，必须采取风险处理措施降低风险至可接受范围并加强监测。在风险控制过程中，评价施工措施的效果以及监测是否报警，都需要确定沙贝立交桥的安全控制标准，并采取相应的措施使施工效应满足该标准。

20.4.4.1 安全风险控制标准

隧道施工对邻近既有桥梁的影响主要是由于地面不均匀沉降引起结构次应力和附加变形，因此，采用不均匀沉降和倾斜作为沙贝立交桥的主要破坏指标。根据理论分析、类似工程经验，确定沙贝立交桥安全控制标准见表20.4-3。

表 20.4－3　金沙洲隧道施工沙贝立交桥安全控制标准(单位:mm)

桥梁轴号	结构类型	墩台总沉降	顺桥向差异沉降	横桥向差异沉降	地表沉降
6#～8#	两跨连续刚构梁	—	10	10	70
6#～8#	解除墩梁固结后两跨连续梁	60	30	10	70
5#～6#	预应力混凝土简支 T 梁	60	60	10	70

20.4.4.2　安全风险处理措施与对策

1. 安全风险处理措施

按照评估结果，隧道下穿沙贝立交桥为高度或极高的风险事件，属于不期望范畴或不可接受，必须采取针对性措施将风险降低至可接受或可忽略范围，确保沙贝立交桥能正常使用。具体措施如下：

(1)洞外地层止水与改良。在 DK2194＋620～DK2194＋720、DK2194＋780～DK2194＋860 段，在地表采用 H 型止水帷幕和土体加固辅助工法；在广州西环高速两侧路肩处斜向钻孔注浆，对路基进行进一步加固，孔位沿高速公路路基布设，孔间距为2.0 m，单孔长度为 17.0 m，注浆扩散半径为 1.5 m。高速公路路基斜向注浆实施现场如图 20.4－7 所示。

(2)洞内超前支护。DK2194＋560～DK2194＋610 段穿越广佛高速公路，采用 50 m ϕ 108 mm长管棚与 ϕ 42 mm 超前小导管结合的超前支护体系；DK2194＋610～DK2194＋835 段穿越广州西环高速公路和佛环匝道桥，采用 60 m ϕ 159 mm 长管棚与 ϕ 42 mm 超前小导管结合的超前支护体系。

(3)隧道掘进工法。在隧道穿越上软下硬地层和软弱富水地层段，采用灵活、高效带临时支撑的动态分部三台阶法进行开挖。

(4)选择合适的隧道贯通点。隧道施工是从 1# 竖井和斜井两个作业面向沙贝立交桥相向推进的，接近贯通时，由于隧道相向施工相互影响，将可能导致较大的地表沉降与变形，因此，选择贯通点应距离沙贝立交桥 30 m 以上。

(5)立交桥加固。考虑对既有桥进行加固，加固范围包括基础、墩台、上部结构、桥面结构、铺装结构及防护栏等主体和附属工程。对基础可能的沉降，采用花管压力注浆进行加固；对墩台的既有病害，采取修补措施或包钢加强进行处理；对上部结构可能产生的裂纹，进行贴碳纤维布或粘贴钢板补强加固；对桥面结构、铺装结构及防护栏等附属结构，采取常用的修复措施即可。

(6)新建钢便桥过渡。由于沙贝立交桥 6# 墩桩基础距隧道拱顶仅 0.86 m，为防止桥墩沉降影响立交桥运营安全，拟在沙贝立交桥 B 匝道边修建一座钢便桥，以保证隧道掘进期间交通正常。临时钢便桥如图 20.4－8 所示。

图 20.4－7　高速公路路基斜向注浆

图 20.4－8　临时钢便桥

2. 安全风险处理对策

结合桥梁保护、地层加固、洞内开挖支护等综合措施，制定隧道下穿沙贝立交桥区段的风险处理对策见表 20.4－4。

表 20.4－4　风险处理对策

序号	风险因素	风险事件	处理对策
1	地层因素	整体垮塌，局部坍塌，桥体开裂，桥梁错台，桥面起伏过大	H 型地表注浆加固，旋喷桩加固，止水帷幕止水，ϕ 159 mm管棚超前支护，监测
2	隧道因素		监测，短台阶开挖，采用动态分部三台阶法增设临时仰拱，避免初期支护不封闭造成的过大沉降。合理确定开挖进尺，仰拱紧跟，及时施作二次衬砌。必要时增设中隔壁，严格管理施工
3	桥梁连续刚构段		解除梁墩固结，监测，支座处顶梁调整，新建便桥，扩大基础注浆加固
4	桥梁简支段		监测，支座处顶梁调整，扩大基础注浆加固，桩基注浆加固，新建便桥

20.4.5　残余风险评估

由于将老桥两跨连续刚构改为连续梁和对桥梁基础进行注浆加固后，老桥对不均匀沉降的敏感性明显降低，桥梁的抗变形能力明显增强，在此基础上，对金沙洲隧道下穿沙贝立交桥引起立交桥损坏的残余风险进行重新评估，风险等级已降为可接受水平，其评价结果见表 20.4－5。

表 20.4－5　金沙洲隧道下穿沙贝立交桥残余风险评价

序号	项目	风险事件	发生概率	损失后果	风险等级	项目风险等级
1	沙贝立交桥老桥因过量沉降引起损坏	桥体开裂	3	2	中度	中度
		桥面起伏过大	2	2	低度	
		桥梁错台	2	3	中度	
		局部坍塌	1	4	中度	
		整体垮塌	1	4	中度	
2	沙贝立交桥 B 匝道桥因过量沉降引起损坏	桥体开裂	2	1	低度	中度
		桥面起伏过大	2	2	低度	
		桥梁错台	2	3	中度	
		局部坍塌	3	3	中度	
		整体垮塌	1	4	中度	

20.4.6　施工安全风险仿真预测

为了评价施工处理措施与对策的效果，评估结论的合理性，预测施工安全状态以及进一步量化施工安全风险水平，还原真实施工动态，我们对隧道下穿立交桥进行了三维仿真分析。

20.4.6.1　数值模型的建立

为了评价隧道开挖期间对立交桥的安全稳定性的影响，我们建立了隧道-地基-立交桥相互作用的三维有限元模型，模型尺寸为 150 m×60 m×80 m，如图 20.4－9 所示。

20.4.6.2　主要计算结果

(1)隧道穿越扩大基础段地层位移分析表明，上台阶开挖时，地表最大沉降位于地表中心处，为 26.71 mm；中台阶开挖后，地表最大沉降增大到 42.67 mm；二衬浇筑完毕后，最终地表最大沉降稳定在 67.27 mm。

(2)临近桩基础隧道开挖断面地层位移分析表明，上台阶开挖时，地表最大沉降为24.83 mm，由于前排桩的遮拦效应，后排桩土体沉降明显减小；中台阶开挖后，地表最大沉降增大到 37.41 mm；二衬浇筑完毕后，最终地表最大沉降稳定在 55.26 mm，6＃桩桩顶沉降接近 57 mm。

(3)地层塑性区分布表明，在上台阶掌子面前方一定距离围岩已进入塑性区，拱顶和边墙由于应力集中而进入塑性区，洞身掌子面通过扩大基础一半时，掌子面前方塑性区已经贯通；扩大基础底部在施工各阶段始终存在应力集中现象，其底部始终存在塑性区。二次衬砌浇筑完毕围岩塑性区分布如图 20.4－10 所示。

对施工过程安全仿真预测也表明，现有的技术措施和对策能够保证洞内围岩的稳定，立交桥变形能够符合控制标准。

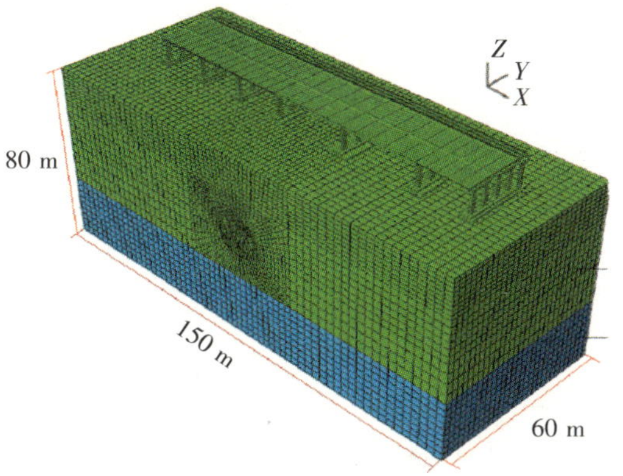

图 20.4－9 隧道-地基-立交桥相互作用的三维有限元模型

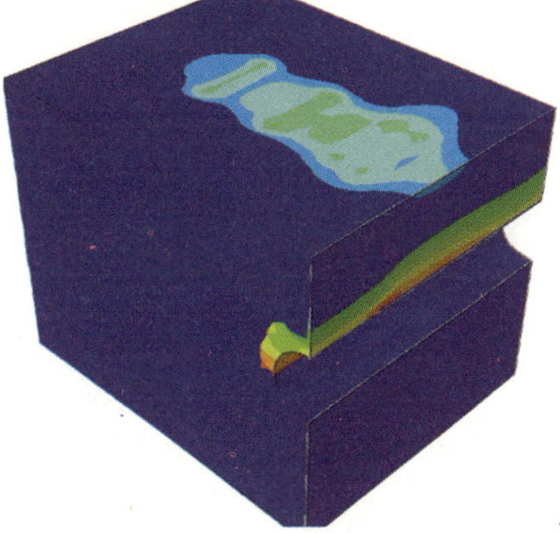

图 20.4－10 二次衬砌浇筑完毕围岩塑性区分布

20.4.7 立交桥安全风险监控

为了确保在施工过程中围岩稳定和立交桥安全，我们在金沙洲隧道建设过程中对地表沉降、拱顶沉降、周边收敛、型钢拱架内力、二次衬砌应力、墩台和支柱沉降、桩基础沉降等进行了监控。

对地表沉降的监控结果表明，位于隧道中心线附近沉降最大为 54 mm。对桥梁墩台沉降的监控结果表明，6＃墩位于隧道中心线附近，受施工影响较大，其扩大基础沉降最大为52 mm，桩基础沉降最大为 57 mm。

20.4.8 小结

金沙洲隧道穿越沙贝立交枢纽段地质脆弱、围岩软弱、地下水丰富，是本隧道施工的重难点之一。通过对施工过程实施动态风险管理，采用 H 型辅助工法、洞内大直径管棚超前预加固、动态分部三台阶法以及加强初期支护参数等一系列风险处理措施，顺利快速完成了该段施工，未影响高速公路的通行密度和疏解能力，表明风险管理方法、隧道施工技术措施、桥梁保护方案等综合成套技术是有效、合理的。

实践表明，在软弱地层邻近桩基处进行大断面隧道开挖时，安全风险极大，应树立地层预加固、桩基保护隧道快封闭快通过、强支护和对实施过程进行系统安全风险管理的科学施工理念。

20.5 下穿地下管线施工安全风险管理

20.5.1 工程概况

金沙洲隧道出口 DK2196＋200～DK2196＋280 段，隧道全断面位于软弱富水地层中，淤泥层覆盖较厚，隧道上半断面为流塑状淤泥，隧道埋深 8～11 m，下穿建设大道和密集地下管线。管线分布见表 20.5－1。

表 20.5－1 建设大道地下管线分布表

编号	里程	管线项目	数量	管径	埋深	管线材质或类别
1	DK2196＋214	煤气管线	1 根	11 cm	3.35 m	PE 管
2	DK2196＋238	移动、联通、电信管线	12 根	10 cm	1.2 m	PVC 管
3	DK2196＋224	电信管线	4 根	10 cm	2.5 m	PVC 管
4	DK2196＋227	自来水管	1 根	1.6 m、0.6 m	1.5 m	铸铁管
5	DK2196＋230	公路污水涵	1 道	2.2 m×1.8 m	2.3 m	钢筋混凝土矩形涵
6	DK2196＋243	路灯线	4 根	—	1 m	电缆线
7	DK2196＋255	公路排水涵	1 道	2.2 m×1.8 m	2.3 m	钢筋混凝土矩形涵
8	DK2196＋270	10 kV 高压电缆	—	10 cm	1 m	钢管地埋

建设大道车流量大，地下管线种类多、数量多，管径大小差异大，地下管线与隧道走向近乎垂直，埋深为 1～3.35 m，且材质、保护要求等又不尽相同，隧道施工势必会引起邻近地层的位移和变形，进而带动邻近地下管线的移动，造成地下管线产生纵向拉应力，拉应力超过一定范围会导致管线断裂或接头被拉脱，将会造成严重的经济损失和社会影响。特别是隧道在 DK2196＋214 处下穿煤气管线，该处隧道拱顶距离地面 10.7 m，煤气管线从隧道上方横穿，埋深为 3.35 m，距离隧道顶部 7.35 m，隧道施工时地表沉降，可能危及煤气管线的安全，造成严重的安全事故。

管线分布平面如图 20.5－1 所示，管线及隧道地质纵剖面如图 20.5－2 所示。

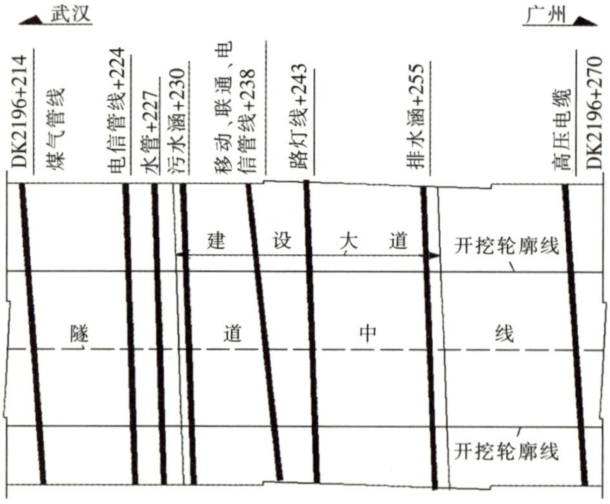

图 20.5－1 管线分布平面

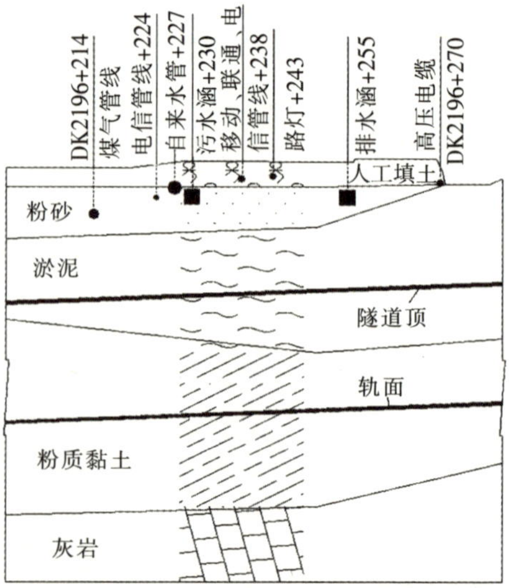

图 20.5－2 管线及隧道地质纵剖面

20.5.2　地下管线施工安全风险评估

20.5.2.1　肯特综合指数风险评估法原理

肯特综合指数风险评估法(简称"肯特法")是对管线进行风险评估的适应性较好的方法,优点是其不必建立精确的数学模型和计算方法,不必采用复杂的强度理论,而是在有经验的现场操作人员和专家意见的基础上,结合一些简单的公式进行打分评判即可。

肯特法表明,隧道施工引起邻近结构物的安全风险原因主要有三大类:隧道因素、地层因素和结构物因素,通过对这三大类因素分别评分,可以得到隧道施工风险因素。对隧道邻近结构物采用肯特法进行评估的流程如图 20.5-3 所示。

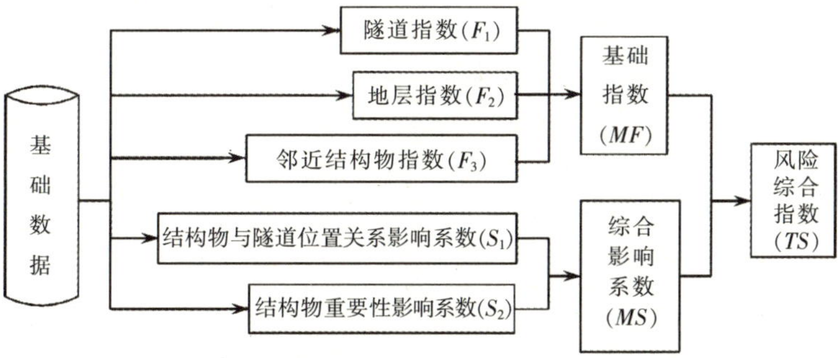

图 20.5-3　隧道邻近结构物肯特法评估流程

评估主要原理是,由隧道指数(F_1)、地层指数(F_2)和邻近结构物指数(F_3)可得到基础指数 MF($MF=F_1\times F_2\times F_3$),利用结构物与隧道位置关系影响系数($S_1$)和结构物重要性影响系数($S_2$)得到的综合影响系数 MS($MS=S_1\times S_2$),对基础指数(MF)进行修正,得到风险综合指数 TS($TS=MF\times MS\times 1/1\,000$),通过风险综合指数 TS,按表 20.5-2 对邻近结构物风险进行分级。

表 20.5-2　隧道施工邻近结构物风险分级

TS	风险等级	TS	风险等级
<250	低度	400～550	高度
250～400	中度	>550	极高

20.5.2.2　隧道施工对管线的安全风险评估

(1)隧道指数(F_1)见表 20.5-3。

表 20.5-3　隧道指数分值

序号	隧道特征	分值
1	隧道跨度 15.1 m	10
2	隧道埋深 12 m	10
3	施工采用 CRD 法	18
4	施工技术水平良好	18
5	工期紧张	3
6	外界环境差	4
合计		63

(2)地层指数(F_2)。当围岩级别为Ⅵ级时,地层指数(F_2)为98分。

(3)管线指数(F_3)见表20.5-4。

表20.5-4　管线指数分值

编号	管线类型/分值	管径/分值	材质/分值	接头/分值	完损状况/分值	管线指数
1	煤气管线/9	11 cm/10	PE管/30	PE/30	完好/15	94
2	移动、联通、电信管线/5	10 cm/10	PVC管/9	PVC/15	完好/10	49
3	电信管线/58	10 cm/10	PVC管/9	PVC/15	完好/10	49
4	自来水管、消防管/7	1.6 m、0.6 m/4	铸铁管/24	法兰/24	完好/10	69
5	公路排水沟/8	2.2 m×1.8 m/2	钢筋混凝土矩涵/21	橡胶止水/24	完好/10	65
6	路灯线/5	—	电缆线	—	完好	—
7	公路排水沟/8	2.2 m×1.8 m/2	钢筋混凝土矩涵/21	橡胶止水/24	完好/10	65
8	10 kV高压电缆/5	10 cm/10	钢管地理/15	承插/10	完好/10	50

(4)综合影响系数(MS)、风险综合指数(TS)和风险评估结果见表20.5-5。

表20.5-5　管线评估结果

编号	管线项目	MF	S_1	S_2	TS	风险等级
1	煤气管线	580	1	1	580	极高
2	移动、联通、通信管线	272	1	0.8	217.6	低度
3	电信管线	272	1	0.8	217.6	低度
4	自来水管、消防管	426	1	1	426	高度
5	公路排水沟	402	1	1	402	高度
6	路灯线	—	—	—	—	—
7	公路排水沟	402	1	1	402	高度
8	10 kV高压电缆	309	1	1	309	中度

20.5.3　管线安全风险处理

金沙洲隧道施工对不同类型的管线造成不同程度的影响,经风险评价得出煤气管线风险等级为极高,自来水管、消防管和公路排水沟在施工中的风险等级为高度,10 kV高压电缆风险等级为中度,其余风险等级为低度。考虑到煤气管线风险等级为极高,应采用风险减轻措施将风险等级降低到可接受水平并对残余风险进行重点监控。同样,在风险控制过程中需要确定管线特别是煤气管线的安全控制标准,并满足该标准。

20.5.3.1　管线安全控制标准

目前我国还没有关于管线的控制标准,地下管线沉降控制标准应综合考虑管线的使用功能、埋设年代、材质、构造、接头形式等诸因素。经研究,煤气管线沉降标准采用多指标进行综合控制,取煤气管线极限沉降为40 mm,极限沉降速率为2 mm/d,差异沉降为3‰,极限水平位移为15 mm,地表极限沉降为100 mm。

20.5.3.2　管线安全风险控制措施

(1)对管线基础进行加固。在地表事先采用 H 型辅助工法,对隧道全断面软弱土体采用水泥土搅拌桩进行加固,加固高度为拱顶以上 6 m 范围,加固宽度为隧道开挖断面外左右侧各4 m。为保证煤气管线安全,煤气管线位置处及其两侧各 2.5 m 范围,采用袖阀管注浆加固措施。

(2)洞内超前支护与开挖。洞内超前支护体系采用 80 m ϕ 159 mm 长管棚与 ϕ 42 mm 超前小导管结合,隧道开挖采用带临时仰拱和中隔壁的动态分部三台阶法进行施工。

(3)对管线进行改移。为了确保煤气管线的安全和正常使用,对隧道开挖影响范围的局部地下煤气管线进行改移,在地表采用过渡煤气管线。实施管线改接工作时,首先停止管线供气,在管线受影响范围边缘外两端设置管道改接工作井,并采取围护措施确保工作井侧壁稳定,然后将原煤气管线截断,通过弯头改接到带有可调整装置的过渡煤气管线上,管线仅在两端改接时停止供气 3～4 h,不会给周围居民生产生活带来影响。

(4)对管线沉降进行动态控制。

(5)加强对管线安全风险的监控与应急管理。通过地表沉降观测能够对煤气管线的安全进行预警;使用专用仪器可对煤气泄漏情况进行监控,当发生煤气泄漏后应立即进行人员车辆疏散、关闭煤气管线、稀释有毒气体等工作。

20.5.4　风险监控

采取上述措施后,将煤气管线风险等级降为中度。施工期间,对管线本身及地表沉降进行了重点监控,地表沉降监测结果表明,地表沉降最大值为 35 mm,表明采用的技术方案安全可靠;施工过程中也根据监测结果对管线标高进行了动态调整,未影响管线正常使用。有关煤气管线沉降动态调节装置及煤气管线保护现场照片如图 20.5-4 所示。

(a)动态调节装置　　　　(b)煤气管线保护现场

图 20.5-4　煤气管线沉降动态调节装置及煤气管线现场保护照片

20.5.5　小结

我们应用肯特法对金沙洲隧道下穿煤气管线重大风险源进行了评估,提出了相应的对策和技术措施,将风险降低到可接受的水平,施工过程中对残余风险事故进行动态管理,确保了金沙洲隧道施工过程中煤气管线的安全。

通过将管线直接原地改移到地表，运用沉降动态调节装置，结合监控量测技术，可随时掌握管线的下沉和变形情况，及时对管线进行调整，将管线回复到原有位置，确保管线不发生大的沉降变形情况，降低了安全风险，当地表发生较大沉降时，亦能确保管线安全。煤气管线可调节保护装置经在金沙洲隧道工程中实践应用，效果良好，可推广使用，已获得国家发明专利。

20.6 施工安全风险管理软件开发

20.6.1 概述

利用信息化系统可以加快信息传输速度，提高管理的效率和科学水平。目前，国内安全风险管理的信息化水平还很低，还缺乏符合安全风险管理体系要求、适合地下工程建设实际的信息化风险管理平台。

风险管理软件是一个系统的工程，不仅仅要做风险评估，还应该包括风险管理的各个方面，将风险管理流程规范化，并为工程的管理提供信息平台和管理模式。

通过风险管理软件的利用，可以规范风险管理工作，逐步完善风险管理体系，积累风险管理经验，传播风险管理知识。同时，可以积累大量既有隧道的风险管理历史数据，建立隧道风险管理识别库、措施库等，供类似工程参考和借鉴，意义重大。

目前国内还没有山岭隧道风险管理的系统软件，如果能开发出一个适合隧道及地下工程风险管理的软件，就可以简化风险分析工作，避免大量、重复、烦琐的计算，也利于进行工程风险管理。

20.6.2 风险管理软件开发策略与特点

软件开发以形成风险评估与风险控制的综合风险管理系统为开发目标，以《地铁及地下工程建设风险管理指南》《铁路隧道风险评估与管理暂行规定》《隧道工程风险管理指南》三个行业标准为依据，采用B/S结构、Java语言、UML建模语言作为系统开发技术。

软件由通用模块、程序模块、方法库模块等组成，用户在操作时，可根据需要选择合适的模块，将各个模块按照内在的逻辑关系联系在一起，完成一条完整隧道的风险管理工作。

20.6.3 风险管理软件系统简介

风险管理软件系统包括工程项目、风险计划、风险辨识、风险评估、风险处理、风险监控、风险评估报告、库维护、系统管理、帮助等菜单和模块。该软件系统在武广高铁金沙洲隧道等风险管理案例研究过程中进行了应用，实践表明，软件系统运行稳健，效果良好，应用前景好。该软件系统已获得国家软件著作权。

20.6.4　风险管理软件组成模块及功能

(1)工程项目模块。工程项目模块包括工程项目创建和激活当前管理工程两个子模块。工程项目创建模块可以同时对需要进行风险管理的多个隧道进行创建和管理，激活当前管理工程模块可以对当前需要进行管理的隧道进行激活，以后所有的操作都针对被激活的隧道。金沙洲隧道施工安全风险管理系统界面如图 20.6－1 所示。

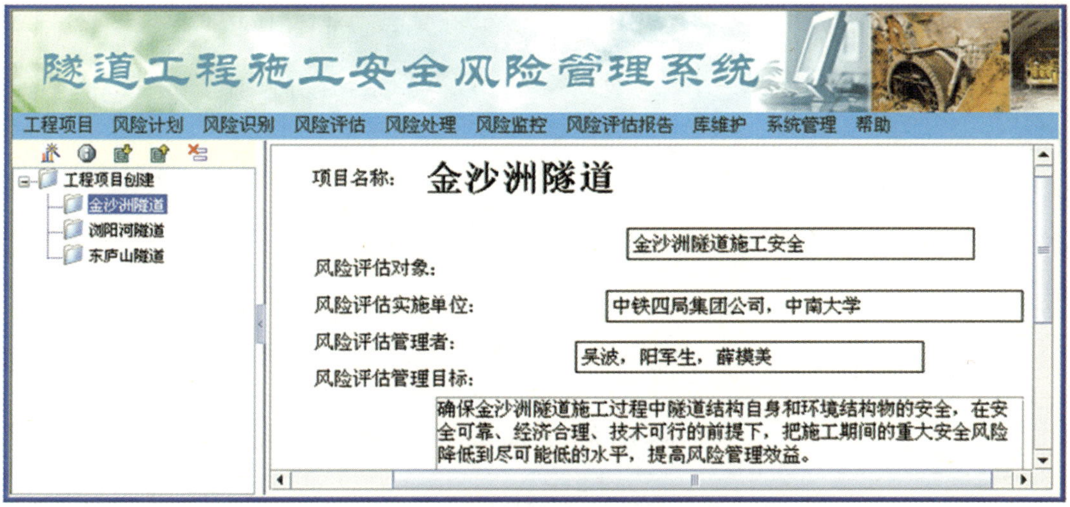

图 20.6－1　金沙洲隧道施工安全风险管理系统界面

(2)风险计划模块。风险计划模块是全部风险管理过程的基础环节，包括工程概况、风险管理机构、风险各类等级标准、风险的接受准则、风险评估范围等子模块，如图20.6－2所示。

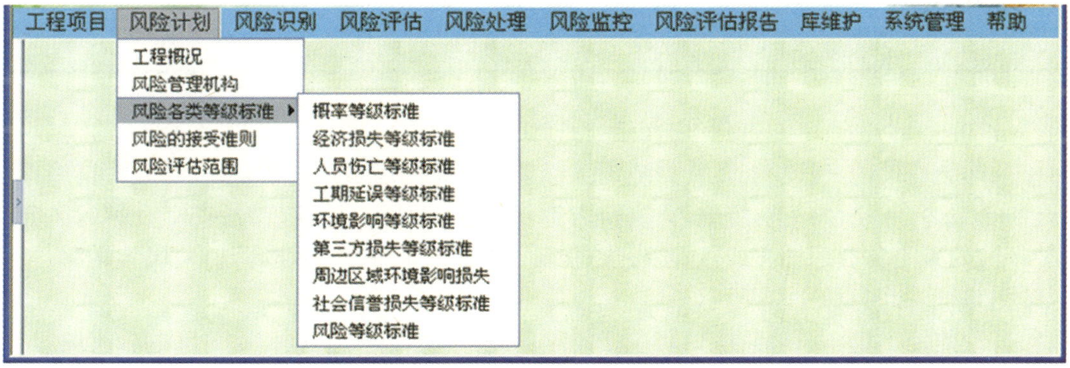

图 20.6－2　风险计划模块界面

(3)风险辨识模块。风险辨识模块包括风险因素分析、建立初步识别清单和确定风险事故等子模块，其功能是利用风险调研表或检查表建立初步风险清单。金沙洲隧道风险清单界面如图 20.6－3 所示。

(4)风险评估模块。其功能是对隧道工程识别出来的风险事件、风险因素，以定量和定性相结合的方法，评估其发生概率、同级风险因素的相互关联性以及产生的后果，衡量风险概率和风

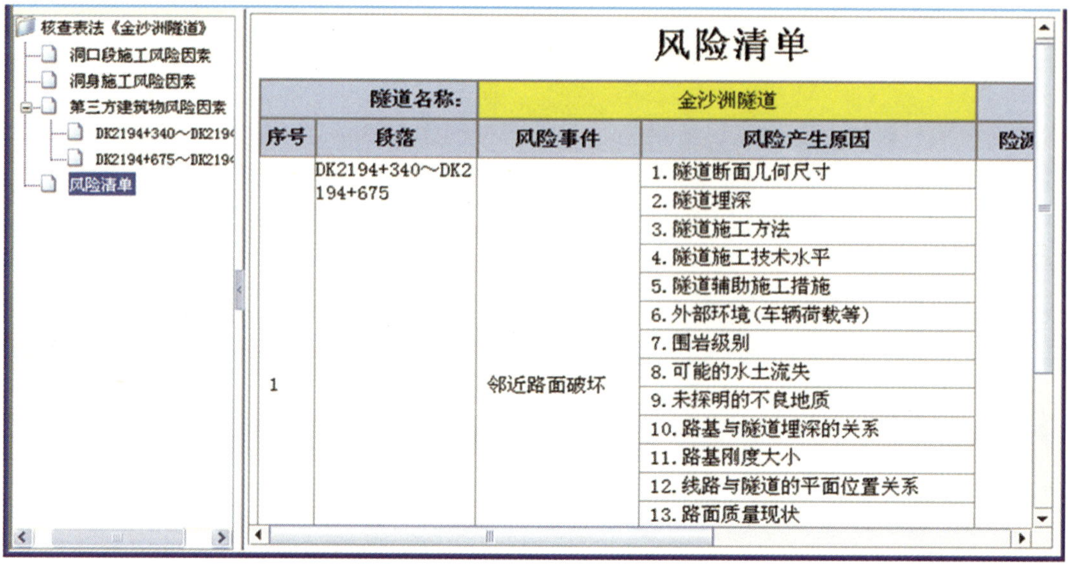

隧道名称：		金沙洲隧道		
序号	段落	风险事件	风险产生原因	险源
1	DK2194+340～DK2194+675	邻近路面破坏	1. 隧道断面几何尺寸	
			2. 隧道埋深	
			3. 隧道施工方法	
			4. 隧道施工技术水平	
			5. 隧道辅助施工措施	
			6. 外部环境(车辆荷载等)	
			7. 围岩级别	
			8. 可能的水土流失	
			9. 未探明的不良地质	
			10. 路基与隧道埋深的关系	
			11. 路基刚度大小	
			12. 线路与隧道的平面位置关系	
			13. 路面质量现状	

图 20.6－3　金沙洲隧道风险清单界面

险产生后果对项目工程目标影响程度。金沙洲隧道施工风险等级界面如图 20.6－4 所示。

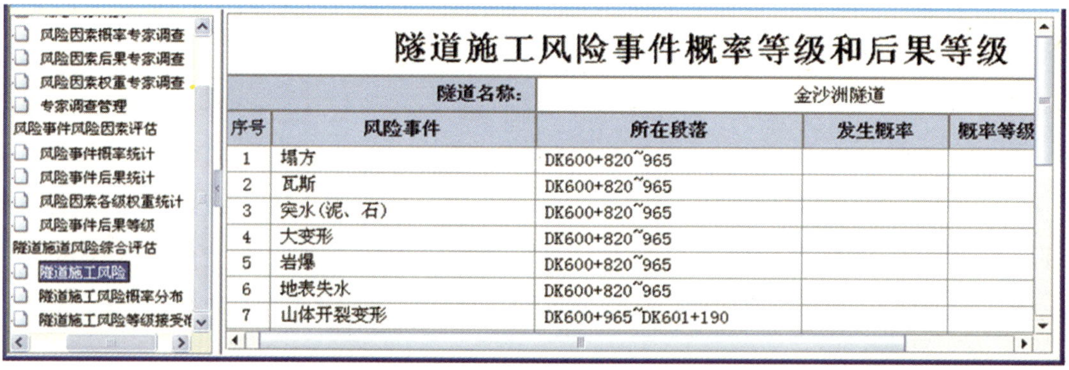

隧道名称：		金沙洲隧道		
序号	风险事件	所在段落	发生概率	概率等级
1	塌方	DK600+820~965		
2	瓦斯	DK600+820~965		
3	突水(泥、石)	DK600+820~965		
4	大变形	DK600+820~965		
5	岩爆	DK600+820~965		
6	地表失水	DK600+820~965		
7	山体开裂变形	DK600+965~DK601+190		

图 20.6－4　金沙洲隧道施工风险等级界面

(5)风险处理模块。其功能是在做隧道工程风险辨识和风险评估后，从风险处理措施库选取或新建一个或多个可行的应对措施，并进行方案比选，然后提出最经济、最安全合理的风险应对措施。风险处置主要有四种方式：风险接受(风险自留)、风险减轻(风险降低)、风险转移、风险规避(风险消除)。如图 20.6－5 所示。

(6)风险监控模块。风险监控模块包括风险信息监控和实时监控。对特殊的施工关键点，当系统监测到有风险事件(即将)发生时，用三维视图虚拟现场显示风险事件发生的部位(以声音、闪烁等方式)，如图 20.6－6 所示。

(7)风险评估报告模块。隧道风险评估报告是隧道风险评估过程的记录，应将风险评估的过程、采用的评估方法、获得的评估结果等写入评估报告中。

(8)库维护模块。其功能是对隧道风险管理的核心数据如风险因素、风险事件、风险处理应对措施、专家库等进行标准化，通过长期不断的积累、丰富和完善，可以充分体现风险管理软件的优越性和技术经济效益。

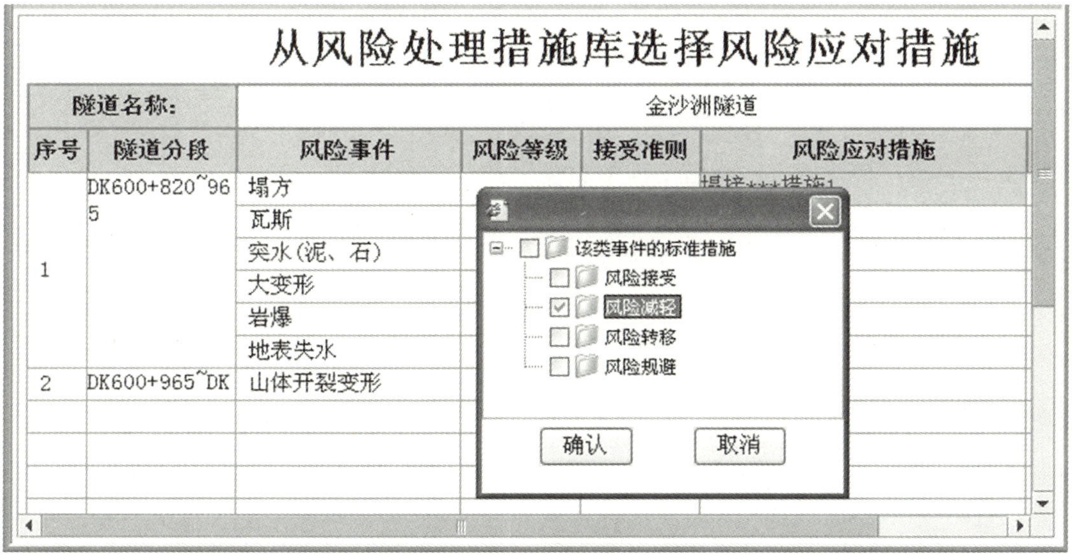

图 20.6－5　风险处理措施界面

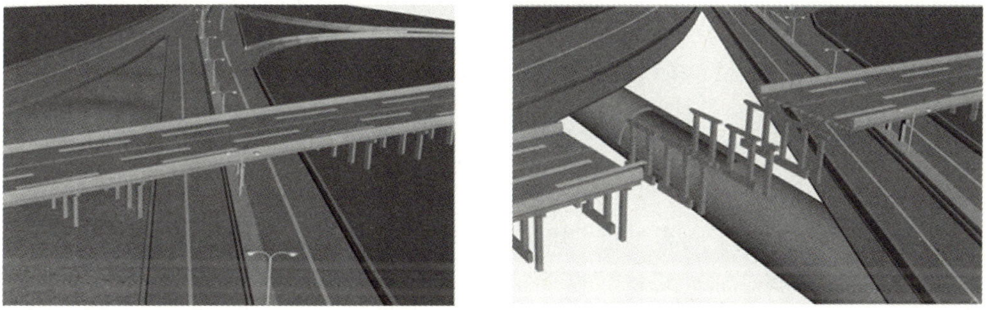

(a)立交枢纽 3D 监控　　(b)隧道桥基 3D 监控

图 20.6－6　3D 可视化动态风险监控

(9)系统管理模块。系统管理模块包括用户维护、用户权限维护、基础数据维护、角色权限维护、用户密码修改等子模块。

(10)帮助模块。帮助模块主要包括帮助手册、功能原理、风险评估流程(包括风险评估与管理基本流程、隧道安全风险评价软件整体结构、风险辨识模块结构、风险评估模块及流程图)。

20.6.5　小结

(1)软件系统针对隧道工程特点,构造了风险源库、风险应对措施库、风险计划、风险辨识、风险评估、风险处理、风险监控、三维可视化预警、评估报告生成、系统管理、用户管理、系统扩展接口等模块,形成了内容丰富、功能全面的风险管理软件系统。

(2)软件系统采用 B/S 结构、J2EE 技术、JCS(Java Client Server)技术、JW Framework 开发平台、Hibernate 技术和 Oracle 数据库,构建了风险管理信息系统的整体框架。采用分布式操作系统,能够完成矿山法隧道施工全过程风险评估与风险控制的管理工作。

(3)中央数据库拥有风险案例数据子库、风险辨识方法数据子库、风险评估方法数据子库、风险接受标准子库、风险处理常规措施子库、专家数据子库和用户维护与管理数据子库，数据库的建立科学化、标准化，数据库兼容性强。

(4)首次开发了功能齐全、技术先进、适用性强的矿山法隧道工程施工安全风险管理软件，首次实现了隧道工程数字化、可视化风险管理信息化平台的建立和应用，极大地提高了隧道工程风险管理水平，对推广风险管理在隧道工程中的应用具有重要意义。

(5)风险管理系统开发难度较大，目前版本的功能和应用方面还需要进一步研究和改善，特别需要进一步对评估方法、风险因素、风险处置措施库文件进行完善，对系统进行优化，以更好地发挥风险管理信息化平台的作用。

20.7 总　结

(1)我们通过将风险管理理论与隧道施工技术相结合，对金沙洲隧道和浏阳河隧道施工安全风险进行了系统的评估，并研究提出了风险控制措施，有效地降低了施工风险，为隧道施工安全管理提供了依据和科学方法，为推广隧道施工安全风险管理提供了典型示范。研究成果形成了两部专著：《隧道施工安全风险管理研究与实务》和《近接建筑物条件下隧道施工安全与风险管理的理论与实践》。

(2)通过将管线直接原地改移到地表，利用沉降可调节装置，结合监控量测技术，随时掌握管线的下沉和变形情况，及时对管线沉降进行调整，将管线回复到原有位置，确保管线不发生大的沉降变形情况，确保了金沙洲隧道施工过程中煤气管线的安全。发明的“一种煤气管线可调节保护装置”已获授权成为国家实用新型专利，并获国家发明专利。

(3)通过软件开发，形成了内容丰富、功能全面的风险管理软件系统，极大地提高了隧道工程风险管理信息化水平和效率。研究开发的“隧道工程施工安全风险管理系统 V1.0”已获国家软件著作权。

第 21 章　城市基坑安全风险管理应用研究

21.1　基坑施工风险评估的意义

随着基坑开挖深度和规模的增大，基坑工程的难度更加突出。近些年来，由于技术、经济原因及管理不善，在深基坑工程施工中出现了不少事故，轻者造成邻近建(构)筑物开裂、倾斜，道路沉陷、开裂，地下管线错位，重者造成基坑坍塌、邻近建(构)筑物倒塌和人员伤亡，不但延误了工期，而且产生了不良的社会影响。因此，对深基坑工程设计和施工进行风险评估是很有必要的。其必要性和意义主要体现在以下几个方面：

(1)有利于减少工程事故的发生。城市深基坑工程施工环境差，地质状况复杂，环境风险很大。通过深基坑工程的风险分析，可以找到引起深基坑工程事故的主要原因，从而采取有针对性的措施，建立科学有效的预警系统，尽可能地减小经济损失。

(2)为深基坑工程支护方案和施工方案选择提供依据。深基坑工程的风险评估结果可为深基坑工程的支护方案和施工方案优化提供经济效益分析依据，并为基坑开挖工序的合理化提供理论依据。

(3)帮助决策者进行科学的决策。风险评估的最终目的是为各类决策者的决策提供依据，从决策者的角度来说，其价值可以体现在决策者决策时信心的增强、对工程进展情况的掌控以及对资金流向的有效控制上。

(4)为保险提供参考依据。通过对深基坑工程施工期的风险评估，可为深基坑和相关工程的保险范围、保费和保额的确定提供直接依据。

21.2　金沙洲隧道淤泥质地层明挖基坑工程概况

金沙洲隧道 DK2196＋300～DK2197＋300 段为明挖段。隧道位于直线上，变坡点里程为 DK2195＋190，纵坡分别为长 2 359 m 的 20‰下坡和长 2 110 m 的 20‰上坡。金沙洲隧道明挖段平面图如图 21.2－1 所示。

21.2.1　地质情况

1. 地形地貌

金沙洲隧道明挖段属珠江三角洲冲积平原地貌单元及剥蚀残丘陵地貌单元，地面高程为 1.303～6.963 m，地势平坦，地表有农田、水塘、居民区及小河渠。

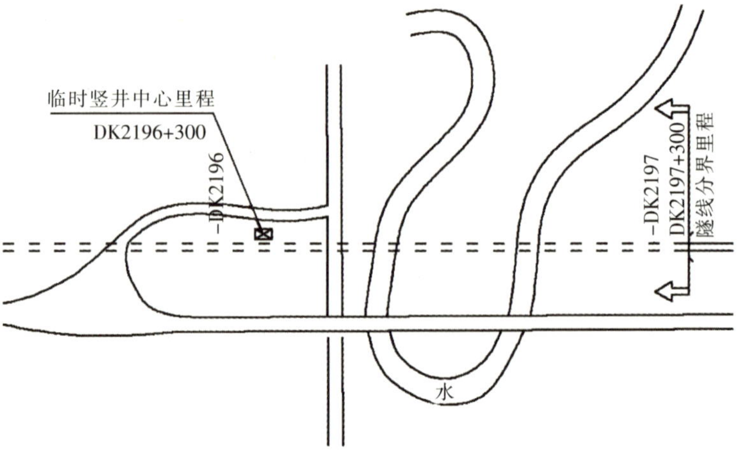

图 21.2-1　金沙洲隧道明挖段平面示意图

2. 地层岩性

金沙洲隧道明挖段表层为松散土层，基坑侧壁地层主要为人工填土层、冲积相淤泥、粉质黏土层和砂层，基坑底板为石炭系测水组(C1dc)粉砂岩(全风化至强风化)，局部为弱风化粉砂岩，底板为灰岩，下部灰岩见有溶洞；在 DK2196＋300～DK2196＋350 段溶洞发育，全充填溶洞，洞高 2.64～7.4 m，可能涌水较大，基坑第四系软弱、砂层地下水丰富，上部粉细砂层会产生液化现象，对明挖隧道施工影响较大。洞身基本处于松散土层中，下伏基岩为石炭系测水组粉砂岩，该段主要问题是处理下伏软土(淤泥、淤泥质土)。岩土施工工程分级为Ⅰ级松土至Ⅱ级普通土。

21.2.2　支护设计情况

由于基坑的开挖深度和地质情况随着断面的里程而变化，因此把基坑划分为 5 段来设计，各段的基坑支护设计说明如下：

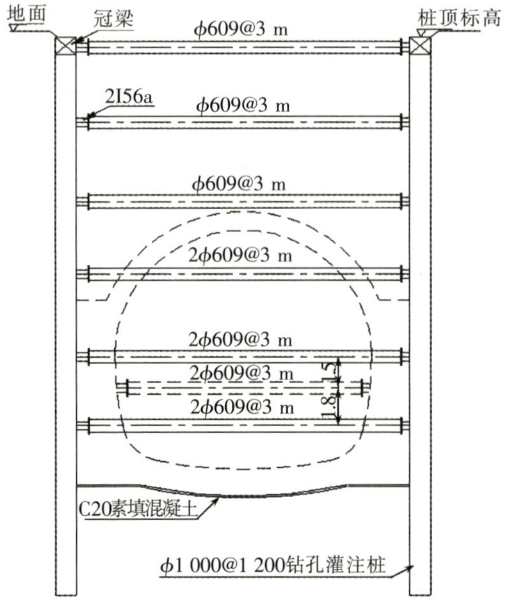

图 21.2-2　DK2196＋300～DK2196＋460 段设计示意图

1. DK2196＋300～DK2196＋460 段

此段施工方法为明挖顺作法，采用 ϕ 1 000 mm@1 200 mm的钻孔灌注桩作为基坑开挖时的支护结构，且不参与主体结构受力。基坑跨度约 15.5 m，开挖深度为 18.74～22.22 m，桩长为24.0～27.5 m。设计为 6 道横撑，横撑采用 ϕ 609 mm(钢管厚度 δ=16 mm)@3 m 的钢管。为增加支护结构的横向刚度，选用了双拼 56a 工字钢作为围檩。施工过程中均进行一次换撑，桩间采用 ϕ 650 mm 旋喷桩进行止水。DK2196＋300～DK2196＋460 段的设计示意图如图 21.2-2 所示。

2. DK2196＋460～DK2196＋505 段

此段施工方法为明挖顺作法，采用

ϕ 1 000 mm@1 200 mm 的钻孔灌注桩作为基坑开挖时的支护结构，且不参与主体结构受力。基坑跨度约 15.5 m，开挖深度为 17.74～18.74 m，桩长为22.8 m。设计为 5 道横撑，横撑采用 ϕ 609 mm（钢管厚度 $\delta=16$ mm）@3 m 的钢管。为增加支护结构的横向刚度，选用了双拼 56a 工字钢作为围檩。施工过程中均进行一次换撑，桩间采用 ϕ 650 mm 旋喷桩进行止水。DK2196＋460～DK2196＋505 段设计示意图如图 21.2－3所示。

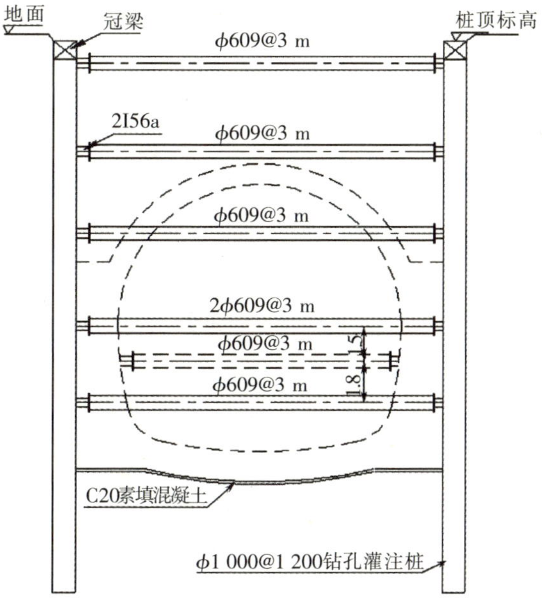

图 21.2－3　DK2196＋460～DK2196＋505 段设计示意图

3. DK2196＋505～DK2196＋555 段

此段施工方法为明挖顺作法，采用 ϕ 800 mm@1 000 mm 的钻孔灌注桩作为基坑开挖时的支护结构，且不参与主体结构受力。基坑跨度约 15.5 m，开挖深度为 15.31～16.84 m，桩长为22.1 m。设计为 5 道横撑，横撑采用 ϕ 609 mm（钢管厚度 $\delta=16$ mm）@3 m的钢管。为增加支护结构的横向刚度，选用了双拼 56a 工字钢作为围檩。施工过程中均进行一次换撑，桩间采用 ϕ 650 mm旋喷桩进行止水。DK2196＋505～DK2196＋555 段设计示意图如图 21.2－4 所示。

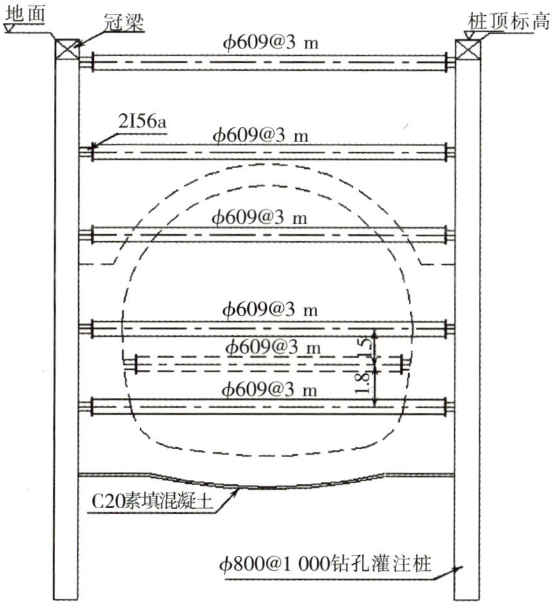

图 21.2－4　DK2196＋505～DK2196＋555 段设计示意图

4. DK2196＋555～DK2196＋700 段

此段施工方法为明挖顺作法，采用 ϕ 800 mm@1 000 mm 的钻孔灌注桩作为基坑开挖时的支护结构，且不参与主体结构受力。基坑跨度约 15.5 m，开挖深度为 14.64～15.84 m，桩长为 17.6～19.4 m。设计为 3 道横撑，横撑采用 ϕ 609 mm（钢管厚度 $\delta=16$ mm）@3 m 的钢管。为增加支护结构的横向刚度，选用了双拼 56a 工字钢作为围檩。施工过程中均进行一次换撑，桩间采用ϕ 650 mm旋喷桩进行止水。DK2196＋555～DK2196＋700 段设计示意图如图 21.2－5 所示。

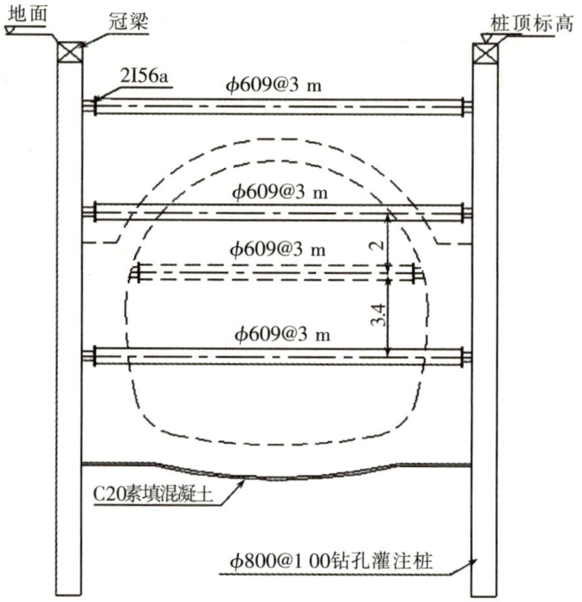

图 21.2－5　DK2196＋555～DK2196＋700 段设计示意图

5. DK2196＋700～DK2196＋920 段

此段施工方法为明挖顺作法，采用ϕ 800 mm@1 000 mm 的钻孔灌注桩作为基坑开挖时的支护结构，且不参与主体结构受力。基坑跨度约 15.5 m，开挖深度为 9.84～12.64 m，桩长为 13.9～16.7 m。DK2196＋700～DK2196＋840 段设 3 道横撑，DK2196＋840～DK2196＋920 段设 2 道横撑，横撑采用ϕ 609 mm(钢管厚度 δ=16 mm)@3 m 的钢管。为增加支护结构的横向刚度，选用了双拼 56a 工字钢作为围檩。施工过程中均进行一次换撑，桩间采用 ϕ 650 mm 旋喷桩进行止水。DK2196＋700～DK2196＋840 段设计示意图如图 21.2－6 所示。

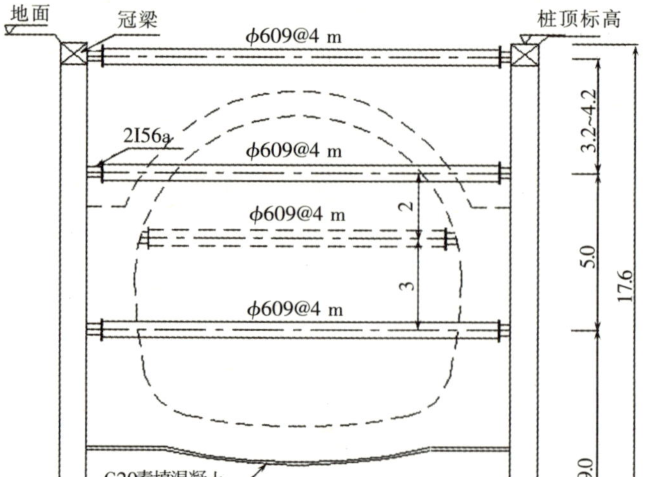

图 21.2－6　DK2196＋700～DK2196＋840 段设计示意图

21.2.3　施工方法

金沙洲隧道明挖段基坑施工采用明挖顺作法，隧道结构采用分层、分段浇筑法，且均进行了一次换撑，即拆除既有横撑前，在已有的隧道结构内适当位置增加相应的临时支撑。DK2196＋300～DK2196＋460 段设计的具体施工工序如图 21.2－7 所示，其他段的施工工序与此类似。

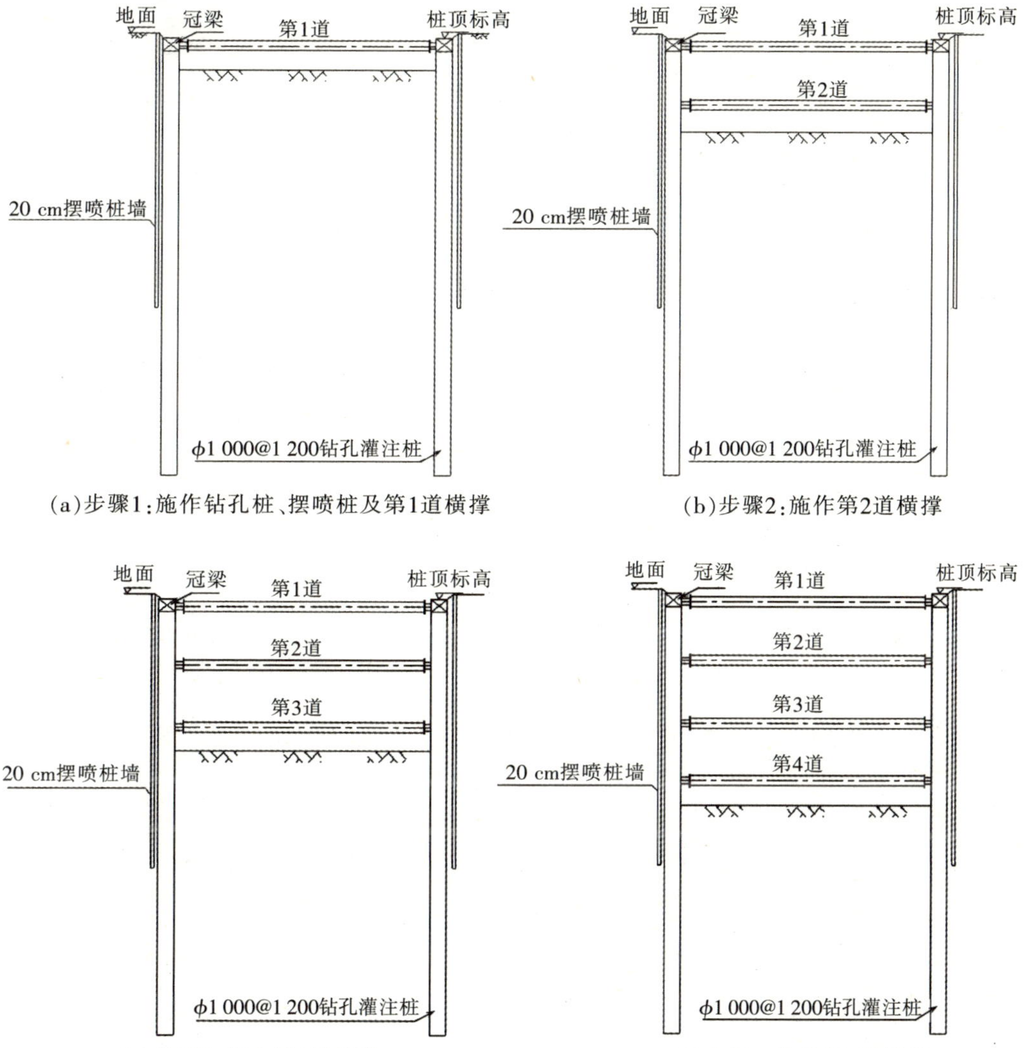

(a)步骤1：施作钻孔桩、摆喷桩及第1道横撑

(b)步骤2：施作第2道横撑

(c)步骤3：施作第3道横撑

(d)步骤4：施作第4道横撑

图 21.2－7　基坑设计施工工序图

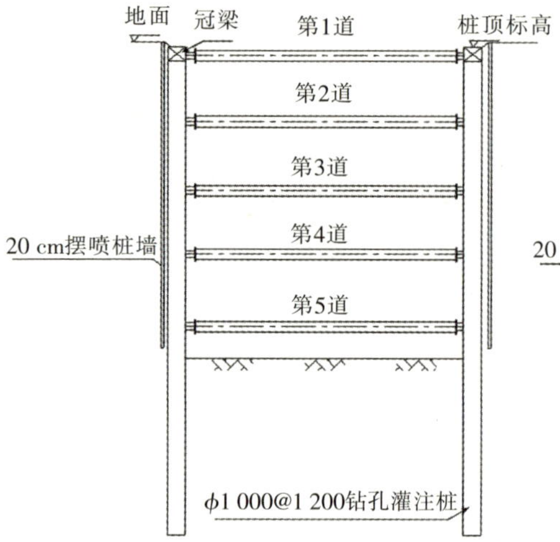

(e)步骤5:施作第5道横撑

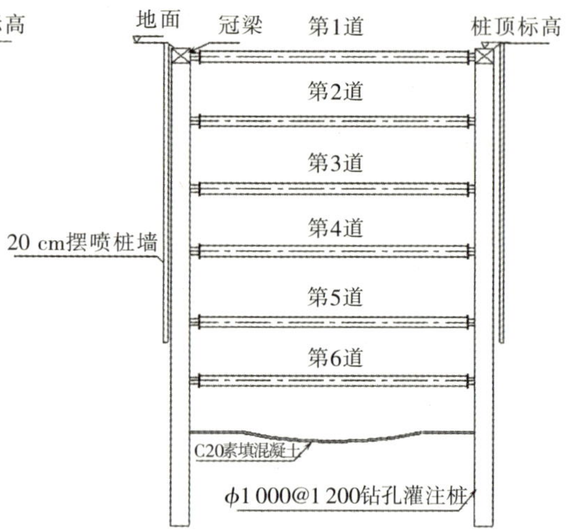

(f)步骤6:施作第6道横撑,开挖至基底标高,铺设垫层混凝土

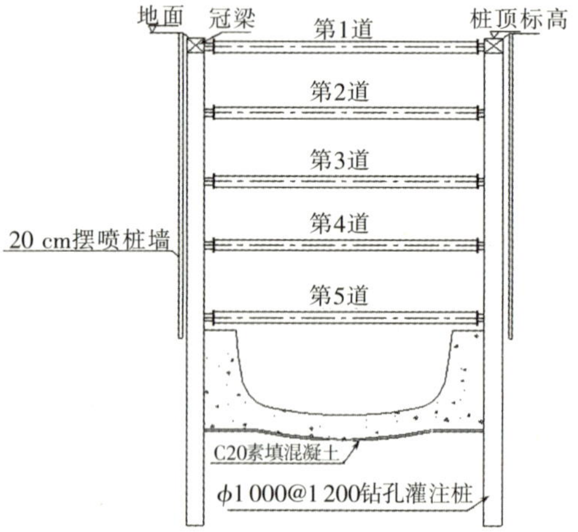

(g)步骤7:铺设防水板,待混凝土达到强度要求后,拆除第6道横撑

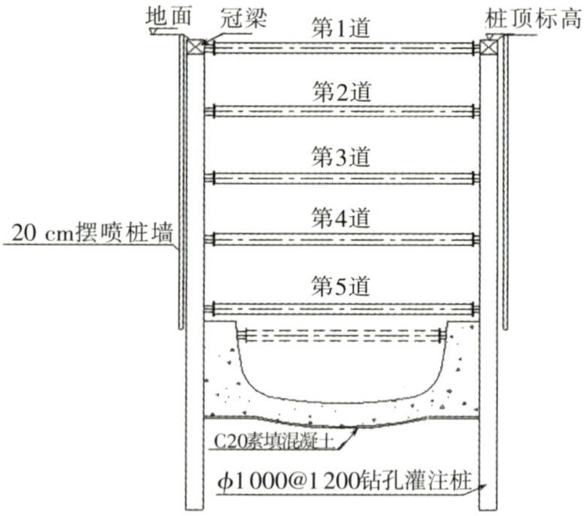

(h)步骤8:待混凝土达到强度要求后,拆除第5道横撑前进行结构内换撑

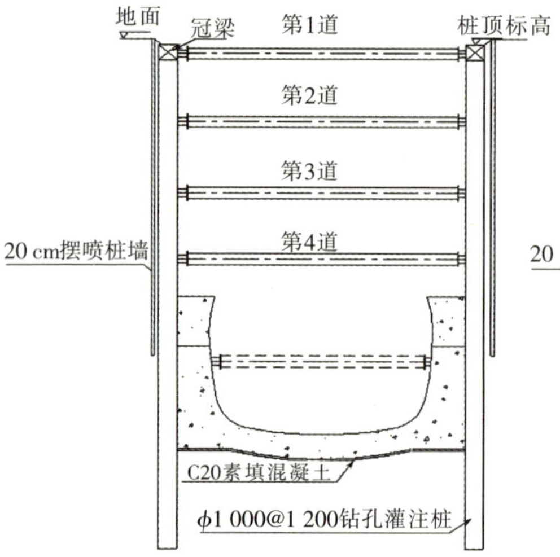

(i)步骤9:拆除第5道横撑

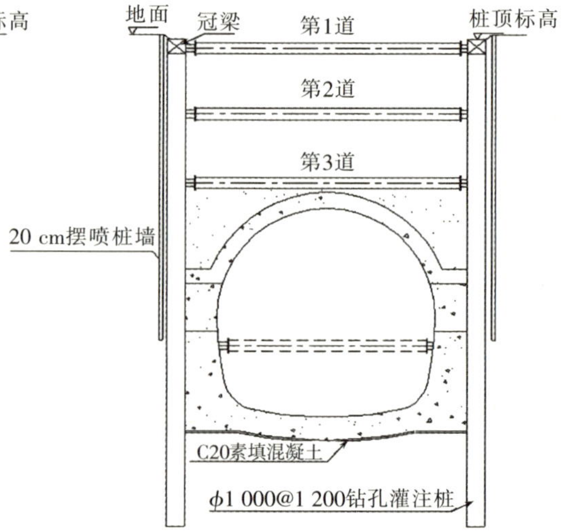

(j)步骤10:拆除第4道横撑

图 21.2-7　基坑设计施工工序图

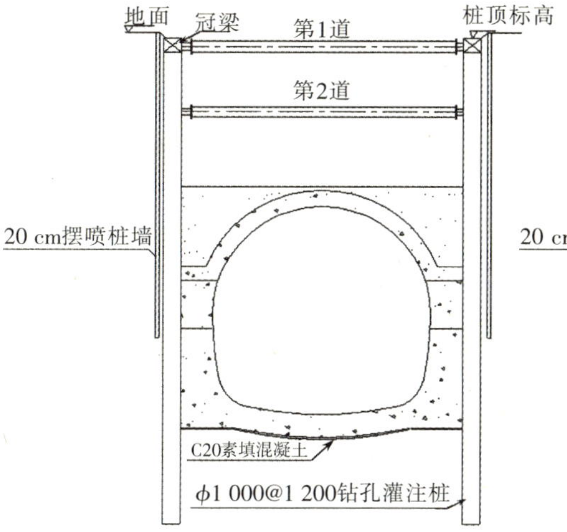

(k)步骤11:待混凝土强度达到要求后,拆除第3道横撑并换撑

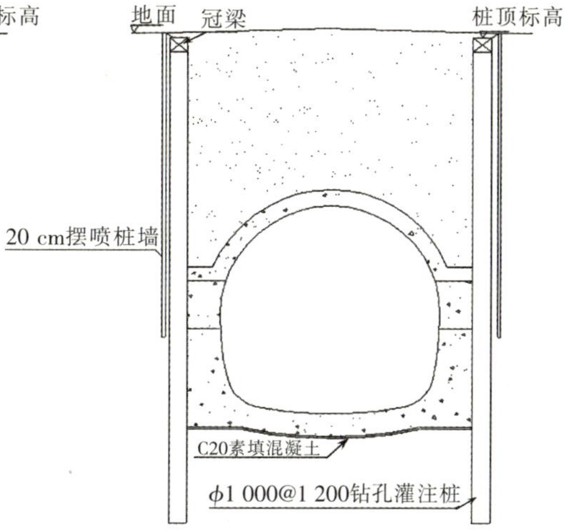

(l)步骤12:依次拆除第2、第1道横撑,回填至地表

图 21.2－7　基坑设计施工工序图

21.3　深基坑风险因素辨识

深基坑支护体系破坏原因很多,如工程勘察失误、基坑设计失误、水处理不当、施工方法错误或不当、工程监测失误、工程管理失误、相邻施工影响、盲目降低造价等等。最主要的归结于以下三类。

21.3.1　深基坑工程的勘察失误

1. 套用以往勘察资料

未对场地进行认真、仔细的实地勘察,而是套用附近建(构)筑物以往的勘察资料来指导本工程设计,造成勘察资料提供的土层构成、厚度以及土体的物理力学性质参数与实际情况不符,导致土压力计算失真,支护结构安全度不足。

2. 勘察资料不完全、不详细

勘探孔位距离基坑及其侧壁过远或勘探孔间距过大,造成勘察设计不详细,或者漏测了一些必要的参数和指标。由于勘测资料所提供的数据不全面,使设计人员失去设计依据。当设计人员经验不足时,常常由于估计不当造成事故。

3. 勘察资料的参数不准确

勘察所取得的土体参数失真,特别是支护设计所需的最关键的土体设计参数如内摩擦角、黏聚力的取值错误,会使支护设计不安全,从而造成设计失误,产生事故。要注意勘察资料提供的参数要同施工中实际土体的状态相同,防止由于渗水降雨等原因,造成土体的内摩擦力、内摩擦角因含水量增加而降低。同时对地下水位、渗透系数等勘察数据的准确性问题要注意,否则可能会在止水帷幕设计时出现误差。

4. 忽视水文地质勘察

勘察单位忽视专门水文地质勘察工作，以常规勘察对待深基坑工程勘察。如忽略对上层滞水的评价；对待承压水；对承压水的顶板、水头大小等参数，以及各土层的渗透系数，引用本地区的经验数据，未进行专门试验……均会造成失误。

21.3.2 深基坑工程的设计失误

在深基坑工程事故中，由于设计失误造成的工程事故占了将近一半。在设计失误中，既有方案选择错误，也有设计计算失误，包括参数取值不当、计算模型选取不当等失误。另外，在设计失误所导致的事故中，设计人员资质不全、无证或超证设计、盲目设计等原因导致的事故也占一定的比例。

1. 深基坑支护设计方案选择失误

深基坑支护设计方案的选择取决于深基坑开挖深度、地基土的物理力学性质、水文地质条件、周围环境、相邻建(构)筑物的重要性、相邻地下管线的限制程度、设计控制变形要求、工程造价、施工设备能力以及支护结构的受力特征等诸多因素。通常深基坑支护设计方案选择失误的情况有：

(1)深基坑支护方案设计中未经验算或技术论证，盲目地套用相似或相近工程的支护结构方案，导致深基坑工程发生事故。

(2)深基坑支护设计方案选择不合适。如在软土地区过分追求密布支护桩来代替锚撑，导致支护桩悬臂部分长度过大，支护桩产生较大变形，引起周围地面沉降和相邻建构(筑)物开裂。

(3)深基坑支护设计方案没有符合开挖中对周围环境保护的要求。对于变形要求严格的深基坑工程，不能采用放坡、悬臂式支护桩墙、土钉墙等变形较大的支护形式。

2. 深基坑支护的设计荷载取值不当

深基坑支护中作用于支护结构上的荷载包括水压力、土压力、影响区范围内建(构)筑物荷载、施工荷载、场地违章堆载以及施工车辆荷载等可变荷载。这些荷载的取值不当，会导致支护结构承受不了外荷载而严重变形甚至被破坏。

3. 支护结构设计中强度指标取值不准确

在深基坑支护结构设计中，能否合理地选择土体强度指标是决定深基坑开挖成败的又一关键因素。如果土体强度指标的取值不能代表实际情况，则深基坑支护设计计算再精确也是徒劳的。

4. 支护结构设计失误

(1)内支护结构体系布置不当。内支护设计水平间距过大，承载宽度内的压力超过支撑杆件的承受能力，会使支撑杆体发生压屈，产生过大弯曲变形。角撑受力复杂时，如果设计时计算考虑不周或设置不合理，采用钢角撑极易造成角撑失稳，从而引起支撑体系的失稳。中间立柱数量不足或基础持力层选择不当，也会引起事故。

(2)支护结构体系设计计算错误造成事故。在软土地区的深基坑中，要验算支撑的长细比，避免因长细比较大而产生弯曲变形、整体稳定性破坏。设计时未考虑温度变化较大可引起支撑系统产生较大的附加应力(有的温度应力占整个内应力的20%左右)，会导致支撑系统出现险情。

(3)支撑体系的设计未与支护结构同时考虑，忽视了由于支护结构变形和位移对体系杆件强度、整体稳定性的影响。

5. 锚固结构设计失误

(1)锚杆竖向间距过大，长度不足，倾角过大，设计位置过低，设计承载力不足，会导致支护结构抗力不足，引起支护结构大变形或整体滑移。

(2)锚固体未设在良好土层中，锚固体长度不足，水泥浆配合比不合适，会使锚杆抗拔力低于设计拉力值，深基坑开挖后锚固体被拔出，基坑倒塌。

(3)挡土桩(墙)与锚杆设计不匹配。挡土桩(墙)与锚杆支护结构是一个整体，如果设计不匹配，有可能造成桩的安全度减小，甚至造成桩的破坏，从而导致深基坑工程事故。

6. 地下水处理方法不当

70%以上的深基坑工程事故与地下水处理不当有关。地下水处理方案失误造成的事故原因主要有以下几个方面：

(1)当软土地区地下水位较高时，若深基坑工程未设置止水帷幕，或者止水帷幕设计长度不足，可能导致管涌，造成地面开裂、沉降，邻近建构(筑)物倾斜，道路及地下管线等设施沉降、开裂甚至破坏。

(2)软土地区的工程桩和支护桩采用打入桩，由于基坑降水效果不理想，形成的超孔隙水压力短时间内不易消散，基坑开挖将改变基坑内土体应力平衡，使土体产生移动并带动桩产生过大位移，导致基坑事故。

7. 无证设计、盲目设计、超证设计、虚假设计

某些工程由私人设计或不具备相应资质的施工单位设计完成，设计者缺乏理论依据与实践经验，故难以实现经济合理和安全可靠，工程还因设计质量低劣而时常导致施工时险象环生，甚至酿成重大事故。某些设计人员在地形、地质、水文等资料不齐全，对周边环境又不熟悉的情况下，主观地凭经验进行设计，或胡乱套用和盲目照搬别人的资料，既缺乏科学依据，又脱离实际情况，草率出图应付施工。某些设计单位并不具备相应的技术资质，却越级承接设计任务，往往因技术力量薄弱、水平不高和经验不足等而使设计成果达不到质量要求，容易造成事故。某些设计单位为了在工程竞投中获胜，在设计的取值、计算依据和模式等方面弄虚作假，不惜一切压低造价，结果是既不安全也不经济。

21.3.3　深基坑工程的施工失误

1. 无施工资质或越级承包深基坑工程

施工队伍技术水平低，素质差，管理混乱，对深基坑施工中出现的复杂问题束手无策，遇突发事故时只能盲目地随意处理，应急措施不力，造成事故。

2. 施工材料质量差

(1)施工单位为了节省造价，选择质量差、不合格的原材料。

(2)材料的运输、储存等程序不合格，导致材料失效。

(3)混凝土的搅拌、钢筋的绑扎等不合格。

3. 施工质量差

施工单位随意修改设计、偷工减料，造成在支护结构、支撑锚固体系、地下水处理体系等工序施工中存在各种事故隐患，最终导致大的工程事故。

(1)支护桩(墙)施工质量差。钢筋混凝土支护桩桩体强度严重不足，缩颈，甚至断桩，造成支护桩大变形，酿成基坑事故。钢筋混凝土支护桩纵向钢筋布错，导致抗弯强度不足；施工时在钢筋数量上偷工减料，造成强度降低，引起支护桩体折断。地下连续墙钢筋数量不足，墙体有蜂窝、露筋现象。

(2)支撑锚固体系施工失误或施工质量差。支撑锚固体系的施工失误或施工质量差，也会引起工程事故。如井字形支撑长度长，且其交叉点的连接强度不足，造成支撑平面失稳或扭曲。支撑体系中中间立柱由于轴心偏差过大，造成偏心受压，导致中间立柱失稳，最终使整体支撑体系失稳破坏。各支撑杆件位置精度差，受力后杆件弯曲，附加弯矩超过设计值，会造成险情。采用钢支撑时，由于部分采用旧钢管、再生钢管以及薄壁钢管，使得局部变形大，造成整体失稳。钢支撑未按要求施加预应力，或预应力偏小，造成支护桩(墙)变形过大。钢管支撑中细部焊缝质量差，造成连接失稳。在钢筋混凝土支撑中，因混凝土施工质量差而造成杆件被压坏。锚固体系中锚杆或土钉长度未达到设计要求，倾角与原设计出入较大，致使锚杆或土钉的实际承载力达不到设计能力，基坑产生较大变形。锚固体施工质量差，强度不足，影响锚杆握裹力和摩阻力的大小，造成基坑开挖后，锚筋脱离锚固体而被拔出，导致工程事故。

(3)地下水处理体系施工质量差。地下水处理体系施工质量差、止水帷幕失效，会造成相邻建(构)筑物开裂、倾斜，相邻道路开裂、塌陷，基坑水满为患，坑壁坍塌。

4. 各施工程序、工艺错误

(1)最常见的是基坑没有分区、分层开挖，开挖高差太大，改变了原有土体的平衡状态，土体的抗剪强度降低，产生较大的水平位移，造成基坑滑坡。另外，开挖中支护结构的安装未遵循先撑后挖的原则，而是先挖后撑，或挖土至一定深度未及时加撑，导致支护结构产生大变形，甚至局部塌方或整体失稳。另外，在支撑体系的拆除过程中应注意采取换撑措施，如设挡木、临时支撑等。若支撑拆除后土压力没有换撑分担，会导致挡土墙、支护桩体发生较大变形，甚至失稳破坏。

(2)深基坑施工未考虑时空效应。在施工中要做到在软土基坑的开挖中，适当减小每步开挖土方的空间尺寸，并减少每步开挖后无支撑的基坑挡墙暴露时间。基坑开挖完后，坑底暴露时间过长也会导致事故。因为基坑开挖后，地基卸载，土体自重应力减小，土体的弹性效应将使坑底产生一定的回弹变形(隆起)。如果坑底暴露时间过长，加之基坑积水，使得黏性土吸水膨胀，回弹变形更大，可能会引起支撑体系的失稳。如基坑暴露时间过长，未进行垫层的施工，将导致设计中以混凝土垫层为一道支撑的设计方案未及时实施，支护结构产生过大的变形，发生基坑事故。

(3)深基坑工程施工中各工种、工序之间协调不到位和保护不周。基坑开挖施工时，挖土机往往停在支护结构附近，反铲挖机运土、堆土；或在基坑浇筑混凝土时，混凝土搅拌车与泵车离支护结构太近，或在边坡顶堆放材料过多。这些均会使支护结构承受较大的动静荷载，当超出设计安全储备时，支护结构便发生过大变形。土方开挖过程中，挖土机械随意碰撞支撑系统、锚固体系及支护结构，造成支撑系统、锚固体系和支护结构之间的连接处破坏，产生事故隐患。基坑开挖到设计标高后，清底措施不力，会发生事故。施工期间，对附近水管保护不力，使得水管渗漏，冲走桩间土，并使基坑周围土体大量进水，支护结构荷载大增，会造成支护结构变形，发生深基坑事故。

5. 施工中随意更改设计方案，盲目施工

施工单位擅自取消支护方案中的锚固体系，未设置水平锚杆，将原设计的锚拉桩变成悬臂桩而造成事故。在锚固体系中随意更改锚固间距，导致基坑支护结构产生过大的变形。盲目施工还表现在施工中随意更改支护桩的长度、减小支护桩的嵌入深度，造成悬臂部分相对加长，导致工程事故。支撑施工中，随意更改支撑间距、支撑材料，减小断面尺寸，导致支撑失稳变形和支撑体系整体失稳。还有工程施工中随意更改止水帷幕的设计，造成支护结构渗漏，水土流失，建(构)筑物倾斜和地面沉陷开裂。

6. 施工管理混乱，安全意识淡薄

承包商以低价层层分包，无资质或低资质的分包商为了获利铤而走险，分包商过多还导致管理混乱，施工措施得不到贯彻。

施工期间在基坑边缘附近搭设办公室、仓库、材料库、维修间甚至民工宿舍等工棚，对基坑支护结构产生很大的附加压力，使其发生较大变形，容易出现滑坡或倒塌。施工单位一面从基坑排水，一面又将生活用水及大量的施工废水无意识地倾倒在基坑边缘，造成支护结构主动土压力大幅度增加，引起支护结构大变形。施工单位为了方便出土，随意修改设计或破坏支护结构，在基坑边开口或修建接斜坡的车道，使已封闭的支护结构遭到破坏。当遇暴雨时，大量地表水和地下水夹带泥沙通过豁口流入基坑，使基坑壁出现位移和下滑的险情。

相邻基坑施工，一方基坑开挖，另一方基坑打桩，打桩产生的超孔隙水压力造成严重的挤土作用，使相邻基坑的支护桩和工程桩严重位移。同一个基坑工程，基坑开挖、支护桩施工、锚撑施工却各为一施工队，相互配合不好，导致严重超挖、锚撑跟不上，使支护结构大变形甚至破坏、基坑滑移。

除以上三方面的因素导致基坑失稳外，监理、监测、建设单位的工作不到位、失职也会导致基坑失稳。根据工程事故的统计分析，这三方面导致基坑失稳事故的概率比较小，因此本文不考虑监理、监测、建设单位工作失误对基坑风险的影响。

21.4　深基坑风险发生概率估计

勘测、设计、施工三方面的工作失误会直接导致钻孔灌注桩支护结构体系的破坏，因此本文从支护结构体系入手，结合上述风险影响因素，采用故障树法对支护结构体系失稳破坏的概率进行估计。

21.4.1　故障树的编制

故障树的编制要求分析人员十分熟悉深基坑工程系统情况，包括各种工作程序、施工参数、作业条件、环境影响因素及过去常发事故情况等。结合金沙洲隧道明挖段深基坑的施工情况编制的故障树见图 21.4-1。

21.4.2　支护体系破坏概率估计

由于金沙洲隧道明挖段深基坑划分为 5 段开挖，各段的地质条件、开挖深度和支护参数都不一样，故障树中基本事件的发生概率也有所不同，因此对深基坑的风险也划分为 5 段分别进行估计。

1. DK2196＋300～DK2196＋460 段风险估计

根据工程实际情况，结合以往的深基坑施工经验和咨询有关专家，得出各个基本事件的发生概率，见表 21.4-1。

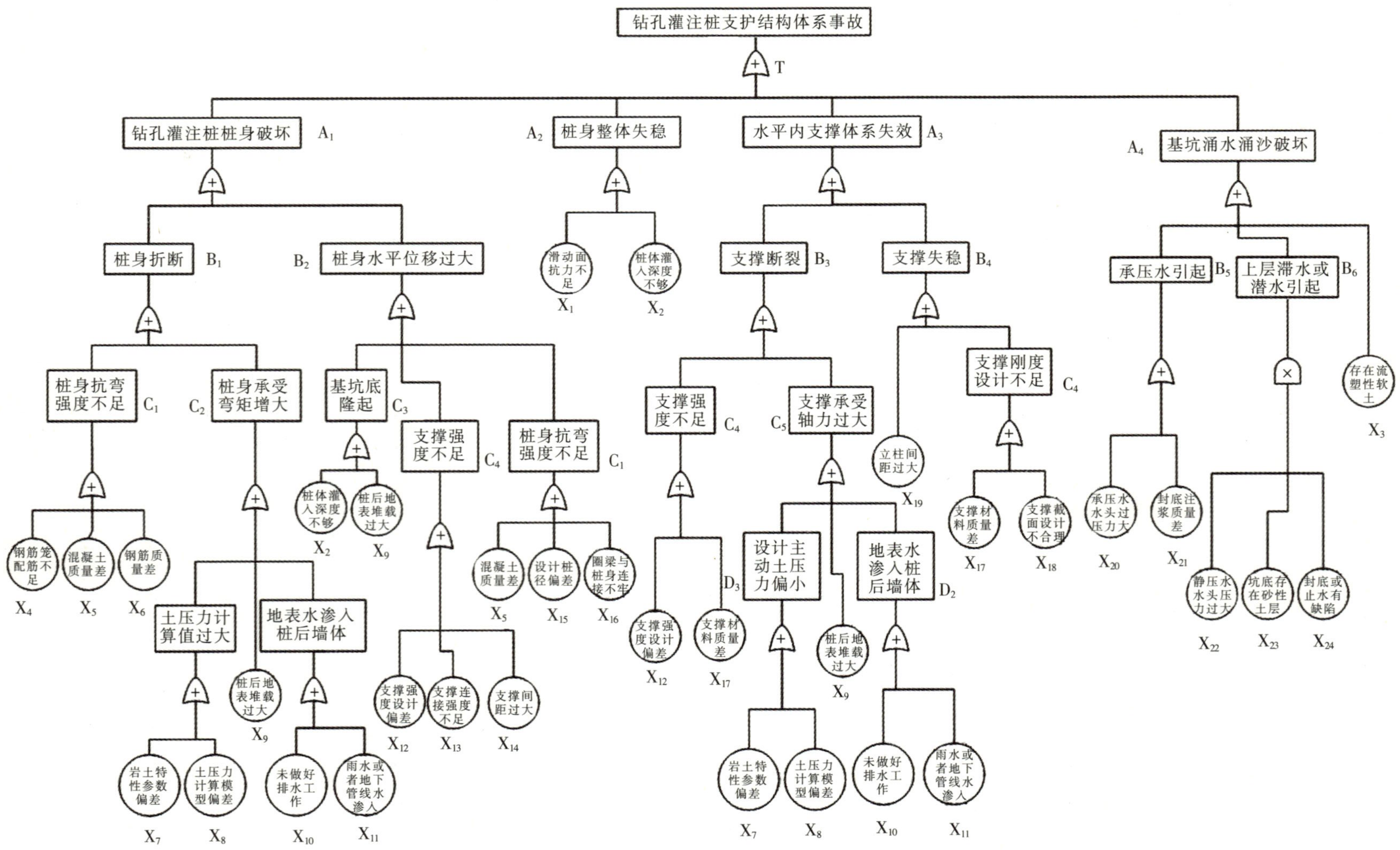

图21.4-1 金沙洲隧道明挖段深基坑支护结构故障树

表 21.4-1　DK2196+300～DK2196+460 段故障树基本事件发生概率

编号	基本事件	发生概率	编号	基本事件	发生概率
X_1	滑动面抗力不足	0.001	X_3	支撑连接强度不足	0.000 58
X_2	桩体灌入深度不够	0.005	X_{14}	支撑间距过大	0.000 64
X_3	存在流塑性软土	0.02	X_{15}	设计桩径偏差	0.000 2
X_4	钢筋笼配筋不足	0.001 2	X_{16}	圈梁与桩身连接不牢	0.009
X_5	混凝土质量差	0.002 1	X_{17}	支撑材料质量差	0.000 59
X_6	钢筋质量差	0.000 78	X_{18}	支撑截面设计不合理	0.000 22
X_7	岩土特性参数偏差	0.002 4	X_{19}	立柱间距过大	0.000 1
X_8	土压力计算模型偏差	0.001 9	X_{20}	承压水水头压力过大	0.003 5
X_9	桩后地表堆载过大	0.08	X_{21}	封底注浆质量差	0.000 1
X_{10}	未做好排水工作	0.005	X_{22}	静压水水头压力过大	0.032
X_{11}	雨水或者地下管线水渗入	0.008	X_{23}	坑底存在砂性土层	0.08
X_{12}	支撑强度设计偏差	0.000 54	X_{24}	封底或止水有缺陷	0.05

运用 CAFTA 故障树分析系统计算出深基坑支护结构体系事故发生概率以及各种破坏模式的发生概率，见表 21.4-2。

表 21.4-2　DK2196+300～DK2196+460 段深基坑支护结构体系发生概率

	编号	破坏模式	发生概率
顶上事件（钻孔灌注桩支护结构体系事故）/发生概率（0.282）	A_1	钻孔灌注桩桩身破坏	0.185
	A_2	桩身整体失稳	0.006
	A_3	水平内支撑体系失效	0.091
	A_4	基坑涌水涌砂破坏	0.025

由表 21.4-2 可知，金沙洲隧道 DK2196+300～DK2196+460 段深基坑支护结构体系事故的发生概率为 0.282，对照《铁路隧道风险评估与管理暂行规定》的事故发生概率等级标准，此风险发生概率等级为 4 级，属于可能发生。

通过概率重要度分析可知，基本事件 X_3（存在流塑性软土）、X_9（桩后地表堆载过大）、X_{11}（雨水或者地下管线水渗入）、X_{16}（圈梁与桩身连接不牢）的发生概率的变化对顶上事件发生概率的影响程度较大，只要能减小这些基本事件的发生概率，就能大大减小顶上事件的发生概率。

2. DK2196+460～DK2196+505 段风险估计

根据工程实际情况，结合以往的深基坑施工经验和咨询有关专家，得出各个基本事件的发生概率，见表 21.4-3。

表 21.4-3　DK2196＋460～DK2196＋505 段故障树基本事件发生概率

编号	基本事件	发生概率	编号	基本事件	发生概率
X_1	滑动面抗力不足	0.001	X_{13}	支撑连接强度不足	0.000 58
X_2	桩体灌入深度不够	0.002	X_{14}	支撑间距过大	0.000 64
X_3	存在流塑性软土	0.015	X_{15}	设计桩径偏差	0.000 2
X_4	钢筋笼配筋不足	0.001 2	X_{16}	圈梁与桩身连接不牢	0.007
X_5	混凝土质量差	0.002 1	X_{17}	支撑材料质量差	0.000 59
X_6	钢筋质量差	0.000 78	X_{18}	支撑截面设计不合理	0.000 22
X_7	岩土特性参数偏差	0.002 4	X_{19}	立柱间距过大	0.000 1
X_8	土压力计算模型偏差	0.001 9	X_{20}	承压水水头压力过大	0.003 5
X_9	桩后地表堆载过大	0.05	X_{21}	封底注浆质量差	0.000 1
X_{10}	未做好排水工作	0.004	X_{22}	静压水水头压力过大	0.032
X_{11}	雨水或者地下管线水渗入	0.007	X_{23}	坑底存在砂性土层	0.05
X_{12}	支撑强度设计偏差	0.000 54	X_{24}	封底或止水有缺陷	0.05

运用 CAFTA 故障树分析系统计算出深基坑支护结构体系事故发生概率以及各种破坏模式的发生概率，见表 21.4-4。

表 21.4-4　DK2196＋460～DK2196＋505 段深基坑支护结构体系事故发生概率

	编号	破坏模式	发生概率
顶上事件(钻孔灌注桩支护结构体系事故)/发生概率(0.197)	A_1	钻孔灌注桩桩身破坏	0.125
	A_2	桩身整体失稳	0.003
	A_3	水平内支撑体系失效	0.063
	A_4	基坑涌水涌砂破坏	0.019

由表 21.4-4 可知，金沙洲隧道 DK2196＋460～DK2196＋505 段深基坑支护结构体系事故的发生概率为 0.197，对照《铁路隧道风险评估与管理暂行规定》的事故发生概率等级标准，此风险发生概率等级为 4 级，属于可能发生。

通过概率重要度分析可知，基本事件 X_3（存在流塑性软土）、X_9（桩后地表堆载过大）、X_{11}（雨水或者地下管线水渗入）、X_{16}（圈梁与桩身连接不牢）的发生概率的变化对顶上事件发生概率的影响程度较大，只要能减小这些基本事件的发生概率，就能大大减小顶上事件的发生概率。

3. DK2196＋505～DK2196＋555 段风险估计

根据工程实际情况，结合以往的深基坑施工经验和咨询有关专家，得出各个基本事件的发生概率，见表 21.4-5。

表 21.4－5　DK2196＋505～DK2196＋555 段故障树基本事件发生概率

编号	基本事件	发生概率	编号	基本事件	发生概率
X_1	滑动面抗力不足	0.000 5	X_3	支撑连接强度不足	0.000 58
X_2	桩体灌入深度不够	0.001	X_{14}	支撑间距过大	0.000 64
X_3	存在流塑性软土	0.001	X_{15}	设计桩径偏差	0.000 2
X_4	钢筋笼配筋不足	0.001 2	X_{16}	圈梁与桩身连接不牢	0.006
X_5	混凝土质量差	0.002 1	X_{17}	支撑材料质量差	0.000 59
X_6	钢筋质量差	0.000 78	X_{18}	支撑截面设计不合理	0.000 22
X_7	岩土特性参数偏差	0.002 4	X_{19}	立柱间距过大	0.000 1
X_8	土压力计算模型偏差	0.001 9	X_{20}	承压水水头压力过大	0.003 5
X_9	桩后地表堆载过大	0.02	X_{21}	封底注浆质量差	0.000 1
X_{10}	未做好排水工作	0.002	X_{22}	静压水水头压力过大	0.032
X_{11}	雨水或者地下管线水渗入	0.005	X_{23}	坑底存在砂性土层	0.03
X_{12}	支撑强度设计偏差	0.000 54	X_{24}	封底或止水有缺陷	0.05

运用 CAFTA 故障树分析系统计算出深基坑支护结构体系事故发生概率以及各种破坏模式的发生概率，见表 21.4－6。

表 21.4－6　DK2196＋505～DK2196＋555 段深基坑支护结构体系事故发生概率

	编号	破坏模式	发生概率
顶上事件（钻孔灌注桩支护结构体系事故）/发生概率（0.106）	A_1	钻孔灌注桩桩身破坏	0.064
	A_2	桩体整体失稳	0.001
	A_3	水平内支撑体系失效	0.031
	A_4	基坑涌水涌砂破坏	0.014

由表 21.4－6 可知，金沙洲隧道 DK2196＋505～DK2196＋555 段深基坑支护结构体系事故的发生概率为 0.106，对照《铁路隧道风险评估与管理暂行规定》的事故发生概率等级标准，此风险发生概率等级为 4 级，属于可能发生。

通过概率重要度分析，基本事件 X_3（存在流塑性软土）、X_9（桩后地表堆载过大）、X_{11}（雨水或者地下管线水渗入）、X_{16}（圈梁与桩身连接不牢）的发生概率的变化对顶上事件发生概率的影响程度较大，只要能减小这些基本事件的发生概率，就能大大减小顶上事件的发生概率。

4. DK2196＋555～DK2196＋700 段风险估计

根据工程实际情况，结合以往的深基坑施工经验和咨询有关专家，得出各个基本事件的发生概率，见表 21.4－7。

表 21.4-7　DK2196+555～DK2196+700 段故障树基本事件发生概率

编号	基本事件	发生概率	编号	基本事件	发生概率
X_1	滑动面抗力不足	0.000 5	X_{13}	支撑连接强度不足	0.000 58
X_2	桩体灌入深度不够	0.000 8	X_{14}	支撑间距过大	0.000 64
X_3	存在流塑性软土	0.01	X_{15}	设计桩径偏差	0.000 2
X_4	钢筋笼配筋不足	0.001 2	X_{16}	圈梁与桩身连接不牢	0.002
X_5	混凝土质量差	0.001	X_{17}	支撑材料质量差	0.000 59
X_6	钢筋质量差	0.000 78	X_{18}	支撑截面设计不合理	0.000 22
X_7	岩土特性参数偏差	0.001 3	X_{19}	立柱间距过大	0.000 1
X_8	土压力计算模型偏差	0.000 8	X_{20}	承压水水头压力过大	0.003 5
X_9	桩后地表堆载过大	0.002	X_{21}	封底注浆质量差	0.000 1
X_{10}	未做好排水工作	0.001	X_{22}	静压水水头压力过大	0.004
X_{11}	雨水或者地下管线水渗入	0.001	X_{23}	坑底存在砂性土层	0.005
X_{12}	支撑强度设计偏差	0.000 54	X_{24}	封底或止水有缺陷	0.001

运用 CAFTA 故障树分析系统计算出深基坑支护结构体系事故发生概率以及各种破坏模式的发生概率，见表 21.4-8。

表 21.4-8　DK2196+555～DK2196+700 段深基坑支护结构体系事故发生概率

	编号	破坏模式	发生概率
顶上事件(钻孔灌注桩支护结构体系事故)/发生概率(0.028)	A_1	钻孔灌注桩桩身破坏	0.015
	A_2	桩身整体失稳	0.001
	A_3	水平内支撑体系失效	0.007
	A_4	基坑涌水涌砂破坏	0.006

由表 21.4-8 可知，金沙洲隧道 DK2196+555～DK2196+700 段深基坑支护结构体系事故的发生概率为 0.028，对照《铁路隧道风险评估与管理暂行规定》的事故发生概率等级标准，此风险发生概率等级为 3 级，属于偶尔发生。

通过概率重要度分析，基本事件 X_3(存在流塑性软土)、X_{11}(雨水或者地下管线水渗入)、X_{14}(支撑间距过大)、X_{16}(圈梁与桩身连接不牢)的发生概率的变化对顶上事件发生概率的影响程度较大，只要能减小这些基本事件的发生概率，就能大大减小顶上事件的发生概率。

5. DK2196+700～DK2196+920 段风险估计

根据工程实际情况，结合以往的深基坑施工经验和咨询有关专家，得出各个基本事件的发生概率，见表 21.4-9。

表 21.4-9　DK2196+700～DK2196+920 段故障树基本事件发生概率

编号	基本事件	发生概率	编号	基本事件	发生概率
X_1	滑动面抗力不足	0.000 5	X_{13}	支撑连接强度不足	0.000 58
X_2	桩体灌入深度不够	0.000 8	X_{14}	支撑间距过大	0.000 64
X_3	存在流塑性软土	0.002	X_{15}	设计桩径偏差	0.000 2
X_4	钢筋笼配筋不足	0.001 2	X_{16}	圈梁与桩身连接不牢	0.002
X_5	混凝土质量差	0.001	X_{17}	支撑材料质量差	0.000 59
X_6	钢筋质量差	0.000 78	X_{18}	支撑截面设计不合理	0.000 22
X_7	岩土特性参数偏差	0.001 3	X_{19}	立柱间距过大	0.000 1
X_8	土压力计算模型偏差	0.000 8	X_{20}	承压水水头压力过大	0.001 1
X_9	桩后地表堆载过大	0.001	X_{21}	封底注浆质量差	0.000 1
X_{10}	未做好排水工作	0.001	X_{22}	静压水水头压力过大	0.004
X_{11}	雨水或者地下管线水渗入	0.001	X_{23}	坑底存在砂性土层	0.005
X_{12}	支撑强度设计偏差	0.000 54	X_{24}	封底或止水有缺陷	0.001

运用 CAFTA 故障树分析系统计算出深基坑支护结构体系事故发生概率以及各种破坏模式的发生概率，见表 21.4-10。

表 21.4-10　DK2196+700～DK2196+920 段深基坑支护结构体系事故发生概率

	编号	破坏模式	发生概率
顶上事件(钻孔灌注桩支护结构体系事故)/发生概率(0.022)	A_1	钻孔灌注桩桩身破坏	0.013
	A_2	桩身整体失稳	0.001
	A_3	水平内支撑体系失效	0.006
	A_4	基坑涌水涌砂破坏	0.002

由表 21.4-10 可知，金沙洲隧道 DK2196+700～DK2196+920 段深基坑支护结构体系事故的发生概率为 0.022，对照《铁路隧道风险评估与管理暂行规定》的事故发生概率等级标准，此风险发生概率等级为 3 级，属于偶尔发生。

通过概率重要度分析，基本事件 X_7(岩土特性参数偏差)、X_5(混凝土质量差)、X_{11}(雨水或者地下管线水渗入)、X_{14}(支撑间距过大)的发生概率的变化对顶上事件发生概率的影响程度较大，只要能减小这些基本事件的发生概率，就能大大减小顶上事件的发生概率。

21.5　深基坑风险发生后损失估计

深基坑工程事故主要分为两类：一类是设计、施工、管理及其他原因引起的支护体系自身破坏，导致经济损失、工期延误，甚至人员伤亡；另一类是支护体系破坏导致相邻建(构)筑物及市政设施破坏，或者深基坑土方开挖引起支护体系变形过大以及地下水位降低造成基坑四周地面产生过大沉降和水平位移，导致影响相邻建(构)筑物及市政管线的正常使用，甚至破坏。

21.5.1 风险损失计算的模型

金沙洲隧道明挖基坑段处于冲积平原区，地表主要是已征收的农田和民房，离基坑约 80 m 处为广州西环高速公路。基坑开挖前采取了钻孔桩结合堵水的措施，且基坑离高速公路的距离比较远，基坑开挖对高速公路的影响比较小。因此，明挖基坑的开挖对环境的影响和第三方财产损失这里不详细分析，只考虑基坑支护结构体系破坏造成的经济损失和工期延误，并把工期延误折算成经济损失，而人员伤亡亦忽略不计。

支护结构失效导致的损失与初期投资有关，初期投资越高，失效损失越大，而影响初期投资的主要因素是支护结构设计和施工方案的选择。有支护的基坑工程一般包括基坑加固和降水、围护结构施工、支撑体系施工、土方开挖等部分，初期投入计算主要是计算这些工程的投资。初期投入的计算可以采用工程造价的计算方法，不过只计算直接费中的直接工程费，不计算间接费、利润以及税金等部分。直接费中的直接工程费在这里只计算材料费。

各部分造价计算如下：

1. 基坑加固和降水

$$C_{JG} = P_1 \times Q_1 \tag{21.5-1}$$

式中，G_{JG} 为加固总费用；P_1 为每立方米加固费用；Q_1 为土体加固体积。

帷幕止水总费用

$$C_{ZS} = P_2 \times Q_2 \tag{21.5-2}$$

式中，C_{ZS} 为止水总费用；P_2 为每立方米帷幕注浆费用；Q_2 为注浆体积。

2. 围护结构

围护结构种类繁多，这里仅以钻孔灌注桩加搅拌桩为例进行计算。

$$C_{WH} = P_3 \times Q_3 + P_4 \times Q_4 + P_5 \times Q_5 + P_6 \times Q_6 \tag{21.5-3}$$

式中，C_{WH} 为围护结构造价；P_3 为每立方米钻孔灌注桩造价；Q_3 为钻孔灌注桩体积；P_4 为每立方米搅拌桩造价；Q_4 为搅拌桩体积；P_5 为每立方米圈梁造价；Q_5 为圈梁体积；P_6 为每立方米压密注浆造价；Q_6 为压密注浆体积。

3. 支撑体系

$$C_{ZC} = P_7 \times Q_7 \tag{21.5-4}$$

式中，C_{ZC} 为支撑体系造价；P_7 为每立方米支撑造价；Q_7 为支撑体积。

4. 土方

$$C_{TF} = P_8 \times Q_8 \tag{21.5-5}$$

式中，C_{TF} 为土方开挖造价；P_8 为每立方米土方开挖和外运造价；Q_8 为开挖土方体积。

因此支护结构体系的初始投资为

$$C_Z = C_{JG} + C_{ZS} + C_{WH} + C_{ZC} + C_{TF} \tag{21.5-6}$$

则支护结构失效损失与初始投资的关系可表示为

$$C = p\xi C_Z \tag{21.5-7}$$

式中，ξ 为一常数，支护结构失效除造成支护结构本身的直接经济损失外，还可能造成其他附加损失，例如支护结构的失效有可能导致人员伤亡，对周围的建(构)筑物造成破坏以及工期损失，等等。这方面的精确分析比较困难，可以根据深基坑工程的不同安全等级，通过笼统调整 ξ 的大小来估算其影响。本文不考虑环境影响，但考虑到工期延误造成的损失以及工程事故产生的影响，ξ 取 1.5。p 为支护结构体系事故发生概率，本文已经用 CAFTA 故障树分析系统计算出来。

21.5.2　风险损失计算的结果

与风险发生概率估计方法相同，风险发生后的损失也划为 5 段分别估计，利用上文所述的计算模型，参照金沙洲隧道设计施工图纸所给的工程量和造价表，计算出每段基坑的风险损失，见表 21.5－1。

表 21.5－1　金沙洲隧道明挖基坑段风险损失计算表(单位：万元)

里程段	基坑加固	围护结构	支撑体系	土方开挖	帷幕止水	合计
DK2196＋300～DK2196＋460	45.2	922.0	31.1	69.3	64.8	1132.4
DK2196＋460～DK2196＋505	12.6	233.0	7.3	14.5	28.7	296.1
DK2196＋505～DK2196＋555	13.5	245.6	10.1	13.7	35.5	318.4
DK2196＋555～DK2196＋700	18.9	605.6	17.7	36.9	48.9	728.0
DK2196＋700～DK2196＋920	15.5	434.8	14.6	20.7	30.5	516.1
总　计	105.7	2441.0	80.8	155.1	208.4	2991.0

根据式(21.5－7)和表 21.5－1，可计算出每段的风险发生的预计损失和风险损失等级，见表 21.5－2。

表 21.5－2　金沙洲隧道深基坑支护结构体系风险发生的预计损失和风险损失等级

里程段	钻孔灌注桩支护结构体系事故预计损失/万元	风险损失等级
DK2196＋300～DK2196＋460	479.0	4
DK2196＋460～DK2196＋505	87.5	2
DK2196＋505～DK2196＋555	50.6	2
DK2196＋555～DK2196＋700	30.6	2
DK2196＋700～DK2196＋920	17.0	1

根据金沙洲隧道明挖基坑各段的支护结构体系风险事故的发生概率和发生后损失(表 21.5－1)，再对照表 21.5－2，可以得出基坑各段支护结构体系的风险等级、接受准则及处理措施，见表 21.5－3。

表 21.5－3　金沙洲隧道深基坑支护结构体系风险等级、接受准则及处理措施

里程段	钻孔灌注桩支护结构体系事故风险等级	接受准则	处理措施
DK2196＋300～DK2196＋460	Ⅳ	不可接受	此类风险最大，必须高度重视并规避，否则要不惜代价将风险至少降低到不期望的程度
DK2196＋460～DK2196＋505	Ⅲ	不期望	此类风险较大，必须采取风险处理措施降低风险并加强监测，且降低风险的成本不高于风险发生后的损失
DK2196＋505～DK2196＋555	Ⅲ	不期望	此类风险较大，必须采取风险处理措施降低风险并加强监测，且降低风险的成本不高于风险发生后的损失
DK2196＋555～DK2196＋700	Ⅱ	可接受	此类风险次之，一般不需采取风险处理措施，但需予以监测
DK2196＋700～DK2196＋920	Ⅰ	可忽略	此类风险较小，不需采取风险处理措施

21.6 金沙洲隧道明挖段深基坑风险评估结论

根据《铁路隧道风险评估与管理暂行规定》推荐的风险评估方法，并结合我们已经完成的隧道风险评估成果和专业技术手段，根据金沙洲隧道地质勘查报告及其规范、规程和指南，采用CAFTA故障树分析系统对金沙洲隧道明挖段深基坑进行了风险评估，结论是：DK2196＋300～DK2196＋460段风险等级为极高，DK2196＋460～DK2196＋505段和DK2196＋505～DK2196＋555段风险等级为高度，DK2196＋555～DK2196＋700段风险等级为中度。考虑到基坑地质条件很差，施工风险极高，因此在开挖、维护、加固以及排水等方面都要制定应急措施，切实做到对风险心中有数，将风险管理贯穿全程，安全、健康施工。

21.7 金沙洲隧道明挖段深基坑风险控制措施

通过采用CAFTA故障树分析系统对金沙洲隧道明挖基坑支护结构体系失效风险进行评估和风险发生概率重要度的分析，依据风险评估结果，结合专家意见提出以下基坑施工风险控制措施。

(1)针对DK2196＋300～DK2196＋460段、DK2196＋460～DK2196＋505段、DK2196＋505～DK2196＋555段X_3(存在流塑性软土)、X_{11}(雨水或者地下管线水渗入)的概率重要性，施工时应重视地下水的影响，包括土层中滞水、地下管线渗漏水、地面无组织排水以及施工期间的雨水等，严格做好止水、排水和防水工作，防止水的影响造成塌方。该基坑工程采用钻孔灌注桩支护，桩顶设置1.2 m×0.7 m的混凝土冠梁，同时在冠梁顶上增设高1.5 m、厚37 cm的混凝土隔墙，高出原地面0.9 m，从而防止地表水流入危及基坑稳定，桩间外侧必要时增设ϕ 600 mm旋喷咬合桩止水墙，严控基坑渗水，效果良好。

(2)针对DK2196＋300～DK2196＋460段、DK2196＋460～DK2196＋505段、DK2196＋505～DK2196＋555段X_9(桩后地表堆载过大)的概率重要性，且地层较软弱，该工程对桩后地表堆载、水平支撑堆载进行严格控制，所有基坑开挖的土方均搬运至远离基坑50 m之外，禁止在桩后修建临时建筑，桩外侧50 m范围不得堆放大体积施工材料、周转材料和机器等，同时沿基坑外侧修建6 m宽、30 cm厚混凝土临时便道，确保基坑的稳定。

(3)DK2196＋300～DK2196＋460段开挖后，对底板下一定深度范围进行详细的工程地质、水文地质勘查，查明溶洞的分布范围及对工程的危害，按照探灌结合的原则，对基岩进行注浆回填处理。查明了DK2196＋325、DK2196＋372两处溶洞，均预填充土、石和混凝土，对基岩裂隙进行深孔注浆，以利封堵基岩的承压水和裂隙水，确保基坑稳定。

(4)针对X_5(混凝土质量差)、X_{14}(支撑间距过大)的概率重要性，加强施工管理，加强对进场材料的质量把关，严格按相应规范和设计进行质量控制和验收。按照分段、分层、分步、对称、平衡及限时的原则进行基坑开挖与支撑的施工，适当减少每步开挖土方的空间尺寸，并减少每步开挖未支撑前基坑坑壁暴露的时间，将每层、每区开挖和支撑的施工时间和间距限制在控制指标之内。特别是基底混凝土底板施工必须紧跟，严禁基底连续开挖大于30 m不施作混凝土底板，确保基坑绝对安全。

(5)加强施工监测工作，对维护桩的水平位移与桩身垂直度、桩身土体的侧向变形、钢支撑的轴力和变形、活络头的质量、地下水位以及广州西环高速公路的地表沉降进行监测，及时掌握围护结构与支撑体系、土体、地下水的工作状态信息，及时反馈，为风险跟踪监控提供有力的依据。

（6）重视地质勘查工作，特别要重视深基坑开挖所在地的地形、地貌、水文和工程地质特点的勘查。对支护结构的稳定性和安全性易造成威胁的重要地段、重点地层和重要的土质指标要保证其可靠性。对不符合要求的勘查资料，不得进行深基坑支护的设计与施工。

（7）基坑工程要做到精心设计，确保安全可靠。鉴于基坑工程的复杂性和高风险性，要求决策者掌握本地区或类似条件下的成功经验与失败教训，根据自身工程要求和条件综合考虑，做出安全、可靠、经济的包括围护结构选型与设计、土方开挖、控水、地基加固等内容的整体设计方案。还应做好防冻、防雨甚至防震等方面的工作。

（8）加强施工管理，加强对进场材料的质量把关，严格按相应规范和设计进行质量控制和验收；加强施工中的组织，对材料、人员、机械设备等施工力量督促相关单位按计划到位，实时检查施工进度，如偏离计划，应及时进行分析，提出相应的对策。

参考文献

[1] 吴波，阳军生，彭立敏，等. 高速铁路大断面城市隧道施工关键技术研究[R]. 合肥：2011.

[2] 中国中铁股份有限公司. 武广客运专线浏阳河隧道铣挖法施工及预加固技术研究[R]. 北京：2011.

[3] 中铁西南科学研究院. 复杂困难地层隧道及地下工程防水技术研究[R]. 成都：2011.

[4] 吴波，白瑞，雪，赵文娟，等. 高铁特大断面隧道下穿城市立交桥风险管理研究[J]. 地下空间与工程学报，2012，8(S2)：1805-1817.

[5] 吴波，赵文娟，鲁灵悍，等. Web 分布式的隧道施工风险管理软件(JWRM)开发[J]. 地下空间与工程学报，2012，8(S2)：1672-1689.

[6] 赵文娟，吴波，白瑞雪，等. 高铁大断面隧道下穿地下管线施工安全风险管理[J]. 地下空间与工程学报，2012，8(S2)：1800-1805.

[7] 安永林，彭立敏，吴波，等. 隧道坍方突发性事件风险可拓法综合评估[J]. 中南大学学报：自然科学版，2011：42(2)：514-520.

[8] 吴波. 隧道施工安全风险管理研究与实务[M]. 北京：中国铁道出版社，2010.

[9] 吴波. 复杂条件下地铁隧道安全快速施工技术研究[J]. 西部探矿工程，2009，18(5)：147-150.